suhrkamp taschenbuch 465

W0234149

Franz H. Mautner, 1902 in Wien geboren, lehrte – nach Studien in Wien und Heidelberg – zunächst in Besançon und Wien. Nach den USA emigriert, lehrte er ab 1939 an amerikanischen Universitäten und Colleges (Deutsche und Vergleichende Literaturwissenschaft, Sprachphilosophie), seit 1958 als Professor am Swarthmore College/Pennsylvania.

Jahrzehnte des Umgangs mit Nestroy und der Forschungsarbeit über ihn stecken in diesem Buch Mautners, der mit mehreren bahnbrechenden Arbeiten die Wiederentdeckung Nestroys und die Entfaltung unseres Nestroybildes mitbestimmt hat, vor allem mit *Johann Nestroy und seine Kunst*, 1937, *Nestroy. Der Talisman*, 1958, und *Nestroys Kunst und unsere Zeit*, 1963. Dieses Buch ist ein »Versuch, den ganzen Nestroy darzustellen«. Der Aufgabe, das Typische an Nestroy zu zeigen, dient der erste Teil, der die Voraussetzungen der Kunst Nestroys beschreibt. Der zweite Teil bringt unter dem Titel »Die Werke« eine detaillierte Analyse der einzelnen Stücke, und unter dem Titel »Die Wirkung« verfolgt Mautner nicht nur den Weg des Nestroyschen Werkes bis in unsere Zeit, er zeigt auch auf, wer und in welcher Weise die Tradition und Methode Nestroys heute weiterführt und anwendet. Mautner geht davon aus, daß Nestroy der erste deutsche Schriftsteller war, der seit dem 16. und 17. Jahrhundert die Sprache selbst zu einem wichtigen Gegenstand der Dichtung gemacht hat, der erste überhaupt, der dies für die Komödie tat.

Franz H. Mautner
Nestroy

Mit 36 Abbildungen
und 5 Faksimiles

Suhrkamp

Der Autor hat den Text
der Erstveröffentlichung von 1974 für diese
Taschenbuchausgabe durchgesehen und verbessert,
das Schriftenverzeichnis erweitert.

suhrkamp taschenbuch 465
Erste Auflage 1978
© 1974 Lothar Stiehm Verlag GmbH, Heidelberg
Lizenzausgabe mit freundlicher Genehmigung des
Lothar Stiehm Verlags, Heidelberg
Suhrkamp Taschenbuch Verlag
Druck: Nomos Verlagsgesellschaft, Baden-Baden
Printed in Germany
Umschlag nach Entwürfen
von Willy Fleckhaus und Rolf Staudt

Inhalt

Die Wirkung

Brecht, »Spaß«, Zerstörung der Illusion, Parodie, der Raisonneur, Ironie 378 · Sprachbehandlung: das Klischee, Sprache als Gesellschaftskritik, Sternheim, Kraus, Handke, »Texte« 381 · Der gemütliche Kleinbürger. Dialckt. Horváth, Wolfgang Bauer, Qualtinger 384 · Komödie der Ideologie oder des Menschen? 387
Nestroy und die Literatur der 1960er Jahre 388 · Perspektive und Ausblick 390

Anhang

Vorwort als Einleitung

Dieses Buch ist das Ergebnis von Jahrzehnten heller Freude an Nestroys besten Stücken, kopfschüttelnden Befremdens über die schwächsten – trotz dem aus ihnen da und dort hervorblitzenden Nestroyschen Geist – und wiederholt unternommener Versuche, dem Wesen der überzeugenden ebenso wie der enttäuschenden »Zauberspiele«, »Possen«, »dramatischen Gemälde« nachzugehen, zu erforschen, ob sie vorurteilslos miteinander in Einklang gebracht werden können, kurz, zu erkennen, was Nestroys Welt im Innersten zusammenhält.

Vielleicht sollte ein Bericht über diese früheren Bemühungen dartun, wie weit das vorliegende Buch auf ihnen beruht und wodurch es sich von ihnen unterscheidet: Nachdem Karl Kraus' Schriften und Vorlesungen mir den Sinn für die eigenartigsten Aspekte Nestroys geöffnet hatten, nahm ich 1932 das Erscheinen der Brukner-Rommelschen »historisch-kritischen Gesamtausgabe« zum Anlaß, in einem Aufsatz in der Zeitschrift für deutsche Bildung den großen Kreis der Deutschlehrer und Universitätsgermanisten auf Nestroy als einen einzigartigen Meister der deutschen Sprache, Satiriker und großen Komödiendichter hinzuweisen. Wie fast alle Deutschen außerhalb Österreichs wußten sie damals in der Regel von ihm beinahe nichts, und was sie wußten, war gewöhnlich irrelevant, wenn nicht falsch. 1935 bewog ich den Verlag Schöningh, die für Nestroy so charakteristische, aber damals so gut wie unbekannte, weil nie gespielte Posse *Talisman* in die Reihe seiner Schulausgaben aufzunehmen. (Höchstens Lesern oder Hörern Karl Kraus' mag sie damals vertraut gewesen sein.) 1937 erschien in Wien mein Büchlein Johann Nestroy und seine Kunst, zugleich Einleitung zu dem von mir herausgegebenen Band Johann Nestroy, Ausgewählte Werke. Die dort gewagte Kennzeichnung Nestroys als »größten deutschen Komödiendichters«, seiner literar-historischen Funktion als »Schöpfers der satirischen Posse« und der Versuch, beides zu begründen, hatten allmählich eine unerwartet weitreichende Wirkung[1], besonders erwünscht zu einer Zeit, da die öffentliche Geltung Karl Kraus', des Neuentdeckers Nestroys, in Deutschland ihren Tiefstand erreicht hatte. Seit 1938 im Exil, trachtete ich, den Germanisten

Amerikas den unbekannten »Wiener Lokaldichter« vorzustellen und verständlich zu machen. In Deutschland war nach dem »Anschluß« Österreichs meine Ausgabe ohne mein Wissen durch eine Büchergilde verbreitet worden.

Die nach 1945 aus der Vergessenheit auftauchenden Schriften von Kraus, die Rommelsche sechsbändige Nestroy-Ausgabe von 1948, die noch bescheidene, aber wachsende Zahl akademischer, essayistischer und journalistischer Arbeiten über Nestroy, besonders anläßlich seines 150. Geburtstags 1951, trugen zusammen mit einigen Neuaufführungen zur Popularisierung eines korrigierten Nestroy-Bildes bei. 1958 erschien das Kapitel *Der Talisman* in Teil B von Wieses Sammelwerk *Das Deutsche Drama*; an dieser Posse versuchte ich neuerlich, das Wesen Nestroys zu exemplifizieren. In seinem 100. Todesjahr, 1962, war er aus einer regionalen Randfigur eine, wenn auch noch fremdartige und verwirrende, so doch auf vage Art wichtige Gestalt der deutschen Literatur geworden, so daß er an sechs deutschen Universitäten Gegenstand einer Festrede werden konnte (vgl. S. 377, Anm. 25).

Ihre Vorbereitung gewährte mir eine entscheidende Einsicht: in die Verwandtschaft der inneren Form von Nestroys Werk mit der des um 1960 »modernen« europäischen Dramas und den zu ihm hinführenden Formen der ersten Hälfte des zwanzigsten Jahrhunderts – eine Einsicht, die kein Werturteil bedeutete, aber einen neuen Schlüssel zum Verständnis des Wesens dieses Werks und seines Ortes in der Form- und Geistesgeschichte des deutschen Dramas. Die Rolle des oft nur ganz leicht oder scheinbar gar nicht parodistischen *Hochdeutsch* – nicht des Wienerisch – der Komödien Nestroys im Unverständnis Norddeutschlands für seine Komik und Satire war mir eine zweite grundsätzlich neue Erkenntnis. Die Bemühungen um ein weiter reichendes und besseres Verständnis Nestroys setzte ich oft in meinem Nachwort zur Ausgabe des *Mädl aus der Vorstadt* in Reclams Universalbibliothek und der Einführung und den Kommentaren zu den drei Bänden »Nestroy, Komödien« der Insel-Klassiker (1970).

Diese Skizze meiner Beschäftigung mit Nestroy besagt auch einiges über die Geschichte seiner Wirkung, den Wandel seines Rufs und die Absichten des neuen Buches. Es beruht auf einer gründlicheren Kenntnis und im Prinzip unveränderten, aber vielseitigeren Auffassung Nestroys als meine Schrift von 1937; es verdankt im besonderen dem Hinblick auf das »moderne« Drama eine neue Sehweise, der manche früher als bloß kurios betrachtete Züge seines Werks als fast selbstverständliche Züge der Komödie erscheinen. Neuere Literatur über Nestroy, vor allem von Ernst Fischer (1962), Siegfried Brill (1967), Ansgar Hillach (1967), Rio Preisner (1968), Siegfried Diehl (1969), Jürgen Hein, Kurt Kahl (1970), regte außerdem Überprüfung des bereits Geschriebenen und Stellungnahme an; doch ist Polemik auf ein Minimum beschränkt, implizit im Darstellen und Deuten Nestroys selbst.

1937 mußte ich noch, Karl Kraus folgend, die Auffassung Nestroys als des Verfassers ulkiger oder niedlicher, humorvoll harmloser (wenn auch gelegentlich witziger) Volksstücke zu zerstören suchen und den Begriff der satirischen Posse schaffen, ja noch 1962 die dramatisch-satirische Funktion seiner Sprache, die Dignität des Wortspiels, die »zynische« Desillusionierung, die Funktion des Unsinns und der Grotesken gegen gelehrte, intellektuelle und ästhetische Verachtung in Schutz nehmen und mühsam erklären. Heute, zehn Jahre später, sind die Theaterbesucher und Leser von »Texten« mit diesen Erscheinungsformen des Dichterischen und des Theaterhaften so vertraut, daß der ausdrückliche Hinweis auf sie bei Nestroy den Interpreten beinahe befangen macht, da er zu denken beginnt, seine Aufgabe sei überflüssig geworden.

Dem ist aber nicht so. Wohl wird heute im großen ganzen das Wesen Nestroyscher Kunst verstanden, wird seine Größe als Komödiendichter, Satiriker und Virtuose der Sprache allmählich anerkannt; darüber hinaus aber genießt er heute ein so weit verbreitetes Wohlwollen, daß seine Schwächen verschwiegen werden und die von ihnen Gelangweilten es nicht mehr wagen, den Mund aufzutun, weil sie an ihrem eigenen Sinn für Witz und Humor zu zweifeln beginnen. Dazu haben neu orientierte Dogmen und durch einseitige Perspektiven unverläßliche Kritik angefangen, das Bild Nestroys von neuem zu verzerren, und so vergrößert sich die Fülle des noch (oder wieder) zu Klärenden und ergibt sich die Notwendigkeit, Nestroy gegen aus falschen Gründen freundliche Fronten zu beschützen.

Trotz des Heers neuer Publikationen über Nestroy seit etwa

1960 und der völlig überraschenden Überflutung der Bühne durch seine Komödien – kurz, aller der Erscheinungen, die man 1970 als »Nestroy-Explosion« bezeichnet hat[2] – sind selbst seinen Liebhabern selten mehr als ein halbes Dutzend seiner Stücke bekannt, im allgemeinen gewiß seine geistreichsten oder wirkungsvollsten, aber doch nur ein kleiner Bruchteil seines Gesamtwerks: 78 in sich geschlossene Spiele, fünf dramatische Potpourris und ein bemerkenswerter Nachlaß. So lockte die Aufgabe, einmal sie alle näher zu betrachten und darzustellen, so sehr auch manche von ihnen geringfügig sein mochten, rasch für ein paar Theater-Abende hingeschrieben: Vielleicht könnte aus der Kenntnis des *ganzen* Nestroy ein tieferes Verständnis des *Wesentlichen* an ihm gewonnen werden; das prinzipiell berechtigte Mißtrauen gegen »Vollständigkeit« kann zu weit gehen. Noch vor kurzem war es angezeigt, nur diejenigen Komödien zu behandeln, die das Bedeutende an Nestroy in Reinkultur zeigen, um ihn vor den falschen oder vergröbernd einseitigen Wertungen als »Volksstückdichter«, »Wegbereiter des Realismus« oder Milieu-Darsteller in Schutz zu nehmen und statt dessen das typisch Nestroysche hervorzuheben. Heute ist dies nicht mehr nötig: Unsere Kenntnis des *ganzen* Nestroy wird nicht mehr das Verständnis des *typischen* stören. Gewiß, eine ganze Anzahl seiner Spiele sind nicht lesenswert; aber der mit Nestroy nicht Vertraute soll wissen, welche nicht lesenswert sind und warum, aber auch, daß sie funktionell in ein wahres Bild seines Wesens hineingehören.

Natürlich war es nicht die Absicht der Darstellung, auf alle diese Texte mit gleicher Ausführlichkeit einzugehen, wohl aber, an den meisten von ihnen die Charakteristika Nestroys vorzuführen, ohne doch die organische Einheit irgendeines der Bühnenstücke zu zerstören. (Dabei ging die Betrachtung auf die wenig bekannten frühen Zauberpossen und Parodien genauer ein, teils weil sie es verdienen, teils weil in ihnen das frühe Erwachen und das Reifen der Eigenart Nestroys deutlich wird.) Dieser Aufgabe dient nach dem zugleich vorbereitenden und zusammenfassenden ersten Teil unseres Buches, *Das Werk,* der Teil II, *Die Werke.* Der zweite Teil bietet die pragmatischen Grundlagen für den ersten dar, der erste formulierte die aus dem zweiten abgeleiteten allgemeinen Erkenntnisse; beide sollen auch für sich allein bestehen können. Der dritte Teil schließlich, *Die Wirkung,* berichtet über das Weiterleben des Werks nach Nestroys Tod.

Von jedem einzelnen der Stücke zu sagen, worin seine Bedeutung oder Eigenart – seine Verschiedenheit von den andern – bestehe und zugleich ihre »Nestroysche« Gemeinsamkeit begrifflich zu machen, ohne in Monotonie zu verfallen, ist schwierig. So haben wir im zweiten, dem chronologisch angeordneten Teil versucht, das nur jeweils zu Sagende möglichst mit dem im Rahmen einer weiträumigen Gesamtdarstellung Angezeigten zu vereinen, dauernd das Einzelne durch das Allgemeine zu erhellen. Darum sind auch Wiederholungen nicht nur unvermeidlich, sondern beabsichtigt. Die wesentlichen Aussagen über das Werk und den Geist Nestroys soll nach wie vor Teil I bieten.

In der Betrachtung dieses Werks als eines geistigen Ganzen ebenso wie in seiner Aufsplitterung in die vom Theater des Tages verlangten und bedingten einzelnen Erzeugnisse beanspruchen je nach der Eigenart des Einzelfalls und je nach den Neigungen oder aus dem Werk abgeleiteten Überzeugungen des Darstellenden verschiedene Rangstufen der Wichtigkeit Konzentration auf verschiedene Aspekte. Wer über Nestroy schreibt, kann mindestens ein halbes Dutzend Ziele im Auge haben: seine Komödien zu beschreiben vorwiegend

1) in ihrer Zeit, vom historischen, gesellschaftlichen, ökonomischen oder ideologischen Standpunkt;
2) in ihrer Zeit, vom streng literarhistorischen Standpunkt;
3) losgelöst von ihrer Zeit, vom streng sprachlichen Standpunkt;
4) losgelöst von ihrer Zeit, vom Standpunkt ihrer Technik als Theater;
5) als Stationen auf dem Weg der Selbstaussprache des Menschen und Schauspielers Nestroy und seines Strebens nach Erfolg auf dem Theater, also vorwiegend mit biographischen Absichten;
6) als polare Spannung zwischen reinem Spiel und Satire;
7) als Werke ins Bühnenhafte *zielender,* aber zugleich im Literarischen und Satirischen ankommender sprachlicher Kunst.

Diese Ziele – und Ergebnisse – des Forschens können unterschieden, aber ohne wirklichkeits- oder kunstfremden Dogmatismus nicht völlig voneinander getrennt werden; sie überdecken einander in variierendem Maß. Fast ausschließlich das eine

oder andere im Auge zu behalten, wie etwa R. Preisners Johann
Nepomuk Nestroy das Ziel 1 oder S. Brills Die Komödie der
Sprache das Ziel 3, scheint uns legitim, solange der Betrachter
a) sich der Ausschließlichkeit seiner Methode und darum der
Reduktion und oft wesentlichen Entwirklichung seines Gegen-
standes bewußt bleibt und b) ihn nicht um einer vorgefaßten
These willen entstellt, etwa durch Unterdrückung von Äußerungen im Werk, die der These des Interpreten widersprechen oder
durch dem Kenner offensichtliches Zurechtbiegen seines Ge-
genstandes, wie Betonung *eines* (vorhandenen oder eingebilde-
ten) Zuges auf Kosten aller anderer, um seine These zu stützen.

Unsere stärkste Anteilnahme und unsere intensivste Aufmerksamkeit galt den Komödien Nestroys als bald vorwiegend
sprachlicher, bald vorwiegend bühnenhafter, stets auf Wirkung
bedachter Verkörperung des Geistes ihres Schöpfers, in dem die
Welt sich spiegelt und gestaltet, sowohl *seine,* die zeitbedingte,
wie *die* Welt; gemäß Nestroys Wesen, seinen Werten und seiner
Schöpfungsfreude, als Vermählung seiner sprachlichen und dramatischen Kunst im Geist der Satire, der Komik und des Humors. – Das heißt nicht, daß wir andere Aspekte grundsätzlich
vernachlässigt hätten, sondern daß wir uns der Notwendigkeit
eines dauernden Abwägens ihrer relativen Wichtigkeit für das
Verständnis des Werks bewußt waren, einer dauernden Überlegung darüber, was Nestroy groß oder »besonders« mache und
fähig, uns heute noch anzusprechen, im Gegensatz zu seinen
Zeitgenossen mit denselben historischen, gesellschaftlichen,
theatergeschichtlichen Voraussetzungen. Sie alle kommen in
diesem Buch wiederholt so weit zur Sprache, als ihre Kenntnis
für sein Hauptziel wesentlich erscheint (vgl. S. 121). Ähnliches
gilt für die Tatsachen und Anekdoten aus der privaten Lebensgeschichte Nestroys.

Vielen gilt beim Abschluß dieses Buches mein Dank. Vor
allem: der John Simon Guggenheim Memorial Foundation für
die Verleihung einer Fellowship; dem Präsidenten und dem
Board of Managers des Swarthmore College für die Gewährung
eines Forschungsurlaubs; dem Vorstand des Reference Depart-
ment der Swarthmore College Library, Mr. Howard Williams,
und Fräulein Hilde Siegl von der Deutschen Bibliothek Frankfurt für nie aussetzende Hilfsbereitschaft; für Nachweise und
hilfreiche aktive Teilnahme an der Vollendung dieses Buches

dem Referenten der Handschriftensammlung der Wiener Stadtbibliothek Herrn Senatsrat Dr. Karl Gladt, den Professoren
Dorrit Cohn (Harvard), Richard Exner (University of Califor-
nia), Heinrich Schnitzler (Wien), Paul Stöcklein (Frankfurt),
Ulrich Weisstein (Indiana University), Herrn Dr. Kurt Görlich
und dem Burgschauspieler Otto Kerry (Wien), den Herren
Eberhard Guderjahn und Lothar Stiehm (Heidelberg), und vor
allem meiner Gattin Hedwig Mautner.

Swarthmore, Pennsylvania, Oktober 1973   F. H. M.

Das rechte Gespräch ist ein bloßes Wortspiel. Der lächerliche Irrtum ist nur zu bewundern, daß die Leute meinen – sie sprächen um der Dinge willen. Gerade das Eigentümliche der Sprache, daß sie sich bloß um sich selbst bekümmert, weiß keiner. Darum ist sie ein so wunderbares und fruchtbares Geheimnis, – daß wenn einer bloß spricht, um zu sprechen, er gerade die herrlichsten, originellsten Wahrheiten ausspricht. Will er aber von etwas Bestimmtem sprechen, so läßt ihn die launige Sprache das lächerlichste und verkehrteste Zeug sagen.

NOVALIS

Im abseitigsten Winkel einer Nestroyschen Posse ist mehr Lebenskennerschaft für die Szene und mehr Ausblick in die Soffitte höherer Welten als im Repertoire eines deutschen Jahrzehnts.   KARL KRAUS

Das Werk

Wer die dauernde Anziehungskraft Nestroys verstehen will, muß zunächst die Kräfte zu erkennen suchen, die den Leser oder Theaterbesucher dauernd anziehen, Kräfte und Eigenart, die über den Wandel der Zeiten hinweg sein Werk vergnüglich oder bedeutend erscheinen lassen. Dann erst wird eine Untersuchung geschichtlicher Gegebenheiten mannigfacher Art und eine Betrachtung der einzelnen Stücke in ihrer Aufeinanderfolge das Gesamtbild zu verfeinern haben und sich auch fragen können, warum die Kraft der Anziehung seines Werks im Lauf der Zeiten bald stärker, bald schwächer gewesen ist und warum zu verschiedenen Zeiten sehr verschiedene Aspekte dem Bewußtsein besonders lebendig oder wichtig wurden.

Mit weniger Zaghaftigkeit als im Jahre 1937 können wir heute, nach Jahrzehnten nüchterner Überlegung und Umschau, wieder sagen: Nestroy ist der größte deutsche Komödiendichter, ganz gewiß, wenn man Komödiendichter jenen nennt, dem Komödie nicht Nebenleistung ist, sondern Hauptwerk, Leben und Zwang, wie einem Goldoni oder Molière.[1] Die Autoren einzelner glänzender, ans Herz greifender Lustspiele und bewußter »Lehr«- oder »Volks«-Stücke – Lessing, Kleist, Hofmannsthal, Brecht – übertrifft er durch das Neben- und Ineinander tiefen Witzes und kühner Sorglosigkeit, durch unbekümmertes Schweifen vom volkstümlichsten Spaß zur philosophischen Einsicht. Dieser Gesamteindruck war es wohl, der Fürst Friedrich Schwarzenberg 1844 schreiben ließ: »In Nestroy . . . lebt ein wirklich Shakespearescher Geist, Humor und Witz.«[2]

Die Antwort auf die Frage nach dem Wesen der Wichtung Nestroys ist zugleich die nach seinem Platz in der Geschichte der deutschen Literatur: Er ist der an seelenkundigem Blick, Kunst der Sprache und Vielfalt der Wirkungen – sprachlicher wie dramatischer – nie wieder erreichte Schöpfer der satirischen Posse. So charakterisierte ich ihn 1937[3], als es noch nötig war, ihn einem deutschen Publikum vorzustellen. Vom heutigen Standpunkt aus, dem der frühen 1970er Jahre, dürfen wir hinzufügen: Er war der erste deutsche Schriftsteller seit dem sechzehnten und siebzehnten Jahrhundert, der die Sprache selbst zu einem wichtigen Gegenstand der Dichtung gemacht hat, der erste überhaupt, der dies für die Komödie tat. Das Spiel der Sprache und das Spiel auf der Bühne laufen bei ihm oft nebeneinander einher, unbehindert voneinander; dann wieder vereinigen sie sich zu dramatisch-satirischer und oft witzigster Schlagkraft.

Ein rascher Blick auf sein Gesamtwerk verrät allerdings nur das Geringste von seinem Wesen: Auf je zwei Bände »Zauberspiele« und »Parodien«, einen Band »politische Komödien«, drei Bände »Volksstücke« und sechs Bände »Possen« hat Otto Rommel die zweiundachtzig Stücke der historisch-kritischen Gesamtausgabe[4] aufgeteilt, einigermaßen bewußt, daß eine solche Klassifizierung höchstens praktischen Zwecken dienen könne.

Betrachtet man die Eigenart dieser Stücke, selbst ohne auf ihre geistige Atmosphäre einzugehen – eine gewisse typische Nestroysche Distanz, ein Abrücken von der Handlung – dann wird nicht nur diese Einteilung fragwürdig. Denn thematisch und formal erstreckt sich die Reichweite der Produktionen dieses Schauspieler-Autors Nestroy von der italienischen commedia dell' arte, dem österreichischen allegorischen Barockdrama und Märchenspiel des 18. und beginnenden 19. Jahrhunderts, dem Besserungsstück und der lokalen Posse, den Wiener Parodien und Travestien über das »Lebensbild«, »Schauspiel« und Lustspiel, das verwienerte Pariser und Berliner Vaudeville der 1840er und 1850er Jahre bis zur Operette Offenbachs (von Nestroy als satirische Parabel umgeschrieben und charakteristischerweise als »Faschingsburleske« bezeichnet), darüber hinaus zur Groteske Dürrenmatts und weiterhin durch wesentliche Eigenschaften ihres Dialogs über die »Lehr«- und »Sprechstükke« Brechts und Handkes hinein in die Prosa der Gegenwart. Straff komponierte burleske Einakter sind darunter und mühsam sich fortschleppende kolportagehafte, melodramatische überlange Dramen, Parodien zeitgenössischer Ballette und Dramen und berühmter Opern von Rossini und Meyerbeer bis Wagner.

Ihre innere Form reicht vom handfest Komischen zum subtil Witzigen, von Realistik zum Grotesken, vom streng Konstruierten zum Phantastisch-Absurden, von detailreicher Milieuschilderung zu typologischer Abstraktion. Fragmentarische und dominierende Stilisierung findet sich schon in den frühesten Stükken, kraß Possenhaftes noch in den letzten.

Althergebrachte Typen, langweilige und erheiternde, bevölkern Nestroys Bühne, aber auch sorgfältig durchgearbeitete »glaubhafte« Charaktere und überdimensionierte Phantasiegestalten, ganz zu schweigen von den Göttern, Feen und Magiern der Zauberspiele und ihren allegorischen Figuren, ernstgemeinten und parodistischen. Seine Charaktere bewirken mehr Komik als die Handlung.

Schon die große Zahl der Spielarten der Gattung Komödie oder Drama, denen Nestroys Werk anzugehören scheint, läßt die Vielfalt seiner Wirkungsmittel erraten. Sie ist so reich, daß aus ihrer Aufzählung und Analyse eine umfassende Theorie der Komödie überhaupt abgeleitet werden könnte. Auch scheint er die Handlungen dieser Stücke so gut wie nie erfunden zu haben, zumindest nicht in ihren Umrissen; nur von den wenigsten sind die Vorbilder[5] unbekannt. Gewöhnlich sind es Erzählungen, Novellen, Romane, Theaterstücke anderer – deutsche, französische, englische, ein ungarisches sind darunter; manchmal folgt Nestroy ihnen Szene für Szene. Wie kommt es, daß trotz solcher äußerer Vielfalt und trotz aller Verschiedenheit der Herkunft – die sich oft mit der Verschiedenheit des Gattungsmäßigen überkreuzt – alle seine Stücke, weit hinaus über die Verwienerung, eine gewisse Familienähnlichkeit aufweisen?

Ihr nachzugehen, sie zu beschreiben und zu ergründen, ist die Hauptaufgabe dieses ersten, dem »Werk« in seiner Gesamtheit gewidmeten Teiles unseres Buchs. Da diese Aufgabe uns immer vorschwebte, diktiert sie die Methode unserer Betrachtung. Sie geht auf die verschiedenen Aspekte des Werks nacheinander ein, aber in konzentrischen Kreisen oder in spiralförmiger Bewegung, die beim Äußerlichsten beginnt und allmählich beim Innerlichsten anlangt, gleichzeitig aber das Zentrum immer im Auge behält. Dabei liegt es im Wesen, in der Kunst Nestroys, daß das eine vom andern oft nicht zu unterscheiden ist, daß sie einander durchdringen. Manches muß also von verschiedenen Gesichtspunkten aus und darum mehrmals gesagt werden.

Für Nestroy waren Stoffe nichts als Stoff. Die Magie seines Wortes wandelte ihn zu Geist, selbst wo die dramatische »Handlung«, ja die grobe Substanz des Dialogs, weithin der des

Vorbildes gleicht.[6] Dem Geist dienen überraschend oft auch nicht-sprachliche Wirkungsmittel, visuelle und strukturelle zum Beispiel. Wäre das Ersinnen von Handlungen selbst Nestroys Stärke gewesen – sie war es nicht – er hätte von ihr unter dem Druck des Theaterbetriebs, der ihm neben seiner Arbeit als Schauspieler oft drei, vier Stücke im Jahr abverlangte, nicht vollen Gebrauch machen können. Dieser Betrieb am laufenden Band erklärt, angesichts der meisterhaften Konstruktion der Mehrzahl seiner Komödien, auch den nachlässig-losen Bau, das Zusammenstoppeln routiniert wirkungsvoller Szenen in manchen andern.

Die äußere Herkunft der Vorgänge besagt also nichts über die Wesenszüge der Nestroyschen Leistung. Die Entstehungsweise der Stücke im Geist Nestroys aber macht ihren inneren Ursprung deutlich. Er ist doppelter Art. Sehr häufig entwirft Nestroy nach dem Studium seiner Quelle ein eingehendes Szenarium, in dem die Handlung zwischen Figuren, besser gesagt, Rollen, vor sich geht, die er nach den Schauspielern seines Ensembles und sich selbst benennt, hat also das Spiel auf der Bühne auf die konkreteste Weise vor Augen, zum Beispiel:

> Szene, wie der Industrielle zu Scholz kommt und ihn in die Enge treibt, Scholz redet aus Angst sehr dumm. Kontraire Szene am Schluß, wo Scholz den Industriellen in die Enge treibt und am Schluß Nestroy kommt und den Sohn überführt . . . Guter Sohn bringt die Tochter in mein [Nestroys] Asyl, welches er mir verschaffte. (SW XV, S. 636)

Die Namen der Akteure der Hauptrollen färben sogar auf die Episodenfiguren ab. Da gibt es eine »Scholztochter«, eine »Groisfrau« und einen »Stiefbruderaristokratensohn . . . als Bräutigam der Groistochter« (ib., S. 673 ff.). Auch die Charakterschilderungen bedienen sich in den Entwürfen oft der Namen der Schauspieler, etwa: »Scholz alt, gut, leichtsinnig . . . Nestroy. Sarkastischer Durchblicker, sieht überall einen vermeintlichen Grund – führt häufig Beispiele an« (ib., S. 639). (Nebenbei bemerkt, diese Charakterisierung ist trotz der beabsichtigten Karikatur ein einmaliges kritisches Selbstbildnis Nestroys.) Sonst besteht Nestroys persönliche Verbundenheit mit seiner Rolle zumeist nur darin, daß sie ihm Spielraum für Entfaltung seines Intellekts gewährt: Nestroys Handlungsentwürfe sind durchsetzt mit sprachlich pointierten Gedanken und Scherzen,

Zellen der Dialogbildung, ja manchmal mit zusammenhängenden Gesprächsfetzen. Sie geben den Fiktionscharakter der Rolle zumeist völlig auf.

Diese zweite innere Quelle seiner Theaterstücke hat nichts mit der Vorstellung der Bühne zu tun. Nestroy führte zu gewissen Zeiten Listen – von ihm »Reserve« oder »Ideen« genannt – witziger Wendungen und Bilder, heiterer und ernster Aphorismen[7], bestimmt, den Dialog irgendwelcher noch nicht bestimmter Stücke zu speisen, ja manchmal sind kurze Szenen- und Dialogfragmente offensichtlich nur als Überleitung zu dem einen oder andern dieser schlagkräftigen Sätze oder Scherze geschrieben. Diese können sogar, dank Nestroys Sprachbewußtheit, im Anschluß an die zufällige Formulierung irgendwelcher Notizen für die Handlungsführung, nicht den Dialog, entstehen: »Als dann die Frau . . . starb, hat (Scholz) die Tochter des (Nestroy) zu sich genommen, und diese Tochter hält (Scholz) für ihren Vater. (Scholz) . . . *'s Madl glaubt, ich bin ihr Vater – oft glaubt der Vater, er ist dem Madl sein Vater*«[8] (ib. 5, 631). Alles dies sind deutlichste Belege für die bewußte Verschmelzung von Bühne und Geist, gestaltet in Sprache. Sie wieder erhält ihre dominierende Rolle durch ihre unverkennbar Nestroysche Eigenart. Besonders geeignet und oft bestrebt, zugleich Distanz zu schaffen – Distanz zwischen der Bühnenfigur und der Rolle als Sprechakt, zwischen der Rolle und dem Schauspieler als ihrem Sprecher, zwischen der Figur und dem Publikum[9] –, ist sie zugleich besonders fähig, Kommunikation herzustellen, Kommunikation zwischen dem von der Figur distanzierten Schauspieler oder dem von der Rolle distanzierten Autor und dem Publikum, weit mehr, als die Gattung Komödie es sonst bedingt.

Theater, Geist und Sprache durchdringen also einander. Der offenkundigste Fall ist wohl der, in dem Sprache körperliche Erscheinung wird, körperliche Erscheinung Sprache. Habitus und Charakter werden von ihr geformt.[10] Es hängt bloß von der Disposition des Zuschauers ab, was ihn in der *Verhängnisvollen Faschingsnacht* als komischer berührt: des »dicken, bejahrten« (II, 7) Dörflers Tatelhuber (!) Maskierung als Dame, um dem ungetreuen Liebhaber seiner Nichte auf die Spur zu kommen, oder die sprachliche Formulierung seiner Absicht, es »als schönes Geschlecht verkleidet« (I, 31) zu tun; des faulen Nachtwächters Schneck (!) mühsam verborgene Apathie, als er den Entführern des Kindes nachsetzen soll, oder seine Ankündigung »Wollen eiligst warten« (III, 6). Nestroys Sprache wendet sich, über ihre Physiognomie-schaffende komische Kraft hinaus, durch ihre auch den geistigen Habitus charakterisierenden Eigentümlichkeiten mitten im Dialog immer wieder von den Personen auf der Bühne zwinkernd an den Zuschauer und stellt so ein vergnügtes Einverständnis der beiden her.

In den Sprache und Bühne übergreifenden Bereich gehören schon die Namen seiner Figuren. Sie bezeichnen Berufe, Charaktere, körperliches Aussehen nicht nur begrifflich, sondern auch akustisch durch die Assoziationen, die sie erwecken. Dies, die Sorgfalt, mit der er sie wählt, der in ihnen aufgespeicherte Humor und Sprachsinn heben sie oft über die einfachere Tradition der Wiener Volkskomödie hinaus. Manchmal vereinigt der Name mehrere Aspekte: Der vom langen, hageren Nestroy gespielte wendige, intrigierende Friseurgehilfe im *Haus der Temperamente* heißt Schlankel (ein Wort, das im Wienerischen zugleich pfiffige Gewandtheit bezeichnet), der vom kleinen, korpulenten Scholz gespielte Kleiderputzer Hutzibutz (= der Hintere). Durch die sprachliche Physiognomie der Namen zaubert Nestroy charakterologische Physiognomien hervor, eine Aura, die die Bühnenfigur von ihrem ersten Auftreten auf der Bühne an umgibt, über die Tradition der Berufsnamen hinaus; manchmal primitiver, manchmal originell scherzhafter (wie den Apotheker Stößl, den Heldenspieler Spornhofer, den Pächter Krautkopf, die Gärtnerin Flora Baumscheer, den Hemdenmacher Knöpfl, den Schreiber Federl, die Wirtin Frau Bratelhofer): »Herr von Flachkopf, ein Gutsbesitzer« in *Affe und Bräutigam,* hat zum intimsten Freund einen »Herrn von Mondkalb, ein Gutsbesitzer«, der Vorstand des Gerichts in seinem Dorf ist Constantius Immerzorn, seine beiden Beisitzer sind Gries und Gram, und der Menageriebesitzer Tigerzahn bringt den Affen Mamok (wohl = *Je m'en moque*) ins Spiel, der die größte Verwirrung anrichtet. Der groteske Charakter gerade dieses Stücks begünstigt eine solche systematische Nomenklatur, aber ihr *Prinzip* setzt sich überall durch. Wer könnte sich dem atmosphärischen Reiz entziehen, der die Namen der drei Freundinnen Madame Leims in *Die Familie Zwirn* umgibt – Madame Göscherl, Madame Schwert, Madame Richtaus (»ausrichten«

= mißgünstig bereden) –, oder des alten Fräulein Anastasia Mispel, der »ledigen Schwägerin« Lucia Distl[11], des pathetischen Oberforstmeisters Herrn von Löwenschlucht, des Justitiarius Staubmann und des Reisenden Chrysostomus Überall. Das sind unmißverständliche Direktiven für den Schauspieler und den Regisseur. Nestroys Phantasie auf diesem Gebiet ist unerschöpflich. Wie wichtig ihm dieses sprachphysiognomische Geschäft der Namengebung war, zeigt sein unermüdliches Herumprobieren. In den Handschriften notiert er oft ein halbes Dutzend Namen für eine und dieselbe Person, bis er schließlich einen als den passenden wählt.[12] Das bloße Lesen des Theaterzettels muß beim Publikum vergnügte Erwartung hervorgerufen haben. Nestroys Freude an Namen-Physiognomik wird auch explizit als prachtvolle assoziative Umschreibung:

FADEN. Wie schön sich diese beiden Namen machen, Emilie und Sebastian!
STRICK *(für sich).* Paßt z'samm' als wie Vanilli und Primsenkäs.
(Nachtwandler, II, 17).

So wie im Bereich der Namen nutzte Nestroy im ganzen Wirkungsbereich seines Dramas drei Spielräume: den der Bühne, den der Sprache und den diese beiden umfassenden der Ironie.[13] (Den Dialog, soweit er ohne spezifisch sprachliche Wirkungsmittel bloß die Handlung und Charakteristik weiterführt, betrachten wir als dem Spielraum der Bühne angehörig.) Den Spielraum der Sprache errichtet sich Nestroy innerhalb des Raums der Bühne, aber nicht völlig: Charakterisierung, Parodie, Witz, ja sogar Handlung fluten zwar hin und her aus dem einen in den andern, oft aber spielt Sprache als Sprache ausschließlich dem Zuschauer etwas vor, ist nicht für irgendwen auf der Bühne bestimmt. Auf der Bühne und in der Sprache hat Nestroy sich mit gleicher Sicherheit bewegt; die Mimik und die Gestik des Schauspielers waren ebenso selten gänzlich bar der Ironie wie die Sätze des Wortspielers. Wo zwischen den Sätzen oder zwischen den Sätzen und den Gebärden ironische Diskrepanz besteht, da wird sie oft Quelle des Grotesken.

Der wichtigste Motor des *Bühnen*spiels ist die spannende, meist komplizierte Intrige: sie bedient sich traditionsgetreu des Versteckens, Verkleidens, der irreführenden oder entlarvenden Begegnung; ihre wichtigsten Wirkungen sind Überraschung und

Unterhaltung, gipfelnd in der komischen oder witzigen Situation. Das gilt ja für die Gattung Komödie überhaupt: doch erlaubt uns dies nicht, das besonders dichte und wirksame Erscheinen dieser Elemente gerade im Drama Nestroys zu übersehen. Der wichtigste Motor seines unendlich vielfältigen *Sprach*spiels ist bemerkenswerter: die Zeugungskraft der einzelnen Wörter, aktiviert im überraschenden und verwirrenden, manchmal allerdings leicht überhörten Ausspielen ihrer zahlreichen Bedeutungen. Seine bemerkenswerte Wirkung ist das Entstehen einer ausgesprochen intellektuellen, meist witzigen Atmosphäre, die die albernsten Vorgänge umgibt. Daneben hat das Sprachspiel oft die Funktion, Urteile und innere Vorgänge zu gestalten.

Wir wenden uns zunächst dem vorwiegend Bühnenhaften zu. Die Exposition geht rasch vor sich. Eingeführt durch meist humoristische oder sarkastische Bemerkungen von Episodenfiguren über den komischen Helden oder die zugrundeliegende Situation, erscheint er gewöhnlich bald auf der Bühne, nur selten später als im ersten Drittel des ersten Akts, zumeist mit einem Auftrittslied. Einer Tradition der Wiener Volksbühne gemäß, bezieht es sich meist in witziger Weise auf sein Gewerbe – wobei die Beziehung vorwiegend sprachlicher Art ist, ein findiges Spiel mit metaphorischen Redensarten –, oft auch auf sein Los in der Welt oder auf die Welt überhaupt. In den frühen Stücken eher einfachen Arien gleichend, wird das »Lied« später zum Couplet, mehr oder weniger satirisch im Charakter, pointiert durch einen markanten Refrain (vgl. S. 103 f.). Etwa von 1840 an folgt ihm gewöhnlich ein Monolog – nur selten geht er dem Auftrittslied voraus –, der die Scherze, witzigen, sarkastischen und empirisch philosophischen Bemerkungen fortführt und mehr das Denken des Autors als das der Figur dem Publikum mitteilt, aphoristisch oder in künstlich hergestelltem Zusammenhang, und so persönlichen Kontakt mit ihm herstellt. So wird der verallgemeinernde Monolog zusammen mit dem Kehrreim eine Art Konzentration des Witzes und der pragmatischen Philosophie Nestroys.[14] Der Refrain oder der dem Couplet vorausgehende kurze Monolog sucht an die eben erlebte Situation anzuknüpfen. Wer außer ein oder zwei weiteren Liedern das Auftrittslied singt und den mit ihm lose verbundenen Monolog spricht, gibt sich dadurch als die – meist komische – dem

Verfasser wichtigste Person des Stücks zu erkennen. Außerdem gewährt Nestroy meist auch einer weiblichen Rolle ein Lied. »Posse mit Gesang« nach diesem Muster blieben Nestroys Stücke bis 1850; dann werden sie vielfältiger, nähern sich öfter einerseits der Operette, andererseits dem reinen Sprechstück. Die Couplets haben allmählich dieselbe Vergeistigung durchgemacht wie der Dialog, selbst da, wo sie mit den äußeren Vorgängen verknüpft sind und die inneren metrisch und musikalisch gestalten, wie im Auftrittslied des Titus im *Talisman* (vgl. S. 378). Wir diskutieren auch diesen Vorgang in anderem Zusammenhang, S. 103 f.

Gewöhnlich spannend, wird die Handlung durch parodistisch opernhafte Arien und Duos, Terzette oder Quartette unterbrochen. Nur auf der Bühne gesungen, als musikalisch-dramatischer Spaß, können sie gewürdigt werden; ihr Text ist irrelevant. Musik verleiht auch als Ouverture oder Introduktion, als Ritornell, Begleitung von Chören und Tänzen und als Finale dem bald komischen, bald witzig rationalen Sprechstück da und dort den heiteren Zauber der Theateratmosphäre.[15] Vom Klang bekannter Opern erfüllt, trägt sie als Stimmungs- und als Geschehensmalerei oder als sarkastischer Kommentar zur sinnlichen Intensivierung der jeweiligen Handlung bei.

Fast alle Stücke Nestroys haben ein Happy-End. Meist ist es rein äußerlich, manchmal so gut wie gar nicht motiviert, und in einigen mokiert er sich über seinen eigenen, widerwilligen Anschluß an diese Tradition der Besserungsstücke und sonst üblichen Theaterware, explizit: »Nein, was's Jahr Onkel und Tanten sterben müssen, bloß damit alles gut ausgeht!« (*Jux,* letzte Szene) oder parodistisch: *Weder Lorbeerbaum noch Bettelstab* beginnt mit den letzten Worten des sein jüngstes Produkt vorlesenden Theaterdichters

> Juchhe! Jetzt sind wir alle glücklich!
> *(Die Anmerkung lesend).* Er umarmt seine Geliebte, alle übrigen im Stück, die einen geliebten Gegenstand aufzuweisen haben, umarmen denselben ebenfalls ...

In Nestroys eigenen Stücken der Frühzeit ist es manchmal nicht klar, ob er mit einem Achselzucken, den Bedürfnissen seines Publikums nachgebend, den im Widerspruch zu den Charakteren stehenden guten Ausgang akzeptiert oder sich über ihn mokiert. In den besseren Komödien, etwa von 1840 an, ist der gute Ausgang glaubhafter motiviert, wenn auch sehr oft mit dem traditionellen deus ex machina: den plötzlich gestorbenen Erbonkeln, dem aufgefundenen Testament, einer bis dahin unbekannten Verwandtschaft, der Entlarvung eines Betrügers u. dgl. Nestroy liebte die Welt des Theaters, *eine* Welt, und nahm sie wichtig, aber nicht zu ernst, und er weihte das Publikum in seine Gefühle darüber ein. Er hat gegen das Drama seiner Zeit geschrieben, indem er sich dessen Formen mit Virtuosität bediente und es auf der Bühne karikierte. In *Gegen Torheit gibt es kein Mittel* schreibt eine Bühnenanweisung vor: »Anselm . . . parodiert . . . die derbe Jovialität und barsche Gutmütigkeit des gewöhnlichen Lustspielonkels« (II, 15). In einer andern Szene läßt er den Helden »aufspringend«, die Hand der Geliebten »mit Küssen bedeckend« ausrufen: »O geliebte Verlobte!«, wozu Anselm bemerkt: »Solche Szenen haben etwas unendlich Rührendes an sich«. In *Nur Ruhe* erzählt Rochus, einen fiktiven Selbstmord beschreibend (III, 11):

[sie] lächelt und macht Bewegungen, wie man in höhern Ständen den Wahnsinn ausdruckt – *(macht die Händeaktion der italienischen Primadonnen in den Wahnsinnsszenen).*

Nestroy mokierte sich über prätentiöses Komödiantentum ebenso wie über Schreiber prätentiöser Stücke, über Theaternarren und über die naive oder heuchlerische Vermischung der Welt des Theaters mit der Wirklichkeit. Das findet sich alles – neben wirkungsvollem »höherem Blödsinn« – in der Posse *Theaterg'schichten durch Liebe, Intrige, Geld und Dummheit,* in der einigermaßen in der Art Tiecks im Gestiefelten Kater, aber mit beträchtlich mehr Humor, Witz und Theaterblut das kommerzielle idealistisch verbrämte Theater von innen nach außen gewendet wird, mit Direktor, Schauspielern, Schauspielerinnen und ihren Liebhabern, mit immer wieder auftauchender Persiflage bühnenhaften Gesprächs des ins Theater vernarrten Damisch (!) mit den Schauspielern – Zerstörung der Illusion in zweiter Potenz.

Auch von hier aus erklärt sich Nestroys Vorliebe für den Dialekt. Er war sich der Gefahr einer ausgeleierten, nur in einem linguistisch unwirklichen Vakuum existierenden Bühnensprache bewußt; sie war ihm immer ein Gegenstand der Abneigung und identisch mit Hochdeutsch. Sie hat für ihn zumindest etwas Schablonen- oder Kulissenhaftes an sich, stellt eine betont bühnenhafte Talmiwelt her. Es ist bezeichnend, warum Damisch von den Reizen der Provinzschauspielerinnen Mali und Lisi nicht angesprochen wird: »Sie haben eine lokale Mundart, und Lokalität zerstört jede Poesie. *(Pikant.)* Amor war kein Stockerauer.«[16] Mali antwortet, mit Beziehung auf die hochdeutsch sprechende »affektierte Rosaura«: »Potsdamer is er aber auch keiner g'west.« Und Damisch fährt fort: »Wann mir eine sagt *(im Lokaldialekt):* . . . ›du bist mein all's auf der Welt‹ – was hab' ich davon? Wenn aber eine sagt *(übertrieben hochdeutsch):* ›Du bist das Ideal meiner Träume, alle Regungen meines Herzens verweben und verschlingen sich mit dir!‹ – das is a anders Numero« (*Theaterg'schichten,* II, 4). Baron Neuhoff in Hofmannsthals *Schwierigem* hätte ihm imponiert. Wie in Neuhoffs Reden ist für Nestroy Hochdeutsch mit dem Phrasenhaften verknüpft und stellt menschliche Unechtheit dar (vgl. S. 66 f.). Wo er selbst gefühlvolles Hochdeutsch unparodistisch verwendet, da wird es papieren (vgl. z. B. 214).

Die große Mehrzahl der Stücke Nestroys, soweit sie nicht burleske Parodien sind, sind Possen, und selbst in den meisten derer, die in der Führung des Geschehens, dem ernsthaften oder ernsthaft behandelten Thema, im Ton oder sonst in der offenkundigen Absicht Nestroys andern zeitlosen oder zeitgenössischen Gattungen nahestehen – wie dem »Schauspiel« oder dem »Lustspiel« oder dem »Lebensbild« –, tauchen früher oder später possenhafte, manchmal drastisch-komische Elemente auf; zumeist häufen sie sich im letzten oder vorletzten Akt. Das gilt auch für die »Volksstücke«: für sie sind Abwesenheit extrem karikaturistischer Züge, ein zwar oft scherzhafter, aber moralisch »positiver« Ton und liebevolle Milieuschilderung charakteristisch. Nestroy selbst hat weitaus die meisten seiner Stücke, die nicht offenkundig oder vorwiegend Parodien sind, als »Posse«, gewöhnlich »mit Gesang«, bezeichnet.

Von allem Anfang an aber werden in Nestroys Werk auch Züge einer neuen Kunst des »Grotesken« sichtbar, zunächst nur in einzelnen Facetten, deren Zusammenwirken durch dieses Wort üblicherweise angedeutet wird: Übertreibung, Karikatur, Unstimmigkeiten aller Art bis Paradoxie. Anfangs schien es teilweise bedingt, zumindest gefördert durch die Gattungen, in denen es erschien: Travestie, Parodie, karikiertes Zauberspiel und die das Zauberspiel karikierende »Zauberposse«. Bald aber kam dazu die Verzerrung – oft bis ins Absurde – einer teilweise mit Hilfe der alten illusionistischen Mittel dargestellten Wirklichkeit mit marionetten- oder extrem karikaturhaften Figuren inmitten dieser *realistischen* Welt und durch Stilisierung einiger Gestalten ins unrealistisch Bedrohliche oder unmenschlich Lächerliche oder Abscheuliche, ohne daß sie den Anspruch auf Komik aufgegeben hätten: lächerliche Aspekte des Furchtbaren oder Traurigen, traurige oder furchtbare Aspekte des Lächerlichen wurden auf der Bühne sichtbar – ein Stil, der der Tradition der Wiener Volksbühne fremd gewesen war und erst in unserem Jahrhundert als »black humor« wieder aufgetaucht und populär geworden ist.[17] Die Figur des Simplicius in dem »lustigen Trauerspiel« *Gegen Torheit gibt es kein Mittel* (1838) war der Höhepunkt dieser der reinen, wenn auch satirisch gefärbten Lustigkeit entstrebenden Linie, ein Höhepunkt keineswegs an grotesker Kunst, aber an Deutlichkeit des Traurig-Komischen. Szenen gibt es in diesem Stück, die an psychologischer Unwahrscheinlichkeit und Qual der Episode Erinnerung an Artauds Theorie vom grausamen Theater[18] heraufbeschwören, Szenen, durchschallt vom Gelächter der Gefühllosen, geschmacklos auf der niedrigsten Stufe des Burlesken auf den ersten Blick, ans Herz greifend aber dennoch auf den zweiten, wie etwa die Verzweiflung des verschmähten – von Nestroy gespielten – Liebhabers (I, 18):

SIMPLICIUS *(allein):* Verhöhnt, verlacht, verspottet, verraten, verkauft, vernichtet! Das ist zu viel! Mein Nervensystem wackelt – die Sinne tanzen – ich erliege. *(Sinkt in einen Stuhl, mit dem Kopf auf den Tisch gebeugt, so, daß er mit dem Gesicht in eine aufgehäufte Schüssel voll grünen Salat zu liegen kommt, und bleibt wie bewußtlos in dieser Stellung.)*

Die traurig-komische Situation auf der Bühne setzt sich sogleich – noch nicht gleichzeitig – ins Sprachliche um; wir zitieren die nächsten Zeilen als vorläufigen Hinweis auf die komplexe dramatisch-sprachliche Vielseitigkeit, zumindest Verdopplung Nestroyscher Effekte, Beispiel sprachlicher Groteskheit:

RICHARD Bruder! – Wo ist er?

FLORFELD *(auf Simplicius zeigend):* Vorderhand nicht bei sich, *verzweif-lungsvoll in eine Schüssel Salat gestürzt.*

RICHARD Simplicius, Bruder, ermanne dich!

SIMPLICIUS *(emporfahrend): Ermannen?* Ja, ich will es – ich habe mich *beweiben* wollen, aber das Schicksal war nicht dieser Meinung (I, 19).[19]

Das roh Burleske wird durch die Übertragung ins Sprachliche etwas milder: vertieft durch den artikulierten Kontrast und vergeistigt durch den Witz, trotz dessen Schwächlichkeit. Wo Todesangst und körperliche Furcht in eine von vornherein phantastische oder absurde Theaterhandlung eingelassen sind, da ist die groteske Verquickung mit dem sachlich oder sprachlich Komischen leichter, viel hemmungsloser akzeptabel; so in der alptraumhaften Szene III, 10 von *Genius, Schuster und Marqueur* (1832), wo Kipfl und Pechberger im Feenreich auf einem Holzstoß verbrannt werden sollen:

DIE WÄCHTER Auf den Holzstoß mit ihnen! *(Sie stellen die beiden während einer kurzen Musik auf den Holzstoß.)*

PHYLAX Angezündet!

KIPFL UND PECHBERGER *(in höchster Angst):* Warten S', wir springen erst herab.

DIE WÄCHTER *(lachen höhnisch):* Hahahahaha!

Als sie »in höchster Angst« bekennen, daß sie Menschen sind, betrifft sie statt dessen das ihnen angedrohte Geschick: Sie verwandeln sich, von den Füßen aufwärts, allmählich in weißen Marmor.

KIPFL Ach! Die steinerne Kälten –!

PECHBERGER Jetzt haben wir nichts mehr als *das bissel Kopf.* (II, 10)

Die grotesken Züge beharren in Nestroy Werk bis 1839; dann treten sie stark zurück oder verschwinden für ein Jahrzehnt. In der Form des Absurden erscheinen sie zuerst in den frühen Zauberpossen; aber gerade dadurch wird verdunkelt, wie sehr diese Absurdität Nestroyisch intellektuell-komischer Art ist. Am deutlichsten treten sie wieder hervor in seinem letzten Stück, dem *Häuptling Abendwind,* wo das Offenbachsche Kannibalen-Milieu ähnliche Dienste leistet.

Natürlich äußert sich Nestroys Freude am Grotesken auch in der Vielfalt seines Dialogs. Bald ist er mit der Handlung eng

verzahnt, bald läuft er neben ihr einher, und das ruhige Dahin-
fließen des traditionellsten Bühnengesprächs kommt manchmal
zum Stocken in einem artistisch arrangierten Wirbel. Die Sprache wird grotesk auf so mannigfaltige Weise, daß diese Bezeichnung in allgemeiner Form wenig besagt (vgl. u. a. S. 65). Die
Sätze sind – wo Nestroy nicht absichtlich amüsant gebaute
syntaktische Ungetüme konstruiert, mit denen seine Zungenfertigkeit paradierte – eminent sprechbar: Schauspieler-, nicht
Buchsätze. Seine Perioden und Satzfolgen geben, voll Leben
und Schmiegsamkeit, rhythmisch pointiert die intellektuellen
und emotionalen Regungen des Sprechers wieder. Man gehe
etwa im *Talisman* der Dynamik und dem prachtvoll architektonischen Aufbau der Rede »Wer Menschen kennt« (I, 17) nach
und der Spiegelung des Dramatischen in der Beweglichkeit der
Monologe I, 7 (»Ich bin entwaffnet«) und 9, 13 (»Glück gründen? – Talisman?«) mit dem Übergang vom Erstaunen des mit
einer schönen Perücke bedachten armen Teufels zu Neugierde
und weiter zu Empörung, zu Geschimpfe, zu Überlegung, zu
eitlem Stolz, Hoffnung und Selbstvertrauen mit dem rhythmisch
kraftvoll markierten, aus Reflexion, Witz und Unternehmungslust amalgamierten Schluß: »Ich riskier's; ein' schönen Kerl
schlagt's nirgends fehl.« Lange Sätze wechseln mit denkbar
kürzesten von überwältigend witziger charakterisierender Konzision:

FETT Nein, wie Sie g'schwind lieben, das is merkwürdig!
NEBEL Übung! (*Liebesgeschichten,* III, 14)

Konzis, aber nicht dunkel, ist der Dialog im Ganzen, wo nicht
besondere Situationen es anders verlangen, angepaßt raschem
Denken, sofortiger Replik, voll syntaktischer Spannung, aber im
allgemeinen ohne Rhetorik. Die Redeweise zumindest *einer*
Hauptfigur, erst fast immer der Nestroy-, später oft auch der
Scholz-Rolle (vgl. S. 42), ist reich an Witz und geistreichen
Pointen. Ausgestattet mit diesen Wirkungsmitteln, ist der Dialog in den späteren Komödien immer mehr um seiner selbst
willen da. Auch episodische, isolierte Szenen beziehen ihren
Glanz sehr oft aus der witzigen oder komischen Schlagkraft des
Gesprächs; »chargierte« Episodenrollen verdanken ihre Wirkung, soweit die Komik nicht rein handlungsbedingt ist – und
das ist selten – sprach- oder sprechbedingter Charakteristik. In

der köstlichen Episode mit dem hier zum ersten und einzigen Mal auftretenden Portier in *Höllenangst* (Anfang des dritten Aktes) zum Beispiel ist fast jedes Wort ein ihm selbst unbewußter Witz der Überraschung und des Widersinns; mit dem trivialen Mittel der stehenden Redensart wird ein Charakter lakonisch aufgebaut und mit ihm eine Welt komplizierter sozialer Implikationen:

Elegante Straße. [Vor dem Hause des Staatssekretärs steht beim Aufrollen des Vorhangs ein] Portier eine kleine Weile regunglos, mit dem großen Stock in der Hand, darauf kommt Leni aus dem Hause.

LENI Ah, Vater, das ist ein Jammer, daß ein' 's Herz bricht, die Dam', die sie gebracht hab'n – durch'n Schleier hat man die Tränen g'sehn.

PORTIER *(kalt und gravitätisch):* Ja, jetzt, das is schon a so.

LENI Die andre hat auch g'weint, die mit dem grünen Schleier – 's war aber nicht so rührend, natürlich, die hat nur g'weint, weil sie Kammerjungfer is.

PORTIER Ja, jetzt, das is schon a so.

LENI Mir stünd' ein grüner Schleier sehr gut.

PORTIER Mir is auch von jeher grün gut g'standen zum G'sicht.

LENI Ich kaufet mir ein', aber . . .

PORTIER Du hast das nicht nötig. Überhaupt, auffallende Sachen muß man vermeiden.

LENI Und weiß der Vater, wer sie is, diese Dam' –?

PORTIER Geht mich nix an.

LENI Und wegen was sie da is?

PORTIER Mir alles toute même.

LENI D' Kammerjungfer hat's als a weinender g'schnattert –

PORTIER Ja, jetzt, das is schon a so.

LENI Sie hat heimlich g'heirat't.

PORTIER Aha? Nimm dir a Beispiel!

LENI Soll ich etwan auch heimlich heiraten?

PORTIER *(einen Moment auffahrend, gleich aber in seine kalte Ruhe zurückfallend):* Es ist unter meiner Würde, mit einer Gretl wie du – wenn ich sage »Beispiel«, so is es ein abschreckendes Beispiel. Was ich sag', is abschreckend.

LENI Der Vater weiß aber –

PORTIER Ich weiß nix, das is dein Glück, denn wenn ich einmal was weiß, da is der sanfte Vater ums Eck, und ich bin rein aufgebrachter Portier.

LENI O weh! Da krieg' ich völlig a Ganshaut.

PORTIER Das is angebornes Talent bei dir. Marsch ins Haus!

LENI Der Vater is aber doch recht abscheulich. *(Geht ins Haus ab).*

PORTIER Ja, jetzt, das is schon a so.

Karl Kraus hat auf die folgende, hier in ihrer Gesamtheit abgedruckte Szene aus der *Verhängnisvollen Faschingsnacht* aufmerksam gemacht, unübertrefflich in ihrer Konzision, für deren sprachlich-gestische Kongruenz die Bühnenanweisungen sorgen, so wie die am Anfang dieser *Höllenangst*-Szene: »*regungslos, mit dem großen Stock in der Hand, kalt und gravitätisch*«. Der ehrbeflissene, »höherstrebende« Holzhacker Lorenz ruft erwartungsvoll (I, 8):

> Ha, da kommt eine Dam', ein Bedienter hinter ihr in bordierter Livree! Wenn die um a Holz ging' –
> (IX. Auftritt. *Vorige; Frau von Schimmerglanz, Bedienter, von vorn rechts, sie gehen links nach dem Hintergrunde.*)
> LORENZ *(sich ihr nähernd):* Gehn Euer Gnaden vielleicht um a Holz?
> SCHIMMERGLANZ *(sieht ihn vornehm über die Achsel an und sagt dann zu ihrem Bedienten):* Sage er ihm: Nein! *(Geht ihren Weg fort.)*
> BEDIENTER *(zu Lorenz):* Nein, wir nehmen's vom Greisler. *(Folgt seiner Frau, die im Hintergrunde links abgeht.)*
> (X. Auftritt. *Die Vorigen; ohne Frau von Schimmerglanz und Bedienten.*)
> LORENZ *(für sich):* Das ist fatal! . . .

Verhältnismäßig selten dient die Sprache des Nestroyschen Dialogs bloßer Mitteilung oder Kommunikation zwischen seinen Partnern. Sachliche Rede, frappante – gewöhnlich humoristische – Vergleiche um der Vergleiche und Bilder um der Bilder willen, sonstwie sprachlich komische Fügungen und Wortspiele folgen und überdecken einander in bunter Abwechslung und dienen verschiedensten Zwecken. Um sprachlicher Pointen willen ersinnt Nestroy oft szenische Vorgänge, und sie werden langer Hand vorbereitet (vgl. z. B. S. 84 f.). Wir diskutieren diese Formen seines Sprachsinns, das Wortspiel im besonderen, später als Ausdrucksformen seines Geistes und seiner Absichten.

Nestroy läßt seine Figuren in vier im Prinzip scharf unterschiedenen Stilen sprechen: 1) in einem *natürlichen,* realistischen, ihrem sozialen Stand angemessenen, 2) in einem forciert *stilisierten,* oft von ihrem Beruf gefärbten und amalgamiert mit 3) Nestroys *persönlichem* Stil, einer Mischung von konkreter Anschauung und rationalster Abstraktion, Antithesen, übersteigerter, oft grotesker Vergleichs- und Bildersprache, überaus häufigen Sprach- und Wortspielen vielfachster Art, all dies oft ironisch gewendet, und 4) in *Stilparodien,* die mit der »natürlichen« Redeweise der Rollen kontrastieren.

Aber auch die Stile 1 und 3, der »natürliche« und Nestroys »persönlicher« Stil, sind durchsät mit Diskrepanzen und Anspielungen der verschiedensten Arten und haben so sehr etwas humoristisch Aufregendes und Enthüllendes an sich, daß sein Werk schlechthin – ob mit Recht oder Unrecht – als »Die Komödie der Sprache« bezeichnet werden konnte.[20] Die Stile 2-4 sind Abarten eines in der europäischen Literatur Jahrhunderte hindurch von Zeit zu Zeit auftauchenden Manierismus.[21]

Mit diesen vier Stiltypen durchkreuzt sich eine als Charakterisierungsmittel überaus wichtige linguistische Dreistufigkeit (vgl. S. 65), und all dies wird noch komplizierter dadurch, daß die den verschiedenen Sprach- und Charaktertypen und -Stufen zugehörigen Reden immer wieder von sachlicher in ironische Ausdrucksweise übergehen, mit oder ohne Wortspiele, wie etwa schon in diesem Fragment eines geistig und sprachlich primitiven Dialogs zwischen dem Dummkopf Pumpf und der Fee Bisgurnia in Nestroys erster Komödie, der *Verbannung aus dem Zauberreiche* (1828; eine *Bis*gurn ist im Wienerischen ein »bissiges« Frauenzimmer):

PUMPF . . . über das zerbrich ich mir den Kopf.

BISGURNIA Tun Sie das nicht! Das Schwächste muß man grad am meisten schonen.

PUMPF Meine Vortrefflichste! Sie sind zu besorgt um mich! (I, 3)

Bisgurnias ist die niedrigste, ästhetisch gröbste Kategorie der Ironie. Sie ist, als Ironie, so offenkundig, daß sie keine Erklärung braucht; wo sie um einige Stufen höher steht, bedarf sie dazu nicht selten einer Analyse aus dem Kontext, aber auch die fällt nicht schwer, wenn der Kontext nicht zu komplex ist. Oft unanalysierbar, aber kennzeichnend für Nestroys Werk ist jene höchste, sehr subtile Art, die durch die »Literatur« oder den »Dialog« hindurch eine Form der Weltansicht des Autors ist, ja, möchte man sagen, Ansicht des Menschen und des Schicksals sub specie aeterni. Auch sie ist (passive) Ironie der Sprache, nicht der Handlung, aber im Gespräch so trocken ätherisch aufgelöst, daß sie nur aus dem Ganzen der Komödie, aus dem Ganzen menschlicher Weisheit her fühlbar wird, entzogen kritischer Beweiskraft.[22] Als dauernd mitverstandener oder mitgefühlter Hintergrund bildet sie die Gleichzeitigkeit der unablässig skeptischen Einsicht Nestroys in die Fragwürdigkeit der Welt mit seiner lebenslustigen Weltbejahung ab, ohne die er seine Komödien nicht hätte schreiben können. Ironie verwandelte Furcht und Einsicht in Humor.[23] Solcherart »schwebend«, findet sie sich vor allem in Nestroys späteren Stücken, ist nicht auf die Nestroy-Rolle beschränkt und macht oft aus dem Personal einer Posse mit nachdenklichem Lächeln gesehne Spielsteine des Schicksals, durch ihr Tun sowohl wie durch ihr Wesen. Sie war sein Mittel, die geheime Angst zu übertönen, die aus einer Notiz im Nachlaß spricht: »Es gibt einen Glauben, dessen wir zu sehr bedürfen, um ihn den Chancen eines Examens zu unterwerfen.«[24]

Die stark überwiegende Mehrheit der weit über 1000 benannten Typen und Figuren in Nestroys Werk gehören der Welt des Kleinbürgertums – Handwerker, kleine Geschäftsleute und Angestellte – an, eine beträchtliche Minderheit sind Großbürger und »Kapitalisten« (d. h. wohlbestallte Rentner), und in diese Welt hineingepflanzt ist eine kleine Anzahl Aristokraten, ländliche Typen und Außenseiter der hierarchischen Gesellschaft, wie Arbeitslose und Vagabunden, Zirkusreiter, Dichter und Schauspieler; dazu kommen die Zauberer, Geister, Feen und Teufel mit meist kleinbürgerlichen Charakterzügen und in den Zauberpossen einige wenige allegorische Figuren alten Stils. Die spezifischen Berufe der Personen tauchen hauptsächlich in ihren Reden auf, als Anlaß oder eher Vorwand zu witzigen Vergleichen, Metaphern und Wortspielen, nur selten als Bestandteile oder Vorwände der Handlung. Denn sie sind zumeist nur gesellschaftliche Fixierung der durch Nestroys ganzes Werk sich hindurchziehenden Reihen bestimmter Charaktere, wie der »Dummköpfe« (vom gescheiten bis zum wirklich dummen), der »Zyniker« (vom bösen bis zum guten), der sarkastischen Beobachter (vom intellektuell scharfen bis zum gemütvoll milden).

Sehen wir von der Nestroy-Rolle für einen Augenblick ab, so zeigt dieses Heer von Figuren äußerlich die Welt, von der Nestroy umgeben war, zumeist in realistischer oder karikaturhafter Spiegelung, gelegentlich aber burlesk, oft satirisch stilisiert. Vollkommene, beinahe abstrakte Stilisierung ist auf einige wenige Stücke beschränkt; entweder zum Zweck charakterologischer, beinahe anthropologischer Charakterisierung oder literarische Parodie (vgl. z. B. S. 44 ff., 256 f., 295 f.).

Dem auf all diese Texte und Spiele, Typen und Charaktere, Stile und Mittel Zurückblickenden erscheinen sie in ihrer Vielfalt und in ihrem Ineinanderwirken bald etwas mehr, bald etwas weniger, aber doch meist unverkennbar, als die Manifestationen, ja Schöpfungen eines und desselben Geistes. Jedes seiner Stücke schrieb Nestroy zunächst um ihrer Wirksamkeit auf der Bühne willen, in jedem gab es aber auch eine Rolle, in der er sich aussprechen konnte, durch den Text oder durch sein Spiel, meist durch beides. Daß wir Beschreibungen haben, wie der Autor die Rollen spielte, die er sich selbst auf den Leib geschrieben hatte, ist ein seltener Glücksfall. Denn wie er sie spielte, ist ein Schlüssel dazu, wie er sie verstanden haben wollte – bei aller Freiheit der Auffassung, die seine Nachfolger beanspruchen dürfen –, wie er *sich* verstanden wissen wollte. Es war die authentische Darstellung dessen, was er durch seine Stücke zu sagen beabsichtigte, noch bevor kritisches Lesen dies allmählich erhellen konnte, Umsetzung der Art, wie er die Welt sah, in Sprache, Tonfall, Gesten und Blick.

Er ging an seine Rollen in einem selbstgeschaffenen Stil heran, der sich von Anfang an als unrealistisch erkennen ließ, übertreibend, aber weit komplexer als bloß übertreibend oder bloß karikaturistisch: Als aggressiv und höhnend, ohne doch auf die schauspielerischen Mittel zu verzichten, die Gelächter hervorrufen. Als »kolossalisch«, von einer ungeheuren ursprünglichen Kraft der Komik, die jeden Widerstand niederwarf, wird sein Spiel in den ersten Jahren seines Wiener Engagements geschildert, in seinen eigenen Stücken ebenso wie in denen anderer. Die Eindringlichkeit seines Blicks und seiner zweideutigen Mimik, das nuanciert Marionettenhafte seiner Bewegungen, dann wieder ihre Ausdruckskraft, dazu die virtuose Gewandtheit der Zunge erzeugten nicht endenwollende Heiterkeit, die nur dann aussetzte, wenn der »blutige Sarkasmus«, die Überlegenheit, die aus alledem schimmerte, zu beklemmend wurde. Sein Wesen erinnere an »diejenige Hefe des Pöbels, die in Revolutionsfällen zum Plündern und Totschlagen bereit ist. Wie komisch Herr Nestroy auch zuweilen wird – er kann das Unheimliche nicht verdrängen, welches den Zuhörer beschleicht«, bemerkte 1837 der Hofschauspieler Costenoble.[25] Rudolf Kassner empfand dasselbe Gefühl beim Lesen der Possen: »Nestroys Witz hat in der Tat seine Wurzel im Dämonischen.«[26] Um 1840 wurde sein Darstellungsstil gedämpfter, menschlicher: »Die alte Kraft übt er jetzt mit ... Milde und Reife, im Dienste ... wahrhaft dichterischer Zwecke.«[27] Bonhomie und weiser Humor gesellen sich zur Satire. Dies ging nicht auf Kosten der inneren Statur. Anläßlich der Darstellung Schnoferls, des persönlich schüchternen, aber im Inneren seine Umgebung überragenden kleinen Agenten, schrieb Der Humorist am 26. November 1841: »Nestroy ist ... aus jedem Maß und Verhältnis hinaus- und hinübergewachsen. Es ist alles übernaturgroß, sein Witz, seine Bilder, seine Sprache, seine Gesten, seine Figuren, alles, alles ist ... überlebensgroß! Allein ich verzeihe Nestroy seine Regellosigkeit, weil sie aus Fülle, seine Ungebundenheit, weil sie aus Gesundheit, und seine Derbheit, weil sie aus Kraft entspringt.«

Nestroys Stil ließ sich nicht auf starre Formeln bringen. Nach 1850 wandelte er sich neuerlich zur Karikatur, zum Grotesken, und vor allem zur Parodie, aber der Sarkasmus wird liebenswürdig, mutwillig-weise Abgeklärtheit; was an dieser Spielart grotesk ist, wirkt eher wie Darstellung aus belustigter Distanz als wie bittere Aggression aus höhnender Nähe. Humor ist nun mehr und mehr am Werke: »[Nestroy] ist ... vom Scheitel bis zur Sohle eine lebende Karikatur, die aber blitzartig die Linien der Natürlichkeit erscheinen und verschwinden läßt ... er hat eine merkwürdige, unerreichte Gabe: durch eine einzige Mundfalte, ein einziges Augenzucken die ganze geistige, ironische Höhe neben der scheinbar tiefstdümmsten Rede anzudeuten ... mit seinen agilen Händen und Beinen steht er plötzlich als Sieger über allen und allem auf der Bühne, es liegen, nur dem geistigen Auge sichtbar, Menschen, Dinge, Verhältnisse, kunterbunt durcheinander geworfen, ihm zu Füßen.«[28]

Das Persönlichkeit-Stiftende in allen seinen Leistungen als Schauspieler und Autor wird hier sichtbar: durchdringende Geistigkeit, die sich vom scharfen Verstand zur philosophischen Vernunft abklärte. Ihre eigentümliche Wirkung war, daß man den Eindruck hatte, es agiere da oben ein sehr witziger oder weiser Mann, der zwar in vollkommener Art die Sprache des Volkes spreche, aber in einer gewissen Distanz von ihm verweile und so seine Fehler und Schwächen schärfer sehe und manchmal auf beinahe grausame Art darstelle: »Wie würde die Gegenwart erschrecken, wenn diese Gestalt plötzlich auf die Bühne träte, mit diesem Blick, mit diesem Ton vernichtenden Hohnes«, erzählt Josef Lewinsky, einer der Großen des Burgtheaters, in der Erinnerung an diese »imponierende« Figur[29], und die Tendenz wird sichtbar, der dies alles dient: »Auf dem Grunde seiner Zeit, die sich so sehr fürchtete vor dem Geist, . . . leuchtete [er] grell schon durch den natürlichen Widerspruch seines Wesens mit dem Wesen seiner Zeit . . .«

Widerspruch zum Wesen seiner Zeit, und nicht nur *seiner* Zeit, sollte sein Werk beherrschen, so sehr dieser Widerspruch in Lustigkeit eingebettet war. »Die Schärfe seines kritischen Verstandes sah die Schwächen der Menschen . . . mit hellstem Auge; und nun hatte er das erschreckende Talent zur Hand, diese Schwächen . . . in der Linie der Karikatur zu zeichnen«, »einen künstlerischen oder ethischen Fehler im Spiegel der Darstellung allen Augen bloßzustellen«, ist Lewinskys nachhaltige Erinnerung. Lebenslange Lust am Spiel jeder Art – ein anderer Grundzug seines Wesens – trieb Nestroy dazu, dieses Talent immer wieder auf der Bühne zu betätigen. »Widerspruch zum Wesen seiner Zeit« durch Darstellung ihrer »Fehler«, Gestaltung des Abfalls der Wirklichkeit von der Idee durch Spiel ist Satire. Wie schwer er sich's damit machte, wußte er; in einer von ihm selbst gespielten Rolle rät er dem Freund davon ab, sich im Karikaturenzeichen zu versuchen: »In der Karikatur liegt zuviel Wirkliches, und die Menschheit will nur recht poetisch aufgefaßt sein, ein klarer Beweis, wie prosaisch sie ist« (*Mein Freund,* Vorspiel). Seine Karikatur, Anfangsstadium seiner Satire, stammte aus Desillusionierung. Illusion zerstört zu sehen, liebte sein Publikum nicht. Und es ist Nestroy nicht immer gelungen, zu verhehlen, daß er sein Publikum nicht liebte, das zu unterhalten er sich doch so erfolgreich bemühte. »Der Applaus raset ihn zum Schluß heraus«, lautet das Ende der oben zitierten Beschreibung seines Spiels aus dem Jahr vor seinem Tode, »seine lange Gestalt knickt in zwei Hälften, er lächelt – selbst da weiß man oft nicht, dankt Nestroy wirklich oder ironisiert er das Herausrufen und Kommen!« Längst Abgott der Wiener geworden, dankt er für den Beifall auf eine Weise, die Beifall und Dank zu ironisieren scheint, die abweicht von dem üblichen Verhältnis des Werbens, ja der Devotion vor dem Publikum und die uns heute eine die Jahrzehnte hindurch bestehende unsichtbare Kluft zwischen ihm und der Welt anzuzeigen scheint, auf die er angewiesen war.

Als Gegenbild zu seiner eigenen Erscheinung und Eigenart schuf er in weitaus den meisten seiner Stücke von 1832 bis 1857 die für den kugelrunden, kurznackigen und dackelbeinigen Wenzel Scholz bestimmten Rollen[30], der, alles mit steinernem Gesicht äußernd, bloß auf der Bühne zu erscheinen brauchte, um einen Lachsturm hervorzurufen. Für ihn schrieb er die Antworten und Diskurse der breitspurigen Dummköpfe, die »in aufregende Lebensverhältnisse und vor Anforderungen gestellt [werden], die ihnen zu anstrengend sind«[31] – einfältige, faule, im ganzen treue, dabei aber durchaus auf den eigenen Vorteil bedachte Diener, von der eigenen Anziehungskraft überzeugte unglückliche Liebhaber jüngerer Frauen, aber auch schuftige, sich selbst dauernd bemitleidende Intriganten; die einen komisch und rührend, die andern komisch und gemein zugleich, selbstzufriedene Bürger der Wiener Vorstadt, »Verkörperungen eines spezifisch österreichischen Schmarotzertypus«[32]. Die Diener Konfusius Stockfisch in *Der konfuse Zauberer* (1832), Peter in *Der Färber und sein Zwillingsbruder* (1840), Gabriel in *Der alte Mann mit der jungen Frau* (ca. 1849) gehören hierher, der tyrannische Hausmeister Kajetan Balsam in *Eine Wohnung ist zu vermieten* (1837), der Parvenu Florian Fett in *Liebesgeschichten und Heiratssachen* (1853), die schurkischen Intriganten Puffmann in *Der Unbedeutende* (1846) und Peter Dickkopf in *Heimliches Geld, heimliche Liebe* (1853); und *Der gutmütige Teufel* Belzebub (1851), um nur einige zu nennen.

Für das Bewußtsein des Theaterpublikums gehörten die Nestroy- und die Scholz-Rolle, einander ergänzend, zusammen, und der heutige Leser oder Regisseur Nestroys wird oft gut daran tun, sich die beiden auf der Bühne als Paar, in kontrastreichem Zusammenspiel, vorzustellen.

Die immer vorhandene Kluft zwischen Nestroy und seinem Publikum war fruchtbar. Ihr zunächst haben wir es zu verdanken, zusammen mit Nestroys Leidenschaft für Theater und seinem elementaren Vergnügen an reiner Komik, daß diese sich vergeistigte in der Richtung auf wertbetonte Satire hin, aber als Komik bestehen blieb. Sein geschriebenes Werk spiegelt sein gesprochenes und gespieltes Wort: »Publikumsbeschimpfung«, bei der sich die Beschimpften ungeheuer unterhielten; dazu war allmählich deutlich geworden, daß an ihr sein Herz teilhatte. Es blieb bei aller Distanz nicht kalt, sondern stellte sich auch selbst dar, einbezogen in das Fragwürdige menschlichen Wollens und Geschehens, fühlend und resignierend. Echter Humor war entstanden, auf der Bühne wie im Text, so sehr dieser Humor auch immer wieder hinüberspielte ins Kritisch-Mokante. Satire, Komik und Humor, vereint oder getrennt, durchdringen alles, was Nestroy schrieb.

Innerhalb seiner Komödien ist die typische Nestroy-Rolle die konzentrierteste Verkörperung seines Geistes, und sie beherrscht als Zentralfigur – als Manipulator der andern oder der Sprache oder als Raisonneur, sehr oft dies alles zugleich – den Text und die Aufmerksamkeit des Zuschauers. Den lockersten Boden für seine Satire und seinen Geist, den gefügigsten Rahmen für sein Spiel fand er in der reinen Posse; ihren Traditionen und Spielregeln paßte er schon die frühen Zauber- und Besserungsstücke an, und ihre Züge verharren noch in seinen Nachbildern des Vaudeville und den Umarbeitungen erzählender Schriften. Parodie und Travestie leihen sich dem Possenhaften von selbst. Innerhalb dieses Umkreises schuf er in den Rollen, die er für sich selbst schrieb, immer wieder Anlässe für seine außerordentliche Begabung als Komödiant und für seine Freude am Komödiantischen durch Mimik, Gestik und Diktion (vgl. z. B. S. 326, 342 ff.). Verkleidungen und Verwechslungen waren solche Anlässe.

Nestroys Possen sind zwar lokal gefärbt, wiederholen aber weithin die Formen und Motive der Commedia dell'arte, noch in einer seiner letzten Komödien (vgl. S. 342). Auch die Handlung fragt wenig nach Originalität, geht sie doch selbst auf die antike Komödie zurück. Ein kunstvolles Räderwerk aus festen Typen, burlesken Situationen und Theatercoups, arbeitet sie mit eifersüchtigen Liebhabern, Vätern, die ihre Kinder am Heiraten hindern wollen, übertölpelten Vormündern und pfiffigen Dienern, mit Verkleidungen, Erkennungszeichen und Beiseitesprechen, mit verwechselten Zwillingen und dem zufälligen Zusammentreffen von Verwandten, die einander nicht kennen, mit unerwarteten Erbschaften und reichen Vettern, die als dei ex machina alle Schwierigkeiten mit einem Schlag lösen.

Aber gerade weil diese Gattung in ihren Grundzügen am

bestimmtesten ist, althergebracht durch Typen, Motive und Requisiten, die miteinander zur unwahrscheinlichsten Handlung kombiniert werden – nicht mehr und nicht weniger unwahrscheinlich allerdings als in den Komödien Shakespeares oder Molières –, gerade darum kann in der Posse der Autor seine Eigenart am deutlichsten erweisen. In allem kommt es hier auf die Gestaltungskraft, das Geschick und den Geist des Bewegers dieser traditionellen Typen an, auf Komik und Witz.

Auch aus andern dramatischen Werken, Romanen und Erzählungen übernahm Nestroy später die Handlung und schuf, ihr folgend, etwas völlig Neues. Ein unübersehbares Gewimmel von Figuren taucht vor unseren Augen auf, wenn wir an Nestroys Stücke denken, von kleinen Handwerkern und reichen Geschäftsfrauen, von Bedienten und Emporkömmlingen, von Näherinnen und Apothekern, Kanzleischreibern und Bauern, von Fabrikanten und Dichtern – sie alle im Wesen aber nicht Standes-, sondern Gesinnungs- und Charaktertypen, so amüsant auch ihre berufliche Tätigkeit die Metaphern ihres Denkens prägt. Denn Nestroy war von jeher jener echteste aller Satiriker, dem es nicht um vorwiegend zeitgebundene Übelstände und gewiß nicht um individuelle Fälle zu tun ist, sondern um Durchdringung der ewigen menschlichen Art, wie sie sich in den Beziehungen der Menschen zueinander äußert, in ihrem Verhalten zum Schicksal und zu sich selbst, und die er so sieht: »Der Mensch is das Wesen, welches ... sich ... für das Ebenbild Gottes ausgibt, worüber sich jedoch Gott nicht sehr geschmeichelt fühlen dürfte« (*Die schlimmen Buben*, Sz. 10).

Aber auch das Heer anderer Einzelfiguren in Nestroys Stücken ist zwar den Gesetzen der Posse gemäß von *einem* Trieb, nur *einem* Streben beherrscht, aber dennoch glaubwürdig ausgestattet mit Eigenschaften und Eigenheiten, die charakterologisch mit ihm in gewachsenem Zusammenhang stehen. Ihre Gestaltung erfolgt weithin nicht durch ihr Tun, sondern durch ihre Sprechweise (vgl. u. a. S. 62 und S. 127).

Des Allgemeinen, des Abstrahierenden in seiner Weltbetrachtung ist sich Nestroy dennoch immer bewußt. Kann es einen handgreiflicheren Beweis dafür geben, als daß er zwei Jahre, nachdem er (1835) auf der horizontal zweigeteilten Bühne in *Zu ebener Erde und im ersten Stock* unten das Leben der

Armen, oben das der Reichen sich gleichzeitig und paradigmatisch hat abspielen lassen, aufeinander bezogen durch Kontrast, Echos und Analogien für Auge und Ohr (vgl. S. 210 f.) – daß er zwei Jahre nach dieser Neuerung weitergeht und eine vertikale Scheidewand hinzufügt, auf der in vier Fächer geteilten Bühne im *Haus der Temperamente?* Da zeigt er virtuos tatsächlich einen Querschnitt – im wörtlichen Sinn – durch das Leben, durch die menschliche Natur, zerspalten in die vier alten Grundtypen des Sanguinikers, Melancholikers, Cholerikers und Phlegmatikers. Beobachtungsgabe und Abstraktion verbinden sich hier zu einer situationskomischen und zugleich geradezu lehrbuchhaften anschaulichen Typenpsychologie (vgl. S. 225 ff.). An barocke Allegorien wie das Salzburger Welttheater, bereichert durch eine Fülle beobachteter Einzelzüge einer wirklichkeitsnäheren Welt, ist man da erinnert. (Auch sonst ist dem Barock und Nestroy gemeinsam das Zusammenwirken von Ratio und Bildhaftigkeit.) Und noch ein drittes Mal hat Nestroy demonstrativ auf Individualisierung verzichtet: im *Gewürzkrämerkleeblatt* (1844) ist jeder von drei älteren befreundeten Männern auf gleiche Weise darum besorgt, daß die junge Frau des Freundes ihrem Mann Treue halte, und übersieht, daß die eigene ihn selbst hintergeht; und die Neigung der drei Gattinnen für einen und denselben jungen Kommis bewirkt immer wieder Situationen, in denen jeder der drei Männer genau das gleiche tut und das gleiche sagt wie die beiden anderen (vgl. S. 279 ff.). In *Müller, Kohlenbrenner und Sesselträger* ist die ganze Handlung auf dem Schema Weiß-Schwarz-Rot aufgebaut; es korrespondiert mit den drei im Titel genannten Berufen und den drei verschiedenen Lebenszielen der drei Helden (vgl. S. 201 f.). Strengen Parallelismus und Symmetrie, ja absurd komische Identität in Wort und Tat verwendet Nestroy oft auch in andern Stücken (vgl. z. B. S. 162, 189), zuletzt noch in *Nur keck* (1855). Manchmal dient sie ihm außerdem zu einem andern Zweck: nicht die Menschen zu typisieren, sondern um die klischeehafte Behandlung menschlicher Wesen und Situationen durch die erzählende und dramatische, meist sentimentale Trivial- und Routine-Literatur zu karikieren (vgl. z. B. S. 163). Nestroys tiefe Neigung, den Menschen als eine durch Schicksal, Charakter und Konformität seines Willens beraubte Marionette zu sehen, spielt hier gewiß oft mit. Der voraussehbare Lacherfolg derartiger oft geradezu choreographischer Szenen, solange sie nicht zum Überdruß ausgedehnt werden – erprobt durch Molière[33] und die Commedia dell' arte – hat im erfahrenen Theatermann Nestroy die ursprünglichen Antriebe zu einer solchen Behandlung des Individuums begünstigt.[34] Ist doch nach Bergson die »Mechanisierung« der Person einer der häufigsten Anstöße zum Gelächter. Aber während sie in weit milderer Form zum Wesen der Posse als Gattung gehört, sind solche extrem formale, ans Allegorische oder Surrealistische streifende Schemata und Episoden eine Nestroy durchaus eigene Umsetzung seiner Gedankenwelt ins humoristisch Visuelle.

Sie sind bei ihm häufig, aber nicht die Regel. Seine meisten Charaktere, die wichtigen ebenso wie die episodischen, erscheinen entweder als realistische oder als schein-realistische, aber sprachlich verfremdete oder als karikaturhafte Figuren in einer an Witz und Spannung von Szene zu Szene sich steigernden episodenreichen, komischen Handlung, fast immer dirigiert und verwirrt, attackiert und kommentiert vom Träger der Nestroy-Rolle. Daß ein Praktiker des Theaters die Handlung ersonnen oder für seine Zwecke adaptiert hat, erkennt man an ihrer technisch virtuosen Führung durch unauflöslich scheinende Verwicklungen hindurch zu verblüffend wirkungsvollen Aktschlüssen und heiterer Auflösung. Zu statisch bildhaften anschaulichen Konstellationen auf der Bühne läßt Nestroy die Stationen einer komischen Handlung, ihre unerwarteten Wendungen gefrieren, besonders gern in »Tableaux« am Schluß eines Stückes oder Akts, z. B. des ersten und zweiten im *Talisman* (vgl. S. 372). Ein andermal gestaltet Nestroy die Bühnenanweisung für die szenisch sinnfällige Konzentration des Anfangsstadiums einer Intrige am Ende eines ersten Akts so, daß dies zugleich parodistisch als theaterhaft entlarvt wird:

SCHLICHT *(für sich):* Es is vorbei – sechs Jahr' und ein Juwelier sind zwischen uns! *(Bleibt, gedankenvoll vor sich hinstarrend, im Vordergrunde stehn.* MARIE *steht an der entgegengesetzten Seite des Vordergrundes und richtet sich die Schleife in den Haaren.* SCHIPPL *schleicht, während im Orchester die Musik einfällt, in großartiger Attitude eines Intriganten mit höhnisch lächelnden, auf Schlicht gerichteten Blicken über die Bühne.)*
Der Vorhang fällt.   (Mein Freund)

Eindrucksvoller aber als Nestroys Gabe für solche stabile oder in dramatischen Rencontres bewegte Situations*komik* ist seine Kunst des Situations*witzes:* Der Aufbau einer sinnlich einprägsamen Situation, die über sich selbst hinausdeutet auf ein Allgemeineres in der Welt oder zumindest im gegebenen Stück. Die Szene wird zu einem unvergeßlichen dramatischen Bild von symbolischer, oft zugleich satirischer Anschaulichkeit in der Art Hogarths, aber monumentaler durch die Abwesenheit ablenkender Details: Etwa die Szene, in der der im wahrsten Sinne des Wortes »emporgekommene« arme Teufel Titus vom Schloßfenster auf die Gärtnerin »herabschaut«, die ihn zum Essen erwartet; eine Serviette um den Hals, winkt er mit der Fasanenkeule seiner nun verabschiedeten Wohltäterin genädig zu – ein Bild gewordener Aphorismus. Sofort wird auch im Dialog die veränderte Situation antithetisch scharf herausgearbeitet: Er wirft dem von der Gärtnerin zu seinen Gunsten vom Mittagstisch ausgeladenen Plutzerkern das Bündel geschenkter »ehemaliger« Kleider an den Kopf, da er sie »gegenwärtig« nicht mehr braucht. Handlung, Gestik, Komik, Witz der Beziehung und Witz der Sprache wirken so auf engstem Raum miteinander und gehen ineinander über, possenhaft und doch geistig.

Von dieser Geistigkeit glänzen und funkeln seine besten Rollen und Komödien, und sie dringt da und dort hervor aus den Fugen noch des dümmsten Dialogs in Dutzenden seiner schwächeren Stücke. Sie spricht sich aus in seinem *psychologischen Blick,* in seinem auch im Dialog logisch abstrahierenden und formulierenden *Verstand* (der sich später zu philosophischem Humor klärt), seinem *Witz* und vor allem im überlegenen unvergleichlichen Gebrauch der *Sprache.* In der Sprache, aber keineswegs nur in ihr, ergeht sich auch Nestroys unendliche Spiellust, ja fast kindliche *Verspieltheit.* Entspannend umrankt sie als erheiternde Arabeske den Dialog, nimmt dem analytischen Sezieren oder Zerstören der Illusionen etwas von seiner Schärfe, verleiht derber Bühnenkomik etwas Grazie.

Nestroys seelenkundige Finesse äußert sich viel öfter in den Aussprüchen seiner Figuren – manchmal unbewußte Selbstenthüllung, manchmal bewußt psychologische Aussage – als in ihren Handlungen. Diese sind mehr vom charakterologisch Typischen bedingt und vor allem von seiner Freude am Mimetischen. Die Analyse des Gefühls oder des unklar Gedachten an der Grenze des Gefühls dagegen ist eine von Nestroys Lieblingsoperationen. Er trifft sie so gut wie kein deutscher Schriftsteller außer Lichtenberg vor und Nietzsche und Musil nach ihm, besonders in der Form von Umschreibungen und Pseudodefinitionen. »Man müßte Nestroy sein, um all das definieren zu können, was einem undefiniert im Wege steht«, schrieb Ödön von Horváth.[35] Als Titus Feuerfuchs herausfindet, daß der Herr »Marquis« ein Friseur ist, da ruft er erstaunt aus: »Ich hab' geglaubt, Sie sind ein Marquis, eine Mischung von Baron, Herzog und Großer des Reichs?« (*Talisman*, II, 10). Es gelingt Nestroy leicht, die irrationale Vorstellung eines höchst Irrationalen – des Weiblichen, Allzuweiblichen – analytisch zu definieren: »Die Nerven von Spinngeweb', d' Herzen von Wachs und d' Köpferl von Eisen, das is ja der Grundriß der weiblichen Struktur« (ib., I, 17). So wie hier mündet Analyse bei Nestroy immer ins Witzige und obendrein manchmal noch in das Komische. Sein scharfer Blick durchdringt Worte und Taten als bloße Masken, und ihre Triebfedern liegen bloß. Diese Triebfedern sind meist die Triebe selbst. Sein Durchschauen alles Menschlichen wendet sich mit sichtlicher Lust an Entdeckungen den »psychologischen Quadrillierungen« zu, »die das Unterfutter unseres Charakters bilden« (*Mädl aus der Vorstadt*, I, 11), besonders dem Erotischen. Er kennt alle seine Verkleidungen und die in der Sprache an die Oberfläche kommenden Fehlleistungen und Unterströmungen des Bewußtseins. Diese Gabe Nestroys verbindet sich mit manchmal überraschender realistischer Härte in der Zeichnung der Charaktere schon in den frühen halbparodistischen Traum- und Zauberstücken und mit seiner Vorliebe für das auf der Bühne komisch Groteske, aber psychologisch Fundierte.

In einem der allerersten Stücke Nestroys, in *Der Tod am Hochzeitstage* (1829) gibt Herr von Dappschädl vor, seiner seit langem verstorbenen Frau nachzutrauern. Ein neues Stubenmädchen stellt sich vor:

DAPPSCHÄDL Wie heißt Sie?
SEPHERL Sepherl.
DAPPSCHÄDL (*auffahrend*): Sepherl? Ha, entsetzlich! . . . Welch grausame Erinnerung entzündet Sie boshafterweise in meiner Brust! . . .

Josephine war der Name meiner Frau, Peppi hat ihr Stubenmädl g'heißen –

SEPHERL Und die Tochter dieser Peppi bin ich. . . . Aber warum schauen mich denn Euer Gnaden so bockstarr an?

DAPPSCHÄDL Weil du die Tochter bist *jenes unvergeßlichen Stubenmädels meiner Frau,* sprich ich [= ich meine], *jenes Stubenmädels meiner unvergeßlichen Frau.* Siehst du, das ist ihr Bild *(hinzeigend).* Diese Hand, zart und weich – du hast auch eine Hand. *(Er nimmt sie bei der Hand.)* . . . Diese Wangen *(hinzeigend),* betracht' einmal, wie sanft gerundet – *(Er kneift sie in die Wangen.)*

SEPHERL Was treiben S' denn? Zwicken S' dort! *(Auf das Bild zeigend.)*

DAPPSCHÄDL Ja richtig, der Gram macht mich manchmal ganz verwirrt . . . Oh, ich werde sie nie vergessen! *(Stürzt weinend Sepherl um den Hals.)*

SEPHERL *(tritt zurück):* Hör'n S', . . . Sie haben eine kuriose Traurigkeit.

DAPPSCHÄDL Da muß Sie sich nicht darüber aufhalten, das ist bei mir der Hausbrauch; wann mich der Schmerz übermannt, stürz ich einem Domestiken um den Hals und wein'. (I, 12; kursiv von uns.)

Wir sind auf dem Weg zu Wedekind.

Nestroys psychologische Einsichten erscheinen entweder in solchen komischen unbewußten Selbstenthüllungen seiner Charaktere oder, dank seinem exakten Verstand, in scharf konturierten Formulierungen, oft verallgemeinert zum Sentenziösen, ja auf mathematisch präzise Weise. Die Professorstochter Josephine umschreibt ihre (durchaus begründete) Eifersucht als mathematische Formel:

Ich habe eine [= ein Stubenmädchen] fortgeschickt, die mir in dem Grade mißfiel, als sie meinem Manne zu sehr gefiel *(Frühere Verhältnisse,* 4. Sz.),

und als die kokette Agnes sich entschuldigt, daß sie nicht ihren früheren Liebhaber, den noch weit eifersüchtigeren brotlosen Theaterdichter Leicht, geheiratet hat –

Hab' ich Ihnen geschafft, daß Sie sich so sterblich in mich verlieben sollen? Kann ich für meine Schönheit? –,

schreit er sie an:

. . . die Schönheit ist nicht so groß, aber meine Leidenschaftlichkeit war hundertmal so groß als Ihre Schönheit, und wieder nur hundertmal so klein als Ihre Falschheit, und hundertmal so groß als Ihre Falschheit war meine Dummheit. Aus diesen Potenzen ergibt sich das Fazit von selbst. (*Weder Lorbeerbaum,* II, 21)

Diese rationale Berechnung wirkt um so komischer, als sie Teil einer absurd-egozentrischen leidenschaftlichen Tirade ist:

AGNES Was hätt' ich denn tun sollen?
LEICHT Ledig bleiben, ewig ledig bleiben.

Leichts Anteil am Dialog dieser Szene ist gewendetes Pathos in concettireicher barocker Diktion, und diese Komik wurde wohl wieder gesteigert durch Nestroys berühmte Kunst raschesten, aber dabei genau akzentuierenden Sprechens.

Diese explizite Psychologie und Philosophie Nestroys hat angemessenerweise ihr Heim in der Nestroy-Rolle. Fast alle seine Stücke, außer jenen, in denen er die unbewußte Komik des Spießers oder des dumm-pfiffigen Schurken verkörperte, aus deren Reden ohne ihren Willen der Sinn ihres Handelns auf die belustigendste Weise hervorbricht, werden dominiert von dieser typischsten aller Nestroy-Figuren. Soziologisch und im Handlungsgefüge gewöhnlich ein Außenseiter, oft deklassiert, greift sie doch oft mit gewandter Hand ein und wird als Persönlichkeit die »Zentralfigur«.[36] Meist einer sozial armseligen Schicht angehörig, tritt sie allen andern überlegen gegenüber, überlegen durch Schärfe des Blicks, vielfältige Erfahrung und ironische Härte oder Humor, der Fragwürdigkeit ihrer Beweggründe und der eigenen sich stets bewußt: »Ich glaube von jedem Menschen das Schlechteste, selbst von mir, und ich hab' mich noch selten getäuscht« (*Die beiden Nachtwandler,* I, 16). Sie ist reich, überreich mitunter, mit direkt aussagendem Witz ausgestattet. Auf tausend Weisen, in behendem, einfallsreichem Tun und Reden schillert ihre Geistigkeit.

Als Sprecher der »wichtigsten« Rolle identifiziert Nestroy sich nicht dauernd mit ihr, sondern sucht über den Kopf der Mitspieler hinweg Fühlung mit den Zuschauern, fällt im richtigen Moment »mit Kunst aus der Rolle«[37]. Dieser Figur vertraut er es an, vorzubringen, was er über die Welt und den Menschen zu sagen hat: im Wortspiel, diesem Mittel par excellence der Intellektualität, in der Ironie und in der atemberaubenden Dialektik des pointierten Monologs oder der Replik voll Aphorismen, Doppelsinn und Fußangeln aller Art. So verwandelt sich ihre dramatische Funktion in die des Raisonneurs: Streckenweise aus der Handlung heraustretend, spricht er zum Publikum, im

Monolog und Lied fast ausschließlich, reichlichst aber auch im durchaus situationsgemäßen und dennoch nur scheinbaren Dialog. Manche seiner Raisonneure sind empörend schlechte Kerle, manche gute, aber fast alle sind Rebellen (durch ihren Witz, nicht durch ihre Handlungen) oder Philosophen oder beides zugleich. Der Lederergeselle Rochus in *Nur Ruhe!* steht am ethisch negativen Ende dieser Reihe, der wohlhabende Ziegeleibesitzer Kern in *Der alte Mann mit der jungen Frau* am positiven: So sehr Nestroys Herz sich dem armen Teufel zuneigt, er ist nicht dogmatisch in Fragen der sozialen Stellung seiner Lumpen und Ehrenmänner.

Weit häufiger als der in einem verblüffenden Rencontre sich konzentrierende Situationswitz, ja überwältigend durch seine Fülle, ist der gesprochene Witz, das wichtigste Element des Nestroyschen Dialogs – soweit dieser nicht bloße zum Ablaufen der Handlung notwendige Mittelung ist – und besonders des an die Zuschauer gerichteten Selbstgesprächs. Daß vom Witz des Dialogs in ein, zwei Szenen Nestroys oft Dutzende Komödien anderer Autoren leben könnten, ist eine immer wiederkehrende Bemerkung der Kritiker seiner Zeit, und sie gilt auch für unsere. Hundert Anlässe, sachliche oder sprachliche, rufen ihn assoziativ hervor. In Nestroys besten Stücken aber ist sein Witz nicht etwas, was seinen Figuren als bloßer Aufputz oder zum gesteigerten Amusement mitgegeben wird, sondern Ausdruck ihrer Anliegen, ihrer Konflikte mit der Welt, ihres Wesens. Wo der Witz auf die gegenwärtige Situation in der Komödie und auf Enthüllungen des Gegenspielers zielt, treibt er die Handlung in Rede und Gegenrede weiter, wird er *dramatischer* Witz. Im Dialog und Monolog ist er zugleich scharf und reflektiv, im Couplet, das ja stärker auf Fühlungnahme mit dem Publikum angewiesen ist, meist milder, an der Grenze des Humors und des bloßen Scherzes. Eine mildere Art Witz und Humor spricht auch aus der resignierten Weisheit seiner älteren Männer, die Nestroy später gern spielte, wie des eben erwähnten Kern oder des Landarztes Kampl.

Die Präzision des Nestroyschen Geistes bewirkt, daß sein Witz sich so oft in endgültiger, aphorismenhafter Form kristallisiert, selbst wo es nicht um Reflexion geht, sondern um Demonstration konkreter dramatischer Sachverhalte. Auf den Ausruf »Das ist ja nicht möglich!« etwa gibt die scherzhafte, aber abstrakt präzise Zuspitzung »Wirklichkeit is immer das schönste Zeugnis für die Möglichkeit« der Antwort den letzten rationalen Schliff. Sie ist in Wien zur geflügelten Replik geworden.

Wieder anderen seiner Aphorismen und aphoristischen Bemerkungen wird etwas von ihrer Kälte und Anschauungsferne genommen, wenn sich die gedankliche Analyse einer überzeugenden, originellen Bildlichkeit des Ausdrucks bedient wie etwa in der Analyse der »weiblichen Struktur« als »Die Nerven von Spinngeweb', d' Herzen von Wachs und d' Köpferl von Eisen«. »Grundriß der Struktur« als extrem theoretischer, »harter« Begriff steht im Gegensatz zu dem extrem untheoretischen Charakter des Strukturierten – das Weibliche –, und der durchaus »unharte« Charakter zweier der drei Materialien – Spinngeweb' und Wachs –, die diese »Struktur« ausmachen, zu dem »harten« dritten, dem Eisen. Abstraktion und messerscharfe Analyse – logische und, häufiger, psychologische – und das Aufreißen weiter Fernsichten in solchen Feststellungen, vereint mit der Vorliebe für Pointe und Schliff, haben Nestroy zu einem der glänzendsten Aphoristiker der deutschen Literatur gemacht. Mit Lichtenberg, oft auch mit Karl Kraus teilt er Themen und Haltung, frappante Bildlichkeit, Paradoxie und Weitblick:

Ich fühle mich nie weniger einsam, als wenn ich allein bin. (»Reserve«, No. 130)

Gewissen der elastischeste Stoff, heut' kann man's kaum über Maulwurfshügel spannen, morgen deckt man ganze Berge damit zu. (Ib., No. 2)

Das Gewissen einer Frau hat meistens viel Bezug auf den Mann. (*Die Familien Zwirn . . .*, II, 20)

Wenn's drauf ankommt, eine Geliebte zu betrügen, da ist der Dümmste ein Philosoph. (*Der Treulose*, I, 20)

Ja, ja, lang leben will halt alles, aber alt werden will kein Mensch. (*Die Anverwandten*, I, 17)

In einem Luftschloß hat selbst die Hausmeisterwohnung eine paradiesische Aussicht. (*Kampl*, I, 15)

Sein Herz macht dann und wann noch Zuckungen als wie ein galvanisierter Froschschenkel, is aber doch schon tot. (»Reserve«, No. 221; verwendet in *Mein Freund*, I, 4)

Europa muß eine amerikanische Vorstadt werden, dann werden alle störenden Mißbräuche abgeschafft. (*Verwickelte Geschichte*, Handschrift, SW V, S. 741)

Nationalehre ist die Koketterie der Völker, vermöge welcher jedes

Volk glaubt, das Hauptvolk zu sein, während die andern nur Neben-
völker sind, so wie der einzelne Mensch nur darum jeden seinen
Nebenmenschen nennt, weil er sich für den Hauptmenschen halt't.
(*Lady und Schneider,* Handschrift, V, S. 644)
Wenn einen kein Mensch versteht, das ist national. (*Häuptling
Abendwind,* 7. Sz.)
Das Spionieren hat einen unwiderstehlichen Reiz, es gewährt einem
alle Genüsse eines Diebes und man bleibt dabei ein ehrlicher Mann.
(*Die Anverwandten,* III, 1)
Unüberwindliche Abneigung, seinerseitige Grantigkeit, Z'widrigkeit,
Sekkatur – an Scheidungsgründen fehlt's nie, wenn nur der gute Wille
da is. (*Der alte Mann,* IV, 7)
Freund, 's Herz is wie der Magen – wenn man lang nicht geliebt hat, so
is es grad, als wie wenn man lang nix gegessen hat, man is bald mit was
zufrieden. (*Die beiden Herrn Söhne,* IV, 5)
Strenge Moralisten sagen: um glücklich zu sein, muß man alle Leiden-
schaften aus sich verdammen. Dieser Rat ist ungefähr so gut, als wie
wenn man einem, der über enge Stiefel klagt, sagt: er soll sich beide
Füß' amputieren lassen, damit er kein' Verdruß mehr mit dem Schuster hat. (*Umsonst,* I, 5)
Es is wirklich Luxus vom Schicksal, daß es Pfeile schleudert; an seinen
Fügungen sieht man ohnedem, daß es das Pulver nicht erfunden
hat. (*Mein Freund,* II, 12)
Meine Zärtlichkeit, ist eine anständige Melancholie. (Entwürfe für
Höllenangst, SW, V, S. 710)

Viele der typischen Ingredienzien Nestroyschen Witzes sind hier
wirksam; doch haben wir mit Absicht hauptsächlich solche Sätze
ausgewählt, die ihre Wirkung nicht dem typischsten verdanken,
dem vielfältigen Sprachwitz, um so den Blick einmal auf die von
ihm unabhängigen Aspekte zu lenken. Er trägt zum Witz des
Ganzen oft nur leise bei. Der Satz vom »guten« Willen, Schei-
dungsgründe zu finden allerdings würde ohne dieses Adjektiv
viel verlieren, ebenso die Bemerkungen über die Nationalehre
ohne das Wort von den »Nebenmenschen«; und der Sarkasmus
im unschuldigen Ton der prophetischen Äußerung über Europa
ist sprachmimische Ironie. Der Satz vom »Luftschloß« verlöre
nur einen Teil seines Reizes ohne den vom Kontext bewirkten
Doppelsinn von »Aussicht«, der sich so gut dem metaphorischen Charakter von »Luftschloß« einfügt.

Zum großen Teil seine witzigen Aphorismen und aphoristischen Dikta haben durch ihre Verlockung zum witzig Überspitz-
ten Nestroy den Ruf des Zynikers eingetragen. (Über tieferlie-

gende Ursachen seines »Zynismus« sprechen wir aus weiterer Perspektive S. 110 f.) Hier nur einige wenige dieser Formulierungen als Beispiele ihrer Technik:

> Die Nächstenliebe beginnt bei sich selbst. (*Der Treulose,* I. Akt, II, 27)
>
> Was hat die Nachwelt für uns getan? Nichts! Das Nämliche tue ich für die Nachwelt. (»Reserve«, No. 128)
>
> Ich bin immer gern bei Hochzeiten, schon das Bewußtsein, daß es nicht die meinige ist, macht, daß sich die Brust froh und frei erhebt. (*Nur keck,* I, 7)

Diese drei Beispiele »zynischer« Aussprüche zeigen drei häufige Kunstgriffe Nestroyschen Witzes überhaupt: die Rechtfertigung oder den »Beweis« durch die Variation eines Wortsinns oder durch pseudologischen Unsinn; den unerwarteten Blickwinkel; und den parodistischen Gebrauch eines biederen Klischees für eine unbiedere Gesinnung. Die Bemerkungen passen zum Charakter des Sprechers; daß dies aber bei weitem nicht immer so ist, macht das immanente, nicht formale Problem des Witzes und der »Zynik« Nestroys um so komplexer. Rudolf Kassner sieht den Nestroyschen Witz in unmittelbarem Zusammenhang mit der – nicht »ernst« zu nehmenden – Nestroy-Rolle innerhalb der pragmatischen Welt Nestroyscher Possen und mit Nestroy, dem Theaterdichter, zugleich als den »Schauspieler in uns« und kompliziert so das Problem noch mehr. Er sei »keineswegs ... die Ausrede eines im Grunde Traurigen. Nein, er bleibt Witz und sublimiert sich als solcher innerhalb einer flächenhaften Welt von Typen, einer Welt des Zufalls, ... ohne Sündenfall, ... Und der Genuß ... kann niemals fragwürdig werden, weil ... der Rebell als komische Figur zu erscheinen und dafür zu sorgen hat, daß das Publikum lache.« Die Tatsache, daß Kassner auf der gleichen Seite das Dämonische als eine Wurzel des Nestroyschen Witzes zu erkennen glaubt, zeigt, wie ambivalent er ist. Er komme »aus dem Munde des einzelnen, der zugleich ein Hanswurst ist, aus dem Munde von Menschen, die zwischen den Ständen und Typen lavieren, durchrutschen, vermitteln ... Menschen dazwischen ... Dieser naturgemäß stets ein wenig Eingeklemmte, auf solche Weise Solitäre, der zugleich die starre und etwas alberne Welt der Typen und Stände in Motion zu bringen hat, ist eben der Witzige ... (mit dem Hanswurst als Vater)«. Wesentlich aber sei, daß er, der

Witzige, aus dem Schauspieler in uns komme, und daß dieser Schauspieler außerdem Nestroy selbst sei. »Nur noch bei Shakespeare, Molière und vielleicht auch bei Ferdinand Raimund ist der Schauspieler auf solche Weise in die Welt eingelassen: als . . . Träger der Einbildungskraft.«[38] Als solcher überragt er den Hanswurst an Logik.

Einsicht in diese mehrfachen *Funktionen* des Witzes, bald für die Beleuchtung des Sinn- oder Handlungsgefüges, bald wieder für die Selbst-Ausage des Schauspieler-Autors und für die Herstellung einer bestimmten, mehr oder weniger rationalen und mokanten, dabei aber immer vergnüglichen Theateratmosphäre erscheint uns für das Verständnis Nestroyscher Komödien wichtiger als die Untersuchung der gedanklichen und rhetorischen Mechanismen[39], die den Witz produzieren. Dennoch aber muß gesagt werden – und damit begeben wir uns wieder in den Bereich Nestroyscher Geistesart – daß manche dieser Mechanismen der Aufdeckung gewisser sorgsam gehüteter Familiengeheimnisse des Menschengeschlechts, »skeletons in the closet«, psychologischer und gesellschaftlicher, hervorragend dienen. Andere wieder erhellen die aus dem Unbewußten oder Irrationalen hervorbrechenden Werturteile oder Inkonsequenzen des Handelns. Nicht genug damit, daß Nestroys Witz solcherart einem echten kritischen Gedanken oder einer echten Erkenntnis entspringt oder sonst eine irgendwie über den Moment hinausgehende geistige »Rechtfertigung« hat; es ist besonders oft die Sprachform – etwa das Bild, der Vergleich, die Antithese und vor allem das Wortspiel – was dem rein Begrifflichen Überraschung, heiteren Glanz, Rapidität der Erkenntnis verleiht. Unzählige Male wird sie erst von der Sprachform erzeugt. Als dem originellsten und bedeutendsten Wesenszug Nestroyscher Art und Kunst widmen wir seinem Sprachwitz in strengem Sinn eingehende Betrachtung auch im Zusammenhang mit seiner Satire und seiner Kunst sprachlichen »Gestaltens« (vgl. besonders S. 66).

Oft aber ist Nestroys Witz rein oder vorwiegend gedanklich und nicht vom Sprachlichen abhängig: Die *paradoxe* Formulierung, manchmal billig, manchmal echt und tief witzig, läßt etwas Selbstverständliches als sonderbar erscheinen, oder umgekehrt, etwas Widersinniges als wahr, manchmal durch inneren Widerspruch oder durch einen scheinlogischen Schluß. Manchmal entspringt sie aus einer spezifischen psychologischen oder charakterologischen Situation, manchmal ist sie Zeichen intellektueller oder moralischer Beschränktheit, dann wieder eine aphoristisch-witzig geformte Einsicht von allgemeiner Anwendbarkeit. Sprachlich zusätzlich erheiternd (durch die Macht des Klischees), aber nicht vom Sprachlichen abhängig, und zugleich charakterologisch bedingt (durch die Macht der Versoffenheit) ist das berühmte Paradox Knieriems:

> Wann ich mir meinen Verdruß nit versaufet, ich müßt' mich grad aus Verzweiflung dem Trunk ergeben. (*Lumpazivagabundus,* I, 6)

Unter der Macht des Klischees steht auch

> Armut is ohne Zweifel das Schrecklichste. Mir dürft' einer zehn Millionen herlegen und sagen, ich soll arm sein dafür, ich nehmet's nicht. (*Der Zerrissene,* I, 5)

Eine Menge phraseologisch bedingter Paradoxa, leicht überhört oder kaum ins Bewußtsein dringend, flitzen im Gespräch vorbei, als hätte Nestroy sie nonchalant beinahe nur zu seinem eigenen Vergnügen hingeschrieben. Als Wendelin ins Gefängnis abgeführt wird (*Höllenangst,* III, 4), klagt Leni: »O Gott, dem kost's wenigstens sein jung's Leben«. Wenigstens!

Die *condition humaine* und Nestroys tiefer Pessimismus sprechen aus Kerns »sonderbarer Empfindung«

> . . . unwillkürlich kommt einem die Idee, wie schad' es is, daß man auf die Welt kommen is. Ich sag immer, man richtet's viel leichter, wenn man gar nie dagewesen wär'. (*Der alte Mann,* IV, 11)

Das paradoxe Wort kann das Grundthema einer Komödie enthüllen, so der Seufzer Scheitermanns in *Frühere Verhältnisse,* daß seine Frau »aus einem entsetzlich guten Haus« sei (Sz. 6) und ebenso ein Dialog-Fragment:

MUFFL A Frau hast? . . . Hast halt auch dein G'frett.

SCHEITERMANN Sie sind . . . in Irrtum; sie is eine noch junge, schöne Frau.

MUFFL Und du bist ihr Mann – armer Teufel, jetzt krieg' ich schon ein Mitleiden mit dir. (Ib.)

(Einem verstockten Irrtum entspringend, kann es auch zu paradoxer und dadurch absurder *Handlung* und *Situation* führen, etwa in Muffls Gespräch mit Scheitermann über dessen Frau;

vgl. S. 457). – Seinem bizarren Charakter gemäß, antwortet der selbstbewußte Zirkusreiter Point d'Honneur (!), der der zimperlichen Frau Dappschädl den Hof macht, auf ihre Abwehr »Bedenken Sie lieber, was Sie tun! Leicht gefährdet ist der Ruf eines –«: »Mir liegt nichts an meinem Ruf, seien Sie unbesorgt!« (*Der Tod am Hochzeitstage*, II, 28). In *Genius, Schuster und Marqueur* bemerkt der Genius Lulu, nachdem er eine schwarze Sklavin geküßt hat: »Überhaupt, 's ganze Madl is so g'wiß lieb; wenn's nicht so schwarz wär', man kennet gar nicht, daß sie eine Mohrin is« (III, 6; vgl. S. 180). Rommel bezeichnet dies erstaunlicherweise noch 1948, nach vielen Jahren Lebens unter den Gesetzen über »Rassenschande«, als bloße »Drolerie« im Gegensatz zu wirklichem Witz. Die deutsche und österreichische Geschichte seiner Zeit hätte ihn hier so tief blicken lassen können wie Nestroy. Acht Jahre nach *Genius, Schuster und Marqueur* läßt er Spund im *Talisman* statt schwarzer »rote Vorurteile« (I, 8) haben und es als »Schand« ansehen, wenn ihm ein Rotkopfeter »die letzte Ehr'« erwiese (III, 4; vgl. S. 76). Unversehens, bezeichnenderweise, sind wir hier vom Bereich des scherzhaft Paradoxen über das satirisch-witzig Paradoxe in den des Sprachwitzes geraten. So kann auch die parodierte konventionell höfliche oder »gewählte« Redeweise zum unbewußten oder ironischen Paradoxon innerhalb des Sprachgebrauchs werden: »Meine Auserwählte is nämlich reich und dabei nicht ohne Unliebenswürdigkeit« (*Liebesgeschichten*, I, 5).

Auch Pseudologik als witzige Sophistik sowie der witzige und manchmal unwitzige »höhere Unsinn« sind oft, aber keineswegs immer dem Paradox eng benachbart. Nur als geringer Bruchteil Nestroyschen Witzes ist er bis zu einem gewissen Grad in rhetorischen Kategorien faßbar, eher noch in logischen: Pseudologischer Widersinn und durch ein fehlendes oder überzähliges Element absurde Formulierungen gehören noch zu den häufigsten; ihre gedankliche Mangelhaftigkeit paßt meist zum Charakter des Sprechers. Begriffe werden ihres üblichen Zusammenhangs beraubt und nehmen einen bizarren Platz in einer zu ihnen beziehungslosen Umgebung ein. Knieriems Meister »hat ein G'schwisterkind g'habt von einundzwanzig Jahren ... so ein schöns G'schwisterkind hab' ich in meinem ganzen Leben nit g'sehn« (*Lumpazivagabundus*, I, 6). Und als der Gärtner

Plutzerkern den rothaarigen Titus nicht erkennt, weil er nun
eine schwarze Perücke trägt, fragt er ihn:

Haben Sie nit an Brudern mit rote Haar'?
TITUS Ich hab' gar kein'n Brudern.
PLUTZERKERN So? Nachher wird das der Bruder von wem andern sein.
(*Talisman,* I, 22)

Oder sprachliche Abkürzung bringt den Unsinn zustande: Madame Grüneberger warnt den Tabakkrämer, ihr Mann könne
die beiden im amoureusen Gespräch am Fenster sehen. Er
antwortet: »Daraus kann er keinen Verdacht schöpfen, ein
Tabakkrämer ist ja ganz was Natürliches« (*Tritschtratsch,* 18.
Szene in der Fassung SW XV, S. 520). Der Unangemessenheit
dieser Aussage verleiht die Bezeichnung eines Tabakkrämers
als etwas »Natürliches« ein zusätzlich komisches Element.

Eine unendliche Vielfalt von verblüffenden Äußerungen,
denen das kontrollierende Denken im raschen Vorbei eines
gehörten Bühnendialogs kaum folgen kann, gehört hierher;
manchmal sind sie eng mit der Handlung verknüpft. Hermann in
Der Färber und sein Zwillingsbruder erwägt, wie er dem empör-
ten Herrn von Löwenschlucht dafür Genugtuung geben könne,
daß er durch seine Liebschaft die Ehre von Löwenschluchts
Schwester verletzt habe:

Ich könnt' mich ja auch mit'n Brudern duellieren, ein Duell is gleich
vorbei, der Eh'stand is viel langwieriger. (III, 23)

Lips *will* ängstlich auf das Ja-Wort der Dame warten, deren
Hand er ohnehin sicher ist:

Sich selber für einen Narren zu halten, is eine schöne und nicht so
leichte Kunst. Um andere für einen Narr'n zu halten, braucht man nix
als Leut', die einem an Dummheit übertreffen; um aber mit Vorsatz
sich selbst für ein' Narren zu halten, muß man sich selbst an G'scheit-
heit übertreffen. (*Der Zerrissene,* I, 10)

Scheinparadoxie rein sprachlicher Art ist psychologisch begründet. Vinzenz hat sein abgebrochenes Verhältnis mit der Theres
wieder angeknüpft. Sein Vetter wundert sich darüber; die Person sei nicht jung. Vinzenz: ». . . ich nehm' den Willen fürs
Werk – und sie will sehr jung sein, is aber in ihrem Leben schon
viel jünger gewesen als jetzt« (*Mein Freund,* II, 5).

Das Thema des *Zerrissenen* taucht schon in einer frühen
»Original-Zauberposse«, der *Zauberreise in die Ritterzeit,* auf

– begrifflich scheinbar unsinnig, aber sprachlich durchaus angemessen –, im Auftrittsduett des von der Gegenwart gelangweilten reichen Privatmanns und seines Neffen:

POLYCARPUS Im ganzen Leb'n gibt's nix so Fad's als das Leb'n,
  Es kann meiner Seel' gar nix Faders mehr geb'n.
SIMPLICIUS Es nutzt nix, und hat man auch noch so viel Geld,
  Die Welt ist schon 's Ödeste auf dieser Welt. (I, 2; vgl. S. 165)

Die ganze Szene I, 13 von *Genius, Schuster und Marqueur* ist
erfüllt von den unsinnigen »Beweisen« des in Astronomie be-
wanderten Pechberger, Vorläufer Knieriems; der Witz, höchst
bescheiden, ist auch hier im Einklang mit der – von Nestroy
gespielten – Rolle.

Auch unzählige überraschende und zugleich überwältigend
überzeugende *Vergleiche* und *Analogien* wirken als typisch Nestroyscher Witz, als Anschauungs- und Ausdrucksformen Nestroyschen Geistes. Sprachlich oft meisterhaft, sind auch sie
dennoch nicht abhängig von der Selbstbewußtheit und Selbstbetrachtung der Sprache, der originellsten und charakteristische-
sten seiner Ausdrucksweisen und geistigen Spiele (vgl.
S. 86-88). Sie sind oft übersetzbar:

> Sie gehört unter die Epheu-Seelen, die sich an etwas anranken
> müssen, und in dieser Anrankungssucht schau'n sie jedes hohlaufge-
> chossene Rohrgewächs für eine Zeder an. (*Der Schützling,* III, 10)

Für Dappschädl, den angeblich »desperatesten aller Witiber«,
ist ein Glückwunsch zum Geburtstag »grad so, als wenn man
einem Walfisch eine Biskote[40] gibt« (*Der Tod am Hochzeitstage,*
I, 13). Allerdings verleihen oft erst die absolute sprachliche
Treffsicherheit und Phantasie Nestroys den vergleichenden
Schilderungen und Sentenzen die Atmosphäre, in der sie voll
erblühen können:

> Wenn wir nur wüßten, wo er's Paket hingelegt hat, brauchten wir ihn
> nit aufz'wecken, er hat ohnedem immer ein'n Hamur [= Humor,
> Laune] als wie a Kreuzspinnerin, wann g'weißingt [= getüncht]
> wird. (*Heimliches Geld,* II, 17)

Sein bildhaftes Vorstellen auch des Abstrakten gelangt oft gar
nicht bis zum ausdrücklichen Vergleich. Der in Gedanken ver-
sunkene Schurke Nebel beginnt sein Lied mit den Worten:

D' Seel' hat a breits Maul, sagt sich oft was in d' Ohr'n,
Geht man so auf und ab, in Gedanken verlor'n. (*Liebesgeschichten,*
II, 9)

Die ungezwungene *Harmonie* der diskrepanten Sphären im
originellen Vergleich, gerade das, was der Ästhetik des
18. Jahrhunderts »Witz« schlechthin ausmachte, vereint sich bei
Nestroy mit erheiternder Anschaulichkeit.

Die *störende* Diskrepanz der Sphären dagegen verursacht die
– auf den Literatur- oder Theaterkundigen beschränkte – witzige Wirkung der Montage von literarischen Zitaten wie die
Drohung Muffls »Ich erzähle der Residenz eine Geschichte, wie
man Holzhandler wird« (*frühere Verhältnisse,* 6. Sz.), »O, ich
will euch ein furchtbarer Hausknecht sein« (Ib., 9. Sz.) und der
Bemerkung des in die Verheiratete Therese verliebten komischen Dieners Gabriel »Schad', daß Sie nicht Luise heißen, Sie
sind so blaß« (*Der alte Mann,* IV, 4). Und Titus Feuerfuchs, als
Rotkopf entlarvt, *»geht langsam mit gesenktem Haupte zur Mitte
ab«,* mit den Worten »Das ist Ottokars Glück und Ende!« (*Der
Talisman,* II, 27). Dem Publikum Nestroys war die Herkunft
dieser Sätze aus Schillers und Grillparzers dauernd gespielten
Stücken selbstverständlich und ihre Einpflanzung in denkbar
un-Schillerisches, aber nicht parodistisches Milieu, gesprochen
von denkbar un-Schillerischen Figuren, aktueller als uns. Solche
adaptierte Zitate – Mißverhältnisse zwischen den stilistischen
Sphären, zwischen den Milieus des Ursprungs und der Anwendung, zwischen Wort und Handlung – sind meist bloße Scherze,
bestenfalls Witze von beschränktem Wirkungsbereich; nicht
selten auftauchend, sind sie dennoch nicht häufig genug, um den
Dialog merklich zu färben. Einen kraftvollen, intellektuell auf-
regenden und oft witzigen Charakter dagegen verleihen den
Nestroyschen Komödien die ständig wiederkehrenden *Antithesen.* Von ihnen soll im Hinblick auf die Satire die Rede sein (vgl.
S. 102 ff.).

Es liegt in der Natur des Nestroyschen Witzes als Gedanke
ebenso wie als dessen textliche Form und als »Situationswitz«,
daß er komplex ist: komplex in seiner Weltansicht, komplex in
seinen Beziehungen zur dramatischen Situation und komplex in
seinen Mitteln, vor allem im variierenden, selbst wieder kom-

plexen Anteil der Sprachkunst an ihm, dem vierten, manchmal
sichtbarsten, manchmal wieder verborgensten der von uns her-
vorgehobenen Aspekte Nestroyscher Geistigkeit (vgl. S. 47).
Sie erzeugt, zusammen mit dem fünften, der Lust am Spiel bis
zur Verspieltheit, Fügungen, die von der profundesten Einsicht,
philosophischer und psychologischer, über brillante Formulierungen bis zum albernsten Scherz reichen.

Seitdem bekannt geworden ist, daß Nestroy durch seine unver-
gleichliche Sprachkunst über alle irgendwie vergleichbaren Komödiendichter hinausrage – eine Erkenntnis, die in solcher
Allgemeinheit kaum über das Jahr 1962 (der Gedenkfeiern
seines Todes) zurückgeht – assoziiert sich mit der Erwähnung
seiner Sprachkunst sogleich, und fast ausschließlich, die Erinnerung an sein Wortspiel. Und doch ist Nestroys Gebrauch der
Sprache auch außerhalb dieses bei ihm ungeheuren (und in
seinen Funktionen und Variationen unerschöpfbaren) Berei-
ches einzigartig durch ihre Gestaltungskraft, Feinfühligkeit und
Erfindungsfülle, wobei mit »Erfindung« nicht vorwiegend seine
berühmten Wortbildungen gemeint sind, sondern die traumhaf-
te [= scheinbare] Selbstverständlichkeit, mit der sich das jeweils
angemessene, oft unaufdringlich originelle Mittel einstellt. Sie
ist manchmal von geradezu lyrisch-atmosphärischer Anschaulichkeit (vgl. S. 246).
    Dieses »Mittel« mag einmal das passende Wort oder die
passende Wendung sein, passend für den sprechenden oder
beschriebenen Charakter oder für die psychologische Situation
oder die beschriebene Handlung; ein andermal der Sprech-
rhythmus, der den Charakter, die Reflexion oder den Gefühls-
vorgang, ja manchmal die körperliche Erscheinung spiegelt;
seine Metaphorik; die absolut natürliche Sprechweise des Dialogs, soweit er im Dialekt geführt wird und als Kommunikation,
nicht vorwiegend als Witz, Scherz, Aphorismus geplant ist (besonders im Wortspiel); und die Kombination und Abstimmung
dieser Mittel aufeinander. Nestroys spontan wirkende Sicherheit im Gebrauch des treffenden Wortes paart sich mit seiner
Neigung, dem abgegriffenen aus dem Weg zu gehen, die vorhandenen Wörter in unerwarteter, zumindest im gegebenen Fall
unerwarteter, ungewöhnlicher, aber immer treffender Zusammenstellung zu verwenden und dadurch zugleich humoristische

Wirkungen zu erzielen. (Wo ihm solche Worte oder Wortverbindungen fehlen, schafft er sich welche.)

Für alle diese Mittel, die vorwiegend der *Gestaltung* dienen, der Mimetik im weitesten Sinn, eine Fülle von Beispielen zu bringen, erlaubt der Raum dieses Essays vor allem deshalb nicht, weil sie alle ineinandergreifen und, mit spezifischen Situationen verknüpft, ausführlicher spezifischer Erklärung bedürften. Darum mögen als Exemplifizierung des für Nestroys sprachliche Charakterisierungskunst Typischen die Seiten 186/187 unserer Bemerkungen über *Lumpazivagabundus* und einzelne Hinweise in der Diskussion einzelner Stücke dienen. Hier ein typisches Beispiel für die in ein, zwei Sätzen zustandekommende Vielfalt sprachlicher Einfälle und Mittel, die auch Nestroys persönlich gefärbte Berichte von Episoden und Beschreibungen innerhalb eines Dialogs so überzeugend und wirkungsvoll machen: Eine Schauspielerin hat sich einer minderwertigen Kleinstadttruppe zugesellt:

> ... da stoßt auf einmal eine verspätete Sternin erster Größ' zur Trupp' als glanzpunktischer Umundauf der ambulanten Enterprise. Gleich nach der Vorstellung hab' ich mir kühn den Weg zu ihr gebahnt. (*Frühere Verhältnisse*, 5. Sz.)

Das Klischee ›Stern‹ (Star) für eine hervorragende Schauspielerin ist aus der Erstarrung erlöst durch den im ursprünglichen Bild bleibenden und zugleich Bewunderung ausdrückenden astronomischen Zusatz ›erster Größe‹. Die sprachwidrige Femininbildung erhält hier eine über das Sprach-Komische hinausreichende Funktion, indem das durch ›erster Größe‹ zur astronomischen Metapher wiedererweckte Klischee ›Stern‹ nun weiblich, dadurch völlig lebendig geworden, nun im vollen Glanz der Anschauung, der Wirklichkeit und ihres Reizes erstrahlt. Und dies führt weiter dazu, daß auch das von einem andern Klischee, ›Glanzpunkt‹, neu geformte Adjektiv ›glanzpunktisch‹ etwas von seinem alten ›Glanz‹ wiedergewinnt und die Sternin zu einem wahren ›Umundauf‹ wird. Von solchen Zauberkünsten wimmelt es in Nestroys Werk: Zwei Freunde berichten über den Besuch einer Theatervorstellung, sie hätten für nichts Sinn gehabt als für die zwei *Sperrsitz' voll Frauenzimmer* (*Eisenbahnheiraten*, I, 5). – Der eifersüchtige Lorenz begrüßt seine verspätete Geliebte: »Bist du da, du personifizierter

Fehltritt?« (*Die verhängnisvolle Faschingsnacht*, I, 28). Nur noch zwei kurze Sätze mögen Nestroys Gabe witziger Charakterisierung durch ein Nichts an Mitteln illustrieren, einer über ein Mädchen, einer über einen Herrn:

> Einen Gang hat's als wie eine Prozession, die aus einer einzigen Person besteht. (*Die beiden Herrn Söhne*, II, 13)
> Er befand sich an der Spitze von 30 000 fl. Schulden. (»Reserve«, No. 137)

Die eigenartigste Qualität des Komödienstils Nestroys ist seine kaum je aussetzende Sprachbewußtheit. Sie schließt die totale charakterologische Äußerungsform des Kommunikationsinhalts wie den aus dem spezifischen Redezusammenhang verfremdend herausgenommenen Bedeutungs- und Assoziationsreichtum jedes einzelnen Wortes, jeder einzelnen Wendung ein, mit den Stilsphären, denen diese Wörter und Wendungen angehören und – gelegentlich auch wichtig – ihre Klangform.

Bevor wir von den Ergebnissen dieser von Nestroy erst akzeptierten, dann gepflegten und schließlich zur Virtuosität ausgebildeten zwanghaften Bewußtheit im einzelnen sprechen, müssen wir uns die raison d'être und das etwas verborgenere geistige Wesen der Komödien klar machen. Denn diesem ursprünglichen Zweck und diesem geheimen Wesen ist – ebenso wie Nestroys psychologischer Blick, wie sein Verstand und wie sein Witz – auch seine Sprache untergeordnet. In allen diesen Erscheinungsformen seines Geistes haben sich der tiefsitzende Spieltrieb des Liebhabers der Sprache, des Theatermannes, Schauspielers und Menschen mit seinem intellektuell-moralischen Wertbewußtsein, seiner Skepsis, seiner Gesellschaftskritik, seinem Übermut und seinem immer wachen Ausdrucksbedürfnis zu einem einzigartigen Ganzen vereinigt. Erst von diesen Anlagen und Trieben her können wir die zwei offenkundigsten Formen seiner Sprachbewußtheit verstehen und beide in sich feiner differenzieren: die Mischung der Sprachstile, oft verknüpft mit Parodie, und das Wortspiel; nach ihrem Ursprung, ihrem Zweck und ihrer Wirkung, im Dialog sowie im Stück.

Nestroy schrieb seine Komödien vor allem, um wirksame Theaterstücke zu liefern, das heißt, um sein Publikum und sich selbst zu unterhalten, aber ihre Essenz ist Selbstaussage und

Satire, manchmal so dünn über das Stück verteilt, daß sie als bloßes Salz der Unterhaltung wirkt, manchmal implizit sicht- und hörbar von Anfang bis Ende: in szenischen Konfigurationen (»Situationswitz«) oder Episoden oder Gesprächsfragmenten oder Monologen; verhältnismäßig selten ist sie explizit. Wir erfassen Nestroys Satire also in Teilaspekten: als Handlung und als Gesprächsinhalt oder -färbung (Sarkasmus oder Ironie); ganz aber nur als Sprachform: in der Gestalt der einzelnen Äußerung und des gesamten, korrumpierten konventionellen, von Nestroy umspielten und durchlöcherten Sprach-Systems als Ausdruck einer hinter der Konvention sich verbergenden korrumpierten, zumindest ihrer selbst unsicheren Gesellschaft, ja Menschheit. Dieses ihres Charakters wohl bewußt, läßt Nestroy sie sich aber so unschuldig gebärden, daß wir das enthüllende Spiel, das er mit ihr treibt, rascher und öfter bemerken und begreifen, wenn wir die häufigsten und letzten Ziele seiner Satire kennen. Daher nehmen wir hier, hermeneutisch und für den Augenblick, das sehr oft fragwürdige Beginnen auf uns, sie von ihrem Sprachkörper abzulösen, um die Nestroy immer wieder befeuernden Prinzipien (wenn dieses Wort nicht zu theoretisch ist), seine kritischen Impulse und die ihn immer wieder anregenden menschlichen Grundsituationen hinter den tausend thematischen und sprachlichen Einfällen zu finden.

Was Nestroy in ihnen gestaltet hat, ist ein Doppeltes: den Abfall des Menschen von der Idee seines Seins, seines Tuns, seiner Echtheit – seine Schwäche und seine Schwächen – und die »wahre« Wirklichkeit als vom Menschen entstellte. Täuschung, Härte des Herzens und Gier entstellen ihn selbst, Gier nach Geld, Geschlecht und Geltung. Dummheit mildert für den Beobachter die unzähligen Variationen dieser drei Erbübel, macht die Einzelfälle komisch, ihre dem Zuschauer vertraute Formung durch soziale und ökonomische Bedingungen dazu mehr realistisch, weniger typenhaft. Beherrscht von exzessiven oder sonstwie unerfüllbaren Begierden, sind die Menschen zugleich lächerlich bemüht um den Anschein der Tugend und, besonders in Nestroys Umgebung, um »Gemütlichkeit«. Aber »nur der geistlose Mensch kann den Harm übersehn, der überall durch die fadenscheinige Gemütlichkeit durchblickt« (*Unverhofft,* I, 3; vgl. S. 207, 360). Angesichts dieser scheinhaften Welt gibt ein tiefer Respekt für die Würde des Menschen der

Satire Nestroys immer wieder neue Anstöße. Drei Notizen aus seinem Nachlaß erhellen den größten Teil seines Werks:

> Es gibt Augenblicke im Leben, in welchen man nicht würdig ist, Mensch zu heißen, wenn man nicht alles andere vergißt, als nur Mensch zu sein. (»Reserve«, No. 81)
> Ich hasse nicht das einzelne, ich hasse alles, wo sich die Erbärmlichkeit auf Kosten des Verdienstes erheben will, . . . (Ib., No. 206)
> *Täuschung*[41] ist die feine, aber starke Kette, die durch alle Glieder der Gesellschaft sich zieht; betrügen oder betrogen werden, das ist die Wahl, und wer glaubt, es gibt ein Drittes, betrügt sich selbst. (Ib., No. 12, ib., S. 561)[42]

Und die Glieder dieser Gesellschaft, sich selbst oder andere betrügend, erscheinen auf der Bühne als komische Charaktere. Denn ihr Betrug wird enthüllt – unbewußt von ihnen selbst oder von einem, der sie durchschaut, gewöhnlich dem Träger der Nestroy-Rolle. Das geschieht mit Schärfe, aber ohne Bitterkeit, mit Ironie, aber ohne Pathos. Nestroys Einsicht in das Wesen menschlicher Gesellschaft ging zu tief, sein Denken über die Möglichkeit, sie zu ändern, war dazu zu pragmatisch. Darüber hat er sich sehr bestimmt ausgesprochen[43]. Und so nimmt er als Bühnengestalt oder als Autor seinen Figuren, handelnd oder sprechend oder sie sprechen lassend, die Masken ab, die über ihre Schwächen oder Heuchelei hinwegtäuschen sollen, besonders in Situationen, die zu ihr auffordern, wie der beruflichen Unzulänglichkeit, des unbefriedigten Ehrgeizes, der einander überdrüssigen Gatten. Heuchelei, persönliche oder kollektive, verkörpert in Sentimentalität und hohlem Pathos, kurz in »falscher« oder leerer Sprache, sieht er überall: im Leben, in der Literatur, auf der Bühne. Das Nebeneinander zueinander nicht passender Stile in den Reden seiner Figuren und das Nebeneinander zueinander nicht passender Bedeutungen in ihren Worten sind der sprachliche Ausdruck dieser Diskrepanzen, bewußt nicht ihnen selbst, sondern nur dem kritischen Zuhörer oder Gesprächspartner. Dies befördert oft die groteske Wirkung, die von ihnen auch als handelnden Charakteren auf der Bühne ausgeht. (Er sah die ihn umgebende Gesellschaft als grotesk; das lud ihn von vorneherein ein, sie als grotesk oder als Karikatur darzustellen, besonders in den Stücken der Frühzeit; und die ihm von je eigene dynamische, »übertreibende« Art seines Spiels trug dazu bei.)

Nur so viel Grundsätzliches hier über die Themen, das Thema, seiner Satire. Ihre einzelnen Gegenstände und die Zeitbedingtheit mancher von ihnen sowie die Frage der Relevanz solcher Zeitbedingtheit für das Wesen und die Bedeutung Nestroys, gehören in einen anderen Zusammenhang (vgl. S. 106, 121). Denn Nestroys Kunst, unbeschadet seiner rein *geistigen* Größe als Satiriker, von ihr oft unterscheid-, aber nicht trennbar, ist im Innersten Sprachkunst, und mit ihr haben wir es hier zu tun. Nicht nur ist sie ein wichtiges Werkzeug seiner Charaktergestaltung (vgl. S. 25); engst verbunden mit dem Gedanken als Witz und Aphorismus, ist sie das vornehmste und eigenartigste Mittel seiner Satire. Niemand hat ihn darin übertroffen. Durch kollektive Enthüllung im Wortschatz und individuelle in seiner Anwendung läßt sie bloße Kommunikation – spöttische oder polemische – weit hinter sich und hat es bewirkt, daß in Nestroys Komödien die alten Gattungen der Wiener Bühne und der Stoff seiner Vorlagen aus dem Bereich bloßer Theaterliteratur ins Geistig-Künstlerische aufgestiegen sind. Satire durch Sprache, manchmal identisch mit sprachlicher Gestaltung der Charaktere, ist vor allem verkörpert im *unechten Ton;* in der offenkundigen oder verborgenen *Parodie;* und im *Wortspiel.*

Trotz aller Nuancierung im einzelnen vollzieht sich das Sprechen der Nestroyschen Figuren auf drei verschiedenen Ebenen dramatisch-charakterologischer Erheblichkeit und Eigenart, und ihnen entsprechen drei Sprachtypen: mundartlich gefärbte österreichische Sprechweise, mit Variationen nach »oben« oder »unten«, im folgenden kurzerhand »Dialekt« genannt; hochdeutsche Umgangssprache oder, wie man in Österreich sagt, »Schriftdeutsch«, und stereotype, gleichfalls hochdeutsche Theatersprache, die dem Ohr des Süddeutschen leicht an Pathos streift. Im meisterhaft beherrschten Dialekt sprechen fast immer die durchgeformten Charaktere, die Hauptträger der lustigen Handlung, hochdeutsch im allgemeinen die farblosen Figuren, die uninteressant sind, auch wenn ihre Rolle, nötig für die Intrige, noch so umfangreich ist. (Die parodistische Theaterpathetik oder Theatersentimentalität ist nur eine extreme Steigerung eines der sprachlichen Hauptmittel Nestroyscher Satire: des in den Dialekt eingesprengten Hochdeutsch; vgl. z. B. S. 145). Gewiß, Kenntnis des österreichischen Dialekts ist wichtig für das Verständnis von Nestroy-Stücken – ihrer Sprache und, wichtiger, ihrer Atmosphäre. Aber mit nur leichtester Übertreibung könnte man sagen: Die wesentliche Barriere zum Verständnis Nestroys in Norddeutschland ist nicht der Dialekt seiner Figuren, sondern ihr Hochdeutsch als Hinweis auf sie selbst. Wo Hochdeutsch in den Reden seiner österreichisch sprechenden Komödien-Figuren auftaucht, da ist dies ein Signal, entweder, daß sie als bloß konventionelle Bühnenfiguren aufzufassen sind, oder als unwahrhaftige Charaktere – in diesem Falle also ein Zeichen des Hohnes auf sie oder ihres Hohnes auf ihren Partner, es sei denn, in den frühen Stücken, sie wären untravestierend behandelte Raimundsche »Geister«. Oft auch verbirgt der Träger der Nestroy-Rolle seine wirklichen Gefühle hinter einem ins leicht Parodistische gesteigerten Hochdeutsch oder pathetisch deklamatorischer Rede und isoliert sich dadurch von seiner Umgebung. Anmerkungen der Werkausgaben können, bis zu einem gewissen Grad, den Dialekt übersetzen, die Wirkung des Hochdeutschen, wo es nicht offenkundig ins Pseudoliterarische gesteigert ist, nicht. Der bloße Gebrauch eines erzählenden Imperfekts – das es ja doch mit Ausnahme von »war« in ungezwungenem Österreichisch nicht gibt – oder eine Feststellung über »Vater« oder »Mutter« ohne bestimmten Artikel – »Mutter sagt« – oder eines Konjunktivs in indirekter Rede oder einer Unmenge von Wörtern, die außerhalb des Österreichischen gang und gäbe, in ihm aber als Fremdkörper wirken, deuten auf Gespreiztheit, Verlogenheit, Prätention hin und wirken dadurch verräterisch und komisch zugleich.

Kurz, der Gebrauch des Hochdeutschen durch wichtige Charaktere an sich ist ein Mittel satirisch oder sarkastisch enthüllender komischer Charakterisierung, wo es nicht einfach als konventionelles Bühnendeutsch Relegierung einer Figur in die Staffage ist, Staffage der geistigen Bühne zumindest. Der hochdeutsche Sprecher wird dadurch ein bloßes Rad im Mechanismus der Handlung. Hiervon ausgenommen muß das Hochdeutsch in den wenigen vorwiegend ernst gemeinten »moralischen« und melodramatischen Stücken werden, die Nestroy auf Antreiben der Kritik zwischen 1836 und 1847 schrieb, wie das dramatische Gemälde *Der Treulose* (1836), *Glück, Mißbrauch und Rückkehr* (1838), *Die beiden Herrn Söhne* (1845) und *Der Schützling* (1847); es erscheint gelegentlich in längeren Strecken auch noch in andern der von Rommel als »Volksstücke«

bezeichneten Dramen wie *Mein Freund* (1851) und selbst im tief humoristischen *Kampl* (1852).

In ihnen wird noch das konventionell gestelzte, nirgends in der Wirklichkeit gesprochene Bühnendeutsch des alten Theaters deklamiert, versetzt mit zahlreichen – oft gelungenen, oft papiernen – Metaphern und unerträglichen Klischees, gelegentlich auch »poetisch« überhöht durch syntaktische Inversion und halb archaische Wörter und Wortformen. Der edle Vater Herr von Solming in *Der Treulose* spricht zu seinem Sohn Fritz wie eine Raimundsche Fee:

> Nach drei Jahren kehrst du wieder, und bringst du als Mann dein unwandelbares Herz und biederen Sinn zurück, dann soll sie dein sein. *(Fritz umarmt Amalien)* (II, 38).

Theodor in *Glück, Mißbrauch und Rückkehr* ruft aus:

> Die Pistolen sind geladen – o, wenn er jetzt hier wäre, der Unbekannte! Diese Wände, die jetzt wie höhnend niedersehen, auf mich und meine Liebe, müßten erdröhnen von dem Knall. (III, 8)

Der brave Sohn Moritz in *Die beiden Herrn Söhne,* II, 12:

> *(einen Plan fassend):* ... geschrieben kann er noch nicht haben, ich stelle mich zum Postbureau und frage jeden Menschen, der einen Brief aufgeben will, ob der Brief an Herrn von Eckheim ist, so frage ich heute, morgen, übermorgen – ich weiche nicht, und müßt' ich sterben auf dem Platze. Mein Vater soll wissen, daß sein verirrter Sohn weit entfernt ist, freche Forderungen zu wagen, er soll wissen, daß ich für das Gesendete [50 Gulden] ihm kindlichst danke und in Demut die Wiederkehr seiner Gnade erwarten will. *(Stürzt fort)*

Die jambischen Strecken beachtend, fragt man sich beinahe, ob hier nicht der Parodist Nestroy diesem tiefernsten Tugendhelden über die Schulter geguckt hat.

Die bühnenhaft kriegerische sprachliche Fertigware zum Beispiel, die von den Grenzgendarmen in *Der Färber und sein Zwillingsbruder* gesprochen wird, bleibt knapp diesseits der Grenzlinien zwischen Nestroys bewußt unbekümmerter Anwendung bloßer klischeegeprägter Kommunikationssprache, Fertigware, wie wir sie in krassester Form im traditionellen Opern- und Operettendialog finden, und in Parodien eben dieser Sprache. In der des Oberforstmeisters Herrn von Löwenschlucht (vgl. S. 70 f.) wird diese Grenze ein wenig überschritten. Oft ist sie fließend. Der reine Kilian aber spricht reinen Dialekt.

Arthur, die operettenhafte Liebhaber-Puppe in *Häuptling Abendwind,* erzählt angemessenerweise seine Lebensgeschichte zunächst im papierensten Konventionsdeutsch, mit nur geringfügigen Nestroyschen *saillies:*

Vielleicht mögen Sie dies folgender biographischer Skizze entnehmen: Mein Geburtsort sowie meine erste Wickelkindheit sind mir unbekannt. Meine Erinnerung geht wie bei allen ultragescheiten Kindern bis auf ein Alter von zwei Jahren zurück; da befand ich mich in einem Städtlein bei einem Manne, den ich lange für meinen Vater hielt ... Spezielle Hinneigung zum Höheren und Feineren ließ mich Haarkünstler werden, und schon als Lehrling wie später als Gehilfe wirkte ich erfolgreich in dieser Sphäre. Da, vor mehreren Wochen, kam meine männliche Bonne wieder und gab mir nebst dieser Familienuhr den mysteriösen Befehl, ich habe mich binnen drei Tagen reisefertig zu machen, Hafenstadt und Dampfschiff wurden mir nominell bezeichnet, ebenso die Inselgruppe in der Südsee, wo ich landen und alsbald nach meiner Hinkunft Auskunft über meine Herkunft erhalten sollte. Ich bin somit zur Mutmaßung berechtigt, daß mein geheimer Vater ein weitläufiger Farmer oder ein bedeutender Hinterwäldler oder ein verschlagener Schiffskapitän sei. Bereits in der Zone der Südseeinseln angelangt, überraschte uns heute vor Tagesanbruch ein Sturm, dessen mehrstündiges Wüten zum Resultat eines Schiffsbruches führte (3. Szene).

(Erst von hier an beginnt ihn der Sprachteufel zu reiten.)

Findet kein Einverständnis über die Funktion dieser verschiedenen Stilebenen zwischen dem Autor oder Schauspieler und seinem Publikum statt, so muß das Verständnis des Stückes schwer leiden, bis zu totalem Mißverständnis oder Langeweile. Oft schützt davor nur Aufmerksamkeit auf sprachliche Diskrepanz. Sie reicht vom Absurd-Burlesken bis zur feinsten Nuance, und diese entgeht allzu leicht dem Nestroy-fremden Ohr.

Diskrepanz ist es, der oft ganz unbetonte, beiläufige Stilbruch im Wortmaterial und den Wortformen, nebst den tausenden verborgenen Wortspielen und den hunderten ausgesprochenen Antithesen, was als satirisches oder humoristisches Mittel den Stücken Nestroys ihre unverkennbare Familienähnlichkeit, ihren farcenhaften, bewußt manierierten Charakter verleiht. Die im Wiener Lokalstück der ersten Jahrzehnte des neunzehnten Jahrhunderts traditionelle, von Nestroy übernommene harmlose Komik der Wienerisch sprechenden Geisterkönige und Feen wird weit übertroffen von der sarkastischen Wirkung der gezwungenen oder prahlerischen oder mit Bravado heruntergerasselten »hochdeutschen« Redeweise des Wieners, dem sie nicht an der Wiege gesungen wurde – zum Beispiel das hier sinnlose Imperfekt »wuchs« statt »gewachsen ist« in »Sprich wie dir der Schnabel wuchs«. Diese Sprechart hat die verschiedensten Gründe, aber immer deuten sie auf Scheinhaftes hin. Es gibt kaum eine Nestroysche – und bald auch Scholzsche – Rolle, in deren Text die Unstimmigkeit zwischen der inneren Wirklichkeit der Figur und ihrem scheinhaften Anspruch oder ihrem Streben nach Wirkungen aller Art sich nicht da und dort als erheiternde Diskrepanz zwischen Dialekt und Hochdeutsch spiegelt. Dieser satirisch, oft auch psychologisch gesehene Gegensatz wird besonders deutlich im unmittelbaren Nebeneinander der bald in längeren Strecken, bald in unerwarteten Brocken auftauchenden unvereinbaren Stilsphären.[44]

Stilbruch wird noch eklatanter, wenn das Hochdeutsch zu pathetisch-kitschigem oder sonst irgendwie schablonenhaftem Bühnendeutsch gesteigert oder korrumpiert wird. Das bloßgestellte und aufgebrochene Klischee – pathetisch oder nicht – ist ein Grundbestandteil der mimetischen Satire Nestroys. Er ist literatur-, sprach- und bühnengeschichtlich der erste deutsche Dramatiker, der erste deutsche Schriftsteller außer E. T. A. Hoffmann, der es *konsequent* dem Gelächter preisgegeben hat[45]; schon 1834 nicht nur durch Parodie, auch durch Aussage: »Was soll ich zu meiner Entschuldigung nur vorbringen?« fragt Peregrinus in *Der Kobold.* »Vorbringen sollen S' gar nix! Stammeln müssen S'! Entschuldigungen der Liebe werden nicht vorgebracht, sondern gestammelt« (I, 4). – Der pathetische Herr von Löwenschlucht, immer bedacht, die »Ehre« seiner Schwester zu schützen, stellt ihren vermeintlichen kleinbürgerlichen Liebhaber, Kilian, zur Rede. Der tölpische Peter, Löwenschluchts Bediener, eine Scholz-Rolle, sekundiert mit aufgeschnappten theatralischen Redensarten und läßt so das Gespräch nicht zustandekommen:

LÖWENSCHLUCHT . . . Ich bin hier, [meine Schwester] zu rächen. Sie haben ihr Herz betört!

PETER *(dreinredend):* Die dreiunddreißigjährige Unschuld verblendet!

LÖWENSCHLUCHT *(fortfahrend):* Sie haben mit glatter Rede –

PETER *(wie oben):* Den Frieden der reinen Seele getrübt –
LÖWENSCHLUCHT *(sieht Peter scharf an).*
PETER *(dadurch etwas eingeschüchtert):* Und die Ruhe des Cherubs gemordet, hab' ich noch sag'n wollen.
LÖWENSCHLUCHT Du hast nichts zu sagen! *(Zu Kilian gewendet.)* Ich schweige von der Kühnheit, daß Sie es wagten, Ihre Augen zu meiner Familie zu erheben –
PETER *(dreinredend):* Eine Familie, die – *(Der Färber, II, 16)*

Viele Fälle einer solchen oft als parodistisch empfundenen Redeweise erklären sich natürlich aus Ironie – sarkastischer oder verschämter Selbstironie des Sprechers oder Ironisierung des Gesprächspartners –; in andern ist Parodie der Hauptzweck, zielt hinaus in eine unwahrhaftig sprechende Gesellschaft oder in die Literatur. Zwei Typen literarischer Parodie gibt es: eine, die als bloße »Ulkparodie« sich einfach mit dem Original einen Spaß erlaubt – sie gehört schon lange vor Nestroy zur Tradition der Wiener Volksbühne – und eine andere, die als gestaltete Kritik Schwächen des Originals aufdeckt, die »kritische Parodie«. Zehn Komödien füllen die zwei Bände »Parodien« in der Gesamtausgabe.[46] Nestroys Freude am Spaß und sein Hohn auf Prätention oder Unfähigkeit gehen innerhalb dieser Stücke oft ineinander über, und die wenigsten lassen sich völlig dem einen oder dem andern der beiden Typen zuordnen. Die parodierte Sprechweise ist ein wichtiges Mittel beider. Das Meisterwerk kritischer Parodie in der deutschen Literatur ist durch seine Holofernes betreffenden Partien *Judith und Holofernes.* In ihnen exponiert er die Kraftmeierei des philosophisch bramarbasierenden Hebbelschen Holofernes, die dem Zuschauer als Größe erscheinen soll, manchmal nur durch ganz leichte Verschiebungen des Textes und selbst wörtliche Zitate. Die den Tonfall des Originals genau treffenden Monologe nach dem Muster »Ich bin der Glanzpunkt der Natur . . . Ich möcht' mich einmal mit mir selbst zusammenhetzen, nur um zu sehen, wer der Stärkere ist, ich oder ich« haben die Schwächen dieses Jugendwerks für immer bloßgelegt.

Jener parodistische Stil aber, der fragmentarisch immer wieder in Nestroys Stücken auftaucht, ja manche, besonders die späteren, überflutet und, so sehr er mit echten und verfälschten Zitaten durchsetzt ist, sich nicht gegen bestimmte literarische

71

Werke wendet, ist Ausdruck eines Allgemeineren: skeptisch sarkastischer Betrachtung menschlichen Lebens, der Selbsttäuschungen und Täuschungen anderer, die er überall sah, des Hohlen und Phrasenhaften menschlicher Rede und menschlichen Tuns. Es ist von entscheidender Bedeutung, daß seine Komödien sich voneinander nur durch das Ausmaß – Grad und Häufigkeit – des Parodistischen unterscheiden. Vorhanden ist es fast immer, wenn auch oft versteckt: als Parodie abgenützter Phrasen und Metaphern, tugendhafter Banalitäten und literarischer Zitate. Nestroys Geist war satirisch gestimmt, sein Gefühl für sprachliche Leere und Trug als häufiger Ausdruck innerer Leere und Trugs äußerst empfindlich. Klischee und Kitsch zeigen beides an. So hat er oft mit Konsequenz klischeehafte Sprache gebraucht, ihr manchmal nur durch leicht parodistische Übertreibung oder Wortspiele Lichter aufgesetzt, die ihre Brüchigkeit noch deutlicher zeigen, und mit ihr die Brüchigkeit der Prinzipien, der Gesinnungen, des ganzen Geredes ihrer Sprecher. So wird das sarkastisch behandelte Klischee immer wieder der Ausgangspunkt Nestroyschen Witzes. Zementiert mit einem Gemisch aus Wortspielen und Antithesen, verdächtig gemacht durch Stilbrüche, wird es aus einem sprachlichen Grundbestandteil oft die satirische Substanz des Dialogs.

Parodie gesellschaftlich-konventioneller Konversation taucht immer wieder auf von Nestroys erster bis zu seiner letzten Komödie, oft als Gegensatz zu wirklicher Konversation: In *Die Verbannung*, I, 8 zum Beispiel, in *Nagerl und Handschuh*, I, 2, in *Mein Freund* – der von drei Personen gesprochene Dialog der vierzehnten Szene des dritten Akts wiederholt sich wörtlich am Anfang der fünfzehnten –, in *Kampl* (vgl. S. 335). In *Häuptling Abendwind* (Sz. 7) leitet folgendes Tafelgespräch das Souper der beiden feindlichen Kannibalen-Häuptlinge ein, von denen jeder früher die Frau des anderen verspeist hat:

ABENDWIND Mich g'freut's, daß Sie mir die Ehr' geben.
BIBERHAHN Bitte, die Ehre is meinerseits.
ABENDWIND Und wie geht's Ihnen denn immer?
BIBERHAHN Dank' für die Nachfrag', und Ihnen?
ABENDWIND Na, es muß schon gleich gut sein, bis es wieder besser wird.
BIBERHAHN *(mit stolzem Selbstgefühl, beiseite):* Jetzt sollten uns die Zivilisierten hören.

ABENDWIND *(beiseite):* Gibt es einen gebildeteren Diskurs!? Ah, wir Wilde haben schon auch unsere Kultur.

In der Teegesellschafts-Szene in *Der Talisman* (II, 24) vollzieht sich Gespräch als reines Geschnatter:

FRAU VON CYPRESSENBURG Sie befinden sich allerseits?
DIE HERREN Danke ergebenst!
DIE DAMEN *(untereinander):* Migräne, Kopfschmerzen, Rheumatismus –

Die sprachliche Klischierung ist zur sachlichen geworden, die Phrase Topos.

Die Klischierung dessen, was ein Einmaliges sein sollte, weist auf seine Unechtheit hin, im Leben wie in der literarischen Alltagsware. Parodien derartiger Schablonen, sprachlicher oder dramatischer, betonen ebenso wie die strukturellen Mittel (vgl. S. 44) den Eindruck des Marionettenhaften und fabrikmäßiger Standardisierung. Sie wirken daher dort, wo sie episodenhaft in das scheinbar realistische Abrollen der Ereignisse eingeschoben sind, in höchstem Maße als grotesk, als surrealistisch komisch. Nestroy hat eine ganze Anzahl solcher Szenen geschrieben (vgl. z. B. S. 179, 230).

Dramatische Parodie ist manchmal mit der sprachlichen verschmolzen, manchmal unabhängig von ihr. Der komische Dummkopf Blasius in *Glück, Mißbrauch und Rückkehr* verheißt seiner Erkorenen nach dem Muster und im Stil der sentimentalen Kolportageliteratur eine Liebeserklärung nach einer »Prüfungszeit«:

Seh' ich dann, saß Sie wirklich gänzlich und durch und durch unverdorben sind, so nehm' ich eine Schere und stürz' Ihr zu Füßen . . . Das Geständnis der Liebe ist in wenigen Worten gestammelt, darauf schneide ich Ihr die Locken ab . . ., lass' mir s' in ein' Ring fassen, . . . Sie erhält von mir den ersten Kuß, dem Vater wird mittels eines Machtworts des gnädigen Herrn das freiwillige Jawort abgedrungen . . . (II, 10).

Die Parodie der erstarrten Theatersprache setzt schon in der ersten Szene des ersten Stückes Nestroys ein. Aus einer Ohnmacht erwachend, fragt der Zauberer in der *Verbannung:*

PUMPF Ich weiß gar nicht, wie mir geschieht – was soll ich denn sagen?
CREPONTES Wo bin ich? das ist immer das erste, was man sagt, wenn man aus einer anständigen Krankheit erwacht.
PUMPF Also – wo bin ich?

Kritik wird so von selbst zur sarkastischen Nachahmung, Nachahmung zur Parodie. Sie richtet sich gegen die gesprochenen und gespielten Klischees auf der Bühne, gegen die erzähltechnischen und dialogischen im Roman und der Novelle und gegen Kitsch der Handlung. Nestroy versteht es auch, in sie die Unwirklichkeit und das ehrfürchtig-distanzierte Verhältnis des Österreichers zur »Schriftsprache« und ihrer Grammatik auf die amüsanteste Weise zu verweben:

WEINBERL O Freund, in die öden Gasseln erlebt man allerhand! ... Wie oft hab' ich gelesen in die Bücher: »Er befand sich, ohne zu wissen wie, in einem engen, abgelegenen Gäßchen, plötzlich gewahrte er an der Ecke einen Mann in einem Mantel, ihm war's, als ob er ihm gewunken – an der andern Ecke sieht er auch einen Mann, ihm deucht', als hätt er ihm gewinkt, unentschlossen steht er da, er weiß nicht, soll er dem folgen, der ihm gewinkt, oder dem, der ihm gewunken – da öffnen sich plötzlich die Fenster ... Und eine zarte weibliche Hand –«

Und er wird von aus dem Fenster geschütteten Wasser getroffen. (*Einen Jux will er sich machen,* II, 1)

Nestroy liebte die Sprache. Wir haben seine echt dichterische Begabung erwähnt, leuchtkräftige Bilder und überzeugende Vergleiche zu schaffen, hervorgehend aus ursprünglicher Anschauung und anschauungserfülltem Denken (vgl. S. 62 f.). Sie können ernstem oder heiterem Zweck dienen, gedanklichem oder gemüthaftem, der scharf konturierten Feststellung oder der gestalthaften Satire (vgl. S. 64 f.). Sprache hat für ihn ihr anfängliches Wesen bewahrt. Er kann und will es nicht vergessen, weder im Sprechen noch im Hören, und so bringt er sie, das heißt ihre erstarrten Bilder, ihre verblichenen Metaphern, die wir nicht mehr als solche empfinden, immer wieder zu neuem Leben (vgl. u. a. S. 144 f.), scherzend oder zum Hohn auf den Sprecher, der sie mißbraucht, seiner selbst spottet und nicht weiß, wie. Die Grenzen zwischen Bild und Wirklichkeit, zwischen Metapher und dem von ihr ursprünglich Bezeichneten schwinden Nestroy dahin. In den extremsten Fällen wird die Metapher zum körperlichen Vorgang auf der Bühne, als bloßes Spiel oder zur Verstärkung ihrer sinnlichen Anschauungskraft, etwa in der Szene, in der die allegorische Person Argwohn in *Der konfuse Zauberer* »ein Licht aufsteckt« (vgl. S. 173). Solche

Scherze waren in der Wiener Komödie auch vor Nestroy nicht selten, bei ihm aber sind sie nur *ein* charakteristischer Aspekt seines gesamten Sprach-Erlebnisses.

Dem amüsierten Interesse an der Sprache, der von ihrem Ursprung her bewahrten assoziativen Kraft des Wortes entspringt es, wenn im selben Stück die Gestalt Schmafus während dumpfer Musik auf einer Wendeltreppe von der ganzen Höhe des Theaters herabgestiegen ist zu der Felsenhöhle, tief unter der Erde, in der die Fee Flatterhaftigkeit von einem Zauberschlaf gefesselt liegt, und Nestroy ihn sagen läßt:

> Ich bin herabgestiegen in den Abgrund dieser Höhle, jeder Mensch wird jetzt glauben, sie schlaft hier, denn *der* Schlaf wäre doch tief genug, aber nein, sie schlaft noch tiefer. (... *Schmafu öffnet eine Falltür rechts im Boden und steigt mit der Fackel durch die Versenkung hinab.*) (I, 4)

Das enge Ineinander von Wort und Szene erzeugt hier zauberisch den Eindruck besonders ›tiefen‹ Schlafs. Man weiß oft nicht, ob das Wort die Regiebemerkung gezeugt hat oder umgekehrt. Löst man aber den Scherz vom »tiefen Schlaf« aus seinem Zusammenhang, so wirkt er einfach dumm (wieder ein Beispiel dafür, daß das Prinzip der funktionellen Betrachtung in den verschiedensten Hinsichten in jeder Diskussion Nestroyschen Stils und Nestroyscher Wirkungsmittel gewahrt bleiben sollte).

Umgekehrt kann selbst ein ausgeführter Vergleich so sehr zur. Redewendung verblaßt sein, daß er als Aussage ahnungslos auf eben die Wirklichkeit angewendet wird, die einst als das veranschaulichende Vergleichsmaterial gedient hat. Als zwei Knechte des Pächters Krautkopf Kraut und Rüben in denselben Keller leeren wollen, hält er sie auf:

> Halt! ... Da g'hören die Ruben her! ... Kraut und Ruben werfeten s' untereinand' als wie Kraut und Ruben! (*Der Zerrissene*, II, 1)[47]

Sein bildhaftes Denken, seine Hellhörigkeit und sein Spaß an der Sprache machten es Nestroy unmöglich, solchem harmlosen Spiel mit Worten zu entgehen. Aber aus derlei Scherzen erwächst oft Nestroys Satire (und erwachsen später, in Nestroys Nachfolge, und mit größerer Feierlichkeit, Peter Handkes und seiner Schule »Sprechstücke«). Worte sind ihm nicht neutrale Begriffsträger, sondern als gedankenspiegelnde, gedankenträchtige, gedankenformende *Wörter* Quelle, Ursprung des

Denkens. Er handhabt sie bei fortschreitender intellektueller Reife, Weitsicht und Gewandtheit mit immer mehr Geist und Geschmack und mit immer wieder erwachender Spielfreude. In manchen Stücken entspringt sein Dialog auf lange Strecken hin mindestens ebensosehr dem Wort wie der Handlung oder der sie begleitenden immer wachen Bereitschaft zum Sarkasmus und zur Satire. (Als Beispiele können die ersten Szenen von *Das Mädl aus der Vorstadt* dienen oder *Häuptling Abendwind.*)

Wir haben gesagt, daß sie bei Nestroy auf die Aufdeckung der Widersprüche zwischen dem Ideal und dem Leben zielt, zwischen der Konvention als dem Vorgegebenen und der Wirklichkeit. Eine der wichtigsten dieser Konventionen ist die Sprache. Nestroy konfrontiert sie mit der Wirklichkeit, und ein Widerspruch, die Inkongruität der Phrase mit der Wahrheit, wird sichtbar. Ein Beispiel für Hunderte: Als der borniert, reiche Bierhändler Spund im *Talisman* seinen arbeitslosen rothaarigen Vetter enterben und von seinem Begräbnis ausschließen will, da sagt er: »Ich könnt das nicht brauchen, daß mir a Rotkopfeter die Schand antut und erweist mir die letzte Ehr'« (III, 4). Das Absterben des prägnanten Sinns eines Wortes (»Ehre«) in der konventionellen Wendung, des Sinns einer Handlung in der Konvention bis zur Möglichkeit des gegenteiligen Sinns (»Schande«) wird hier durch das Wortspiel blitzartig beleuchtet. Nestroys Sprachscherze machen hörbar, was 1896 Hermann Bahr als Nestroys Sehweise so beschrieb: »Neue Wesen sieht er, die sich noch in ganz alten Formen bewegen; das kommt ihm komisch vor. Was die Leute scheinen, das ist gar nicht mehr da; was da ist, hat noch gar keinen Schein. In Kostümen laufen alle herum und es freut ihn, sie zu zupfen, bis das Kostüm in seinen Händen bleibt ... er hat aus ganz leisen und behutsamen Anfängen Dinge vernommen, die später erst reif wurden«.[48] – Ein anderes Beispiel: Die soziologische Situation des Vormärz mit ihrer Auflösung der Stände und dem urbanen Umgangston, der mit innerer Geringschätzung wohl vereinbar ist, enthüllt sich in dem enttäuschten Sätzchen: »Was, der *Herr* is ein Knecht?«[49], das die kleinbürgerliche Gärtnerin zu ebendemselben Arbeitslosen spricht, dessen windige Suada und elegante Perücke sie gefangen haben. (Es ist nicht das erste Mal, daß Nestroy den Gegensatz zwischen dem Wort »Herr« und der Armseligkeit des so bezeichneten Wesens hörbar macht.) Die Erstarrung des

Wortes »selig« als Synonym für »tot« in der Alltagssprache auch des Ungläubigen hat ihn schon in *Die Verbannung* zum Scherz berechtigt: »Wenn das die selige Frau Tante und der noch seligere Herr Onkel sähet –« (II, 28). Solch ein andeutendes Spiel wäre im raschen Bühnengespräch wohl überhört worden, hätte nicht Nestroys berühmte Sprechkunst es zum Leben gebracht. Elf Jahre später, nun berühmt und offenbar weniger ängstlich vor der Zensur, machte er es weit expliziter:

CONSTANTIA Mein seliger Mann –

TITUS Hören Sie auf, nennen Sie nicht *den* Mann selig, den der Taschenspieler Tod aus Ihren Armen in das Jenseits hinüberchangiert hat! Nein, *der* ist es, der sich des Lebens in solcher Umschlingung erfreut! O Constantia! – Man macht dadurch überhaupt dem Ehestand ein sehr schlechtes Kompliment, daß man nur immer die verstorbenen Männer, die ihn schon überstanden haben, »die Seligen« heißt. (Ib., II, 7)

Sieht man von dem Nachsatz ab, gesprochen zu einer Zeit, da das Publikum von Nestroy bereits aphoristisch-witzige Bemerkungen erwartete, so sind hier, wie in buchstäblich Tausenden Nestroyscher Wortspiele »Scherz, Satire, Ironie und tiefere Bedeutung« nicht zu trennen. An sich isoliert, sind sie meist bloße Scherze. Im Zusammenhang der einzelnen Komödie, deren Handlung ja gewöhnlich ohne die Scheinhaftigkeit gewisser Charaktere undenkbar wäre, zerreißt Nestroy mit Hilfe der Wortspiele überaus häufig nicht nur den Schleier dieser Scheinhaften, sondern auch den der Gesellschaft, der sie angehören, reißt er von der Sprache die Kruste der Erstarrung, in der ihr Blut absorbiert wurde. So werden sie witzig und sarkastisch über den isolierten Sprachscherz hinaus durch ihre Beziehung auf die Situationen, Charaktere und Themen des jeweiligen Spiels, und da diese wieder hinausdeuten über sich selbst, Bestandteile einer allgemeineren Satire, ausdrücklicher oder der Atmosphäre des Spiels verhafteter.

Ein großer Teil der Wortspiele in der *Verhängnisvollen Faschingsnacht* zum Beispiel kreist um »Ehre«, dadurch um den Charakter des Helden, des ehrsüchtigen Lorenz und damit weiterhin um den Kontrast echter und eingebildeter Ehre, im *Talisman* um »Haar« und »Kopf« (vgl. S. 80) – und dadurch nicht nur um die dramatische Intrige, sondern mit ihr auch um Beschränktheit und Vorurteil; in *Einen Jux will er sich machen* um »Handel« und »Handeln« und damit um die Kommerzialisierung des Lebens[50], ein auch in vielen andern Stücken Nestroys episodisch oder durchgehend behandeltes Thema; in *Freiheit in Krähwinkel* um »frei«, »Licht« und »Dunkel« und damit um deren metaphorische Bedeutung im sozialen, politischen und moralphilosophischen Sinn, aber auch ihren verantwortungslosen Gebrauch durch den Demagogen und wendigen Journalisten; in *Höllenangst* schließlich um »Teufel«, »Hölle«, »Feuer« und »Himmel« als komische Irrtümer oder leere Wendungen, zugleich aber auch satirisch-blasphemisch um den Glauben an diese Mächte. Immer wieder auch verbindet sich also das Wortspiel mit spezifischem, auf bestimmte Situationen zielendem oder mit ausdrücklich allgemein reflektierendem Witz: *Die Zauberreise in die Ritterzeit* ist voll derartiger Wortspiele mit »Geist«, denen der Singular von »Geister« als Sprungbrett dient.

Überaus häufig haben die Monologe und die Auftrittslieder der von Nestroy gespielten Zentralfigur Wörter aus ihrer Berufssphäre als willkommenen Ausgangspunkt einfallsreicher semantischer Assoziationen und Wortspiele, oft potenziert durch nur mundartlich metaphorische Wendungen. (Dieselbe zur Virtuosität ausgebildete sprachliche Jonglierlust färbt auch die Metaphorik des Dialogs mit beruflichem Anstrich.) Ihr Vorbild haben diese Lieder in der Volkstheater-Tradition der »MetierLieder«. Durch Nestroys Witz, Geschmack und manchmal philosophischen Sinn bewegten sie sich nun auf einer höheren Ebene oft geistreicher Heiterkeit. Hier nur eine Strophe aus den Dutzenden dieser Lieder; der Seilergeselle Strick »kommt arbeitend rückwärts aus der Kulisse«:

So viel is einmal wahr und g'wiß,
Daß für ein' Seilerer kein' Aussicht is.[51]
Auch ist der Umstand noch dabei,
Weil ein Seilerer allweil rückwärts geht,
Auch ist der Umstand noch dabei,
Ein Seiler find't nix fehlerfrei,
Denn worauf sein Blick gerichtet is,
Da hat's ein' Faden[52], so viel is g'wiß.

(Die beiden Nachtwandler, I, 13)

Der Buchdrucker Schlicht räsoniert, ausgehend von »s' war viel Druck schon erfunden vor viel tausend Jahr', / Wie noch gar ka

Idee von ein' Bücherdruck war« u. a. über ›Druck‹, ›Abdruck‹,
›Nachdruck‹ etc. etc. und schließt seine Strophen, zur Zeit der
Reaktion gewiß allen verständlich, mit dem Refrain

Das wär so a Stoff jetzt, allein ich verschluck's;
's kennt ja so jeder Mensch die Geschichte des Drucks.

(Mein Freund, Vorspiel)

Da Nestroys intellektuelles Temperament sarkastisch-satirisch
war, boten sich ihm diese umspielten Wörter für satirische
Ausblicke dar, etwa in den folgenden Bruchstücken aus dem
Monolog des Zimmermeisters Span in *Der Unbedeutende,* I, 13:

Der Holzhacker hat die Geometrie umarmt, und so is der Zimmermann entstanden. Unser Handwerkszeug bestätigt diese Abkunft. Die
Hacken is unser simples väterliches Erbteil, wir haben aber auch
Zollstab, Zirkel, Winkelmaß als Vermächtnis von unserer tiefsinnigen
Mama, und das sind Gegenstände, die man nicht leicht, ohne zu
denken, in die Hand nehmen kann. Der Zollstab gibt uns die wahrste
Ansicht von Länge und Breite, von Größe überhaupt, und wann man
die einmal hat, da fallen einem dann allerhand Mißverhältnisse auf
– wie so mancher so groß herauskommt, und wenn man ihn genau
abmeßt, so klein is, daß man ihm gern noch was aufmesset. Wie
mancher ein Langes und Breites zusammenschreibt und nur eine
schmale Kost damit erwirbt ... Kurzum, der Zollstab hat nur drei
Schuh Länge, kann aber die Ideen sehr ins Weite führen. So ist es
auch beim Winkelmaß; man denkt dabei unwillkürlich an die vielen
menschlichen Winkelzüge, die offenbar unter die Gattung der spitzi-
gen Winkel gehören, an die Aufenthaltsorte des Unglücks und der
Armut, die unter die stumpfen Winkel gehören. Die schwierige Ge-
nauigkeit, die der rechte Winkel erfordert, mahnt uns daran, daß das
Rechte überhaupt nicht leicht in Winkeln zu finden, eine Behauptung,
die sich auch bis auf Winkelagenten, Winkelsensalen, Winkelschrei-
ber etc. etc. ausdehnen ließ'. – Ein noch weiteres Gedankenfeld liegt
im Zirkel. Zirkel is die vollkommenste Rundung, drum fallt es auch in
die Zirkel am meisten auf, wenn sich einer eckig benimmt. – Der
gesellschaftliche Zirkel unterscheidet sich vom mathematischen wesentlich dadurch, daß der mathematische einen einzigen Mittelpunkt
hat, der akkurat mitten im Zirkel liegt – der gesellschaftliche Zirkel
jedoch hat in der Mitte nur den scheinbaren Mittelpunkt, den Kaffee-
tisch, währenddem der eigentliche Mittelpunkt, um den sich die
Peripherie der Unterhaltung dreht, meistens außerhalb des Zirkels
liegt, weil gewöhnlich nur die Abwesenden ausgericht't [= beklatscht]
werden.

Aber es muß nicht immer Satire sein, was unser Vergnügen am Doppelsinn färbt. Oft rühren uns die geheimen Leiden und Wünsche der naiven Person, die aus sprachlichen Mißverständnissen hervorlugen, und das Wortspiel wird Mittel eines gütigen Humors. Unser Herz neigt sich der armen, von allen zurückgesetzten rothaarigen Gänsehirtin Salome zu, die, als der ebenfalls rothaarige Titus murmelt: »Die findt, daß ich schön bin, das ist die *erste* unter allen«, antwortet: »O hör'n S' auf, ich bin die letzte hier im Ort, ich bin die Ganselhüterin . . .«.

Nestroy macht sich auch oft den Spaß, aus den Reden der Einfaltspinsel, ihnen unbewußt, die Wirklichkeit hervorleuchten zu lassen:

SPUND . . . aber, wie sie waren in unserer Familie, haben wir alle braune Haar g'habt, lauter *dunkle Köpf*, kein *lichter Kopf* zu finden . . ., und der Bub untersteht sich und kommt rotschädlet auf d'Welt. (*Talisman*, III, 4)

Sind so die komisch-beschränkten, stumpfen Charaktere, meist Scholzische, machtlos der Sprache ausgeliefert, die aus ihnen spricht, weit bedeutungsvoller, als sie selbst es zu tun imstande wären, so wissen andrerseits jene hellhörigen, von Nestroy selbst gespielten Beobachter, die ihnen gegenüberstehen, auch um die Zwiespältigkeit der Sprache; aus ihr schöpfen sie immer wieder neue graziöse Scherze und vernichtende Witze.

Zweifach ist so die Haltung seiner Figuren zur Sprache; die im Leben Überlegenen spielen mit ihr – scherzend, angreifend, vernichtend –, und sie spielt mit den Kurzsichtigen, den Dummen und Schlechten, sie spielt ihnen mit. Wo aber der harmlose Tölpel und der überlegene Witzbold aufeinandertreffen, da begegnet das ahnungslose Wortspiel dem tiefgehenden, scherzenden oder bewußt angreifenden:

PLUTZERKERN *(zu Titus):* Er möcht' also bei unserer jungen, sauberen [= hübschen] Gartnerin-Witwe Gehilfe werden?

TITUS Gehilfe der Witwe? – Wie g'sagt, ich qualifizier' mich zu allem.

PLUTZERKERN Mit so einem G'hilfen wär ihr schon g'holfen. Wie die mich jaget, wann ich ihr das Florianiköpfel brächt! (I, 6)

Dieses Schnuppern an der Mitteilung, daß die junge Witwe einen »Gehilfen« brauche, gefolgt von der durch den Gedankenstrich angedeuteten kleinen Pause und dem anzüglichen Nachsatz »wie g'sagt, ich qualifizier' mich zu allem«, kennzeichnet als Doppelsinn aufs knappste und durch solche Konzision ästhetisch befriedigend, wie momentan Titus Situationen erfaßt. Plutzerkern dagegen äußert die (ihm unbewußt wahre) idiomatische Bemerkung: »Mit so einem G'hilfen wär' ihr schon g'holfen« mit einer läppisch beleidigenden Ironie, die ihrerseits für den Zuschauer in gegensätzliche, auf den ahnungslosen Plutzerkern reflektierende Beleuchtung gerät. Selbst eine Gruppierung von Wortspielen, die an sich keinerlei satirische oder psychologisch enthüllende Absichten haben, kann erhöhte Wirkung und humoristische Berechtigung aus einer bestimmten Situation beziehen. Frau von Cypressenburg hat Titus gefragt: »Ist sein Vater auch Jäger?«, und er antwortet: »Nein, er betreibt ein stilles, *abgeschiedenes* Geschäft, bei dem die *Ruhe* das einzige Geschäft ist; er liegt von höherer Macht gefesselt, und doch ist er frei und unabhängig, denn er ist *Verweser* seiner selbst – er ist tot –.« Die Berechtigung für diese Sprechweise gibt er im *(»Beiseite«):* »Ich stehe jetzt einer Schriftstellerin gegenüber . . . da heißt's, jeder Red' ein Feiertagsg'wandel anziehn« (II, 17). Es ist so Nestroy gelungen, drei an sich witzige Wortspiele einem parodistischen Stil dienstbar zu machen, mit dem sie an und für sich nichts zu tun haben.

Es ist die *Vielfalt der Implikationen* und Wirkungen, durch die Nestroy Wortspiele so oft zu einem so bemerkenswerten Mittel der Satire, humoristischer Wirkung, sparsamster Gestaltung von Charakteren, Typen, inneren Vorgängen und rollengemäßer Körperlichkeit gemacht hat. Gabriel in *Kampl* beklagt sich über das »Hausherrnvolk«, Besitzer mehrstöckiger Häuser, das darauf besteht, von ihm Zins einzutreiben: »Ich hab' nicht umsonst einen Haß auf diese drei- und vierfachverstockten Menschen« (I, 30). Die völlige Einheit der charakterologischen, fast möchte man sagen »physiognomischen«, Andeutung mit sozialen Ressentiments durfte auf den Beifall der durch ihre sozialökonomische Lage für solche Kritik prädestinierten Zuhörerschaft rechnen. – Mit graziöser Ökonomie kann ein ahnungslos gebrauchter Doppelsinn die Geistesart des stolz amusischen Apothekers und Ratsvorstands in einer kleinen Provinzstadt schon am Anfang des Stücks enthüllen, als die Braut seines Mündels dessen Schauspielerei als Liebe zur Kunst bezeichnet: »Komödispiel'n is aber keine Kunst, es is eine reine Komödispielerei« (*Theaterg'schichten*, I, 2). – Als eine Mutter dem dicken korrupten

Schulmeister Wampl, gespielt von Scholz, in *Die schlimmen Buben* droht: »Die ganze Schul' wird aufgehoben!«, antwortet er: »O, eine Schul', wo ich an der Spitze steh', hebt man nicht so leicht auf« (10. Szene). – Warme Menschlichkeit, leicht erotisch gefärbt, und graziöser Humor spiegeln sich in der virtuosen Zusammenstellung und Neubelebung abstrakt gewordener metaphorischer Redensarten in *Höllenangst* in Wendelins Entzücken, als der vermeintliche Teufel seinen Wunsch erfüllt, ihm seine Geliebte herbeizuzaubern, indem er ihn in ein Gemach eintreten läßt, in dem sie sich gerade aufhält:

WENDELIN *(freudig aufschreiend):* ... Die Sali –! Ja, jetzt gewinnt die Sache Gestalt, die G'schicht' hat jetzt Hand und Fuß und alles mögliche, die ganze Teufelverschreibung kriegt jetzt erst a G'sicht, und was für ein liebes G'sicht! (II, 12)

Erst der Nachsatz »und was für ein liebes G'sicht!« macht dem Leser den Doppelsinn von »Gestalt«, »Hand und Fuß« und G'sicht« bewußt, und »alles mögliche« zeigt, wie geschickt Nestroy dem sittenstrengen Zensor entging. Seine berühmte Mimik und pointierende Diktion machten all dies dem Zuschauer wohl vom ersten Wort an klar.

Höchstens sarkastischen Beigeschmack, oft nicht einmal ihn, aber dennoch dramatische Funktion haben also jene Wortspiele, die nur aus der Handlung verständlich sind, entweder dem in die Intrige eingeweihten Publikum oder zugleich einem Komplizen des Sprechers oder Schuldigen, wie die unzähligen im *Talisman* nach dem Muster »Vergessen Sie nicht, daß Ihr Schicksal am Haare hängt« (II, 11) und »Nebensachen, seitdem sich die *Haupt*sachen geändert haben« (I, 14) oder in *Mein Freund* (I, 22) Schlichts Antwort auf seiner früheren Geliebten, Frau von Steins, Bemerkung »Ich muß Ihnen in falschem Lichte erscheinen«: »O ja, sehr falsch«; schwer zu ziehen ist die Grenze zwischen phraseologischem Wortspiel und bloßem Doppelsinn in der Bemerkung des Herrn Stein über ein Leihbibliotheksbuch, auf dessen letzter Seite er eine hineingekritzelte Liebesbotschaft gefunden hat, zum Bibliotheksdiener Schippl, der ihm das Geheimnis verraten hat: »Ein Buch, aus welchem man klug werden kann« (II, 7), worauf dieser antwortet: »Spannend bis auf's letzte Blatt'l«; ein beträchtliches Schweigegeld quittiert Schippl mit den Worten, es werde ihn bestimmen, ökonomisch zu sein und »alles für mich zu behalten« (II, 3). Dies alles spielt sich innerhalb weniger Seiten ab. Umgekehrt mißversteht Leni, die vom Teufelspakt des von ihr geliebten Wendelin nichts weiß, dessen Worte »Zu spät, wir stehen unter dem Einfluß unterer Mächte«: »Mir scheint, er stichelt drauf, daß ich eine Portierstochter bin«, was wieder ein drei- oder vierfaches Wortspiel ist: auf die ordinärerweise »unten« gelegene Portierswohnung[53], auf die in Wien oft humoristisch behandelte Macht der Portiers und Hausmeister[54], die Macht des Portiers über seine Tochter (vgl. S. 35) und die trotz allem niedrige soziale Stellung des Portiers. Ähnlich dicht konzentriert sind die Nestroyschen Wortspiele oft. Im Bühnengespräch im Nu vorbei, wirken sie da oft mit der nur halb erfüllten Verlockung des im Moment nicht völlig analysierbaren »Reizvollen«.

Für Aufmerksamkeit auf Wortspiel gröberer Art hatte auf der Wiener Bühne eine lange Tradition vorgearbeitet.[55] Nestroy erzog sein sachverständiges Publikum zur blitzschnellen Bereitschaft des Ohrs, auch nicht ganz offenkundigen Doppelsinn aufzufassen und zur Fähigkeit, zwischen einem albernen Kalauer (dem »Homonym«, also dem bloß zufälligen Gleichklang zweier Wörter) und dem sinnvollen semantischen Wortspiel (dem »Polysem«, dem auf Bedeutungswandel oder Spaltung eines und desselben Wortes beruhenden Scherz) zu unterscheiden. Kalauer hat Nestroy für seine eigenen Rollen, außer in seltenen Fällen in den frühesten Stücken, verschmäht. Ja, in *Theaterg'schichten durch Liebe, Intrige, Geld und Dummheit* versieht der dumme Held eine Äußerung, die er soeben gemacht hat, mit dem Nachsatz: »Wortspiel minderer Bedeutung« und die Bemerkung eines ihn foppenden Gesprächspartners mit »Ha – ein aufmunternder Calembour«. (Solche Bemerkungen werfen übrigens ein Licht auf die irrige Meinung, die Vorstadttheater seien nur von der Masse der Ungebildeten besucht worden. Nestroy-Premièren waren vom ganzen großen Wiener Theaterpublikum mit Spannung erwartete und hitzig diskutierte Ereignisse.) Nestroys typische Wortspiele sind ein Niederschlag von Nestroys immer wachem Bewußtsein vom vielfachen Sinn eines Wortes oder einer Wendung, als Hin und Her vom Konkreten zum Abstrakten, vom Abstrakten zum Konkreten, und zwischen den untereinander wieder verschiedenen abstrakten oder konkreten Bedeutungen. Keineswegs alle sind satirisch oder auch nur sarkastisch oder gestaltend oder enthüllend. Viele sind einfach Spaß, reines Spiel, Nestroy zur Natur geworden. Er konnte ihnen auch in seiner Privatkorrespondenz und in ernsten Stücken nicht widerstehen; in ihnen nimmt sie von Akt zu Akt zu. Unbeschwerte Spiellust, hier sprachliche, ist ein für den sachlichen Betrachter unübersehbarer Wesenszug Nestroys. (Darum ist es irrig, seinen ewigen Kampf mit der Polizei-Zensur als wesentliche Quelle dieses Spiels zu betrachten, so sehr es ihm gelegentlich dienen konnte, ihr ein Schnippchen zu schlagen.) Wenn Peter in *Der Färber und seinen Zwillingsbruder* nach einer schweren Enttäuschung erklärt: »Ich will jetzt trinken, bis ich umfall' vor Rausch, das allein kann mich aufrecht erhalten« (III, 25), Schlicht in *Mein Freund* dagegen seiner Angebeteten schreibt: »Wie ich eine feste Stellung errungen hab', so ist das erste, daß ich zu ihren Füßen niederstürz'« (I, 7), so ist das weder besonders geistreich noch besonders dumm. Aber diese Behandlung der Sprache erlöst sie aus ihrer Erstarrung, umspielt sie mit musikalisch arabeskenhaften Scherzen, lenkt von der zwangsmäßig »dummen« Possenhandlung ab, beleuchtet die Reden der Helden mit »romantischer« Ironie und verfremdet sie so dem Zauber auf heiterste Weise.

Gepaart mit der witzigen oder komischen Handlung und Charakterzeichnung, oft mit ihr verflochten, hat das Wortspiel viel damit zu tun, daß die schwerelos-heitere Atmosphäre der besseren Stücke Nestroys ein fein verteiltes Fluidum aufgelöster Geistigkeit in sich trägt, wenn auch einmal eins darin vorkommt, das wie ein grober Fremdkörper wirkt. Das Wortspiel ist die Schwelle, über die man in die Geistigkeit der Komödie Nestroys eintritt, und es ist die Schwelle, über die der stolpert, dem Wortspiel konstituionell zuwider ist. Nach vielen Berichten war es für seine Zuhörer gerade die Notwendigkeit gespanntesten Aufmerkens, belohnt durch das Erfassen des witzigen Sinns, manchmal mitten in der burlesken Situation, was die Aufführungen seiner Stücke so reizvoll, ja aufregend machte. Der Nestroy-Schauspieler muß gut sprechen, das Nestroy-Publikum gut hören; in oft analysierten Stücken wie dem *Talisman* von verständiger Regie und wortbewußten Schauspielern unterstützt, scheint es dies etwa seit der Mitte des Jahrhunderts wieder zu lernen.

Immer öfter hat sich in unsere Gedankengänge der letzten Seiten die Erwähnung von trans- und metasprachlichen Absichten, Weltanschauungen und Tendenzen gedrängt; was bloße Spiellust betrifft, so haben unsere Erwägungen fast ausschließlich vom »semantischen« Wortspiel gehandelt. Doch hat diese sich bis zur Verspieltheit steigernde Neigung sich der Sprache auch auf andere, naive, auf »Witz« offen verzichtende Weise bemächtigt, mit Wirkungen, die bloßes Kopfschütteln, mäßige Heiterkeit, hie und da aber auch Freude an echter Komik erzielen können: in scherzhaften Wortbildungen und in den Formgesetzen der deutschen Sprache entsprechenden, aber unerwarteten grammatikalischen Analogieschöpfungen, in Worthäufungen, Mißbildungen und sprachlichen Klangspielen aller Art. Nestroys Vorliebe für derlei Sprachspiel verstärkte sich mit der Zeit. Das Publikum der 1840er und 1850er Jahre erwartete es von ihm als seine Spezialität, gepaart mit seiner Virtuosität des Sprechens, der Geistigkeit des Dialogs, dem sinnvollen Wirkungsreichtum der semantischen Wortspiele, und so gehoben durch seine Umgebung, ganz zu schweigen von der Empfänglichkeit einer zum Lachen gestimmten Theateratmosphäre, in der manches von der Bühne her Erklingende eine heitere Resonanz erweckt, die es als gelesener »Text« nicht ausüben wird. Das »gesteigerte Sprachbewußtsein«[56] im zweiten Drittel des neunzehnten Jahrhunderts, in Wien dem rein Literarischen entzogen durch die Tradition der Volksbühne, mag diese Empfänglichkeit noch verstärkt und hier länger am Leben erhalten haben. Noch in *Frühere Verhältnisse* (1862) ruft Muffl-Nestroy im Rahmen einer von witzigem sprachlichem Übermut berstenden Rede seiner abgehenden früheren Geliebten nach:

> Ich glaub', sie hat mir gedroht, eh' sie sich gedraht hat? Törichte Wurmin . . .! (9. Szene; vgl. S. 356).

Selbst die wenigen Kalauer der Frühzeit verschwinden aber aus Nestroys Werk schon um 1836, außer, ausnahmsweise, in den Scholz-Rollen und in dem desperat um Wirkung bemühten »Volksspiel« *Mein Freund* (1851). Ein Beispiel wäre etwa der dauernd bald weiße, bald weise – er ist beides – Greis in *Der gefühlvolle Kerkermeister* (1832), der schon im Personenverzeichnis als »Ein alter Greis, weißer Bewohner einer schwarzen Höhle« erscheint. Durch die Anhäufung absurder Namen wird diese Liste jedoch die Pforte zur Parodie eines romantisierenden »historisch-pantomimischen« Balletts und macht so den Ulk zum Prinzip. Er greift auch auf grammatische Formen über: »Red't man so mit einer übel gewordenen Dame?« (*Der Erbschleicher*, IV, 14)

Jedes Wort kann auch Nestroys rein klangliche Spiellust hervorlocken (so wie die weit interessantere semantische): Von der Anrede »Bubi« des von Puffmann bestochenen Kindes in *Der Unbedeutende* geht es über »Ohri« und »Schopfi« und »Esi« wieder zurück zu »Bubi« (II, 13); die erste Szene zwischen Dandoli, »erstem Gesell der Makkaronifabrik«, und dem Stubenmädel Ritti in *Zampa, der Tagdieb* (I, 10) ist offenbar nur wegen des kindlichen Lautspiels geschrieben:

DANDOLI *(atemlos hereinstürzend):* Ritti, i bitt' di! Ritti, i bitt' di!
RITTI *(erschrocken):* Dandoli! – Was ist dir?
DANDOLI Ritti, i bitt' di –
RITTI Um alles in der Welt, red'! –
DANDOLI Ritti, i bitt' di –
RITTE *(immer ängstlicher):* Was?
DANDOLI I bitt' di –;

und der Spaß geht das ganze Stück hindurch weiter, mit »Ritti« und »i bitt' di« als dauernden Attributen des thaddädlhaften Dandoli. Nestroy findet es sogar nicht zu albern, den abgebrühten Bösewicht Puffmann überrascht »*(für sich)*« sagen zu lassen: »Halt ein'n Puff aus, der Puffmann, aber über den Puff is er baff!« (*Der Unbedeutende*, III, 33). Ein andermal allerdings kann ein scheinbar reines Klangspiel unversehens einen Charakter gestalten, wie die g'schmeidige Tini (vgl. S. 347).

In den Couplets lebt sich die Freude am sprachlichen Jux in allerhand Reimkünsten aus. Peter im selben Stück reimt Umgangssprache mit Wienerisch – »Parketten von Ahorn, / Aus an Zimmer sein zwa wor'n«, »Sie machen ein Terno! / Was Terno? Weit mehr no!«, und der Reim der nachgestellten Adjektiva parodiert das »böhmische Deutsch« der Köchin im Gespräch mit ihrem Liebhaber:

Drum scher' dich Weg' deinige,
Leid't 's nit Frau meinige;
Hab' ich Dienst prächtiges,
Zahl'n s' Lohn grußmächtiges   (II, 16).

Nestroy genoß seine Reimkunst: Als Ledig in *Unverhofft*, I, 2 sang er ein Auftrittslied von drei fünfzehnzeiligen Strophen, deren erste elf Zeilen auf je nur zwei Reimen aufgebaut sind, die restlichen vier auf nur einem. Im Lied des Satanas-Nestroy in *Der gutmütige Teufel* ist jede der vier vierzeiligen Strophen auf einen einzigen Reim aufgebaut, diesmal wieder im Dialekt:

Wenn Satanas naht si,
Da sein alle stad[57] sie,
Erbitten die Gnad' si
Mir z'küssen das Bratzi.[58]   (2. Szene)

und in einem Terzett mit Belzebub und Luzifer (*»mit Pathos, sich Zwang antuend, hochdeutsch zu sprechen«*) reimt er:

Ich geh' hinauf auf die obere Welt,
Wenn es dir, mein Gebieter, so g'fallt – *(sich verbessernd)* g'fällt;

und dann geht es 20 Zeilen weiter nach dem Muster:

Nichts von Lohn, Gebieter, mein Guter,
Sonst leg' meine Charge zu deinen Füßen ich nuder –
Mir wird ja ohnedem zum Lohne
Das Bewußtsein, das schone,
Für dich, mein Meister, was Großes zu tun;
Sei überzeugt, was geschehn kann, wird geschuhn.   (5. Sz.)

Derlei wird von allen Nestroy-Interpreten schamhaft verschwiegen und doch gehört all dies in sein Bild, nicht um einer belanglosen Vollständigkeit willen, sondern aus prinzipiellen, noch zu erörternden Gründen, vor allem wegen der Gefahr einseitiger Mißdeutung: Erinnerung an zumeist durchaus nichthintergründiges Sprach-Spiel eines Rabelais, Fischart, Abraham a Santa Clara taucht hier auf, an vieles im europäischen Manierismus, kurz, an »Spiel«, das endlosen Spaß findet am Spiel als Spiel. Was sonst soll die folgende Partizipienhäufung in Konrads Kontrastierung seiner selbst mit dem »verlorenen Sohn« in *Theaterg'schichten* (I, 3)?

Jener Durchgangene ist zurückgekehrt als Geld verschlemmt und verspielt habender, bis zum Borstenviehhüter herabgekommener, dürftig in das, was er selbst war, gehüllter Vagabond, und hat dennoch offne Vaterarme gefunden – ich Durchgangener kehre zurück als ein auf dem Stiefelzieher der Enttäuschung den Kothurn freiwillig vom Fuß gestreift habender, bonjourlbekleideter, durch zurückgeschlagenen Hemdkragen genial gestempelter Michael Angelo in spe – und das Vaterherz sollte regungslos bleiben?

Dies schließt nicht aus, daß über den bloßen Spaß hinaus auch Parodie des von den 1820er bis 1860er Jahren beliebten Partizipialstils beabsichtigt ist.[59]

Nestroy zerlegte mit der Spielfreude des Kindes erstarrte Floskeln in ihre Bestandteile, mit oder ohne Bedeutungsänderung. Im Prozeß des Auftauchens der Metapher werden diese Bestandteile konkret, und es entsteht irrationale, kaum weiter analysierbare sprachliche Komik: »Sie haben gesagt, um 4 Uhr nachmittags stechen wir in die See . . ., und es ist nicht gestochen worden« (*Der konfuse Zauberer*, I, 12) oder »Die gnädige Fräul'n schreien Zeter, ich schrei' Mordio!« (*Der Unbedeutende,* I, 4). So schuf er auch aus alten Teilen und sprachmorphologisch »korrekten« Bildungen unzählige mehr oder weniger komische neue Partizipia, Adjektiva und Substantiva, besonders Verbalsubstantiva wie: »stammbaumbedrohende Wahrheit« (*Liebesgeschichten,* III, 4), »bedientenhändige Entfernung Ihres Geliebten« (ib., III, 2), »Stammbaumbemakler« (ib., III, 2), »pekuniärer Unterdiearmegreifer« (*Die beiden Herrn Söhne,* II, 6), »du Kürzlich-erst-mit-mir-eine-Seele-und-ein-Leib-Gewordene« (ib., V, 6), »intellektueller Zuseitensteher« (*Talisman,* II, 17). Dem Kenner der Stücke, aus denen diese Neubildungen hier zitiert sind, wird sogleich auffallen, daß sie (sehr oft) Themen und wichtige Motive der betreffenden Komödien auf das gewandteste komprimieren.

Es ist ohneweiters klar, daß einige dieser Sprachscherze zugleich mit sozial- oder kulturkritischen, charaktergestaltenden oder Gefühlsassoziationen verknüpft sind, so sehr im ganzen das reine Spiel überwiegt und Parodie des zeitgenössischen Stils gelegentlich mitwirkt. Diese »gemischten« Fälle verdienen separate Betrachtung (S. 89 ff.). Alle aber tragen dazu bei, Nestroys Stil »dicht« zu machen.

Oft unmotiviert, tauchen immer wieder allerhand spezifische, parodierte Stiltypen auf, z. B. das Juristen-, das Diplomaten-, das Schulbuch- und Wissenschaftsdeutsch – auch wo nicht Juristen etc. die Sprecher sind – oder Parodien fremder Sprachen und nichtösterreichischer Aussprache des Deutschen: Englisch, Französisch, Italienisch, Russisch, Tschechisch (das »böhmakelnde« Wienerisch), Berlinerisch, jüdischer Jargon. Diese das Deutsch verhunzenden oder die Fremdsprachen imitierenden Redeweisen dienen der Bühne gewiß als mimetische Charakterisierung der Sprecher oder der fremden Sprache (vgl. z. B. *Umsonst!* II, 11), aber auch hier ist Spaß unverkennbar der Hauptzweck. (Allerdings *können* auch hier kritisch-satirische oder sprachformend psychologische Absichten ins Spiel kommen.)

Selbst das verstaubte Mittel, eine Figur dadurch komisch erscheinen zu lassen, daß sie mit einer stehenden Redensart ausgestattet ist[60], verschmäht Nestroy nicht, sogar wenn sie nicht – wie etwa Jakobs »Ich bin der Mann, der um's Geld alles tut« *(Verhängnisvolle Faschingsnacht)* und Balgs »Ein schönes Mädl« *(Die beiden Herren Söhne,* I, 4) – den Sprecher charakterisiert oder einen dauernden Bewußtseinsinhalt angibt wie Knieriems »A Halbe G'mischts«, sondern die fragwürdige Komik in kaum mehr besteht als eben in der Wendung selbst, wie Knöpfels ständiges »oder was« in *Das Mädl aus der Vorstadt.* Ja selbst die leicht variierende Wiederholung einzelner Wörter ohne Doppelsinn muß Nestroy bühnenwirksam erschienen sein (vgl. S. 91). Und wenn sich eine sprachlich gelungene oder witzige Wendung als wirksam erwiesen hat, wird sie ihm eine Lieblingswendung und kehrt in andern Stücken in Verbindung mit ähnlichen Situationen wieder, wie z. B., sarkastisch behandelt, die Formel »Ich fühle mich durch das Bewußtsein reichlich belohnt!« in *Zwei ewige Juden* II, 15 und *Talisman* II, 10 oder das vorgegebene Staunen über die Jugendlichkeit einer Mutter, und ihre Antwort, in *Theaterg'schichten* II, 3 und *Talisman* II, 21, und sonst noch oft.

Jedem Leser Nestroys sind gewisse seiner sprachlichen Clownerien und Absurditäten so vertraut, daß ihre bloße Erwähnung die ganze Welt Nestroyscher Komödie aufsteigen läßt, und umgekehrt, daß diese ohne jene sprachlichen Idiosynkrasien fast unvorstellbar ist. Was sie vereint, ist der *Kontrast,* sei es als Reaktion auf das gesprochene Wort oder als mutwillige Schöpfung: Immer wieder ruft bei Nestroy ein Adjektiv wie automatisch das ihm gegensätzliche hervor – ein Wort gibt das andere – oft mit höchstens leise komischer Wirkung, aber ohne jede satirische oder auch nur sarkastische Implikation (vgl. S. 95 f.); immer wieder ereignen sich die komischen Überraschungseffekte der Juxtaposition eines zu seinem Hauptwort nicht passenden Adjektivs (nach dem Muster »ausgebreiteter Geschäftsmann«, *Mädl aus der Vorstadt,* III, 14) oder des mit ihm paradox kontrastierenden: Peter in *Der Färber und sein Zwillingsbruder* will »zur öffentlichen Privatrache schreiten« (II, 11). Das Oxymoron im weitesten wie in diesem engsten Sinn ist eines der kennzeichnendsten Merkmale eines zeitlosen literarischen Manierismus[61] ebenso wie die Stilbrüche, das Auf- und Abspringen zwischen den Stilebenen des Dialekts und eines gehobenen oder »geschraubten« Hochdeutsch. So sehr diese und ähnliche Fälle als Ausdruck sprachlicher Spielfreude erklärbar sind, so hängen sie doch zugleich so offenbar mit einem anderen, nicht-sprachlichen Grundzug Nestroyscher Geistesart zusammen, daß wir sie Im Zusammenhang mit diesem betrachten (S. 96 ff.). *Jedenfalls ist im ungewöhnlichen Nebeneinander eines formalen und intellektuellen Manierismus mit volkstümlichen Formen und Motiven das Problem »Nestroy« gespiegelt, mitsamt seiner wechselnden Behandlung in der Geschichte literarischer Kritik.*

Was wir im Hinblick auf die Frage ›Reines Spiel, Gestaltung oder Satire?‹ vom Wortspiel gesagt haben, nämlich, daß auch das harmlosest aussehende seine sehr konkrete Aufgabe in der Komödie haben *könne,* das gilt, wenngleich weniger häufig, auch für die oben isoliert behandelten »primitiven« Mittel: die Wortbildungen, die Klangspiele und das ganze unermeßliche Meer sprachlicher Arabesken, Untertöne und »rhetorischer« Figuren in Nestroys Werk. Ein paar Beispiele:

Wenn der ›Adonis‹ Ludwig in *Kampl* erst spät am Ball erscheint, »um dann mit einem Schlag, Schlag eins, alle vormitternächtlichen Bewerber [um die Hand der reichen Erbin] zu vernichten« und dies »sehr pfiffig, sehr venividivizisch ausgedacht« ist (III, 14), so gestaltet nicht nur dieses Wort das berechnend selbstbewußt Sieghafte; die chiastische Anordnung des an sich bedeutungslosen Wortspiels mit ›Schlag‹ und ›eins‹ mit dem dynamischen Akzent erst auf ›Schlag‹, dann auf ›eins‹ macht als Hintergrund des ›venividivizisch‹ das plötzliche Erscheinen des Helden doppelt triumphal. Die Vielfalt einander unterstützender sprachlicher Kunstgriffe auf engstem Raum macht immer wieder Nestroys Stil so dicht, geistig und ästhetisch so befriedigend.

Obwohl der reich gewordenen Herr von Fett (in *Liebesgeschichten,* II, 11) den Namen des Marchese Vincelli scheinbar nur spielerisch – und als alberner Einfall Nestroys – in Tschinelli und Pintschelli korrumpiert, so kennzeichnen diese Formen durch die Assoziation an Tschninellen und Pintscher den Bombast und die Geringfügigkeit des Marchese in Fetts Augen. (In I, 9 hat er seine Tochter gefragt, wer denn Guitarre unter ihrem Fenster spiele »und heult dazu als wie ein Pintsch«.)

Die den grammatikalischen Gesetzen gemäße Form »diffikultätisch«, an sich kaum eines Lächelns wert, erhält eine mimetische Funktion, wenn sie als »diffikultätische Schwierigkeiten« pleonastisch vom wichtigtuerischen Schwätzer Tratschmiedl gebraucht wird, der sich durchwegs in Formeln ergeht, die dem Amtsstil nachgeahmt sind. (*Tritschtratsch,* 11. Sz.)

Zangerls Aufgeregtheit, als er glaubt, sein ihm entführtes Mündel gesehen zu haben, rast Nestroyisch assoziativ am Wortklang entlang, aber die so entstehende Reihe ist in der gegebenen Situation sinnvoll, wenn sie auch schließlich komisch wird: ». . . daß er augenblicklich jeden Saal, jedes Salettel[62], jeden Salon, jede Salaterie durchsucht« (*Jux,* II, 9).

Ähnliches gilt für das Spiel mit der Grammatik. Häufig erhalten Hauptwörter bei Nestroy durch unerwartete Feminin-Endungen an sich ein kurioses Aussehen, aber die Empörung über die vermutlich Ungetreue verleiht Buchners wütenden Rufen: »Heuchlerin! Ungeheuerin! Schlangin! Es is aus, alles is aus!« (*Liebesgeschichten,* II, 18) den Beiklang spezifisch weiblicher Schlechtigkeit so wie »törichte Wurmin« (s. S. 340) den Beiklang spezifisch weiblichen Mangels an kraftvoller Persönlichkeit. In einer Coupletstrophe in *Kampl,* I, 11 wieder haben die Reimwörter »widerstrebeten, schleppeten, fliegenden [auszusprechen: fliegeten], obsiegeten, lageten, plageten, ausraubeten, schanubeten« die Aufgabe, die Atmosphäre von »Im Mittelalter und Ritterzeit« sprach-parodistisch anzudeuten.

Bloß verspielt wirken zunächst Plurale von Eigennamen, die außerdem grammatikalisch verhunzt sind: »ich spiele ›König Philippe‹, . . . ›Schleylöcke‹, ›Alte Mööre‹ . . . Meine Würmer sind auch nicht schlecht« (*Theaterg'schichten,* I, 7), aber die Umlautformen machen aus ihnen Gattungsbezeichnungen und deuten so das Schablonenhafte der traditionellen Bühnencharaktere an. – Und das Iterativ-Suffix in »der Sünderer« (*Der alte Mann,* IV, 8) verkündet mit »spielender« Leichtigkeit, wie verhärtet der Mann ist.

Wenn in *Tritschtratsch* die geschwätzig-gehässige Mamsell

Katon in fünf Zeilen sechsmal das Wort »Verlobte(r)« oder »Verlobung« gebraucht (Sz. 3), so ist dies witzlos, wenn aber im *Zerrissenen* der seelisch geheilte Lips in seinem letzten Satz der letzten Szene (III, 11) ankündigt »Hier steht dein Verlebter, Verliebter, Verlobter«, dann summiert dieses scheinbar bloße Klangspiel auf die graziös konziseste Weise ein erst zerrissenes, nun aber wieder gesundetes Leben. Ein andermal entzündet ein »di, du, dö, da, die« (vgl. S. 358) logische und psychologische Komik.

Überall ist hier ein Meister der Sprache mit ihrem Geist aufs innigste vertraut und macht sich ihre selbst im Spiel schlummernden geistigen Möglichkeiten nonchalant wie im Flug zunutze.

Die ungeheure Spannweite und Fülle der Nestroyschen Sprachwelt reicht also, was das Gedankliche betrifft, von der geistigsten Analyse und Synthese in der Form eines Kurzschlusses der Begriffe, bewerkstelligt durch semantische Wortspiele, über Zwischenstufen bis zur reinen Belustigung am Klang; im Dramatischen vom geplanten Aufbau einer ganzen Szene auf eine zur Handlung gewordene Metapher hin (vgl. u. a. S. 75) bis zur fast passiven Hingabe an Sprache als Leitseil eines Dialogs, als Denken und Lauschen von Wort zu Wort.

Diese Spannweite der »Komödie der Sprache« und ihre Neuartigkeit – höchstens James Joyce konnte zur Zeit des Einsetzens der Nestroy-Renaissance mit ihr entfernt verglichen werden – hat es mit sich gebracht, daß gerade jene Kritiker, die ad majorem gloriam Nestroys und seiner Sprache schrieben, gewisse Antriebe und Funktionen seiner Sprachbehandlung übersehen haben oder übersehen wollten. Sie haben unter dem Einfluß von Karl Kraus die rein spielerischen Aspekte ignoriert, weil »literarischer« Betrachtungsweise unwürdig (Brill), oder umgekehrt Spielerisches auf Satire und »Bedeutung« hin überinterpretiert. Wo Nestroy *ausschließlich* als Satiriker gesehen wird, nicht auch als »bloßer« Komödiendichter oder Liebhaber der Sprache, und diese Sehweise obendrein politisch bedingt und bestimmt ist, da begegnen wir solchen bestenfalls fragwürdigen Über- und oft offenkundigen Mißinterpretationen. Je klüger der Interpret im übrigen ist, ohne intellektuelle Selbstdisziplin anzuwenden, desto größer ist die Gefahr. Ein Beispiel: in seinem

Aufsatz »Nestroy oder der gerade Umweg der Satire«[63] zitiert
der Verfasser die erste Strophe des Auftrittsliedes des Kommis
Weinberl in *Einen Jux will er sich machen* (I, 10) und die ersten
Sätze eines auf das Lied folgenden Monologs:

Es sind gewiß in unserer Zeit
Die meisten Menschen Handelsleut',
Und wer das Ding so observiert,
Muß sag'n: der Handelsstand floriert. –
's versetzt der Vater sein Kaput
Und führt drei Töchter auf d' Redout',
Damit er s' vorteilhaft bringt an,
Na, das ist doch ein Handelsmann!
»Sie krieg'n mein' Tochter, wenn S' vor all'n
Dem Vater seine Schulden zahl'n« –
»Das kann ich nicht.« – »Dann sag ich nein.«
Das wird doch ferm gehandelt sein!
»Ich hab' dich g'wiß« – sagt eine Braut,
Indem sie so au'm Bräutigam schaut –
»In zwanzig Jahr'n wie heut so gern!« –
Da wird wohl auch was g'handelt wer'n.
(Nach dem Liede).
Vor dem Handelsstand kriegt man erst den wahren Respekt, wenn
man zwischen Handelsstand und Menschheit überhaupt eine Bilanz
zieht. Schaun wir auf'n Handelsstand, wieviel gibt's da Großhandlun-
gen, und schaun wir auf die Menschheit, wie wenig große Handlungen
kommen da vor! – Schaun wir auf'n Handelsstand, vorzüglich in der
Stadt, diese Menge wunderschöne Handlungen, und schaun wir auf d'
Menschheit, wie schütter sind da die wahrhaft schönen Handlungen
ang'sät! – Schauen wir auf'n Handelsstand, diese vielen Galanterie-
handlungen, und schau'n wir auf'd Menschheit, wie handeln s' da oft
ohne alle Galanterie, wie wird namentlich der zarte, gefühlvolle, auf
alle Galanterie Anspruch machende Teil von dem gebildetseinsollen-
den, spornbegabten, zigarrozuzelnden, roßstreichelnden, jagdhund-
kaschulierenden Teil so ganz ohne Galanterie behandelt! – Jetzt,
wenn man erst die Handlungen der Menschheit mit Gas beleuchten
wollt' – ich frag', wieviel menschliche Handlungen halten denn eine
Beleuchtung als wie eine Handlung auf'n Stock-im-Eisen Platz
aus? . . .

Die Wörter ›Handel‹ und ›Handeln‹ gebraucht Weinberl-Ne-
stroy in den Liedstrophen offenkundig als sarkastische Hinweise
auf die Kommerzialisierung des Lebens. Der Monolog umspielt
dieselben Wörter und ›Galanterie‹, aber ohne jede Aggression

auf den Handelsstand, ist harmloses Scherzen, ja preist die »geschäftlichen« Handlungen auf Kosten der menschlichen. Wie sehen diese Sätze in der Interpretation des Essayisten aus? »In einer Welt, in der der ›zarte, gefühlvolle‹ Teil der Menschheit auf Galanterie ›Anspruch macht‹, der ›zigarrorozuzelnde‹ Teil der Menschheit seine Zärtlichkeit jedoch den Rössern und Jagdhunden zuwendet, kauft man sich mit der Galanterieware von der Galanterie los: *also*[64] blüht das Geschäft, das dem Handlungsgehilfen so viel Respekt einflößt... Durch seine eigenen Worte aufgeklärt, erkennt er, ... wie sehr die Moral schon kommerzialisiert ist. Eben durch solche Erkenntnis aber tritt der Redner aus dem universalen Handlungszusammenhang heraus. Wenigstens im Geiste tut er einen Schritt in die Freiheit, die das Geschenk der Wahrheit ist« (S. 394). Man brauchte kein Wort zu verlieren über dieses dem Text offenkundig unangemessene Pathos und das Zurechtfrisieren seiner Meinung, ließe ein Wort in der Fortsetzung der Rede Weinberls uns nicht stutzen:

> Kurzum, man mag Vergleiche anstellen, wie man will, der Handelsstand is was Erhabenes, wir haben einen hohen Standpunkt, wir von der Handlung, und ich glaub', bloß wegen dieser schwindelnden Höhe fallen so viel' von der Handlung!

Das kritische Wort, vom Interpreten vielleicht nicht einmal bemerkt, ist das doppeldeutige ›schwindelnden‹. Entkräftet es unsere Bedenken gegen die einsinnige Deutung einer nach verschiedenen Richtungen aushauenden doppelsinnigen sarkastischen Auftrittsrede, von der das Publikum gewohnheitsgemäß die Berufsterminologie des Sprechers umspielende Scherze erwartet? Nein. Das Wort ›Erhabenes‹ erweckt sofort Nestroys assoziatives Sprachdenken, führt zum ›hohen Standpunkt‹ und von da über ›schwindelnde‹ Höhe zum ›Fall‹ – eine aktuelle Anspielung, die in der Zeit elender wirtschaftlicher Zustände gewiß viel beklatscht wurde, um der Sache und der sprachlichen Equilibristik willen, mit der der Spieler der Hauptrolle sich hier einführt. Gewiß, Kritik am ›Handelsstand‹ wird hier laut, ebenso wie Kritik an der ›Menschheit‹, – und beides spricht Nestroys wahre Gefühle aus – aber hervorgerufen wird sie durch das vom isolierten Wort hervorgerufene Denken, gebilligt durch die Freude am Spiel, mit der dieses Denken sich genießt, und gefärbt durch Nestroys latentes Mißbehagen an Lug und Trug und am Dahinschwinden der menschlichen Werte. Es zu absolutieren und auf bestimmte Gebiete einzuschränken, damit tut man Nestroy nichts Gutes. Im ersten Drittel unseres Jahrhunderts mußte Karl Kraus den hintergründigen und abgründigen Nestroy demonstrieren, um ihn von den verniedlichenden und verblödenden Aufführungen der Zeit zu retten. Heute aber auch im graziösesten, aus der Faszinierung durch die Sprache entstehenden bloßen Scherz um jeden Preis Gesellschafts- oder ökonomische Satire entdecken zu wollen, wird Mißtrauen auch vor manchem Deuten durch Nestroysche Sprache zustandegebrachter Satire erwecken, das durch den Text und dessen Eigenart berechtigt ist.

Das Denken am Leitseil der Sprache ist also in den charakteristischen Stücken Nestroys das äußerlich auffallendste Merkmal des Dialogs, soweit die Nestroy-Rolle an ihm beteiligt ist. Es springt und tastet sich weiter von Wort zu Wort, dem eigenen und dem des Partners, aber es muß sich, nach den traditionellen Auffassungen vom Drama, anpassen den Bedürfnissen der Handlung, der Situation und der Charakterisierung. Auf lange Strecken hin gelingt dies, und das Sprachdenken wie das Sprachspiel dienen dem Drama. Wo es nicht gelingt oder Nestroy, im Bewußtsein seiner Popularität als witziger Sprachspieler, sich von ihm am weitesten und mutwilligsten entfernt, da ist die Verfremdung des Stücks am größten, da war vielleicht die Befreundung des Schauspieler-Autors, und das heißt heute des Nestroyschen Geistes, mit seinem Publikum am innigsten.

Was aber als geistiges Prinzip innerhalb des beinahe zwanghaften dynamischen Mechanismus wirkt, der die so verschiedenartigen Sprachmittel in Bewegung setzt, ist immer wieder das des *Gegensatzes*. Er ist die bei Nestroy häufigste Form der sprachlichen Assoziation. Sein frappantestes Zeichen ist, wie schon (S. 112) bemerkt, die unmittelbare, oft witzige, oft sinnlose Evokation des Gegenteils durch ein beliebiges Adjektiv, oder, in abgeschwächter Form, das zu seinem Hauptwort bloß nicht passende Attribut. Alle die andern oben angedeuteten Kontrastarten gehören auch hierher: das abrupte Hin und Her zwischen Dialekt und Hochdeutsch, der bizarre Gegensatz zwi-

schen dem banalen Vorgang oder Gedanken und der hochtra-
benden Bühnensprache in der Rede ein und derselben Person
und schließlich der Kontrast zwischen dem vom Sprecher gemeinten und dem vom Hörer verstandenen Sinn im Wortspiel
– bloß amüsierende Diskrepanz oder vernichtend als konträres
Gegenteil (vgl. S. 76). Die einzelnen Beispiele sind trivial, ihre
das Werk überschwemmende Fülle ist überwältigend einheitlich
als Färbung des Ganzen.

Als Anzeichen einer geistigen Grundlage zur Assoziation des
gegenteiligen Wortes sind die »sinnlosen« Gegensätze, *ohne*
Paradoxie, vielleicht noch auffälliger als die auf gedanklichem
oder sachlichem Kontrast beruhenden:

Lips, in *Der Zerrissene,* III, 1, hört den Schmähungen seiner
Freunde zu: »Jetzt, feines Gehör, lausch' hinter dem groben
Vorhang.« – Tatelhuber zu seinem Sohn: »Du hast als Bub' von
vierzehn Jahren, wie du die erste Pfeifen Tabak geraucht hast,
die letzte Ohrfeigen kriegt von meiner Hand« (*Faschingsnacht,*
I, 11).

Ähnlich, aber zugleich mit scherzhafter Ausnützung metaphorischer Wörter und Wendungen:

»Diesen schmutzigen Vergleich werden wir zuerst ins reine
schreiben«, seufzt der Schreiber Federl in *Die Papiere des
Teufels,* I, 3. – Der Hausmeister Kajetan staunt: »Und ich hab
so oft geweißingt [weiß getüncht] bei diesem schwarzen Verbrecher« (*Wohnung,* III, 28). – Zichori hat einen Verdacht:
»Schwarzer Verrat steckt in der weißen Vase« (*Gewürzkrämerkleeblatt,* II, 16). – »Es war der erste Fasan, dem ich die letzte
Ehr' angetan hab« (*Talisman,* II, 5). – »Meine Frau, . . . mit der
ich gute sechs Jahr in der übelsten Ehe gelebt habe« (*Gegen
Torheit . . .*).

Ein Nebenprodukt ist die verstärkte Bedeutungs- oder Anschauungskraft des einzelnen Wortes – bis zur Wiedererweck-
ung des ursprünglichen Sinns – und dadurch eine Dynamisie-
rung der dramatischen Rede. Nebel erinnert sich: »Dem Herrn
seine *verblichene* Frau Mutter is damals noch eine brennrote
Frau Wirtin g'west« (*Liebesgeschichten,* I, 6. Kursiv von uns).

Und so geht es ad infinitum vom Anfang bis zum Ende in
Nestroys Schaffen. Äußerliche rein sprachliche Gegensätze,
mehr oder weniger spaßig bloß durch den Überraschungseffekt,
und die bizarre Verschiedenheit der Sphären können auch

verhüllter witzig-vager Charakterisierung dienen (A) oder sachlich ins Schwarze treffen (B).

(A) Willibald in *Die schlimmen Buben* schnattert: »Da nun aber die Frau tot und der Herr Baron seit dieser Zeit . . . erst recht lebendig ist« (4. Sz.). – Die ehemalige Schauspielerin Peppi wird vorgestellt als die »stabile erste Liebhaberin bei ambulanten Bühnen« (*Frühere Verhältnisse*, 4. Sz.).

(B) Spund bemerkt aphoristisch: »O, es kann einem ein leiblicher Vetter in der Seel z'wider sein« (*Talisman*, III, 4). – Die witzige Grundidee von *Frühere Verhältnisse* ist: »'s Fatalste bei die früheren Verhältnisse ist, daß sie oft später aufkommen tun« (2. Sz.).

Diese sachlich gezielten Gegensätze, echte Antithesen, sind an sich nur rhetorisch bemerkenswert durch die Kunst der witzigen konzisen Fassung. Bemerkenswerter, als unbeabsichtigte Aussage über die geistige Persönlichkeit des Autors, ist die überwältigende Häufigkeit dieser Denkform.

Über die sprachlichen und begrifflichen Kontrastwirkungen hinaus, weit hinaus auch über die Tatsache, daß innere Gegensätze zum Wesen der Komödie, ja des Dramas überhaupt gehören, ist betonte Gegensätzlichkeit aller Art – sachliche, visuelle, kompositionelle, gedankliche – ein Grundzug der Denk-, Perzeptions- und Darstellungsweise Nestroys. Sie gibt der Welt seiner Komödien ihr Gepräge, bezweckt oft, aber keineswegs immer Wertung oder Humor. Sie ist ihm ein Thema, oft angezeigt schon als Titel oder Untertiel: *Treue und Flatterhaftigkeit, Zu ebener Erde und erster Stock, Das Notwendige und das Überflüssige, der Färber und sein* (gegensätzlicher) *Zwillingsbruder, Die beiden* (gegensätzlichen) *Herrn Söhne, Die unschuldigen Schuldigen. Der alte Mann mit der jungen Frau* (im Manuskript *20 und 60* genannt), *Das Mädchen mit Millionen und die Nähterin* (im Manuskript: *Zwei Töchter, zwei Bälle*), *Der gutmütige Teufel, Das greuliche Festmahl, Praktisch und Unpraktisch* (Entwurf).

Inhalt (Handlung) und Form sind regiert von Gegensätzlichkeit. Nicht nur kontrastieren die Charaktere miteinander, sie geben vor, zu sein, was sie nicht sind, oder glauben sogar, es zu sein; was sie tun, widerspricht den Prinzipien, die sie verkünden; der Zufall oder, in der Frühzeit, schlechtes Zaubern erzeugt das Gegenteil von dem, was geplant war; die Sprechweise kontrastiert mit dem Charakter, das Amt mit der Person, die es innehat. Das alles gilt selbst für die Episodenfiguren: Der feige und faule Nachtwächter in der *Faschingsnacht* Schneck (vgl. S. 25 f.) will »eiligst warten, bis's Tag wird« (III, 6), und dies wird des »Nacht«-wächters stehende Wendung. (Die Kontrastfigur zu ihm ist der eifrige Nachtwächter Luchs!) Ähnliche Konstellationen wiederholen sich implizit Dutzende Male. Das Diminutiv »Nemesiserl« zum Beispiel (*Frühere Verhältnisse,* 7, Sz.) wird komisch durch die Diskrepanz zwischen der Größe des Begriffs oder dem Ernst der Vorstellung und dem Verkleinerungssuffix, sowie zwischen der Sphäre des Mythologischen und der österreichischen Dialektendung.

Der geistige Kontrast zwischen dem beweglichen Lenker der Intrige und ihrem stumpfen Opfer, hilflosen Benefizianten oder verwirrten Zuschauer auf der Bühne äußert sich komisch, in klassischen Szenen wie denen zwischen Titus und Spund im *Talisman* (III, 18) ebenso wie im kleinsten Handlungsfragment:

SCHNOFERL Triumph! Schrei Triumph, Gigl, ich bitt' dich!
GIGL *(schreit):* Triumph! – Aber du, wegen was denn? (*Das Mädl,* III, 17)

Wo das Bewußtsein der Partner eines Dialogs von völlig verschiedenen Inhalten erfüllt ist, entsteht das Nestroysche, an Ionesco ebenso wie an Karl Valentin erinnernde Aneinandervorbeireden. Rommel bezeichnet es als »sich kontrastierendes Ineinanderschieben« zweier Reden und setzt es zu Bergsons »Interferenz der Reihen« als einer Grundform des Komischen in Beziehung.[65] In seinen Beispielen aber[66] handelt es sich um Verschiedenheit der Bewußtseinsinhalte, die durch Täuschung, bewußte oder unbewußte, bedingt ist. Zu echt satirischer Wirkung jedoch wird der Kontrast zweier in sich geschlossener, von einander unabhängiger Welten, der der Dichtung und der der Wirklichkeit, als Bewußtseinsinhalt *verschiedener* Charaktere; die Parallelität in den beiden Sphären wird zum komischen Kontrast: In der neunten Szene von *Weder Lorbeerbaum noch Bettelstab* kehrt der Dichter Leicht von der Premiere seines Theaterstücks in seine ärmliche Wohnung zurück – »die Aufnahme war geteilt; ein Teil hat g'schlafen und der andere Teil hat g'schimpft« – und erzählt seiner entsetzten Frau, daß er das Spottgeld von Honorar verspielt hat:

LEICHT Sei still, mir fällt grad ein neues Zauberspiel ein.

THERESE Keinen Kreuzer Geld und morgen früh kommt der Greißler.

LEICHT *(in poetischer Begeisterung, ohne auf sie zu hören):* Der Zauberer erscheint.

THERESE Der Schneider und der Schuster kommen auch herauf.

LEICHT *(wie oben):* Zwei Furien kommen aus der Versenkung.

THERESE Der Hausherr wirft uns hinaus.

LEICHT *(wie oben):* Ein Ungeheuer naht sich.

THERESE *(lamentierend):* Das is ein Unglück ohne Grenzen! Seit acht Tagen kein Holz zum Einheizen und das *(auf das Licht zeigend)* is die letzte Kerzen im Haus.

LEICHT *(wie oben):* Griechisches Feuer beleuchtet das Ganze.

Wie tief dem Denken Nestroys Gegensätzlichkeit eingeprägt ist, zeigen vielleicht am überzeugendsten seine Couplets durch die Kontinuität dieser Sehweise in den verschiedensten Abwandlungen von den inhaltlich und formal primitiven der frühen Dreißiger- bis zu den kunstvollen, tendenziösen der Fünfziger-Jahre. Wir folgen ihnen hier chronologisch: In abwechselnden, noch verschieden langen Strophen erheitern und betrüben die Feen Flatterhaftigkeit und Melancholie den Magier Schmafu in *Der konfuse Zauberer* (1832); in jede Strophe selbst ist in Polycarpus' Lied in der *Zauberreise in die Ritterzeit* (1832) der Vergleich zwischen der Gegenwart und der Ritterzeit verlegt, in Blasius' Couplet in *Glück, Mißbrauch, Rückkehr* (1838), V, 8 zwischen dem, wie's früher war und wie später (»doch nach vierzehn Tag'n«, »a halb's Jahr drauf«, zwischen der »ersten Lieb'« und der »fünfzigsten Liebschaft« etc.). Titus Feuerfuchs singt über dasselbe Thema im *Talisman* (1840), II, 22 auf bedeutend witzigere, dramatisch-bildhafte Weise; sein Refrain »Ja, die Zeit ändert viel« wurde zum geflügelten Wort. – Nun kommt die Periode der gegensätzlichen doppelten Refrains, in der Mitte und am Ende jeder der kunstvoll gebauten Coupletstrophen; Nebels hoffnungsvolles »Na, so macht sich die G'schicht!«, aufgehoben durch das resignierte »Und die G'schicht hat ein End« (*Liebesgeschichten,* 1843, III, 8); und Peter Spans »Solche Fälle, na ja, war'n schon tausendmal da«, konfrontiert mit einer hypothetischen Haltung der Güte, der Bescheidenheit, des Anstands: ». . ., das wär' ganz etwas Neu's« (*Der Unbedeutende,* 1846, III, 16). Lips im *Zerrissenen* (1848), II, 11 wundert sich über den Gegensatz zwischen dem, was man ehrlicherweise sagen möchte und höflich-utilitaristisch sagt: jede Strophe ist in der Mitte unterbrochen durch eine mit »Doch halt –« beginnende Zeile und endet mit dem auch populär gewordenen Refrain »Sich so zu verstell'n, na da g'hört was dazur«. Für Gottlieb in *Schützling* (1847), I, 2 fallen die Menschen in zwei Klassen, jede charakterisiert er in je einer Strophenhälfte mit Zwischen- und End-Refrain: Dem einen »g'rat't alls« und der andere »hat kein Glück«. In simpel geteilten Strophen ist das Thema Stadt und Land im Couplet *Verwickelte Geschichte* (1850), II, 6 behandelt, in abwechselnden Duettstrophen Satanas' Überzeugung » Die Menschen sein schlecht« und Belzebubs »Die Menschen sein gut« verkündet in *Der gutmütige Teufel* (1851), 15. Sz. – Harmlose, spaßig versifizierte, mimisch-dramatisch vorgetragene Themen wechseln also mit sarkastisch kritischen Strophen und Refrain-Thesen ab, und diese werden die Regel: »Man kriegt a Art Hochachtung vor dem Geschöpf«, heißt es in leicht variierender Form in der Mitte, »Da vergeht ein' auf einmal der ganze Respect« am Ende jeder Strophe des Liedes in *Heimliches Geld* (1853), II, 6, und wie eh und je ist die Sprache für Nestroy das Phänomen, hinter dem sich Lächerliches, Unzulängliches, Schlechtigkeit und Dummheit verbergen; der Mittelrefrain der neun 24zeiligen Strophen in *Mein Freund* (1851), II, 20 lautet: »Das all's denkt man sich drunter, wenn man ›Fräulein‹ [›Mutter‹, ›Männer‹, ›Freunde‹ etc.] hört sag'n« und die Abschlußzeile: »Ja, hat denn die Sprach' da kein anderes Wort?«

Von Nestroys Sprache her wissen wir: Die Welt des Geistes erlebt und gestaltet er sinnlich-bildhaft, die der Dinge geistig-abstrakt. Dem entspricht durchaus, daß auch die seine Stücke beherrschenden geistigen Kontraste auf der Bühne gestalthaft werden, dem Auge sichtbar: Miteinander oder in sich kontrastierende Szenenbilder, sorgfältig in Regiebemerkungen vorgeschrieben, kontrastierende Tableaus, symbolische Konfigurationen lassen die Handlung zur visuellen Darstellung innerer oder chronologischer Gegensätze erstarren.

Die Teilung der Bühne in kontrastierende Hälften (horizontal in *Zu ebener Erde,* vertikal in den Szenen I, 10-21 von *Umsonst!* und *Jux* II, 18) oder in Viertel *(Haus der Temperamente)* macht den Gegensatz der vom Ökonomischen oder vom Menschen bedingten Lebensweise und Haltungen zum Leben oder bloß durch die Handlung bedingte komische kontrastierende Motivierungen sichtbar. Der erste Akt von *Umsonst* endet in einer solchen burlesken, zweigeteilten tableauartigen Szene, und »während dieser Doppelgruppe fällt unter rauschender Musik der Vorhang«. Auch aufeinander folgende, durch besonders ausführliche Regiebemerkungen betonte szenische Kontraste können Gegensätzen geradezu lehrhaften Nachdruck verleihen.[67] Die gegensätzlichen Kommentare des bösen Satanas und des gutherzigen Belzebub in *Der gutmütige Teufel* – mit rein visueller Wirkung in den Dialog der Handlungspartner eingeschoben – waren für den langen hageren Nestroy und den kleinen dicken Scholz bestimmt (vgl. S. 332 f.).

Man könnte versucht sein, Nestroys Denken als »fluktuierende Polarität« zu bezeichnen: Es pendelt hin und her zwischen einer vom *Begrifflichen* geprägten konkreten *Anschauungs*form – für die wir eben Beispiele gegeben haben – und einer von *sprachlichen* Assoziationen getriebenen begrifflichen *Denk*-Weise. Diese aber selbst, geprägt von der Sprache, ist wieder doppelgesichtig: Metaphern haben für Nestroy konkrete Anschauungskraft; und die Konkretes bezeichnenden Wörter sind, als Wörter, Quelle einer Fülle metaphorischer Assoziationen. Vinzenz-Nestroy *monologisiert in seiner ärmlichen Dachstube:*

> Da logieren wir jetzt . . ., dem Himmel so nahe, und doch so eine Höllenexistenz. Gerechtigkeit hat das Schicksal keine, . . . aber doch so eine Art Ausgleichungssucht, die manchmal bis zur Ironie ausartet; darunter gehört auch die Anordnung, daß es die am tiefsten Herabgekommenen in die höchsten Bodenkammerln hinaus verweist. (*Die beiden Herrn Söhne*, III, 3)

Für eine solche Denk- und Anschauungsweise müßte man eine Bezeichnung wie »Duplizität der Polarität« oder »progressive Polarität« schaffen; denn das für die *Handlung notwendige* Szenenbild – im Gegensatz zu den für ein *Wortspiel geschaffenen* Szenen – erzeugt als Feststellung einer konkreten Situation (›dem Himmel so nahe‹; ›höchstes Bodenkammerl‹) *und* als Metapher für einen abstrakten Gedanken (›Höllenexistenz‹; ›am tiefsten Herabgekommenen‹) eine *explizite* Aussage in der Form einer nur *schein*paradoxen gedanklichen Antithese (›bis zur Ironie‹). Die ›Ironie‹ ist nur scheinbar doppelt, denn die ›höchsten‹, dem Himmel nächsten Bodenkammerln *sind* auf der Leiter der sozialen Geltung die niedrigsten Behausungen, die für die ›Herabgekommenen‹. Und was sich für den Leser des Stücks obendrein als Hintergrund dieses kontrastierenden Bildes abzeichnet, ist das gegensätzliche Schicksal der beiden gegensätzlichen Herrn Söhne.

Aus der formal-gestalthaften, symbolischen und der bloß scherzhaften Gegensätzlichkeit ragt in Nestroys Werk als direkte, explizite – wenn auch hie und da, wie hier, durch eine Metapher körperlich gemachte – Aussage die *Antithese* hervor, die präzise, knappe Formulierung einer bedeutungsvollen Gegensätzlichkeit oder eines bemerkenswerten inneren Widerspruchs. Diese »Figur« (im rhetorischen Sinn, aber nicht zu bloß rhetorischen Zwecken verwendet) entspringt da und dort dem Gespräch, oft in der Form eines Aphorismus, und verleiht dem Monolog und, wie wir gesehen haben, dem ihm vorausgehenden oder folgenden Couplet dramatische Lebendigkeit, über bloße Beschreibung oder bloße Aussage hinaus. Das ›doch‹ und das nicht aneinanderreihende, sondern Überraschung ausdrückende ›und‹, das so oft den kontrastierenden Teil der Strophe einleitet, sucht zu betonen, daß sie als gestaltete Antithese aufgefaßt werden soll, nicht bloß als Aufeinanderfolge verschiedener komischer Genrebildchen. Oft ist sie nicht viel mehr als dies.

Was bedeutet es, wenn das Werk und das Denken eines Komödiendichters, der zugleich Schriftsteller im strengsten Sinn des Wortes ist, in solch ungewöhnlichem Maß von geschautem Kontrast und heraufbeschworener Antithese geprägt ist wie das Nestroys? Daß Komödie ihrem Wesen nach von Kontrasten lebt, braucht nicht ausgeführt zu werden. Daß Nestroys präzises Denken oft genug Klärung und Begrenzung der Begriffe und Wörter durch kontrastierenden Vergleich sichern will, kommt dem Wesentlichen näher. Sehr oft aber entspringen die wuchernden Reflexionen über Gegenteile und Gegensätze und Nestroys Faszination durch sie seinem »kritischen« – unterscheidenden *und* verurteilenden – Sinn, seiner Kritik am Menschen, der Gesellschaft und den Mächten, die sie beherrschen; an der Diskrepanz zwischen dem Ideal und der Wirklichkeit, zwischen Anspruch und Leistung, zwischen Sein und Schein. Wo solche vergleichende Kritik und Aufspaltung des Denkens sowie der Erfahrung in polare Gegensätze sich in einem dem Witz geneigten schöpferischen Geist abspielt, da wird sie leicht zur Satire (vgl. S. 64). Wir haben in ihr den häufigen Beweggrund zum Wortspiel und zur Parodie gefunden, und es bedarf keiner besonderen Studien, um Satire auch als Nestroys Antrieb zur Umgestaltung überlieferter Handlungen und Charaktere bis zu psychologischer und ästhetischer Neuschöpfung zu sehen. Daß der Sachgehalt der persönlichsten Äußerungen Nestroys, der Aphorismen nämlich und der Couplets und Monologe, mit der Handlung zumeist nichts oder fast nichts zu tun hat, bestätigt dies. Die Aphorismen waren oft vor der Handlung, ja meist vor den ersten Entwürfen zu den Stücken da[68]; von den Couplets und Monologen gilt Ähnliches.[69]

Diese beiden Brutstätten des antithetischen Nestroyschen Geistes *mußten* den Zuhörern als dessen persönlichste und deutlichste Anschauungsform erscheinen. Da stand Nestroy allein auf der weiten leeren Bühne, ohne Partner, ohne am Spiel teilhafte, Illusion erzeugende Kulisse und sprach von der Rampe sein Publikum an, sprach es an noch im Gesang, mit vollendeter Mimik, die sich allein an die Zuschauer, nicht an einen Mitspieler wandte. Manchmal unterstrich oder enthüllte sie seine Gedanken, manchmal stellte sie komisch-dramatisch ein Sittenbild dar, und aus ihm zog er seine Lehre. Der Vergleich mit der antiken Paraphrase liegt auf der Hand, aber Witz, Musik und dramatische Gestik verliehen ihr mehr Dimensionen, gaben ihr Körper. Unzählige Male berichten die Kritiker von dem Vortrag dieser Lieder als Höhepunkt der Aufführungen.[70] Die den gegenständlichen Inhalt der Strophen oder Nestroys Haltung zu ihm (vgl. S. 99) in einer knappen Zeile verallgemeinernden Kehrreime vollzogen, ebenso wie der Monolog, den zeitweiligen totalen Übergang von Handlung und Darstellung zu spielerischer, oft witziger Reflexion. Innerer Gegensatz oder Kritik oder beides sind im Refrain entweder ausgesagt oder impliziert, sarkastisch oder ironisch. Eine alltägliche Redewendung, auf die amüsanteste Weise zur These erweitert, wird so als Leitmotiv zum skeptischen Gedanken über die Welt, über die Schwächen und Schwäche des Menschen, seine Tragik und seine Tricks, über die Zeit und was sie ihm antut:

Das is wohl nur Chimäre, aber mich unterhalt't's.
Ja, das wär freilich schön. Aber i glaub', 's wird nicht gehn.
Meiner Seel', 's is a fürchterlich's G'fühl,
Wenn man selber nicht weiß, was man will!

Sich so zu verstell'n, na da g'hört was dazur.
Na, laßt ma ein'm jeden sein' Freud'.
Ja, hat denn die Sprach' da kein anderes Wort?
Und 's is alles nit wahr! Und 's is alles nit wahr.
Drum, ich schau' mir den Fortschritt ruhig an
Und find', 's is nicht gar so viel dran.
Mit G'walt muß der Mensch melancholisch da wer'n.

Es is alles uralt,
Nur in anderer G'stalt.
Ja, die Zeit ändert viel.
Und ich weiß nicht warum.

Der Sprung vom beschreibenden oder anekdotischen Strophen-
text zum Refrain bezeichnet in der Mehrheit der Fälle annähernd die zwei im Drama ineinander übergehenden, ineinander
vermischten Kategorien der Satire Nestroys: Die Strophe selbst,
bis zur letzten Zeile, als Einheit oder in die zwei gegensätzlichen
Abschnitte geteilt, behandelt typische Situationen, in die der
Mensch je nach Umständen und Charakter gerät, und seine
Reaktion auf sie; zeitgenössische Sitten und Unfug, spezifische
kleinere und größere Angelegenheiten des Tages, oft lokaler,
seltener und erst nach Einschränkung der Zensur politischer
Art. Diese humoristisch oder satirisch gefärbten Genre- und
Sittenbildchen sind oft verwandt denen Hogarths, aber milder;
auch an seine und Chodowieckis kontrastierenden Serien[71] las-
sen sie manchmal denken. Ja, eine Strophe beginnt geradezu »'s
is in all'n jetzt 's Konträre von dem, was sich g'hört!« (*Zwei
ewige Juden,* I, 34). Der Refrain aber zieht aus all dem die große
Summe, wird zur offenen oder versteckten großen Satire auf *den*
Menschen und sein Schicksal in dieser Welt.

Hier ist ein Wort darüber angebracht, in welchem zusätzlichen
Sinn wir von »Satire« bei Nestroy sprechen. Sie ist nicht geboren aus Haß oder dem Wunsch, die Welt zu verbessern oder aus
bloßem Amusement, und ihre Methode ist nicht vor allem die
Karikatur, so sehr diese Elemente als *Anstöße* an ihr teilhaben.
Sie ist im wesentlichen heiter oder boshaft schöpferische Um-
formung der »Wirklichkeit«, Freude an der Gestaltung, wie der
Romanschriftsteller, der Lyriker, der Landschaftsmaler sie kennen. Die Gegenstände der Wirklichkeit »reizen« den satirisch
veranlagten Komödiendichter in beiden Bedeutungen des Wor-

tes; sie ärgern oder belustigen ihn mehr oder weniger, vor allem aber reizen sie ihn an, paradoxerweise, könnte man sagen, ziehen sie ihn an, seine Schöpferkraft.[72] Nestroys Freude an der komischen Schöpfung ist offenkundig stärker an seinem Schöpfungsakt beteiligt als die moralische, geschweige denn moralistische Absicht. Knieriem, Gundlhuber, Häuptling Abendwind, ja sogar Lorenz, Spund und Gluthammer wachsen über Ab- oder Zerrbilder (Karikaturen) weit hinaus, sind von ihnen im Wesen verschieden.

Die wesentlichen Ziele der Satire Nestroys haben wir, um ihre Verkörperung in seiner hintergründigen Sprache diskutieren zu können, im Zusammenhang mit dieser bereits angedeutet (S. 64 f., 102): Des Menschen zeitlose Schwäche im Umgang mit dem Schicksal und den andern Menschen, seine Gier, seine Härte und seine Dummheit, die Täuschung anderer und seiner selbst. Das Menschengeschlecht in den verschiedensten Spielarten sah er täglich um sich, verkörpert in der ihn umgebenden österreichischen, vor allem Wiener Gesellschaft seiner Zeit. In ihr gab es selbstverständlich, gefärbt von ihr, die ewigen Typen der antiken Komödie, der commedia dell'arte, des Wiener Volksstücks und später des Pariser Vaudeville: den Faulen, den Geizkragen, den Geschwätzigen, den Lüsternen, den intrigierenden Schlauen und den immer betrogenen dummen Kerl; den betrogenen und den betrügenden Ehemann, die heiratslustige Witwe und alte Jungfer, den alternden Schürzenjäger, den Verführer und den schüchternen Liebhaber; den tyrannischen und den geldgierigen Vater, der die Verheiratung seiner Tochter mit einem Habenichts verhindern, sie aber einem Reichen zuführen will; den Geld- und den Adelsstolzen und den Parvenu, stets bedacht darauf, seine Herkunft zu verleugnen; den mit seinem Herrn konspirierenden braven und den ihn verratenden schurkischen Diener; den Wichtigmacher, den pompösen Hohlkopf und alle die in Amt und Leben Unzulänglichen oder Verknöcherten.

Sie alle bringt Nestroys Freude an der Charakterzeichnung, der lustigen Handlung, den burlesken Szenen, der Enthüllung durch die Sprache durcheinander, bringt sie, wo es geht, durch Anspielungen und den Witz des Dialogs und Scherze des Couplets in betonte Beziehung zu ihrer Zeit: zum unendlichen Feld der Moden in Kleidung, Manieren und Sprechweise, den schlechten Zeiten und hohen Preisen, dem Hochmut der Ämter, den literarischen Moden und den Verlusten an der Börse, kurz, er belustigte seine Zuhörer auch durch »Zeitsatire«, wie sie jedem Theaterpublikum willkommen ist; sie ist, soweit sie wirklich *bloße* Zeitsatire ist, in ihren Gegenständen von geringer und, außerhalb der Couplets, in ihrer Häufigkeit innerhalb des Gesamtwerks und in ihrer Intensität von verschwindender Bedeutung. Ein »jetzt« oder dergleichen erinnert gelegentlich an ein tatsächliches Phänomen der Zeit oder schreibt es ihr zu: Nicht nur ist »in all'n jetzt 's Konträre von dem, was sich g'hört«, in *Liebesgeschichten,* II, 8 entschuldigt sich das Stubenmädchen bei dem Hochstapler, den sie für einen Baron hält: »wie man jetzt achtgeben muß, mit die wirklichen und die falschen Baron«, und in *Weder Lorbeerbaum noch Bettelstab* äußert sich die Frau des Theaterdichters über einen für ihre Reize stumpfen Spießer:

Diese Dummheit ist mir noch nicht untergekommen; ärgert sich der über die Avancen, die ihm eine hübsche Frau macht; so einen Menschen soll man grad nehmen und soll'n hinauswerfen aus'n neunzehnte Jahrhundert.

Diese sprachliche Formulierung, vielleicht auch die Psychologie der hübschen Frau und des ledernen Spießers, lag Nestroy zweifellos mehr am Herzen und machte ihm ebenso wie dem Leser von heute mehr Spaß als »Zeitsatire«. (Und wenn auch die Anspielung auf die »falschen Barone« in Zeitverhältnissen begründet sein mag, so ging es Nestroy doch gewiß mehr um den Witz der Situation, daß ein unwissentlich von einem solchen Hochstapler getäuschtes Mädchen ihn an die derzeitige Häufigkeit dieser Species erinnert, als um Satire auf deren Häufigkeit.) Derlei Stellen bloß von einem zeitgeschichtlichen Gesichtspunkt aus zu lesen, führt weg vom Wesen Nestroys.

Das heißt nicht, daß gewisse Erscheinungen des öffentlichen Lebens – des gesellschaftlichen, des sozial-wirtschaftlichen, des politischen – und gewisse Charakter-, Benehmens- und Weltanschauungstypen nicht Nestroys tiefe Abneigung oder Hohn erregt hätten. Sie wurden ihm Ziele echter Satire und erscheinen in seinem Werk oft genug als Gegenstand der Handlung oder des Witzes oder als Episoden, um schon dadurch aus der mehr gelegentlichen, heiter-belanglosen Satire auf bloß modischen Unfug und Narreteien herauszufallen. In jenen konstanten, als konkrete Figuren geformten Erscheinungen trifft sich in verschiedenen Kombinationen, was wir abstrakt als Leere, Täuschung, Härte und Dummheit bezeichnet haben. Und sie heben sich ab als Widerpart dessen, was Nestroy immer wieder mit Liebe und oft mit Meisterschaft zeichnete: herzliches, hilfsbereites, oft einfaches Menschentum, und dessen, woran er trotz aller »Zynik« glaubte: an die innere Würde, »die Würde der Ehrlichkeit, des Fleißes und der Armut« (*Kampl*, IV, 10).

Der engstirnige Spießer und der hartherzige stolze Reiche sind die zwei Grundtypen dieser in vielen Varianten wiederkehrenden Spottgeburten. Dem einen liegt alles an seiner Bequemlichkeit, dem andern am Geld. Beide sind seelisch leer; der eine verbirgt seine Nichtigkeit hinter »Gemütlichkeit«, der andere hinter geschliffenen Manieren, beide hinter leerlaufender phrasenhafter Konversation, der kleinbürgerliche Spießer auf intellektuell niedriger, der Reiche auf etwas höherer Ebene.

Nestroys Satire gegen beide Entartungen echten Menschentums beginnt früh: zunächst die auf den geistig beschränkten, aber nicht schlecht situierten Bürger, den hauptsächlich auf Essen und Trinken bedachten, mit Nichtigkeiten beschäftigten, erotisch lüsternen, dabei ängstlichen und pedantischen »Wiener vom Grund«, der ein unangenehmer Mensch wird, wenn er seine kleinlichen Interessen als gefährdet betrachtet. Er erscheint schon im *Tod am Hochzeitstag*. Dieses Modell nimmt spezifisch antigeistige Färbung an in Herrn von Wohlschmack und Blasius in *Weder Lorbeerbaum noch Bettelstab*, ist voll entwickelt im Herrn von Gundlhuber in *Eine Wohnung ist zu vermieten*, tritt episodenhaft, aber mit ein klein wenig Herz begabt als Spund im *Talisman* auf und hat, durchsetzt mit größerer Schlauheit und einigem sarkastischen Humor, zugleich im Licht politisch-kulturkritischer Satire sozial hochgestellt, seinen letzten Nachfahr im Titelhelden von *Häuptling Abendwind*. Ausdrücklich sagt der Kannibalen-Häuptling Biberhahn über sich und seinen Kollegen Abendwind in grotesk-grausigem Zusammenhang »Freilich, wir sind ja gemütliche Leut'«. Karl Kraus hat Gundlhuber als einen Typus, besonders einen österreichischen, erkannt, Rio Preisner ihn zu einer mythischen Gestalt hypostasiert, als einen der zwei Pfeiler in seiner Beweger-Bewegter-Mythologie, in der er Nestroys ganzes Werk aufgehen läßt.

Der erste in der langen Reihe der lächerlich hochmütigen und auf die Allmacht des Geldes vertrauenden Reichen ist Herr von Geldsack in der *Zauberreise in die Ritterzeit* (Konzept 1831), charakterisiert durch seine stehende Redensart »Ich bin [doch] ein Kerl, der Geld hat«, der sogar die Fee Wahrheit bestechen will. Die Reichen, die ihr Geld verloren haben, deren Denken aber von ihm beherrscht ist, gehören auch hierher. Es folgen drei Väter, die ihre Töchter verschachern wollen (Herr von Maxenpfutsch in *Nagerl und Handschuh* – der Mensch als Ware wird hier auch sprachliche Gestalt, vgl. S. 163, – Herr von Brauchengeld in *Die beiden Nachtwandler* und Herr von Klippenbach in *Glück, Mißbrauch und Rückkehr*) und die Herren von Goldfuchs in *Zu ebener Erde* und von Massengold in *Der Unbedeutende*. Der Geldstolz und die Geldgier schließen Herzlosigkeit und Verachtung für die Armen, auch für die armen Intellektuellen ein: Herr Steinrötl in *Weder Lorbeerbaum* meint, eine Grobheit müsse »sich so ein Mensch g'fallen lassen . . .« (I, 7; vgl. S. 208), und der reichgewordene Fleischselcher Fett ist über den Ehrenmann Buchner aufgebracht: »Wer'n S' noch empfindlich auch! Ein armer Mensch darf nix empfinden als den Hunger, und für den woll'n wir heut' sorgen« (*Liebesgeschichten*, I, 11), und überhaupt sind Empfindungen ordinär: »Mein Haus ist ein nobles Haus, da darf nix empfunden werden« (I, 9).

Höchstens mit abgestumpftem Sarkasmus, kaum echt satirischem Geist, reagieren die Armen auf das ihnen angetane Leid: »Zu schlecht bist ihm zur Schwiegertochter, natürlich, Nähterin, was is das? Leben von Hände Fleiß und Arbeit, Brot verdienen, Schweiß des Angesichts, das finden's ordinär, die Kapitalisten!« (*Die beiden Herrn Söhne*, I, 9), oder mit resigniert blanker Feststellung: Moritz wurde für seine Arbeit nicht bezahlt.

BALG Sie arbeiten ja aber für einen Kapitalisten.
MORITZ Eben deshalb, die Sache schien ihm zu geringfügig . . .

Und Vinzenz-Nestroy macht hierauf eine lehrhafte Bemerkung über die »glückliche Gedankenlosigkeit« der »reichen Leut« (ib., III. 8). Sie wissen nichts von der Gedankenlosigkeit, nichts von ihrer Schlechtigkeit und genießen die Vorurteile der öffentlichen Meinung. »Was fallt dir denn ein? Ein Mensch in einem Frack wird was stehlen?« heißt es schon in der *Verbannung aus dem Zauberreiche* (I, 13), und »er ist ein Gentleman, das heißt auf deutsch: ein Großhändler« im *Tod am Hochzeitstage* (II, 2). Ohne Humor oder Witz, einfach mit Ärger, bezieht Nestroy in seine Satire auf die Reichen immer wieder auch alle die hochmütigen, ihre Dienstmädchen schlecht behandelnden vornehmen oder auf Reichtum aspirierenden Damen ein: Hyacinthe und Bella Maxenpfutsch in *Nagel und Handschuh,* Peppi Leim in *Die Familien Zwirn, Knieriem und Leim,* Helene in *Die Verhängnisvolle Faschingsnacht,* Madame Strunk und Regine in *Der alte Mann mit der jungen Frau.* Sie werden in dieser Konstellation geradezu ein »Motiv«. Es muß sehr viele in seinem Vorstadt-Publikum der 1830er und 40er Jahre tief angesprochen haben. Das Thema ging in dieser Form dem Herzen Nestroys zu nahe, als daß es ihm Anlaß zu echtem Witz, echter Satire hätte sein können, aber aus demselben Grund ließ es ihn nicht los. Er glaubte »an die angeborne Feindschaft zwischen arm und reich« (*Der Unbedeutende,* III, 23).

Sein Verstand sah das Übel tief unter der Oberfläche, bedeutungsvoller als erklärbar durch individuelle Charaktere oder selbst Massenpsychologie, tiefer auch als rein ökonomisch bedingt. Es war die alles beherrschende unheilvolle Macht, der »kategorische Imperativ des Geldes« (*Nur keck!* II, 5). Über Mitleid und beabsichtigte Komik hinaus ist seine moralzerstörende Wirkung noch der Gegenstand von *Heimliches Geld, heimliche Liebe* (1853). »Den Räuber, der mir mein Geld nimmt, kann ich aus Notwehr niederschießen, wer mir nie zu entreißende Schätze entreißt, den muß ich frei ausgehen lassen. Gräßliche Inkonsequenzen einer falschen Sittenlehre, die das Geschöpf von Fleisch und Blut nie unterschrieben kann.« (»Reserve«, SW XV, S. 683 und leicht verändert in *Der Unbedeutende,* III, 23).[73] Die Ehre des Unbedeutenden wird vom Gesetz nicht beschützt, wohl aber Geldbesitz (vgl. S. 318). Korruption durch Geld ist das Thema von Vinzenz' Couplet in *Die beiden Herrn Söhne,* I, 3 (»Ein Esel mit Geld steckt fünf Newton in Sack«), Thema und Refrain des fünfstrophigen Liedes Patzmanns in *Eisenbahnheiraten,* II, 9:

Laßts mich aus mit der Welt,
Es is nix ohne Geld!

In Finkls Auftrittslied in *Karikaturen-Charivari* ist es nach der kritischen Revue der »vier Elemente« sowie der Liebe das Letzte, was übrig bleibt:

> Ich möcht fast behaupten, es is nur das Geld
> Das wahre Element für die menschliche Welt;
> . . .
>
> Doch jetzt frag' i, wann's Geld wurd einmal reduziert,
> Was für a Element nacher uns übrig bleib'n wird.
> Drum laßt sich nix sag'n, als: man hat noch ka Spur
> Vom wahr'n Element für die Menschennatur!

Und so ist Nestroy, und so sind wir, auf dem Umweg über die beständigsten, oft von einander untrennbaren Ziele seiner Satire – über die Täuschung, den Spießbürger, den Geldstolzen oder Geldgierigen – zurückgekehrt zu dem Gegenstand, der alle seine Komödien, seinen Witz, sein Denken beherrscht: der »Menschennatur«. Er weiß, was sie sein könnte oder sollte, wäre sie nicht, außer der Dummheit, noch zwei anscheinend unüberwindlichen Mächten unterworfen, der des Schicksals und der des Geldes –

> Und dem Gold bezeugt d' Menschheit fast göttliche Ehr',
> D' meisten Leut' geb'n ihr' Seel drum als Agio her.

Auch darauf war er schon früh gekommen: »Jetzt . . . hab' [ich] mir die Menschen, ihre Handlungen und den Weltlauf a bissel ang'schaut . . . Es ist wohl alles nit übel, aber gar so viel ist nit dran. Die menschlichen Handlungen kommen mir vor als wie die altdeutschen Bilder, sie sind meist auf Goldgrund«, erzählt der Geist Folleterl in *Der Kobold,* II, 7. Und er singt ein Lied mit dem Refrain: ». . . drum ist's nicht zum Beschreib'n, / Was d' Leut' auf der Welt wegen Gold alles treib'n«. Aber die Opfer und die Gegenbilder der vom Geld bewirkten Schlechtigkeit hat Nestroy meist mit Liebe dargestellt und oft mit Kunst: die Rosa-Küchengretel (in *Nagerl und Handschuh*) und Sepherl (in der *Faschingsnacht*), Salome (im *Talisman*) und Kathi (im *Zerrissenen*) und Theres (in *Der alte Mann*) und die einfältigen und klugen und weisen Männer, die aus Herzensgüte jene Mächte zu übertölpeln suchen: die Kilians und Schnoferls und Kampls und Kerns, ja im letzten Augenblick selbst der gerissene Titus.

Die Abhängigkeit von einem blinden unvernünftigen Schicksal war ein »Urerlebnis« (im Dilthey-Gundolfschen Sinn) Nestroys.

Sie war es zu einem solchen Grad, daß seine Reflexionen darüber sich zu Hohn und Sarkasmus auswuchsen, als handle es sich um ein lebendiges Wesen. Sie durchziehen sein ganzes Werk, manchmal begründen sie bewußte Resignation. Selbst vor 1848, zur Zeit strengster Zensur, wagt Nestroy anzudeuten, später, es auszusprechen, daß Schicksal, unsinnig und ungerecht, ihm gleichbedeutend ist mit »Weltregierung«, dem »Himmel« (vgl. S. 112 f.). Schon 1834, in einer Szene voll haßerfüllter Ironie, hatte Stellaris den »mächtigsten Geist«, den »erhabensten der Geister«, beschworen, »alles, was ... auf der Erde vorgehen wird, zu unserm Zwecke [zu] lenken«. Fatum, schlafend in einem Wolkenthrone dahingestreckt, kommt hierauf von oben herab! »Wer stört das Schicksal in seinem wichtigsten Geschäfte?«, fragt es, verkündet seine Allwissenheit, bemerkt aber *(»vortretend, für sich«):* »Ich weiß gar nichts, aber ich bin viel zu faul, die ganze Geschichte anzuhören ... Man tut rein gar nichts, und am Ende heißt es bei allem, was geschieht, das Schicksal hat es getan ... [*laut*] Ja, ja, hofft nur zu.«

HILARIS Wohl uns, das Schicksal wird alles zu unserem Besten leiten.

Er entschlummert wieder, während sein Sitz sich in die Wolken hebt. (*Die Familien Zwirn, Knieriem und Leim,* I, 5). »Wir sein nix als Narren des Schicksals« heißt es im Terzett, *Talisman,* III, 2 (1840), vgl. S. 278 f.; ganz ähnlich ist das Thema und der Refrain des fünfstrophigen Liedes in *Die beiden Herrn Söhne* (1845), vgl. S. 279; und »'s Schicksal in ein arabischer Partikulier, wir sein seine Kamel', denen er die Lasten auf'n Buckel legt« (ib., IV, 9). Aber mehr noch als in der Konsistenz der Sarkasmen und resignierten Bemerkungen Nestroys all die Jahre hindurch – Schicksal könnte ja bloß ein dem Komödienschreiber naheliegender Anlaß zu Scherzen sein – ist die zentrale Bedeutung des Problems für ihn sichtbar in den zwei Fassungen eines vielen Seiten langen, für *Höllenangst* (1849) bestimmten Monologs und einzelnen Einfällen dazu.[74] Mit intensivem Bemühen versucht er hier, es zu klären und darzustellen durch Schärfe des Denkens, experimentelle, in scheinbar andere Sphären hinreichende Bedeutungsverschiebungen und -vermischungen und Einordnung in verwandte Gedankengänge, bald sachlich, bald ironisch-witzig, ohne daß deshalb bloße Spielfreude – logische oder sprachliche –, ja selbst billiger Spaß von diesen

Erwägungen völlig verbannt wären: echtester Nestroy in der Anschaulichkeit, im tiefbohrenden Denken und in dessen Leitung durch die Sprache. Auch Schlichts Bemerkung in *Mein Freund* (1851), II, 12, »es is wirklich ein Luxus vom Schicksal, daß es Pfeile schleudert; an seinen Fügungen sieht man ohnedem, daß es das Pulver nicht erfunden hat«, sieht nur wie ein typisch Nestroyscher, aber etwas gequälter Witz aus, aus desselben Schlicht-Nestroy Bemerkung in der ersten Fassung des Stücks jedoch erkennt man seinen grollenden, tiefen Ernst: »Und 's is noch was in mir, was ein Triumphgeschrey aufschlagt grad dann, wann's mir recht schlecht geht, das is mein Schicksalshaß ... [man] sagt ihr auch ins Gesicht, der unendlichen Schicksalsmacht: ›Du bist blöd und dumm und schlecht, ich hab nicht so viel Respekt vor dir‹« (I, 22). Besonders im ersten jener beiden nach der 1848er Revolution geschriebenen Monologe entfaltet sich Nestroys persönlichstes Denken, unbehindert von den Bedürfnissen und Möglichkeiten der Bühne, weniger furchtsam vor der nun trotz der Reaktion etwas toleranter gewordenen Zensur. Über allerhand schwache Wort- und Gedankenspiele arbeitet er sich zunächst an das Schicksal der Armen heran, dann mit kühnem Aufschwung an das Allgemeinere, das Zentrum seines eigenen, nie auf lange besänftigten inneren Aufruhrs – das Schicksal *jedes* Menschen:

Kein Wunder, wenn der Arme ein Mißvergnügter ist. Mißvergnügter, Verschworner und Revolutionär, das sind Geschwisterkinder ... Revolutionairs stürmen in der Regel gegen die irdischen Regierungen an. Das is mir zu geringfügig, ich suche das Übel tiefer oder eigentlich höher, ich revoltiere gegen die Weltregierung, das heißt gegen das, was man eigentlich Schicksal nennt, ich trage einen unsichtbaren Calabreser mit einer imaginären rothen Feder, die mich zum Giganten macht; Giganten waren antediluvianische Studenten, sie haben den Chimborasso und den Leopoldiberg aufeinandergestellt ... und sie haben Barrikaden gebaut, um den Himmel zu stürmen. Das war so eine Idee, dabei schaut doch was heraus, den gräulichen Absolutismus des Schicksals vernichten, das Verhängnis constitutionell machen, daß es Rechenschaft ablegen müßt, sowohl über Verschleuderung als Verweigerung seiner Gaben ... 's Schicksal hat alles, was die von ihm beherrschten Menschen empören muß.[75] Es gibt wohl viele, die 's mit Geduld ertragen, das sind eigentlich recht die G'scheidten, die einsehen, daß es umsonst, und daß ohnmächtige Empörung immer lächerlich ist; aber deshalb sind sie doch immerhin sanfte Aufrührer ...

Ein »sanfter Aufrührer«, ein ohnmächtiger Empörer, der sich nicht lächerlich, sondern lieber andere lachen machen will, das war Nestroy selbst. Im Nachlaß findet sich eine ganz ähnliche Bemerkung, ohne Beziehung auf ein bestimmtes Stück oder einen bestimmten Gegenstand: »Ich habe auch meine Stunden der Empörung, aber ich verstecke sie, weil ohnmächtige Empörung lächerlich ist« – zusammen mit dem Schicksalsmonolog ein Schlüsselwort zu Nestroys ganzem Werk, wie Molières

Et c'est une folie à nulle autre seconde
De vouloir se mêler de corriger le monde

(Misanthrope, V. 157)

Die Dummheit, Schlechtigkeit und Schwäche des Menschen sind die *unmittelbaren* Gegenstände seiner Satire, seiner Komik, seines Witzes, aber das Schicksal, die Weltordnung, der »Himmel«, der all den Unfug und all das Leid zuläßt, ist sein letztes Ziel, oft angedeutet, selten ausgesprochen. Verstörung durch das metaphysische, das Schicksal umgebende Dunkel verbindet sich mit totaler religiöser Ungläubigkeit und dem immer tätigen Trieb zum metaphorischen Wortspiel zu logisch schwer aufzulösenden aggressiven Scherzen, Sarkasmen und belustigenden Vorstellungen über den »Himmel« und die »Weltregierung«. Sie spiegeln zugleich die Paradoxa, die in diesen semantisch so vielfältigen Wörtern und Begriffen verborgen sind. Die auf sie und das Schicksal sich beziehenden Teile des Monologs sind eingekleidet in die um 1849 in der Luft liegende politische Terminologie. Die Nestroy immer eigene Gabe witziger, aus der Sache und der Sprache geborener Analogien macht sie zeitgenössisch pikant, aufregend und doppelgesichtig, oft ununterscheidbar gerichtet gegen die Regierung dort oben und hier unten:

Das Schicksal ist... Bureaucrat. Wenn Beschwerden eingereicht werden von den Partheien, so is eine Erledigung nicht zu erleben. Das meiste wird auf die lange Bank der Ewigkeit geschoben und diese Bank is auch die Banque, die alle die zahllosen Anweisungen auf himmelschreiende Ungerechtigkeitsentschädigungen auszahlen soll. Der Ewigkeit is eine enorme Staatsschuld aufgebürdet, und sie hilft sich mit Assignaten auf den Himmel, so gut sie kann.

Die zweite, viel kürzere Fassung des Monologs[76] hat Nestroy ganz auf die Frage des Schicksals hin konzentriert und alle sie umwuchernden Nebenreflexionen amputiert außer einem Einleitungssatz über die Armen:

> Nach den neuesten Ansichten nennt man uns Proletarier und verbindet damit die zarten Nebenbegriffe von Communist, Aufrührer, staatsgefährlicher Mensch . . . Allerdings is der Arme geborner Revolutionär, aber so staatsgefährliches is nix an ihn. Ich weiß das. Ich bin auch einer und mir könnt's nie einfallen, gegen die irdischen Regierungen anzustürmen, die sind oft selbst arm

verstärkt noch die politische Phraseologie. Eben darum paßt zu ihr die Resignation, die den Sprecher überwältigt. Das Schicksal hat

> noch ganz das alte Protectionssystem, thut alles für eine kleine Anzahl Privilegierter, und wenn es auch den Ausdruck Gleichberechtigung gelten laßt, so is es doch nur eine handgreifliche Fopperey! . . . Ich lass' mir's nicht nehmen, der Himmel hat seine Herrngassen[77], für die aber nie ein März anbrechen wird. Da droben is kein Fortschritt zu hoffen.

Und er schließt:

> Nur eins hat das Schicksal vor den irdischen Tyrannen voraus, nehmlich das, daß man ungeniert darüber schimpfen kann, es nutzt eim zwar gar nix, aber man wird doch wenigstens zu keiner Verantwortung gezogen, und es is das schon eine schöne Sach'.

Einen Aufsässigen, einen Rebellen, nennt Ernst Fischer Nestroy wiederholt, und er sieht in ihm »das Unheimliche eines gehemmten Kleinbürgers, der sich explosiv der Hemmung entledigt und mit dem Tumult der Vorstadt verschmilzt«[78]. Wieder andere nannten ihn einen Revolutionär. Die erste dieser Bezeichnungen paßt am besten. Deklarierter Rebell wäre Nestroy gerne geworden: »Mir war der verlorene Sohn immer verächtlich, aber nicht deswegen, weil er ein Schweinehirt war, sondern weil er wieder nach Haus gekommen ist«, merkte er sich in seiner Sammlung isolierter Gedanken vor.[79] Aber er versteckte seinen Hohn auf die Gesellschaft und sein Rebellentum hinter dem Witz des vom Schicksal Unterdrückten aller Klassen, hinter der »Zynik« des Plebejers und dem Lachen des, trotz alles Widerwärtigen, Lebenslustigen. Das sind zugleich drei Haupttypen der von ihm gespielten Rollen. Im Lauf einer deutlichen Autoren-, nicht Rollenrede, sagt Schlicht-Nestroy: »Ich lass' nix kommen über d' Welt, wenn auch dann und wann was über mich kommt« (*Mein Freund,* Vorspiel, 3. Sz.). Und in guter Laune konnte er sogar dem Schicksal Gutes abgewinnen, um die unwahrscheinlichste Possenhandlung zu rechtfertigen, dem »absoluten Schicksal, welches manchmal, um sich populär zu machen, im launigen Gewand des Zufalls Gutes wirkt« (*Der alte Mann,* IV, 21).

Nestroy war Zeit seines Lebens ein Aufsässiger, er war geistig ein Rebell, wenn ihm nicht gerade »ohnmächtige Empörung lächerlich« schien, aber er war kein Revolutionär im politischen Sinn. Auch war er vom Herzen und von der Vernunft her voll echtem und tiefem Mitgefühl für alle Leidenden, aber er hatte nichts gegen das herrschende ökonomische System – so sehr er seine Opfer bedauerte – und, nach 1850, kaum etwas gegen das politische. Seine Rebellion richtete sich gegen das Schicksal, seine Satire gegen den Menschen. Den Monolog über Schicksal und Regierungen nahm er in *Höllenangst* nicht auf, aber seine Gedanken und Formulierungen über das Thema ließen ihn nicht los. Er arbeitete ihn in etwas trivialerer Form in ein sechsstrophiges Couplet um und sang es wahrscheinlich, zwei Monate nach der Erstaufführung von *Höllenangst,* in *Sie sollen ihn nicht haben.*[80] Es beginnt:

> Geg'n weni Regierung' der Erd'n hab' ich was,
> Nur wie's Schicksal regiert, geg'n das hab' ich ein Haß.
> . . .
> Geg'n 's Schicksal da mach' ich alle Stund' Rev'lution,
> Denn dem wünsch' ich a unbändige Konstitution.

In der zweiten Strophe heißt es:

> 's herrscht noch 's nämliche Schicksal, was vor zweitausend Jahr
> In die griechischen Stuck der böse Zauberer war,
> Malträtiert absolut noch die Leut',
> Ja, das paßt nicht für unsere Zeit.

Es »paßt nicht für unsere Zeit«, weil sie von Vernunft regiert sein sollte. Wäre die Natur nicht stumm, ihre drei Reiche würden gegen den Mangel an Vernunft in der absoluten Regierung der Welt revoltieren:

> Der Himmel beherrscht ganz kommod die Natur,
> Sie macht keine Forderung, er g'steht ihr nix zua.
> . . .
> Doch das möcht' ich sehn, wenn d' Vernunft tät erwachen
> In diese drei Reich', was der Himmel tät machen,

> Wenn's so kämen zum Himmel, ihre Rechte begehr'n,
> Meiner Seel', 's müßt dem Himmel höllenangst dabei wer'n.

Und diese Zeile bleibt der Refrain des armen Wendelin. Sein tiefer Pessimismus ist konzentriert in den auf diese Strophen folgenden Worten:

> Ich sollt' eigentlich bös sein auf [meine Mutter], weil sie mich geboren hat . . . Ich hätt' sollen gar nie in d' Wirklichkeit kommen; solang ich noch ein Traum meines Vaters, eine Idee meiner Mutter war, da kann ich recht eine scharmante Idee gewesen sein; aber so viele herrliche Ideen haben das, wenn s' ins Leben treten, wachsen sie sich miserabel aus. (*Höllenangst,* I, 7)

Ähnliche Gedanken äußert etwa zur gleichen Zeit der weise Kern in *Der alte Mann mit der jungen Frau,* IV, 11 (vgl. S. 310 f.). Und zwei Jahre später bemerkt der weise Kampl doppeldeutig: »Wer die Welt nicht vergißt, für den kann's gar kein Himmel geben« (I, 11). Das ist *eine* Wurzel der vielbemerkten »Zynik« Nestroys, der Zynik des Satirikers, in dessen Spiegel die ihrer Masken entkleidete Wirklichkeit erscheint, die des einzelnen und die der Gesellschaft in ihren Einrichtungen, sei es Salon oder Häuptling oder Parlament, und in ihren Geschehnissen, sei es Revolution oder Reaktion; das Mitgefühl mit der aussichtlosen Sache der armen Kreatur, der vom Schicksal und der Gesellschaft übel mitgespielt wird, ist eine zweite Wurzel; das Bewußtsein des Trugs und Selbstbetrugs in allen menschlichen Beziehungen die dritte; und das Wissen von der Kluft zwischen Begriff und Wort, Denken und Sprechen die vierte. Manchmal helfen Humor und Scherz, »Dynamit in Watte« (Karl Kraus), die »Zynik« zu verschleiern; manchmal die ästhetisch zugespitzte Form oder der gewollte Charakter der Rolle, sie zu verschärfen. (Besonders seine witzigen Aphorismen und aphoristischen Dikta haben Nestroy den Ruf des Zynikers eingetragen.)

Allzu oft vermengt der Sprachgebrauch zwei Grundtypen von »Zynik«: jene, die ein Idealbild vom »guten« Menschen verwirft, selbst als Forderung, und jene, die sich bloß des Abstandes der Wirklichkeit vom Idealbild stets bewußt ist. Nestroys »Zynik« war von dieser zweiten Art. Der gute Mensch, der un-zynische Schriftsteller, kann glaubwürdige »böse« Figuren gestalten, der zynische der ersten Art aber nicht echt wirkende zarte oder gütige wie etwa die Salome im *Talisman* und Kathi im *Zerrissenen* oder Kern im *Alten Mann* und Kampl. Die fast hilflose Güte des Privatmannes Nestroy (vgl. S. 366, 369 f.) paßt zu dem aus seinen Schriften gewonnenen Bild des radikalen, aber herzensguten Skeptikers. Sein persönliches Erlebnis der Untreue seiner Frau mag die erste Wurzel der konsistentesten seiner »Zynismen« gewesen sein, derer über die Ehe. Aber selbst hier gibt es Gegenbilder wie das brave Paar Anton und Therese in *Der alte Mann mit der jungen Frau.*

Da ist aber auch die »Zynik« des Rebellen, verkörpert in Rollen des jüngeren Nestroy vor allem, und des scharfsichtigen Psychologen, der die in seiner Umgebung geschaute Gemeinheit unverkleidet ans Licht zerrt und *selbst* ins Groteske steigert, auf die Spitze getrieben in der echten Zynik gewisser Rollen aus den Jahren 1843-1845 wie Nebels in *Liebesgeschichten und Heiratssachen* oder Rochus Dickfells in *Nur Ruhe* oder Vinzenz' in *Die beiden Herrn Söhne* – als schlechte Kerle *geplante* und ursprünglich von Nestroy selbst darzustellende Figuren, denen sein Witz oft den Anschein der Identifizierung mit ihnen verleiht –, in denen er nebenbei die scheinheiligen Bürger im Zuschauerraum durch das Aussprechen nie gehörter Niedertracht unterhalten und empören will, épater le bourgeois.

Vom Aussprechen »zynischer«, noch nie gehörter unangenehmer Wahrheit sind auch die Nestroy-Rollen ethisch mittlerer Lage nicht frei. Gewollte Herausforderung und lebenslustiger Übermut – trotz allem im Hintergrund lauernden Pessimismus –, ja Unsinn (nie Blödsinn) und über den ernsten Verstand sich mit einem Sprung hinwegsetzende Tollheit erzeugen eine der Wirklichkeit entrückte Welt. Nur einige der ernsthafteren »Volksstücke« sind davon ausgenommen. Die Freude des Komödianten am Sturm des Gelächters auch über das rein »Lächerliche« spielt oft genug mit und gehört in das Bild der Nestroyschen Komödienwelt hinein. So wie unbefangene und unbemühte Freude am Spaß auch Nestroys bedeutungs*loses* Spiel mit der Sprache gebiert (vgl. S. 85-88), so auch die absurd-spaßige Episode und Situation. Allzu oft wird diese gedanklich-unbeschwerte Lustigkeit vom bloß ernsthaften Ideenforscher oder Demonstrator des Bedeutsamen, sei es literarisch oder sozial, übersehen oder totgeschwiegen.

Da gibt es, ganz abgesehen von der alten Schwank-Komik, die sich aus Verwechslungen, unfreiwilligem Lauschen des Versteckten auf Schmähreden auf ihn, Verkleidung von Männern als Frauen und umgekehrt, fortwährendem Unterbrochenwerden ergibt, hunderterlei burleske Scherze: Abreißen von Topfpflanzen für ein Bouquet, der lange Nestroy als ältlicher Junggeselle, der auf seine Feinde mit einem aufgespannten Parapluie losgeht, er und der dicke kleine Scholz in einer parodistischen Ballettszene, beide als Regimentsmusikanten verkleidet, im Zimmer des Phlegmatikers Tschinellen- und Trommelmusik »übend«, Scholz im Bett unter einer Daunendecke versteckt, aus der aber unten seine in Stiefeln steckenden Füße hervorragen, Scholz mit einer Babyhaube auf dem Kopf, pantomimische Betrunkenheitsszenen: *Zwei ewige Juden* ist erfüllt von derartigen Handlungs-Lazzi. Allerdings sind es häufiger die für Scholz und Episodenfiguren geschriebenen Rollen, die die Zentren solcher primitiven und routinierten Komik sind, und es gibt viel mehr derlei in den unwitzigen und dramatisch schwachen Stükken als in den guten, aber nicht nur in ihnen.

Gewiß war Nestroy, der Theaterdichter, so sehr von der Leidenschaft für »Theater« besessen, sein Schreiben trotz seiner geistigen und ästhetischen Ziele so sehr vom Streben nach »Erfolg« auf der Bühne beherrscht, daß er sacrificia intellectus beging, die durch nichts, auch nicht durch die Gesetze der Komödie zu »rechtfertigen« sind und obendrein vielleicht nicht einmal den angestrebten Zweck erreichten. Oft genug aber sind die an und für sich albernen und phantasielosen Lesern wohl unerträglichen Scherze eingebaut in eine Atmosphäre *geplanter,* totaler und oft absurder Albernheit – handlungsmäßiger, gedanklicher, charakterologischer – und, dank Nestroy Talent, komischen Unsinns, in die die sprachlichen Untaten nicht nur hineinpassen, sondern von der sie gesteigert werden. Freilich ist es Sache der Schauspieler und der Regie, diese Atmosphäre zu verwirklichen und dauernd zu erhalten und dennoch den da und dort aus dem Text hervorzuckenden Geist in ihr nicht verkommen zu lassen. Wo ein geistvolles Auftrittscouplet, ein paar pointierte Aperçus am Anfang des Stücks, ja, schon der Name Nestroy als Autor verbürgt, dieser veranstaltete den Unsinn bewußt und es werde nicht immer dabei bleiben, da gibt sich der Zuschauer ihm williger hin. Unsinn ist ein wesentlicher Bestandteil der Komödie. Übrigens gelingt es Nestroy manchmal sogar, Satire als burleskes Bild auftreten zu lassen: Als in *Höllenangst,* II, 2 der junge Wendelin in Ketten vor den ihn begünstigenden Richter geführt wird, hilft ihm dessen Diener mit den Worten »Erlauben zur Güte« die Ketten tragen. Und ein abgenütztes Mittel komischer Wirkung wie die stehende Redensart kann der Sozialkritik Nestroys dienen (vgl. z. B. S. 89, 143, 252 f.). Im Ganzen sei an den Grundsatz struktureller Betrachtung erinnert, daß die Funktion und das Wesen eines Bestandteils eines Kunstwerks ebenso durch das Ganze bestimmt werden wie das Ganze durch sie.

Kurz, die uralten Effekte der Komödie und virtuose Beherrschung des Theatergewerbes sind am Werk und echte Lustigkeit regiert dank ihnen ebenso sichtbar auf der Bühne wie hörbar in der Weisheit, im Witz, in der Sprachkunst des Dialogs und der verborgenen Empörung. Literarische und geistvolle dramaturgische Artistik entzückt die einen, primitiver Mimus läßt die andern schallend lachen. Wohl zwei Dutzend der Stücke Nestroys ragen über das Niveau mehr oder weniger wirksamer, für den Tag geschriebener Theaterware entschieden hinaus, vielleicht ein halbes Dutzend gehört zu den besten, den unvergänglichen Komödien der Weltliteratur. Mit volkstümlicher Burleske mischen sich Humor und Satire, und der Satiriker schließt sich von dem, was er satirisiert, nicht aus – der Spezies Mensch; der Intellekt steht der Posse nicht im Weg und die Posse nicht dem Intellekt; das »Volksstück« im besten Sinn ist entstanden, in einem Sinn nämlich, der nichts mit der wohlwollend herablassenden Bezeichnung für eine treuherzige Gattung zu tun hat, die bis vor kurzem als gut genug betrachtet wurde für die Bewohner des Dorfs oder des Hinterhauses oder der Armen im Geiste oder die sonst keine Qualitäten hat als die, einer politischen These oder »Bewegung« zu dienen. Es ist durchdrungen von hellster, aber nicht esoterischer Geistigkeit, und diese hat ihr Heim bei der zumeist auf niedriger sozialer Stufe stehenden Zentralfigur. Ihr Geist kommt dem des Klügsten im Zuschauerraum gleich, ihre Not der des Ärmsten. Brechts ästhetisch-soziales Ziel einer Komödie für alle ist hier erreicht, aber ohne seinen politischen Einsatz. Was für ihn Durchleuchtung der bürgerlichen Gesellschaft durch die sozialistische Sehweise war, das ist für Nestroy Durchleuchtung der Welt durch die linguistische Hörweise: An ihren Worten sollt ihr sie erkennen, die Gesellschaft und den Menschen.

*

Wollte man Nestroys dramatisches Werk, das *Wesentliche* andeutend, in die historische Betrachtung typischer gesamt-europäischer literarischer Physiognomien, besonders in die Geschichte der Komödie, einordnen, dann hätte man zu sagen: Seltsames hat sich hier ereignet. Radikaler Manierismus ist verschmolzen mit einer der volkstümlichsten Bühnentraditionen, der des Harlekin und des Hanswurst in seinen verschiedenen nationalen und zeitlichen Abwandlungen. »Clownerie« im intellektuellsten und im volkstümlichen Sinn ist das verbindende Band. Der traditionelle Intrigant, der Shakespearesche Narr und Eulenspiegel[81] sind die andern nächsten, aber nicht nahen Verwandten der Nestroyschen Zentralfigur, eingelassen in Gesellschaftskomödie. Die innere Form seiner Komödien deutet voraus ins zwanzigste Jahrhundert.

Zeitgeschichtlich ist der ältere, größere Teil des Werks Teil der unter der Oberfläche wirkenden, Brüchiges und Scheinhaftes korrodierenden und auflösenden Unterströmung des Biedermeier, harmlos wirkend wie dieses; später Mißtrauen gegen den ebenso scheinhaften Liberalismus. Die äußeren Formen der Stücke Nestroys gleichen weithin den überlieferten und neu entstehenden dramatischen Gattungen seiner Zeit, aber von innen her durchsetzt durch die Neu- und Einzigartigkeit seines Geistes. Die politischen und sozialen Themen seiner Zeit sind von ihr gefärbt und zumeist, aber nicht immer, übergeführt und absorbiert in seine eigene Thematik: Was und wie ist der Mensch? Nestroys Wunschbild von ihm entspricht etwa den Idealen des Josefinismus – sie inspirierten noch das Erziehungsprogramm seiner Jugend –, aber sein scharfer Blick und seine Wahrheitsliebe konfrontieren es mit der Wirklichkeit des scheinhaften Menschengeschlechts, wie schon Larochefoucauld, Voltaire, Lichtenberg es gesehen hatten. So galten seine theoretische Sympathie und sein menschliches Mitgefühl den Prinzipien der Revolution von 1848, soweit sie oder ihre Handhabung und Nachwirkungen ihm nicht die menschlichen Werte zu gefährden schienen, an die er glaubte, vor allem Echtheit und innere Würde. Für den Nationalismus der Zeit hatte er nichts übrig. Nestroys Gedanken in politische Terminologie zu übersetzen, zerstört sein Wesen. Besser wird es erhellt, symptomatisch, durch die Gegenüberstellung zweier fast – aber nur fast – identischer Stellen aus den Entwürfen für das nie geschriebene Stück *Der Zweifel*. Die eine lautet: »BARON Geizig, bös gegen die Arbeiter [Der gute] SOHN Liebevoll gegen die Arbeiter« (SW XV, S. 639) und ähnlich (ib., S. 642): »Der Baron und der ältere [böse] Sohn *gegen* die Arbeiter, der jüngere [gute] für die Arbeiter«; die andere: »Der jüngere schwärmt für die arbeitende Klasse, will ihr Los verbessern, während der Vater sie drückt.« (ib., S. 632). Die erste Stelle zeigt, wo Nestroys *soziale Sympathien* liegen; das ›schwärmt‹ in der zweiten zeigt seine stets latente psychologische *Skepsis vor der »Menschennatur« und Dogmen jeder Art*.

Historische Betrachtungsweise des Werkes Nestroys ist notwendig; als *vorwiegende* oder ausschließliche Betrachtungsweise aber gibt sie für sein Verständnis nicht viel her. Wo sie uns am Platz schien, nimmt sie ihn im folgenden, chronologischen Teile dieses Buches ein: in den allgemeinen Einführungen in gewisse Zeitabschnitte und in den Darstellungen einzelner Stücke.

Die Werke

I. Im Polizeistaat

Nestroys Tätigkeit als Schauspieler und Eigenart als Theaterdichter, wenn auch schon um die Mitte der 1820er Jahre sich
ausformend, blühen erst 1831 durch seine Übersiedlung nach
Wien völlig auf und entfalten sich erst hier vor einem lange
gleichbleibenden, einzigartigen Hintergrund, oft ihm widerstre-
bend, mit dem er rechnen muß, auf den er rechnen darf und auf
den er allmählich zurückwirkt. Wir skizzieren daher die geschichtlichen, besonders theatergeschichtlichen gesellschaftlichen und kulturellen Voraussetzungen des gegebenen Ortes zur
gegebenen Zeit erst anläßlich dieser entscheidenden Episode
seines Lebens (S. 153 ff). Die politischen Vorgänge kommen,
außer in der Diskussion der einzelnen ihre Spuren tragenden
Stücke, im Zusammenhang mit der Revolution von 1848 und
der ihr unmittelbar folgenden Reaktion zur Sprache (S. 298 ff.,
309 ff. und 322 ff.).

1. Vorspiel
(1822-1828)

Opernsänger, Provinzschauspieler, Jambendichter

Johann Nepomuk Nestroy, am 7. Dezember 1801 geboren, war
der Sohn einer begüterten Wiener Bürgerstochter und eines
Wiener Hof- und Gerichtsadvokaten, dessen Vater und bäuer-
liche Mutter in einem tschechischen Dorf bei Troppau im österreichischen Schlesien gelebt hatten, wohl selbst Tschechen.[1]
Nestroys Mutter starb, als der Junge etwas über zwölf Jahre alt
war, der Vater im Jahre 1834, verarmt. Johann Nepomuks
Schulen waren zwei berühmte humanistische Gymnasien: erst
das staatliche Akademische, dann das der Benediktiner, der
»Schotten«. So erhielt er eine aufgeklärt-katholisch-klassische
Erziehung. Schon als Kind muß Nestroy musikalisch ungewöhnlich begabt gewesen sein: dreizehnjährig wurde er öffentlich als
Klavierspieler vorgeführt, und bald machte er sich in Dilettan-
tenkreisen einen Namen. Als Baß-Solist erregte er 1818 in einer
Händel-Aufführung im Wiener Redoutensaal Aufsehen, aber

auch in Sprechrollen trat er oft auf Liebhaberbühnen auf. 1820 begann er an der Universität Wien das Studium der Rechtswissenschaft. Nach zwei Jahren hängte er es an den Nagel; er hatte eine andere Karriere gewählt: Am 24. und 31. August sang er in der Hofoper »auf Engagement« den Sarastro, zweimal im September noch andere Rollen. Dank seiner »vorteilhaften Erscheinung, der lobenswerten körperlichen Haltung, seiner angenehm biegsamen, sorgfältig geschulten Stimme« erhielt Nestroy einen Kontrakt für zwei Jahre. Er hatte auf ihn gerechnet, um Minna Nespiesni, eine der fünf Töchter einer Beamtengattin und eines ungarischen Grafen, heiraten zu können. Die Ehe kam offiziell erst im September des nächsten Jahres zustande, zwei Tage vor der Abreise des Paars nach Amsterdam: Nestroy hatte eine Anstellung am dortigen deutschen Theater zu einem wesentlich höheren Gehalt angenommen. Auch bot diese kleine Bühne dem spiellustigen Sänger Gelegenheit, einen größeren und bedeutenderen Kreis von Rollen zu bewältigen – wie den Kaspar im »Freischütz«, den Almaviva in »Hochzeit des Figaro«, Pizarro in »Fidelio«, Papageno in der »Zauberflöte«. Dazu nahm er »aus Gefälligkeit« einige Sprechrollen an und machte sich einen Ruf durch seine Bereitwilligkeit und Fähigkeit, mit kürzester Vorbereitung, »oft nur nach einer einzigen Probe«, für verhinderte Kollegen einzuspringen.[2] Wegen lokaler Schwierigkeiten mußte das Theater im August 1825 schließen.

Nestroy fand es nach diesen 23 Monaten erfolgreicher Tätigkeit nicht schwer, ein neues Engagement zu finden. Er ging nach Österreich zurück, an das Theater in Brünn. Unter 32 neuen Rollen fielen ihm auch hier große Opernpartien zu wie Don Giovanni und die beiden Figaro, daneben aber übernimmt er immer häufiger Sprechrollen[3], zumeist ernste, oft bedeutende, wie den Geßler in »Wilhelm Tell«, Gianettino in »Fiesko«, Burleigh in »Maria Stuart«. Nur fünf sind humoristische, drei von ihnen solche aktiver und passiver Komik wie Käsperle und Staberl. Nur zum geringsten Teil bewegte er sich also innerhalb seines späteren Rollengebietes.

Das auf siebzehn Monate abgeschlossene Engagement nahm nach einem halben Jahr, am 30. April 1826, ein jähes Ende aus Gründen, die für Nestroys Eigenart bezeichnend sind. Das erste Mal erfahren wir hier, daß er selbstbewußt seiner Mißachtung des Publikums offen Ausdruck gab, ein unerhörtes Unterfangen für einen Schauspieler, dessen äußerer und innerer Erfolg nach althergebrachter Theatererfahrung und dem Wesen schauspielerischer Leistung durchaus vom Kontakt mit seinem Publikum abhängt. Er berichtet über den Vorfall in seinem Tagebuch im Dezember 1825: »Einiges Nachzischen beim Applaudieren disgutierte mich so, daß ich im dritten Akt durchaus schlecht und kaum hörbar spielte. Im vierten Akt fing ich wieder an, mit Eifer zu spielen, hatte lärmenden Beifall und wurde am Schluß hervorgerufen.«[4] Er habe im dritten Akt in der Art gespielt, »nicht nur ohne alle Aktion, . . . sondern auch so leise . . ., daß er auch von der Bühne zunächststehenden Zuhörern nicht verstanden werden konnte«, damit das Publikum wisse, weshalb es zische, gab er laut dem Polizeirapport zu seiner Verantwortung an.[5] Außerdem hatte er trotz polizeilicher Verwarnungen und Arreststrafen extemporiert – das Sprechen unzensurierter Texte war verboten –, und eines der Extempores soll unanständig gewesen sein; ja, er habe vor der Polizei schließlich erklärt, daß er in solchen Rollen durchaus extemporieren müsse. So wurde sein Kontrakt von der Polizei aufgelöst. Das Extempore, als sarkastische Zutat zur Rolle, oft nur durch vielsagendes stummes Spiel – eine Spezialität Nestroys – sollte zu einer der ihm eigensten Äußerungsformen werden.

Nestroy fuhr am nächsten Tag nach Wien, um Möglichkeiten einer Rückkehr an das Hoftheater nächst dem Kärntnertor zu sondieren. Die Verhandlungen führten nur »bis nahe zur Einigung«, aber schon einen halben Monat später, am 15. Mai 1826, hatte er einen neuen Vertrag mit dem gemeinsamen Direktor des Grazer und des Preßburger Theaters abgeschlossen; ebenso wie die Brünner Bühne waren sie, nicht administrativ, aber in ihrer Funktion, Vororte des Wiener Theaterbetriebs.

Außer in Opern und klassischen Dramen – die Zahl seiner komischen Rollen war zunächst gering im Verhältnis zu den ernsten – spielte er weiter in einer Menge heute vergessener dritt- und viertklassiger romantischer Trauerspiele, »Dramen« und dergleichen, deren Titel ihre Art erraten lassen: u. a. als Berthold Köhler im »romantischen Schauspiel« Albrecht der Streibare; als Gottschalk in seiner Bearbeitung von Kleists »großem romantischen Ritterschauspiel« Das Käthchen von Heilbronn; als Othelrich, Herzog von Böhmen, im Schauspiel Gisela, die deutsche Fürstin; als Graf Wulfing von Stubenberg;

im Ritterschauspiel Ernst der Eiserne, Herzog von Steiermark; als Ritter Littgenstein in Fürstengröße; als Barnabas Ciapoletti in Haß, Ritterpflicht und Liebe; als Herzog Ernst in Törrings Trauerspiel Agnes Bernauerin – sie alle in seinem ersten Grazer Jahr. Ähnliche »edle« Rollen hatte Nestroy in Brünn gespielt: Seine Brünner Rollenliste führt zwei Könige, einen Herzog und einen Grafen an.

»Prinz Friedrich«

Um diese Zeit mag Nestroy, sein Gehör voll von all dem Jamben-Gerassel über Schild und Schwert, über Treue, Verrat, Edelmut und Freiheitsdrang, über Alabasterbusen und süße Purpurlippen, sein Theatersinn getränkt von all den Erinnerungen an Bühnenschlachten, Krönungszeremonien, romantische Natur- und Zigeunerszenen, sein erstes Theaterstück geschrieben haben: *Prinz Friedrich, Historisch-romantisches Drama in fünf Akten.*[6]

Es behandelt im engsten Anschluß an die gleichnamige Erzählung eines Karl van der Velde (1819, 1820, 1825) die abenteuerliche, aber historische Karriere eines westfälischen Barons und Freiheitskämpfers, der 1736 zum König von Korsika gewählt wurde, und seinen idealistischen Neffen, Prinz Friedrich.

Vorwiegend in Jamben und jambischer Prosa geschrieben, ist *Prinz Friedrich* eine pathetisch-sentimentale Epigonentragödie mit versöhnlichem Abschluß: Nachklassik, versetzt mit Trivial-Romantik und Rührseligkeit, theatralische Dutzendware. Das Drama hat das Freiheitspathos eines Körnerschen »Zriny« und die Larmoyanz eines Ifflandschen Rührstückes, »schaurig-schöne« Liebes- und lärmende Massenszenen und in das Ganze eingesprengt zwei, drei kurze »humoristische« Auftritte. In ihnen ist die »Eigenleistung« des Autors gesehen worden[7] und ein »Hauch von Satire«.

Die mehr epische als dramatische Aufeinanderfolge der Szenen mit bildhaften und emotionalen Höhepunkten da und dort, aber ohne überzeugende innere Motivierung, und ein Vergleich mit der dialogreichen epischen Vorlage verraten die Herstellungsweise des Schauspiels als sklavische, aber in jeder Zeile auf theatralischen Effekt bedachte Dramatisierung.

Ihre pseudoklassische Kadenz erzielt die Sprache dieses Anfängerstücks durch syntaktische Inversionen; ihren bald heroischen, bald sentimentalen Stil außerdem durch die abgebrauchtesten Klischees. Der jambische Fluß mit Hindernissen ist oft in peinlichen, ja komischem Kontrast zum realistischen Inhalt:

> [Wolltet Ihr] jedoch nun krönen Euer gutes Werk, so
> leiht mir auf mein Ehrenwort nur zehn Dukaten, bis
> den Wechsel zu Gold ich gemacht.   (I, 5)

Selbst das im Bewußtsein des ehemaligen Juristen Nestroy noch hängengebliebene österreichische Amtsdeutsch strapaziert er in jambischer Prosa:

> Dort hat, um Eure schleunigste Verhaftung zu bewirken, er sich selbst
> als Kaution geboten und für den Weigerungsfall so ernste Drohungen
> hinzugefügt, daß nicht umhingekonnt der Gouverneur, den zweiten
> Haftbefehl zu unterzeichnen.   (II, 20)

Was auf den späteren Nestroy hinweist, unabhängig von der Vorlage, ist fast nur seine – selten, aber in einem ernsten Stück auffallend genug – in Wortspiele umschlagende Hellhörigkeit für Doppelsinn, wie die Antwort eines Kartenspielers auf Friedrichs Frage »Nun seid Ihr einmal fertig?«: »*(seufzend)* O ja, ich bin's« (I, 1), oder Friedrichs Antwort auf des Prokurators Ausruf »Mich trifft der Schlag; mir wirbelt's! *(zum Schreiber)* Nur etwas Niederschlagendes!«: »Nichts Besser's wüßt ich, als das Duell mit mir!« (II, 7).

Prinz Friedrich wurde erst 1841 aufgeführt (vgl. S. 258 ff.). Ob Nestroy selbstkritisch genug war, das Stück zur Zeit seiner Entstehung wegen seiner Schwächen nicht einzureichen, oder die Theaterdirektoren es zurückwiesen, ist nicht bekannt.

Der sarkastische Komödiant

Das Graz-Preßburger Engagement währte fast fünf Jahre, bis Ende März 1831. Bis zum Oktober 1829 spielte Nestroy hauptsächlich in Graz; dann verbrachte er eine nur von kurzen Gastspielen unterbrochene Spielzeit von fast zehn Monaten (1829/30) und eine dreimonatige (1830/31) in Preßburg. Er ging allmählich immer mehr ins humoristische Fach über. Verhielten sich die ernsten Sprechrollen zu den komischen 1826 noch wie 26 : 72, so wurde das Verhältnis 1828 46 : 148 und 1830 50 : 176.[8]

»Sansquartier«

Ein Ereignis im Jahr 1827 muß dieser Entwicklung einen starken Antrieb gegeben und sie gefestigt haben. Es wirkt wie ein Sinnbild für die Geschichte Nestroys als Schauspieler in den nächsten Jahrzehnten und für das Wesen seines Geistes als dramatischer Autor. Am 15. Dezember nämlich errang er seinen ersten überzeugenden Sieg in der unbedeutenden Rolle des Invaliden Sansquartier in einer Berliner harmlos lustigen Vaudeville-Posse, Angelys »Sieben [in Graz: Zwölf] Mädchen in Uniform«. Alles wußte ihr Darsteller hinzugeben: Nestroy stellte statt der farblosen Nebenfigur einen versoffenen Wiener Festungssoldaten hin, in Habitus und Charakterzeichnung von solch erschreckendem »Realismus«, daß das Publikum sie erst mit Befremden aufnahm, dann aber zu stürmischem Beifall überging. Die Kritik tadelte, wie schon bei früheren Leistungen, eine Neigung Nestroys, zu »übertreiben«. Bei schärferem Zusehen ließ sich diese Spielweise als bedeutungsvoller denn realistisch und einfach übertreibend erkennen: als gewollte Karikatur, als aggressiv und scharf höhnend. (Unser Bild 7 zeigt eher das Realistische, Bild 10 hingegen, leicht stilisiert, wirkt beinahe dämonisch.) Als echte Karikatur erzeugte sie den Eindruck wesentlicher Wahrheit. Sie sollte allmählich auf weit mehr hinausdeuten als die bloße Wirklichkeit, nämlich in das Reich der Satire.

In einer Szene sitzt Sansquartier lesend im Freien. Dies nahm Nestroy zum Anlaß, ihn Bemerkungen zu einzelnen Zeilen in »Don Carlos«, »Jungfrau von Orleans«, Müllners »Schuld« und andern Dramen der zeitgenössischen Bühne zitieren und kommentieren zu lassen, sarkastische Randbemerkungen eines halb zynischen, halb einfältigen Realisten, die jedes Pathos zunichte machen.[9] An sich sind die meisten nicht witzig, nur gelegentlich als Äußerungen des lebenserfahrenen, radikal sachlichen kleinen Mannes, vermischt mit schlechten Wortspielen und dem billigen Spaß der travestierenden Glosse. Es war Nestroys Spiel und die unverkennbare originelle Persönlichkeit dahinter, was aus diesem dramatischen Nichts mit zunächst geringfügigem

130

Witz eine seiner bis an sein Lebensende berühmtesten Leistungen machte. Er machte die Rolle in den folgenden Jahren durch Kürzungen des Textes Angelys und immer neue Glossen so sehr zur Hauptsache des Stücks, daß es bald als sein eigenes galt.[9a]

Als Schauspieler hatte Nestroy hier nicht mehr und nicht weniger getan, als eine alte Rolle aus völlig neuem Geiste zu gestalten; dem Possenschreiber sollte dies der verborgenste und wesentlichste Trick seines künstlerischen Schaffens überhaupt werden. Durch ihn bahnte Nestroy dem, was in ihm zur Aussage und Darstellung drängte, den Weg auf die Bühne und verschaffte sich Duldung im Polizeistaat: durch die täuschende Angleichung an überlieferte und neu entstehende äußere dramatische Formen; durch die bereitwillige Übernahme ihrer Technik, ihrer Motive und Typen trotz Bewahrung und Ausbildung eines durchaus eigenen Geistes; durch die Mimikry an die Wiener Posse vor allem, dann an die Bedürfnisse des Publikums und die Welt des Theaters überhaupt. In die Formen dieser Welt übersetzte er sein Denken, und er bediente sich dabei auch einer Sprache, die sich der ihn umgebenden täuschend ähnlich anhörte.

»Zettelträger Papp«

Am Abend seiner ersten Darstellung des Sansquartier in *Zwölf Mädchen in Uniform* trat Nestroy auch als Titelheld des »Vorspiels« *Zettelträger Papp* auf. (Ein »Zettelträger« plakatiert Theaterprogramme; »Papp« = Kleister. Es war eines der vielen Stücke, in denen er Raimunds wirksamste Rollen übernahm.) Der zweite Teil des Textes war die Raimundsche Fassung, von Nestroy neu bearbeitet, einer seit 1822 oft gespielten Posse[10]; den ersten Teil, 9 von 13½ Seiten des ganzen Stücks, hatte Nestroy selbst geschrieben.[11] Von Extempores, dann Glossen zu den Stücken anderer war er nun weitergegangen zu seinen eigenen Bemerkungen als Teil des von ihm geschriebenen Dialogs. In ihnen erscheint zum erstenmal, was als Grundlage seiner späteren Satire so charakteristisch ist, ausdrückliche Aggression gegen das Theaterpublikum: »*Haushofmeister.* Ich freue mich nur darauf, etwas Neues zu sehen, gut oder schlecht, das ist mir einerlei . . .« (1. Sz.), zum Beispiel neue Schauspielertruppen:

»Nur neu muß eine Gesellschaft sein, nachher ist's auch gut. Sein die Leut einmal ein paar Jahr' an einem Ort, o mein Gott, das ist was Langweiliges ...«. »Die gnädige Frau«, Repräsentantin des Publikums, ärgere sich darüber, »daß man wieder anfängt, sich an rührenden, geistreichen Szenen, an witzigen Gedanken und interessanten Szenen zu amüsieren und daß das schöne Spektakulöse der Kunst zu Grabe geht; mit einem Wort, daß auf dem Theater nicht mehr so viel geritten und gefochten wird als vor wenig Jahren«, als dächte Nestroy an seinen eigenen *Prinz Friedrich.* Auch kämen die Tierstücke und der »gymnastische Zweig der Kunst« ganz ab. Papp tröstet ihn:

Viehstuck wird's deswegen doch alleweil noch geben; und wenn auch der Dichter ein Stück gar nicht viehisch hat behandeln wollen, Sie glauben gar nicht, was in der Darstellung oft getan wird, um der Sache einen animalischen Anstrich zu geben!

Im Notfall selbst Dramaturg, habe Papp denn auch »für den Indianer bei unserer Gesellschaft«, einen Gymnastiker, einige Schillersche Tragödien bearbeitet, so daß sie »äquilibristisch dargestellt« werden können – ein Vorwand Nestroys, seiner sarkastischen Kritik am Theater und zugleich seinem Spaß an der auf der Bühne schon früher vorkommenden Übersetzung von Metaphern ins Szenische zugleich freies Spiel zu lassen:

Da sieht man, wie der Wallenstein auf einem schmalen Brett mit Verschwörungsfarb' angestrichen, die längste Zeit zwischen Recht und Unrecht hin- und herbalanziert. Endlich macht er seinen Salto Mortale von der Untertanspflicht bis zur Verräterei hinüber; weil er aber statt einer ordentlichen Balancierstange nur ein dalkerts astrologisches Zauberstaberl in der Hand hat, so fallt er grad bei der böhmischen Grenz' auf die Nasen [usw.].

»Don Carlos« behandelt er in längerer Rede auf ähnliche Weise. Wortdenken – hier meistens noch unwitzig wie so oft in der Tradition der Wiener Volkskomödie – ist also schon in diese ersten Komödienszenen Nestroys eingedrungen. Auch wo Papp-Nestroy auf die manierierten Schauspieler loszieht, wird ein Voltigieren vom Wörtlichen zum Metaphorischen, zurück zum Wörtlichen und weiter zu einer zweiten Bedeutung der Metapher innerhalb des Equestrischen sein Ausdrucksmittel:

Nicht geritten, sagt sie, wird jetzt bei uns? Wie mancher Schauspieler reitet auf einer faden Manier ... in allen Stücken herum, es mögen Roß drin vorkommen oder nicht –

und endet mit dem typisch Nestroyschen Pathos, das durch die Verwendung der vulgären Metapher sich ironisch selbst aufhebt – »man ist sich selbst Roß genug« (2. Sz.).

Ward je in solcher Laune die Karriere eines Theaterdichters angetreten – mit Publikums- und Schauspielerverhöhnung[12] und einer sprachlichen Phantasie, die über die theatralische den Sieg davonträgt?

2. Fauler Zauber: Von der Burleske zur Satire (1828-1834)

Debut als Theaterdichter

»Die Verbannung aus dem Zauberreiche«

Am 20. Dezember 1828 präsentierte Nestroy in Graz sein erstes dem Umfang nach vollgültiges Bühnenstück: *Des Wüstlings Radikalkur oder Die dreißig Jahre Verbannung.* Neues Zauberspiel mit Gesang, Maschinen, Flugwerken in 2 Aufzügen. Im April 1829 wurde es in seiner Abwesenheit im Wiener Theater in der Josefstadt gespielt, mit mäßigem Erfolg. Vier Monate später, am 4. August, führte er es den Wienern selbst vor, unter dem Titel *Dreißig Jahre aus dem Leben eines Lumpen,* Lokales Zauberspiel mit Tanz, Gesang und Tableaux in 2 Akten, als Eröffnungsvorstellung eines fast drei Wochen währenden Gastspiels, sieben Jahre nach seinem Abschied vom Theater nächst dem Kärntnertor. Nestroy spielte den Dappschädl. Es wurde zu Nestroys Lebzeiten bis 1857 unter verschiedenen Titeln gespielt, zumeist als *Die Verbannung aus dem Zauberreiche* . . . Zauberspiel mit Gesang in drei Akten.

Graz war damals – wie Brünn und Preßburg – eine Art kulturelle Vorstadt des Wiener Theaterbetriebs und lieferte dessen Essenz in verdünnter Form. Zu ihm gehörte als selbstverständlicher Bestandteil die Gattung des Zauberstücks. Zu Nestroys Zeit war es zum komischen Zauberspiel geworden. Die Gestalten einer jenseitigen Welt – Feen, Geister, oft allegorische Figuren – mischen sich unter die diesseitigen, oder die Zauberhandlung rahmt die irdische, sehr realistisch dargestellte ein, so daß die Wünsche, Leidenschaften und Beschlüsse jener oberen Welt bestimmend in die untere hineintragen. Allmählich war der Zusammenhang locker, der Rahmen bloß traditionell geworden, der Geist der Aufklärung und der Wiener Abneigung gegen Pathos, die »mythologischen Karikaturen«, haben angefangen, ihn zu zersetzen, bis er, lange schon von der Kritik innerlich als überflüssig empfunden, durch Nestroys Witz und parodistischen Geist sich gänzlich auflösen und unter allgemeiner Zustimmung schwinden sollte. Die wirklichen Ziele da und dort durchbrechender Satire statt bloßer Spaßmacherei sollten nur allmählich sichtbar werden. Den Grundzügen der Handlung eines im Jahr vorher in Wien gespielten effekt- und tränenreichen Dramas »Dreißig Jahre [später ›Drei Tage‹] aus dem Leben eines Spielers«[13] folgend, gab sich *Die Verbannung aus dem Zauberreiche* als eines der üblichen Besserungsstücke. Zweierlei aber ist hier charakteristisch neu: Der zu Bessernde ist nicht ein Mensch, sondern Longinus, Sohn des reichen Zauberer-Geistes Pumpf, eines hilflosen komischen Alten, und zweitens *genießt* dieser Taugenichts die zweimal erneute Strafe der Verbannung auf die Erde auf zehn Jahre, sozial und moralisch immer mehr verkommend. Die vier Stadien dieser Nestroy-Rolle, vier Lebensalter darstellend, erinnern zwar in manchem an traditionelle und zeitgenössische Figuren des Wiener volkstümlichen und des literarischen Theaters: aus dem heiratslustigen, von seiner Tante bevormundeten Thaddädl wird ein liederlicher Schauspieler, aus ihm ein Verbrecher und schließlich ein die Gassen kehrender Sträfling; dennoch aber klingen die Reden des engagementlosen Schauspielers schon stark an den zynischen Realismus des Dichters Leicht in *Weder Lorbeerbaum noch Bettelstab* an, und ebenso ist aus der überlegenen Niedertracht des entlassenen Lohndieners schon deutlich der Ton späterer ähnlicher Nestroy-Figuren, wie z. B. Nebels in *Liebesgeschichten,* herauszuhören. Auch charakterisiert schon hier der soziale *outcast,* geistig überlegen geworden, scharf höhnend und parodistisch die Literatur seiner Zeit, wie Titus Feuerfuchs im *Talisman.* An dieser einen Stelle in dem spaßig realistischen, aber im ganzen ungeistigen Stück erscheint auch rudimentär der bei Nestroy später häufige Sprachwitz der in eine sehr unkonventionelle Äußerung des Affekts eingesprengten konventionellen Phrase, hier aus der Sphäre der Höflichkeit: »Sie, wenn Sie mir über die Ritterstück schimpfen, ich schlag Ihnen nieder unbekannterweis',« – und die implizite Stilkritik mit dem zerstörenden sprachlichen Fremdkörper am Ende: »Ha, Wut, Götter, Rache, Tod, Mondschein, Verderben, Schwärmerei, Grabesnacht, Himmelslust und Schwerenot – wo hören Sie denn das in einem Ifflandischen Stück?« (II, 3). Vereint mit ihr ist der Spott über die Schablonenhandlung des Ritter- und des »bürgerlichen« Dramas.

> Der Ritter kommt zurück aus blutiger Fehde und findet seine Geliebte treulos, das ist interessant – er gerät in Wut, das ist heroisch – er flucht der Falschen, verläßt sie auf immer, das ist Edelmut – er zieht ins gelobte Land, kommt aber gleich wieder zurück, das ist Konsequenz – er zecht mit seinen Kampfgenossen, bis die Geisterstunde schlägt, und herein schwankt der Schatten des Gemordeten mit der bleichen Silberlocke in der geballten Faust, das ist dramatische Gerechtigkeit. Aber beim Iffland, o je, da lamentieren die Familien aktweis daher, daß man's Teufels werden möcht, – und um was handelt sich die ganze Verzweiflung? Um zweihundert Gulden Schein; wenn's den Bettel im Parterre zusammenschießten und hinaufschicketen, so hätte eine jede solche Komödie im ersten Akt schon ein End'.

Das ist nicht mehr bloß Verulkung, sondern ästhetisches Urteil.

Auch die technische und stilistische Routine der sentimentalen Erzählungen der Zeit und die romantisch-phrasenhafte Behandlung des »Volks« und des Schicksals parodiert Nestroy in der ältesten bekannten Fassung des Stücks. Der unverschämte Diener Knopf, befragt: »Wo hat der junge Herr Longinus Ihn aufgabelt?«, antwortet:

> Wo man alles Edle und Schöne aufgabelt, auf der Gassen. Es war eines Abends ... und wenige freundliche Blicke nur tat der Mond durch den zerrissenen Nebelschleier auf die schlummernde Erde. Rechts in der Gassen war ein Bierhaus, links ein Kaffeehaus. Es war noch nicht Mitternacht, da bekam ich Händel. Einige Tischlergesellen verwickelten sich mit roher Hand in mein krauses Lockenhaar und man gab mir einen maliziösen Wurf zur Türe hinaus. In demselben Augenblicke öffnete sich die visavisische Kaffeehaustüre, und eh ich selbst noch festen Grund faßte, seh ich einen jungen, liebenswürdigen Mann über die Billards hinüber auf die Gassen hinausfliegen. Wir fielen hart aneinander und blieben einige Stunden im Rinnstock liegen ... Der junge Mann hielt das Ganze für einen Wink des Schicksals, nahm mich in seine Dienste und ist jetzt mein Herr.[14]

Darüber hinaus wird »literarisch« überhöhte Alltagsprosa – das, was Nestroy später das »Feiertagsg'wandel« der Rede nannte – Gegenstand des Spottes und der Parodie. Als der Erzieher des verbummelten Longinus über dessen Äußerung »Kaffeehaussatiren, Bierhausbelletristik, das sind die wahren Fundamente der Lebensraffinierie,« entrüstet ist, da verteidigt ihn die schwärmerische Fee Urania: »Warum soll er sich nicht gebrauten Gerstensafts erfreuen, warum soll er nicht das Naß der Kaffeebohne schlürfen?«[15]

Diese und ähnliche literaturkritische und parodistische Stellen und eine ganze Szene (I, 10), die fast nur aus »Ach's« – einem Wort, das es im Wienerischen nicht gibt – und »O's« und fragmentarischen sentimentalen Phrasen besteht[16], sind in den späteren Theatermanuskripten weggelassen worden. Die Kritiker mögen für sie nicht reif gewesen sein, die Theaterdirektoren die Verunglimpfung ihres täglichen Brotes mißbilligt haben.

Genug Heiterkeit für das große Publikum blieb übrig: Die Komik der kindischen Thaddädl-Rolle muß durch ihren Kontrast mit Nestroys hoher Gestalt – »Longinus«! – und mit seinem geistvollen Gesichtsausdruck zu einer Komik zweiter Potenz gesteigert worden sein. Und sie wieder erhielt ein Element belustigender Verfremdung dadurch, daß er dem Publikum in kurzen Intermezzi durch Spiel und Wort zu verstehen gab, daß der »Thaddädl« nur vorgespiegelt, in Wirklichkeit aber ein abgefeimter Halunke war. Spiel im Spiel sollte eines seiner bevorzugten Wirkungsmittel bleiben.

Nestroy hatte die gehobene Phrase inmitten der Rede des im Dialekt sprechenden sozial Niedrigen nicht erfunden; aber sie beginnt ihm hier ein Mittel sarkastischer Rede des Sprechers oder seiner unbewußten Selbstenthüllung zu werden. Auch ist ein oder das andere Wortspiel witziger, als es in der Tradition der Wiener Volksbühne üblich war (vgl. S. 83), und wir begegnen das erste Mal dem Scherz als Refrain eines Couplets ironisch angewandter Redensarten. Es verdammt Eheglück, Courmachen, aufgeputzte weibliche Schönheit als bloßen Schein – alles »g'hört auf'n Mist«:

Übern Mist könnt ich singen, ich wurd gar nicht still,
Aber's tut's nicht, der Geg'nstand ist gar zu subtil.   (II, 8)

Angesichts eines solchen Hintergrundes ist wohl schon in dieser

Komödie die traditionelle plötzliche »Besserung« – in der nächsten (!), der Schluß-Szene, einfach von Geistern verkündet – als bloße Farce und von manchen als Parodie empfunden worden.

In einer Anzahl von Dialogfragmenten und Episoden wurde Kritik an einer dem Geld vor dem Herzen den Vorrang gebenden korrupten Generation gesehen.[17] Dies scheint diesen Stellen zu viel Gewicht zu verleihen: Derartiges hat es in Komödien immer gegeben. Erst später erhält es bei Nestroy deutlichen Nachdruck und thematische Bedeutung (vgl. S. 107 ff.). Was an den oft desillusionierenden Aussprüchen des Lumpen von einem Helden über die ihn ja ausschließende Gesellschaft eher beachtenswert ist, ist sein das Übliche überschreitender bösartiger Ton, gelegentlich die innerhalb der Wiener Zauberposse ungewöhnliche Intellektualität und der schärfere, zum Teil sprachliche Witz.[18] Daß innerhalb dieses dramatischen Genres statt saftloser Späße an Satire erinnernde Züge und einzelne Beispiele eines sarkastischen Sprachbewußtseins auftauchen, so daß das lokale Zauberspiel noch im Absterben etwas Neues zu werden scheint, hebt die *Verbannung* über sich selbst hinaus. Nach bloß sieben Aufführungen in Graz war in Wien die Aufnahme durch die Kritik geteilt.

Schon vor diesem ersten Wiener Gastspiel war Nestroy in Graz in einem von ihm selbst verfaßten einaktigen Schwank *Der Einsilbige oder: Ein dummer Diener seines Herrn* aufgetreten. Das Stück ist verschollen, nur der Theaterzettel erhalten.[19] Er besagt: »Der Schwank spielt in einer großen Stadt in Deutschland, im Jahre 1829.« Nestroy spielte den Carl Maria Siegelwachs, Kammerdiener des Sir Semmelschmarn, reicher Particulier aus London. Reiche reisende Engländer, eine beliebte Bühnenfigur der Zeit, sollten noch oft in seinen Possen auftauchen, Diener noch lange zu seinen bevorzugten Rollen gehören.

Der neue Stil

Wesenszüge der Frühkunst: »Der Tod am Hochzeitstage«

Noch ein zweites »Zauberspiel« in zwei Akten schrieb Nestroy in Graz, *Der Tod am Hochzeitstage oder Mann, Frau und Kind.*

Die Premiere aber sparte er für dasselbe Wiener Gastspiel im Jahre 1829 auf, in dem er *Die Verbannung* vorgeführt hatte.

Die Eigenart dieses zweiten abendfüllenden Stückes stellen wir sehr ausführlich dar – in seiner Handlung, seinen Situationen und Charakteren, seiner Gestik, Sprache und »Ethos« und der Beziehung dieser Aspekte zueinander –, weil wir durch Einsicht in alle diese Facetten Einsicht in die Eigenart des Dramatikers Nestroy gewinnen, des Schriftstellers und seines Geistes, in geistige und artistische Züge und Tendenzen, die auch im späteren Werk hartnäckig verharren. Sie gehören zum Wesen des Theaterdichters und Menschen Nestroy, auch wo sie sich später verfeinern oder vergröbern oder mit neuen kreuzen oder gereifter Weisheit und gütiger Menschlichkeit dienen. Die *funktionelle* Wirksamkeit dieser einzelnen »Mittel« innerhalb eines und desselben Stücks aber wird nur dadurch sichtbar, daß wir es als Einheit vorführen.

Welche von diesen Grundzügen fallen am stärksten in die Augen? In bloße Komik dringt das *Groteske* ein, und in die scheinhafte Wirklichkeit der Bühnenhandlung – spiele sie nun in der Welt der Menschen oder der Geister – das *Absurde;* das *Unbewußte* lugt aus Handlungen und Aussprüchen hervor, die, wenn auch komisch übertrieben, bisher nach den Grundsätzen uralter schematischer Bewußtseins-Psychologie produziert worden waren: *Satire* vergeistigt allmählich die bisher bloß komische oder bloß harmlos parodistische Charakterzeichnung und Sprache; die Rolle sprachlicher Komik und sprachlichen Witzes im Aufbau des ganzen Stückes sowie im Dialog wächst – *Sprache* als Form scheint streckenweise Gegenstand der Komödie werden zu wollen. Einzelne Aspekte solcher Charakteristika stellen wir am Ende unserer Betrachtung dieser beispielhaften Komödie (S. 149 f.) zusammen.

Zum erstenmal wurde *Der Tod am Hochzeitstage* in Wien am 18. August 1829 aufgeführt, knapp sechs Monate nach der Grazer Erstaufführung der *Verbannung (Des Wüstlings Radikalkur).*

Es ist das längste und im Aufbau, im Szenischen und in der Sprache am reichsten und sorgfältigsten ausgearbeitete seiner frühen Stücke. Auch das Ballett und der Gesang sind in diese Sorgfalt einbezogen. Die szenischen Einzelheiten der Zauberhandlung und der bildhaft-allegorischen Tableaux sind auf das genaueste vorgeschrieben; die sprachlich metaphorische Allegorie der Gespräche in der Zauberwelt deckt sich weithin mit der sichtbaren. Die Figuren der irdischen Welt sind zwar im Ganzen unrealistisch gezeichnet, »leben nur auf dem Theater«[20], sind aber mit einzelnen so konkreten, ultrarealistischen Zügen und Äußerungen versehen, daß sie um so grotesker wirken.

Die Idee des ganzen ist originell, und unerschrockene psychologische Wahrheit in karikaturhafter Form verleiht einer bis dahin leeren Bühnenfigur der Wiener Tradition Gestalt, dem fragwürdig trauernden Witwer: Der reiche Herr Dappschädl (Dummkopf), ein Schürzenjäger von jeher, bildet sich nach vierzehntägiger Untröstlichkeit wegen des Todes seiner am Hochzeitstag verstorbenen Frau noch nach den folgenden fünfundzwanzig vergnügten Jahren ein, Trauer um sie beherrsche sein Leben, und gefällt sich nun in der Rolle des Melancholikers. Lunara, die Traumkönigin, beweist ihm durch zwei Träume, die in den Jahren 1804 und 1807 spielen – das Stück selbst spielt »im Jahre 18..« – daß, wäre seine Frau am Leben geblieben, er sie und sein Kind durch seine fortwährenden Liebesabenteuer unglücklich gemacht hätte. Ähnlich wie Raimunds Menschenfeind »bessert« er sich abrupt durch diese Vorführung seiner selbst, hat jetzt »a bissel einen besseren Humor« (III, 43), gibt seinem Mündel die aus »Grantigkeit« lang verweigerte Erlaubnis zu heiraten und bietet seiner Nachbarin vergnügt seine Hand an – ein symptomatischer Schluß und zugleich das übliche Happy-End.

Nestroy spielte den pseudo-melancholischen Dappschädl, den ersten seiner langen Reihe einfältiger älterer Herren, die bauernschlau werden, wo es sich darum handelt, die Gattin zu betrügen und ein weibliches Wesen zu gewinnen. Er verliebt sich erst in die ›englische‹[21] Miss Lunar (in Wirklichkeit die Fee Lunara) – »Das wird ein himmlisches Missverhältnis werden« – dann in das neue Stubenmädchen Peppi. Sein Gegenspieler ist Miss Lunaras Bruder, der pathetisch rabiate Kunstreiter Siegwart Point d'Honneur, zugleich stürmischer Verehrer Madame Dappschädls. Als parodistischer Nachfolger des rächenden Bruders Beaumarchais in Clavigo will Siegwart in grotesker Mischung von feierlichem Unsinn-Reden und Theaterpathos,

139

durchlöchert durch Dialekt, die »Ehre« seiner Schwester rächen, die nun schon zum viertenmal sitzen gelassen werde. Hier ein typisches Beispiel dieses neuen Stils:

DAPPSCHÄDL Wer sind Sie denn aber eigentlich?
SIEGWART Ich bin der Bruder meiner Schwester.
DAPPSCHÄDL . . . Ihr Stand? . . .
SIEGWART Ein Jüngling steht vor Ihnen, den der Sturm des Geschicks zu die Kunstreiter geblasen . . .
DAPPSCHÄDL Der Bruder meiner Emilie?
SIEGWART Ihrer Emilie?, O, des schnöden Wortes! Sie ist es nicht mehr, sie gehört der Kunst . . . Was sind Sie gesonnen für sie zu tun?
DAPPSCHÄDL Ich werd' mich gewiß nicht schmutzig zeigen.
SIEGWART Sie nimmt kein Geld, denn sie hat Grundsätze.
DAPPSCHÄDL Wie soll ich's also machen?
ṢIEGWART Gehen Sie hin zu ihr und verschreiben Sie ihr ein honettes Kapital.   (II, 8)

Vom burlesk Albernen gehen der Dialog und die Handlung ins Absurde über, vom Absurden ins Surrealistische, inmitten Cartoon-hafter Wirklichkeit; Siegwart setzt das Gespräch mit der Drohung fort: »Aber gehen Sie augenblicklich hin, sonst voltigiere ich Ihnen auf die Achseln und reite spornstreichs in Karriere nach Haus!«, worauf Dappschädl antwortet »Machen Sie sich keine Ungelegenheit«: Pathos, gesprengt durch die psychologisch wohl motivierte konventionelle Phrase.

Im ganzen reichen die Wirkungsmittel dieser Komödie von erprobter primitiver Bühnenkomik bis zum diskreten seelenkundigen Scherz. Disparates wie Charakterisierung, Satire, Parodie und Kalauer – *englisch, himmlisch, Miss* – sind da und dort kunstvoll verschmolzen, in ein, zwei Sätzen eines Dialogfragments.

Hauptfigur der ersten drei Szenen ist der faule Stixlmann, das unfähige Mitglied einer die »Räuber« Schillers und die der »Ahnfrau« bis in viele Zitate hinein parodierenden Bande. Aus Dummheit und ewiger Schläfrigkeit hält Stixlmann auch Herrn von Dappschädl für einen Räuber und tritt in seine Dienste. Traditionelle Hanswurst-Komik entspringt immer wieder aus seiner Ungeschicklichkeit. Seine Albernheit in Wort und Tat ist bestenfalls burlesk. Eine überraschende refrainartige Zeile gleich am Anfang des Dramas setzt als komischer Kontrast zur Räuber-Romantik den Ton des ganzen. Während eines Gewitters in »düsterer Waldgegend« mit Sternen und Halbmond singen die Räuber einen opernhaften Chor:

Das Wetter trieb alle beizeiten zur Ruh,
Heut führt keine Beute der Waldweg uns zu.
Wo nur der Hauptmann bleibt,
Wo er herum sich treibt?
Schon lange schlug es Zehn.
STIXLMANN Ich möcht' schon schlafen gehn.
  (Hörnerruf von innen)
CHOR Er ist's, Kameraden, stoßt alle ins Horn!
STIXLMANN *(ungeschickt das Hifthorn in die Hand nehmend):* Vor Schlaf weiß ich nicht, blast man hint' oder vorn. (I, 1)

Das Aufeinanderprallen von Bühnen- und Sprachromantik mit Charlie-Chaplinischem stilisiertem Alltagsrealismus, in dem Hindernisse und Überraschungen sich überstürzen, wird das ganze Stück beherrschen; drastische Komik fegt oft jeden rationalen Widerstand hinweg.

Auch Siegwarts Worte wirken, isoliert genommen, rein albern, unübertrefflich albern:

Ich führte eben das große Kunststück aus, indem ich einzig bin. Ich sprang auf gesatteltem Pferde durch diesen Handschuh. *(Er zieht einen mehr als ellenlangen Handschuh aus dem Busen)* (II, 10).

Seine Albernheit aber hat teil am Bizarren, oft Absurden, das jede Handlung und jedes Wort des Kunstreiters an sich hat, und steigert sich ins Groteske. Er fährt fort:

Selige Erinnerung! *(Er küßt den Handschuh und verbirgt ihn wieder.)* Mitten im Sprung traf mich zum erstenmal ihr Flammenblick, ich fiel der Länge nach zu Boden. Ich raffte mich empor, die Himmlische liegt in Ohnmacht. Dies spornt mich an zu kühner Hoffnung, ich trabe ihr nach auf allen Wegen, Tag für Tag. Endlich ergab sich die Gelegenheit, ich sprach sie am Haustor . . . Besorgen Sie nichts, mein Fräulein, schrie ich entzückt, ich bin Kunstreiter, ich überspringe jedes Hindernis. Sie verschwand und ich hab' sie nimmermehr g'schaut.

Er kündigt Peppi seinen Selbstmord an, wenn sie ihm nicht ein Rendez-vous mit ihrer Herrin verschaffe, und sie antwortet: ». . . Laut spricht Ihr Backenbart zu meinem Herzen; kann ich's, so rett' ich Sie!«

Das alles ist ein 1829 unbekannter Stil. Wir wären geneigt, ihn – bis auf die sprachliche Pointe »nimmermehr g'schaut« – irgendwo zwischen Sternheim und Wedekind anzusiedeln, visuell zwischen Gulbransson, George Grosz und dem Cartoon. In das Cartoon-artige paßt auch die an sich primitive Komik des den Sturm und Drang-Stil parodierenden Hinausrennens Siegwarts am Ende gewisser Szenen: »*Er stürzt mit stürmischem Entzükken rechts ab, und wirft, ohne es zu merken, einen Tisch um*«. Die groteske Komödiantenhaftigkeit seines Charakters kulminiert in der auf seine Drohung folgenden theaterhaft freundlichen Grußformel. Er verabschiedet sich von Dappschädl nach dessen Versprechen, um acht Uhr bei Siegwarts schöner Schwester zu sein, mit den Worten: »Weh Ihnen, wenn Sie's nicht sind! Ich zerreiße Sie! Auf Wiedersehn, Freund. *(Geht rasch ab und stößt, ohne es zu merken, einen Stuhl um.)*« Kurz, seiner karikaturhaften Gestik sind noch parodistische Lichter aufgesetzt durch sprachliche Reminiszenzen auch an andere stürmische Figuren der Literatur wie Karl Moor, Ferdinand von Walter und Jaromir.

Trotz der Modernität dieses Stils gehört es aber zum allgemeinen Charakter dieses Stückes, daß althergebrachte Situationskomik voll ausgenützt ist: etwa in der Ungeduld, mit der Dappschädl sich beim Aufbruch zu seinem Liebesabenteuer den Gesangsvortrag seiner Frau anhören muß (II, 21), oder in seinen Bemühungen, Stixlmann aus der Waldhütte Lunaras herauszubringen, um eine Nacht bei ihr zu arrangieren, Bemühungen, die an Stixlmanns Dummheit und an der Gewandtheit der dem Abenteuer abgeneigten Lunara scheitern (II, 21). Situationskomik grenzt an Situationswitz, wenn der Furcht Dappschädls, zum Rendez-vous mit Siegwarts Schwester nicht zurechtzukommen, die Furcht Frau Dappschädls entspricht, bei ihrem Rendez-vous mit Siegwart von ihrem Mann überrascht zu werden (II, 20 und II, 30).

Wir haben schon im ersten Teil dieses Buchs (S. 48) darauf hingewiesen, daß Nestroys Humor sich besonders gern dem *versteckt* Erotischen zuwendet, dem dem Sprecher selbst Unbewußten. Dappschädls Begehrlichkeit und sein schlechtes Gewissen kommen immer wieder zum Vorschein, etwa im Vor-Freudischen Versprechen »Weil du die Tochter bist jenes unvergeßlichen Stubenmädels meiner Frau, sprich ich [= ich meine], jenes Stubenmädels meiner unvergeßlichen Frau« (I, 12). Und als unmittelbar darauf respektable Gesellschaft vor der Tür erscheint, erkundigt er sich: »Ist sie noch draußen?« »Wer?«

fragt sein Mündel, und Dappschädl antwortet: »Das geht dich nichts an« (I, 13).

Die »Delikatesse«, mit der er, im Gegensatz zu den »gemeinen Leuten« (II, 3), seine Frau betrügt, ist sein stolzes Leitwort. Es wird hier soziologische Satire und psychologische Charakterisierung zugleich. Dichte der Wirkungen durch das bescheidenste Mittel ist charakteristisch für Nestroy. Dummheit, Verliebtheit und Absurdität konzentriert er in einem mäßigen Scherz, gefolgt von einer Offenbarung schlechten Gewissens, die noch grotesker ist als sein Stolz auf seine »Delikatesse«. Dappschädl ist entzückt von seiner Engländerin:

> Die Inselphysiognomien sind alle schön . . . Da schau er her, jetzt geht sie ins andere Zimmer, diese wellenförmigen Bewegungen, das kann keine haben vom festen Land. Aber Grund, Grund, meine Frau ist doch auch ein prächtiges Weib. Wie kann er sich unterstehen, das Geringste dagegen zu sagen? [Grund hat keine Silbe gesprochen.]
>
> DAPPSCHÄDL Das will ich Ihm nicht raten . . . Hat er meinen Brief hingetragen, Grund, zur Emilie, . . . Hat er ihn hingetragen?
>
> GRUND Euer Gnaden haben ihn ja noch nicht geschrieben.   (II, 3)

Allgemein gesellschaftliche und rein lokale Satire beginnen im *Tod am Hochzeitstage* sich auszubreiten in der Bemerkung des Bedienten »Er ist ein Gentlmann, das heißt auf deutsch: ein Großhändler« (II, 2). Sie wird wortgebunden in einem Gespräch über die Flucht Dappschädls aus dem Fenster, während seine Frau ein »Thema mit Variationen« singt. Sein Verhalten sei eine Variation, aus der man das Thema des Ehestandes gar nicht mehr herauskenne; das sei jetzt leider fast bei allen Variationen dieses Themas der Fall (II, 26).

Die Ehrfurcht der Wiener vor dem reisenden Fremden wird, wie oft noch in Nestroys Stücken, Ziel der Satire in der Bezeichnung des Reiters als »der Herr von Engländer«, und ihre Selbsteinschätzung in der – kennt man Nestroys Einstellung zu seinem Theaterpublikum, gewiß ironischen – Formulierung des traditionell um Beifall bittenden Couplet-Endes:

> Den schönsten Beweis liefert Wien.
> Die huldvollste Güte, der klarste Verstand,
> Gehn nirgends so sehr als wie dort Hand in Hand.   (II, 14)

Zwischen dem beginnenden Zeit-Bewußtsein soziologischer Problematik, dem Vergnügen an milder sozialer Satire und der typisch Nestroyschen Karikatur anspruchsvoller Banalität schillern Gespräche wie dieses:

PEPPI Ach, von dem Herzen eines Stubenmädchens kann nicht die Rede sein.

DAPPSCHÄDL Warum nicht? Über die Existenz der Stubenmädlherzen sind die Naturforscher schon einig.

PEPPI Wie sollte aber zu einer so unbedeutenden Forschung ein Herr von so hohem Stande sich herablassen?

DAPPSCHÄDL Eben, weil ich eine Standesperson bin, darf ich keinen Stand verachten.

PEPPI Diese edlen Gesinnungen – – –

DAPPSCHÄDL Habe ich nicht erfunden, sind die herrschenden in unserem Jahrhundert. (I, 6)

Stilgefühl sollte dennoch den Kenner der Komödien Nestroys angesichts des immer *vorherrschenden* Bemühens des Schauspieler-Autors, sein Publikum zu belustigen, davon abhalten, solche Fragmente in soziale »Anliegen« umzudeuten. Nestroy lacht über die Inkonsequenz, Schwächen und Unsauberkeiten der Menge wie des einzelnen. In der achselzuckenden Resignation über eine verlogene, ungütige Gesellschaft und um ihre darum nur mehr als allegorische Hülsen gebrauchten Mythologien zu zerstören, belebt er den ursprünglichen Sinn abgenützter Bilder und Metaphern.

Das nicht gerade witzige Spiel mit ›Salbe‹, ›Salbung‹, ›als wie g'schmiert‹ (I, 6) ist ein Beispiel für das natürliche Bedürfnis Nestroys, neben dem Spaß der Handlung, der Szene und der Substanz des Dialogs den Spaß mit der Sprache und über die Sprache einherlaufen zu lassen (vgl. S. 83). Später verdrängt den bloßen Spaß mehr und mehr der Witz, das anspielende und das sarkastische, das satirische und das weise Wortspiel (vgl. S. 75 f.). Aber selbst Nestroys bloße Wortspäße seiner Frühzeit sind fast nie auf bloßen Gleichklang gegründet, fast immer auf den Gegensatz konkreter und erstarrt-bildlicher Bedeutung oder verschiedener Bedeutungsschattierungen.

Ein ungewöhnlich waches Wortbewußtsein – zum Unterschied von Begriffsbewußtsein – liegt all dem zu Grunde. Das ursprüngliche Bild, noch kein Abstraktum geworden, ruft, sowie es genannt wird, die ihm zugehörigen sinnlichen Assoziationen hervor: Es macht das von Stixlmann geschwärzte Bild der ›Verblichenen‹ zur ›Verdunkelten‹ (II, 19); die Kunstreiterin

144

Emilie kann ›keine Balanz kriegen‹, weil ihr das Herz ›allzu-schwer‹ ist, ein Leiden, dem Madame Point d'Honneur mit dem Rat begegnet, wenn das Herz sie links hinunterziehe, »so hängst halt rechts das Kapital an, mit dem der saubere Herr von Dappschädl jetzt ausrucken muß, so ist's Gleichgewicht wieder hergestellt« (II, 11); als Reiterin »fällt sie höchstens herunter, beim Theater . . . fällt sie ganz durch«. Und damit sie nicht ausgepfiffen wird, »muß [sie] halt vor keinem pfiffigen Publikum auftreten« (II, 14) – als doppeltes ein besseres Wortspiel, weil es zugleich, dank ›pfiffig‹, ein Urteil über die Qualität ihrer Leistung enthält. Aber auch naive Freude an schwachen seman-tischen Scherzen, zum Beispiel über die Bedeutungsverschie-denheit des hochdeutschen vom wienerischen ›wild‹ (II, 7), wo es, auf Mädchen angewendet, ›häßlich‹ bedeutet, wird Nestroy sein Leben lang nicht los. Das alles ist Freude am Spiel im strengsten Sinn des Wortes, nichts weiter; in diesem Fall Freude am Spiel mit der Sprache, Freude an der Sprache.

Mit einem Minimum an sprachlichen Mitteln, nämlich der doppelten Funktion des Demonstrativpronomens, bringt Sieg-wart den sprechenden Namen zur vollen Geltung: »Warum liebt sie diesen Dappschädl?« (II, 10). – Auch die Gabe für den anschaulichen witzigen Vergleich, wie den von der Biskoten für den Walfisch (vgl. S. 59), regt sich schon. Die Wirkung einer hingeworfenen glücklichen Wendung auf ihr Opfer und auf das Publikum restlos auszunützen, daran liegt dem Theatermann Nestroy so sehr, daß er die ältliche Frau Stixlmann dreimal ihre Empörung darüber ausdrücken läßt, daß das Stubenmädchen sie eine »übertragene Personage« gescholten hat. Noch nach Jahrzehnten taucht das Wort wieder auf.

Eine umfangreichere und wichtigere Rolle als in der *Verban-nung* nimmt nun das enge Nebeneinander und Ineinander von Hochdeutsch und Dialekt in der Rede desselben Sprechers an. Dem Österreicher identisch mit einem Nebeineinander von hochtrabendem oder sentimentalem, bühnenhaftem Stil und *natürlichem* Ausdruck, überfluten diese Stilkonglomerate den Dialog und geben den Sprechern sowie dem ganzen Stück etwas Farcenhaftes. Sie und ihre Motive werden zweideutig und scheinhaft, im Geistigen und im Moralischen, und dies paßt durchaus zu ihnen als Charakteren des *Tod am Hochzeitstage,* offenbart in der schwindelhaften Trauer des einfältigen Dapp-

schädl ebenso wie in den Deklamationen des gerissenen Kunstreiters über seiner Schwester Ehre. Sie bewegen sich lange in
der Schwebe des hohen Stils, bis sie durch ein kleines grammati-
sches Versehen, durch ein Ausgleiten in die heimische Aussprache, in den heimischen Wortschatz, zur vertrauten Erde herun-
terpurzeln. »Unglückseliger, wegen was erneuert er jetzt wieder
meinen Schmerz?« fragt Dappschädl (I, 11) – ›erneuert‹ gibt es
im Wiener Idiom nicht, wohl aber ›wegen was‹ – und Lunara
erzählt er: »Siehst du, dort in den Sternen, dort ist jetzt meine
Gattin, unerreichbar für mich, ich kann's nicht g'lengen« [durch
Hinlangen berühren] (I, 19).

Daß die unechte Sprachebene unmittelbares Zeichen unech-
ter Haltung oder unaufrichtigen Wesens ist, wird durch eine
Bühnenanweisung Nestroys sogar explizit gemacht:

MADAME POINT D'HONNEUR *(zu Emilie):* . . . er [Dappschädl] hat sich
  plantiert, eine andere geheirat't, jetzt muß er schwitzen gehörig, dann
  wird auspackt mit dem Schmafu.

DAPPSCHÄDL *(tritt rasch ein):* Endlich hab' ich abkommen können.

MADAME POINT D'HONNEUR *(mit plötzlich verändertem Wesen, in hochdeutscher Sprache):* Wie, Sie wagen es noch, die Wohnung der gekränkten Unschuld zu betreten?   (II, 11 f.)

Mit der Wendung ›gekränkten Unschuld‹ hat sich Nestroy zugleich ein anderes Stilmittel zu eigen gemacht: das vom Autor
sarkastisch verwendete Klischee, vor allem der literarisch ange-
hauchten Sprache. Auch sein Gebrauch macht die Kluft zwischen der Rede und dem ursprünglichen, persönlichen Gefühl
oder Gedanken sichtbar, zeigt also Betrug, Selbstbetrug oder
ein im Konventionellen erstarrtes Denken, d. h. Nicht-Denken,
an. So verwendet Nestroy auch zu komischem Effekt das Mittel
der papiernen literarischen oder journalistischen Phrase als
gesprochene Rede. Grund etwa bemerkt, als Madame Dappschädl in Ohnmacht zu sinken droht, weil ihr Mann sich auf ein
amouröses Abenteuer begeben hat: »*(Besorgt).* Ihr Busen wogt
fürchterlich« (II, 26). Einige weitere Dialogfragmente mögen
die Parallelität zwischen Hochdeutsch und Heuchelei vorführen,
noch eindringlicher gemacht durch das eingesprengte Klischee:

MADAME POINT D'HONNEUR *(zu Emilie, die im Dialekt gesprochen
  hat):* . . . Arte nicht in Worte aus, die deiner Erziehung Unehre
  machen würden . . . *(zu Dappschädl)* Sie haben großes Unheil über

dieses Haus gebracht und mit falschen Schwüren ein Mädchen betört, die nichts hatte als ihren Ruf.

EMILIE Das ist jetzt der vierte, der mich sitzen läßt . . .

Dappschädl erfährt, sie habe aus Schmerz über seine Treulosigkeit »sich der Kunst gewidmet«, derselben wie ihr Bruder.

MADAME POINT D'HONNEUR Er ist gummielastischer Künstler . . . Er reitet Kunst. Auf derselben Bahn sucht jetzt auch Emilie ihre verlorene Ruhe.

Die ›Ruhe‹, die sie im Reiten sucht, auf der ›Bahn‹, die eine Reitbahn ist, auf der der ›gummielastische Künstler‹ seine ›Kunst reitet‹, spielt natürlich in Nestroys vorstellungsstarkem Wortbewußtsein auch ihre groteske Rolle. – Oder:

SIEGWART *(tritt ein, er ist sehr ergriffen):* Mutter, Mutter!

MADAME POINT D'HONNEUR Was ist dir, mein Sohn?

SIEGWART Leiht mir einen Gulden, Mutter.

MADAME POINT D'HONNEUR Ich muß erst wechseln lassen, Sohn.

SIEGWART *(welcher jetzt erst Dappschädl bemerkt):* Haben Sie vielleicht ein Fünfguldenzettel bei sich? (II, 12)

›Mein Sohn‹, ›Mutter‹, ›Sohn‹ nach jedem Satz, ›gekränkte Unschuld‹, die zweite Person Plural als Anredeform (›leiht‹), ›wohlan‹ (II, 28 und 30), ›er kömmt‹ – das alles in einem Zusammenhang, der solcher Redeweise spottet, weist darauf hin, was Nestroys Spott treffen wollte, nicht nur innerhalb einer vorspiegelnden, dem Gefühlskitsch ergebenen Gesellschaft, sondern über sie hinaus: den Stil sich anspruchsvoll gebärdender, in Wirklichkeit nur gezierter Unterhaltungs- und Vulgär-Literatur, im Buch und auf der Bühne. Auch wo wie hier Ulk parodistische Kritik *überwiegt*, ist Nestroys tiefsitzende Abneigung gegen Prätention sichtbar.

Parodie und sprachlicher Ulk, ineinander gemischt, ergeben sprachliche Burleske, und sie geht oft unmittelbar über in burleske Handlung, *szenische* Burleske:

FRAU VON DAPPSCHÄDL *(die sich, völlig unwienerisch, ›Malchen‹ nennt):* Geht auch Ihr, Malchen will allein sein mit ihrem Schmerz . . . *(Weint)* . . . *(Allein)* Treulos! Treulos? Wenn es wirklich wäre? Das treibt mich zur Verzweiflung. Ich nimm mir einen Wagen und fahr' mir in die Haar, sonst bleibt der Tiefgebeugten nichts übrig. O, Männer, Männer! An euch ist Hopfen und Malz verloren! *(Sie niest)* . . .

SIEGWART *(stürzt aus der Tür rechts zu Frau von Dappschädls Füßen):*
Helf Gott, es ist wahr!
FRAU VON DAPPSCHÄDL Ha, welche strafbare Überraschung!

Und in jambischem Tonfall weist sie die ebenfalls jambisch
beschwörenden Kadenzen Siegwarts zurück: »Zurück, sag' ich!
Tollkühner Backenbart! Wie konnten Sie mich so erschrek-
ken?« (II, 27 f.)

Was man über allen diesen Einzelheiten allzu leicht vergißt, ist
die grundlegende Tatsache, daß für Nestroy Sprache, als Sprache, schon hier streckenweise Gegenstand seiner Komödie
wurde und zugleich Mittel der Kultur- und Gesellschaftskritik
wie bei keinem deutschen Schriftsteller vor und erst bei Karl
Kraus nach ihm, Vorwegnahme dessen, was nach kurzer Blüte
um die Mitte unseres Jahrhunderts seit dem Anfang der 1960er
Jahre unter den Literaten triviale Mode geworden ist. (Bei
Fischart und Abraham a Santa Clara weist Sprachspiel kaum je
über sich selbst hinaus, bleibt homonymisch oder morpholo-
gisch.)

Der für den späteren Nestroy so charakteristische scharf gedankliche, nicht direkt oder indirekt an das Sprachliche gebun-
dene Witz findet sich in seinen früheren Stücken noch selten,
mit einer Ausnahme: dem Paradoxen als widersinniger Fügung
oder verblüffend widersinniger Antwort (vgl. S. 25).

Derselbe Siegwart, der Frau Dappschädls Befürchtungen für
ihren Ruf mit einem paradoxen Trostwort über den seinigen
zerstreuen wollte (vgl. S. 55), antwortet auf Peppis »Sein Sie
doch vernünftig«: »Ich war es nie, warum sollt' ich es jetzt
werden?« (II, 10), und Dappschädl auf Frau von Steinbachs
»Sie müssen sich trösten . . .«: »Mein einziger Trost ist die
Verzweiflung« (I, 13).[22] – Die Paradoxie kann auch als Handlung oder Ereignis zur grotesken Charakterzeichnung dienen.
Eines der vielen Beispiele Nestroys für den englischen Spleen,
»eine Art Gemütsausschlag« (II, 5), ist der Verwandte Lord
Punschingtons. Er »starb an einer gewonnenen Wette«.

DAPPSCHÄDL Wie ist denn das möglich?
PUNSCHINGTON Er wettete mit einem Schiffskapitän, wer sich der erste
    zu Tod sauft. Bei der siebenten Bouteille Rum fiel er unter den Tisch,
    war weg und hatte so die Wette gewonnen.
DAPPSCHÄDL Und der Kapitän?

PUNSCHINGTON Der kränkt sich langsam zu Tode, daß er die Wette verloren hat (w. o.).

Auch ein längeres Szenen-Fragment, gleichfalls aus II, 28, sei schließlich hier wiedergegeben, damit so aus ihm durch seine Konzentration vieler Züge Nestroyschen Theaters zusammen mit den bisher diskutierten isolierten Merkmalen seiner Art und Zitaten, entnommen einem einzigen, kaum bekannten seiner rund achtzig Stücke, ein halbwegs abgerundetes Bild von ihr erstehe, in ihren frühen Anlagen und Möglichkeiten:

FRAU VON DAPPSCHÄDL Sie sind ein edler Mann, doch wissen Sie, daß auch meines Gatten Untreue mich nicht um einen Zoll breit, Wiener-maß, vom Pfad der Tugend führen soll.

SIEGWART Sie sind ein großes Weib, ein herrliches Weib!

FRAU VON DAPPSCHÄDL Nun, leben Sie wohl auf immer!

SIEGWART Was darf ich mit mir nehmen?

FRAU VON DAPPSCHÄDL Meine Freundschaft.

SIEGWART Freundschaft nur?

FRAU VON DAPPSCHÄDL Die allein. Meine Liebe gehört meinem Gemahl, doch freundschaftliche Erinnerung hat auch einen hohen Wert.

SIEGWART Einen hohen Wert? Wohlan, so geben Sie mir das Geld davor und es sei Ihnen auch diese erlassen.

FRAU VON DAPPSCHÄDL Das war früher schon beschlossen. Sie haben Schulden?

SIEGWART (mit Selbstgefühl): Ich bin Künstler –

FRAU VON DAPPSCHÄDL (nimmt eine Börse aus einer Schatulle): In dieser Börse sind hundert Dukaten, mit diesen werd' ich Ihre Schulden zahlen.

SIEGWART (freudig): Was? Hundert Dukaten? . . . Doch geben Sie mir das Geld!

FRAU VON DAPPSCHÄDL (gibt ihm die Börse): Wollen Sie selbst –?

SIEGWART Bezahlen? Nein, das werd' ich nie. Sie herrliches Weib woll-ten meine Gläubiger befriedigen, o, jetzt erst sind mir meine Schulden heilig, um keinen Preis möcht' ich sie tilgen! . . . Leben Sie wohl, Ihr Geld bei mir, meine Schulden hinter mir, so fordere ich mein Jahrhun-dert in die Schranken!

Dieser aus Unsinn, Sentimentalität und Schwindel zusammen-gesetzte handlungsreiche Wortwechsel enthält die wesentlichen Züge der Frühkunst Nestroys und, rudimentär, seines späteren Werks, besonders der letzten Stücke: Situationskomik, groteske Charaktere, groteske Handlung und grotesken Dialog; das Ne-beneinander von karikaturhaftem Pathos und materialistischen, oft durch plötzliche Trivialität des Ausdrucks beleuchteten Zielen der Hauptpersonen; komische Collage-Wirkung des Zitats; Verwandlung erstarrter Metaphorik ins Konkrete: Spiel mit mehrfacher Wortbedeutung (vom Autor und Zuschauer her gesehen) und (vom Standpunkt der Komödienfigur) ihre Ausnützung (z. B. oben in »Erinnerung hat einen ›hohen Wert‹«); Scheinhaftigkeit der Rede scheinhafter Charaktere; Witz der Paradoxie als unbewußte Äußerung des Charakters; und dies alles in der Hauptsache Spaß, hie und da von Witz durchsetzte Unterhaltung im Lichte dauernder Ironie, konzentriert auf die mehr oder weniger wurmstichigen Hauptfiguren (hier auf den geldbedürftigen und -gierigen Pathetiker der »Ehre«, im ganzen Stück auf den »trauernden« vergnügungssüchtigen Witwer).

Das reiche Ensemble dieser Wesenszüge der Komödien Nestroys, zusammen mit den allgemeinen Bräuchen der Parodie, der Travestie und einer volkstümlich-theaterhaften Zauberwelt konstituiert für die nächsten Jahre das Modell seines Werkes.

Was wir hier im Vorausblick auf Nestroys ganzes Werk zu sehen imstande sind, blieb den Zeitgenossen dieser seiner ersten Versuche als Autor verborgen. Für sie war er fast ausschließlich der »Komiker«, seitdem er als Sansquartier seine Eigenart gegen alle Widerstände der Theatertradition durchgesetzt hatte. In der Tat sind es die komischen Rollen, die auch ihn nun immer mehr anziehen; die »chargierten« grotesk-komischen Episodenrollen fand er vor allem im Lokalstück. Er spielte sie, wurde ihm vorgeworfen, »übertreibend«, aber auch weiterhin scheinen seine Übertreibungen die der satirischen Karikatur, nicht die des Erfolgsjägers, gewesen zu sein: der Bericht über seine »über jede Beschreibung komische« Darstellung des Invaliden spricht von einer Hogarthschen Art.

»Die dramatischen Quodlibets«

Einer neuen Wiener Theatersitte folgend, stellte Nestroy seit 1830 wiederholt in komischen »Quodlibets« für Benefiz-Vorstellungen zugunsten seiner Schauspielerkollegen oder seiner selbst eine Anzahl ihrer wirkungsvollsten Szenen und Rollen in komischem Durcheinander zusammen, bald kürzend, bald travestierend oder parodierend. Die Untertitel und das Personenverzeichnis, etwa 60 Rollen umfassend, von *Magische Eilwagen-reise durch die Komödienwelt* (Graz 1830) verraten das Bemühen, um jeden Preis komisch oder parodistisch zu sein: *oder Das Szenen-Ragout in der theatralischen Einmach-Sauce . . . Tragikomisch . . . gehaltenes, ohne Schatten und Licht hingestelltes, mit Vermeidung alles noch nie Gesehenen . . . Schaugemälde . . . nebst einem Vorspiele . . . Gewissensangst, Rache, Verzeihung und Quodlibet.* Die Szenen und Rollen stammen aus den beliebtesten und bekanntesten Stücken des Wiener Repertoires: historische, Ritter- und Zauberschauspiele, darunter Raimunds Barometermacher auf der Zauberinsel, Staberl-Szenen, Parodien, Gozzis Turandot, Faust von August Klingemann, Die Ahnfrau, Don Carlos, Die Jungfrau von Orléans. Die sechs Rollen, die Nestroy sich selbst zuteilte, erinnern an seine eigenen typischsten in den Stücken anderer und sind eng verwandt denen, die er sich später selbst auf den Leib schrieb (377 Rollen hatte er, laut dem von ihm sorgfältig geführten Verzeichnis, bereits gespielt, als die *Eilwagenreise* in Szene ging!): »Strobelkopf, ein Lump von Theaterdiener; Victorin, ein junger, liebenswürdiger, hoffnungsvoller Knabe, aber leider stumm; Staberl als Physikus changiert alles, wohin man nur will; Staberl, ein hinlänglich bekannter dummer Kerl, als Lord verkleidet; Spindelbein, eine rosenrote Luftgestalt; Bims, ein kecker Vagabund, vormals Barbier« – vielleicht eine Präfiguration des »vazierenden Barbiergesellen« Titus Feuerfuchs. Nur der Theaterzettel und der zweite Akt sind erhalten. In Preßburg spielte Nestroy im gleichen Jahr in einem Quodlibet *Der unzusammenhängende Zusammenhang* fünf Rollen, darunter Karl Moor und den Zettelträger Papp (vgl. S. 131). Es ist fraglich, ob dieses Potpourri völlig von Nestroy stammt – er bezeichnete sich als Verfasser – oder letzten Endes von einer Zusammenstellung durch Direktor Carl unter dem gleichen Titel abhängig ist.[23] Von dem Quodlibet *Zwei Schüsseln voll Faschingskrapfen* »von Johann Nestroy«, (1831) kennen wir (aus Nestroys handschriftlichem Rollenverzeichnis) nur den Titel und die Namen seiner eigenen vier Rollen, drei davon aus komischen Lokalstücken Adolf Bäuerles. Vier weitere Quodlibets und Vorspiele Nestroys zu diesen theatralischen Lückenbüßern und Schauspieler-Benefizabenden fallen in die folgenden dreizehn Jahre in Wien (vgl. S. 160, 204, 247, 269).

Es ist begreiflich, daß einen Geist und satirischen Darsteller durch Wort und Spiel wie Nestroy das Leben eines Schauspielers in der Provinz auf die Dauer nicht befriedigen konnte, aber erstaunlich, daß er seine Hoffnung, zur Karriere des (Bass-Buffo-)Sängers zurückzukehren, offenbar nicht aufgegeben hatte: Im Juli 1830 erschien er wieder in einem Gastspiel am Kärntnertortheater, dem Vorläufer der Hofoper, viermal, mit nur geringem Erfolg. Aber er hatte sich den Wienern, vor allem dem mächtigen Theaterdirektor Carl, wieder ins Gedächtnis gerufen – die Berichte der Zeitschriften-Korrespondenten über seine Preßburger Tätigkeit waren günstig, und es mögen schon damals Pläne für ein künftiges Engagement an Carls beiden Theatern erwogen worden sein, zumindest für ein entscheidendes Gastspiel im nächsten Jahr: Am 11. März 1831 trat Nestroy im Theater in der Josefstadt als Sansquartier auf. Zu Ostern erneuerte er seinen Kontrakt nicht, sondern kündigte Gastspiele in Lemberg und Wien an; am 30. August berichtete die Wiener Tageszeitung sein Engagement am k. k. priv. Theater an der Wien. Er werde »nächstens den Zyklus seiner Antrittsrollen eröffnen«.

Auch seine privaten Lebensumstände hatten sich geändert. Seine Frau, Wilhelmine, hatte ihn und ihren dreijährigen Sohn 1827 auf immer verlassen – war ihm »eines mit einem ... Grafen Batthyany unterhaltenen Liebesverhältnisses wegen entwichen«[24] –; dennoch sorgte Nestroy für sie bis zu seinem Tode. Etwa von 1828 an lebte er mit einer Kollegin am Grazer Theater, der mäßig begabten Sängerin Marie Weiler, die selbst aus Theaterkreisen stammte. Als katholisch Geschiedener konnte er sie nicht heiraten, aber sie wurde sein Leben lang als seine Gattin betrachtet, als »die Frau«, wie er sie zu bezeichnen pflegte; zur Zeit ihrer Ankunft in Wien war sie schwanger. Nestroy konnte es durchsetzen, daß auch sie in das Engagement einbezogen wurde, und er schrieb in den meisten Stücken bis etwa 1844 für sie bestimmte, meist kleinere Rollen. Ihre persönliche Eigenheit einer gewissen Scharfzüngigkeit konnte sie als Flora Baumscheer im *Talisman* (1840) zur Geltung bringen. Zwei Jahre später wechselte die vormalige Soubrette in das Fach der komischen Alten über.[25]

Wien

Wie war die Welt beschaffen, in die Nestroy nun trat, in der er
drei Jahrzehnte wirken sollte, in der sich seine Schauspielkunst
ausformte und sein Werk entstand – das Wien von 1831-1862,
und in diesem Wien die Welt der Vorstadt-Theater mit ihrem
alle Stände mit Ausnahme der Allerärmsten umfassenden Publikum und der dort traditionell gepflegten dramatischen Literatur, die sich wandelte, abstarb und sich erneuerte unter dem
Zustrom der Tagesproduktion und den sich wandelnden gesellschaftlichen Verhältnissen?

Es war bis 1848 das Wien Metternichs, das heißt eine Stadt, in
der alle öffentlichen Äußerungen und besonders die auf der
Bühne einer strengen, ängstlichen Zensur unterlagen, die nicht
nur alles verbot, was politisch gedeutet werden konnte, sondern
auch, was nach Meinung des Zensors Religion, »Sittlichkeit«,
die Institutionen der Familie und der Monarchie, ihre verschiedenen Völker, Stände und Gewerbe gefährden, herabsetzen
oder lächerlich machen konnte. Es wurde für kurze Zeit, sieben
Monate, das Wien der Revolution und blieb für lange das der
zweiten Restauration, und das hieß auch dann noch des politisch
unfreien, in Dingen technischer Zivilisation rückständigen, an-
mut- und traditionsgesättigten, unter der moderneren Oberfläche vielfach fortlebenden Biedermeier, aber auch des aus ihm
sich losringenden kritischen Realismus und schon das Wien
eindringender Industrialisierung; gewohnt an häufig wiederkehrende wirtschaftliche Krisen, an Bankrotteure und Parvenus
und eine schweigende Masse meistens noch devoter, resignierter
Arbeitsloser (1848 war für sie nur eine kurze Episode gewesen)[26]: eine sich mühsam modernisierende, nach Berlin und
Paris blickende, mit der Provinz, mit Brünn, Graz, Prag, Budapest verbundene Großstadt, erwachsen aus dem älteren Kern
der Inneren Stadt, den Vorstädten zwischen der alten Stadtmau-
er und dem neueren Wall der »Linie«, zum Teil noch nicht lang
aus Dörfern zu Vorstädten geworden, sich aber als Teile einer
neuen Großstadt fühlend, und schließlich der Kranz ländlicher
Ortschaften vor der Stadtgrenze, in ihrem Habitus abgestuft
vom Ackerbau- und Weinbauernort bis zur bürgerlichen oder

aristokratischen Villeggiatur. Ihre Bewohner, hier noch in vielem dem Ländlichen, seinem Herkommen und seiner Haltung verbunden, da noch zehrend von der Erinnerung an den höfischen Prunk des Wiener Kongresses, immer stärker hineingezogen in die Helle großstädtischen Bewußtseins und Witzes, sind in solcher kulturell-geschichtlichen Lage am stärksten in Gefahr, ins selbstgenügsame Spießbürgerliche abzugleiten, wo die wirtschaftliche Not dies nicht verhindert. So oft war dem Wienertum seine Eigenart gepriesen worden, daß es, in sie verliebt, es als höchste Lebensform schlechthin zu betrachten gewohnt wurde: Eine Lebensform der Herzlichkeit, echter oder routinierter, des Geschmacks und kultivierter Geselligkeit, aber auch eine Lebensform, der es vor allem um ungestörten Besitz, Genuß und Behaglichkeit ging, und die leicht in Selbstmitleid oder Roheit umschlug, wenn diese Güter einer Bedrohung ausgesetzt schienen. Es ist erstaunlich, wie wenig dieser charakteristische Wiener Lebensstil, diese charakteristische Form Wiener Selbstbewußtheit und Wiener Mangels an Gewissen vom Wandel gesellschaftlicher und kultureller Verhältnisse betroffen wurde. Die Mehrzahl der wichtigeren Charaktere Nestroys sind, über ihr typisiertes Menschentum hinaus, unverkennbar Wiener, im Positiven und Negativen.

Sinnfälligste Spiegelung der Lebensgewohnheiten, der fortbestehenden Überlieferungen und der Erfüllung neuer Bedürfnisse waren die drei Vorstadt-Theater: An der Wien, in der Josefstadt und in der Leopoldstadt. Der Leitung des geschäftstüchtigen, skrupellosen Carl unterstand damals nur noch das Theater an der Wien – kurz vorher war er gleichzeitig auch Direktor des Josefstädter Theaters gewesen –, 1838 kaufte er das Leopoldstädter dazu, später als Neubau Carl-Theater genannt; von 1845 an führte er bloß dieses. An seinen beiden Theatern sollte Nestroy wirken, neben dem beliebten Komiker Wenzel Scholz, an Körperbau und Temperament sein völliger Gegensatz, eine Konstellation, aus der Nestroy bald ein Grundschema seiner Stücke schuf.

Altes blühte neben Neuem hier ungestört weiter und verschlang sich mit ihm auf die seltsamste Weise: Vom Barock her wirkte noch die große Tradition des prachtvoll inszenierten Gesamtkunstwerkes aus Wort, Musik, Tanz, Mimik und Dekoration fort, in höheren Lagen durch Allegorie und Zauberwerk

154

einst auf Jenseitiges bezogen, in niedrigeren durch eine Neubelebung der Maschinenkünste nun der Schaulust eines großstädtischen Publikums angepaßt, in dem allmählich Sarkasmus und
Abgebrühtheit aus alter Naivität sich losgerungen hatten, ohne
sie ertöten zu können. Schon seit Jahrzehnten waren das Zauberstück und die Mythologie nicht mehr ernst genommen, waren antike Götter, Geister, Feen und Gespenster parodistisch
behandelt und in parodistische, zumindest aber ungläubig hergestellte Beziehung zu dem Milieu und den Figuren des Wiener
Lokalstückes gebracht worden. Um 1820 war das Zauberstück
in anmutigen Erscheinungsformen wieder aufgelebt, wurde
rasch Mode, ging aber gerade zur Zeit von Nestroys Engagement neuerlich zu Ende, indem die ganze Zauberwelt verwienert wurde – man denke etwa an den ersten Akt von Raimunds
»Bauer als Millionär« – und innerhalb der Stücke immer mehr
zurückwich, bis sie nur mehr die Aufgabe einer Rahmenhandlung oder der Entsendung eines Deus ex machina hatte. Außer
mit der komischen Lokalposse war die Zauberhandlung vielfach
verknüpft mit älteren oder modernen Singspielen, mit Märchen,
mit Kasperl- und Besserungsmotiven. Auch Oper und Versdra-
ma werden ihrer hohen Ansprüche entkleidet und trivialisiert,
die Lokalposse dient der schmunzelnd verzeihenden Wiener
Selbstbespiegelung, und schwerelose »Lebensbilder«, Besse-
rungs-, Ritter-, später Kriminal- und Sittenstücke genügen den
üblichen Bedürfnissen eines Theaterpublikums nach rührender,
aufregender, belehrender und erbauender Unterhaltung. Und
es gab kaum eine Woche, in der nicht an irgendeinem der drei
Vorstadttheater Travestien und Parodien »literarischer Theaterstücke« zu sehen waren, gespielt oft für die Ungebildetsten.[27]
Das alte Singspiel setzt sich seit etwa 1840 fort in der den
Wiener Verhältnissen und Charakteren angepaßten Pariser
Vaudeville-Komödie, dem Vorläufer der Operette.

Neben diesen Formen dramatischen Geschehens wird unablässig der uralte Motiven- und Typenvorrat europäischen Pos-
sengutes abgewandelt in Übersetzungen, Bearbeitungen, Neu-
formungen, die ihre Quelle in den einfachen Schemata der
Commedia dell' arte haben, die selbst noch Grundmotive der
antiken Komödie durchscheinen lassen. Wie schon die »Quodlibets« zeigen, war das, was hier vor allem angestrebt wurde,
nicht der literarische Wert, sondern Bühnenwirksamkeit und

Vollkommenheit der Darbietung; das Ensemble Carls war eine Berühmtheit im deutschen Sprachgebiet.

Daneben galten die Theater an der Wien und der Leopoldstadt in der öffentlichen Meinung bis in das dritte Viertel des 19. Jahrhunderts als Stätten gewöhnlichster Unterhaltung. »Bis in die Sechzigerjahre war das Auftreten von Artisten jeder Art auf den beiden Bühnen eine alltägliche Erscheinung ... als angenehme Abwechslung und Erleichterung der Sorge um das Repertoire ... Da kamen Vortragsmeister, Improvisatoren, ... Virtuosen auf allen Instrumenten, Zauberkünstler, Gymnastiker, Dompteure mit ihren Tieren, Tänzer, Darsteller lebender Bilder ... Carl hat Ritterstücke und Historiendramen mit Beihilfe ganzer Kunstreitertruppen in ›Spektakularschauspiele‹ ... umgewandelt und Pantomimiker als Darsteller von Tieren auf die Bühne gebracht«.[28]

In den Possen und den ausgesprochen wienerisch geformten andern Spielen hatte die Lustigkeit ihr Heim bei einem Spaßmacher, der nutzte und durch eigene Erfahrung bereicherte und wandelte, was seine Vorgänger in den beiden letzten Jahrhunderten an wirksamer Komik geübt und überliefert hatten: In den ersten Jahrzehnten des 18. Jahrhunderts war es der Hanswurst gewesen, ungeschlacht, dumm, kindisch, »vollsaftig, vital im Animalischen«; die Mittel, die dieser primitiven Komik dienen, sind Verkleidungen, Wortmißverständnisse, Unsinnreden. Zur gleichen Zeit schuf der Schauspieler Hasenhut die Kinder- und Lehrlingsrolle des verliebten ängstlichen Thaddädl, dem Kasperl verwandt, noch mehr verweint, aber graziler, begabt mit der Unschuld des Kindlichen und der behenden Gedankenlosigkeit des Wortes. Nestroy-Rollen wie die des Natzi in *Eulenspiegel* mit der Kontrastkomik der Darstellung des Kindes durch einen Erwachsenen sind hier äußerlich vorgebildet. – Psychologische Wahrscheinlichkeit und Wirklichkeitsnähe drang 1830 in die Spaßmachertradition durch die Figur des Parapluiemachers Staberl in »Die Bürger in Wien« von Bäuerle – eines unsoliden Außenseiters des Bürgerstandes: eines wendig-prahlerischen, aber erfolglosen und darum mißmutigen »Streichmachers«. Bäuerle selbst leitete ihre Trivialisierung ein; sie wurde fort- und zu Ende geführt von Carl. Durch den Namen Staberl deckte er als Schauspieler jede gewalttätige Effekthascherei des Spiels und der Sprache, Burleskkomik und

Kalauer und gab so das ganze Gebiet der Posse der Spekulation auf ungeistigste Wirkungen preis. Dies war der Rollenkreis, der dem hauptsächlich als Komiker engagierten Nestroy in Wien zunächst zufiel. Noch lange hat er Kasperl-, Thaddädl- und Staberl-Rollen spielen müssen.

Als er das Wiener Engagement am 30. August 1831 antrat, war er schon ein unglaublich routinierter Schauspieler mit einem Repertoire von 450 Rollen. Es umfaßte noch immer Oper und Sprechstück und reichte von ernsten Charakteren im klassisch-historischen Drama und lustspielhaften bis zu albern-komischen in der Lokalposse. Für gewisse Fächer hatte er sich schon in Graz und Preßburg spezialisiert: episodische Charakterrollen, die zur »Übertreibung«, das hieß bei ihm zur Karikatur, herausfordern und die sich meist auf die »Komik der Unzulänglichkeit oder der Versteifung«[29] zurückführen lassen: ungeschickte Diener, beschränkte Bauern (veredelt in Fortunatus Wurzel in Raimunds »Bauer als Millionär«), verzopfte Bürokraten, vertrocknete Geschäftsmenschen, dünkelhafte Schulmeister, eingebildete Dichterlinge, komische Freier zählt Rommel unter andern Rollentypen auf; es hatte schon in dem Grazer Repertoire auch die Komik des Zynischen durchaus nicht gefehlt: »schuftige Diener, Wirte, unredliche Amtsschreiber, Verwalter und Beamte, die ihre Schlechtigkeit mit einem Zynismus zur Schau tragen, den auch Nestroy später nicht mehr zu überbieten vermochte« (ib.). Schließlich hatte er hier auch schon die Intriganten und ironischen Raisonneure gespielt. Eine grotesk übertreibende Kreuzung aus Unzulänglichkeit und Zynismus scheint er aus Raimunds Rappelkopf gemacht zu haben.

Bei seinen Gastspielen als Longinus in der *Verbannung* und als Dappschädl bei seiner ersten Wiener Premiere in *Der Tod am Hochzeitstage* im August 1820 scheint Nestroy keinen besonderen Eindruck hinterlassen zu haben. Mehr Aufmerksamkeit hatte er sich durch sein aggressives Spiel und sarkastisch-»literarische« Extempores als Sansquartier erworben, seine Gastspielrolle im März 1831. Mochte auch einiges Befremden über die revolutionäre Art, in der er traditionelle Rollen umschuf, aus Graz bekannt geworden sein, so verblüffte sie die Wiener doch, stieß sie anfangs ab und riß sie später zu Bewunderung hin. Das nuanciert Groteske, oft Marionettenhafte in den raschen Bewegungen des hageren Gesellen mit den schönen, sprechenden Augen – »mit dem bloßen Blick erzielt Herr Nestroy Effekte, die anderen beim Aufgebot aller Kräfte unerreicht bleiben« – zusammen mit der Eindringlichkeit seiner Mimik und der virtuosen Gewandtheit seiner Zunge wurden unwiderstehlich eindrucksvoll. Seine diabolische Überlegenheit, das gelegentlich versteckt Rebellenhafte, den »blutigen Sarkasmus«, das »Kolossalische« und »Unheimliche« und dabei ungeheuer Komische erschien seinen Zeitgenossen als charakteristisch ebenso für seine Spiel- wie für seine Geistesart (vgl. S. 40). Als der »brave Komiker« Nestroy wurde er 1832 in einer Voranzeige von *Nagerl und Handschuh* gelobt[30]; derselben Zeitung war er schon 1833 der »wahrhaft geniale Nestroy« (vgl. S. 177 f.). Nach einer Zwischenperiode, in der auch die andern helleren Köpfe unter den Kritikern das »Genialische« in ihm entdeckt hatten, war es noch vor 1840 gang und gäbe geworden, ihn als »Genie« zu bezeichnen. Wie er seine Gestalt »nach Umständen bald verlängerte, bald einknickte, etwas vorgebeugt, eckig in jeder Bewegung«, zeigen die Rollenbilder des Sansquartier oder des Tratschmiedl. (Vgl. die Bilder 9 u. 10, 5 u. 11.) Auch von seinen »schlotternden Bewegungen« und dem »frappanten Wechsel zwischen Schwerfälligkeit und Beweglichkeit« läßt der Vergleich der Bilder des gichtischen Invaliden und Bertrams in *Robert der Teuxel* etwas erraten. (Vgl. die Bilder 9 und 15.)

Dieser Aufsehen erregende Stil, der zuerst in der Darstellung des Sansquartier hervorgebrochen war, wurde in den 1830er Jahren zu Nestroys unverwechselbarer Eigenart, und es hilft dem Verständnis seiner Stücke aus diesem Zeitraum, ihr Bild beim Lesen im Bewußtsein zu tragen; nicht vor allem um eines *historischen* Verständnisses willen, sondern um die in ihnen enthaltene, von der Nestroy-Rolle ausstrahlende spezifische Geistigkeit zu erfassen. Geistigkeit an sich, hervorleuchtend aus dem scheinbar bloß burlesken, wirkungsbedachten Spiel, Groteskkunst, die zugleich auf vage Art als satirisch wirkte, wird schon damals das dominierende Merkmal der Leistungen des Schauspielers Nestroy und bald auch des »Theaterdichters« des Direktors Carl.

Denn so sehr er imstande war, die Figuren des Repertoires lebendig und zu Trägern, bald auch zu Gegenständen, seines eigenen Geistes zu machen, so konnten sie doch seinem Bedürfnis nach Entfaltung seines Witzes und seines kraftvollen sprachgebundenen Denkens nicht genügen. Diese Möglichkeit hatte er sich in Brünn durch seine Extempores geschaffen, dann in Graz in steigendem Maß durch Glossen und Quodlibets und schließlich durch seine ersten eigenen Komödien. Sie waren, von ihm aus gesehen, zunächst Erweiterung seines Rollenkreises, wurden immer deutlicher Erfüllung jenes Bedürfnisses nach Selbstaussprache und sind für uns die ersten Stufen des Aufsteigens traditioneller volkstümlicher Gattungen in das Geistige und spezifisch Sprachkünstlerische. Ihre äußeren Formen, Rollen, Motive und Scherze behielt er zunächst bei.

Das groteske Theater
Die Parodien und Zauberspiele von 1832-1833

Erst am 7. Februar 1832 trat Nestroy wieder in einem eigenen Stück auf, als Dalkopatscho in *Der gefühlvolle Kerkermeister oder Adelheid, die verfolgte Witib*. Zunächst anonym aufgeführt, war es das erste einer Reihe von vier völlig neuen Stücken und einem von Grund auf umgearbeiteten, die er mit jener Leistungsfähigkeit und Energie, die ihn schon früher den Theaterdirektoren so wertvoll gemacht hatte, innerhalb *eines* Jahres schrieb und auf die Bühne brachte: *Nagerl und Handschuh; Zampa, der Tagdieb; Die Zauberreise in die Ritterzeit* und die Umarbeitung *Der Konfuse Zauberer*. Ein fünftes, *Genius, Schuster und Marqueur,* wurde erst 1833 – nach langer Arbeit umgestaltet zu *Der böse Geist Lumpazivagabundus* – Nestroys erster Triumph.

Die ersten drei dieser Komödien nannte er »Parodien«; das erstaunliche Tempo der Produktion dieses Jahres erklärt sich aber nur zum Teil daraus, daß Nestroy der Handlung seiner drei Vorlagen auf mehr oder weniger vage Weise folgen konnte. Leidenschaftlicher Schaffenstrieb eines geborenen Stückeschreibers, immer vorhandenes, aber im Leben unterdrücktes Komödiantentum und die Aggressivität eines Schauspielers und witzigen Kopfes, gesegnet mit unbändiger Lust an der Sprache, deren Intimitäten er kannte wie keiner, hatten sich hier der Bühne bemächtigt. Unterstützt von einer Kenntnis des Theaterhandwerks, die ihm in Fleisch und Blut übergegangen war, warb er um den Beifall der Zuschauer für sein Werk, unbekümmert um dessen intellektuelle Respektabilität.

Umgekehrt bekümmert es ihn auch wenig, wenn die Art seiner Stücke und seine Sehweise der Wirklichkeit, wie sie sich in der Zeichnung einiger seiner Charaktere äußerte, über das Gewohnte, Verständliche oder Akzeptierte zu weit hinausgingen. Er verstand es, dieses Neue mit dem Alten so zu verschmelzen, daß es erst dem Auge einer späteren Zeit als Fremdkörper sichtbar wurde. Die Parodien gehorchen den Gesetzen ihrer Gattung – Trivialisierung der Charaktere, der Handlung und der Sprache bei gelegentlich um so krasser wirkender Beibehaltung des Tonfalles des Vorbilds – haben aber im übrigen das Gepräge der andern Stücke der Frühzeit, wie wir es oben zusammenfassend charakterisiert haben (S. 137-150).

»Nagerl und Handschuh«

Nagerl und Handschuh oder die Schicksale der Familie Maxenpfutsch (Erstaufführung am 23. März 1832) nannte sich im Untertitel *Neue Parodie eines schon oft parodierten Stoffes in drei Aufzügen.* Der »oft parodierte Stoff« ist das Aschenbrödel-Motiv. Wir brauchen Nestroys Vorlagen nicht zu kennen und müssen uns seiner spezifischen parodistischen oder travestierenden Änderung nicht bewußt sein[31], um den Witz des Dialogs zu genießen und uns die überwältigend komische Wirkung der Bühnenhandlung vorstellen zu können. Und dies besagt viel angesichts ihrer Albernheit.

Das Personenverzeichnis bereitet auf den Ulk vor, durch Namen und Zusätze wie »Poverinus Maxenpfutsch [›Maxen‹, wienerisch = Geld], Besitzer von Schuldenfeld, ein im Zugrundegehen begriffener Kapitalist und Vater«; »Hyazinthe, Bella, dessen ledige Töchter, nicht aus Neigung, sondern aus Schicksal«; »Grobianetto, ein junger Genius«.

Nestroy unterwirft hier in den Gestalten des »im Zugrundegehen begriffenen Kapitalisten« – die erste Wenzel Scholz-Rolle in einem Nestroy-Stück – und seiner Töchter kaltherzige und durch erfolgloses Streben nach Geld noch härter gewordene, nur auf Besitz und Schein bedachte Bürgerlichkeit, wie später so oft noch, echter Satire. Sie verbindet sich mit der Sympathie für das einfache, gutmütige und unsentimentale Mädchen, das das

Herz am rechten Fleck hat (wie später Kathi im *Zerrissenen* oder Thekla im *Mädl aus der Vorstadt*), besonders wo es von den ihr sozial oder an Erscheinung Überlegenen gedrückt und schlecht behandelt wird, wie Salome im *Talisman* oder so viele andere (vgl. S. 108 f.). Wohl hat die als Dienstmädchen ausgenützte »Rosa, genannt Küchengretl, miserabel gehaltene [Stief-] Tochter und enorm malträtierte Schwester« ihr Vorbild in der Aschenbrödel-Rolle, aber als einzige aller Figuren des Stücks ist sie nicht karikaturhaft behandelt, sondern dient als Kontrast zu ihren nicht märchenhaft, sondern aus *sozialem* Hochmut harten Schwestern. Sie singt, Kaffee bereitend, sehnsüchtig:

> D' Mannsbilder sein so übel nit,
> Aber die Herrschaft leid't's halt nit.
> Tschinatra! Tschinatra! Tschinatra! Bum!
> Erlöset mich einer, ich gäbet was drum.

Bella und Hyacinthe verbieten ihr zu singen.

ROSA Aber das Lied ist meine einzige Freud'.
HYACINTHE Ihre einzige Freud', das ist eine Keckheit ohnegleichen. Du bist unsere Gschlavin, du brauchst gar keine Freud'.
BELLA Eine Freud' will sie haben, ein Dienstbot'! Ich möcht' wissen, zu was die eine Freud' brauchen könnt. (I, 1)

Wenn diese Bosheit etwas dick aufgetragen ist, so paßt dies wieder in den Charakter des märchenhaften Zauberspiels.

Der Satire auf die pseudo-bürgerlichen Charaktere fügt sich die Parodie bürgerlich-konventioneller Konversation (I, 2) gut ein; die Höflichkeit der jungen Damen schlägt in Grobheit um, sowie der elegante Herr Semmelschmarn, bisher als ein denkbarer Bewerber betrachtet, sich als »Hausarmer« zu erkennen gibt. Die brave Rosa dagegen ruft den »Herrn von Hausarmen« zurück, zu einer Tasse Kaffee. In Semmelschmarn, »ein Zauberer, . . . aber fad«, hat Nestroy eine Glanzrolle geschaffen, in der Nachfolge Dappschädls insofern, als auch in ihr »Fadheit« und erotische Lüsternheit, scheinbare Dummheit und wirklicher Witz, läppisches Wesen und Gerissenheit verschmelzen und durch Sprachkunst zu ungewöhnlich komischer Wirkung kommen. Es ist eine Scholz-Rolle, noch nicht von Scholz gespielt.

Wohl hat Nestroy weder hier noch sonst je ein soziales Thesenstück schreiben wollen, aber soziale Kritik geht mühelos in die Parodie des sentimentalen Märchenstils ein und wird so unversehens zur Satire. Karikaturhafte Charakterzeichnung, burleske Bühneneffekte und burleske Sprache, Parodie der sentimentalen Handlung und Sprache, parodistische Wiederbelebung von Nestroy selbst als »knarrend« vorgeschriebener (II, 4) Maschinenkomödie sowie kitschige Allegorie und sorgfältig geplante musikalische Komik, miteinander verschmolzen oder einander in buntem Wechsel folgend – sie alle zusammen zerstören die Illusion. Das Happy-End und das dekorative Schlußtableau taten der trivial gewordenen Oper der Zeit fast dasselbe an, was die Schlußszene der »Dreigroschenoper« der ihrer Ära.

Der Dialog gehört streckenweise, besonders im ersten Akt, zu Nestroys komischsten und ist gelegentlich witzig, wenn er auch satirischer Schärfe und der Kraft originell-psychologischen Aufdeckens entbehrt. Aber er bezieht seine Wirkung schon hier aus der syntaktischen Struktur; sie gibt der mäßigen Komik des Inhalts Relief: In III, 7 »enthüllt« der elegante Kappenstiefel, um dessen Gunst sich die geld- und gattenhungrige Bella und Hyacinthe bemüht haben, in parodistischem Pathos (fälschlich), er wäre nur ein Reitknecht.

HYACINTHE UND BELLA *(heftig):* Was? Sie wären wirklich ein –?
KAPPENSTIEFEL *(demutsvoll):* Reitknecht.
HYACINTHE Ich hab' zärtliche Worte verschwendet an einen –
KAPPENSTIEFEL Reitknecht.
BELLA Ich hab' geseufzt, geschmachtet mit einem –
KAPPENSTIEFEL Reitknecht.
HYACINTHE Ist's möglich?
KAPPENSTIEFEL *(tragisch):* Ja, diese Kappenstiefel lügen nicht, laut klirren es diese Sporen, laut schreien es diese Aufschläg', klar strahlt es von diesen silbernen Borten, daß ich ein Reitknecht bin.
HYACINTHE Schand'!
BELLA Schimpf!
MAXENPFUTSCH Schmach!

Die identische Reaktion der drei Familienglieder beraubt sie jeder Individualität, gemeinsam bleibt ihnen die gleiche schwindelhafte Haltung, und die Floskel »Schmach, Schimpf und Schande« erhält Leben durch ihre Aufspaltung auf drei Sprecher – ein von Karl Kraus oft nachgeahmtes Mittel.

Kappenstiefel soll nun für seinen Betrug gezüchtigt werden. Als er aber seine Aussicht auf eine »Stallmeistercharge . . . und eine frischgewaschene Ausstaffierung« bekannt macht, ist Vater Maxenpfutsch umgestimmt und fordert ihn auf, seine Töchter weisend: »Herr Stallmeister, ich bitt', wenn's gefällig ist, suchen Sie sich was aus.«

»Suchen Sie sich eine aus« wäre burlesk genug, sachlich und sprachlich; ›was‹ statt ›eine‹ steigert die Aufforderung ins unrealistisch Groteske. Da Kappenstiefel auf die Frage, welches der beiden Mädchen er vorziehe, antwortet: »Auf Ehr' [!], mir ist's alles eins«, wird eine Ziehung veranstaltet. Die Quelle des Lachens ist hier nicht nur, der Bergsonschen Theorie gemäß, die Entmenschlichung des Individuums; sie spiegelt außerdem eine ökonomisch-sozial-psychologische Situation. Kappenstiefels Antwort »Ha, Seligkeit!«, als er Bella gewinnt, beleuchtet das von der Konvention verlangte Akzeptieren der Täuschung.

Durch Anmut, Güte und Zauberei wird die arme Rosa Braut des Krösus Ramsamperl und dadurch sogleich für Bella und Hyacinthe eine »geliebte Schwester!« und für den brutalen Maxenpfutsch sein »geliebtes Kind«. So scharfen Hohn auf die hartherzigen Begüterten war das Wiener Volkstheater nicht gewohnt. An Ramsamperl aber wendet sich der Vater mit Worten, die die gleichgeschalteten Haltungen und Handlungen ankündigen, ausgedrückt durch den Gebrauch gleichgeschalteter Floskeln:

> Wegen der früheren Respektverletzungen aber, an denen nur Dero fatale Verkleidung schuld war, bitt' ich jetzt zuerst meine Entschuldigung anzuhören. Hernach wird sich meine älteste Tochter entschuldigen, gleich darauf wird sich meine jüngere Tochter entschuldigen und zum Beschluß werden wir uns alle drei miteinander entschuldigen.

RAMSAMPERL ... Genug, Sie sind glücklich.
MAXENPFUTSCH Und das schon wie!
RAMSAMPERL Ihre Töchter sind glücklich.
HYACINTHE O sehr!
BELLA Wirklich sehr!
SEMMELSCHMARN Ich bin glücklich!
KAPPENSTIEFEL Ich bin auch glücklich!
MAXENPFUTSCH So sind wir alle glücklich.
RAMSAMPERL Ob ich es bin, das zeigt sich erst, wann der Vorhang fällt[32]

– ein verfremdendes Hervortreten Nestroys aus der Handlung. Nach einem burlesken Schlußgesang aller Beteiligten ersteht folgendes Tableau:

[Es] öffnen sich die Versenkungen, aus den Seitenversenkungen kom-
men lichte Wolkenlauben, aus der Mittelversenkung eine größere ro-
senrote Wolkenlaube herauf, in jeder steht ein Opferherd mit Wein-
geistflammen. Ramsamperl, Rosa und Maxenpfutsch treten in die
mittlere Laube, Semmelschmarn und Hyacinthe in die Laube zur
Rechten, Kappenstiefel und Bella in die Laube zur Linken. Über jedem
der drei Paare, die sich die Hände reichen, schwebt ein Genius, in einer
Hand eine Fackel, in der andern einen Brautkranz haltend, herab. Der
Chor gruppiert sich zu beiden Seiten, rotes Feuer beleuchtet die Szene,
während einer rauschenden Musik fällt der Vorhang.

Kann eine Schlußszene kitschig »lieblicher« oder herzwärmen-
der und zugleich grimmigere Satire sein, nach all der Roheit und
Gier der Partner, die die unmittelbar vorhergehende Szene
offenbart hat? Fast alle Stücke Nestroys enden mit einem »Tableau«, die Stücke unserer Periode – dem Bedürfnis des Mannes
der Bühne und der Tradition der barocken Ausstattungs- und
Maschinenkünste des Theaters an der Wien unter Direktor Carl
gemäß – mit einem allegorischen; und »griechisches« oder
»rotes« Feuer fehlt fast nie. Nirgends aber hatte er bisher der
Ironie, mit der er seine Charaktere, die Handlung, das Theaterwesen, das Publikum und den Menschen sah, so *sinnfälligen*
Ausdruck geben können wie hier.

»Der gefühlvolle Kerkermeister«

Direktor Carl wagte *Nagerl und Handschuh,* das ihm schon
länger vorgelegen war, erst nach dem Erfolg des nächsten
Stückes Nestroys aufzuführen. *Der gefühlvolle Kerkermeister*
oder Adelheid, die verfolgte Witib, gesprochene und gesungene
Parodie eines getanzten Dramas, mit Verwandlungen, Gruppie-
rungen, Äußerungen, Mutmaßungen, Einsperrungen, Entfüh-
rungen, Malträtierungen, Rettungen, Dingsda und allem Erdenk-
lichen, was Sie sich selbst wünschen, in drei Akten – wieder eine
verborgene »Publikumsbeschimpfung« – hatte seine Premiere
am 7. Februar. So konnte sie gleichzeitig mit dem parodierten,
am k. k. Hoftheater nächst dem Kärntnertor getanzten »Historisch-pantomimischen Ballett Adelheid von Frankreich« gespielt werden, das auf einer allgemein bekannten dramatischen
Legende Kotzebues, Der Schutzgeist, beruhte und enthusiastisch aufgenommen worden war.

Für die Zeitgenossen bestand der Spaß außer der Handlung, dem Text und der Musik im parodistischen Nachahmen dieser vornehmen Aufführungen durch das Vorstadt-Ensemble der Schauspieler, Sänger und Tänzer des Theaters an der Wien, doch enthält der Text genug Humor und Witz, um die Lektüre auch heute noch amüsant zu machen. Prachtvolle Heiterkeit, Lust am Jux und Witz im Spiel und Wort, gelassener Sarkasmus in hundert Einzelheiten muß diesen Theaterspaß beherrscht haben. Auf ein Hin und Her zwischen bloßem Ulk und Parodie des Zeitgeschmacks für das billig Theatralische und abgebraucht »Romantisch«-Literarische bereiten schon der spaßig-kritische Untertitel und das Personenverzeichnis vor, karikaturhafter Abklatsch des Vorbilds: »Berengario, ein böser Zauberer, famoser Tyrann und renommierter Verfolger der Witwen und Waisen«; »Adelheid, bedrängte Witib Pfundars[33], des ehemaligen ... Besitzers des Zauberschlosses, dessen gegenwärtiger Besitzer durch unrechtmäßigen Raub Berengario ist«; »Seelengutino, Kerkermeister«; »Dalkopatscho, sein Sohn« (von Nestroy gespielt), wieder ein kindischer Tolpatsch, der sich noch dümmer stellt als er ist (sowohl »Dalk« wie »Patsch« sind im Wienerischen Bezeichnungen für einen ungeschickten Menschen); »Ein alter Greis . . .«; »Vier zur Ermordung Gedungene« (auf dem Theaterzettel Dolchosi, Würgano, Strickoni und Giftino genannt). Schlachtenszenen und eine von einem Einsiedler bewohnte Höhle in romantischer Seelandschaft sorgen für den angemessenen visuellen Aspekt. Zwei Dialogfragmente (I, 2 und III, 1) mögen von der Atmosphäre des Ganzen eine Vorstellung geben:

BERENGARIO *(mit wilder Gebärde zu Adelheid):* Grüß' Ihnen Gott! *(Beiseite.)* Sie antwortet nicht? *(Zu Adelheid.)* Ich hab' Ihnen 'grüßt – *(Beiseite.)* Sie antwortet noch nicht. *(Zu Adelheid.)* Grüßen ist Höflichkeit, Danken ist Schuldigkeit. – *(Beiseite.)* Wenn sie jetzt nicht bald antwortet, so wart' ich noch länger auf eine Antwort. *(Zu Adelheid.)* Wir heiraten heut'?

ADELHEID Wenn Du mich zwingst, tückischer Böswicht –

BERENGARIO Ja, ich zwing' Ihnen!

. . .

ADELHEID Sie haben meinen Gemahl umgebracht . . .
Und nach dieser schändlichen Tat –

BERENGARIO Da hab' ich Ihnen 's Muster vom Brautkleid gebracht. *(Gibt ihr ein Stückchen Seidenzeug.)*

165

ADELHEID *(besieht es):* Mit die fassionierten Sachen lassen Sie mich aus
– *(in den vorigen Ton zurückfallend)* nach dieser schändlichen Tat –
BERENGARIO Wissen S', was die Ellen davon kost't?
ADELHEID Höchstens vier Gulden.
BERENGARIO Sechs Gulden dreißig Kreuzer hab' ich zahlt.
ADELHEID Männer werden immer ang'schmiert [= betrogen] in die
G'wölber [= Läden]. *(Im vorigen Ton)* Wagst du es, die Witwe des
Gemordeten – . . .

[Der »weiße Greis« sitzt vor seiner Höhle in idyllischer Landschaft.]
*(Sanfte kurze Musik fällt ein, auf dem See kommt Gareißl[34] auf einem
kleinen Schiffchen zur Höhle gerudert, er steigt aus und kommt mit einem
Korb voll Fischen in die Höhle.)*
GAREISSL Guten Tag, alter Vater!
GREIS Guten Tag, junger Sohn. Was bringst du mir?
GAREISSL Hier diesen Korb voll Fische.
GREIS Rogner oder Milchner? [= männliche oder weibliche]
GAREISSL Beides.
GREIS Desto besser. Laß doch sehen! *(Nimmt einen Fisch aus dem
Korbe)*
GAREISSL Der hat gewiß seine vier Pfund.
GREIS O nein, mein Sohn, drei Pfund und anderthalb Vierting, nicht ein
Quintl mehr.
GAREISSL Wie Ihr das gleich kennt, alter Vater, Ihr seid ein weiser
Mann!
GREIS Erfahrung, mein Sohn, nichts als vieljährige Erfahrung. Eh' du
noch das Licht der Welt erblicktest, wie viele Fische hatte ich da schon
gegessen.
GAREISSL *(in den Korb zeigend):* Hier ist auch ein Stückchen Stockfisch.
GREIS Den Stockfisch behalte für dich, mein Sohn; ich habe schon zu
viel von dieser Speise gegessen.[35] Allzuviel ist ungesund.
GAREISSL O mein weiser Vater!
GREIS Sage den Fischern, wenn sie nach der Stadt gehen, sie sollen mir
etwas mitbringen, denn sieh, mein Sohn *(auf die vielen Fische zeigend,
die an der Wand hängen),* diese wenigen getrockneten Fische *(auf die
Säcke zeigend, die am Boden liegen),* hier diese Säcke voll Kartoffeln,
Mehl, Gerste, Reis, Zucker und Kaffee und dieses Faß Wein dort ist
alles, was ich habe. – Ist dieser kleine Vorrat aufgezehrt, was dann?

Kurz, die Verlogenheit der romantisch-sentimentalen Requisiten wird ad absurdum geführt.

Das Stück hatte großen Erfolg; eine Woche nach der Premiere
wurde es »noch immer bei überfülltem Hause gegeben«[36]. *Nagerl und Handschuh* löste es am 25. Februar ab und blieb bis

zum 4. April ununterbrochen im Repertoire. Dies steigerte noch Nestroys Beliebtheit als Theaterdichter und Schauspieler. Es war klar geworden, daß im Text und Spiel das Grotesk-Komische seine Stärke war[37], im Spiel auch extreme Karikatur.[38] »Herr Nestroy tut des Guten ein wenig zuviel«, rügte allerdings Der Sammler vom 21. Februar 1832.[39]

»Der Theaterdiener« · »Zampa«

Als Direktor Carl am 27. April *Die Verbannung aus dem Zauberreiche* wieder aufführte, da hatte die Kritik Nestroys Gastspiel in diesem Stück, drei Jahre vorher, vergessen und behandelte es als eine »neue Posse« und »eines seiner besten Produkte«[40]. Weniger als einen Monat später erschien er wieder auf der Bühne, mit einem »Vorspiel«, *Der Theaterdiener*[41] und nach einem weiteren Monat, am 22. Juni 1833, mit einem tatsächlich neuen Werk, *Zampa, der Tagdieb oder die Braut von Gips,* Parodierende Lokal-Zauberposse mit Gesang. Sie travestiert J. F. Herolds Zampa oder [nach dem übel behandelten Motiv des »Don Juan«] Die Marmorbraut, eine Oper, die am 3. Mai »mit ungeheurem Beifall«[42] aufgeführt worden war und sich Jahrzehnte lang auf der Opernbühne hielt. Die Wiener Theaterzeitung lobte, daß durch die Travestie die Mängel der Musik und des Textes »zur Anschaulichkeit gebracht wurden« und bemerkte »einen auf die Spitze gestellten Sarkasmus«[43]. Er steigert sich nun zur Zynik und vermeidet nicht gelegentliche Blasphemie.

Nestroy gebraucht die althergebrachten Mittel mit ungewöhnlicher Gewandtheit: Travestierende Senkung der sozialen Ebene – aus dem Grafen von Lugano wird »Guckano, ein reicher Makkaronimacher«, aus Alphons, Graf von Monza, die Nestroy-Rolle »Paphnuzzi de Salamucci [Salamucci wurden die umherziehenden Salamiverkäufer genannt], Sohn eines sizilianischen Makkaronifabrikanten«, der edelgeborene Seeräuber Zampa wird »Zampa, das Capo der Tagdiebe« – groteske Entstellung der Charaktere, Anhäufung burlesker Bühnenscherze und Unsinnsreden. All dies dient öfter bloß komischen als kritisch parodistischen Zwecken. Die Handlung fällt »in das Zeitalter der Feindseligkeiten zwischen Clarina [Königin des Tages, eine Fee], und Obscurus, Beherrscher der Nacht«. In diesem Rahmen können die Unwahrscheinlichkeiten des Opern-Vorbilds nach Willkür übertreibend dargestellt werden. In *Zampa* gibt es mehr Spiel mit der Sprache, und zwar pures kindlichstes, oft rein klangliches, nicht Wort-Spiel im engeren Sinn, als in irgendeinem früheren Stück – unzählige Male z. B. wird das Stubenmädchen Ritti mit »Ritti, i bitti« angeredet –, ohne Witz oder Geist, aber auch ohne die Albernheit eines Kalauers. In dieser unverhohlenen Freude am sprachlichen Spiel ist der frühe Nestroy einzigartig bis in unsere jüngste Gegenwart. In der Dada-Periode und in den 1960er Jahren lebte es wieder auf, im Drama zum Beispiel in den Stücken des Grazers Wolfgang Bauer. *Zampa, der Tagdieb* erlebte nur vier Aufführungen. Das Publikum mochte der fast ununterbrochenen Reihe von Parodien gleichzeitig aufgeführter Opern müde geworden sein.

»Der konfuse Zauberer«

Nestroy hatte etwas anscheinend Neues in Vorrat: *Der konfuse Zauberer oder Treue und Flatterhaftigkeit*, »Original-Zauberspiel mit Gesang in drei Aufzügen«. Folgendes geht in dem Stück, erstmals aufgeführt am 26. September 1832, vor sich: Der Magier Schmafu (Nestroy) hat die Fee Treue verlassen und sich in die Fee Flatterhaftigkeit verliebt. Um sich zu rächen, versenkte Treue die Flatterhaftigkeit in einen tiefen Zauberschlaf und läßt sie vom Zauberer Eigensinn bewachen. Konfusius Stockfisch, Seeräuber aus unglücklicher Liebe (Scholz), tritt in Schmafus Dienste und weckt infolge seiner Konfusion die Flatterhaftigkeit mit einem zufällig gefundenen Talisman. Schmafu gerät in verwickelte Liebesabenteuer mit andern Damen. Konfusius zaubert wieder aus Versehen »verkehrt« und bringt zu Schmafus Entsetzen, statt ihm die Gattin wegzuzaubern und eine Geliebte zuzuführen, zwei seiner Liebschaften auf derselben Stelle zusammen – absurdestes Theater vor dem »absurden Theater«. »Bringen Sie sich um, Freund, und leben Sie wohl« – eine der zahllosen beiläufigen auch sprachlichen Absurditäten – rät ihm Lord Punschington (III, 23). Schmafu trinkt ein wenig »englischen Spleen«, will sich erschießen, trifft aber nur die ihm für seine Liebesabenteuer angezauberte Menschengestalt und kehrt zur Treue zurück. Allgemeine Versöhnung, »(Allgemeine Gruppe. Griechisches Feuer.) Der Vorhang fällt.«

Die Kritik lobte die »neue Lokalposse« und bemerkte nicht, daß sie eine Umarbeitung des *Der Tod am Hochzeitstage* war, Nestroys Gastspiel von 1829 (ähnlich wie es mit der *Verbannung aus dem Zauberreiche* gegangen war, beides vielleicht nicht so erstaunlich angesichts der unglaublichen Zahl neuer Stücke, die Carl jedes Jahr auf die Bühne brachte). Die Grundzüge der Handlung, die Figuren und ihre Konstellationen zueinander, die Komik und lange Strecken Dialog sind beibehalten mit nur geringen Änderungen und veränderten Namen: Herr von Dappschädl ist nun der Magier Schmafu, der stürmische Reiter Siegwart Point d'honneur, der sich die Rache für die Ehre seiner Schwester Emilie (jetzt Amalie) zwar nicht mit »Geld«, wohl aber mit »Kapitalien« abkaufen läßt, heißt jetzt ebenso passend Benoit Comifo, als Ableitung von *comme il faut* Gegensatz zu dem Wiener Wort ›Schmafu‹ (von *je m'en fous*), ein sarkastischer Name für den korrupt-bürgerlichen Tugendwächter. Punschington und der Kammerdiener Grund behalten ihre Namen. Der Seeräuber Konfusius Stockfisch, immer wieder Urheber drastischer Bühnenkomik, unterscheidet sich nur wenig vom ungeschickten Räuber Stixlmann.[44] Neu sind u. a. die amüsante Figur des Zauberers Eigensinn und, außer den feindlichen Feen Treue und Flatterhaftigkeit, die Melancholie, der Argwohn und die Eifersucht, sie alle gestalthaft allegorisch in jedem Wort und jeder Tat – ein erheiternd sonderbares Ensemble. Feen, Menschen, Magier und in Menschen verwandelte Magier, kaum mehr von einander zu unterscheiden, sind einander verwandte verwienerte Produkte einer amüsierten Schöpfungskraft.

Im *Konfusen Zauberer* ist die Annäherung an wirkliche Dichtung, die im *Tod am Hochzeitstage* begann, wiederholt, »Dichtung« verstanden als bedeutungsvolles, hier heiterstes Spiel der Phantasie und Erwachsen des Gestalthaften aus der Sprache selbst, sogar durch so einfache Mittel wie die stehende Wendung »Just nicht!« als Versprachlichung der Haltung, durch die der Zauberer Eigensinn alle zur Verzweiflung treibt, oder durch Siegwarts hyperbolischen Stil, der ihn allein schon als Kreatur aus dem Reich des Absurden bezeichnet (vgl. S. 140). Überhaupt beruht der Reiz auch dieses Spiels – wie schon der ersten

Fassung – auf der völligen Abkehr von aller Wirklichkeit im bewußt talmihaften Theaterpathos und Zauberischen. »Zauberisch« ist es nicht durch die zauberhaften Vorgänge, sondern hier durch das unparodistische Bekenntnis zum »faulen Zauber«, wie zum Beispiel zum dumm gehandhabten Zauberrequisit, das komische Situationen erzeugen kann und weiter nichts. Das Erstaunlichste ist, daß selbst diese einen Schimmer allgemeiner Bedeutung bekommen. Doch glauben wir nicht mit einem zeitgenössischen Rezensenten, daß Konfusius vielleicht »den Zufall« darstelle[45]; viel eher die tragikomische Vereitelung unserer Pläne durch die Tücke des Objekts und die oft mit ihr vereinte Dummheit, gegen die die Magier selbst vergeblich kämpfen. Wieder dringt hier geistige Satire auf erotisch psychologische Situationen aus den Fugen all des Unsinns, wie in Ansätzen schon in der Versform des Stückes. Karl Kraus hat auf einige dieser vor-Wedekindschen sexual-psychologischen Einfälle hingewiesen.[45a] Völlig natürlich paaren sie sich mit den thaddädlhaften Zügen (oder Vorwänden) des Konfusius und mit dem hier nur scheinparadoxen Klischee »Was vermag die Liebe nicht«. Er liebt die Flatterhaftigkeit, ist in ihr Zimmer gedrungen und will sie umarmen:

FLATTERHAFTIGKEIT Halt! Nur nicht so heftig!

KONFUSIUS Aber beim Abschiednehmen muß man ja küssen.

FLATTERHAFTIGKEIT Ha. Stürmischer! So küssen Sie! *(Reicht ihm die Hand.)*

KONFUSIUS Nur her damit!

FLATTERHAFTIGKEIT Au weh! Was tun S' denn? Sie haben mich ja in die Hand gebissen.

KONFUSIUS O, was vermag die Liebe nicht. (III, 17)

Die Flatterhaftigkeit hat dem Comifo eine Ohrfeige versetzt und ist davongelaufen:

COMIFO Herrliches Geschöpf, diese Ohrfeige kettet noch fester an sie. *(Eilt ihr nach.)*

Schmafu trauert ihr nach wie Dappschädl seiner Gattin, alles erinnert ihn angeblich an sie. Da will, wie im *Tod am Hochzeitstage* (I, 12), ein Stubenmädel, Peppi, in seine Dienste treten und hat ähnliche Erlebnisse wie dort Sepherl.

GRUND *(der Bediente, zu Schmafu):* Erinnert Ihnen das auch an Ihre Geliebte?

SCHMAFU Allerdings. *(Mit Tränen.)* Ist sie sauber? [= hübsch]
GRUND Passabel.
SCHMAFU Lass' er sie gleich hereinkommen.
GRUND *(öffnet die Mitteltüre):* Nur herein, mein Kind!

. . .
PEPPI Euer Gnaden brauchen einen Dienstboten?
SCHMAFU Das versteht sich von selbst, oder glaubt Sie, daß ich mir mit
   meinem Schmerz selbst aufbetten und auskehren soll? – Wie grausam
   doch die Welt urteilt! –

Die, wie so oft bei Nestroy, logisch unsinnige Antwort Schmafus
ist psychologisch nicht unsinnig, sondern raffiniert. Gewiß
würde er auch ohne seinen »Schmerz« jemand zum Aufbetten
und Auskehren brauchen, aber er benützt ihn als Maske, um
weibliches Mitleid zu gewinnen. Das Gespräch geht weiter:

[SCHMAFU] Wie alt ist Sie?
PEPPI Achtzehn Jahr'.
SCHMAFU Ist das *alt?* Achtzehn Jahr ist *jung* . . . *(Nimmt sie bei der
   Hand.)* Mädel –
PEPPI *(kokett):* Was befehlen Euer Gnaden?
SCHMAFU Ich habe eine Geliebte gehabt – o! Ich werde sie nie verges-
   sen! *(Sinkt ihr um den Hals.)*
PEPPI Euer Gnaden haben aber eine etwas kuriose Traurigkeit.
SCHMAFU Das ist der Hausbrauch bei mir. Wenn mich der Schmerz
   übermannt, so stürz' ich einem Dienstboten um den Hals und wein'
   mich aus.

(Diese Pointe und was ihr vorausgeht gleicht fast wörtlich der
entsprechenden Dialogpartie im *Tod am Hochzeitstage,* ein
Verfahren, das Nestroy ähnlich noch oft übte und das zeigt, wie
sehr es ihm um Bühnenwirkung ging, wie wenig um Originalität.)
   Die Unterhaltung wirkt so anregend auf Schmafu, daß seine
allegorische Begleiterin, die Melancholie, verschwindet.

PEPPI O, geben Euer Gnaden nur obacht, es wird nicht lange dauern,
   und gar nicht mehr sehen lassen darf sich die Melancholie. *(Ab in die
   Seitentüre.)*
SCHMAFU Ich weiß nicht, diese Nymphe macht mich ordentlich verruckt.
   Mir wird so angenehm heiter im Kopf, seit ich sie gesehen hab', die
   Melancholie ist weg. Wie mich das Trutscherl zerstreut hat – es ist
   doch eine schöne Erfindung, das schöne Geschlecht.

171

Und er singt ein Couplet über die Frauen mit dem Anfang:

> Die hat mich erheitert, daß ich springen grad möcht',
> 's is a schöne Erfindung, das schöne Geschlecht. (II, 3)

Der Reiz und die Komik eines Satzes wie »es ist doch eine schöne Erfindung, das schöne Geschlecht« ruht nicht allein in der variierenden Wiederholung des »schön«, die dem Wort neue Kraft gibt, auch nicht bloß im Kontrast des mechanischen »Erfindung« zum Vitalen des »schönen Geschlechts«, sondern vor allem im Wort »Erfindung« als Sprachwerdung des egozentrischen Herrenstandpunktes gegenüber dem schönen Geschlecht.

Im *Konfusen Zauberer* dienen auch sonst Nestroys spezifische sprachliche Fähigkeiten deutlicher und häufiger als bisher statt einer vag-allgemeinen parodistischen Tendenz der Charakterisierung seiner Figuren. Sie erwächst unmittelbar aus der Sprachgestalt ihrer Äußerungen. Da zum Beispiel der Thaddädl-Konfusius dumm ist *und* sich gern männlich gebärdet, steht ihm der Unsinn innerhalb des durcheinandergebrachten Theaterpathos (›Blut der Ausgeraubten‹ etc.) *und* das Durcheinander dieses Pathos mit trivialem Dialekt gut an:

> Bist du vielleicht entschlossen, dein schändliches Handwerk aufzugeben? Du hast viel geschnipft [gestohlen], aber das *Blut der Ausgeraubten und das Geld der Ermordeten* wird dich ereilen. Beherzige das, Bösewicht, und jetzt gib mir ein Fruhstuck her. [Kursiv von uns.]

Die Personen ironisieren sich selbst (für das Publikum) und einander (zum eigenen Spaß) durch Versetzung ihrer Rede auf verschiedene Sprachebenen: Der fragwürdige Gentleman Comifo fragt, dem Wiener Ohr völlig fremdartig: »*(heftig)* Was sind Sie gesonnen zu tun?« Der gemütliche Verführer Schmafu will ihm seine Rache abkaufen: »Halten Sie was auf Reichtümer?« – Die Flatterhaftigkeit hat mit »Ha«, »Schändlich«, »Zuviel, zuviel für dieses Herz« die Untreue ihres Gatten erfahren, und Konfusius empfiehlt: »Rächen Sie sich, gehn Sie etwas durch mit mir.« Sowohl das radikale ›Sich rächen‹ gehobener wie das mit ihm kontrastierende ›Durchgehen‹ alltäglicher Sprache verliert jede Bedeutung durch das zaghafte ›etwas‹ des ängstlichen, aber großsprecherischen dummen Kerls. Wieder wird der schon an sich komische stilistisch-begriffliche Konflikt zugleich Darstellung des Charakters.

172

Ebenso sind es in der Sprache gegebene Möglichkeiten – wie die Wiederbelebung von Metaphern – die es erlauben, Handlung zwischen allegorischen Charakteren aus ihrer Abstraktheit zu erlösen und nicht nur szenisch-anschaulich, sondern auch menschlich wirksam zu machen; dann werden sie wieder rückläufig allegorisch: »Der Argwohn« und »Die Eifersucht« versuchen vergeblich, Schmafu gegen seine Frau mißtrauisch zu machen. Da zündet der Argwohn die Kerze in der Blendlaterne an:

SCHMAFU Was wollen Sie denn, Argwohn?

ARGWOHN Ihnen ein Licht aufstecken. *(Steckt dem Schmafu die Kerze auf den Hut.)* Merken Sie was?

SCHMAFU Ha, wär's möglich? Sie haben mir ein furchtbares Licht aufgesteckt. Meine Frau ist mit dem gymnastischen Künstler Comifo verstanden? – Argwohn, wie sind Sie dahinter gekommen?

ARGWOHN Wo es was schlechtes gibt, stöbr' ich gewiß es auf. Der Liebhaber Ihrer Gemahlin ist während der Vorstellung vom Zirkus fort und zu ihr.

SCHMAFU *(zur Eifersucht):* Was sagen Sie dazu? Soll ich ihm glauben?

EIFERSUCHT Ich bin die Eifersucht, ich zweifle nie an dem, was der Argwohn spricht.

So hat Nestroys Eigenschaft, abstrakt gemeinte Redensarten zugleich als konkrete Vorstellungen zu erleben, hier dankbaren Boden gefunden. Andere Beispiele für das Erwachsen szenischer Vorgänge aus dem Wort (wie in I, 4) haben wir im ersten Teil gegeben.

»Die Zauberreise in die Ritterzeit«

Die frühe Entstehung[46] von *Die Zauberreise in die Ritterzeit oder die Übermütigen,* Original-Zauberposse in drei Akten mit einem Vorspiele, bestimmt offenbar ihren Charakter. Ihr Rahmen ist reiner allegorisch, weniger zauberhaft, und ein reicher Aufwand an Ausstattungskünsten sowie eine Art Mummenschanz sollen als Teil der Handlung das Auge bestechen. Er ist eng verbunden mit der im Titel angedeuteten Idee. Im Ganzen ist diese »Zauberposse« ein sarkastisch-parodistisches Kostümstück, nicht irgendwie spezifische Parodie. Der dauernd angestrebte »Witz«, zu reichlich und zu dünn, ist nur an wenigen Stellen des Dialogs und der Couplets zu Schlagkraft konzentriert. Die Sprache führt ein höchst merkwürdiges, aber nur selten wirklich witziges Eigenleben. Unabhängig davon hat sie die vom Grundeinfall des Stückes verlangten parodistischen Züge.

Die witzigsten Partien finden sich im Vorspiel, beherrscht von der »pensionierten Fee« Vergangenheit, »im grauen, einfachen Gewande«, ihrer Tochter, der Gegenwart, und deren »unmündigem Kind«, der Zukunft, »im rosenfarbig-idealen«. Diese allegorischen Figuren sind, im Gegensatz etwa zu denen im *Tod am Hochzeitstage,* nicht vorwiegend auf eine Funktion in der Handlung und auf das Bildhafte hin gestaltet, sondern ihre Bedeutung ist auf weite Strecken hin die eines zweiten Sinns ihres Dialogs, der in das Geschehen der Posse selbst kaum eingreift. So entsteht ein fast unausgesetzter amüsanter Doppelsinn, manchmal universal, manchmal leicht anspielend auf Nestroys Gegenwart: Die »dienstbaren Geister [!] der Gegenwart«, Furiosus und Morosus [!], sind faul, aber »gar akkurat, was die Besoldung anbelangt«, darin an die ebenso arbeitsunlustigen Wächter im *Tod am Hochzeitstage* erinnernd, und drohen, ihren Dienst zu verlassen:

FEE GEGENWART Geister brauchen eigentlich gar nichts.
FURIOSUS O, die dienstbaren Geister brauchen schon was, übrigens haben's auch schon die größten Geister bewiesen, daß man nicht von der Luft leben kann. (Vorspiel, 1)

Oder:

FEE GEGENWART Ich habe jetzt kein Geld.
FURIOSUS Ist das eine Red' für die mächtige Fee Gegenwart . . .?
FEE GEGENWART Das ist häufig die Sprache der Gegenwart.
MOROSUS . . . so eine goldg'stickte Frau und kein Geld!
FEE GEGENWART Eben durch den Luxus geht der Gegenwart oft das Geld aus. [Sie vertröstet die beiden auf die Zukunft] . . .
MOROSUS Auf die Zukunft? . . . Bis der Fratz groß wird, das dauert mir z'lang. Ich führ' Prozeß.
FEE GEGENWART Das dauert oft noch länger. (ib.)

Die Vergangenheit kann auch durch die lautesten Anrufe und Bemühungen nicht aus ihrem tiefen Schlaf geweckt werden. Da wird zufällig aus einem Buche der Satz vorgelesen »Die Vergangenheit aber . . . war herrlich und schön.«

FEE VERGANGENHEIT *(erwacht plötzlich aus ihrem Schlafe und sagt sehr freundlich):* Wer hat von meiner Schönheit gesprochen?

MOROSUS Zwei Narren sind's, die finden Euer Gnaden so schön.

Und die Vergangenheit, »vor Freuden außer sich«, verspricht: »Sie sollen mich sehen, im vollen Glanze meiner Pracht und Schönheit, so wie ich einstens war« (Vorspiel, 2).

Die beiden Narren sind der alte und der junge Herr von Saprawalt; ebenso wie Fräulein Eulalia Saprawalt sind sie infolge der Lektüre der zeitgenössischen Romane (Walter Scotts und kitschiger Romantik) überzeugt, die Ritterzeit sei viel schöner gewesen als die Gegenwart.

Die von der eigentlichen Satire getroffene Figur der Haupt-Handlung ist wie in *Nagerl und Handschuh* und noch in vielen späteren Stücken ein »Kapitalist« – d. h. von seinem Kapital Lebender, nicht Arbeitender – dessen Denken vom Geld dominiert ist, Herr von Geldsack. Nicht wie Herr von Maxenpfutsch ein korrumpiert Verlangender, sondern ein höchst selbstbewußt Besitzender, glaubt er, er könne sich überall, auch im Reich der Geister, alles durch sein Geld »richten«. Oft hat er damit Erfolg. So bietet er auch der Fee Wahrheit Geld an:

GELDSACK Wollten Sie nicht für Ihre Bemühung –? *(Die Wahrheit wendet sich von ihm ab.)*
FEE GEGENWART *(lächelnd):* Die läßt sich nicht bestechen. (I, 2)

Polycarpus Saprawalt – der Name ist ein österreichisches Fluch- und Ärgerwort – und sein Neffe Simplicius erscheinen in der zweiten Szene des eigentlichen Stücks in einem langen Duett, das ihrem Mißvergnügen an der Gegenwart Ausdruck gibt, mit der ersten Strophe

> Im ganzen Leb'n gibt's nix so Fad's als das Leb'n,
> Es kann meiner Seel' gar nix Faders mehr geb'n,

in der neunten mit der für Nestroy charakteristischen verbalen Paradoxie und emotionalen Schizophrenie

> Mich verdrießt all's, 's Vergnügen macht mir halt kein Vergnüg'n,
> Ich werfet mich selber oft gern über d'Stiegn

und der dreizehnten

SIMPLICIUS
> Bei d'Ritter war's anders, ja da war's a Freud.
POLYCARPUS
> Wenn wir zwei halt Ritter wär'n, gelt, das wär' g'scheit.

So parodieren die beiden, über Satire auf Zeitgeschmack an

Rittergeschichten weit hinaus, den »Weltschmerz«, darin Vorläufer des »zerrissenen« Herrn von Lips.

Am Ende des ersten Akts bestraft Gegenwart ihre Verächter, schläfert sie ein, belebt »die Ritter in dem Bücherschranke . . ., auf daß ihr treu das Bild der Vorzeit gebt« und bewirkt eine Verwandlung der Menschen, ihrer Sprechweise – der Diener tritt ein mit den Worten »Traun, edler Herr« – und des Mobiliars ins »Altdeutsche«, die der im Helena-Akt des Faust II in nichts nachgibt:

> *Möbel und die Dekoration verwandelt sich in einen Platz vor einer stattlichen Ritterburg, neben Eulalien erscheinen Stufen, welche sie voll Erstaunen besteigt, über ihr ein Baldachin. Die Stühle Polycarpus' und Simplicius' verschwinden und statt derselben kommen zwei gemalte, altdeutsch geschmückte Pferde herauf, . . . so daß Polycarpus und Simplicius zu beiden Seiten der Bühne, einander gerade gegenüber, darauf zu sitzen kommen. Ritter und Knappen mit Fahnen und Landvolk sind . . . in huldigender Stellung gruppiert. Im Hintergrunde sieht man die Burg, von der aufgehenden Sonne mit rotem Schimmer beleuchtet; in lichten Wolken läßt sich die Vergangenheit, als Fee prächtig geschmückt, über den Zinnen der Burg nieder. Gleich nach geschehener Verwandlung geht die Musik in einen feierlichen Jubel über – –*

Der zweite und dritte Akt sind kurz, durch und durch romantisierender theatralischer Kitsch, eine persiflierend stilgetreue Darstellung all der Schrecknisse, die in der »Ritterzeit« die Beteiligten erwarten würden. Die Parodie in Wort und Tat hat Nestroy mit unendlichen Gusto durchgeführt. Darüber hinaus ist in keinem seiner Stücke bis dahin Sprache so sehr sein Spielzeug gewesen wie in diesem zweiten Akt. Er rüttelt an ihr und lockert alles auf, was nicht niet- und nagelfest ist. »Was machen wir den jetzt?« fragt Polycarpus verzweifelt, als die Feinde Sturmleitern an seine »Veste« Saprawalt anlegen. »Frieden«, antwortet Simplicius (gespielt von Nestroy), mit einer Einfachheit, die seinem Namen Ehre und jeder »ritterlichen« Ideologie den Garaus macht.

Der nie ablassende Hohn auf das Vokabular der Ritterdramen und -romane, nicht nur künstlich in Nestroys Zeit, sondern obendrein fremd der Sprache Österreichs, verdichtet sich im Dialog, in dem Simplicius jede der sechs Fragen der entführten »Kunigunde«, ob sie sich auf seinen ritterlichen Schutz verlassen dürfe, bloß mit einem der Wörter »Traun«, »Strecks«, und »Bass« beantwortet, was sie mit einem »Wohlan . . .« quittiert (II, 26). In einer grandios albernen Schlußszene für das an die Besserungsstücke gewohnte Wiener Publikum behauptet Simplicius, nun rückverwandelt, auf die Frage »Sind Sie auch gebessert?« mit deutlichem Sarkasmus »O sehr, 's gibt gar nix Besseres mehr«, und Polycarpus singt im Nestroyisch doppelbödigen Schlußgesang dementsprechend:

> Z' räsonieren über d' Gegenwart falt mir nimmer ein,
> D' Gegenwart ist 's Schönste, 's kann nix Schöner's sein.

Mit Ausnahme der Lieder schlug das Stück nicht recht ein. Nach einem allegorischen Schaubild, das die Gegenwart »in glänzendstem Schmucke« verherrlicht, beendete ein Walzer (!)[47] das Spiel. Es wurde nach fünf Aufführungen abgesetzt. Die Fülle der Einzelheiten in dem flüchtig gezimmerten Ganzen hätten einen festen Zusammenhang vermissen lassen, bemerkte die Kritik. (Die Zeit der »Revuen« war noch nicht gekommen.) Auch mögen ihre und der Zuschauer noch nicht ganz entromantisierten Gefühle verletzt gewesen sein: »Minder gefiel uns der Verfasser selbst in der Rolle des Simplicius, der [sic] wieder stark aufgetragen war und nicht selten in das Gebiet der Derbheit hinüberschwankte. Der leichte Anflug von Schwärmerei [der Familie Saprawalt habe] doch wenigstens das vollständige Herabfallen in das Gebiet der Gemeinheit« verboten.[48]

Von der Zauber- zur »Lokal«-Posse
Sittenbild und Satire

»Derbheit« und »Gemeinheit« waren auch die zunächst bemerkten Züge der Hauptgestalt des Stückes, das der erste wirkliche Triumph Nestroys war: des Schusters Knieriem im *Lumpazivagabundus.* (Sie sollten bald manchen Kritikern als charakteristische Züge seines Schaffens überhaupt gelten.) Die Erstaufführung am 11. April 1833 machte tiefen Eindruck, und fortdauernde Wirkungen gingen von ihr aus. Über die Vorstellung vom 22. April schrieb die Theaterzeitung vom 29.:

> Bei diesem Stücke trat der unerhörte Fall ein, daß in dem größten Theater Wiens in den ersten zwölf Vorstellungen jedesmal alle Logen

und Sperrsitze genommen und [auch die übrigen voll besetzt waren]. . . . Wir müssen aber auch gestehen, daß dieses Produkt der Laune des wahrhaft genialen Nestroy ohnstreitig das beste ist, was aus seiner Feder geflossen, so wie auch das vorzüglichste in diesem Genre [der »Lokalposse«], das wir seit längerer Zeit in Wien sahen.

Der außerordentliche Zulauf dauerte Monate hindurch an. Die Posse blieb auf Nestroys Repertoire bis zu seinem Tode und war bis in die 1940er Jahre eines seiner zwei meistgespielten Stücke.

Diesem Erfolg hatte Nestroy hart vorgearbeitet: Zwei völlig fertiggestellte Komödien, zu seinen Lebzeiten nie aufgeführt, gingen als Vorstufen voraus: *Genius, Schuster und Marqueur oder Die Pyramiden der Verzauberung* und *Der Feenball oder Tischler, Schneider und Schlosser.* Die zweite ist so weitgehend identisch mit *Lumpazivagabundus,* daß sie als frühere Fassung bezeichnet werden kann.

»Genius, Schuster und Marqueur«

Die Handschrift von *Genius, Schuster und Marqueur,* Zauberposse in drei Aufzügen, datiert auch noch aus dem fruchtbaren Jahr 1832. Ihr ursprünglicher Untertitel deutet die Handlung an: *Die Verzauberung im Feenreiche,* denn auch diese Posse flicht zwei komische Handlungen eng zusammen: eine breit ausgeführte in der Feenwelt und eine knappere, die hauptsächlich um die radikal realistische Charakterzeichnung zweier Gestalten aus der »wirklichen« Welt bemüht ist, des Schusters Pechberger und des Marqueurs [= Zahlkellner] Kipfl. Trotz ihrer humoristischen Behandlung sind sie tatsächlich abstoßend roh und brutal, Pechberger, der Vorläufer Knieriems, dabei schon durchaus gestalthaft; schon hier singt er das prachtvolle Kometen-Lied (vgl. S. 184), und das spätere Leitmotiv seines Auftretens ist vorgeformt als »Ein Slibowitz, Herr Wirt!« Die Vorgänge in den beiden Welten sind verknotet durch den Einfall des Geister-Faktotums Lulu, für die zum Opfertod bestimmten jungen Geisterprinzen Tausendschön und Liebreiz betrügerisch die beiden verlotterten Zechkumpane unterzuschieben – eine schon im Gegensatz der Namen angedeutete groteske Situation. Vom Dialog hat Nestroy große Partien teils in den *Lumpazi* aufgenommen, teils in dessen Fortsetzung, *Die Familien Zwirn, Knieriem und Leim.*

178

Die starke Komik und der oft schwache Humor des Stücks beruhen neben der nun schon herkömmlichen Verwienerung und Vulgarisierung des Zauberreichs hauptsächlich auf dem Verhalten der beiden zynischen Gesellen in der Feenwelt – Verliebtheit und schließlich sadistisch erzeugte makabre Angst um ihr Leben. Die Fee Kaffeeluzia und ihre beiden von ihren Liebhabern verschmähten Töchter sitzen beisammen:

KAFFEELUZIA O, ich unglückliche Mutter!
FLORA O, ich unglückliche Tochter!
VIOLA O, ich unglückliches Mädchen!   (I, 1)

Auch die Liebhaber benehmen sich in der nächsten Szene völlig gleichartig; nach einer Verwandlung, die den Kipfl halb braun und Pechberger halb schwarz gemacht hat, ruft *jeder* der vier anwesenden Geister dasselbe aus. Einem komplizierten Parallelismus sind Kipfl, Pechberger und ihre beiden Frauen im zweiten Auftritt des dritten Aufzugs unterworfen, einem einfacheren im dreizehnten Auftritt: Adele und Frau Liesel sinken mit dem Ausruf »Ach!« unisono ohnmächtig in die Arme je eines Geistes. All dies verfremdet die scheinbar so naive Handlung.

Paradoxie und Scheinlogik passen besonders gut zum intellektuellen Hochstaplertum des Schusters, der zugleich ein »Individualist« ist und dank seiner fixen Idee vom Kometen, der in zwei Jahren erscheinen wird, sich seinen Gefährten geistig überlegen fühlt. So beweist er auch Karl-Valentinisch, der Regen komme vom Kometen her:

GANGELHOFER Wie kann das in einer Verbindung stehen?
PECHBERGER Der Komet kommt in zwei Jahren; g'regnet hat's aber heut'; folglich hat's um zwei Jahr' früher g'regnet, als der Komet kommen is. Ja, wenn ihr das nicht begreift – –   (I, 13).

Ebenso beruht scheinbare Rationalität der Formulierung von Gefühlen auf irrelevanten Maßstäben und wird dadurch absurd. Kipfl, durch Verzauberung zur Hälfte braun geworden, gefällt dennoch der Geliebten des ältlichen Lulu: »Der halbe Marqueur ist fast schöner als mein ganzer Lulu« (III, 2). Die Paradoxie kann auch der Metapher entspringen. Lulu, voll Schreck zu seiner Lili: ». . . wenn dir dein Leben lieb ist, so häng' dich . . . auf« (III, 4).

In scheinbar-paradoxer Form taucht auch das sozial-ästhetisch-erotische Motiv des wegen seines Aussehens mit Vorurteilen Beladenen auf – das als Problem im letzten Satz des *Talis-man* seine witzige Lösung gefunden hat – und ein Wortspiel macht es anschaulich. Die schwarze Sklavin Malibu verliebt sich in den halb schwarz gewordenen Pechberger:

Ich finde ein unnennbares Wohlgefallen an der schwarzen Hälfe dieses Fremdlings.
PECHBERGER Jetzt verliebt sich die in meine Schattenseite. (III, 1)

Lulu, der »übertragene Geist«, »möcht' . . . halt durchaus nicht eine Schönheit . . . die ihren Rouge beim Stiefelputzer z'kaufen kriegt«, entdeckt aber: »So ein schwarzes Busserl ist gar nicht zu verachten . . . Überhaupt, 's ganze Madel is so g'wiß lieb; wenn's nicht so schwarz wär', man kennet gar nicht, daß sie eine Mohrin is« (III, 3). In *Der Zauberer Sulphur* . . . (1834), III, 9 hat Nestroy den Scherz fast wörtlich wiederholt. Die Geistesart des deutschen Alltagsantisemiten schon vor Hitler, nicht nur auf dem Gebiet des Erotischen, ist hier satirisch vorweggenommen.

Für den Fasching 1833 schrieb Nestroy zwei Possen: *Der Zauberer Februar* und *Der Feenball.* Nur der Theaterzettel und ein paar Gesangstexte sind von *Der Zauberer Februar, oder: Die Überraschungen,* Lokales Zauberspiel mit Gesang, erhalten. Es wurde im Rahmen eines »Großen Carneval-Theaters«, arrangiert von Carl, zehnmal, das erste Mal am 12. Februar 1833, aufgeführt. Nach den Gesangstexten zu schließen, haben wir an ihm nichts verloren. Ein Faschings- und ein Jäger-Chor sind denkbar Routine; die für Scholz bestimmten Texte sind, wie so oft, auf den Kontrast zwischen seiner komisch-korpulenten Erscheinung und seinem Liebesbedürfnis berechnet, Nestroys witzloses Lied auf seine Kunst schnellen Sprechens und mimischer Verwandlungsfähigkeit.

Charakter-Gestaltung: »Der Feenball. Lumpazivagabundus«

Der Feenball, Faschingsposse in drei Aufzügen, muß knapp vor *Lumpazivagabundus* entstanden sein. Die Handschrift ist datiert »1833«, das Zensurmanuskript von *Der böse Geist Lumpazivagabundus oder Das liederliche Kleeblatt* wurde am 5. März 1833 eingereicht. Indem Nestroy dem Lumpenpaar Pechberger und Kipfl aus *Genius, Schuster und Marqueur* den Tischler Leim hinzugesellte, wurde das »liederliche Kleeblatt« des späteren Stücks vollendet; aus dem Marqueur wurde der Schneider Kmäh, ein Ebenbild des späteren Zwirn. Pechberger wird der Schlosser Bum, dann zurückverwandelt in den Schuster unter dem Namen Knieriem. Die humorlose Herzensroheit Kipfls (Kmähs) und Pechbergers (Bums), nun Junggesellen, ist verschwunden, Niederschlag einer Wandlung in der Kunst Nestroys. Die Rahmenhandlung aus drei Szenen am Anfang und zwei ganz kurzen am Ende der Possen ist nun einfacher: Ein Feenball soll unter dem Protektorat des Magiers Carnevalis stattfinden. Die Wette, etwa des gleichen Inhalts wie die im *Lumpazi*, entsteht aus der Weigerung Fortunas, »einer mächtigen Fee«, die Hand ihrer Tochter Brillantine Poverinus zu geben, dem Sohn des Lumpazivagabundus, »Beherrscher des lustigen Elends«, es sei denn, sie wäre nicht imstande, diesem zwei von dreien seiner Anhänger zu entreißen. Fortuna erklärt sich schließlich besiegt und gestattet die Heirat. Herr und Frau Leim, Kmäh und Bum erscheinen aus der Versenkung und das Ganze schließt mit einem allgemeinen Tanz, der Feen, Hexen und Menschen vereinigt; Kmäh tanzt mit einer Hexe, Bum mit einer Trud: eine wienerische Walpurgisnacht.

Die Menschen-Handlung dagegen ist inhaltsärmer als die des *Lumpazi*. Das Verhältnis der beiden Stücke ist im wesentlichen folgendes:

Feenball (F) I, 3 entspricht weitgehend *Lumpazivagabundus* (L) I, 1-3; F I, 4-II, 7 ist fast identisch mit L I, 4-II, 7; F III, 1 mit L III, 9; F III, 3 mit L III, 7 (L III, 8 stammt aus *Genius* II, 14); F III, 7-9 mit L III, 10-12. Völlig neu sind im *Lumpazivagabundus* also bloß die Szenen II, 8-17, III, 1-6 und 13-17. Daher hätte es wenig Sinn, den *Feenball* separat vom *Lumpazivagabundus* zu betrachten, mit Ausnahme der neuen Szenen.

L II, 8-17 sind die Szenen, in denen Zwirn als Parvenu auftritt, ein Charaktertyp, dem Nestroy immer wieder sarkastische Aufmerksamkeit zuwendet: Musterbeispiel eines Vorspieglers, traditionelle Komödienfigur und Zeiterscheinung zugleich. (Der finanzielle Emporkömmling war eine typische Figur im Gesellschaftsbild der Zeit geworden.)[49] Diese Episoden mit Zwirn im Gespräch mit seinem Bedienten, dem ihm devot schmeichelnden Maler, dem stürmisch-groben Fleischhauer, den Zwirns Eitelkeit ausnützenden geldbedürftigen Freunden,

den drei ihn umgarnenden Pseudo-Italienerinnen und dem parodistischen Schlußquodlibet bilden eine seiner gelungensten Folgen, wirksam durch die schwankhaft-humoristische, aber weniger karikaturhafte Charaktergestaltung und die in sie verwebten burlesken Episoden und Situationskomik. Diese Effekte wirken hier, wie in den älteren Teilen der Posse, geistiger als man es von diesen ästhetischen Kategorien erwartet, durch die mimetische Sprache, die die Figuren gestaltet, mehr als Handlung es vermöchte; das »Italienisch« der Verlustanzeige etwa, die Zwirn »in ganz Italien« anschlagen läßt, ist ein Triumph hochstaplerisch-witzigen Sprachspiels. Es zeichnet nicht nur die Physiognomie der Sprache, sondern auch die ihres gewandten Pseudosprechers.

Die neuen Szenen III, 1-6 behandeln die Rückkehr Zwirns und Knieriems zum Treffen bei Hobelmann. Die fortwährenden Störungen Hobelmanns beim Verlesen des Briefs gehören erst den letzten Theatermanuskripten an; der Tradition nach wurden sie von Scholz und Nestroy improvisiert, um den Darsteller Hobelmanns zu ärgern. Trotz ihrer Albernheit als »literarischer« Text geben sie eine Vorstellung von der Vergnügtheit der Theateratmosphäre, der Lust am Gaudium, die von den Schauspielern überging auf die Zuschauer. – III, 13-17 schließen die Rahmenhandlung.

Was erklärt den ungeheuren, länger als ein Jahrhundert währenden Erfolg des *Lumpazivagabundus* (vgl. S. 370)? Zunächst bemerkte man das Talent des Verfassers »für Schilderungen aus dem Leben gegriffener Volksszenen« und gab ihm den Rat, die »volksdramatische Richtung« zu nehmen. (Er war anonym geblieben, man meinte aber, das Kometen-Lied »voll Witz und beißender Sarkasmen« dürfte allein schon ihn verraten.) Auf die Motivierung durch Zauberhandlung, ein Werkzeug, »welches gegenwärtig zum Spielzeug geworden ist«, hätte man gerne verzichtet. Alle diese Bemerkungen[49a] stammen von Karl Meisl, dem beliebtesten Wiener Lokalpossen-Dichter. Er sah offenbar in Nestroy seinen Nachfolger.

Der Hinweis auf die »volksdramatische Richtung« ist das entscheidende Wort für die Beurteilung im Guten und im Bösen, die Nestroy von nun an erfahren sollte. Vom *Lumpazi* an sah man in ihm den Mann, der das Wiener Lokalstück auf ein höheres Niveau bringen sollte. Je mehr die Zeit dem Drängen nach Realismus im Leben und in der Kunst nachgab, desto lauter sollte diese Forderung werden, desto größer die Enttäuschung sein, wenn sie nicht erfüllt, und desto freudiger die Anerkennung, wenn sie befriedigt war oder zu sein schien.

Tatsächlich war im *Lumpazi* mit kraftvoller Zeichnung eine Handlung aus vertrauter Gegenwart vorgeführt worden[50], nicht allzu unwahrscheinlich, in Szenen, die hie und da haltzumachen schienen, um ein Milieu- oder ein Charakterbild darzubieten, abgerundet und proportioniert als Ganzes, scharfkantig, aber nur leicht karikiert in einzelnen Figuren, wie der Zwirns, einigermaßen grotesk nur noch in der Knieriems. Eine Stimmung ausgelassener Fröhlichkeit durchzieht das Stück und schien die Bezeichnung »Posse« zu rechtfertigen trotz der scheinbaren »Besserungs«-Tendenz und dem Eindruck des Abgerundeten. Das Bedürfnis nach theatralischen Tableaux war befriedigt, mit überzeugender Anmut, wo Leim seine Peppi auf die Kiste mit Geldsäcken setzt und mit ihr abzieht, als hätte man die farbige Illustration eines Märchens vor sich oder eine nun gelöstere, herzlichere Art barocker Allegorik.

Zwei große und ein wirkungssicherer Schauspieler hatten das liederliche Kleeblatt dargestellt, Nestroy, Scholz und der Direktor Carl. In der Rolle des Leim wirkte er diesmal eher als Folie sentimental-verinnerlichter Solidität gegenüber der gewitzten, elastischen Lebenslust und den hochstaplerischen Allüren Zwirns. Zwirn muß dadurch besonders belustigt haben, daß er von Scholz dargestellt wurde, sonst die durch Leibesfülle ausgiebige Verkörperung unerschütterlichen Phlegmas, wirkungsvoll schon durch sein Erscheinen auf der Bühne, ein Schulfall passiver Komik, von vornherein ganz ungeeignet für die theatermäßige Darstellung der typischen Schneider-Gestalt. Doch er überraschte durch ungeahnte Beweglichkeit, und dies verstärkte den Kontrast zu seiner eigenen Gestalt und zur hageren, riesenhaften Nestroys; die trug das unerschütterlich ernsthafte Phlegma Knieriems torkelnd umher, und man mußte fürchten, es auf Ja und Nein in Gewalttätigkeit übergehen zu sehen, trotz der Töne resigniert philosophischer Lehrhaftigkeit, die ihm verliehen sind durch Lebenserfahrung und seinen vom Trunk vertieften erdfernen Einblick ins Weltgeschehen. Sein Lied über den Untergang der Welt, »ein Scherz voll der witzigsten und zeitgemäßesten Pointen, machte Furore«[50a]. Noch heute entzückt den in Vorstellungen Denkenden die phantastische Komik der kapriziösen, kränkelnden Sonne, der Sterne, die sich zu stark der Nachtluft aussetzen, des ohne Paß herumvagabundierenden Kometen, und der abstrahierende Kopf ist heiter verblüfft vom Gedanken »es ist kein Ordnung mehr jetzt in die Stern', d' Kometen müßten sonst verboten wer'n«; die Zuhörer lachten über den Umsprung vom Aktuellen zu Ewigem und umgekehrt, und das Ganze ist vorgebracht von einem Rauschigen. Die Forderung nach dem Verbot der ordnungswidrigen Kometen muß im Vormärz besonders tiefe Heiterkeit hervorgerufen haben bei einem Publikum, das es gelernt hatte, verborgene Sarkasmen auf das polizeiliche Überwachungssystem rasch aufzufassen. Über Zeitsatire hinaus wird die Forderung, den stellaren Vagabunden abzuschaffen, ewig bestehen als Satire auf den Spießbürger, der seine Ordnungsliebe selbst dem Kosmos auferlegen will. Ob der astronomisch-terminologische Galimathias vorher außerdem Fachgelehrtentum verhöhnt oder Halbbildung, wie behauptet wurde, ist unwichtig gegenüber der Tatsache, daß er in Knieriems Mund so wirken *kann,* und bezeichnend für die satirische Gewalt, die von der Figur dieses versoffenen Weltweisen ausgeht. (In Wirklichkeit steckt wohl einfach Nestroys oft betätigte Freude an sprachlicher Mimesis dahinter.)

Die Berichte über Nestroys eindrucksvolles Spiel als Knieriem und damit seine Auffassung des Stücks sind einigermaßen verwirrend. Er muß die Rolle in der Premiere und den ersten Vorstellungen als realistisch angelegt haben. Er habe sich »durchaus nicht über die Grenzlinien des Wahren und Dezenten« hinausgewagt, berichtet die Theaterzeitung am 13. April 1833, er habe »die Farben zu diesem niederländischen Bild wohl ein wenig dick aufgetragen« die Wiener Zeitschrift vom 2. Mai, und am 3. Juni 1833 notiert der sachverständige, stets sachliche Carl L. Costenoble in seinem Tagebuch, daß Nestroy »einen Menschen gemeinster Natur treulich darstellte und ein Couplet charakteristisch vortrug«[51]. Seine Darstellungsweise muß sich später eine Zeitlang ins Abstrakte stilisiert haben, denn Bernhard Gutt, ein Beobachter, dem wir die deutlichsten und differenziertesten Vergegenwärtigungen von Nestroys Spiel verdanken (vgl. S. 40), schreibt 1844: »Sonst gab er diese Rolle mit der kolossalsten Komik, mit einer alle Schranken durchbrechenden Energie; aber es fehlte ihr der menschliche Boden, es war die abstrakte Liederlichkeit, die in sich kein Vermögen hatte, sich aus dem tiefen Sumpfe der Gemeinheit zu erheben.«[52] Jetzt dagegen habe Nestroy »hie und da die Farben gemildert, ohne die Rolle umzugestalten; was ihr aber ein ganz neues Ansehen gibt, ist der von Anfang bis zu Ende durchklingende Ton einer gewissen Biederkeit, die selbst in dem wüstesten Leben nicht untergeht. Hiedurch hat er den Charakter für die Wirklichkeit gerettet ... Die komische Kraft hat durch diese Vermenschlichung nicht verloren, sondern gewonnen, denn unser Widerwille tut nicht mehr, wie sonst, gegen jeden drastischen Effekt Einsprache. Die Szenen des dritten Aktes, welche sonst einen Eindruck machten, der an Ekel grenzte, gewannen jetzt durch den Ton einer unüberwindlichen Bonhomie ein Interesse ganz anderer Art. Auch bot Herr Nestroy weniger äußere Mittel auf, als sonst, ... besonders in der Rauschszene ...; aber die erzielte Wirkung war dennoch intensiver, weil wahrer. Herrn Nestroys Komik strömt nicht mehr so überschäumend dahin, als sonst, aber sie hat sich ausgetieft ...« Wir sind überzeugt, dieser »Frühstil« sei zur Zeit der ersten Aufführungen noch nicht ausgebildet gewesen. Das schließen wir aus dem Text, der in vielen Äußerungen jenen Ton einer gewissen Biederkeit geradezu verlangt, und aus den Rezensionen. Wohl mag »die ungezügelte Kraft, der überschäumende Mutwillen, den man bald aristophanisch, bald mephistophelisch nennen möchte, ... lebhaft, aber fast befremdend« angesprochen haben, aber es ist ausgeschlossen, daß die »vornehme« Wiener Zeitschrift sich mit der oben zitierten milden Rüge begnügt, die Theaterzeitung die Dezenz der Darstellung ausdrücklich gelobt hätte, wären schon damals die zitierten drastischen Effekte sichtbar gewesen, hätte schon damals »die Maske, bis über die Grenze der Charge, bis zur Fratze getrieben, ... kaum mehr ein menschliches Aussehen« gehabt. Und die drastischste Gestalt der Reihe derartiger Figuren sei Knieriem gewesen!

Angesichts der Erinnerungen von Nestroys Zeitgenossen an seine überragenden schauspielerischen Leistungen, wie in der Rolle des Knieriem, die geradezu aufregend wirkten und eine Fülle von leidenschaftlich diskutierten Problemen der Darstellung boten, verstehen wir es, daß sie gerade bei den verständigsten Beobachtern das Interesse am Stück selbst verdrängten und fragen uns um so mehr, woher die lebendige Eindringlichkeit der Gestalten bei bloßer Lektüre stammt und woher der Eindruck, daß bei aller »Gewöhnlichkeit« der Handlung ein überlegener Geist sie geschaffen habe und daß das Komische hier als »Bedeutendes« wirkt; kehrt doch auch in den Rezensionen das Wort von der »abstrakten Liederlichkeit« wieder. Geist und eine intuitive ursprüngliche Sprachkraft sind hier offenbar einander steigernd am Werk, so daß Rollen und Situationen, kurz Einzelfälle wie Verkörperungen eines Abstrakten sich ausnehmen und abstrakter Witz aus der individuellen Art der Figuren hervorzugehen scheint; und Gestalten, die man nie auf der Bühne gesehen hat, bekommen von der Sprache ihre unverwechselbare Körperlichkeit geliehen. Man vergleiche etwa die Rhythmik und den Satzbau der Auftrittslieder Knieriems und Zwirns (I, 4); der Unterschied wird unterstützt durch die Bemerkung »die Musik verändert sich«, hier notwendigerweise, als Zwirn auftritt, aber auch sonst ist Adolph Müllers Musik Nestroy aufs glücklichste entgegengekommen. Knieriem hat im ganzen Auftritt ausschließlich von seinem Durst und vom letzten Kometen gesprochen, der als fixe Idee in seinen späteren Szenen überall auftauchen soll, und trotzdem sind seine Reden mit dem Gespräch psychologisch glaubhaft verbunden; daß es spät ist, merkt der Astronom mit den Worten »es kommen d'Stern'«, und ebenso ist im weiteren Verlauf seiner Reden sein geistiger und körperlicher Habitus konsequent festgehalten. In der folgenden ersten Herbergsszene setzt sich die feine Charakteristik der drei Gesellen in den ersten Worten im Gasthaus (I, 5) fort, Knieriem sitzt phlegmatisch und wortkarg vor seinem Krug, aber sein Vorhandensein bleibt einem durch das hier und später leitmotivisch ertönende »A Halbe G'mischts« bewußt. Sein abgrundtiefer Lakonismus belebt sich höchstens, wenn vom Astronomischen die Rede ist, das Maß aller Werte ist das G'mischte, das Maß aller Zeiten die Frist bis zum Weltuntergang durch den Kometen; und die rabiate Art seiner Räusche reckt sich aus dem dumpf Gutmütigen seiner alltäglichen Versoffenheit um so drohender auf (etwa I, 6; III, 2), um gleich wieder in das alte Phlegma zu versinken. Und dieses verbindet sich als Ausdruck oder Ursache mit einem endgültigen Fatalismus, wenn Knieriem seine vergangenen Taten oder den Verzicht auf zukünftige begründen soll: »Weil ich einen Rausch g'habt hab«, »also kann ich nix davor«, und der Komet macht alles Streben überflüssig. Aus seinen eigenen Reden, nicht aus Regiebemerkungen oder Charakteristiken durch andere erwächst der Eindruck des massivisch Ungeschlachten: »In Altbrünn hätt' ich bald ein' Lehrbuben zerrissen« (I, 6). Knieriems wie aus Erz geschmiedete wuchtige Sätze, zunächst nur Selbstcharakteristiken und aus bestimmten Situationen geboren, treffen als tiefgehende Aphorismen von prachtvollem Schwung dennoch ins Allgemeine, das erste der beiden folgenden Beispiele etwa ist so gefüllt mit substanzieller Paradoxie dem Sprecher unbewußt parodistischer Anwendung eines moralisierenden Klischees und Komik, daß kaum alles herausgeholt werden kann: »Wann ich mir meinen Verdruß nit versaufet, ich müßt' mich grad aus Verzweiflung dem Trunk ergeben« (ib.), oder »Madame, das verstehn Sie nicht. Im Haus schmeckt einem der beste Trunk nicht; im Wirtshaus muß man sein, das ist der Genuß, da ist das schlechteste G'säuf ein Hautgout« (III, 7).

So wie schon bei ihrem Auftreten die Reden der drei Gesellen rhythmisch deutlich unterschieden und durchgearbeitet waren, so wird die Handhabung der sozial und geistig verschiedenen Schichten der Sprache Mittel der Charakterisierung und des Witzes. Die Geister der Rahmenhandlung sprechen gewähltes Schriftdeutsch, das Deutsch Lumpazis aber, der sich auch in den untern Sphären herumtreibt, ist leicht dialektisch gefärbt; mit der Erdenhandlung setzt der allgemeine Dialekt ein, das Hochstapler- und Parvenutum Zwirns jedoch ist im komischen Hinstreben zum Pathos gestaltet, in seinem unwienerischen Konjunktiv und im mühsam in Szene gesetzten Vorrat an »gebildeten« Wörtern und Wendungen: »Man trage ihn schleunigst . . . in die Kopiatur«, »noch einmal das Wort Meister, und du hast ausgerungen« (II, 9); die überflüssige Hochstapelei der Entführung Reserls gestaltet sich in dem gleichfalls denkbar unwienerischen »Laß mir diese Grille« (III, 9) und die Unsicherheit der neuen Haltung im raschen Übergang vom »Viertelstündchen« zum »herumdalken« (II, 10). Das typisch Nestroysche Mittel des Stilbruchs dient hier also in besonderem Maße der Charakterzeichnung. Der Parvenu sucht bewußt Distanz.

So trifft der Vorwurf, der später Nestroy gemacht wurde, er

zimmere flüchtig Figuren als Gestelle, um an ihnen seine Witze aufzuhängen, hier nicht einmal als Tatsache zu: alles in den Gestalten greift ineinander, ist ausgewogen, und sie bewegen sich mit festem Schritt.

Auch kann ein unscheinbarer Sprachscherz die anschaulich-knappste Gestaltung eines seelischen Vorganges sein; momentane Verwirrung ist nicht konzentrierter wiederzugeben als so: »Einmal bringt meine himmlische Peppi ihrem Vater eine Schale Kaffee in die Werkstatt – ich schau' sie zärtlich an, *sie laßt ihre Blicke auf mich und die Schalen auf die Erd' fallen –*« (I, 6).

Erstaunlicherweise geht eine derartig feine, neuartige Kunst am Schluß noch immer unvermittelt in die Tradition der Besserung durch Geisterpädagogik über. Auf das bloße Erscheinen des von zwei Furien begleiteten Geisterkönigs und seine Strafrede von fünf Zeilen hin fällt ihm Knieriem zu Füßen mit den Worten: »Ich werd' mich bessern« und Zwirn »Ich bin schon gebessert« – wieder ein deutlicher Sarkasmus Nestroys über die obligatorischen Schlüsse des Theaters der Zeit (vgl. S. 164) und dabei als Äußerung zu Zwirns gewichtlosem Wesen passend. Wäre selbst Nestroy nicht im tiefsten von der Unverbesserlichkeit der Menschen überzeugt gewesen, so kann er doch dem Zuschauer nicht zugemutet haben, an diese plötzliche Verwandlung der Charaktere zu glauben und das von Bravheit triefende Schlußbild mit den in einem Hause wohnenden drei glücklichen kinderreichen Ehepaaren Leim, Zwirn und Knieriem ernst zu nehmen oder den paar Sätzen billigster sprachlicher Fertigware Beachtung zu schenken: »Häuslich und arbeitsam – so nur allein kann man des Lebens sich dauernd erfreu'n.« *(Tanz beginnt.) (Unter passender Gruppe und Beleuchtung mit griechischem Feuer fällt der Vorhang.)* Die Bezeichnung dieses Schlusses als »parodistisch« vergröbert aber den Sachverhalt, indem sie die Voraussetzungen Nestroyscher Theaterwirksamkeit 1835 verkennt. Es war wohl eine den Bürger vor dem Aufbruch nach Hause halb erheiternde, halb erleichternde Geste. Weniger kraß als der Schluß von *Nagerl und Handschuh,* hat er, von Nestroy gleichgültig gewandt hingeschrieben, wohl nur auf die hellsten Köpfe als implizit parodistisch wirken können; die Kritiker der Zeit waren nicht unter ihnen.

Eineinhalb Jahre nach der Erstaufführung dieser von Wien so begeistert begrüßten Posse machte Nestroy aber überwältigend klar, was er selbst über das Happy-End im Feen- und im Menschenreich dachte und was er selbst als Wirklichkeit sah. *Die Familien Zwirn, Knieriem und Leim oder der Weltuntergang,* Zauberspiel in zwei Akten, zeigt schon in der ersten Szene, wieder auf eine knappste Rahmen-Feenhandlung bezogen – kein eigentlicher »Zauber« kommt mehr vor –, was zwanzig Jahre nach dem zukunftsfreudigen Schluß des *Lumpazivagabundus* aus den drei Gesellen und ihren Familien, und was aus dem glücklichen Feenbrautpaar Hilaris und Brillantine geworden ist:

FORTUNA Meine Tochter, die Tochter des Glückes, lebt in unglücklicher Ehe! . . .
BRILLANTINE Mein Mann ist schuld an meinem Unglück.
MYSTIFAX Das sagt jede Frau.
HILARIS Meiner Frau hab' ich's zu danken, daß ich unglücklich bin.
FORTUNA Das sagt jeder Mann.

Diese ersten Sätze des Stückes mit ihrem sprachlichen Parallelismus geben ihm sogleich seinen verallgemeinernd-allegorischen Aspekt, und Nestroys pessimistischer Ausblick wird bestätigt durch die Worte der »Beständigkeit«, der Fee »Konstanze«: »Mit Glück und Liebe kann und will ich nicht verkehren . . . nur im Gebiet der Torheit und der Laster *liebt man noch Beständigkeit.«*[53] Darum hat sie Lumpazivagabundus, »den bösen Geist der Torheit und des Lasters«, zum Bräutigam erwählt (I, 3). Nestroy verbirgt hier nicht mehr seine Gedanken über den Lauf der Welt. Fatum selbst sieht sich und die ihm erwiesene Verehrung so: »Es ist etwas Prächtiges, das Schicksal zu sein, man tut rein gar nichts, und am Ende heißt es bei allem, das Schicksal hat es getan« (I, 5). Seiner aus Empörung geborenen Resignation über das absurde Wirken des Schicksals hat Nestroy noch oft und oft Ausdruck gegeben (vgl. u. a. S. 110–115).

Das so »sinnige« Tableau am Ende des *Lumpazivagabundus* enthüllt sich nun dem Rückblick als bloßes illuminiertes Theaterbild voll grimmer Ironie: Der gute Leim ist ein reicher, herzloser Spießer geworden, Zwirn ein abgetakelter, noch immer weibersüchtiger Vagabund und Knieriem, völlig verkommen, tyrannisiert seine Familie mit körperlicher Gewalt. Der von der Kritik so gelobte Realismus des *Lumpazi* ist nun stark gesteigert zu humorloser Roheit.[54] Einige der brutalsten Szenen aus *Genius, Schuster und Marqueur* (I, 12-15), die Nestroy aus dem *Lumpazi* weggelassen hatte, hat er hier wieder eingefügt (I, 18-22). Um aber Knieriem die zu seinem tiefsten Wesen gehörige Gutmütigkeit trotzdem belassen zu können, läßt er ihn seine schockierendsten wilden Drohungen im Rausch aussprechen und macht sie durch ihre exzessive Wildheit beinahe lächerlich.

Aber gerade diese Rolle ist es, die neben der minderen Zwirns trotz gelegentlicher alberner Strecken das Stück bemerkenswert macht. Knieriem bleibt auch in diesem höchst realistischen »Zauberspiel« eine der gestalthaftesten und wohl unvergeßlichsten Figuren in Nestroys Gesamtwerk. Zugleich ist er Mittelpunkt einer der prachtvollsten Szenen, thematisch gewiß der originellsten in der europäischen Komödie: Spannung und Witz vereinigen sich mit der dramatisch-rhythmischen Darstellungskraft des gereimten Sprechgesangs und Dialogs zu einem bewegten Tableau voll großer Gestik und humoristisch bedeutsamer Einprägsamkeit in der Wirtshausszene II, 22. Knieriem und die Trinker erwarten vergeblich den von ihm nun für Schlag 10 Uhr prophezeiten Weltuntergang durch den Kometen:

KNIERIEM

  Und so a Komet, der is sehr gut zu Fuß,
  Weil er dreiß'gtausend Meil'n in ei'm Tag machen muß;
  Aus dieser Geschwindigkeit gibt sich ganz klar,
  Daß er Schlag Zehne da is – is's etwan nit wahr?

CHOR

  Ja, ja, es is klar,
  's is richtig, 's is wahr!

KNIERIEM

  Doch tausend Sapperment hinein,
  's muß schon dreiviertl auf Zehne sein.

EIN GAST *(auf seine Uhr sehend):*

  's sein fünf Minuten drüber schon.

EIN ZWEITER

  Die Uhr unmöglich recht gehn kann.

  . . .

EIN GAST

  So schau auf d'Uhr zu guter Letzt'.

KNIERIEM *(will nach der Uhr sehn, besinnt sich aber plötzlich):*
  Ich hab s' vor fufzehn Jahr' versetzt.
  Eing'schenkt, Herr Wirt!
CHOR ... *(Ängstlich und dumpf):*
  Bald schlägt die fürchterliche Stund',
  Bald sind wir alle auf'n Grund ...
(Nach einer Pause angstvoller Erwartung hört man unter der Musik in abgemessenen Schlägen zehn Uhr schlagen. Mit dem ersten Schlage machen alle einen ängstlichen Schrei und verstecken sich unter die Tische, bis auf Knieriem, welcher sitzen bleibt.)
KNIERIEM *(steht nach dem letzten Schlage ganz benebelt auf):*
  O je, i g'spür's, 's is drum und dran,
  Die Welt fangt schon zum Wackeln an.
  (Er schwankt ein paar Schritte.)

Als sich nichts ereignet und Knieriem dies in dem absurdesten Reim erklärt –

  Meine Herren, der Komet
  Hat sich etwas verspät't

– geht die schlotternde Angst in Jubel über und Knieriem wird hinausgeprügelt.

Es ist nicht möglich, dem Dichter, dem Künstler Nestroy ohne genaue Betrachtung gewisser Fragmente und Einzelheiten – seien es einzelne Szenen oder Dialogpartien – und dieser wieder im Hinblick auf das Gesamtwerk gerecht zu werden. Die bloße Suche nach Ideen oder nach ökonomischen oder gesellschaftlichen Zusammenhängen geht blind an solchen Meisterleistungen vorbei und verfälscht das Wesen des Werks.

Das heißt aber nicht, daß für die Geschichte der Ideen Nestroys und ihr Verhältnis zu denen seiner Zeit, und für die Geschichte seiner Neigung und seines Mutes, sie auszusagen, dieses »Zauberspiel« unwichtig sei. So wie er hier härtesten, aber meist nicht zur Karikatur verzerrten Realismus angewendet hat, so zertrümmert oder satisiert er hier die Ideen und Lieblingsvorstellungen der Zeit mit mehr Mut als bisher, offenbar gestärkt durch seine großen Erfolge. Er bedarf nicht mehr der allegorischen Groteske.

Der Respekt vor der Unfehlbarkeit der Wissenschaft, die sich an die Stelle der Natur setzt, verfällt reizendem, sehr spezifisch an Lichtenberg erinnernden Spott, harmlos gemacht dadurch, daß er scheinbar Knieriem trifft. Wenn trotz der »wissenschaftlichen« Berechnungen der Komet bisher ausgeblieben ist, so hat daran die Wissenschaft nicht schuld; er ist eine Individualität:

KNIERIEM ... Jeder rechnet sich halt nach seiner Art, und der Komet lauft nach seiner Art und is gar nicht schuldig, sich nach den Berechnungen zu richten; er is Komet für sich!
STEINKOPF Wenn er aber gar nicht kommt?
KNIERIEM Dann is es ein Zeichen, daß er wo anders hingangen is. . . . So ein Komet hat seine Kaprizen, so gut, als wie ein anderer Mensch. Aber die Berechnungen sein richtig. (I, 21)

Wir haben die Selbstcharakterisierung des Schicksals erwähnt. Da die offizielle Doktrin und die Routine der Zensur es mit der göttlichen Weltregierung gleichsetzte, lief seine sarkastische Behandlung auf Blasphemie hinaus. »In einer Stunde hat der Welt ihre letzte Stunde g'schlagen« (II, 20), und so enthüllen die »Braven« ihre religiösen Vorstellungen und, in frommem Selbstbetrug, ihre frommen Wünsche: Die gute Madame Leim gesteht ihrem Mann, sie habe sich in einen jungen, sittsamen Studiosus verliebt. »Und wenn es der liebe Gott so fügen möcht', daß er mein Mann werden könnt' . . . und wenn er dich deswegen in sein Freudenreich aufnehmen wollt' . . .« Und da Leim sich deshalb »morgen« von ihr scheiden lassen will, kommt ihr der Weltuntergang gerade zurecht, denn »Ich will durchaus nicht als geschiedne Ehefrau sterben« (II, 21). Knieriem ist dieses eine Mal freundlich zu seiner Frau und Familie und verständigt sie: »damit wir uns zusammenfinden in der andern Welt: ich stirb in Wirtshaus da drüben« (II, 18).

Mit seinen Mitbürgern ist Nestroy in unserem Stück überhaupt nicht zart umgegangen. Er hält nicht viel von der Wiener »Gemütlichkeit« und dem »goldenen Wiener Herz«. Nun sind nicht mehr, wie noch im *Lumpazivagabundus,* die »schlechten« oder spaßigen Charaktere den Ehrenmännern und -Frauen gegenübergestellt. Ebenso wie sein Schwiegersohn ist der brave Meister Hobelmann geldstolz und hartherzig geworden und die liebe holde Peppi, jetzt Frau Leim, ohrfeigt knapp vor dem Weltuntergang ihre zu Unrecht eines Diebstahls verdächtigte Ziehtochter Therese: »Die kommt mir g'wiß mit ein' g'schwollenen Backen in die andere Welt« (II, 21). Verglichen mit diesen Charakterzeichnungen ist noch harmlos der auf Herrn Gundlhuber in *Eine Wohnung ist zu vermieten,* z. B. I, 8, vorausdeutende Spott über des Herrn Saufaus Spießbürgertum. Er besteht darauf, im Wirtshaus »seinen« Stuhl zu bekommen:

STEINKOPF *(unwillig aufstehend):* Als ob nit ein Sessel wie der andre wär'!

SAUFAUS *(den andern Stuhl nehmend):* Auf den Sessel bin ich eing'wöhnt, da sitz' ich schon zehn Jahr' länger drauf, als Sie hergehn in das Wirtshaus. (I, 18)

Alles in allem ist Nestroy in *Die Familien Zwirn* vom satirischen Scherz zu einem scherzenden, aber im Grund bitter ernsten Sittenbild weitergeschritten, zu scharfer Satire auf die Gesellschaft der »Phäaken-Stadt«, auf »Wien, Wien, nur du allein«, zu Satire auf sein Publikum. Er wagte und leistete damit Ähnliches wie nach dem ersten Weltkrieg Karl Kraus in vielen Szenen der Letzten Tage der Menschheit, und nach den Erfahrungen der Nazi- und Besetzungszeit Helmut Qualtinger in seinem Der Herr Karl.

Die »Posse« fiel trotz einigen Lobes durch und wurde, mit Ausnahme zweier Aufführungen im Jahr 1965, in Wien nicht wieder gespielt. Manche meinten, »dergleichen Trivialitäten sollten auf keiner Bühne geduldet werden«[55].

Ausgang des Zauberspiels
Die kritische Parodie. Das Schauspieler-Paradestück
Neue Artistik

Fünf Stücke und ein »Vorspiel« hatte Nestroy 1833 und 1834, zwischen dem *Lumpazi* und seiner Fortsetzung, herausgebracht. *Robert der Teuxel* (1833), *Tritschtratsch* (1833), *Der Zauberer Sulphurelektrimagnetikophosphoratus* (1834), *Müller, Kohlenbrenner und Sesselträger* (1834), *Das Verlobungsfest im Feenreiche oder die Gleichheit der Jahre* (1834) und *Die Fahrt mit dem Dampfwagen* (1834). Nur zwei von ihnen sind bemerkenswert, jedes in seiner Art: *Robert der Teuxel* und *Müller, Kohlenbrenner und Sesselträger.*

Die kritische Parodie: »Robert der Teuxel«

Wer sich nach der Lektüre der drei ersten Parodien Nestroys – *Der gefühlvolle Kerkermeister, Nagerl und Handschuh* und *Zampa* – und so vieler parodistischer Scherze in seinen andern

193

früheren Komödien an *Robert der Teuxel* (Erstaufführung am 9. Oktober 1833, seit April wiederholt angekündigt[56]) heranmacht, einer Parodie von Meyerbeers und Scribes »Robert der Teufel«, tut dies mit einigermaßen müder Erwartung, mehr vom Gleichen zu finden, um so mehr, als es sich um die Parodie eines Werkes handelt, das zwar seinerzeit berühmt war, heute aber außerhalb des Kreises der Musikhistoriker kaum bekannt ist. Man ist von ihr angenehm enttäuscht. Nicht nur, weil es die erste weithin kritische Parodie ist nach den drei vorausgehenden, die trotz Humor und gelegentlichem Witz bloß Ulk treiben, und der Wiener Parodien-Tradition (vgl. S. 154 f.) überhaupt. Nestroys gescheiter Blick, seine helle Logik und sein sicherer Kunstverstand merkten rasch die inneren Mängel wirkungssüchtiger dramatischer Werke, deren Ansprüche über ihren Wert hinausgingen. So wandeln sich die traditionelle Ulkparodie (die sich *anläßlich* ihres Vorbildes amüsiert, aber nicht *über* das Vorbild) und die ebenso traditionelle Parodie von unten her (die grundsätzlich nichts ernst nimmt) – beide sind oft identisch – bei Nestroy um diese Zeit, in der seine Attacke auf alles ihm Mißfallende im Leben und in der Literatur, härter wird, zur Parodie von oben her, zur kritischen Parodie. Sowohl der bloße Spaß wie die explizite Kritik treten zugunsten der gestalteten zurück. Der ungeheure Erfolg der Oper Meyerbeers legte Kritik an ihrer Handlung nahe, denn sie ist ein Konglomerat aus einer Unzahl seichter, gewandt durcheinandergemischter Effekte: aus der Handlung entspringender visuell stimmungsmäßiger und musikalischer.

Reine *Gestaltung* kritischer Bedenken ist es, wenn die kitschige Sonderbarkeit des für seinen Sohn warmherzig empfindenden, gefühlvoll-dämonischen Teufels Bertram dadurch sichtbar wird, daß seine ganze Bosheit an einen schwarzen rotgefütterten Rock gebunden ist, dessen Tragen ihn und jeden böse macht. So wird auch sein Diener, der »lammfrohe, weiche« Reimboderl (Rimbaud), innerhalb einer und derselben Szene (III, 2) ein grausamer Räuber an einem Bettler, als er den schwarzen Rock anzieht und wieder »äußerst gutmütig und fidel«, als er ihn ablegt, was der Bettler mit den Worten quittiert: »Euer Gnaden sein ungeheuer besoffen«. Die Gestaltung der Kritik steigert sich und sinkt dann ins Unkünstlerische hinab durch ihre direkte Aussage:

BERTRAM ... Ich muß'n kriegen, den Robert, ... ich will ihn bei mir haben, daß er mir G'sellschaft leist't, denn wenn ich auch ein Teufel bin, so bin ich doch zugleich zärtlicher Vater, das ist zwar gegen allen gesunden Menschenverstand, aber man tragt's jetzt so. (II, 7)

Der Teufel, wohl mit Rücksicht auf die Zensur als »Kommissionär eines bösen Zauberers« bezeichnet, gespielt von Nestroy, wird komisch in der Selbstbetrachtung seiner ihm in der Oper auferlegten sentimentalen Rolle des verschmähten Liebhabers:

Das ist mir nicht arriviert, solang ich in der Höll' bin ... Es paßt nicht für meinen Stand, ... und ich – ich erröte, wenn ich es ausspreche – *(naiv und verschämt vortretend)* ich bin verliebt in die Lieserl, auf Ehr'[!]. Sie hat mir ein paar Grobheiten gesagt ... [Seither] glüht mein ... von Pech durchschwefeltes, Flammenbosheit brütend tückisches Infernal-Herz für sie von heißer, inniger Liebe. (II, 6)

Der Kampf des Teufels als böses und des armen Landmädchens Alice als gutes Prinzip um Roberts Seele wird bei Meyerbeer durch rein äußere Mittel entschieden. Bei Nestroy spielt sich dieser Kampf zirkushaft als »Reißerei« ab, in der Alice mit Reimboderls Hilfe gewinnt, worauf ein Chor guter Geister singt: »Triumph! Die Tugend siegt. Das Laster unterliegt!«

An der Grenze zwischen kritischer und bloß scherzender Parodie liegt es, wenn der aus der Hölle gesandte Verkörperer des bösen Prinzips sich nicht genug tun kann in kleinlichen Bosheiten, zum Beispiel schadenfroh ein Gewitter macht, damit die im Wirtshausgarten versammelte Gesellschaft seiner Freunde sich ärgere. Sie sehen nach dem Wetter.

BERTRAM ... Gute Gelegenheit – jetzt muß ich in der Geschwindigkeit was Böses tun. *(Er eilt zu einem andern Tisch und stößt eine Flasche stark auf)* Brav, die hat schon einen Sprung. *(Er nimmt einen Stuhl und stößt ihn gegen den Boden, daß er kracht.)* Wie sich der Nagelberger niedersetzt, liegt er da – *(von einer Idee ergriffen.)* Halt, noch was! *(Er nimmt ein Messer und schneidet ein Loch in ein Tischtuch ...)* Ein Loch ins Tischtuch g'schnitten, das is g'scheit. – Nur Böses – nur Böses! ... (I, 1)

Dazu wird billigste Sentimentalität immer wieder durch Travestie oder trockenen Rationalismus hinweggeschwemmt. Bertram, im Weinkeller, nach der Musik: »Alles ist noch so wie damals, warum? Weil damals alles so war wie jetzt« (III, 4).

Robert der Teuxel ist im wesentlichen literarische Kritik. Neben ihr gedeiht auch allgemeinere Satire, so wenn die von den

Wienern geliebte »gutmütige« Thaddädlgestalt, hier Reimboderl, in einem Duett mit Bertram verkündet:

> Ich hab' feste Grundsätz', fest bleib' ich dabei.
> Nur wenn ich ein Geld seh', da änder' ich s' glei.

Und nachdem er vom bösen Robert Geld erhalten hat:

> Meine Grundsätz, die sind bei mir mehr als mein Leb'n,
> Die laß' ich nur, wenn S' mir noch etwas drauf geb'n.   (II, 11)

Aber es ist keineswegs *nur* die intellektuell-ästhetische Befriedi-
gung über die gelungene Aufdeckung wesentlicher Mängel des
Vorbildes und die Zerstörung seiner Scheinwerte sowie Satire
auf Wiener Typen, was Vergnügen an diesem Werk erregt.
Auch reiner Ulk und Humor haben ihren Anteil daran: die
überall durchbrechende Laune, Theater der Komik, das keinen
Anspruch drauf macht, tief oder geistreich zu sein.

Die Aufnahme durch das Publikum war eher ablehnend. Die
Erwartungen waren teils »durch den Riesenerfolg des *Lumpazivagabundus* so hoch gespannt, daß ein Abfall fast unvermeidlich
war, teils verletzte und enttäuschte die ungewohnte Schärfe der
Opposition gegen den Zeitgeschmack des Publikums.« Ein Teil
der Kritiker versuchte, das ablehnende Urteil des Publikums zu
korrigieren, doch »dauerte es längere Zeit, bis *Robert der
Teuxel* verstanden wurde«[57]. Es blieb mit durchschnittlich zwei
bis drei Aufführungen im Jahr bis 1848 im Repertoire. Ein
vereinzelter Versuch, 1853, es wieder auf die Bühne zu bringen,
mißlang.

Das Schauspieler-Paradestück: »Der Tritschtratsch«

Die einaktige Posse mit Gesang *Der Tritschtratsch* hat wenig
Komik und noch weniger Witz. Obwohl sie eine im Sachlichen
ihrem Berliner Vorbild treu folgende verwienernde Umarbeitung ist[58], fügt sie sich der schon angedeuteten Linie milder
Nestroyscher Satire ein, der halb amüsierten, halb degoutierten
Darstellung und Durchdringung menschlicher Schwäche, hier in
der Form mißgünstiger Kleinlichkeit und Tratschsucht, nicht
großer Laster oder eklatanter Einzelfälle. Von Nestroys beinahe
unheimlichem Spiel in der Hauptrolle abgesehen, war das
Ganze offenbar ein wirksamer Bühnenjux, mit dem in der
fünften Szene durch sorgfältige Bühnenanweisungen arrangier-

ten Gleichzeitig-Reden der Schar der männerlosen, klatschenden Putzmacherinnen als Höhepunkt. (Ihre Berufsgenossinnen in *Das Mädl aus der Vorstadt*, acht Jahre später, wirken wie ihre Schwestern.) Die Gruppe dient als Piedestal für den geschwätzigen, rufzerstörenden Tabak- und Neuigkeitskrämer Tratschmiedl, Einwohner »einer Vorstadt Wiens«. Die Hauptanziehung dieses weniger als mittelmäßigen Schwanks muß Nestroys virtuoses Spiel gewesen sein. Zu seinen Lebzeiten war es das in Wien fünft-häufigst gespielte unter allen seinen Stücken, und er trat darin immer wieder auf Gastspielreisen auf. 1844 berichtet Gutt über sein Spiel in Prag: »Bekanntlich ist das vorzugsweise Heraustretende im Tratschmiedl die unbegreifliche Zungenfertigkeit, mit welcher Herr Nestroy Satz an Satz knüpft . . . Beinahe vermag das Ohr dem eiligen Fluge seiner Zunge nicht zu folgen, und diese Jagd nach Wortlaut und Wortsinn macht, ehe man sich einigermaßen an diese Redeweise gewöhnt hat, einen verwirrenden Eindruck. Wäre übrigens Volubilität der Zunge der einzige Vorzug der Rolle, so hätte sie keinen anderen Wert, als den eines gelungenen Kunststückes, . . . eine Art Jonglerie mit Worten. Aber bis in die kleinsten Beugungen der Stimme spricht uns ein bestimmter Charakter an, der des neuigkeitssüchtigen, mißwollenden und schadenfrohen Schwätzers, und das hebt die Leistung . . . auf dramatischen Boden. In der ganzen äußern Erscheinung ist derselbe Charakter scharf ausgeprägt, in der vorgebeugten Haltung des Oberleibes, dem lauernden Blicke, dem in weiten langsamen Schritten schleichenden Gange.«[59] Franz Gauls Rollenbildnis ist die meisterhafte Illustration dieser Beschreibung.

Die Zauberposse: »Der Zauberer Sulphur«

Der Zauberer Sulphurelektrimagnetikophosphoratus und die Fee Walburgisblocksbergiseptemtrionalis oder Des ungeratenen Herrn Sohnes Leben, Taten und Meinungen, wie auch dessen Bestrafung in der Sklaverei und was sich alldort Ferneres mit ihm begab, Zauberposse mit Gesang in drei Akten, travestiert in der Art der traditionellen Wiener Ulkparodie, nur mit drastischerer Bühnen- und Charakterkomik und noch viel zahlreicheren Sprachscherzen niedriger Ordnung, aber mit einem Minimum an Witz, Raupachs »Robert der Teufel«. Dieses rührselig-le-

gendenhafte und unbeabsichtigt absurde Drama, in Wien nur
dreimal, im März 1833 gespielt, war dank Meyerbeers gleichna-
miger Oper und Nestroys *Robert der Teuxel* schon zur Zeit der
Erstaufführung von *Der Zauberer Sulphur* . . . halb vergessen;
auch erwähnte Nestroy es nicht einmal im Theaterzettel, nur im
Manuskript. Robert war ein Heinrich geworden, und so erinnerte die Posse nur einige der Kritiker leise an das Raupachsche
Stück; beträchtliche Teile des *Der Zauberer Sulphur* hatten
nichts mit ihm zu tun. Die Funktionen des Wunder wirkenden
frommen Einsiedlers sind auf vageste Weise von der im Titel
genannten Fee – verheiratet mit dem lächerlichen Zauberer
Sulphur – übernommen. Auch darin getreu der Tradition vieler
Wiener Lokalpossen, spielt das im wesentlichen burleske Stück
zum Teil im Morgenland und transponiert die Rittergeschichte
in »die neueste Zeit«. So versucht es, die komischen Effekte
auszunützen, die der Verkauf des verwöhnten jungen Helden,
des »Wildfangs« Heinrich von Pastetenberg und seines Dieners
Plumpsack, einer Scholz-Rolle, als Ware auf einem Sklaven-
markt nahelegt. – Hier einige Zeilen aus diesen Szenen
(II, 1-4):

EIN KOLONIST *(zu Achmet):* Was kostet denn der Sklav? *(Auf Heinrich
   deutend.)*
ACHMET Fünfzig Zechinen.
KOLONIST Ist mir zu teuer.
HEINRICH *(beiseite):* Das ist eine schöne Grobheit für mich . . .
ZERULLA . . . *(Ausrufend im Tone der Wiener Marktweiber.)* Her da!
   Meine zwei sauberen G'schlaven! Zwei saubere G'schlaven hab' ich
   da! Her da mei – –
HASSAN *(zu Zerulla auf Plumpsack deutend):* Wie hoch kommt denn
   der? Der Dicke?
ZERULLA Den gib' ich Ihnen billig, daß ich ein Geld lös'.
HASSAN Nun?
ZERULLA Der ist's nächste – aber nur, weil Sie's sind – hundert Ze-
   chinen.
HASSAN Hm – das ist nicht zu viel für den. *(Gibt Zerullen eine Börse.)*
   Da!
HEINRICH *(beiseite):* Ah, da muß ich bitten! Für den Kerl geben S'
   hundert Zechinen, für mich haben S' keine fünfzig zahlen wollen . . .

ABDUL *(einem Kolonisten nachrufend, der eben weiter gehen will):* So
   gehen S' her, ich geb Ihnen alle drei um den Preis.

DER KOLONIST Na also! *(Gibt Abdul eine Börse und führt drei Sklaven fort.)*

ZERULLA Wenn ich nur den da *(auf Heinrich deutend)* verkaufen könnt', daß ich fertig wurd'. *(Ausrufend wie früher.)* Her da! Das letzte Nagerl[60] G'schlaven, daß ich zum Einräumen komm'!

. . .

INDIGO *(Heinrich betrachtend):* Wie teuer ist denn der?

ZERULLA Ich lass' ihn billig, weil's der letzte ist – vierzig Zechinen.

INDIGO Warum nicht gar! Fünfundzwanzig, keinen Heller mehr.

HEINRICH *(beleidigt):* Hören Sie, Sie wissen nicht, mit wem Sie reden.

ZERULLA *(die Peitsche nehmend):* Wird Er still sein! *(Zu Indigo.)* Geben S' jetzt die dreißig, da hab' ich eh schon ein' Schaden dabei.

INDIGO Nein, er sieht zu schwach aus.

ZERULLA Wenn der in ein gutes Futter kommt, so wird er prächtig.

HEINRICH *(beiseite):* Die red't von mir, als wie von einem Pollakel[61] auf der Seilerstatt.

INDIGO Da hat die Frau jetzt sechsundzwanzig, und jetzt red' die Frau kein Wort mehr.

ZERULLA *(seufzend):* Na, wegen meiner, es ist wegen ein andermal.

Solche Stellen gehören noch zu den besten; es sind ihrer nicht viele. Im übrigen gibt es allerhand Bühnenkomik und eine Flut von Sprachspäßen niedriger Ordnung. Das Publikum, Besseres von Nestroy gewohnt, bereitete dem Stück am 17. Januar 1834 trotz guten Spiels »einen stürmischen Abend«, einen Durchfall unter »tobendem Lärm«[62].

Wir könnten es bei diesen Bemerkungen bewenden lassen, versuchte nicht S. Diehl, in sorgfältiger, 26 Seiten langer Untersuchung[63] das Stück als parodistische »Gesellschaftssatire« zu retten. Wir verdanken ihm Durchsicht des Originalmanuskripts und den Abdruck von zehn Szenen daraus[64], die teilweise von der Rommelschen Fassung abweichen oder neu sind. Diese beruht zum Teil auf der Theaterfassung, enthält aber eine Menge neuer alberner Späße, die wahrscheinlich zumeist der Regieführung Carls zuzuschreiben sind. »So entwickelte sich Robert ganz zwangsläufig aus einem von vornherein für Carl [als Schauspieler] etwas oberflächlich angelegten Typus heraus zu einem überzeichneten Staberl« (S. 167). Weder die Szenen noch Diehls Beweisführung können uns im Wesentlichen überzeugen, wir hätten es hier mit Gesellschaftskritik zu tun. Wohl wirkt die detailreichere Szene I, 15 der Handschrift, in der Robert die »Fräuleins« der Gesellschaft zwingt, die Dienstmäd-

199

chen zu bedienen und dann samt seinen Freunden mit ihnen tanzt, nicht mit den »Damen«, innerhalb des Biedermeier-Milieus kühn, ja revolutionär, aber knapp vorher berichtet der Hausverwalter: »Jetzt jagt er mit einem brennenden Scheit Holz die Kuchenmadeln [nicht die Fräuleins!] durcheinander«, und das ist nur ein Teil der rohen, ja grausamen Lausbübereien, die diese Halbstarken – Raupachs Wüterich und seine Mordgesellen parodierend – treiben. Robert zwingt das kränkliche Fräulein von Spatz, mit ihm zu tanzen, »bis s' umfallt«, und quittiert ihr Niedersinken auf einen Stuhl mit: »Die ist hin«; ein Freund Roberts hat der »gnädigen Frau ihren Leibpintscherl mit der alten Katz in eine Schublad sperren [wollen]«, als aber seine Mutter sich darüber entsetzt, erklärt Robert, den Hund streichelnd und scheinbar bemitleidend, »Versteht sich, so ein Hunderl braucht frische Luft . . . wegen seiner Gesundheit« und wirft ihm beim Fenster hinaus: »So jetzt ist er in der frischen Luft.« Die Mutter sinkt mit einem Schrei in Ohnmacht. »Die Freunde Roberts *(lachend):* Ha, ha, ha, ha!« (I, 14 der Handschrift). Dies kommentiert Diehl folgendermaßen: »Im Zuge dieser Reinigung der Atmosphäre« – denn auch das Hinauswerfen des Chevalier-Ehrengastes aus der (albernen!) bürgerlichen Gesellschaft stelle »das Weiterbestehen der bisherigen Ordnung in Frage« – spiegle das Hinauswerfen des Schoßhundes als »sinnbildliche Handlung seine Entwicklung wider, die ihn aus der engen ›Schublad‹ der Konvention gewaltsam in die ›frische Luft‹ einer neuen Zeit versetzte« (S. 164). Es ist kaum möglich, solche Deutungen mit gutem Gewissen zu akzeptieren, selbst wenn man in manchen von ihnen gefühlsmäßig einen Kern rudimentärer Wahrheit, aber nicht mehr als das, wittern kann: Man *kann* in jedem Flegel einen Rebellen gegen die bestehende Gesellschaftsordnung erblicken. Viel näher liegt es, dem Bühnenmann Nestroy Voraussicht der früh (vgl. S. 32) erkannten Wirkung von Grausamkeit auf den Zuschauer zuzutrauen. Auch liegt es in der Natur einer jeden Travestie, die in ihr dargestellten Personen lächerlich erscheinen zu lassen. Das macht aber eine parodistische oder komische Darstellung intellektuell oder moralisch beschränkter oder (im parodierten Text unglaubhafter) Gestalten noch nicht zur »Satire«, geschweige denn, wenn sie durch und durch unwitzig ist. In einem solchen Fall von einer »außergewöhnlichen Meisterschaft der satirischen Aggression«

(S. 157) zu sprechen, ist wohl unangebracht, so dankenswert des Autors Bemühungen um die frühen Stücke Nestroys und das Aufspüren charakteristischer Tendenzen in ihnen auch sind.

Groteske Stilisierung:
»Müller, Kohlenbrenner und Sesseltrager«

Bemerkenswert als artistisches Experiment, das tiefliegende Wesenszüge des Geistes und der Satire Nestroys enthüllt, ist *Müller, Kohlenbrenner und Sesseltrager oder die Träume von Schale und Kern,* Zauberspiel mit Gesang in drei Aufzügen, zum erstenmal aufgeführt am 4. April 1834. Äußerlich handelt dieses Stück, wie schon *Der Tod am Hochzeitstage,* von einer Besserung durch Träume. Hier aber werden drei verschiedenartige Freunde durch drei Träume gebessert – scheinbar. Denn in Wirklichkeit ist es ein Stück radikaler Desillusionierung, gerichtet vor allem gegen die Ehe, weniger spezifisch gegen den Spießbürger und sein Verhältnis zum Künstler. Schon im nächsten Jahr nahm er dieses Thema wieder auf: in *Weder Lorbeerbaum noch Bettelstab.* Es ist im tiefsten ein Stück der Resignation und des Hohns auf eine die Wirklichkeit, die fragwürdige »Mittelstraße« verklärende Idealisierung.

Das Wort »Zauber« im Untertitel besagt nichts über die wesentliche Eigenart dieser schwachen, aber interessanten Posse. Es bezieht sich auf den in Raimundischem Pathos und gelegentlich in Versen sprechenden Gnomenfürsten Rübezahl, der das Traum-Elixier in drei Flaschen verabreicht.

Das Neue an ihr ist ihre trotz realistischer Sprache und vielfältiger burlesken Episoden extreme Stilisierung. Symmetrie, Parallelismus und Analogie in der Handlung und der Auswahl der Charaktere, deren Reaktionen und Sprechweisen – Dinge, die Nestroy als vereinzelte Züge oder Mittel komischer Wirkung schon früher verwendet hat – sind hier gesteigert zu einer Durchkonstruktion des ganzen Spiels, in dem die Personen wie Figuren in einem Lehrstück wirken, wie nach *einem* Plan verfertigte Marionetten.

Der Müllermeister Weiß, der Kohlenbrenner Schwarz, der Sesseltrager Rot – alle entsprechend gekleidet – wollen die ihnen Verlobten, Gertrud, Margaret und Sandl, nicht heiraten, weil Weiß sich Geld wünscht, Schwarz Künstlerruhm und Rot

»romanhafte Liebe« (I, 13). Diese Wünsche werden ihnen von Rübezahl durch je einen ihnen allen gemeinsamen Traum ausgetrieben; jeder dieser Träume – »die Träume von Schale und Kern« – dient als *ein* Akt und stellt Erfüllung je eines dieser Wünsche dar. So hat im zweiten Traum ein reicher Gutsbesitzer drei schwärmerische Söhne – Abälard, das Weißköpfel, Siegwart, das Schwarzlockerl und Herfort, das Rotwangerl. Sie sollen die drei Töchter des Nachbarn heiraten, verlieben sich aber in die drei schwärmerischen Töchter der Pächterin – Heloise, Marianne, Klärchen. Alles geht, vom Autor gleichgeschaltet, wie ein Uhrwerk vor sich. Weiß, Rot und Schwarz erschießen sich zugleich in verschiedenen Zimmern am Ende des ersten Aufzugs, die drei Söhne beschließen Selbstmord mit ihren Geliebten in der Mitte des zweiten. Abälard: »Die Einteilung ist bereits gemacht. Die drei Geliebten springen ins Wasser, und wir drei hängen uns auf« (II, 7).

In der zehnten Szene dieses Akts müssen erst der Vater, dann die Mutter, dann beide zugleich den drei Paaren zugleich ihren Segen geben, alle drei Paare knien dazu mit »komischer Schnelligkeit« nieder, springen wieder auf und rufen einstimmig aus: »Ha, Seligkeit!« Fünf Jahre später treten drei neue Liebhaber der nun verheirateten drei jungen Frauen auf – Marquis Pomade, Marquis Odeur, Marquis Toilette.

Von Anfang an (I, 2) sprechen auch die Angehörigen jedes Trios wörtlich oder im Sinne dasselbe oder parodistisch-stilistisch Analoges, manchmal unisono, was mitunter zu den bizarrsten, ja surrealistisch wirkenden Situationen führt. Die analogischen Sprechweisen führen zu analogischen Handlungsweisen und umgekehrt. In II, 5 zum Beispiel begrüßen sich die drei Paare, also sechs Personen, auf genau dieselbe Weise, dann stürzen sie einander in die Arme, der eine Liebhaber mit dem Wort »O Seligkeit!«, der zweite mit »O Wonne!«, der dritte mit »O Übermaß!« Manchmal sind diese dialogischen und gestischen Dreiheiten noch durch Gebrauch desselben variierten Wortes verstärkt: »ROT O seliger Herr Onkel! WEISS Wie selig sind wir, daß du selig bist! SCHWARZ Das ist eine Seligkeit!« (I, 19). Die Schematisierung des zweiten Aktes erreicht ihren Höhepunkt in II, 10, als alle sechs Liebhaber und Liebhaberinnen gleichzeitig dasselbe sagen, die einen zu ihren Vätern, die andern zu ihren Müttern.

Die Typisierung durch analoge Sprachformen verbindet sich mit der bei Nestroy üblichen Parodie sentimental-literarischer Sprache zu einem natürlichen Ganzen und endet in der absurdesten Parodie wirklichkeitsferner Gefühlsseligkeit:

ABÄLARD *(zu Heloisen):* Gib mir die Hand. *(Sie reicht ihm die Hand.)* Die andere auch. *(Sie tut es.)* Die andere auch.
HELOISE Ich hab' ja keine mehr!
ABÄLARD O karge Natur, warum hast du diesem Geschöpf nur zwei Hände gegeben?

Mit dem unösterreichisch-theaterhaften »Heda, guter Freund!« hält Abälard vor seinem Selbstmordversuch einen Bedienten auf.

BEDIENTE Befehlen?
ABÄLARD Ich lass' dem Papa sagen: die Grenze des Diesseits ist auch zugleich der Rand des Jenseits, und die Naturen schwingen sich aus der Verkörperung zum ätherischen Gefild'. Ja nicht vergessen!

Siegwart und Herfort geben ihm ähnliche Aufträge. – All dies ist verzahnt in die übliche burleske und oft niedrige Komik, wirksam für das theaterfreudige Publikum Nestroys durch ausgezeichnete Darsteller des Komischen, die das Spiel um des Spieles willen liebten und den Spaß als Spaß, ohne »höhere« Ansprüche. Diese handfeste Komik des Individuellen kontrastiert mit der abstrakten Konstruktion des Ganzen und erzeugt, vereint mit ihr und den gelegentlichen satirischen Ausfällen, eine Groteske von auffallender Modernität.

Das Ende des Zauberspiels: »Die Gleichheit der Jahre«

Am 8. Oktober 1834 kam Nestroys schon aus dem Jahr 1833 datierende »Lokalposse in 4 Abteilungen« *Die Gleichheit der Jahre* anonym auf die Bühne, umgearbeitet aus seiner nie aufgeführten (und undatierbaren) »Zauberposse in drei Akten« *Das Verlobungsfest im Feenreiche oder die Gleichheit der Jahre.* Beide Fassungen sind unbedeutend und verdienen Aufmerksamkeit fast nur aus einem literatur- und theater*geschichtlichen* Grund: Während nämlich das ältere Stück das ist, was es sich nennt, eine »Zauberposse«, in der Supranaturalis, »Herrscher im Feenreiche«, nur mühsam die zumeist auf Erden spielende Handlung in Bewegung setzt, hat Nestroy im jüngeren nur die realistischen Szenen – entsprechend verkürzt, erweitert und verändert – beibehalten und den schon längst brüchigen, ironisch oder parodistisch behandelten Zauberrahmen einfach weggelassen. Supranaturalis wird als Oberforstmeister von Hirschwald der spiritus rector des ganzen Geschehens. So sieht Rommel diesen Zauberstreich Nestroys als Beispiel dafür, »wie im Alt-Wiener Volkstheater die Posse aus dem Zauberspiel erwächst«[65]. Wieder als im Grund durchaus sarkastisches Besserungsstück aufgebaut – im älteren Stück werden eine reiche Fee und der Genius Schladriwuxerl »gebessert«, im jüngeren zwei Menschen –, haben beide Possen zum scheinbaren Thema die These, daß nur Altersgenossen einander heiraten sollen; eine Art Kriminalgeschichte ist in sie verwoben. »In einer Welt des gröbsten Handelsgeistes hinter der Fassade bürgerlicher Reputation, unter besoffenen Polizisten und bestechlichen Richtern«[66], dreht sich wieder einmal alles ums Geld, aber das dieses Thema exemplifizierende billige Couplet (II, 13) – »Ich heirat ein' Alte mit Geld« – ist ebenso unwitzig wie die niedrige Komik des Ganzen. Persiflage unaufrichtigen Schwärmertums und literarischer Räuberromantik können ihm nicht aufhelfen. Was Satire werden könnte, erhebt sich fast nie über karikaturistische Spaßmacherei; nur hie und da erinnert eine glückliche Formulierung daran, daß Nestroy dahinter steht. Ausgezeichnetes Spiel erhielt das Stück einige Jahre hindurch am Leben.

Nestroys Neigung zur Parodie wurde nun von der Kritik als Wesenszug seiner Darstellungsweise erkannt, die spezifisch literarische Persiflage aber als schon abgebraucht verurteilt, mehr noch das Eindringen von »Gemeinheit« und des »Tons der Kneipen« in die Wiener Lokalposse, das sie mit »Verderbnis« bedrohe. Das Durcheinanderbrodeln von richtig und schief gesehnem Wahrem mit Falschem, das Ganze dogmatischen und »moralischen« Standards untergeordnet, sollte charakteristisch für die Nestroy-Kritik bleiben.

»Die Fahrt mit dem Dampfwagen«

Noch einen harmlosen theatralischen Scherz voll Spott über das Theaterhandwerk leistete sich Nestroy 1834, die »Posse« *Die Fahrt mit dem Dampfwagen,* geschrieben als Vorspiel zu einem

Quodlibet aus geschlossenen Szenen seiner und anderer populä-rer Stücke[67] »zum Vorteile des Komikers Wenzel Scholz«. Die Grund-»Idee« des Vorspiels ähnelt der des Vorspiels zur *Magischen Eilwagenreise durch die Komödienwelt* (1830), wiederholt in der *Humoristischen Eilwagenreise durch die Theaterwelt* (1832; vgl. S. 167, Anm. 41). Für den Einfall, die zufällig erhaltenen Reste der verbrannten Bibliothek einer reisenden Schauspielergesellschaft zu einem Stück zusammenzunähen, er-hält der Theaterdiener Nebel die Tochter des Schloßinspektors zur Frau. Der Sohn des Kochs, Christoph, von Nestroy gespielt, kommentiert parodistisch einfältig in hegelisierendem Kritiker-ton Dramen von Schiller und Wiener Lieblingsstücke der Zeit, Nebel die Diskrepanzen zwischen den Rollenfächern seiner Gruppe und ihrem Privatleben. So deutet die eine Szene zurück auf die Glossen Sansquartiers, die andere voraus auf die Atmo-sphäre von *Theaterg'schichten* (1858). Der Akt ist übervoll mit primitiven Wortspielen. Christoph hat einen Monolog, der ganz auf die Terminologie der Küche aufgebaut ist und, auf dem Umweg über meist wienerische Metaphern, auf Beziehungen zwischen Kochkunst und »theatralischen Kenntnissen« (Sz. 7). *Die Fahrt mit dem Dampfwagen* wurde noch oft und oft (66mal) als Vorspiel auch zu andern Quodlibets verwendet.[68] In seiner spöttisch verfremdenden Albernheit konnte es als versöhnende Brücke zu diesem fragwürdigen Genre dienen.

3. Neue Satire und altes Theater
(1835-1837)

Die ersten zwei Spießer-Satiren
Das paradigmatische Volks- und das anthropologische
Schaustück · Jux und »Moral«

Die erste Spießer-Satire:
»Weder Lorbeerbaum noch Bettelstab«

Es ist nur natürlich, daß das nächste Stück nach dem gewollt brutalen Flankenangriff auf das Wiener Kleinbürgertum in der realistischen Farce *Die Familien Zwirn, Knieriem und Leim,* auch die »parodierende Posse« *Weder Lorbeerbaum noch Bet-*

telstab als direkte Attacke auf den Bürger des »wohlsituierten Mittelstandes« nur zaghaften, beunruhigten Beifall gefunden hat. Entweder hat das Publikum am 13. Februar 1835 Entscheidendes nicht verstanden oder im Gegenteil spät, aber doch gemerkt, daß Nestroy es zum Gegenstand seines Hohns gemacht hatte. Denn die Posse war weit mehr als eine literarische Parodie: durch die Parodie hindurch verhöhnte sie den selbstgefälligen beschränkten »Bürger« im allgemeinen, den Wiener Spießbürger im besonderen. Und dazu sagte Nestroy durch den Helden Wichtiges über sich selbst, sein Verhältnis zu seiner Kunst und seinem Publikum.

Als bloße Parodie hat *Weder Lorbeerbaum* höchstens historisches Interesse. Sie richtet sich gegen Karl Holteis in Wien mit besonderem Erfolg gegebenes Rührstück »Lorbeerbaum und Bettelstab«. Holteis Thema ist die Erfolglosigkeit eines weichherzigen Dichters mit seiner Dichtung und im Leben. Von seiner Größe erfährt man nur aus seinen Versicherungen über sie. Das unmännliche Jammern nach Erfolg widerstand Nestroy an sich um so mehr, als er ja von jeher vom Geschmack des Publikums gering dachte. Der lärmende Durchfall des *Zauberer Sulphurelektrimagnetikophosphoratus* und die sehr begrenzten Erfolge seiner eigenen besten Stücke seit dem *Lumpazivagabundus* müssen seine Abneigung noch gesteigert haben. Aus der doppelten Absicht, den beifallssüchtigen sentimentalen Dichter zu karikieren und die künstlerische Belanglosigkeit des Publikumsgeschmacks zu betonen, ergeben sich Komplikationen, die wie Inkonsequenzen wirken: ablehnende Parodie des Vorbilds zugleich mit amüsierter Sympathie mit dem verlotterten parodierten Helden des Nachbilds.

Die scheinbar bloß psychologischen Konsequenzen sind außerdem Spiegelung der paradoxen Stellung des Satirikers auf der Bühne, der auf ein Publikum angewiesen ist, das Gegenstand seiner Satire ist: Der sich bemitleidende tragische Dichter Holteis wird bei Nestroy zum Komödienschreiber, dem es nur um in Geld sich umsetzende Wirkung bei eben jenem Publikum zu tun ist, das er selbstbewußt verachtet. Er fällt Nestroyisch geistvolle Urteile über den Geschmack seiner Konsumenten, manche deutlich pro domo, und setzt mit auftrumpfender Zynik seine eigene Tätigkeit herab. Der Dichter Leicht hat mit der Vorlesung seiner Stücke die Gesellschaft gelangweilt:

LEICHT Das ist niederträchtig.

BLASIUS Was? Dein Stuck?

LEICHT Nein, die Behandlung hier im Haus.

BLASIUS Mein Gott, es is halt ein bürgerlicher Kreis, lauter aufrichtige
Leut'. Die heißen dich einen Esel ins G'sicht, aber bloß aus Biedersinn und Gutherzigkeit.

LEICHT Mein Stuck is nicht schlecht, es hat gute Gedanken und Spaß
genug.

BLASIUS Aber es hat witzige Gedanken.

LEICHT Und is das etwan nicht recht?

BLASIUS Freilich nicht. Ein G'spaß soll niemals witzig sein, sondern so
gewiß sentimental gutmütig, daß man mit'n halbeten Gesicht lachen
und mit der andern Hälfte weinen kann. Wir sind biedersinnige,
gemütliche Menschen, wir wollen überall Rührung, was fürs Herz.

LEICHT Ihr seid's dumme Menschen in höchstem Grad.

BLASIUS Du, red' nicht so laut, wenn das einer hört, von die gutmütigen
Leut', so tragt er dir's nach in zehn Jahren. Du hast dir heut' ohnedem
durch dein frivoles Benehmen viele Feinde hier gemacht, du wirst
sehn, wie dein Stuck aufg'führt wird, die gehn alle hinein und pfeifen
dir's aus, aber bloß aus Biedersinn und Gutherzigkeit.   (I, 2)

Biedersinn, Gemütlichkeit, Gutherzigkeit, das waren die Eigenschaften, die den Wienern immer als besondere Qualitäten
nachgerühmt worden waren. Gegen diese fadenscheinige »Gemütlichkeit« des nur dem Geld, dem Genuß und der Bequemlichkeit ergebenen »bürgerlichen Kreises« rennt Leicht an.

Wenn das Volk nur fressen kann! Wie s'den Speisendurft wittern, da
erwacht die Eßlust, und wie die erwacht, legen sich alle ihre Leidenschaften schlafen; sie haben keinen Zorn, keine Rührung, keine Wut,
keinen Gram, keine Lieb', keinen Haß, nicht einmal eine Seel' haben
s'. Nix haben s' als ein' Appetit.   (II, 20)

»Sie stoßen mir meine Gesellschaft vor'n Kopf« warnt ihn sein
Gastgeber, der Fabrikant Steinrötl, dessen stehende Wendung
ist »Geh'n wir essen«. »Das wird bei *der* Gesellschaft nicht
möglich sein«, antwortet Leicht, unfähig wie sein Schöpfer,
Assoziationen an das Wort »Kopf« zu unterdrücken. Der
»kopfloseste« aller dieser besitzenden Spießbürger ist der ver-
trottelt-ehrsame Herr Überall, der sich auf seine Weltkenntnis
viel zugute tut: er reist 200mal im Jahr nach Fischamend (20 km
von Wien) und zurück. Ein andrer in der Gesellschaft ist der
kommerzielle Theaterdirektor, der sich nicht entschließen kann,
Leicht sein Stück für fünf Gulden abzukaufen, wohl aber »'s

Paar um sieben«. Und überall taucht in ihr das befremdete Unbehagen über den Habenichts von Dichter auf:

STEINRÖTL Es is wahr, wir waren etwas gar grob mit ihm, aber das muß sich so ein Mensch g'fallen lassen, er hätt' jetzt ein gutes Essen da kriegt, und zu Haus hat ja so ein Dichter eh nix als Kraut und Erdäpfel. (I, 7)

Solche Mißbilligung schließt das überlegene Auf-die-Schulter-Klopfen nicht aus, das, wieder die Holteische sentimental-romantische Darstellung parodierend, von »so einem Dichter« jederzeit einen »Raptus« erwartet (II, 9).

Leicht-Nestroys Auffassung vom Dichter aber ist nüchtern. Er nimmt gern einen von seiner Geliebten als Anerkennung gesandten Stab mit dem Bildnis des Scherzgottes Jokus entgegen: »Sie zeigt . . . dadurch an, daß sie mich für fähig hält, als Dichter diesen Zauberstab zu schwingen, darin liegt die höchste Schmeichelei für mich« (I, 12).

Dem Einwand, man hätte ihm doch lieber einen Lorbeerbaum schicken sollen, begegnet er mit jenen Worten, die von der Kritik aufgegriffen, aus dem Zusammenhang gerissen und, von der Figur Leichts getrennt, hie und da als Beweis von Nestroys Bescheidenheit gewertet wurden, öfter als Beweis für seinen Zynismus, für den geringen Respekt, den er vor seiner eigenen Tätigkeit hatte:

Wollen Sie mich foppen? Oder halten Sie mich wirklich für so dumm? Bis zum Lorbeer versteig' ich mich nicht. G'fallen sollen meine Sachen, unterhalten, lachen sollen d' Leut', und mir soll die G'schicht' a Geld tragen, daß ich auch lach', das is der ganze Zweck. G'spaßige Sachen schreiben und damit nach dem Lorbeer trachten wollen, das is eine Mischung von Dummheit und Arroganz, das is grad so, als wie wenn einer Zwetschgenkrampus macht und gibt sich für einen Rivalen von Canova aus.

Diese Stelle ist immer wieder in Biographien Nestroys zitiert, die vorangehende aber verschwiegen worden; man sah mit Recht, daß es hier Nestroy um sein Eigenstes ging, bemerkte aber nichts vom Hintergründigen des Wortlauts, kaum, daß er, wäre dieser selbst so plan, wie er sich gibt, über den Rang von Nestroys Kunst nichts aussagte. Ja, man hat übersehen, daß Nestroy sich hier – das einzige Mal in seinem Werk – auf die denkbar ausdrücklichste Weise mit seinem Helden identisch erklärt hat: Leicht, vom Komödienschreiber herabgesunken zum Wirtshausharfenisten und auch als Person seit zwanzig Jahren totgesagt, entdeckt, daß sein Stück Der Zauberschmarrn, damals von der Kritik verrissen und vom Publikum ausgepfiffen, wiederauferstanden und ein Riesenerfolg geworden ist. Julie, die Tochter seiner Jugend-Geliebten, soll »das g'spassige Lied« daraus singen und Julie singt, laut Regiebemerkung (III, 10), »die ersten Zeilen des Liedes aus *Der gefühlvolle Kerkermeister*« – Nestroys eigenem Stück, das zwei Jahre vorher auf die Bühne gekommen war. Leicht wird Nestroy![69]

Was Leicht in *Weder Lorbeerbaum* über das Publikum und die gehässige Kritik seiner Stücke nun unmittelbar vor dem Schluß zu sagen hatte – sie hatte den »Zauberschmarrn« schon verdammt, bevor sie ihn kannte (II, 1) –, mußte nun, im Rückblick, höchst ominöse Bedeutung gewinnen, auf Nestroys eigenes Werk und auf seine Karriere, von den ersten Worten der »Posse« bis zu den letzten: Sie beginnt mit Leichts Vorlesung der Schlußworte seines letzten Stücks im »eleganten Saal« im Hause des Fabrikanten Steinrötl:

> Juchhe! Jetzt sind wir alle glücklich! *(Die Anmerkung lesend.)* Er umarmt seine Geliebte, alle übrigen im Stück, die einen geliebten Gegenstand aufzuweisen haben, umarmen denselben ebenfalls, der Zauberer tritt segnend vor,... griechisches Feuer, der Vorhang fällt. (I, 1)

Das erinnert verteufelt an die Schlüsse der traditionellen und auch seiner, Nestroys, eigenen »Zauber«-Komödien. Waren sie auch immer deutlicher parodistische oder bloße Floskel geworden, so hat er hier seine Stellung zu ihnen und dem, was dahinter stand, ein für alle Mal jedem Mißverständnis entzogen.

Die Satire endet mit einer revolutionär-sachlichen Bewertung des wirklichen Künstlers. Obwohl sein Werk einem stumpfen Publikum ausgeliefert ist, setzt es sich schließlich durch: »Das einzige G'scheite an mir war, ich hab' nie zu hoch aus wollen, drum bin ich auch nicht zu tief herunterg'fallen.« Der Ruhm ist ein steiler Felsen und

> Wer nicht enorm bei Kräften is,
> Soll nicht au'm Felsen steig'n,
> Er rutscht und fallt ins Präzipiß,
> Viel Beispiel' tun das zeign.

Das Lied endet mit dem Lob der »Mittelstraß'n«: »Es wachst zwar drauf kein Lorbeerbaum, doch auch kein Bettelstab« (III, Schlußgesang). Daß das Lied sowie das ganze Stück, trotz seiner in verschiedenen Richtungen liegenden Angriffsziele, sich dennoch so mühelos in eine oft enge Parodie der Verherrlichung des Pseudo-Genies einpaßt, ist ein kleines technisches Wunder. Damit man ja verstehe, worauf es ihm ankam, fügte Nestroy in die Theaterhandschriften Th 1-4 vor dem Lied die folgenden ursprünglich nicht vorhandenen Worte ein: »Jetzt werd' ich halt das, was ich über das Thema noch hab' sagen wollen, den edlen Wienern, [die Holteis Stück begeistert aufgenommen hatten] in ein paar kurze G'setzeln vorsingen.«[70]

Triumph des Mimus: »Eulenspiegel«

Nestroys nächstes Stück, *Eulenspiegel oder Schabernack über Schabernack,* Posse mit Gesang in vier Akten, Erstaufführung am 22. April 1835, gefiel ihnen weit besser: *Lorbeerbaum und Bettelstab* erlebte zu Nestroys Lebzeiten in Wien 9 Aufführungen, Eulenspiegel 140.[71] Es ist eine literarisch völlig belanglose Posse, in engster Anlehnung an ein ungedrucktes »Lustspiel« der Zeit geschrieben.[72] Ihr außerordentlicher Erfolg wäre unverständlich, läse man nicht, daß sie ein Triumph von Scholz' und Nestroys Schauspielkunst war und sein Leben lang blieb. Nestroys Spiel als Natzi scheint »die witzigste Ironisierung der alten Thaddädl-Rolle« gewesen zu sein.[73] Nur hierin und in kleinen Änderungen des Texts war er originell. Natzi ist der geistig bescheidene Anfang der langen Reihe gelegentlich überraschend gescheiter Dummköpfe in Nestroys Possen. (Longinus in *Die Verbannung,* I, 8, deutet schon auf diese Entwicklung hin.) »Nie sah ich einen dummen Jungen geistreicher dargestellt!« ruft ein Kritiker aus.[74] So albern der Text des Stücks zum größten Teil war, der Ruhm des Schauspielers blieb von nun an unerschütterlich.

Das paradigmatische Gesellschaftsbild: »Zu ebener Erde und erster Stock«

Auch Nestroy, der Autor, wurde auf allen Seiten noch im selben Jahr enthusiastisch gepriesen für die Originalität und die Gesinnung seiner »Lokalposse mit Gesang« *Zu ebener Erde und erster Stock oder Die Launen des Glückes,* zum erstenmal aufgeführt am 24. November 1835. Seinem neuen Ruhm fehlte nun nichts. Man war entzückt von der Durchführung des neuartigen Einfalls, die Welt der Armen und die der Reichen durch beziehungsreiches Spiel auf einer horizontal quergeteilten Bühne gleichzeitig und kontrastreich vorzuführen, man lobte es, daß die »niedrige Welt der Kneipen« verlassen war, und mit sichtbarer Anteilnahme rührende Einfalt, Treuherzigkeit und Güte gestaltet wurden, man freute sich der Glücksfälle, die der braven, aber doch nicht sentimental gezeichneten armen Trödlerfamilie von unten mit dem hartherzigen »Spekulanten und Millionär« von oben das Quartier zu wechseln erlauben, und der Fügung, daß die Rechtschaffenen aus beiden Stockwerken sich durch eine Heirat zusammenfinden, kurz der »sittlichen« Tendenz, die hier offenkundig herrschte und sich ohne weiteres vertrug mit Nestroys Theaterroutine, seinem Witz von einst und einer orginellen Sprachbehandlung. Parallelismus und Symmetrie, wie wir sie etwa in *Müller, Kohlenbrenner und Sesseltrager* fanden, sind hier bei einer geradezu geometrischen Durchkonstruktion angelangt, die aber einer Leitidee dient und dadurch paradigmatisch wirkt wie mittelalterliche Allegorien und Simultanbühnen trotz des Realismus der Sprache. Drei Unglücksfälle widerfahren dem übermütig reichen Herrn von Goldfuchs oben, drei Glücksfälle der desperat armen Tandlerfamilie unten, mit dem Ergebnis, daß Oben und Unten die Quartiere tauschen. Und die einander entsprechenden Liebesepisoden zwischen den vier Personen zu ebener Erde und im ersten Stock nehmen an diesem Kreislauf teil; die Schnur, an der die Briefe des führenden Paares oder ihrer Widersacher hinauf und hinunter wandern, verknüpft Oben und Unten, verwickelt die vertikale Handlung aber auch durch unbeabsichtigte Empfänger und irrig vermutete Absender der Botschaften. Wegen seiner Verkleidung wird Monsieur Bonbon als Johann verprügelt, und der Kammerdiener Johann als Monsieur Bonbon, aber beide verdienen es. Die Niedertracht ist nur sozial verschieden gefärbt.

Das Leben der Armen und der Reichen ist aufeinander bezogen durch echoartige gleiche Strophenformen und Reime auf beiden Bühnen, aber mit kontrastierendem Inhalt und durch sprachlich streng analogische Dialoge, die manchmal in wörtliche Identität münden. Nestroys Sympathie gehört, wie stets, den Armen und hier auch der Millionärstochter, deren Herz nach dem armen Adolf strebt; aber auch unten gibt es Schlechtigkeit, und auf beiden Ebenen ist sie verursacht durch die verderbliche Macht des Geldes. (Daß die witzig angedeutete soziale Frage – »Das is eben das Dumme und höchst Ungerechte. Wenn die reichen Leut' nit wieder reiche einladeten, sondern arme Leut', dann hätten alle genug zu essen« – hier so konfliktlos gelöst war, lag durchaus im Sinne des Vormärz. Die ironische Färbung dieser Simplizität wurde wohl nur von wenigen bemerkt.)

Zu ebener Erde ist virtuos gebaut, aber als Komödie oder Posse schwach: Die Charaktere sind blaß, ohne daß dies durch karikaturhafte Schärfe wettgemacht würde, der Witz ist besser als im *Eulenspiegel,* aber weit unter dem der besten Stücke der Frühzeit, die wirksamen Situationen sind nicht zahlreich. Einzelne Stellen grenzen nun ans Rührende, biegen aber, wie immer bei Nestroy, in einen Scherz ab, wo Sentimentalität droht. Dennoch hat das Stück wenig wirklich Possenhaftes an sich. Es schien gemäßigt und unaggressiv, ja menschenfreundlich zu sein; die krasse, das Leben bestimmende ökonomische Kluft zwischen Oben und Unten beinah gottergeben als nur vom Schicksal korrigibel dargestellt: »Die Launen des Glückes« ist der Untertitel.

Dieser Stil (in jedem Sinn) gewann die Gunst der Kritik: »Es ist seit langen Jahren auf den Volksbühnen kein Stück erschienen, das sich an Keuschhaftigkeit, einfacher Lebenswahrheit und tiefaufgefaßter Schicksalsgestaltung mit diesem messen könnte«.[75] Die von Nestroy gewählte Bezeichnung »Lokalposse« erschien ihr als zu niedrig. Kurz, der langersehnte Schöpfer reifer Volksdichtung, den man in Nestroy nach dem *Lumpazi* zu erkennen geglaubt hatte, schien sich in diesem Stück, das man »weit höher als Raimunds Verschwender« stellte, nochmals offenbart zu haben, und man erwartete ein Fortschreiten auf dieser Bahn.

Das moralisierende »Gemälde«: »Der Treulose«

Nestroy folgte den Wünschen der Kritiker in seinem nächsten Stück, *Der Treulose* (5. März 1836), mit verheerender Wirkung, so daß auch sie erkannten, sie hatten ihn auf einen falschen Weg gedrängt. Schon der moralisierende Untertitel *oder Saat und Ernte* – nicht mehr *Launen des Glücks!* (Nestroys wirkliche Auffassung vom Schicksal) – und die sonst bei Nestroy nicht vorkommende Gattungsbezeichnung Dramatisches Gemälde erzeugen beim Kenner seines Werks Befürchtungen. Sie erinnert an die des »Lebensbildes«, eingeführt vier Jahre später vom Theaterdichter Friedrich Kaiser (vgl. S. 232). Mit Ausnahme zweier oder dreier Szenen lohnt es sich in der Tat nicht, dieses endlos lange »Gemälde in zwei Abteilungen« um ästhetischen Vergnügens willen zu lesen, doch legt die Lektüre Fragen über Nestroy als Schriftsteller nahe und eröffnet Einsichten in ihn als Person: in sein überstarkes Streben nach »Wirkung« auf der Bühne.

Das Stück dreht sich um Herrn von Falsch, den erfolgreichen, egoistischen Mädchenbetörer, dessen Anziehungskraft in der ersten Abteilung auf hier unbeabsichtigte, kaum variierte Weise vier Mädchen zum Opfer fallen, während er in der zweiten, *Die Ernte,* gealtert, verlassen von seiner betrogenen Frau und fast allen Freunden und auch von manchem von ihnen getäuscht, einem einsamen Ende entgegengeht. Halb glaubt er offenbar an seine eigenen betörenden Worte, solange er sie äußert. Er ist weder humoristisch als Schürzenjäger gesehen, noch moralisch als Schurke und erscheint so halb verächtlich, halb bemitleidenswert, ist aber zu flach gezeichnet, um ernsthaftes psychologisches Interesse zu erwecken. Eine lange Reihe von Szenen hindurch wirkt das Stück als detaillos realistisch, besser gesagt, nicht unrealistisch und vorwiegend ernst, aber zweierlei unterhöhlt diesen ans Tragische streifenden Ernst, ohne ihn ironisch zu machen: die komische Rolle des grundlos eifersüchtigen Dieners, Treuhold (!), der seinem Herrn gar nicht so unbedingt treu ist, Scholz auf den Leib geschrieben, und die mit dem Fortgang der Handlung wachsende Unfähigkeit des Autors, durchaus unwitzige Wortspiele zu unterlassen. Dies wird in Nestroys ernsten Stücken ein typischer Vorgang werden, so in *Glück, Mißbrauch und Rückkehr* (1838) und noch in einigen späteren. Auch hier paßt Nestroys Sarkasmus im *Talisman* über »traurige Possen«: »Auf einem düsteren Stoff nimmt sich der matteste Witz noch recht gut aus, so wie auf einem schwarzen Samt die matteste Stickerei noch effektuiert«. Auch scheint dem

Nestroy-Leser in den ersten beiden Akten das bilderreiche *ernste* Pathos und die sentimentale Schwermut der Mädchen manchmal an Parodie zu grenzen, im dritten aber kann kein Zweifel mehr darüber bestehen, daß die papierene Redeweise des edlen Freundes und wahrhaft treuen Gatten Herrn von Solwig ernst gemeint ist. So erinnert sein Stil nicht selten an den des *Friedrich, Prinz von Korisika* durch deutliche Anklänge an Raimunds pathetische Szenen und durch ungewollte parodistische Untertöne: Da gibt es außer den sentimentalen Klischees und pompösen Bildern jambische Tonfälle und inmitten des Prosa-Dialogs »poetische« grammatikalische Formen wie »häus*lich* Glück« (II. Abt., Sz. 16) und »ird*isch* Gut« (ib. 38).[76]

Von den folgenden Beispielen seien Herrn von Falschs Beteuerungen ausgeschlossen; sie könnten ja »falsch« sein. Aber hier ist die Liebeserklärung Ernestines, der offenkundig Nestroys Herz gehört:

> Die Liebe, die ich Ihnen weihe, ist die erste Blüte meines Herzens; bewahren Sie sie wohl, denn sie bedarf der treuesten Pflege! Wenn Sie sie achtlos je zertreten könnten, keimt keine zweite wieder und ewiger Winter deckt den Ort, *(aufs Herz zeigend)* dem sie entsprossen. (I, 48)

Die Reden des edlen Herrn von Solming reichen von den abgebrauchtesten Sprach-Klischees wie

> In Philadelphia starb sie. Die neue Welt hatte keinen Balsam für die alten Wunden ihres Herzens (II. Abt., 15)

zu künstlichsten Bildern für trivialste Gedanken. Er hat dem armen Fritz die Hand seiner reichen Tochter verweigert:

> . . . des Menschen Wunsch ist kein freier Vogel, eng vergittert muß er bleiben im Käfig der Vernunft, denn läßt man ihn flattern durchs Gebäude des irdischen Treibens, so stößt er überall an den schroffen Wänden der Verhältnisse an. (ib., 7)

Herr von Walter glaubt seiner Tochter nicht, daß sie glücklich ist:

> Lade nicht zu deines Kummers schwerer Bürde noch der Verstellung drückende Last! Deine Züge, noch so künstlich in fröhliche Form gezwängt, sind Trauerherolde und künden laut die Todespost, daß die Ruhe hingeschieden ist in deinem Herzen! (I. Abt., II, 8)

214

Herrn von Solmings Gattin Marie läßt sich an sprachlicher Verstörtheit nicht lumpen und begrüßt den alten Herrn von Falsch folgendermaßen:

> Der Genius des häuslichen Glücks hält seine Friedenspalme über dieses Haus, und in diesem freundlichen Schatten, hoff' ich, wird auch Ihr Alter ein angenehmes Ruheplätzchen finden. (II. Abt., 21)

Eine einzige ausgezeichnete Szenenfolge enthält dieses mehr lange als breite »dramatische Gemälde«, aber sie ist kurz: die Szenen 48 ff. des ersten Aktes: Herr von Falsch, im tête-à-tête mit Ernestine vom Eintritt ihrer Mutter und deren Freundin überrascht, scheinbar am Klavier phantasierend, zugleich ihr Liebesbeteuerungen zuflüsternd und im Eifer immer lauter sprechend, während die beiden Damen, dem Paar keinerlei Beachtung schenkend, gemeinsame Bekannte »ausrichten«. Nach Ernestines Liebeserklärung küßt er sie mitten im Spiel; aber Herr von Walter, ihr Vater, ist eingetreten und hat dies bemerkt. Die folgenden Szenen, 51-53, sind wahrhaft tragisch: der ehrenhafte Herr von Walter segnet gegen sein besseres Wissen das Brautpaar, um den Ruf Ernestines zu schützen. Während sie »im Überfluß ihrer inneren Bewegung« neben Herrn von Falsch kniet, wirft dieser, »wie von einem Liebespfeil plötzlich getroffen«, inmitten dieser von leiser feierlicher Musik begleiteten Szene zwei scharfe Blicke auf die hübsche Julie; Julie scheint sie »mit einem leisen Anflug von Koketterie zu erwidern«, während Falsch, fast noch gleichzeitig damit, auf Ernestines Verlobungsgelübde »auf ewig dein!« mit »Ewig!« respondiert. »Alle. Wir gratulieren« ist die nächste und zugleich letzte Szene des Aktes, und unter »einigen Takten rauschender Musik« fällt der Vorhang. Diese zwei Szenen haben in ihrer Einheit und als satirisch resümierender Schluß dramatische Größe. Die mit Beziehung auf Nestroy mißbrauchte Formel »tragische Posse« hätte hier einmal Platz. Hier hat er seinen Sarkasmus *beabsichtigter* Tragik dienstbar gemacht.

Die Märchenposse: »Die beiden Nachtwandler«

Zwei Monate nach dem *Treulosen* hatte das unter einer komischen Oberfläche zarteste aller Nestroy-Stücke seine Erstaufführung, die »Posse mit Gesang in zwei Akten« *Die beiden*

Nachtwandler oder Das Notwendige und das Überflüssige. Die Sämtlichen Werke bringen es im ersten Band der »Volksstükke«. Man könnte es ebenso gut bei den »Possen« einreihen oder, käme es mehr auf den Geist als den Buchstaben an, bei den »Zauberstücken«. Denn was für eine andere Funktion als die Geisterkönige, Feen und Magier der Rahmenhandlungen dieser von Nestroy scheinbar schon aufgegebenen Gattung haben der weise Märchen-Lord Wathfield und sein unendlich reicher, aber etwas weniger weise künftige Schwiegersohn Lord Howart, der sich verpflichtet hat, den braven armen Seilermeister Faden »glücklich« zu machen? (Die beiden haben sich ihm als höhere Wesen vorgestellt.)

> Öffnen Sie der Begierde eines Menschen das Tor der Erfüllung, und Sie werden sehen, welch unabsehbares Heer von Wünschen er hineinsendet, und dann ist es erst noch die Frage, ob er sich dabei glücklich fühlt, (I, 12)

warnt Wathfield Lord Howart und schränkt dessen Versprechen ein, Faden alles Notwendige zu gewähren:

> Doch hüte dich, je das Überflüssige zu verlangen, denn du würdest dann auch das Notwendige verlieren . . . (I, 19)

Fadens Wünsche steigern sich von zwei Zwanzigern im Tag, um sich satt zu essen, allmählich zu einem Palast und Brillanten. Was für Faust das Bimmeln von Philemons und Baucis' Glöckchen war, wird für Faden das altmodische Perücken-Schwänzchen des »Vicegeistes«. Es ärgert ihn, daher: »Herunter mit dem Haarzopfen, ich will's, es is notwendig!« (II, 19). Dies aber »ist überflüssig«, erklärt der bisher unendlich verständnisvolle Wathfield »mit starker Stimme« wie einst die Magier, und der etwas faule Zauber ist zu Ende. Die freundliche Gesinnung des Stücks zeigt sich trotz allerhand Satire wie in den Zauberpossen auch darin, daß Faden zwar seine Schätze verliert, aber nicht zur früheren totalen Armut zurückkehren muß: Die »Geister« gewähren ihm einen bescheidenen Wohlstand.

Die beiden Nachtwandler ist im Ganzen trotz der Leichtgläubigkeit Fadens und seines gedämpft rabiaten Gehilfen Strick und trotz der Munifizenz des Märchen-Lords mehr realistisch als bizarr und dadurch von den frühen Zauberstücken unterschieden. Der ans Rührende, aber nie ans Sentimentale streifenden Gestalt des zarten Faden ist die kantigere des illusionslosen Strick, der Nestroy-Rolle, zugesellt: »Ich glaube von jedem

Menschen das Schlechteste, selbst von mir, und ich hab' mich noch selten getäuscht« (I, 16). Die heimlichen, bescheideneren Wünsche Fadens – schöne Pfeifen, Heirat und Kinder – werden aus seinen Traumgesprächen und Gesten offenbar, als er am Anfang des Stücks nachtwandelnd auftritt. In der letzten Szene wird, als überraschender komischer und wohl als kontrastierend beabsichtigter Schlußeffekt, auch Strick somnambul, erscheint auf einem Dach, nimmt aus dem Rauchfang einen Schinken, »drückt ihn ans Herz und blickt dabei sehnsüchtig in den Mond«. Deutung bleibe den Psychoanalytikern überlassen.

Diskrete sprachliche Kunst kennzeichnet *Die beiden Nachtwandler* entschiedener als die gelegentlich burleske Handlung. Stricks Auftritts-Lied (s. S. 78) ist das erste der vielen Couplets Nestroys mit anschließendem Monolog, in denen der Singende seinen Beruf sachlich und mehr noch sprachlich durch Wortspiele mit den Metaphern seines Handwerks und aus ihnen abgeleiteten Aphorismen witzig auf sein eigenes Schicksal und den Lauf der Welt bezieht.

Das eine wie das andere erscheinen hier wie in *Zu ebener Erde* als vom Geld beherrscht. Das korrupte Gegenbild der beiden ehrlichen armen Teufel in »höherer«, aber wahrlich nicht hoher Sphäre ist der karikaturhaft gezeichnete Herr von Brauchengeld, »ein zu Grund gegangener Rentier«, der seine zwei Töchter auf den Heiratsmarkt bringt, um sich so finanziell zu retablieren, in allem und jedem Nachfahr des Herrn Maxenpfutsch aus *Nagerl und Handschuh*. Auch sein Charakter und die Situation sind satirische Sprache geworden in der kommerziellen Terminologie, in der er Emilie als Ware für den Höchstbietenden diskutiert. Geld ist denn auch das eine der beiden Themen des Schlußgesangs; nicht mehr als ein Ding, das der brave Mann zu seinem Glück nicht brauche, aber auch nicht als Gabe aus dem Füllhorn einer gütigen Fee, sondern als unentbehrliche »Realität« unseres Lebens:

Der Verstand is das Licht unsers Lebens, darum:
Wer keinen hat, wandelt im Finstern stets um.
Auch 's Geld ist a wichtige Sach' heutzutag',
Und *der* Mensch, bei dem's allweil schwarz ist im Sack,
Für den is das Leben dann, sei's, wie es sei,
Auch nichts als a b'ständige Nachtwandlerei.
CHOR *(wiederholt das Ende der Strophe).*

217

Der volkstümlich-dichterische und doch witzige Charme des
Stücks trug ihm die besondere Liebe Karl Kraus' ein. Er las es in
seiner eigenen Bearbeitung oft vor. In einem tschechischen
dramatischen Potpourri, das 1968-69 in vielen Ländern Euro-
pas mit großem Erfolg aufgeführt wurde, bildet es neben dem
Zerrissenen den Hauptbestandteil. – Die grob-ordinäre Darstellung des Faden in einer Neuinszenierung (1973) des Wiener
Theaters in der Josefstadt beraubte es seines wesentlichen
Reizes.

Affentheater: »Der Affe und der Bräutigam«

Die zeitgenössische Kritik wußte mit der feinen Kunst und
Menschlichkeit dieser in keine der üblichen Gattungen recht
passenden, aber erfolgreichen Märchen-Posse nicht viel anzufangen, deckte jedoch zwei Monate später wohlwollend Nestroys Bereitwilligkeit, für einen Akrobaten und Groteskkomi-
ker, dem Carl seine Bühne zur Verfügung gestellt hatte, einen
Schwank in drei Akten zu schreiben, *Der Affe und der Bräutigam,* und lobte die Behendigkeit, mit der Nestroy sich geistig
und technisch geschickt aus der Affäre gezogen hatte.

Es war ihm hier eine immer grotesker werdende Komödie der
Irrungen gelungen, himmelweit entfernt von jeder Wahrscheinlichkeit, mit armseligstem Dialog, aber zugleich mit Momenten
schwärzesten Humors, ins Phantastische und bühnenhaft Lu-
stigste gesteigerter Verwirrung und Szenen von Artaudscher
Grausamkeit, die ebensosehr an den Spaß am Geprügeltwerden
des irrtümlich Beschuldigten in primitiv-bäuerlichen Volksstük-
ken erinnert wie an den Sadismus modernster Darbietungen.
Die commedia dell' arte-Stilisierung beginnt bei den Namen:
Herr von Flachkopf hat seinem reichen ältlichen Freund Herrn
von Mondkalb die Hand seiner Tochter Berta versprochen. Sie
aber verliebt sich in den jungen Wilhelm, der durch ein Ta-
schenspielerkunststück in den Ruf eines Zauberers geraten ist.
Um die tierliebende Berta Herrn von Mondkalb geneigter zu
machen, empfiehlt ihm ihr Vater, ihr einen Affen zu schenken.
Da keiner zur Hand ist, verkleidet sich Mondkalb zunächst in
einen Affen als Gastgeschenk. Wilhelm nützt Mondkalbs Glauben aus, daß er mit höllischen Mächten im Bunde stehe, indem
er ihn in verzweifelter Angst versprechen läßt, bis zu Wilhelms
Heirat mit Berta die Rolle des Affen schweigend weiterzuspie-

len. Mondkalb gesteht schließlich Herrn Flachkopf brieflich den Sachverhalt. Es ergibt sich aber zur selben Zeit, daß ein wirklicher Affe, Mamok [von ›je me moque‹? Rommel] dem Inhaber einer Menagerie, Tigerzahn, entlaufen ist und sich auf Flachkopfs Gut herumtreibt. Mamok, der ein Diamantenhalsband »gestohlen« hat, wird für den verkleideten Mondkalb gehalten und die groteske Verwirrung gerät auf ihren Höhepunkt, als er und der »Zauberer« Wilhelm ins Gefängnis gebracht werden. – Der dritte Akt bringt das von Störungen durch Personen einer Nebenhandlung unterbrochene »Verhör« des apfelessenden Mamok und Wilhelm durch den Gerichtshalter Constantius Immerzorn und die beiden sich nur mit »Hm, hm« beteiligenden Beisitzer Gries und Gram. Die Lösung erfolgt durch den als entflohener Affe vom Menageriedirektor eingefangenen Herrn von Mondkalb, der, im Käfig vor das Gericht gebracht, sich schließlich doch zu sprechen entschließt.

So Ionesco-haft diese absurde Handlung nacherzählt auch anmutet, so bedrückend die Vorstellung des melancholisch vor sich hinstarrenden, zur Affenexistenz verdammten Herrn von Mondkalb auch ist und so grauenhaft zu gewissen Momenten die Menschenähnlichkeit des Affen und die Affenähnlichkeit des Menschen die Zuschauer hatte beschleichen können, so stammen diese Gefühle – die in jedem Zoo wach werden könnten – aus der Natur des Themas, nicht der des Textes. Der Humor des Dialogs ist schwach, philosophisch-anthropologische Abgründe sind nirgends auch nur aufs leiseste angedeutet. Die ideologische Interpretation Preisners[77] mutet uns als Schöpfung seiner intelligenten Phantasie an.

Das Publikum unterhielt sich ausgezeichnet. Nestroy in der Rolle des Dieners Karl Maria Tiburtius Hecht, von seinem Herrn Mondkalb als »Marie« angesprochen, gefiel, aber der Beifall galt – neben der komischen Intrige – vor allem dem Mimiker und Trapezkünstler Klischnig, Darsteller des Affen und Anlaß des Ganzen.

Die zweite Spießer-Satire: »Eine Wohnung ist zu vermieten«

Dasselbe Publikum bereitete im nächsten Jahr der dreiaktigen Posse *Eine Wohnung ist zu vermieten in der Stadt, eine Wohnung ist zu verlassen in der Vorstadt, eine Wohnung mit Garten ist zu haben in Hietzing* einen sensationellen Durchfall. »Durch Stampfen, Pfeifen, Wiehern« gab es seinem Unwillen Ausdruck: Leidenschaftlichkeit der Parteiung habe sich »über Anstand und besonnene Meinungsäußerung auf eine grandiöse Weise« hinweggesetzt, berichtete die Kritik.[78] »Herr Nestroy [als Gundlhuber][79] selbst war einige Male konsterniert; nur Scholz [als Kajetan] hielt sich wie ein Wetterableiter im Sturme.«[80]

Was hatte dazu geführt, daß »die Novität mit einer Erbitterung ausgezischt wurde, wie sie seit langem nicht wahrgenommen worden ist«[81], ein Stück, dessen Scholz-Rolle eine der komischsten, wirksamsten und organisch abgerundetsten im ganzen dramatischen Werk Nestroys ist und das so überaus theatermäßige, wirkungsvolle Szenen enthielt wie das ungenierte Gehaben der in zwei fremde Wohnungen eingedrungenen vielköpfigen Familie – ein Stück, das, als es 1924 zum ersten Male nach jenem Durchfall wieder gespielt wurde, seine theatralische Wirksamkeit glänzend entfaltete, nachdem ihm schon Karl Kraus in vielen Vorlesungen zum heitersten Erfolg verholfen hatte?

Die Erwartung war am 17. Jänner 1837, in einem »übervollen Haus«, auf das höchste gespannt, denn im Titel und im Personenverzeichnis kamen zum erstenmal konkrete Wiener Ortsnamen vor[82], und man vermutete wohl, nun werde Nestroy endlich mit dem langerwarteten Wiener Volksstück hervortreten, das, ähnlich wie *Zu ebener Erde und erster Stock,* neben Witz und Komik auch eine Verherrlichung des Biedersinns und der Gemütlichkeit bringen werde, kurz, irgend etwas, wobei sich der Lokalpatriotismus erhoben fühlen könnte. Nichts davon geschah: Nestroy als Rentier Gundlhuber stellte den geistig kleinbürgerlichen Spießbürger hin, wie er leibt und lebt, einen egozentrischen, geschäftigen Nichtstuer, einen Haustyrannen im Kleinen und Pantoffelhelden im Großen, dessen Bewußtsein erfüllt ist von Lebensmitteleinkäufen, »Ordnung« im Haus, Kaprizen und lokalem Tratsch. Er erinnert stark an Weinhebers »Phäaken«, so die andauernde Echtheit der Gestalt bezeugend. Auch der übermäßig höfliche Herr von Heuschreck, »vormals Fabrikant«, dem alles und jedes eine »Ehre« ist, und der übermäßig auf die Freuden der Mahlzeiten bedachte korpulente

Herr von Wohlschmack, Kapitalist, nicht spezialisiert auf einen althergebrachten komischen Typus, sind zwar nur karikaturistisch skizzierte, aber doch unverkennbar typische Wiener Figuren aus dem wohllebenden Mittelstand, »Wiener vom Grund«.

Tua res agitur – das mußte mehr oder weniger bewußt das Gefühl des Publikums sein, um so mehr, als die Wiener Stadtteile, Vororte, Straßen und ein bekanntes Kaffeehaus immer wieder genannt werden, und es brachte nicht das befreiende Lachen auf, mit dem sich der Zuschauer von den Vorgängen und Gestalten da oben distanzieren könnte. An vereinzelten Angriffen Nestroys auf die Art seiner Mitbürger in früheren Komödien war man vorbeigegangen. Die Handlung dieser Stücke war so burlesk oder die Zeichnung der Charaktere so schroff karikaturhaft, daß man sie nicht ernst zu nehmen brauchte: Herrn von Wohlschmacks Vorläufer in *Weder Lorbeerbaum,* der stets ungeduldig »zum Essen« gehen wollende Fabrikant Steinrötl, und Herr von Überall, der, ebenso hemmungslos geschwätzig wie Herr von Gundlhuber, über seine zwischen Wien und Fischamend gesammelten »Beobachtungen« berichtete – Gundlhuber sammelt die seinen in den Straßen Wiens – waren vom Hauptthema überschattete Episodenfiguren gewesen. Auch konnte die explizite Schärfe der Urteile Leichts über diese ganze Bürgerwelt aus seinem verletzten Künstlertemperament erklärt werden. *Eine Wohnung ist zu vermieten* war jedoch ein massiver Frontalangriff auf die breit vorgeführte Gestalt des Spießbürgers und seinesgleichen als Ziel und Thema. Sie war nicht zu übersehen, und so hatte man kein Ohr für den Humor des säuerlich gegen seine lebenstüchtige reizlose Gattin rebellierenden pedantischen Pantoffelhelden, überhörte auch die vollendete Kunst der ihn charakterisierenden Sprache oder war gerade ihretwegen verletzt und übersah die prachtvolle Charge Kajetans, wohl die gelungenste Figur in der langen Reihe der groben Hausmeister, mit der kostbaren Szene der plötzlichen Liebeserklärung:

KAJETAN Wegen was hat denn d'Mamsell 's Licht brennen lassen?

LISETTE Weil ich alle Nacht les' bis um Eins, oft bis um zwei, drei Uhr in der Früh.

KAJETAN *(im Affekt):* Sie lest alle Nacht?

LISETTE Unter sechs bis sieben schwärmerischen Kapiteln kriegt ein Stubenmädel wie ich gar keinen Schlaf.

KAJETAN *(vor ihr auf die Knie stürzend):* Engel! Göttin! Du mußt die Meinige werden!

LISETTE Wie g'schieht denn dem Herrn?

KAJETAN Sei meine Geliebte, sag' ich, oder ich tu' dir alle möglichen Grobheiten an.

LISETTE Das wär eine ganz neue Manier, Herzen zu erobern.

KAJETAN *(aufstehend):* O, du Seligkeit! Du bist die, die ich mir oft in meiner Phantasie vorg'stellt hab'. Ein Weib ohne Schlaf, das war mein höchster Wunsch. Wie schön wird das sein: ich leg' mich ins Bett und schnarch', du lest und sperrst auf, so oft g'läut't wird, lest wieder, und ich schnarch' in einemfort – o süßer Eh'stand! (I, 15)

Wenn Kajetan betrunken ist – er ist es den ganzen dritten Akt hindurch – tritt pathetisches Bühnendeutsch an Stelle seiner Grobheit, etwa nach dem Muster »Ha, was erblick' ich? Schlaflose, du bist auch eine Treulose?!«

Um so stärker hebt sich davon Gundlhubers zerlassene Sprache ab, seine selbstzufriedene wichtigmacherische Redeweise, wenn er seine »Beobachtungen« berichtet, tölpisch komplimentierend und bürokratisch anzüglich im Gespräch mit der ihn erotisch anregenden Mme Chaly, moralistisch mit seinen Kindern und über sie, verbrämt mit muffigen Metaphern und stehenden Redensarten, deren häufigste auch die lesebuchhaftalbernste ist: »aufgewachsen unter den Flügeln der Mutter, unter der Obhut des Vaters und zu jeglichem Guten angeeifert durch das täglich vor Augen habende Beispiel der Eltern«. Seine Frau Kunigunde, »Inbegriff meiner häuslichen Freuden« – die er vor dem Ausgehen auffordert: »Mach dich reizend« – versichert er seiner Treue: »ich bin nicht der Mann, der auf Nebenwegen wandelt, ich gehe auf den Pfaden des Rechtes und der Tugend, ohne Verletzung jeglicher Pflicht, mit Ausdauer und Beharrlichkeit« (I, 8) und die »Reizbegabte«, deren Wohnung er mieten will, seiner Reizempfänglichkeit:

Wenn ich hier loschieren werd', werden gewisse Rückerinnerungen unvermeidlich sein . . ., welche der Ruhe des Herzens um so mehr gefährlich sind, als sie unmaßgebliche Wünsche entflammen dürften, deren vermessenes Gebäude leicht einstürzen könnte durch den Einfluß der Vergeblichkeit, deren selbstverzehrende Glut –

Auch die nun größere Kunst des sprachlichen Doppelsinns eines Satzes, der – nicht mehr ein Wortspiel im herkömmlichen Sinn – für den Zuhörer ironische Bedeutung annimmt, durch die

Situation, der er entstammt oder den Charakter dessen, der sich seiner unbewußt bedient, wurde nicht bemerkt.

Die illusions- und rücksichtslose Art von Nestroys Menschendarstellung, seine Neigung, Lächerliches und Heuchelei vorzuführen, hatte schon viel Mißmut erregt, und der scheint nun losgebrochen zu sein, besonders aufgestachelt durch das beschämende, so konkrete Spiegelbild statt der erwarteten Glorifizierung, zumindest harmlos fröhlichen Darstellung des Wienertums. Die Posse konnte nur noch an den zwei nächsten Abenden gespielt werden. Die Kritik schloß sich der Revolte des Publikums an. Nirgends zwar gab sie derartige Gründe für die Ablehnung des Stückes an, auffallende Gereiztheit und Unsachlichkeit aber – die ungemein komischen Kinderszenen zum Beispiel werden nach moralischen Gesichtspunkten beurteilt: »Oder gab das vielleicht eine Moral, daß die lieben Kinder des Quartiersuchenden sich in fremden Wohnungen herumbalgen, Kasten aufmachen, Teller zerbrechen und dgl.?«[82a] – lassen die Ursachen in tieferen Schichten des Bewußtseins als formal ästhetischen vermuten. Nestroy verstand dies. Auf der Bühne während der stürmischen Premiere sichtlich konsterniert, hatte er zwar den Schlußgesang statt mit der üblichen Werbung um die Gunst des Publikums mit einem improvisierten scheinbar souveränen Wortspiel über die »Parteien« in Wohn- und Theaterhäusern beendet, aber nicht nur kam das Stück zu seinen Lebzeiten nicht mehr auf die Bühne: Es war das letzte Mal, daß der große Satiriker Wien und die Wiener nachdrücklich, ja thematisch ihnen vorführte, so sehr auch der größte Teil seines Gesamtwerks unverkennbar mit Wien verwachsen blieb.

Als Karl Kraus die Posse seit 1923 durch Vorlesungen im »Theater der Dichtung« aus ihrer fast ein Jahrhundert währenden Vergessenheit rettete, zogen ihn nicht nur die Kunst ihrer unscheinbaren Sprache und die Komik vieler Szenen an. Er entdeckte die über die spezifische zeitbedingte Rolle hinausgehenden Züge des kleinlichen, in Speise und Trank verliebten, bei allen Reden über »Gemütlichkeit« gemütsrohen und engstirnigen, an keine Klasse gebundenen Wiener Kleinbürgers, wie Kraus selbst ihn in vielen Figuren der *Letzten Tage der Menschheit* gezeichnet hatte und wie sie später bei Qualtinger als »Herr Karl« und, des Wienertums teilweise entkleidet, bei Ödön von Horváth und Wolfgang Bauer vorkommen. R. Preis-

ner erhob und erweiterte die Gestalt als »Herrn G.« ins Mytho-
logische, als Zentrum seines ideologischen Nestroy- und Gesell-
schaftsbildes, »zum wahren Sieger im Mitteleuropa des 19. und
20. Jahrhunderts«. Sie umfaßt ihm die verschiedensten Abwandlungen des beschränkten Inhumanen und Unechten vom
Literaten bis zum Terroristen. »Er bevölkerte die politischen
Großparteien, die antisemitischen Vereine, ließ sich in den
Kasernen und auf den Exerzierplätzen hören, politisierte beim
Bier, handelte mit Schleichwaren, aber er tauchte auch in der
Gestalt der Staatsoberhäupter, vieler Generäle und Universi-
tätsprofessoren, am vollendetsten schließlich im österreichischen Gefreiten Adolf Hitler und in Himmler auf.«[83] So sehr
Preisner über die Realität der Rolle, selbst die implizite, hinaus-
gegangen ist – es sei nicht »die zentrale Gestalt der Posse«
gemeint, »sondern jener soziologische Typus, von dem sie . . .
abgeleitet wurde«[83] – die Tatsache der Ableitung selbst spricht
für die aus der konzentrierten Dichte der Figur stammende
Anregungsfähigkeit und ihre Wirklichkeitstreue auch noch in
der Karikatur.

Burlesker Unsinn: »Moppels Abenteuer«

Im Sommer 1836 hatte Nestroy *Der Affe und der Bräutigam* für
die Vorführungen eines Akrobaten geschrieben. Ein Jahr später
machte er sich's leichter und zimmerte mit leichter Hand für die
Künste einer ganzen Truppe von Gymnasten bloß einen locke-
ren Rahmen: die phantastische Posse *Moppels Abenteuer im
Viertel unter dem Wiener Wald, in Neuseeland und Marokko,*
»phantastisch« durch die theaterhaft leichte Motivierung, mit
der sich eine burleske Unsinnshandlung zwischen drei Konti-
nenten hin- und herbewegt, und den Grad des Unsinns. Die
Lachstürme, die Scholz in der Rolle Moppels aus Kagran bei
Wien, des Dieners des enorm reichen und enorm kapriziösen
Lord Steolequeastle, hervorrief, retteten das Stück und machten
aus ihm für die Zuschauer der Zeit mehr als einen bloßen
Vorwand für eine Zirkusdarbietung. Durch seinen Reichtum
erinnert Steolequeastle an die zwei Lords in *Die beiden Nachtwandler,* durch seinen gelangweilten Spleen an Lord Punschington in *Der konfuse Zauberer* und auch schon an Lips im *Zerrissenen.* Nestroy mokiert sich mehr über die Reverenz der Öster-

reicher vor dem Lord als über ihn selbst und so reicht das Stück zaghaft in das Gebiet der Satire hinüber. Vage Analogien zur »Entführung aus dem Serail« in Handlung und Milieu mögen die Wiener auch angesprochen haben.

Das anthropologische Schaustück: »Das Haus der Temperamente«

Innerhalb weniger Monate schwang das Pendel von der Anhäufung meist derb komischer Effekte der Handlung und Situationen und routinierter sprachlicher Spaßmacherei in *Moppels Abenteuer* zu einem Virtuosenstück zerebraler Dramaturgie. Nestroy schrieb *Das Haus der Temperamente* zweifellos nicht vor allem, um alltäglichen Bedürfnissen des Theaters zu dienen, sondern als technisches Experiment, Erprobung eigener Kräfte, und zugleich, in einer tieferen Schicht, als ins Komische transmutierte Gestaltung seiner Sehweise des Menschen: als einer Marionette.

Die Bühne, ein Wohnhaus vorstellend, ist durch eine horizontale und eine vertikale Scheidewand in vier Räume geteilt: das rote Zimmer des Cholerikers Braus, das gelbe des Phlegmatikers Fad, das graue des Melancholikers Trüb, das himmelblaue des Sanguinikers Froh. Jeder von ihnen ist »ein reicher Privatmann«, jeder hat einen Sohn und eine Tochter, jeder hat, seinem eigenen Temperament entsprechend und der eigenen Tochter als Bräutigam zugedacht, einen Jugendfreund in Straßburg: die Herren von Sturm, von Schlaf, von Schmerz und von Glück. Die Kinder des Cholerikers aber verlieben sich in die des Phlegmatikers, die des Melancholikers in die des Sanguinikers. Jeder Sohn ist dem Vater seiner Geliebten verhaßt. Allen vier Töchtern wird eingeredet, ihr Geliebter sei untreu – die überall gleichzeitig sich abspielende Handlung wird von den beiden trinkgeldhungrigen Intriganten dirigiert, dem langen, dünnen Barbier Schlankel[84] (Nestroy) und dem kleinen, dicken Kleiderputzer Hutziputz[84] (Scholz), die dank ihres Berufs im Hause ein- und ausgehen. Alle vier Liebhaber beschließen, ihre Mädchen zu entführen. Die beiden unterstützen und verraten sie gleichzeitig, sorgen dafür, daß die vier Jugendfreunde der Väter in die »falschen« Wohnungen geraten, und so geht es weiter, in doppelten und vierfachen analogen oder einander zuwiderlaufenden Haupt- und Nebenhandlungen, in den in vier Zimmern analogen und identischen Auftrittsliedern und Äußerungen, bis sich am Ende in totaler Verwirrung die durch Liebe für einander Bestimmten zur Ehe finden, in vier gleichzeitig stattfindenden, zum Teil wieder wörtlich identischen Dialogen, und Schlankel, der Intrigant, in eigener Sache betrogen, das Nachsehen hat. Aber er verspricht sich, »in sechs Wochen aus alle die Mariagen Ehescheidungen herauszubringen«. »*Unter allgemeiner freudiger Gruppe*« (und einem Preisgesang auf die vereinende Liebe) »*fällt der Vorhang.*«

Nestroy lenkt das komplizierte Geschehen mit so superbem Geschick, daß es dennoch durchaus übersichtlich bleibt. Die Identität der Reaktionen und Worte hebt die Identität der Personen auf, bis auf die verharrende des Temperaments, und so wird das Lesen dieser Posse langwierig. Die Verfremdung Trübs und seiner Tochter ist potenziert dadurch, daß ihre Reden eine Sammlung parodierter sentimental-weltschmerzlicher literarischer Klischees sind: Aller Realismus ist aus solcher Abstraktion verbannt und konkrete Vorstellung erstirbt. Auf der Bühne verhält es sich anders. Denn hier gewähren bei guter Regie die von den vier verschiedenen Reaktionsweisen gefärbten identischen Reaktionsinhalte den unterhaltsamsten Anblick, besonders wo, durch das Temperament bedingt, der Tonfall der Worte und die Lebhaftigkeit der Gestik und Mimik der Äußerung widersprechen, und es entsteht so ein schematisches, aber überaus anschauliches Lehrstück. Zum allgemeinen Marionettentum des Menschen, gelenkt durch das äußere Schicksal, gesellt sich das vom zwanghaften Temperament bedingte.

Sprachspiel, meist schwächlich, umrankt die intellektuelle Konstruktion. Obendrein hat Nestroy, immer auf möglichste Vielfalt der Wirkungsmittel bedacht, im letzten Drittel der Komödie doch noch billig burlesken Spaß eingefügt. Dies sollte den Interpreten Nestroys beispielhaft an die immer vorhandene Gefahr des Schematisierens der Deutungen und des Einreihens in dramaturgische Kategorien erinnern.

Die Erstaufführung, am 16. November 1837, verblüffte das Publikum. Jeder neue Nestroy war schon »ein wichtiges Stadtereignis geworden«.[85] Die Kritik empfand das Geistvolle des Stücks, konnte sich aber von der hierarchischen Gattungsästhetik nicht freimachen: Das Verdienst Nestroys liege darin, daß er

»sogar, was den ersten Akt anlangt, echte Lustspielelemente eingeflochten hat, die sein Werk zu einem Meisterstück erheben würden, hätte er im zweiten Akte nicht mehr der Posse und sogar der Farce gehuldigt . . . [Wie sehr dennoch] das denkende feinprüfende Publikum den Wert dieses Stückes aufgefaßt, geht aus dem Umstande hervor, daß es Herrn Nestroy nach mehreren Szenen, welche keinen andern Effekt als den des Kontrastes oder der Situation hatten und bei welchen er nicht einmal beschäftigt war, lärmend . . . hervorrief«.[86] »Der Humorist« vom 20. November 1837 bemerkt »die riesige Kluft zwischen den Possen Nestroys und jenen unserer übrigen Lokalarbeiter, so daß man seinen Schöpfungen einen . . . bezeichnenderen Namen beilegen sollte als den nicht mehr besonders akkreditierten einer Posse«.[87]

Rückblick

Nestroy war nun imstande, rasch alles und jedes auf dem Gebiet amüsanter Bühnenkunst zu liefern, was man von ihm verlangte. Mit dem *Haus der Temperamente* hatte er, nachdem er sich schon früher von der travestierenden Parodie, dem Zauberspiel und der Zauberposse abgekehrt hatte, den Kreis aller verfügbaren dramatischen Gattungen ausgeschritten, ihre Art erlernt, seinem eigenen Geist angepaßt und schließlich eine neue hinzugefügt: Die inhaltlich völlig alberne Spielposse in der Wiener Tradition, gestrafft durch Elemente der commedia dell' arte *(Eulenspiegel);* das lokale Volksstück *(Zu ebener Erde und erster Stock* und possenhaft, aber zugleich auf Charakterkomödie und Märchen hindeutend, *Lumpazivagabundus* und *Die beiden Nachtwandler)*; die satirische Posse (*Weder Lorbeerbaum noch Bettelstab* und *Eine Wohnung ist zu vermieten*); das »Lebensbild«, von Nestroy durchsetzt mit possenhaften Zügen *(Der Treulose);* die absurde Burleske (*Der Affe und der Bräutigam* und *Moppels Abenteuer*); und das possenhaft aufgezäumte, nach einem abstrakten Modell konstruierte Lehrstück *(Das Haus der Temperamente)*. Die verschiedensten Wege standen ihm nun offen. Er konnte sie alle beschreiten nach dem Gesetz, nach dem er sie angetreten: den Gesetzen der Posse, vergeistigt durch Satire, Charakterkomödie und, von beiden untrennbar, Sprachkunst. Sie führten zu seinen Meisterwerken. Aber mißleitet durch Kritik, hungrig nach Erfolg, der nun wiederholt Nestroy, dem Autor, versagt geblieben war, sollte er zu ihnen erst nach Irrwegen eines ganzen Jahres gelangen.

4. Kapitulation und Intermezzo
(1838)

Das »Lustspiel«: »Glück, Mißbrauch und Rückkehr«

In einer Besprechung des *Haus der Temperamente,* die für die doktrinäre Einschätzung der Gattungen im neunzehnten und beginnenden zwanzigsten Jahrhundert charakteristisch ist, war Nestroy dafür gelobt worden, daß er »sogar . . . echte Lustspielelemente eingeflochten hat, die sein Werk zu einem Meisterstück erheben würden, hätte er im zweiten Akt nicht mehr der Posse und sogar der Farce gehuldigt«[88]: Farce und Posse standen an sich auf der untersten Stufe der ästhetischen Hierarchie der dramatischen Gattungen.[89] Nach der langen Reihe von Mißerfolgen der Jahre 1836 und 1837 und dem bloßen Achtungserfolg des originellen *Haus der Temperamente* kapitulierte er, sachlich und in der Terminologie, vor dem jahrelangen Drängen der Kritiker und der Geschmacksmode und schrieb *Glück, Mißbrauch und Rückkehr oder Das Geheimnis des grauen Hauses,* laut Theaterzettel vom 10. März 1838 ein »Lustspiel in fünf Aufzügen«. Aber nun klagte ein Kritiker, daß »darin der eigentlichen Lustspielelemente nicht eben viele« seien; man habe ein »komisches Gemälde mit obligater Romantik«[90] vor sich. Diese Bezeichnung trifft ungefähr zu. Nestroy konnte aus seiner Haut nicht völlig heraus, hatte sich aber in der Mischung von Kolportage-Handlung, -Sentimentalität und -Romantik bedenklich der fragwürdigen Gattung des »Lebensbildes« genähert, in der er mit dem *Treulosen* schon 1836 so kläglich versagt hatte. Nur behielt hier sein Humor die Oberhand, und sein Instinkt für das Theatralische und für die Wahl wirksamer Charaktertypen hatte sich verschärft.

Der komische Held der aus Paul de Kocks Roman La maison blanche übernommenen Handlung ist ein armseliger Advokatenschreiber. Zwei alte, nun schon mehrfach erwähnte Nestroysche Themen und Rollentypen sind in ihm vereinigt: Der selbstgefällige Dummkopf und der Parvenu. Zunächst bedauern wir den armen Teufel, der mit der Sehnsucht des Deklassierten nach Ansehen es durch kleine Tricks zu gewinnen sucht und sich lächerlich macht. Er verliert unsere Sympathie, als er, plötzlich reich und damit auch läppisch roh geworden, seine Geliebte verläßt, um Schloßherr zu werden. So kommt in die Handlung ein drittes Lieblingsthema Nestroys hinein, die charakterzerstörende Wirkung des Geldes (vgl. S. 109 f.). Durch seine Plumpheit, seine Manieren und Allüren blamiert sich Blasius in der großen Welt, die er anbetet. Nachdem er durch eine Leuchtgasexplosion – Nestroys Erfindung, die offenbar das Drama realistischaktuell machen sollte – sein Vermögen verloren hat, ist er, voll charakteristischen Wiener Selbstmitleids, zu stolz und zu faul, sich als Geigenspieler sein Brot zu verdienen. Diese Ereignisse sind in der Posse – denn das ist dieses »Lustspiel« ja doch im wesentlichen – nicht moralistisch oder sentimental dargestellt; der Nachdruck liegt auf Blasius' Albernheit, und Nestroy spielte sie so, daß Blasius Rohr eine seiner berühmtesten Rollen wurde.

Ist Zugehörigkeit zur »großen Welt« Blasius' tiefster Wunsch, so gibt sein Bedienter Rochus – die Wenzel Scholz-Rolle – vor, sie zu verdammen:

Ich bin nicht eingenommen für die große Welt . . . Ich brüte über einem ungeheuern Entschluß. . . . Man ist hier zu vielen Gefahren ausgesetzt, die Unverdorbenheit des Gemütes is beim Teufel, eh' man sich umschaut.

Er kündigt und folgt Blasius aufs Land. »Unverdorbenheit des Gemütes« ist die unzählige Male vorkommende Lieblingswendung dieses geriebenen Praktikus. Er hat die Grobheit und das komische, würdig belehrende Pathos Knieriems oder des Hausmeisters Kajetan in *Eine Wohnung ist zu vermieten,* warnt jedermann, nicht den »Pfad der Tugend zu verlassen«, auch seine alte Mutter, da »doch die Stadtluft wie ein Pesthauch jede Blume vergiftet« (V, 12), und preist die Freuden des Landlebens; das alles in der parodistischen Mischung aus Wienerisch und gestelzt-»literarischer« Prosa, die Nestroy sonst meist für sich selbst vorbehalten hat. Scholz muß in der Rolle überwältigend komisch gewesen sein.[91]

Die geringeren Figuren des »Lustspiels« sind mehr oder weniger aus andern Nestroy-Dramen und -Komödien oder den traditionellen Rührstücken und Hintertreppen-Romanen der Zeit vertraute Typen: Der verschuldete ordinäre Herr von Klippenbach, der durch Verheiratung seiner Tochter Aurora an den reichen Blasius sich finanziell rangieren will – er gehört dem Geschlecht der Herren Maxenpfutsch in *Nagerl und Handschuh* und Brauchengeld in *Die beiden Nachwandler* an – und der edle Theodor von Sonnenstein, der schließlich die Hand der ebenso edlen auf dem Land erzogenen jungen Erbin Friederike gewinnt, obwohl sie von ihrem eigensinnigen Vater dem Blasius zugedacht war. Diese farblos-traditionellen Liebenden sprechen ein Papierdeutsch, das oft an Kitsch grenzt.

Die überlegene »Weltkenntnis« des Rochus ist eine passende Folie für Nestroys Hohn nicht nur auf den Kitsch der Sprache, sondern auch den der phrasenhaft gewordenen Situation auf der Bühne, in der Literatur und im Leben. Rochus verheißt seiner Brigitte seine Liebeserklärung nach einer »Prüfungszeit« im Stil des Kolportageromans (vgl. S. 73). Und da sie die Tochter des Torwächters ist,

> muß sie mir beim feierlichen Empfang [des neuen Schloßherrn Blasius] den Glanzpunkt abgeben. Sie muß sich eine Rosengirlande machen, so herüber, und eine um den Kopf, ein weißes Kleid . . ., . . . dann einen Trichter als Füllhorn in die Hand, so muß sie als Genius des Glücks paradieren. (II, 10)

Der Erfolg dieser Rede muß sehr von der sie begleitenden parodistischen Gestik abgehangen haben.

Im ganzen aber hat Nestroy, wie so oft, in der zweiten Hälfte auch dieses Zwitterprodukts die komischen Effekte mehr und mehr gehäuft, mit besonderem Bedacht auf wirksame Aktschlüsse: Das Ende des dritten Aktes bringt die Kombination eines grotesken Elements mit einem Wortspiel (die zweifellos riesengroßen Männerstiefel, mit denen Theodor »hintergangen« wurde); als Schlußpointe des vierten folgt inmitten des Anblicks des brennenden Schlosses und der »Feuerlärm«-Musik auf Blasius' Ausruf »s' Schloß ist hin! D' Braut ist hin!« das an das Lied vom lieben Augustin anklingende Fazit des Rochus »Alles ist hin«; als Happy-End der letzten (der zweiten Hausball-)Szene des Stücks, in der Theodor seine Friederike bekommt und die Wawi zu ihrem Blasius zurückkehrt, produziert sich

ROCHUS. . . Ich bin auch ein Musikus, ich spiel ein unverdorbenes [!]
Instrument, ich phantasiere oft in einsamen Stunden darauf. Hier ist
es! *(Zieht ein Triangel hervor.)*
Die Gäste beginnen den Ganz, Blasius dirigiert die Musik, Rochus
akkompagniert ihr auf dem Triangel, der Vorhang fällt.

Theatermemoiren berichten über das »unermeßliche Lachen«,
das Scholz in der Schlußszene des 2. Aufzugs erregte.[92] Sein
Spiel als Blasius und Nestroys als Rochus führten *Glück, Miß-*
brauch und Rückkehr zum Sieg; die Rolle wurde eine seiner
berühmtesten, das Stück bis zu Nestroys Tod eines seiner
meistgespielten: Es erlebte bis dahin 109 Wiener Aufführungen[93]; dann aber, nach bloß 20 Vorstellungen von 1864 bis
1889, verschwand es für immer von den Wiener Bühnen mit
einer einzigen Ausnahme im Jahre 1952, im Schönbrunner
Schloßtheater[94], und einer erfolglosen Wiederbelebung 1971 im
Burgtheater.

Das »lustige Trauerspiel«:
»Gegen Torheit gibt es kein Mittel«

Noch im Jahr der Erstaufführung von *Glück, Mißbrauch und*
Rückkehr versucht Nestroy es wieder mit der in diesem »Lustspiel« so erfolgreichen Mischung von Posse, Rührseligkeit und
bitterem Ernst und schrieb »Ein lustiges Trauerspiel in drei
Abteilungen«: *Gegen Torheit gibt es kein Mittel* (Erstaufführung
am 3. November 1838). Es ist weder ein Trauerspiel, noch als
Text lustig, nur Nestroys und Scholzens Schauspielkunst machten es streckenweise auch dazu. Es war ein übler, an Ge-
schmacklosigkeit streifender Einfall, einen unwahrscheinlich törichten und außerdem dummen[95] Menschen, Simplicius Berg,
zum Helden eines lustigen »Trauerspiels« zu machen, ihn darin
in drei »Abteilungen«, den drei Stadien seines Lebens, nicht nur
sein Vermögen verlieren, sondern auch, am Schluß, sein Glück
zerstören und darüber strahlend triumphieren zu lassen, ein
Ende, das zu albern ist, um tragikomisch genannt zu werden.
Die »Lustigkeit« soll durch das mitleidlose Amusement über
seine Dummheit und durch eine Anzahl von Scherzen erzeugt
werden (vgl. S. 32), die zumeist so krud sind, als wäre das
ganze »Trauerspiel« für ein Publikum von Dummköpfen bestimmt. Doch sind Nestroy in dem Couplet über »Gleichge-

wicht« ein, zwei witzig-anschauliche Strophen gelungen inmitten eines ärgerlichen Textes; er ist auch als Handlung unabsicht-
lich absurd durch das Vorhandensein eines unendlich gütigen
Bruders, der den Toren mit immer neuen Reichtümern versorgt.
Formal grotesk, entbehrt dieses Ziel der inneren, wenn auch
noch so gehemmten Zustimmung, weil die intellektuelle oder
ethische Freude des Zuschauers über das (groteske) Aufzeigen
eines Mißstandes fehlt: Die Dummheit eines machtlosen Individuums ist kein Gegenstand für Satire. Dagegen scheint Nestroy
hier wieder etwas vom instinktiven Gefallen eines primitiven
oder degradierten Theaterpublikums am Grausamen ausgenützt
zu haben (vgl. S. 32 f.).

Was in einer Posse verzeihlich oder angebracht ist, das Ab-
schneiden aller Gefühlsregungen durch einen Witz, auch wenn
er nicht dem Charakter des Sprechers entspringt (z. B. III, 17)
oder durch die Tücke des Objekts (III, 13), wirkt in diesem
Stück, das die Instinkte für das niedrig Komische und für das
kitschig Moralische zugleich befriedigen will, *geistlos* zynisch. So
steuerte Nestroy mit diesem Stück das dritte Mal innerhalb
zweier Jahre, nach dem *Treulosen* und dem *Geheimnis des
grauen Hauses,* in die Nähe der Gattung der »traurigen Posse«
und des »Charakter«- oder »Lebensbildes«, über das er sich
schon zwei Jahre später als Titus Feuerfuchs im *Talisman* kritisch auslassen sollte: »Wenn in einem Stück drei G'spaß und
sonst nichts als Tote, Sterbende, Verstorbene, Gräber und
Totengräber vorkommen, das heißt man jetzt ein Lebensbild«
(II, 25).[96] Allerdings, die G'spaß, deren Abwesenheit von der
Gattung Titus tadelt, und seine Tendenz zum Witz und komischen Effekt läßt Nestroy doch immer wieder durchbrechen. So
gibt er selbst hier plötzlich seiner Neigung zur Parodie nach und
schreibt für eine sachlich durchaus in die Handlung gehörende
Szene vor: »Anselm [Scholz in einer Verkleidungsrolle] . . . tritt
zur Mitte ein und parodiert bis zur folgenden Szene die derbe
Jovialität und barsche Gutmütigkeit des gewöhnlichen Lustspielonkels« (II, 15). Die Summe aller dieser erstrebten dispa-
raten Effekte ist bejammernswert. Nestroy war den ästhetisch
korrupten Versuchungen der Bühne erlegen. Darin stimmten
selbst die Kritiker überein. Die sieben Aufführungen des Stücks
im November waren für immer die letzten, und Nestroy kehrte
zu dem Weg zurück, den ihm seine Begabung vorzeichnete und

auf dem er seine dauerndsten Triumphe feiern sollte: zur Posse, der reinen und der satirischen. Nur einmal noch, 1840, sollte Nestroy einen Bastard aus Tragik und Posse à la *Glück, Mißbrauch* und *Gegen Torheit* produzieren: *Der Erbschleicher.*

Die Ballettparodie: »Der Kobold«

Auch eine allerletzte »Zauberposse« muß noch erwähnt werden (mehr aus geschichtlichen Gründen als weil sie irgendwie wesentlich wäre), die Nestroy nach den, wie es schien, letzten Stücken dieser Gattung – *Der Zauberer Sulphurelektrimagnetiko . . ., Müller, Kohlenbrenner und Sesseltrager* und *Die Gleichheit der Jahre,* alle 1834 – geschrieben hatte: *Der Kobold oder Staberl im Feendienst.* Ein besonderes Ereignis regte ihn dazu an: Am 2. März 1838 wurde J. Perrots »Der Kobold«, Feenballett in zwei Aufzügen und fünf Tableaux, unter ungeheurem Beifall im Hoftheater nächst dem Kärtnertore aufgeführt, und es machte auch weiterhin »Furore«, dank der außergewöhnlichen choreographischen Leistung des Ensembles. Dies war offenbar ein zu verlockender Anlaß für Nestroy, um nicht noch einmal die Wiener Tradition der witzigen Verulkung großer Theatererfolge aufleben zu lassen, wieder in Form einer die Handlung ins vertraut Lokale übersetzenden Travestie. (Als »parodierende Zauberposse« ist *Der Kobold* im Untertitel bezeichnet.)

Das Ganze wurde bei ihm eine dramatisch, gestisch, mimisch und sprachlich burleske Farce, voll von possenhaften Elementen, manche traditioneller Art, manche von Nestroyscher Originalität. Die Zauberhandlung, die die der Menschen durchwebt – beide folgten in den Hauptmomenten dem Ballett[97] – bot sich beidem zwanglos dar: Brennrot, der Beherrscher des Feuerreichs, und Undine, die Königin der Nixen, hassen einander. Brennrot will die junge Bäuerin Thekla, eine Tochter Undines und eines Sterblichen, durch seinen bösen Geistersohn Folletterl in menschlicher Gestalt – von Nestroy gespielt – in sein Reich locken. Staberl, der Freund des menschlichen Bräutigams Theklas, wird von Undine in die Gestalt Theklas verwandelt, um diese stellvertretend zu beschützen. Folletterl verliebt sich in beide »Theklas«. Es erhellt auf den ersten Blick, zu welcher Fülle grotesker Situationen diese Handlung Anlaß gibt.

Hatte das Original allgemein wegen der Anmut und tänzerischen Leichtigkeit der Hauptdarsteller begeistert, so war nun nach Grundgesetzen der Parodie die neckische körperliche und seelische Tölpelhaftigkeit des baumlangen Kobolds (Nestroys) eine Hauptquelle des Spaßes. Die Posse versuchte durch eine Unzahl harmlos bis einfältig komischer Situationen, durch etwas häufiger als bisher gewagte erotische Anzüglichkeiten, viele Anspielungen auf das Theaterrepertoire der Zeit und humoristisch charakterisierende Musik zu wirken. Mehr noch als in allen andern Stücken konnte Nestroy sich hier auf die parodistische Ausdrucksfähigkeit seiner Gestalt, besonders im Ballett (z. B. III, 2), und Mimik und auf Direktor Carls Schauspielkunst als Staberl verlassen.

Kurz, wieder hat der Schauspieler und seines nächsten Zwecks bewußte Possenschreiber Nestroy alle Mittel theatralischer Wirksamkeit unwählerisch zusammengetragen. Aber selbst hier brachte er seinen Spott am Klischee unter:

PEREGRINUS Was soll ich zu meiner Entschuldigung nur vorbringen?
STABERL Vorbringen sollen S' gar nix! Stammeln müssen S'! Entschuldigungen der Liebe werden nicht vorgebracht, sondern gestammelt. (I, 5)

Um des aktuellen Anlasses willen rasch verfertigt und fünf Wochen nach der Premiere von *Glück, Mißbrauch und Rückkehr* in die lange Reihe von Wiederholungen dieses »Reißers« eingeschoben, hatte *Der Kobold* trotz des Aufwands an glänzenden schauspielerischen und billigen textlichen Mitteln beim Publikum kein dauerndes Glück. Nach acht Aufführungen war es mit ihm zu Ende. Die parodistischen Leistungen der Schauspieler verloren ihre Anziehungskraft mit dem Verschwinden des parodierten Balletts am Kärntnertor. Die Zeit der travestierten Feenwelt und Staberls war endgültig vorbei. *Staberl im Feendienst* sollte das letzte Staberl-Stück der Wiener Bühne bleiben.

Die Zeit der großen Possen Nestroys war gekommen.

5. Die klassischen Possen
(1839-1842)

Direktor Carl hatte im Dezember 1838 das Theater in der Leopoldstadt gekauft und sich damit eine Konkurrenz vom Hals geschafft. Es war äußerlich verwahrlost, aber berühmt als Stätte des komischen Wiener Volksstücks und sorgfältigen Spiels, eng verbunden mit der Erinnerung an die Triumphe Raimunds. Die Schauspieler des Theaters an der Wien mußten sich verpflichten, auch in der Leopoldstadt zu spielen. Nestroy trat hier zum erstenmal innerhalb des neuen Arrangements im Januar 1839 auf, bezeichnenderweise in einem Stück des beliebten alten Lokalpossendichters Karl Meisl. Die Premieren der Stücke Nestroys und eine Anzahl ihnen folgender Aufführungen fanden noch viele Jahre im Theater an der Wien statt; sobald sie den Glanz der Neuheit verloren hatten, wanderten sie regelmäßig in die Leopoldstadt und gewannen sich dort ein neues Publikum. Erst von 1846 an fanden die Uraufführungen hier statt, in dem Theater, das ganz das seinige werden sollte, so wie es einst Raimunds gewesen war.

Eine »menschlichere« Gesinnung, neuer Humor neben dem alten Witz und ein weniger grotesker Stil sind den Meister-Possen der nächsten Jahre gemeinsam: *Die verhängnisvolle Faschingsnacht* (1839), *Der Färber und sein Zwillingsbruder* (1840), *Der Talisman* (1840), *Das Mädl aus der Vorstadt* (1841) und *Einen Jux will er sich machen* (1842). Technisch sind sie alle meisterhaft. Mehr durch die Eigenart der Hauptrolle, des Schneiders Federl, als durch hervorragende andere Qualitäten fügt sich dieser Reihe noch *Die Papiere des Teufels* (1842) an.

  In keiner dieser possenhaften Komödien gibt es einen Helden von so grotesk-komischer Eigenart wie in denen aus Nestroys früherer dramatischer Ära wie Bertram (in *Robert der Teuxel*), Point d'honneur und Dappschädl und in den andern Parodien und Zauberpossen, keinen mit so geistlos schockierenden Aussprüchen und unverhohlen rebellischer Gesinnung wie den älteren Longinus (der *Verbannung aus dem Zauberreiche*) oder Leicht oder die Knieriem-Vorläufer des *Lumpazivagabundus;* kein Stück, das so abstrakt konstruiert wäre wie *Genius, Schu-*

ster und Marqueur oder *Das Haus der Temperamente,* keines mit so vorwiegend burlesken Effekten wie *Affe und Bräutigam, Moppels Abenteuer* und *Gegen Torheit gibt es kein Mittel,* keines, das so ganz vom Schauspielerischen und von Burleskkomik abhängend, sich äußerlich so eng an die alten Traditionen der Wiener Volksbühne und der Lokalposse hielte wie *Eulenspiegel* oder an die verschiedenen Varianten des Zauberspiels und der Parodie.

Die »Zentralfiguren«, d. h. also die Nestroy-Rollen der Stücke von 1839-1842 sind, trotz alles Sarkasmus, der die meisten durchblitzt, im Grund gutherzige, zumindest nicht bösartige und dabei nicht alberne Charaktere: Kilian in *Der Färber und sein Zwillingsbruder,* Dappel in *Der Erbschleicher,* Schnoferl in *Das Mädl aus der Vorstadt,* Weinberl in *Einen Jux will er sich machen,* Federl in *Die Papiere des Teufels;* Titus' zweifelhafte »Ethik« – wenn solch ein Wort in der Betrachtung einer Posse angebracht ist – hebt sich immerhin günstig von der unnötigen Ambition Floras und Constantias und dem prinzipiellen Snobismus der vornehmen Literatin in *Der Talisman* ab und wandelt sich schließlich zum Guten. Nur der dieser Reihe Vorausgehende, Lorenz, trägt durch seine parodistische Funktion noch so viel grotesk-Karikaturistisches in die vorwiegend handlungshafte Komik der *Faschingsnacht* hinein, daß er an der Grenze der beiden ineinander übergehenden Gattungsgruppen zu stehen scheint, was ja auch chronologisch stimmt. Die Satire ist weniger offen rebellenhaft, weniger »schockierend«, ja in der Erscheinung vielfach liebenswürdig geworden. Auch die Sprache hat etwas weniger manieriert barocken Charakter als in der vorausgehenden und zum Teil der folgenden Periode.

Diese neue Weltansicht sprach sich auch aus in Nestroys neuem Stil als Schauspieler. Die neuartigen Rollen bedingten einen neuen Darstellungsstil und der scheint allmählich auch auf ältere und auf etwas spätere Rollen übergegriffen zu haben. Das zeigten B. Gutts Besprechungen von Nestroys Gastspielen in Prag. Die Rolle Schnoferls sei von allen, die Nestroy für sich selbst geschrieben, die gutmütigste. »Bei aller Überlegenheit seines Witzes, bei aller Lust, mit den Schwächen anderer zu spielen (dies ›Mokante‹ ist der einzige Zug, der an Nestroys dämonische Satire erinnert), zeigt sich Schnoferl . . . verfolgter Unschuld hilfreich beispringend. [Er] gibt . . . die witzige Gewandtheit Schnoferls mit einem Anflug von Gemüt, der ihn *liebenswürdig* macht.«[98] »Nirgends läßt Herr von Lips [in *Der Zerrissene*] Gutmütigkeit erkennen, was allerdings mehr in der Darstellung des Herrn Nestroy als in der Dichtung heraustritt.«[99] »Noch durchblickt er mit ebenso scharfem Blick die Satire des Negativen, aber er steht nicht mehr in ihr, sondern über ihr, er hat sie mit der Wirklichkeit ausgeglichen; ... die alte Kraft übt er jetzt mit einer Milde und Reife, im Dienst so wahrhaft dichterischer Zwecke, daß er für seine früheren Sünden vollauf Genugtuung gibt.«[100] Den *Jux* nennt Gutt (mit dem *Zerrissenen*) »das Hervorragendste in dieser Art«.

Die erste Posse von der »Ehre«:
»Die verhängnisvolle Faschingsnacht«

Die verhängnisvolle Faschingsnacht (Erstaufführrumg am 13. April 1839) wurde ein ganz großer Erfolg. Auf dem Theaterzettel war der Titel mit dem harmlosen Zusatz »nach einem Trauerspiele von Holtei« versehen. In Wirklichkeit war *Die Faschingsnacht* eine kritische, oft tief witzige Parodie dieses sentimentalen, in den Worten der Wiener Theaterzeitung[101] »haarsträubenden und nervenzerreißenden Undings«[102]. Es ging mit ihr wie mit so vielen, auch nicht parodistischen Umformungen Nestroys: Sie erlebte in Wien und in Deutschland weit mehr Vorstellungen als ihr Vorbild und wird noch heute gespielt; Holteis Stück ist seit mehr als 100 Jahren vergessen. Da es auch dem Wiener Publikum von 1839 meist unbekannt war – die Zensur hatte die Aufführung verboten –, hatte der seither oft wiederholte Bühnentriumph der Komödie mit ihrer Entstehung als Parodie nichts zu tun. So brauchen wir auf diesen Aspekt nicht näher einzugehen[103], als zu bemerken, daß das eigentliche Ziel der Parodie das exzessive fragwürdige Ehrgefühl des Holteischen Taglöhners Franz ist.

Das »Trauerspiel in Berlin« ist bei Nestroy zu einer spannenden Kriminalkomödie voll lustig-verrückter Verwechslungen geworden, aufgebaut um die scheinbare Nebenfigur des eifersüchtigen, die »Ehre« über alles – außer sich selbst – liebenden Holzhackers Lorenz. Das übrige Personal besteht aus seiner Geliebten »mit dem guten, braven G'sicht, die unverdorbene, ländliche Sepherl« (III, 8), dem schlecht behandelten Dienst-

mädchen der hochmütigen und koketten reichen jungen Witwe
Helene; deren Gatten Philipp, einem gutherzigen Pantoffelhelden; dem gewohnheitsmäßig vor seiner jeweiligen Dame stür-
misch niederknieenden Verehrer Helenens, Geck; dem geld-
süchtigen verbrecherischen Bruder ihres ersten Gatten, Tau-
benherz; Jacob, dem »Mann, der ums Geld alles tut«; und
Philipps Vater Tatelhuber, einem komischen Alten vom Lande,
der das Herz am rechten Fleck hat – kurz, eine Sammlung von
Charakteren, die von vornherein, von einem geschickten Dramatiker dirigiert, den Erfolg einer Komödie zu verbürgen
scheint, um so mehr, wenn sie voll Spannung und überraschender Wendungen ist.

Die zwei Hauptquellen immer wieder erweckter Heiterkeit in
der *Verhängnisvollen Faschingsnacht* aber sind der Charakter
ihres komischen Helden, des Holzhackers Lorenz, sowie der
Witz und die sprachliche Gestaltungskraft des Dialogs, wann
immer Lorenz sein Partner oder Gegenstand ist.

Als Figur ist er eine meisterhafte Studie rast- und grundloser
Eifersucht, radikaler Egozentrik und überspannten, bloß auf
äußeres Prestige gerichteten »Ehrgefühls«, gefärbt von sozialem
Strebertum und leicht ins Gewalttätige ausartender Heftigkeit
des Gefühls. Die Kombination dieser Triebe allein macht den
leicht grotesken Charakter komisch; ihre pseudorational-sophi-
stische Rechtfertigung noch mehr. Von dieser Komik ist nicht zu
trennen das hyperbolische klischeehafte Pathos des wienerisch
sprechenden Holzhackers. Was sonst in Nestroys Komödien oft
bloß parodistischer Lieblingsstil des Autors ist, ist hier sprachliche Ausprägung des Charakters, der gewiß mit Sepherl die
Überzeugung teilt, er sei » zu etwas Höherem geboren« (I, 4).
Überhaupt ist der Witz der Monologe und sonstigen Äußerungen Lorenz' weniger als sonst bloß der Witz Nestroys, ohne
innere Beziehung zum Sprecher. Hier spricht der auf sich selbst
konzentrierte, eifersüchtige und eingebildete, aber im tiefsten
unsichere Lorenz selbst:

> *(mit sehr finsterer Miene).* Ich bin eifersüchtig.
> NANI O weh! Eifersucht ist eine furchtbare Leidenschaft.
> LORENZ Und jede Leidenschaft wird doppelt furchtbar, wenn sie einen
> Holzhacker angreift. Sie kennen meine Sepherl, ich trau' ihr nicht.
> NANI Ja, da muß halt der Herr Lorenz suchen, sich von etwas zu
> überzeugen.

238

LORENZ Grad das will ich nicht; ich will gerecht sein, ohne aber zum Äußersten zu schreiten. Überzeug' ich mich von was, da wär' der Tod drauf, das ist als wie um ein'n Kreuzer a Semmel. So aber überzeug' ich mich von nichts, sondern ich sekkier' sie einen Tag bis aufs Blut, den andern Tag hab' ich s' wieder gern, den folgenden wird sie wieder bis aufs Geblüt sekkiert, den nächsten Tag wird sie wieder gern gehabt; durch dieses kluge Benehmen bestraf' ich sie für den Fall, daß sie falsch wäre, und beglück' sie wieder für den Fall, daß sie schuldlos ist. Das hab ich schon so ausgetipfelt..

NANI Das ist wahr, der Musje Lorenz versteht's, die Weiber zu behandeln. (II, 2)

Schon oft hat ein Mädel ihren Liebhaber zum Narren gehalten. »Der Fall is alltäglich«, bemerkt Lorenz.

> Nur daß das Mädel grad mein Mädel is und daß ich grad der Liebhaber bin, der dem Mädel sein Liebhaber war, das ist das einzige . . . Verdrießliche in der Sach'. Was tut man in so einer Lage? – Kleine Seelen lamentieren, hochherzige Männer nehmen sich eine andere, und die ganz großen Geister haben schon immer eine im Vorrat, so wie es jetzt bei mir der Fall is. Ich war großer Geist, ohne es zu wissen. Wäscherin, du warst pränotiert, der Posten ist vakant, ich werde dir den Schwur der Treue abnehmen und du ruckst ein als wirkliche beeidete Geliebte. (III, 1)

Nachts »von halber achte bis Viertel auf eins«, hat er auf seine Sepherl vor ihrem Haus vergeblich gewartet, und dies wird viele Szenen hindurch das Leitmotiv seiner Reden und veranlaßt ihn zur Schöpfung der prachtvollsten Bilder:

> Von halber achte bis Viertel auf eins! Es sein nicht ganz fünf Stunden, aber wenn's ein Liebhaber mit einem Herzen voll Verdacht durchpassen muß, dann ist es ein so ungeheurer Zeitraum, daß drei Ewigkeiten samt Familie kommod Platz haben drin. (II, 18)

Aber er weiß auch, welche gängigen Wörter in solchen Situationen am Platz sind. Von spezifischer Eifersucht geplagt, dringt er schließlich ins Haus ein:

> Es wird jetzt ein fürchterliches Gericht gehalten! – Sepherl! – Sepherl! *(Vorwärts tappend.)* Willst dich nicht melden, du Opfer meiner Rache!? (Ebda.),

und dem für das Höhere geborenen Holzknecht entringt sich, als er nun auch die neue »beeidete Geliebte« bespionieren will, der aus Trieb und »literarischer« Reminiszenz geborene und formulierte Entschluß: »Könnt' aber doch nicht schaden, wenn ich mich ein bissel ins *bunte Gewühl menget* und belauschet's, die Nani« (III, 3).

Nestroy hat in der *Faschingsnacht* trotz all ihrem Glanz als Komödie auch ein neues, höheres Niveau ungrotesker sprachlicher Kunst erreicht. Syntaktisch und rhythmisch charakteristisch und dazu melodiös sind, bei aller Einfachheit der Zeichnung, die Chöre der ihre Ware anpreisenden Marktleute und der schnippisch antwortenden Dienstboten am Eingang des Stücks. Die wenigen kurzen Sätze des Auftritts und Abgangs der Frau von Schimmerglanz voll mimisch-charakterologischer Sprachkunst haben wir im I. Teil zitiert (S. 36). Auch der Neigung zum Wortspiel gibt Nestroy nun wieder nach, nachdem er sich, vielleicht aus irregeleiteter literarischer Ambition, von der Vormundschaft der Sprache auf längere Zeit losgemacht hatte. Seine Wachheit für das Wort vereinigt sich mit der in die Berufsterminologie des eifersüchtigen Holzhackers übergehenden Bildnerei eines mit mehr Routine als Witz verhöhnten Bühnenpathos:

LORENZ *(wütend):* Genug! Zuviel! Wenn ich mir diese Worte zusammenreime, so kommt ein fürchterlicher Vers heraus. Auf öffentlichem Markt entbrennt sie für einen andern; meine Ehre ist gebrandmarkt, aber wehe ihr! Die letzte Butten Weiches wird hinausgetragen aus dem Holzgewölb' meines Gefühls, nur die harten Stöck' des Ingrimms liegen stoßweis' herum, um den glühenden Ofen der Rachsucht zu heizen.

Immerhin, ›Zusammenreimen‹ führte zum ›Vers‹, und noch nie war eine Ehre so ›gebrandmarkt‹ wie die seine durch das vermeintliche ›Entbrennen‹ Sepherls für einen andern.

Obwohl Lorenz, vom Sprachspiel abgesehen, vor allem eine Figur passiver Komik ist, betraut Nestroy seine Rolle doch da und dort damit, Nestroys eigene Weisheit und seine eigene Skepsis gegenüber den Reden der Menschen direkt, mimisch dramatisch darstellend, auszusprechen, so in acht von den neun Strophen des Liedes III, 1 und in ihrem tief Nestroyschen, seine Lebensansicht summierenden Refrain: »Und 's ist alles nit wahr! Und 's ist alles nit wahr!« In der letzten Strophe findet die traditionelle Verfremdung statt. Lorenz-Nestroy wird völlig der um Erfolg besorge Dichter der *Faschingsnacht:*

Wenn ein neu's Stück gegeb'n wird, da geht's oft vertrackt,
Es haben unsinnig g'fallen die ersten zwei Akt';

Na, heut , meint er, kann nicht das G'ringste mehr g'schehn,
Und der Dichter glaubt sich schon am Ziele zu sehn;
Überstanden glaubt er jetzt schon d' ganze Gefahr –
Und 's ist alles nit wahr! Und 's ist alles nit wahr!   (III 1)

Die zweite Posse von der »Ehre«:
»Der Färber und sein Zwillingsbruder«

War in der *Verhängnisvollen Faschingsnacht* ein übertriebener
veräußerlichter individueller Ehrbegriff, verkörpert in der Person des egoistischen, eitlen, sein Mädel brutalisierenden Lorenz,
das Hauptmotiv gewesen, so wird in der neun Monate nach der
Premiere der *Faschingsnacht* zum erstenmal aufgeführten Posse
Der Färber und sein Zwillingsbruder die Karikatur zweier Formen gesellschaftlicher »Standes«-Ehre das wichtigste Nebenmotiv. Auch diese Komödie ist eine Charakterstudie, ihr Held
aber das genaue Gegenteil des Holzhackers: ein herzensguter,
unbeholfener Mensch, der sich vor die Aufgabe gestellt sieht,
eine kühne, verzwickte Intrige durchzuführen, die er sich selbst
ausgedacht hat.
Schon das originelle bloße Handlungsgerüst[104] kann eine Idee
von der Komik der Situationen geben: Der brave Färbermeister
und reine Tor Kilian Blau, rührend in seiner zarten Anständigkeit und Unfähigkeit, seine Gefühle auszusprechen, er, der
Schüchterne, der sich unmittelbar vor seiner Verlobungsfeier
– »in zwei Minuten wird der Braut in die Arme gestürzt« – nicht
traut, seiner auf ihn hoffenden Zukünftigen zu sagen, daß sie es
ist, die er heiraten will, wird von seinem guten Herzen dazu
getrieben, für seinen Zwillingsbruder Hermann die Rolle des
vorbildlichen Soldaten, des tollkühnen Kriegs- und Frauenhel-
den zu spielen, um Hermann das Leben zu retten, und gerät in
tausend Komplikationen.
Aus all dem allein könnte schon genug Komik erwachsen.
Aber dieser schwankhaft-charakterologische Kontrast und
Konflikt erweitert sich, dem Zuschauer immer heiterer bewußt,
von Kilian fast ignoriert, zu der gebrochenen Spiegelung eines
Klischee gewordenen militärischen Ehrenkodex in einem ursprünglichen, harmlosen Gemüt, dem das Leben und Glück mit
seiner Roserl viel wichtiger ist als die Bekämpfung der »Räu-
berbande« jenseits der Grenze, und Arrest lieber als »Helden-

tod« – zu einem Kontrast einfacher Menschlichkeit mit kriegerisch-soldatischer Ideologie. (Daß statt von Soldaten immer von Grenzgendarmen die Rede ist, geschah ja nur wegen der Zensur.)

In die Fänge noch eines zweiten »Ehren«-Komplexes gerät Kilian ebenso unschuldig wie in die Uniform: in die der bürgerlich-aristokratischen Ideologie der vom »Verführer« bedrohten Mädchenehre der »dreiunddreißigjährigen Unschuld«. Ihr Don Quijotischer Verteidiger, der Oberforstmeister von Löwenschlucht, hat seinen Sancho Pansa in dem dumm-pfiffigen, seinen romantischen Herrn verehrenden und imitierenden Kammerdiener Peter.

Diese drei Stränge einer burlesken Handlung – Charakterkomödie, latente Satire auf Militarismus und Parodie einer sentimental pathetischen, romanhaft gewordenen Moralistik – sind verknüpft durch das uralte Komödienmotiv der verwechselten Zwillinge. Und dieses Geflecht wird weiter kompliziert dadurch, daß Kilian manchmal mit seinem Bruder verwechselt werden *will*, manchmal nicht, infolge der so entstehenden Verwicklungen oft nicht ein und nicht aus weiß und fortwährend in tragikomische Konfrontationen hineingerät, tragikomisch für ihn oder Roserl oder beide, immer aber für den Zuschauer. Und siehe da, der unbeholfene reine Tor gewöhnt sich an alle die Schwierigkeiten, wächst in sie hinein, wird schlau, windet sich aus ihnen immer wieder heraus und wird so allmählich zu einem Verwandten des braven Soldaten Schwejk, ohne dessen Gerissenheit, gewiß, aber mit Schwejks »Harmlosigkeit« und seinem naiven, ideologiefreien gesunden Menschenverstand, vor dem die verschämten Tabus und die stolzen Fassaden sich in nichts auflösen: Seine Enttäuschung darüber, daß er, statt in den Arrest und so außer Gefahr zu kommen, mit einer ehrenvollen, aber besonders gefährlichen militärischen Aufgabe betraut wird, zielt satirisch weniger auf Militarismus als auf dessen äußere Formen und theaterhafte Verherrlichung. Ideologie erscheint als Phraseologie und diese wird zur *Anhäufung* von »Phrasen«, von Nestroy parodistisch »aufs Korn genommen« – um bei der passenden Terminologie zu bleiben –, und von klischeehaft gewordenen Ehrbegriffen. Sie und ihre sprachliche Verkörperung erstrecken sich über das Militär und das Militärische hinaus in die »höheren Stände«: Der Oberforstmeister von Löwenschlucht will die weibliche Ehre seiner Schwester rächen, indem er den Sergeanten Hermann Blau zum Duell fordert. Peter aber, Löwenschluchts Diener, berichtet ihm, Hermann sitze im Arrest und werde erschossen werden, und gibt ihm tief einfältige (oder sarkastisch durchtriebene) Ratschläge. Hier eine Stelle aus Don Quijotes und Sancho Pansas Konversation auf der Wiener Bühne:

LÖWENSCHLUCHT Wenn' aber doch wahr wäre, was du vorhin gesagt, dann fiele er ja nicht durch meine Kugel.

PETER Alles eins, Kugel ist Kugel, und wenn Euer Gnaden schon auf Ihre eigene Kugel kapriziert sein, so leihen Sie s' ein' von die sechs Mann, die auf ihn feuern werden.

LÖWENSCHLUCHT ... Was weißt du, Tölpel, wie man gekränkte Ehre wieder herstellt?

PETER Oh, ich wüßte schon wie! ... Ich würde zur öffentlichen Privatrache schreiten, in alle Bierhäuser, in alle Kaffeehäuser laufet ich herum und erzählet die G'schicht' und schimpfet über den Kerl ... so wäre die Ehre meiner Schwester gewiß auf den Glanz herg'stellt ...

LÖWENSCHLUCHT Ich sprenge die Türe seines Kerkers und fordre ihn.

PETER Recht so, tummeln Sie sich aber, sonst erschießen ihn die andern, eh' Sie ihn erschossen haben.   (II, 11)

Die Sprache des Stücks spiegelt Nestroys Skepsis vor den hohl gewordenen Werten und Worten der Gesellschaft besonders deutlich mit Hilfe seiner typischen drei Sprachebenen (vgl. S. 66 f.). Wienerisch reden Kilian und der Kreis um ihn; in pathetisch geschraubter Diktion, etwa nach dem Muster »Was Ihr Heldensinn meinen Drohungen versagt hat, das gesteht Ihr Herz mir freiwillig zu«, ergeht sich Herr von Löwenschlucht (III, 12); in konventionellem leerem Theaterdeutsch sprechen und singen die Gendarmen-Krieger, verhandelt der Marquis. Soweit Kriegerisches oder Soldatisches zur Sprache kommt, ist es im Stil Gilberts und Sullivans gefärbt durch opernhafte militärisch-heroische Floskeln und wird so leise-parodistischer Libretto-Kitsch.

Das urwüchsige Wienerisch des in die Rolle des Werbers um das aristokratische Fräulein hineingezwungenen Kilian wirkt als erfrischender Kontrast zu Cordelias von Löwenschlucht und ihres rächenden Bruders parodistisch sentimentalen Roman- und dröhnenden Bühnenklischees. Doch da Kilian den heldenhaften Schürzenjäger simulieren muß, bringt dies gelegentlich auch Veränderung seines Sprechstils mit sich wie: »Ich habe diese Briefe der Vernichtung geweiht« (III, 12) oder »Die Verbindung mit der Cordelia ist die Krone meiner Wünsche« (ib.). Seine angebliche Betrübnis darüber, in den Arrest statt in die Schlacht ziehen zu müssen, kleidet er in den Ausruf: »Donner und Doria . . . und ich nicht an der Spitze meiner Kameraden? Das Heldenfeuer verzehrt mich und darf sich nicht abkühlen in einem sanften Kugelregen!« (II, 13).

Den einfältigen Bedienten Peter spielte zu Nestroys Zeiten Scholz, dessen bloßes Erscheinen auf der Bühne ja stets einen Lacherfolg verbürgte (vgl. S. 42). Die für die Handlung ganz überflüssige Rolle kommt im französischen Libretto nicht vor. Nestroy hat sie gewiß nicht bloß erfunden, um ihr die komische Wirkung Scholz' hinzuzufügen. Er hat ihr auch die Aufgabe zugewiesen, des Oberforstmeisters von Löwenschlucht und seiner Welt ausgeleierte Ideologie diesem selbst parodistisch vor Ohren zu führen, als ausgeleierte Phraseologie; ohne Parodie zu beabsichtigen, identifiziert er sich doch mit seinem Herrn. Am amüsantesten und überzeugendsten wird diese Technik, wenn Peter ihm die Worte, d. h. die Klischees, aus dem Mund nimmt, sowie er ankündigt, er sei erschienen, um seine betörte Schwester zu rächen (II, 16; s. den Text des Dialogs auf S. 70 f.).

Aus Peters Reden, zusammen mit denen der Gendarmen, kann man einen Phrasenschatz des kitschigen Dramas der Zeit mit seinen Standard-Motiven und -Situationen herstellen. Dazu schleicht sich immer wieder die Lust am bloßen Sprachscherz ein. Ein Bruchstück aus der Szene I, 12 diene als Beispiel:

PETER Die Schwester meines Herrn! Er hat es gewagt, Ideen zu haben auf dieses Ideal, . . . nimmt trockenen Abschied von einem Fräulein, das in Tränen schwimmt, und verläßt die Erhabene, um hierher in die Arme der Gemeinheit zu eilen.

KILIAN Werft's mir den Narren hinaus! *(Ruft.)* Christian! Anton!

PETER . . . Der gnädige Herr schnaubt Rache, die Schwester zerfleischt sich die Haare, ich steh' mit rückwärts gerungenen Händen, zur Bildsäule erstarrt, die Hund' fangen zum Heulen an – o, es war eine herzzerreißende Szene! Da ermann' ich mich, wirf einen sprachlosen Blick auf das gnädige Jammerbild und mit dem Ausruf: »Auf, dem Frevler nach!« stürz' ich fort, blindlings in die Welt hinein, über die Grenz' hinüber, renn' zwei Meilen weit in das Innere des Auslands, da führt mich der Zufall an dem Gartenzaun vorbei . . .

Neu belebte Alltagsmetaphern, eingemengt in Peters Gemisch aus Dialekt und Hochdeutsch, lassen aber auch immer wieder die Nestroysche rein linguistische Heiterkeit entstehen, die von der Handlung völlig losgelöst ist:

PETER Wohl mir, wenn ich hier eine unverhoffte Unschuld gerettet, und wehe dir und deinen Absichten! *(Auf Roserl deutend.)* Ich hab' ihr Flöhe ins Ohr gesetzt, die deine Verschmitztheit nicht fangen, deine Suada nicht wutzeln und deine Gleisnerei nicht töten soll. (I, 12)

Trotz alledem und trotz alberner Wort-Jonglerie, wie Nestroy sie manchmal den Scholz-Rollen überläßt, gelingt es ihm aber, den Reden auch dieser komischen Rolle den wahrhaft betrübten, durchaus persönlichen Ton des von der ahnungslosen »Geliebten« verschmähten Liebhabers zu geben. Umgekehrt dringen die sarkastischen Töne Nestroys in den Ausdruck echter resignierter Todesfurcht und Bruderliebe des von ihm gespielten Kilian ein: »Nichts, gar nichts« folge aus dem Brief,

als daß mein Bruder erschossen wird, wenn's ihn kriegen, daß s' mich erschießen, weil s' mich schon haben, und daß mein Roserl bald statt ein' lebendigen bürgerlichen Färbermeister eine militärische Leiche in die Arme schließen wird. (III, 10)

Operntugendhaftigkeit, blechernes Ehrgefühl und Heldenmut unter Anführungszeichen greifen so von den Löwenschluchts und der militärischen Hierarchie her in die ganze Atmosphäre unseres liebenswürdig-heiteren Stückes über und begegnen der subversiven Harmlosigkeit Kilians; und was stattfindet, ist die Konfrontierung der Werte eines etablierten, in seiner Erscheinung schon 1839 fragwürdig gewordenen Systems mit denen einer spaßig-ursprünglichen reinen Menschlichkeit.

Die Erstaufführung des *Färber,* am 15. Jänner 1840, hatte einen Achtungserfolg. Der Kritik mißfiel der Mangel an ›Lokalfarbe‹; sie preis die Couplets und den Dialog: »Eine Masse von Witz, Satire, pikanten Einfällen, worin Nestroy selbst beschäftigt ist, erhält den Zuhörer in einem fast ununterbrochenen Gelächter, und es gehört viel Aufmerksamkeit dazu, von diesen Schlag auf Schlag einander folgenden Wechselreden nichts zu überhören und jede Beziehung allsogleich aufzufassen« (Theaterzeitung vom 27. Jänner). Da Der Humorist (17. Jänner) fand, die Darsteller des Herrn von Löwenschlucht und Sturms »sprachen und bewegten sich allzu tragisch-pompös in Ton und

Manier«, vermuten wir, der Kritiker habe den parodistischen Charakter dieser Rollen nicht verstanden. – Die letzte Aufführung des *Färber* zu Nestroys Lebzeiten, die dreiundsechzigste, fand am 13. Oktober 1858 statt.

In der Inszenierung Heinrich Schnitzlers wurde das Stück trotz allmählich überhandnehmender Mätzchen der Schauspieler – zu denen es ja herausfordert – der größte Erfolg der Spielzeit 1972 am Wiener Theater in der Josefstadt.

Ein Rückfall: »Der Erbschleicher«

Nach diesen beiden ausgezeichneten und erfolgreichen Possen, der *Faschingsnacht* und dem *Färber,* versuchte sich Nestroy im gleichen Jahr 1840 doch noch wieder einmal mit einem Zwitterprodukt, bevor er das Glanzstück der ihm natürlichen Gattung schuf, *Der Talisman. Der Erbschleicher,* in vier Akten, nur mit geringem Recht als »Posse« bezeichnet, reicht an ihre unmittelbaren Vorgänger und Nachfolger nicht heran. Die Handlung ist vorwiegend ernsthaft: eine komplizierte Intrige, deren zentralen Gegenstand der Titel bezeichnet. Aber in Nestroys Rolle des naiven Bauernburschen Simon Dappel, der seiner geliebten Agnes in die Stadt folgt, um sie nicht zu verlieren, klingt der zarte Ton durch, der trotz aller Komik in den Reden des weichherzigen Kilian hörbar wurde. Charakteristisch dafür ist sein gefühlter, innerer und äußerer Natur naher, trotz des Themas fast kitschfreier, beinahe lyrischer Prosa-Monolog, in den sich Realismus zwanglos einfügt und in dem nur der Genitiv »eines Einkehrwirtshauses« inmitten des Dialekts und die manierierten, aber nicht wirksamen Wiederholungen schmerzen. Der Kontrast von »Hollerblüh« und »Wagenschmier« schafft eine wirkungsvolle innere Bühne für die Angst und Verstörtheit des Entwurzelten, plötzlich um seine Liebe Besorgten:

> Wenn s' nur nit a Stadtherr anplauscht,
> Daß s' mich geg'n ein' Stadtherrn vertauscht,
> . . .
> Und wenn's all'nfalls der Agnes so geht,
> So g'scheit is s' schon, daß s' mir nix g'steht,
> Ich erfahret nix G'wiß's in mein' Leb'n,
> Was für Zweifel tät's da alles geb'n!
> . . .

Mein Leb'n war als wie a Baum, der an einer großen Mauer steht; g'schützt von der Wetterseiten, hat durch die innere Wärm' die Lieb' die schönste Blüh' heraus'trieben, kommt auf einmal a Sturm von der Sonnenseiten daher und schüttelt 's Lab durcheinand', daß die Blüh' völlig obafallt. Ich bin in der Still' aufg'wachsen, hab' in der Still' wenig lesen und gar nit schreiben g'lernt, hab' in der Still' 's Feld bebaut, hab' mi in der Still' verliebt, und jetzt, wie ich in der Still' hab' heiraten wollen, rumort auf einmal der Hochmutsteufel in meiner Geliebten herum, die Trennung pumpert an die Tür meiner Ruhe, ... und mein Herz kann sich die Ohren zuhalten, wie's will, 's nutzt nix, der Lärm stöbert's auf, und 's jagt mich in den spektakelvollen Durcheinand' der Welt hinein. Statt in mei'm klein' Garterl, steh' ich jetzt in dem großen Hof eines residenzialischen Einkehrwirtshauses, wo statt Nußbäum' nur Frachtwag'n Schatten werfen, wo ei'm statt der Hollerblüh' nur Wagenschmier' entgegenduftet, und hier erwarte ich mit stillem Gruseln die Begebenheiten, die da kommen sollen. (I, 14)

Vom 8. August 1840 an trat Nestroy in einem neuen »komischen Quodlibet« *Die zusammengestoppelte Komödie* auf, zu dem er das »*Vorspiel zur Rechtfertigung des Titels*« geliefert hatte. Hauptsächlich aus den populärsten Szenen des Repertoires der beiden Theater Carls zusammengestellt, hatte es jahrelangen Erfolg. Das Vorspiel scheint im wesentlichen mit der *Fahrt mit dem Dampfwagen* (1834) identisch gewesen zu sein. Eine andere »Komische Szenenreihe in 1 Akt, zusammengestellt von Johann Nestroy«, *Die Ereignisse im Gasthofe* (1842), sei hier schon genannt: Nestroy spielte in ihr eine Dienerrolle und den Dappl, der phlegmatische Schauspieler Grois eine andere Rolle aus dem *Erbschleicher,* den Fuhrmann Radschuh. Der Text ist verschollen.

Die klassische Posse: »Der Talisman«

Als Komödiendichter kam Nestroy schon am 16. Dezember wieder zu Ehren, mit der satirischen Posse *Der Talisman.* Uns ist sie das klassische, geradezu vollendete Beispiel der Gattung und zugleich dichteste Ausprägung Nestroyscher Kunst. Auch darum haben wir so viele ihrer Aspekte im ersten Teil dieses Buches durch Einzelheiten aus dem *Talisman* zu illustrieren gesucht. Ärmer an Welt- und Lebensfülle als andere Possen Nestroys aus der gleichen Periode – wie *Die verhängnisvolle*

Faschingsnacht oder *Einen Jux will er sich machen* oder *Der Zerrissene* –, überragt *Der Talisman* sie alle an Witz und ist unübertrefflich in der Präzision und Geistigkeit des Dialogs und in der straffen Schlankheit der Handlung. Diese selbst ist »klassisch« noch in einem anderen Sinn: Sie spielt sich, auf das übersichtlichste aufgebaut in drei Akten, fast pausenlos in einem Tag ab. Verzögert, wirkungsvoll verzögert, wird ihr schneller, spannungsreicher Ablauf durch das Erscheinen des körperlich und geistig schwerfälligen Bierhändlers Spund und unterbrochen durch die im Refrain stärker als sonst auf die Begebenheit bezogenen Couplets. Sie gehören zu Nestroys besten.

Der Hungerleider Titus[105] Feuerfuchs begegnet dem Gänsemädchen Salome. Beide sind wegen ihrer roten Haare verachtete Außenseiter der Dorf- und Provinzgesellschaft. Er, der durch Verstand, Witz und Gewandtheit ihnen allen überlegene Arbeitslose, skrupellos fast bis zum Ende, bezaubert, durch eine schwarze und eine blonde Perücke verschönt, drei männerlustige Witwen: die Gärtnerin Flora Baumscheer, die Kammerfrau Constantia und die literarische Schloßherrin Frau von Cypressenburg. – Hemmendes Gegengewicht zu den drei betriebsamen Frauen sind der faule sarkastische Gärtnergehilfe Plutzerkern – durch Titus in Floras Gnaden entthront wie der Marquis in Constantias – und der dicke Spund, dessen Abneigung gegen seinen rothaarigen Neffen erstaunter Rührung über seine graue Perücke weicht. Als der Marquis den armen Titus, für dessen »schwindelnden« Aufstieg er die Grundlage geschaffen hat, durch die Enthüllung des Perückensachverhaltes ins Nicht stürzt, lassen die drei Frauen ihn fallen. Sie wollen ihn wiedergewinnen, als er durch die Übertölpelung Spunds zu Geld kommt. Er aber entschließt sich im letzten Augenblick für die treue Einfalt derer, die ihn wirklich liebt, schon dem rothaarigen armen Teufel beigestanden hat, für Salome Pockerl, eine der ohne jede Sentimentalität rührendsten[106] Mädchengestalten der deutschen Komödie.

Diese Handlung – vorgezeichnet in einem Pariser Vaudeville[107] und noch amüsanter gemacht durch die Figur und Funktion des von Nestroy erfundenen Spund – mit ihrem von Szene zu Szene an Spannung und Witz sich steigernden Ablauf der Ereignisse ist durch unauflöslich scheinende Verwicklungen hindurchgelenkt zu verblüffenden, wirkungsvollen Aktschlüssen, in ihrer Bedeutung klargemacht durch sinnfällige Tableaux und Chöre, und zur heiter befriedigenden Lösung, der durch einen prachtvollen Witz als letztes Wort mehr Verve gegeben wird als es das bloße Happy-End hätte. Selbst reine Situationskomik wird erschütternd lustig. Wo findet sich Komischeres als die Szene des vom eifersüchtigen Friseur belauschten schlafenden Titus, der seinem hinter ihm zu diabolischer Handlung aufwachsenden Nebenbuhler, wie dieser ihm die Perücke vom Kopf löst, träumend »O-zartes-Ha-Handerl –!« zuflüstert (II, 14), oder als Titus' verzweifeltes Bemühen, seine Rückseite mit dem Perückenschwänzchen nicht zu zeigen (III, 18)? Überwältigend lustig und spannend zugleich ist die Schlußszene mit der durch Floras Winken am Reden gehinderten Salome, die dann doch im letzten Moment, wie es scheint, die so mühsam hergestellte glückliche Lösung zerstört, worauf – eine neuerliche Überraschung, der unmittelbar darauf einer allerletzte folgen wird – Frau von Cypressenburg durch Ausnützung der Dummheit Spunds doch noch alles rettet.

Mitunter dient die Situationskomik Nestroy gleichzeitig dazu, die Zeichnung der Bühnentypen zu entwerfen oder zu vollenden: Spunds Versuch in der eben erwähnten Szene, sein vermeintliches Prestige als »geistreicher Mann« zu wahren, gehört hierher oder das langsame Abgehen Plutzerkerns, als er, von der aufgeregten Flora angetrieben, Titus nachlaufen soll: »Ich werd schaun, daß ich ihn einhol – glaub aber nit« (III, 9).

Aber auch durch Situations-*Witze* von symbolischer Anschauungskraft glänzt *Der Talisman*, etwa in der Szene II, 4, die den sozialen Aufstieg des einst einer »niedrigeren« Klasse angehörenden Titus räumlich und sprachlich darstellt (vgl. S. 46). Wie wirksam in diesem Sinn sind die Schlußtableaux mit ihren Bühnenanweisungen! Enthüllend das am Ende des ersten Aufzugs: *(Titus geht während dem Chore mit Constanzen voran, die Knechte folgen mit den Obstkörben, Flora sieht ärgerlich nach, Plutzerkern, nun heimlich triumphierend, betrachtet sie mit bedeutungsvollem Lächeln; unter dem Jubel des Gartenpersonals fällt der Vorhang);* brillant das am Ende des zweiten Akts durch die Dichtigkeit und Vielfalt der Wirkungen: Triumph bei Monsieur Marquis, Überraschung bei den Gästen, Beschämung bei Frau von Cypressenburg, geradezu würdiger Kummer bei Titus, der aber seine geistige Überlegenheit doch noch durch letzte

Witze dokumentieren muß, und Beklemmung bei allen. Handlung, Mimik, Witz der Beziehung und Witz der Sprache wirken auf engstem Raum ineinander. In dieser kleinen Szene ist auch im Anschluß an die dramatisch pointierten Worte des Friseurs die Vorliebe Nestroys für symbolische, Raum und Perspektive schaffende großzügige Gestik zu studieren:

> (*Zur Mitte eintretend.*) Und ich sage, er ist nicht schwarz und ist nicht blond!
>
> ALLE Was denn, Herr Friseur?
>
> MARQUIS Er ist rot!
>
> ALL *(erstaunt):* Rot?
>
> TITUS *(für sich):* Jetzt nutzt nix mehr! (*Aufstehend und die blonde Perücke mitten auf die Bühne werfend*). Ja, ich bin rot!

Hierzu paßt ein Bericht über das Spiel Nestroys als Titus. Er trägt viel zum Verständnis der von ihm beabsichtigten Eigenart dieser Rolle – und anderer, ähnlicher in seinen Stücken – bei: »Maske, Haltung und Bewegung, Sprechweise, das ganze Äußerliche der Gestalt wird so entschieden und kräftig als möglich hingestellt. Hierdurch . . . hat [er] es nicht nötig, um den Effekt zu steigern, über die ursprünglichen Umrisse hinauszugehen und die Einheit der Leistung zu zerstören. Diese Folgerichtigkeit, die feste Anschauung . . . und der daraus hervorgehende Ton der eigenen Überzeugung sind es vorzüglich, die seinen Leistungen die gedrungene Kraft geben, welche keinen Zweifel an ihnen aufkommen läßt.«[108]

Im Einklang damit ist auch sonst der Duktus seiner Sprache im *Talisman* dramatisch durch den straffen, aber gelenkigen Bau ihrer Perioden, und aufschlußreich durch ihre die geheimen Regungen des Sprechers offenbarende Schmiegsamkeit und psychologische Treue. Man gehe etwas der Dynamik und dem prachtvoll architektonischen Aufbau der Rede »Wer Menschen kennt« (I, 17) nach und der Spiegelung des Dramatischen in der Beweglichkeit der Monologe I, 7 (»Ich bin entwaffnet«) und I, 13 (»Glück gründen? – Talisman?«), mit dem Übergang vom Erstaunen des bisher stets Verhöhnten zu Neugierde und weiter zu Empörung, zu Geschimpfe, zu Überlegung, zu eitlem Stolz, Hoffnung, Selbstvertrauen und Unternehmungslust: »Ich reskier's; ein' schönen Kerl schlagt's nirgends fehl.«

Titus Feuerfuchs gewinnt und bewahrt, wie so viele Hauptgestalten Nestroys, die belustigt gespannte Teilnahme auch des

Lesers durch die komische Kunst des Operierens mit seinen Nebenmenschen. Anziehend durch eine in tausend Facetten schillernde Geistigkeit und behendes, einfallsreiches Tun und Reden, durchschaut er überlegen die Mit- und Gegenspieler und sich selbst. So mokiert er sich in seinem einen »literarischen« Stil parodierenden, ehrfürchtigen Reden mit der Schriftstellerin über diese seine Gönnerin und nützt zugleich die erotische Wirkung, die von ihm ausgeht, als Antrieb seiner Karriere (II, 7). Ebenso dienen seine witzigen Aussprüche über Literatur und Literaten nicht nur der Erheiterung des Publikums und der Selbstaussprache Nestroys, sondern innerhalb der Komödie auch der Selbsterhöhung des von seiner Umwelt unter Druck gehaltenen Titus über eben diese Umwelt – Frau von Cypressenburg sagt bewundernd zu ihrer Nachbarin: »Was sagen Sie zu meinem Sekretär?« (II, 24) –, und wenn er vielleicht nicht besser und nicht schlechter ist als diese scheinhafte Gesellschaft, so verschafft doch sein Witz, der sie entlarvt und ihm zu einem Lebensunterhalt verhilft, dem im Grunde armen Teufel trotz seiner skrupellosen Handlungen das Wohlwollen der Zuschauer. Und das um so mehr, als am Schluß der fast Arrivierte noch die Wendung zum Moralischen vollzieht: »Durch einen Betrug sein Universalerbe wer'n, das mag ich doch nicht.« Dieser Schluß selbst ist volkstümlich, »moralisch«, da die herzensgute Salome Pockerl ihre Wünsche erfüllt sieht. Aber zugleich springt die Handlung durch einen kühnen Witz in die letzte rationale Pointe hinein, die, als eine allgemeine Äußerung über die Dummheit der Menschen wirkend, dennoch »dramatisch«, das heißt handlungsmäßig, in die nahe Zukunft deutet und am Ende erlöstes Gelächter hervorruft. Wie ein Schlußornament wiederholt sie den moralphilosophischen Sinn der Komödie und seine Übersetzung in Witz und Humor:

TITUS *(mit Beziehung auf Salome):* Ich weiß, Herr Vetter, die roten Haar mißfallen Ihnen, sie mißfallen fast allgemein. Warum aber? Weil der Anblick zu ungewöhnlich is; wann's recht viel gäbet, käm die Sach in Schwung, und daß wir zu dieser Vervielfältigung das unsrige beitragen werden, da kann sich der Herr Vetter verlassen drauf. *(Umarmt Salome.) – Während einiger Takte Musik fällt der Vorhang.*

»Die Sexualkomik der Schlußpointe stammt aus der Tradition der Hanswurstiade«, bemerkt Rommel (SW X, S. 625). »In jedem dieser Stücke heiratete Hanswurst . . . am Schluß und gab in anzüglichen Worten der Hoffnung auf . . . Vaterfreuden Ausdruck«. Aber auf welche Art und zu welchem Zweck Nestroy diese Tradition hier – ausnahmsweise – übernommen hat, darin zeigt sich beispielhaft sein sich ins dramatisch Wirksame übersetzender Intellekt: Ohne psychologisierende oder soziologische Didaktik, mit bloßem *common sense,* macht er aus dem lustigsten Schlußwort einer Komödie auch das überzeugendste Schlußwort der Demonstration seiner These, indem er den Ursprung des Übels aufdeckt: Nämlich, wie sehr das Schicksal des einzelnen von den Vorurteilen der Menge abhängt.

Dies ist kristallklarer, abstrahierender Rationalismus, zusammen mit dem Mimischen Triebkraft aller schöpferischen Tätigkeit Nestroys. Selbst die unwillkürliche, gedankenfreie Reaktion und die alltäglichste Wendung werden vom Verstand her beleuchtet. Der Antwort auf Spunds erstaunten Ausruf »Das ist ja nicht möglich« (III, 18), als er des Titus graue Haare sieht, gibt die Zuspitzung »Wirklichkeit ist immer das schönste Zeugnis für die Möglichkeit« den letzten rationalistischen Schliff. Seine Wirkung ist um so stärker, wenn die Abstraktion sich an einer lebensvollen Situation bestätigt, die vor allem das Gemüt zu betreffen scheint: Schon im ersten Akt, als Salome es bedauert hat, daß der einzige Rothaarige – den ja allgemeine Verachtung getroffen hätte wie sie selbst – sie wieder verläßt, faßt er ihr stilles Hoffen in die nüchterne Erkenntnis zusammen: »Der auf einen einzigen Gegenstand reduzierte Titus hätt' müssen eine Nolens-volens-Leidenschaft fassen« (I, 14).

Auch auf allgemeinere Verhältnisse deutet sein Witz hin, als Sozialkritik zum Beispiel, und er wird nicht in Sprache ausgesagt, sondern durch Sprache dargestellt: Wenn der Backfisch Emma verlangt, die Mama müsse Titus einen Schnurrbart »wachsen lassen und auch einen Backenbart . . .; so was steht prächtig hinten auf dem Wagen« (II, 15), so wird dies zur Satire auf vormärzliche Haltung dem Bedienten gegenüber, verstärkt dadurch, daß der, von dem die Rede ist, die sozial über ihm Stehenden durch seinen Intellekt regiert. Wir haben Floras enttäuschtes »Was, der Herr ist ein Knecht?« erwähnt (S. 76). Auch das alte Bühnenmittel der bloß durch ihre häufige Wiederkehr komischen Redensart fügt sich in die leicht angedeutete soziale Satire dieser mit so großer Sympathie für den *outcast*

geschriebenen Komödie ein: »Ehre, dem Ehre gebührt!«
– nämlich dem vom reichen Onkel auf eigene Füße gestellten
Titus. Sie gebührt ihm nun im Munde des Bedienten Georg, der
ihn knapp vorher hinauswerfen wollte (III, 10).

Aber er ist eben auch nur ein Werkzeug des alten Objekts von
Nestroys Haß und Verachtung, des albern-tölpischen Schicksals. (Ein Konzept des Originalmanuskripts hatte den Untertitel
Die Schicksalsperücken.) Der Zufall, in der Gestalt des »Perük-
kenspenders«, der sein kurzes Glück gestiftet hat, hat es wieder
durchkreuzt: »G'ändert wird alles.« Und dies wird zum Stich-
wort des aus seinem Monolog sich ablösenden Couplets mit dem
Refrain »Ja, die Zeit ändert viel« (II, 22), das aus seiner Situation heraus auf Allgemeines zielt. Während Nestroy etwa seit
dem *Talisman* dem anekdotisch-satirischen Lied das reflektierende vorzog, gelingt es ihm im *Talisman* selbst noch ausgezeichnet, das eine mit dem andern zu verschmelzen, denn Titus'
Auftrittslied (I, 5) hat zwar das allgemeine Thema des Stücks
zum Refrain – die Dummheit des Vorurteils –, aber in anekdoti-
scher, vom Stück bezogener Einengung:

Drum auf d' Haar' muß man gehn
Nachher trifft man's schon schön.

Der den seelischen Vorgang spiegelnde Strophenbau des Liedes
wurde viel bewundert: »Es ist zweigeteilt: eine Halbstrophe von
achthebigen Versen malt die Erregung eines eben überstandenen Streites, acht vierhebige Verse gestalten, wie der Erregte
sein Erlebnis gedanklich verarbeitet, und der Spott des zweitei-
ligen Kehrreims zeigt den Beruhigten wieder im Besitze seiner
geistigen Überlegenheit.«[109]

Der Talisman wurde vom Publikum und der Kritik mit Begeisterung empfangen. Die vier maßgebenden Zeitschriften – die
Theaterzeitung und Der Humorist vom 18., die Wiener Zeitschrift für Kunst, Literatur, Theater und Der Sammler vom
19. Dezember 1840 – waren sich einig, daß man es mit einer
außerordentlichen Leistung des »in seinem Genre wirklich klassischen und fast isolierten«[110] Nestroy zu tun habe, daß der
Dialog »außerordentlich«, daß der Witz »vielleicht in keinem«
seiner anderen Stücke »in so strotzender Fülle verteilt« sei wie
in diesem.[111] Zu Nestroys Lebzeiten blieb es eines seiner meistgespielten Stücke, von den seit 1840 geschriebenen an Zahl der

Wiener Aufführungen nur von *Einen Jux will er sich machen* übertroffen; es scheint auch seinen Ruhm in Norddeutschland begründet zu haben. Kierkegaard schätzte es besonders.[112] Nach Nestroys Tod wurde es immer seltener, zwischen 1899 und 1912 nur in drei Jahren aufgeführt. Die zwei Nestroy-Klassiker«-Ausgaben (bei Bong und bei Hesse) enthielten es nicht. Die »komischen« Lokalpossen und die dem Literarhistoriker besser liegenden, dem traditionellen (Lustspiel-) Geschmack mehr ähnelnden Stücke hatten den Sieg davongetragen. Es war vergessen. Dies änderte sich allmählich, nachdem vor allem durch Karl Kraus das Verständnis für Nestroys satirische Sprachkunst geweckt worden war: Von 160 Wiener Aufführungen in den dreiundachtzig Jahren bis 1945 fällt die Hälfte in die achtzehn Jahre von 1928-45. Doch nahm es noch immer nur den achten Platz ein. Unter den Neuaufführungen im deutschen Sprachgebiet von 1945-68 aber steht es mit 17 an erster Stelle, ebenso in der Spielzeit 1968-69 mit 6 von 14, 1969-70 zusammen mit *Lumpazivagabundus* mit je 3 von 11, 1970-71 an zweiter Stelle (mit *Jux* an erster) mit 2 von 10, 1971-72 wieder an erster Stelle mit 5 von 13 Neuaufführungen.[113] *Der Talisman* ist heute die meistgespielte Posse Nestroys[114], eine der meistgespielten der deutschen Bühne.

Der Sieg schlauer Güte: »Das Mädl aus der Vorstadt«

Im Helden des *Talisman* waren egoistische Moralphilosophie, sarkastische Psychologie und den eigenen Zielen dienendes Schelmentum pikanter gemacht durch Zusätze von Gesellschaftssatire und Sozialkritik, ein Gemisch, aus dem erst ganz zum Schluß Titus' aktives Bekenntnis zum guten Herzen hervorbricht. *Das Mädl aus der Vorstadt oder Ehrlich währt am längsten* (1841) dagegen bringt etwas völlig Neues: den Triumph der Güte, nicht als Happy-End, sondern als mühsam und langwierig errungenen, durch einen glücklichen Zufall beschleunigten Sieg des von jeher Herzensguten, der, vom Schicksal malträtiert, aber mit Witz und scharfem Verstand begabt – darin unterschieden etwa vom Meister Faden oder Kilian –, es gelernt hat, härter zu handeln, als es seiner Natur liegt, den Sieg eines armen Kerls, dem resignierte, leicht zynisch klingende Güte zur *Lebensform* geworden ist (so wie später dem ebenfalls vom

Schicksal geplagten wohlhabenden Ziegeleibesitzer Kern und dem erfolgreichen Doktor Kampl).

Daß alle üblichen Gaben der Nestroy-Rolle, Gewandtheit und Witz, nun dem *liebenswerten* armen Teufel, Schnoferl, zur Verfügung stehen und er diese Gaben mehr als für sich selbst für einen andern armen Teufel ins Spiel bringt, die hilflose Thekla, das war etwas entscheidend Neues, das der Komödie auch die Gunst *der* Kritiker hätte bringen sollen, die alle die Jahre hindurch ein deutlich »moralisches« und dabei wirksames Stück verlangt hatten; doch ihr Blick durchdrang nicht all das Possenhafte. Nestroy hatte hier kein sacrificium intellectus vollzogen. Er hatte sein eigenes Herz bloßgelegt, ohne ein Jota an Scharfsinn, Witz, Charakterisierungs- und Sprachkunst oder Theater zu opfern. Und er war außerdem imstande, mit dem Possenhaften eine gute Portion Gesellschaftskritik zu amalgamieren.

Ihr Ziel ist vor allem die komische Molière-Figur des ältlichen, aber sein Alter verbergen wollenden Schürzenjägers und Spekulanten Kauz. Die Masken bürgerlicher Anständigkeit und Solidität verliert er, und die häufigen Gegenstände der Nestroyschen Porträtkunst und Satire kommen zum Vorschein: Stets eroberungssüchtig, wählt er sich die jungen Mädchen der »unteren Stände« zum Ziel. So sehr die vergnügungslustigen abgebrühten Näherinnen der ebenso ordinären, aber die bürgerlichen Décors wahrenden Madame Storch sich über die Schwächen dieses bemühten emsigen Dickwansts amüsieren und geneigt sind, sie auszunützen, so ordinär vor allem er selbst im Inneren ist, so gewissenlos und korrupt bis ins Verbrecherische hinein, so bleibt seine Fassade doch die des leicht komischen, aber respektierten »Partikuliers«, einer Stütze der Gesellschaft. Ein Außenseiter dieser in den Wohlsituierten gipfelnden Klassen wird Kauzens Gegenspieler: der Winkelagent Schnoferl, armselig an Erscheinung, schüchtern und erfolglos mit Frauen – »Mit der Lieb' ginget's prächtig bei mir, 's wär' schon recht / Aber nur mit der Gegenlieb' steht's allweil schlecht« (I, 5) –, innerlich jedoch überlegen all den mehr oder weniger fragwürdigen Gestalten, denen er in den Weg gerät oder tritt, überlegen an Witz, Geist und Güte – der bescheidene Mann, der voll Selbstironie sarkastische Bemerkungen macht über sich selbst und den selbstbewußten Herrn Kauz, über den albernen, marklos-passionierten Liebhaber Gigl und die prestige-besorgte, aber angenehme und gutartige Frau von Erbsenstein. In liebenswürdiger Ruhe sagt er ihnen allen ins Mark treffende Wahrheiten und manipuliert sie alle – der gewandte Intrigant für das Gute.

Seine Güte steht seinem Geist – dem Nestroyschen Geist – nicht im Weg. Zu Schnoferls Charakter ebenso wie zu seinem Verstand gehört seine resigniert-amüsierte Einsicht in die Unberechenbarkeit des Schicksals und der Menschen, und er bringt sie in den Refrains seiner beiden Lieder unter: »Na, der Mensch muß nit alles auf einmal begehr'n« (I, 5) und »Na, da laßt ma ein' jeden sein' Freud« (III, 11), eine Einsicht, die im Couplet der Frau von Erbsenstein mit achselzuckender Toleranz geteilt wird: »Da bleibt wohl nix übrig als nachsichtig sein« (I, 13) und eindringt in die Paradoxa und verborgenen Motive dieses durchtriebenen, aber mit sich selbst unbekannten Menschengeschlechts; *schnoferln* bedeutet im Wienerischen »schnuppern« und »herumspüren«. Seine Funde bringt der »Winkel«-Agent zur Sprache in Sentenzen und Aphorismen wie diesen über Männer und Frauen:

> Es ist sehr leicht, ein guter Vater zu sein; guter Gatte, das is schon mit viel mehr Schwierigkeiten verbunden. Die eigenen Kinder sind dem Vater g'wiß immer die liebsten, und wenn's wahre Affen sein, so g'fallen ein' doch die eigenen Affen besser als fremde Engeln. Hingegen hat man als Gatte oft eine engelschöne Frau, und momentan wenigstens g'fallt ei'm a and're besser, die nicht viel hübscher is als a Aff'. Das sind die psychologischen Quadrillierungen, die das Unterfutter unseres Charakters bilden   (I, 11),

oder: »So bös [= verärgert] is keine, daß s' nicht zum Gutmachen wär.« (I, 8)

So bedient sich Schnoferl denn auch der harmlos klingenden Redensart, die den Mitspielern auf der Bühne mit Ausnahme des Bösewichts oder Heuchlers nichts besagen, um ihm zu zeigen, daß es jemand gibt, der ihn durchschaut; so Schnoferls zweimaliges »Gehn wir gleich wieder aufs Ernsthafteste über!« (I, 7), sein dreimaliges sich von III, 8 bis III, 18 im Sinn wandelndes »Schaut's, der Herr von Kauz!«, der viermalige »frozzelnde« Gebrauch der gesellschaftlichen Klischees »mich freut's« und »Freude machen«, zugleich als Scherz über die bedeutungslos gewordene höfliche Formel in III, 8 – alles Mittel nicht bloß der Ironie, sondern zugleich der anspruchslosen

Vergeistigung und Verfremdung des inhaltlich althergebrachten Komödienhaften. In der *einen* Szene I, 8 etwa springt das Sprachspiel von Wort zu Wort und von Bedeutung zu Bedeutung wie ein elektrischer Funke: *bös – gut; weg – weg; verstimmen – umstimmen – Stimmschlüssel; vorläufig – nachläufig;* und in I, 20 *Unterschrift – Inschrift; fallen – liegen – stehen – sinken – legen.* Dem hastigen Leser, der nur Handlung und Situationen aufnimmt, und dem sprachtauben Schauspieler oder Regisseur entgeht all dies. Der Witz im *Mädl aus der Vorstadt* reicht an den im *Talisman* nicht heran, verleiht dem Stück aber den Charakteren und Situationen verhaftete Atmosphäre.

Sie allerdings kann sich auch selbst verlassen. Wieder einmal hat hier Nestroy seine Fähigkeit gezeigt, durch eine komplizierte, aber leicht überschaubare Handlung Spannung zu erregen und sie mit drastischer Situationskomik zu durchsetzen, wie es nur die allerbesten Techniker des Dramas vermögen. Schon in den ersten Szenen sind die Charaktere durch ihre Sprechweise rasch skizziert: die siebenundzwanzigjährige, kluge und aufgeregte heiratslustige Witwe, die fürchtet, von ihrem jungen Bräutigam »plantiert« zu werden, und ihr erotisch leicht angeregter Onkel Kauz. Die dem Zuschauer gegenwärtige Handlung im Dreieck Frau von Erbsenstein – Gigl – Thekla bahnt sich an, die jüngst vergangene Kauz – Thekla – Gigl ist in sie versponnen, die längst entschwundene Vorgeschichte – der angebliche Diebstahl durch Theklas Vater – kommt zur Sprache, und der hellhörige Zuschauer faßt den ersten, leisen Verdacht auf Herrn Kauz. Die herkömmliche komische Figur des leidenschaftlichen, aber schüchternen Liebhabers Gigl gibt Anlaß zu vielen komischen Intermezzi; nur die ungewöhnliche Gestalt Schnoferls hat noch nicht viel Relief, außer ihrem Witz. Wir machen mit Frau von Erbsenstein die unruhige Spannung über das Ausbleiben des Bräutigams mit, nehmen an der Überraschung über die einseitig erstrebte Beziehung Kauzens zu Thekla teil und fragen uns nach dem Tableau, das sich in der Schlußszene des ersten Akts um die beiden »Ohnmächtigen« gebildet hat, vergnügt über all den Unsinn, auf welche Weise sich wohl die »allgemeine Verwirrung« lösen werde. Sie wiederholt sich am Ende des zweiten Akts: Thekla begegnet unerwartet Gigl, Kauz Thekla, Frau von Erbsenstein allen dreien, Schnoferl enthüllt, daß Thekla die Tochter des angeblichen Diebes ist – das scheinbar vergessene Motiv aus dem ersten Akt – und so geht es munter in den dritten Aufzug hinein. Dieser ist allerdings primitiv gebaut, führt aber doch zum Knalleffekt der Entlarvung Kauzens, ohne daß der Knall je ertönte: dank er leisen, geschickten Hand des Operateurs und »Folterknechtes« Schnoferl löst er sich unter der Oberfläche auf in Ströme guter, für den Spender schmerzhafter Gaben, zur Erheiterung des schadenfrohen Zuschauers. Für die Kunstlosigkeit der Handlung dieses Akts fühlte sich wohl selbst der vor allem an der Technik des Dramas Interessierte entschädigt durch den Reiz des Milieus in den Gartenszenen, die Charakterzeichnung Schnoferls, der Herzensgüte mit freundlich-boshaftem Humor vereint, und durch alle Zauberkünste, derer seine Sprache fähig ist. Die äußeren Vorgänge folgen meist der französischen Vorlage, einer Comédie-Vaudeville, La Jolie Fille du Faubourg, von Paul de Kock (Juli 1840); der Dialog und Schnoferls »durch ein parodistisches Pathos verdeckter Gefühlston« (Rommel) stammen ganz von Nestroy.[115]

Am 24. November 1841 zum erstenmal aufgeführt, vom Publikum enthusiastisch, von der Krtik vielfach säuerlich aufgenommen – wurde *Das Mädl* ein Triumph Nestroys. Er »hatte die Freude, von den unzähligen Bonmots, Wortspielen, Witzraketten... auch nit ein Körnchen auf unfruchtbaren Boden gesäet zu haben... Das Publikum quittierte den Empfang eines jeden trefflichen Einfalls, deren Zahl Legion war, mit einem Sturm von Applaus.... Man rief ihn nicht, man jubelte ihn hervor, nach jeder Hauptszene«[116]. Das seltsame Phänomen der großen Persönlichkeit hinter der Rolle des bescheidenen, gedrückten, aber innerlich überlegenen Mannes muß in der Art seines Spiels sichtbar geworden sein (vgl. S. 40).

Das Mädl aus der Vorstadt war eines der ganz wenigen Stücke, in denen Scholz nicht auftrat. Bis zu Nestroys Tod wurde es 81mal gespielt.

Die theatralische Jugendsünde:
»Rudolph, Prinz von Korsika«

Durch den dauernden Erfolg des *Talisman* und des *Mädl aus der Vorstadt* zum Liebling Wiens geworden, durfte Nestroy es sich leisten, dem Publikum einen Schabernack zu spielen. Er ließ sein unseliges Jugendwerk, von dem niemand etwas gewußt hatte, den heroischen Schmachtfetzen *Prinz Friedrich* (vgl. S. 128), angekündigt als ein romantisches Schauspiel in Jamben unter dem Titel *Rudolph, Prinz von Korsika*, als Benefizvorstellung für seinen intimen Freund Lois Grois, aufführen. Sie wurde mit größter Spannung erwartet, einer Spannung, die dem Benefizianten ein volles Haus sicherte – und dies war der ganze Zweck der »Premiere« am Samstag, den 18. Dezember 1841. (Die Titeländerung von »*Friedrich*« zu »*Rudolph*« mag bis zum Erscheinen des Theaterzettels, der die Quelle nannte, den Zweck gehabt haben, die Reminiszenz an die damals noch gelesene Erzählung Vanderveldes zu verhindern.) Die Mängel des Stückes fielen natürlich gleich auf und es erlebte nur noch eine Aufführung am folgenden Abend. Schon am Tag darauf wurde der *Prinz von Korsika* vom *Mädl aus der Vorstadt* abgelöst. Die Kritik verurteilte das Stück einmütig. Das »zahlreich versammelte Publikum« scheint es mit wohlwollender Nachsicht und einiger Heiterkeit über die unfreiwillige Komik aufgenommen zu haben. »Der Humorist« vom 20. Dezember 1841 berichtet, daß es »diese Novität mit guter Laune, ohne Zeichen des Mißfallens, aufnahm«, Der Wanderer vom 21. Dezember, daß es die »gelungenen Stellen . . . mit Beifall auszeichnete«, die Allgemeine Theaterzeitung vom selben Tag, daß »das romantische Schauspiel mißfiel« und daß »das Publikum alle die Inkonsequenzen [der unmotivierten häufigen Theatereffekte] lächerlich fand und lachte«.

Alles dies erklärt nicht, wieso O. Rommel in seinem Bemühen, das Fehlen des Stückes in seiner »historisch-kritischen Gesamtausgabe« zu entschuldigen, summarisch von einem »lärmenden Durchfall« sprechen kann[117], in offenbarem Widerspruch zu den Tatsachen.[118] Nur in *einem* Zeitungsbericht (im Sammler vom 21. Dezember 1841) hätte er eine Art Rechtfertigung dafür finden können, der halb meditiert, halb erzählt, ohne auf das Drama selbst mit einem Wort einzugehen:

Ein romantisches Schauspiel von Johann Nestroy! Es klingt fast so, als wollte man sagen, eine Lokalposse von Grillparzer! Das Publikum kennt Hrn. Nestroy als einen genialen Komiker und ist gewohnt, über seine Darstellungen zu lachen; das Publikum kennt Hrn. Nestroy als trefflichen Possendichter und ist gewohnt, seine Possen zu belachen; das Publikum kennt das Theater an der Wien und weiß, warum es hinaus geht; nämlich – um zu lachen. Was war bei solchen Umständen natürlicher, als daß sich die Aufnahme dieses historisch-romantischen Schauspiels in Lachen auflöste? Man lachte herzlich!

Dieses Wort »herzlich« im Bericht des Sammler, einer Zeitschrift, die seit jeher Nestroy übelwollte, zusammen mit der Tatsache, daß keine der bei Wiener Premieren-Durchfällen üblichen heftigen Mißfallens-Äußerungen – »Schreien«, »Toben« und dgl. – erwähnt werden, ist aufschlußreich: Viele im nachromantischen Publikum, abgebrüht durch Nestroys eigene Parodien, nahmen das Stück offenbar allmählich für einen Jux, bestenfalls als eine freundliche Ehrung des Regie führenden Benefizianten.

In ihren *Gründen* für die Verurteilung des Werkes stimmten die Kritiker überein: Der dialogisiert-epische (statt dramatische) Charakter des Dramas, die mangelnde Motivierung der verworrenen Handlung und Psychologie, die Überladung mit »Schandtaten« und theatralischen Effekten und »die Spuren der Unkenntnis theatralischer Wirksamkeit« (Der Wanderer). Das »Österreichische Morgenblatt« tadelte außerdem das »Rohe«, die »Kraftausdrücke und Komödienbehelfe«; die Wiener Zeitschrift beschrieb es als »kein gutes Stück, aber es ist auch nicht so ganz schlecht . . . immerhin finden sich hie und da kleine, lichte Momente, welche zeigen, daß es von einem Manne von Verstand und Geschick herrühre«, aber »Vieles [ist] in der Tat läppisch und lächerlich«.

Es ist erstaunlich, daß noch im Jahre 1841 nicht *eines* der fünf angesehensten kritischen Blätter – die oben genannten und die Wiener Zeitschrift – irgend etwas an der Sprache auszusetzen hatte, die vielfach so kitschig ist, daß sie aus parodistisch sentimentalen Stellen der Nestroyschen Possen und Zauberspiele seit 1828 zusammengesetzt scheint. Die einzigen Bemerkungen über die Sprache des Stücks überhaupt, sind der Tadel der »Kraftausdrücke« und die Einschränkung seiner Charakterisierung als »Erstlingsprodukt« durch die Anerkennung einer »recht fließenden Sprache« (Der Wanderer)!

Nestroy selbst kann zu dieser Zeit sein Jambendrama unmöglich mehr ernst genommen, ja er muß sich darüber amüsiert haben. Er hatte durch die aufsehenerregende Ankündigung eines ernsten Schauspiels seinem Freund eine gute Einnahme verschafft, dem Publikum ein Schnippchen geschlagen und bis zu einem gewissen Grad auch den Berufskritikern. Wohl mochte, wie die Wiener Zeitschrift erinnerte, das Genre »der dramatisierten Romane veraltet« sein; aber der Mangel jeder Kritik (unter den Berufskritikern) an der gefühlvollen, bald süßlichen, bald heroischen ausgelaugten Bühnensprache des Stücks zeigte ihm: Sein nun dreizehn Jahre währender parodistischer und ausdrücklicher Kampf gegen sie war noch nicht überlebt und durfte weitergehen.

Die Filmkomödie: »Einen Jux will er sich machen«

Jede üble Erinnerung an die Schlappe, als die die zwei Aufführungen des *Prinz Friedrich* angesehen werden konnte, muß hinweggefegt worden sein vom Bühnensieg, den Nestroy am 10. März 1842 errang, mit der Faschings-Posse *Einen Jux will er sich machen,* an Geist und Witz gewiß nicht der bemerkenswertesten, aber an theatralischer Wirksamkeit neben dem *Talisman* der dauerhaftesten aller seiner Komödien. Von jenem Sieg kann man sich kaum eine Vorstellung machen: »Das war kein bloßer Beifall mehr, das war Freudenjubel, Freudenrausch, der das außergewöhnlich zahlreiche Publikum erfüllte ... die zahllosen Hervorrufungen Nestroys sind zu gewöhnlich, als daß ich ihrer besonders gedenken möchte. Er dürfte niemals früher noch so vielfache und stürmische Beweise von Anerkennung wie diesmal gefunden haben.« (Der Sammler, zit. SW XI, S. 556) Dazu bildete sich die Kritik ein, in dem Erfolg des Stückes ihre fixe Idee bestätigt zu sehen, daß Nestroy nur »Original«-Stücke zu schreiben und sich von unösterreichischen Vorlagen fernzuhalten habe, um es zu Glanzleistungen der Lebensechtheit und des Humors zu bringen. 1923 wurde entdeckt, daß auch die Handlung des *Jux* in einem einaktigen englischen Schwank skizziert war.[119] Wie Nestroy verfährt, bezeichnet beispielhaft folgendes: »Aus einem vereinzelten ›Shocking, indeed!‹ hat Nestroy die köstliche Karikatur seiner Marie abgeleitet, die immer sagt ›Es schickt sich nicht‹ und doch in die Laube geht.«[120]

Schwankhaftes und knappe Milieuschilderung vertragen sich hier ausgezeichnet, und technisch ist der *Jux* eine Meisterleistung: Die Exposition geht nicht nur mit überraschend zwangloser Schnelligkeit vor sich, sondern erregt gleichzeitig dramatisch schon mit den ersten Szenen durch die kraftvollen Antithesen in Rede und Gegenrede, ja, die allerersten Sätze:

ZANGLER Ich hab Ihnen jetzt ein für allemal g'sagt –
SONDERS Und ich Ihnen ein für allemal erklärt –

etc.; dazu entfalten sich im Handumdrehen die Charaktere. Mit wenigen Strichen zeichnet sie Nestroy auch in den folgenden Szenen und mit bedenkenloser Fröhlichkeit rollt faschingshaftes Geschehen ab, gebremst und überstürzt durch unvorhergesehene, geschickt herbeigeführte und noch geschickter gelöste Verwicklungen. Der mehrmalige Wechsel der Schauplätze, Flucht und Verfolgung, Auftauchen der gefürchteten, Verschwinden der gesuchten Personen nehmen Wirkungen des frühen Films vorweg. Verwoben ist dieses oberflächliche Treiben in das Thema: die leichte Tragikomik des lebenshungrigen philosophischen Kommis, der den Jux des Lebens erst vergeblich sucht und dann von ihm beinahe überrannt wird. In ihr hat Nestroy die mit der Figur Schnoferls begonnene Linie zum »Natürlichen« und Versöhnlich-Humoristischen fortgesetzt. Sein »philosophischer« Sinn ist aufs Merkantilische übertragen im Monolog I, 10 (vgl. S. 93 ff.) und bewährt sich in der Erscheinungsform »einer ruhigen, ans Unerträgliche grenzenden Gelassenheit«, mit der er an einem bewegten Geschäftsmorgen die Kunden der Gemischten Warenhandlung »eins nach'n andern« bedient (I, 12). Mit ungewöhnlicher geistiger Anmut muß Nestroy ihn dargestellt haben als ängstlich-kecken Lehrer des kindischen, aber vielversprechenden Lebenslehrlings Christopherl; im stärksten Gegensatz zu ihm ragt wie ein Fels in der Flut der Ereignisse die unerschütterliche Dummheit Melchior Scholzens, überzeugt von der eigenen Begabung und von der Fähigkeit, die Ereignisse mit fester Hand zu lenken. Die Figur ist »klassisch« geworden.

Der *Jux,* in Wien zu Nestroys Lebzeiten 161mal gespielt, war sein zweitgrößter oder größter Erfolg (*Lumpazivagabundus,* 9 Jahre älter, wurde 259mal aufgeführt) und das einzige Stück außer diesem, das auf den Bühnen Deutschlands in unserem Jahrhundert vor der Nestroy-Renaissance wiederholt, wenn auch nicht oft, auftauchte. Seit man im Satirischen und im Sprachwitz die bedeutendsten Aspekte Nestroyschen Wesens zu sehen begonnen hat, ist die Beliebtheit dieses Juxes zugunsten angriffslustigerer Stücke zurückgegangen. Seine Qualitäten als durch Handlung und Situationen unfehlbar unterhaltendes Theaterstück bekunden sich aber noch immer in den Bearbeitungen Thornton Wilders, *The Merchant of Yonkers* (1938) und *The Matchmaker* (1954), den auf ihnen beruhenden Filmen und dem Musical *Dolly,* einem anscheinend unzerstörbaren Zugstück.

»Die Papiere des Teufels«

Die etwas schwache Posse *Die Papiere des Teufels oder der Zufall* (1842) hat ein ausgezeichnetes Vorspiel; sein Mittelpunkt ist der arme Kanzleischreiber Federl. Er singt das psychologisch – ihm unbewußt – tiefgehende rührende Couplet mit dem Anfang »Wem a traurige Wirklichkeit nur is beschert, / Der muß als Ressource sich all's denken verkehrt« und dem Refrain »Das is wohl nur Chimäre, aber mich unterhalt'ts« (Vorspiel, Sz. 3), eines der besten, die Nestroy je geschrieben hat. Das Gefühl dauernden Unterdrücktseins geht darin dichterisch in einen phantasievollen und bildkräftigen, aber harm- und machtlosen Sadismus über. Hier zwei Strophen dieser ungewöhnlichen, aber vollendeten Lyrik:

> Mich schau'n d' Madeln nit an, denn die Hübschen nur lieb'n s',
> Und an meiner Schönheit is nix Übertrieb'n's;
> Ich tu' aber mein Bild mir höchst reizend ausmal'n,
> Wie d'Mädln über mich alle in Wahnsinn verfall'n;
> Und sie rennen mir nach, und sie schlaf'n in mein' Stall,
> Als wie 's Käthchen von Heilbronn beim Wetter von Strahl,
> Und sie gehn nicht, wann i auch mit der Reitgerten schnalz' –
> Das is wohl nur Chimäre, aber mich unterhalt't's.
>
> Quält mi einer aufs Blut und macht mir viel Verdruß,
> Und 's is aber einer, wo ich kuschen muß,
> Da denk ich mir, indem ich abischlick'[121] meine Rage:
> Ich bin in Amerika, hab' a Plantage,
> Und ich bin der Herr, und der Kerl is mein G'schlav,
> Und der Kerl hat was ang'stellt, er war heut' nicht brav,
> Und karbatsch'n[122] in Gedanken, so recht aus'n Salz –
> Das is wohl nur Chimäre, aber mich unterhalt't's.

Das Lied geht in einen reizend resigniert selbst-ironischen Monolog über, der mit dem Satz beginnt: »Nur eine lebhafte

Einbildungskraft muß man haben, die muß aber schon verflucht lebhaft sein, nachher is es recht angenehm auf der Welt.« – Das andere Lied, mehr Nestroys als Federls, hat nicht dieselbe dichterische Spannweite, ist aber voll sprachlicher, dramatischer und humoristischer Schlagkraft, zweifellos besonders wirkungsvoll durch Nestroys berühmte Mimik. Karl Kraus hat es gern gesungen. Drei der fünf Strophen mögen als Beispiele für Nestroys Couplet-Kunst dienen:

> Man speist in ei'm Haus, 's kommt a Speis auf den Tisch,
> Alles eins, is's a Strudl, Ragout oder Fisch,
> Die Speis is verdalkt[122a], d'r Herr vom Haus kommt in Wut,
> »'s a Schand',« schreit er, »wenn man wen einladen tut!«
> »O ich bitt'« sagt man, »die Dienstleut', das weiß man ja eh',
> Was s' für Patschen[123] sein!« »Ui,« springt das Sohnerl in d'Höh',
> »Die Speis hat d'Mama g'macht, sie selbst war beim Herd!«
> Dieses G'fühl – ja, da glaubt man, man sinkt in die Erd'.
>
> Man will ausgehen, gibt sei'm klein' Töchterl ein' Kuß,
> Dem Knaben aber nicht, mit dem war ein Verdruß.
> »Warum küßt du den Fritz nicht?« sagt die Kleine. »Mein Kind,
> Weil er schlimm war!« – »So?« sagt drauf der Schnabel, »ich find',
> Daß d'Netti, unser Stubenmädl, auch nicht brav ist,
> D'Mama zankt sie aus, und du hast sie doch 'küßt?«
> Und d'Frau sitzt im Zimmer, hat Wort für Wort g'hört –
> Dieses G'fühl – ja man glaubt grad, man sinkt in die Erd'.
>
> Ganz beduselt kommt man von ei'm Ball, bild't sich ein,
> Daß ein' alles bewundert hat, schlaft himmlisch ein,
> Am Morgen wacht man auf, da erinnert man sich,
> Wie man sich benommen hat, etwas als Viech,
> Daß die Damen sich zug'lispelt: »Schaut's nur den Laffen!«
> Daß d'Herrn alle laut g'sagt hab'n: »Der hat einen Affen!«[124]
> Daß man g'lallt hat und g'wackelt und g'red't all's verkehrt –
> Dieses G'fühl – ja man glaubt grad, man sinkt in die Erd'.   (III, 8)

Federl gehört in die 1836 mit dem Faden der *Beiden Nachtwandler* beginnende und seit 1840 mit dem Kilian des *Färber und sein Zwillingsbruder* fortgesetzten Reihe der mit Sympathie gesehenen, vom Schicksal benachteiligten, oft weichherzigen Männer als »Helden« Nestroyscher Possen. So kann auch sein Lied glaubwürdig in Karl Kraus' Bearbeitung der *Beiden Nachtwandler* auftauchen. Am verwandtesten ist er dem Schnoferl:

264

herzensgut, aber sarkastisch, begabt mit dem Witz des Unterdrückten und durchaus fähig wohlwollender Intrige; verwandt ist er ihm auch in der stillen Liebe zu der unerreichbar Scheinenden. Und wie Schnoferl erlangt auch er halb durch Verstand, halb durch Zufall ein Wissen von unlauteren Machenschaften, das ihm erlaubt, die Schuldigen – hier die hartherzige Emilie – unter Druck zu setzen zu Gunsten einer Armen, Verdienstlichen (II, 11). Geist und Güte siegen, wie im *Mädl aus der Vorstadt,* über Gier und Geld.

Wie in diesem Stück und im *Talisman* bleibt das Spiel mit der Sprache (im Einleitungs-Akt) immer diszipliniert geistvoll und läuft im ganzen dem Inhalt durchaus parallel, ohne sich wie in andern Possen auf längere Abwege zu begeben. Diese Handhabung des Sprachspiels ist geradezu zu' einer neuen Kunstart geworden. In Nestroys nächstem Stück sollte es über die Stränge schlagen – »ausarten«, wenn wir dieses Werturteil nicht scheuen.

6. Gemischte Kost · Die dritte Spießersatire
(1843-1845)

Zynik und Antikapitalismus. Sprachwucherung: »Liebesgeschichten und Heiratssachen«

Als wäre Nestroy müde geworden, die lange Serie sarkastischer, mehr oder weniger guter Kerle zu spielen, die seine Possen von 1839 bis 1842 kennzeichnen, bringt *Liebesgeschichten und Heiratssachen* (1843) im ehemaligen Diener Nebel einen wirklichen Schurken auf die Bühne, dessen Zynik weder Scherz noch bloße egoistische Grobschlächtigkeit ist, sondern abgrundtiefe Gemeinheit, weit radikaler als die seines entfernten Verwandten Johann in *Zu ebener Erde.* Eilige Identifizierung Nestroys durch die Kritik mit gerade solchen Rollen hat viel zu seinem Ruf als Zyniker beigetragen. Neben dem bewundernden Unbehagen angesichts dieses Charakters haben wohl noch drei oder vier andere Aspekte den großen, aber zwiespältigen Erfolg dieses Stücks bewirkt: der – noch im Vormärz, aber schon fünf Jahre vor der Revolution – zu einem wirklichen Thema gewordenen Spott auf den Parvenu *und* den auf ihn herabblickenden Aristokraten; die Unzahl überwältigend komischer Szenen im zweiten und dritten Akt; die erneut und sehr oft witzig auf einen Gipfel getriebene Leidenschaft des Spiels mit der Sprache; und die diesmal besonders gelungenen Couplets.

Liebesgeschichten und Heiratssachen ist Nestroys erstes Stück, das eine breit ausgeführte, das Ganze fast beherrschende Aussage gegen die kapitalistische Weltauffassung und aristokratischen Standesdünkel ist. Beide Ziele des Spotts nehmen karikaturhafte, aber theatralisch glaubhafte Form an in den Gestalten des reich gewordenen herzlosen Fleischselchers Fett, jetzt »Herrn von Fett«, des adelsstolzen Marchese Vincelli und, als Voraussetzung seines Gehabens, die würdelose Devotion, die ihm vom kleinen Mann entgegengebracht wird. Der reiche Selcher, der (wie Herr Falsch in *Der Treulose*) zum Schloßherrn geworden ist, will seine Tochter ebenso verschachern wie die bankrotten Herren Maxenputsch in *Nagerl und Handschuh* und Brauchengeld in *Die beiden Nachtwandler;* auch Anklänge an Herrn Steinrötl in *Weder Lorbeerbaum noch Bettelstab* werden laut in seinen Worten: »Na sein S' so gut und wer'n S' noch empfindlich auch! Ein armer Mensch darf nix empfinden als den Hunger, und für den wollen wir heut' sorgen« (I, 11). Und mit seinem Wort »Was will Er denn noch, odioser Untertan?!« (I, 16) bewerkstelligt Nestroy, nach zwei Seiten zugleich auszuschlagen: gegen die Neureichen ebenso wie, in der Phraseologie, gegen den hochmütigen Aristokraten und (1843!) die Obrigkeit.

Mit einer die Tradition der commedia dell'arte übertrumpfenden, durch das Geschick des modernen Vaudeville angespornten Meisterschaft folgt aus der Verknüpfung und Entwirrung zahlreicher Handlungen die Verstrickung und Befreiung der Charaktere. Die Konstruktion dieser Posse war eine Leistung von erstaunlicher geistiger Präsenz, und Ansprüche an besondere Präsenz mußte sie auch an das Publikum machen, selbst wenn es nur allen Verwicklungen und Verwechslungen folgen wollte. Es wurde entschädigt durch die rapide Folge aus ihnen sich ergebender komischster Effekte, verstärkt durch das virtuose Spiel Nestroys und Scholz'. Die Figuren werden unaufhörlich »verschoben und versetzt, die Leute müssen, je nachdem es die Versteckszenerie erfordert, kommen und gehen, . . . sich begegnen und entfernen, wenn es auch noch so sehr der puren

Möglichkeit . . . widerspricht« bemerkt die Zeitschrift Der Humorist.[125] Die dramatische Zimmermeisterei sei zu einer seltenen Virtuosität gediehen, habe aber auch »alle Natur untergraben« und die Personen zu »willen- und gedankenlosen Marionetten« herabsinken lassen. Dieser Tadel geht nicht nur von der unsinnigen Voraussetzung aus, Nestroy habe ein realistisches Stück schreiben wollen, sondern gibt auch der Fülle karikaturistischer Züge der Hauptfiguren, besonders der diabolisch-witzigen, überlegenen Schlechtigkeit Nebels, die kein vernünftiger Zuschauer mit den Augen des Realisten betrachten wird, nicht ihr Recht.

Nebel als Bühnengestalt und sein wucherndes, zerstörendes Sprachspiel sind wohl die Ursache für die ambivalente Wirkung der Posse auf die Zuschauer: »Wir gingen heute mit und neben Leuten aus dem Theater, die in demselben vor Lachen alle Farben gespielt, . . ., sie hatten Seiten- . . . stechen vor lauter Lachen, und doch legten sie nachher die Stirn in ernste Falten und bemerkten: ›Ich könnte das Stück nicht noch einmal ansehen.‹ ›Es hat mir g'fallen und hat mir halt do nit g'fallen!‹ [etc.]« berichtet derselbe Kritiker, und er macht weiter die für die Beurteilung Nestroys bis in unser Jahrhundert hinein typische Bemerkung: »Nestroy, der sonst so glückliche, lebensfrische, wenn auch oft allzu grelle Maler der Natur, hat . . . sich der Künstelei in die Arme geworfen.« Manierismus hat man 1843 als wertfreien Stilbegriff für große Gestalten und wichtige Epochen der europäischen Literatur noch nicht gekannt.

Das Stück geht eher glücklich als unglücklich aus: »Also drei Lieb'sg'schichten waren in diesem Haus, zwei haben sich zu Heiratssachen gestaltet. Somit verhält sich hier Hymen zu Amor wie zwei zu drei«, sagt Nebel in seinem Schlußwort, und die Ironie oder Resignation des glücklichen, wenn auch oft parodistischen Endes der Nestroyschen »Besserungsstücke« ist vermieden, indem die zynische Zentralfigur wohl zum erstenmal vom fast allgemeinen Glück ausgeschlossen wird und erstaunlicherweise erklärt: »So sollt's jedem gehn, der sich deßtwegen einen Pfiffikus nennt, weil er einen passablen Kopf mit einem schlechten Herzen vereint« (Letzte Szene). Aber die Mehrzahl der Kritiker[126] tadelte den »unbefriedigenden Schluß. Das Publikum sieht es nicht gerne, wenn der komische Held . . . am Ende . . . mit langer Nase abziehen muß, wenn er gleichsam

verstoßen wird und untergeht.«[127] Ein »gutes Ende« war dem
Publikum offenbar ein »gutes Ende« für den von Nestroy
gespielten Charakter, mochte er noch so perfid sein. Es nahm
offenbar keinen Anstoß daran, daß außer dem verbrecherischen
Schelmen Nebel gerade die im ganzen Stück verhöhnte alte
Jungfer am Happy-End nicht teilnehmen darf. Dieser peinliche
Aspekt des Schlusses ist nur dadurch gemildert, daß sie eher eine
ordinäre Person ist.

Der witzige Gebrauch der Sprache und die reine Lust am
Scherz mit ihr ist in *Liebesgeschichten* zu neuer Fülle gesteigert;
Albernheiten sind von dieser Orgie des Spiels mit Bedeutungen
nun fast völlig abwesend. Reicheren Gebrauch als früher – außer im *Talisman* und dem *Mädl aus der Vorstadt* – macht
Nestroy nun von dem an die Situation gebundenen Doppelsinn
der nur vom Sprecher und den Zuschauern verstanden wird, so
wenn Nebel mit teuflischer Unaufrichtigkeit Lucia an eine seiner früheren Lügen als scheinbar wahr erinnert: »In einem
Moment, der dem gegenwärtigen an Aufrichtigkeit gleich-
kommt, hab' ich dir vertraut, daß . . .« (I, 13). Auch eine in
diesem Maß bisher nicht vorhandene Passion für sprachwidrige
Wortneubildungen und -fügungen hat sich ausgebildet; Eine
›Ungeheurin‹ und eine ›Schlangin‹ gibt es nun; Herr Fett hat
»hier ein paar vieraugige Worte zu reden«; die Schwägerin
macht »in ihre übertragenen Täg« noch eine Eroberung, Buchner hat dem Andrang weiblicher Versuchung »auf eine felsim-
meerische Weise getrotzt« . . . »Zweifelt Sie noch an meiner
Baronheit?« (II, 8) Seine eigene langbeinige Figur bezeichnet
Nebel-Nestroy bildhaft als ›Storcheng'stell‹ (II, 15), und kein
Ende der Wortbildungen ist abzusehen in seinen parodistischen
Liebeserklärungen: Fanny drückt seine Hand an ihren »Wal-
lungsbusen« und ein »liebeatmender, halb unterdrückter und
dennoch bedeutend entschlüpfter Seufzer« entdrängt sich ihr,
und er bemerkt, » *(mit immer wärmerem Gefühle fortfahrend)*
Eine Schmachtträne quillt aus dem Verwirrungsblick?« (Alle
II, 16). Mit Fräulein Distl allerdings hat Nebel solche Beschwö-
rungskünste nicht nötig, denn sie unterzeichnet ihren Brief mit
»Deine sich sehr gern entführen lassende Lucia Distl« (III, 4).

Nestroys Gabe auch rein gedanklichen und vorstellungsstar-
ken Witzes schließlich, der der Sprache nichts Wesentliches
verdankt, hat das Tier-Couplet (II, 9) zustandegebracht, wie

denn überhaupt seine drei Lieder – »das Beste und Empfehlens-
werteste des Ganzen«, wie jene schon zitierte säuerliche Kritik
bemerkt – beim Publikum Jubel und bei den Kritikern einmüti-
ges Lob hervorriefen. Voll barocken – und manchmal billigen
– Humors, beginnend

> D'Seel' hat a breit's Maul, sagt sich oft was in d'Ohr'n.
> Geht man so auf und ab, in Gedanken verlor'n;
> Die Leut' und die Welt und die Menschen, ich hoff',
> Die geb'n zu Gedanken in Überfluß Stoff,

enden seine »philosophischen« Erwägungen – nach ungünstigen
Vergleichen des Menschen und seiner Situation mit der der
Fiakerpferde, Vögel, Pudel, Löwen und Hunde

> Der Hund, na, da ist was Bekannt's, der is treu,
> Und is doch zugleich kriechende Bestie dabei.
> Ma find't auch unter d' Menschen so manchen, der kriecht,
> Dann kann man aber schwören drauf, treu is er nicht.
> Es is übrigens bei keinem Hund noch entdeckt,
> Was er denkt, wann er d' Hand seines Schläggebers schleckt –

mit einer Absage an das Denken überhaupt:

> Doch i tu' mi hinüber ins Tierreich verirr'n
> Die Gedank'n unt'reinand' machen im Kopf ein' a G'summs,
> Ach, das dalkerte Denken is wirkli was Dumm's –

ein mit meisterhafter Einfalt und Bonhomie vorgebrachter
Stoßseufzer nicht mehr Nebels, sondern des resignierten Menschenkenners Nestroy.

»Die dramatischen Zimmerherrn«

Ein »Szenen- und Personen-Durcheinander aus ältern und
neueren Stücken, . . . derangiert vom Unterzeichneten« (Nestroy), angefertigt für seine eigene Benefizvorstellung am
12. Mai 1843 unter dem Titel *Das Quodlibet verschiedener
Jahrhunderte,* konnte die Spannung der Zuschauer nach einem
neuen Nestroy nicht befriedigen. In drei »historisch« angeordneten Abteilungen spielte er parodistische Rollen: in »Quodlibet im gotischen Stile mit chinesischen Emblemen« und der
»Einlage« dazu (SW IX, S. 468 ff), einer Collage aus der Jungfrau
von Orléans, Don Carlos, Gozzis Turandot und Wiener Volks-
stücken, spielte er den Knappen Käsperle und, wieder einmal,

Johanna d'Arc; in der zweiten der drei Abteilungen, »im Roccoco-Stile«, einer Verulkung von Kabale und Liebe, des Gouverneurs von Walter Sohn »Ferdinand, ... Chef der Stadtguardi«; in der dritten, »in modernem Stile«, einer Mischung aus volkstümlichen Wiener Possen der Zeit, den Bajazzo Zögerl. Nur die erste dieser drei Abteilungen und ein Vorspiel, *Die dramatischen Zimmerherrn,* sind erhalten. Wieder ist Nestroys Zweck, eine komische Situation auf die Bühne zu bringen, die die Entstehung des Quodlibets erklären soll. Der wesentliche Spaß ist, daß der Heldenspieler Lorbeerstamm, von Nestroy gespielt, und der Komiker Puff in ihrem gemeinsam bewohnten ärmlichen Zimmer gleichzeitig ihre Rollen memorieren – Lorbeerstamm die des Dunois aus der Jungfrau von Orléans und Puff die des Lorenz aus der *Verhängnisvollen Faschingsnacht* – und einander auf die Nerven gehen. Die Zitate sind oft unverändert, müssen also so wie das ganze Quodlibet durch die komische Darstellung gewirkt haben; manchmal gehen sie ins Parodistische über, etwa im Stile des folgenden Beispiels: Als die Frage, wer von den beiden ein Glas Wein bezahlen soll, durch die Bereitwilligkeit Puffs gelöst wird, erklärt

LORBEERSTAMM Der Überwundene mag sich in die Kostenzahlung fügen,
Das Edle, das Erhabene muß immer siegen.

Der textliche Witz ist mäßig. Das Quodlibet wurde nur viermal aufgeführt, das Vorspiel hielt sich länger.

Nestroy und das Vaudeville

Wollte man den theatergeschichtlichen Erwägungen Rommels und den von ihm direkt abgeleiteten Darstellungen folgen, so wäre hier eine ausführliche Erörterung des Vaudeville am Platz, denn der Mißerfolg der nächsten Komödie Nestroys, *Nur Ruhe!* (November 1843), erklärt er damit, daß die Theaterbesucher und die Kritik dieser Gattung überdrüssig geworden seien. Die Mode hatte gerade zu diesem Zeitpunkt ihren Höhepunkt erreicht.[128] Vorläufer der Operette, »reichlich durchsetzt mit Gesang und Tanz«, geformt im Hinblick auf die Pariser Lebewelt, eine »prickelnde Erotik« ausstrahlend und »dem neuen Bedürfnis nach weltmännischer Eleganz und Gerissenheit« entgegenkommend[129], überschwemmten übersetzte Vaudevilles von 1843-1845 die beiden Theater Carls und drohten sogar, am volkstümlichen Theater in der Leopoldstadt dessen Spezialität, das Lokalstück, zu verdrängen. Aber diese Charakteristika passen nicht auf *Nur Ruhe!*, und eine unbefangene Würdigung dieser Posse und der Umstände, die ihren sensationellen Durchfall umgaben, wird zu anderen Ergebnissen kommen. Sie ähnelt dem Vaudeville nicht mehr als die meisten der siegreichen Possen seit 1839 – wie *Die verhängnisvolle Faschingsnacht, Der Talisman, Einen Jux will er sich machen* – und ist gewiß in den Hauptcharakteren echter wienerisch als der triumphale *Talisman*. So haben wir nach andern Gründen zu forschen.

Schon 1838 hatte Carl einen Teil der Sitzpreise und gerade der mittleren Gattungen beträchtlich erhöht, und damit war wohl der Anteil des städtischen Großbürgertums am Publikum und dadurch das Interesse am Milieu des neuen Genre im Wachsen. Die technische Gewandtheit des Vaudeville und des ihm thematisch verwandten Boulevardstücks mag auch Nestroy angezogen haben, aber seine »volkstümlichen« und barocktheaterhaften Impulse und Tendenzen lagen mit der Mode im Kampf. Noch 1853 läßt er in einem Duett die beiden Partner singen:

Oft sein s' sentimental, und hab'n doch ka wahr's G'fühl,
Solche Leut' sind ja selbst ein lebendig's Vaudeville!

(*Zwei ewige Juden,* II, 10)

Die dritte Spießer-Satire: »Nur Ruhe!«

Als Nestroy acht Monate nach der spontanen Begeisterung der Zuschauer für *Liebesgeschichten* in der Erstaufführung der Posse *Nur Ruhe!* am 17. November 1843 die Bühne betrat, wurde er wieder mit einem Beifallssturm begrüßt. Vom Ende des ersten Aktes an aber gab es so viel Gezische und mißbilligenden Lärm im Zuschauerraum, daß es fast unmöglich war, den Text zu verstehen. Nach drei weiteren ruhigen Aufführungen wurde das Stück vom Spielplan abgesetzt. Einem Teil der Kritik der Zeit folgend, erklärte Rommel den sensationellen Mißerfolg aus Parteiungen im Publikum: »Die Freunde der Wiener Posse und die Anhänger der neumodischen . . . Vaudevilles lieferten sich an jenem[130] Abende eine Schlacht.«[131]

Wir bezweifeln diese Begründung. Eine derartige Querelle des Anciens et des Modernes hatte gewiß schon einige Zeit die Gemüter erhitzt, aber doch mehr die der Kritiker als die der Masse der Theaterbesucher. Die Ursachen mußten tiefer liegen. Auf jeden Fall war der Durchfall verdient. *Nur Ruhe!* hat weder die Frische der Posse noch die technische Vollendung des Vaudeville und nur selten Nestroys Witz. Die Unwahrscheinlichkeiten erzeugen nicht genügend komische oder witzige Situationen, um durch sie gerechtfertigt zu sein: auch die dauernde extreme Sprachbewußtheit bringt nur wenig wirklich Witziges zustande; am ehesten noch unbewußte Ironie durch Doppelsinn.

Bemerkenswert als Gestalt dagegen ist die Figur, von deren Lebensauffassung das Stück seinen Namen bezieht, der reiche Herr Schafgeist, der sich »nie um was gekümmert, nie geplagt« hat (I, 1) und nun an seinem 55. Geburtstag auch sein Geschäft aufgeben will: »Ich will kein Verdruß mehr, ich will keine Plag' – ich will gar nix als meine Ruh'!« (II, 2). So ist er in seinem abgründigen Spießertum ein Nachfahr des Herrn Gundlhuber und ein Vorläufer des Häuptling Abendwind (vgl. besonders S. 360), weniger erheiternd in der Unbeweglichkeit seines äußeren Lebens, seines Verstandes, seines Herzens als jener, weniger verschmitzt als dieser. Erst in der allerletzten Szene regt sich auch sein Herz ein wenig, wohl um des befriedigenden Schlusses willen. Im übrigen paßt auf Schafgeist, was gleich in der ersten Szene über seinen »im Grund guten«, sich um nichts als sein eigenes Vergnügen kümmernden Nachfolger im Geschäft gesagt wird: der größte Teil des Unheils in der Welt »kommt auf Rechnung der vielen, vielen guten Menschen, die weiter nichts als gute Menschen sind«, und in der vierten, in direkter Beziehung auf Schafgeist: »Is auch ein braver Mann, lauter brave Leut', die vom Schweiß der Armut leben« (I, 4). Noch einige Male wird in diesem von Scheinheiligen, Taugenichtsen und Halunken wimmelnden Stück die Tafel der »bürgerlichen« Werte ausdrücklich beschädigt; so etwa in der Bemerkung, man brauche nichts Außerordentliches zu tun, um einen Lorbeerkranz zu gewinnen: »Es haben schon Leut' Lorbeerkränz' 'kriegt, die nicht einmal was *Ordentlich's* geleistet haben« (I, 10). Reaktionen des bürgerlichen Publikums auf den Geist, der aus solchen Äußerungen und Portraits wohlbekannter Typen sprach, müssen zum Durchfall der Posse viel beigetragen haben, mehr als der bloße literarische Wunsch nach Wiederkehr des »reinen Volksstückes«[132].

Weder die Nestroy-Rolle dieses grausamen, faulen und verleumderischen Intriganten, des Ledergesellen Rochus Dickfell, einer schwächeren Neuauflage Nebels aus den *Liebesgeschichten,* noch die amüsanteren Figuren des skrupellosen Spekulanten Hornißl, seines bengelhaften, von ihm als »Weltmann« bewunderten Neffen Hansi Laffberger, oder des »Wiener Früchterl«-Playboy Splittinger, Schafsgeists Neffen, waren geeignet, den Mißmut, ja Groll der Zuschauer zu überwinden. Wann immer Rochus die Bühne betritt, ergießt sich zwar ein Strom von Sarkasmen, aber sein Witz ist zumeist glanzlos und roher als der der früheren Zentralfiguren; ihm fehlt der Charme eines Titus Feuerfuchs und seinen Ausfällen die Rasanz Nebels. Mit Nebel ist Rochus einer der wenigen echten Zyniker Nestroys, ein schlechter Kerl. Nicht einmal das künstliche happyend wirft einen, wenn auch noch so fragwürdigen, freundlicheren Strahl auf ihn.

Als die lästigen Hornißls in die stickige Ruhe des Schafsgeistischen Hauses einbrechen, ähnlich wie die Familie Gundlhuber in das der Madame Chaly, und sich dort breitmachen, da entsteht echte, noch stärkere Situationskomik. Die aber verflüchtigt sich bald, und bei aller Spießerei erzeugen die Eindringlinge unlustige, ans Kriminalistische streifende Komplikationen. Kurz, man sah sich konfrontiert mit einer Galerie teils bösartiger, teils lächerlicher Gestalten – die wenigen anständigen sind farblos –, die allzu vertraut erscheinen mußten. Der Marchese Vincelli und Fett in *Liebesgeschichten* waren zu sehr Ausnahmeerscheinungen, zu karikiert, zu verschieden vom durchschnittlichen Zuschauer, um verletzend wirken zu können. Als ein unübersichtliches Theaterstück, mit einer knarrenden komplizierten Intrige, war *Nur Ruhe!* zu schwach, nicht übermütig genug, um die natürlichen Reaktionen der Wiener auf ein solch erbarmungsloses Spiegelbild einer in sich selbst verliebten Gesellschaft zum Verstummen zu bringen. So erlitt die Posse ein ähnliches Geschick wie sieben Jahre vorher *Eine Wohnung ist zu vermieten:* Nach drei Wiederholungen verschwand sie von der Bühne.

Lokalkomik: »Eisenbahnheiraten«

Zweieinhalb Monate später sah die Kritik in dem ungeheuren
Beifall für die Posse *Eisenbahnheiraten oder Wien, Neustadt,
Brünn* den Ausdruck einer Versöhnung des Publikums mit
Nestroy. Er habe sich das weitverbreitete Mißfallen am Vaudeville zu Herzen genommen, wieder einmal ein glänzendes Wiener Volksstück geschrieben und sei so auf den rechten Weg
zurückgekehrt. (In Wirklichkeit war er Szene für Szene einem
Vaudeville »Paris, Orléans et Rouen« gefolgt, hatte das Stück
aber sachlich und sprachlich mit unglaublichem Geschick und
feinem Ohr verwienert.)

Textlich, an Sprache und Witz, bleibt die Posse hinter Nestroys Meisterwerken weit zurück, und nur zum Teil läßt sich ihr
Riesenerfolg historisch erklären, durch die im Titel angedeutete
Aktualität – die zwei Bahnstrecken, durch die die beiden Nach-
barstädte Wiens erst in den zwei Jahren vor der Erstaufführung
rasch erreichbar gemacht worden waren, veranlaßten eine
Menge dankbarer, neuartig amüsanter Situationen –, denn der
Erfolg wiederholte sich 1960 bei einer Neuaufführung am Wiener Theater in der Josefstadt. Auch machten die zahllosen
lokalen Anspielungen, die komisch getreue Imitation der extrem »böhmischen« Sprechweise des stürmischen Bäckermei-
sters Zopak aus Brünn – Nachfahr des Prager Fleischhauers
Hackauf aus *Lumpazivagabundus* – und das gelindere »Böhma-
keln« seiner Tochter das Ganze dem Wiener amüsant vertraut.
Durch Originalität und Witz sticht das resigniert skeptische
Couplet mit dem Refrain »Laßts' mich aus mit der Welt, Es is
nix ohne Geld« hervor, eine desillusionierte, aber anschaulich
humoristische österreichische Verkörperung des Themas »Nur
wer im Wohlstand lebt, lebt angenehm«: Liebe, Natur, Kunst
– »es is nix ohne Geld!«

Hauptsächlich aber ist die bei sachgemäßem Spiel überwältigende Wirkung dieses »dummen« Stücks der Meisterschaft zu
verdanken, mit der Nestroy aus farblosen Figuren österreichische Gestalten gemacht und sie in der reinen Bühnenkomik
zahlloser Situationen in sie selbst verwirrende Beziehung innerhalb dieses kunstvollen Gefüges gebracht hatte. Und diesmal
sah sich das Publikum nicht dem mit sich selbst zufriedenen
Wiener Spießer gegenüber, bei dessen Anblick ihm unbehaglich

wurde, sondern, mit dem Überlegenheitsgefühl des Großstädters, dem komischen Provinzler: dem Böhmen aus Brünn, dem »preußisch« sprechenden sentimental-pathetischen Brandenburger und vor allem dem läppischen Kleinstädter aus Krems. Vom gewitzt zynischen Intriganten Patzmann, der Nestroy-Rolle, wird er an der Nase herumgeführt. Dieser selbstbewußte Kremser Blasinstrumentenmacher, einst von Scholz gespielt, ist die Hauptrolle erschütternder Komik und war es noch 1960 in der Darstellung Helmut Qualtingers. Als »das Urbild eines G'scherten« [dummer Bauer oder Provinzler], als »selbstsicherer Dümmling« verkörperte er dickköpfige Ahnungslosigkeit in allen Lebenslagen. Bei den Dialogen, denen er so oft nicht folgen kann, »spürt man geradezu die Mühseligkeit, mit der sein Denken die Gehirnwindungen entlangkriecht«, schrieb E. Rollet in der Wiener Zeitung vom 6. Mai 1960, und »selten war einer auf derart intelligente Manier so saudumm« Hans Weigel in Anlehnung an eine ähnliche Beschreibung aus der Zeit Nestroys, »so vital stur, so großstädtisch aus der Provinz«[133]. Nun konnten die selbstbewußten Wiener wieder getrost lachen. Nestroy hatte ihnen die Versöhnung leicht gemacht.

»Hinüber-Herüber«

Gutes Spiel muß auch die freundliche Aufnahme des »Intermezzo«-Einakters *Hinüber-Herüber* (16. März 1844) bewirkt haben, eines harmlosen Scherzes, wie geschaffen für Dilettantenbühnen. Wieder einmal macht sich Nestroy über den österreichischen Respekt für die wirklichen und vorgeblichen »Herrn Engländer« lustig, die als solche unweigerlich mit Reichtum und Lordships identifiziert werden (vgl. z. B. 143, 224 f.). Über die häufige Wiederkehr dieses Themas würde man sich wundern, hätte nicht auch Karl Kraus so oft ähnliche mit der »Hebung des Fremdenverkehrs« assoziierte Neigungen der Österreicher seiner eigenen Zeit zum Gegenstand seiner Satire gemacht.

Geldschmerz: »Der Zerrissene«

Der Zerrissene, das dritte Stück des Jahres 1844, gehört zu dem halben Dutzend, das sich über Nestroys Tod hinaus, auch zu Zeiten des Tiefstands seines Ruhms, in zahlreichen Aufführungen auf den deutschen Bühnen behauptet hat. Weniger als die meisten andern, außer den kritischen Parodien, schien es »bloß lokal«, mehr als alle andern ein für die Literatur- und Geistesgeschichte brauchbares Dokument der Zeitstimmung zu sein. Die Handlung war einem Vaudeville mit dem bezeichnenden Titel L'homme blasé[134] nachgebildet. Die zeitgenössische Kritik bedauerte, daß Nestroys Posse nicht hielt, was ihr Titel versprochen hatte, und hier kann man ihr einmal zustimmen; denn eine Satire auf die »Zerrissenheit« (eng verwandt mit dem »Weltschmerz«) als Zeitgefühl oder Gefühlsmode der Literaten hätte etwas zu Nestroys Haltung und literarischer Art Passendes sein können; daß alles Literatenhafte, alles, was an »Schwärmerei« streifte, ihm tief zuwider war, hatte er oft genug beiläufig kundgetan. *Der Zerrissene* beginnt als Satire auf Blasiertheit überhaupt, hält dieses Thema aber nur im gröbsten fest, indem es andeutet, daß sie aus (Lips') Übersättigung hervorwächst – sein Reichtum gewährt ihm alles, auch »Freundschaft« und »Liebe« –, und zeigt, daß deren Beseitigung heilend wirkt. Elementare Angst schwemmt die Langweile des Reichen hinweg und gleichzeitig geht ihm die unverbildete Herzlichkeit Kathis als echter Wert auf, einer so reinen und fast so ursprünglichen Figur wie Salome im *Talisman*.

Damit aber schien Nestroy seine Verpflichtung gegen das Titel-Thema erledigt, und er schuf im übrigen eine seiner köstlichsten Komödien, köstlich durch Komik der Situationen, aber auch durch Witz und Charaktertypen, aufleuchtend und sich gestaltend in sie enthüllender Rede und in einem schlagkräftig-humorvollen Dialog. Wohl gibt es hier mehr bloße Kalauer als im *Talisman,* aber sonst reicht die verborgene Sprach-Komik bei aller Durchsetzung des Entsetzens mit Parodistischem an das echte Pathos einer Shakespearischen Szene heran, und trotz Gluthammers Bettdecke und Schlafmütze geben nur die parodistischen Einmengungen ihr die Komik zurück, die die Eingeweihtheit des Zuschauers verlangt, zum Beispiel in II, 5 und III, 10.

Die Aufführung am 9. April 1844 brachte Nestroy »einen der größten Erfolge seines Lebens«[135].

Zwischen dieser Erstaufführung des *Zerrissenen* und der Bühnenfassung von *Die beiden Herrn Söhne* (16. Jänner 1845) liegt ein für Nestroy ungewöhnlich langer Zeitraum. Es war eine

Periode mühsamer Arbeit an zwei Fassungen eines Fünfakters – seines einzigen außer *Glück, Mißbrauch und Rückkehr* – und dennoch ein Abstieg gewandt dramatisierter, feiner, ja zarter Psychologie zu einer schwerfälligen Anhäufung grobschlächtiger Bühneneffekte.

Das »Lebensbild« in Kontrastform:
»Die beiden Herrn Söhne«

Die beiden Herrn Söhne (1845) ist, so wie das »dramatische Gemälde« *Der Treulose* (1836), das »lustige Trauerspiel« *Gegen Torheit gibt es kein Mittel* und *Glück, Mißbrauch und Rückkehr* (1838), in der Anlage und im Wesen mehr ein fragwürdiges »Lebensbild« (vgl. S. 228, 232) als das, was es sich nennt: eine »Posse«. Mit einem Roman von Paul de Kock als Vorbild, handelt es von zwei Vettern, einem ernst-tugendhaften, ja edlen, »gebildeten« (Moritz) und einem zynisch-humorvollen, lasterhaften (Vinzenz-Nestroy), der sich etwas darauf zugute tut, daß er ein von Büchern unberührter »Sohn der Natur« ist. Beide entführen eine Geliebte in die Stadt, und nun trennen sich, im Einklang mit ihrem Charakter, ihre Wege und führen mehr als je in entgegengesetzte Richtungen. Ähnlich wie in *Gegen Torheit* sorgt aber der gütige, vernünftige Vetter (dort Bruder) immer wieder für den verkommenen, unsinnigen, wenn er in Not ist. Wieder haben wir auch das Thema der in ihren Absichten durch Standesvorurteile der Eltern gehemmten Liebhaber.

Die zwei konstrastierten Lebensläufe erinnern einigermaßen an Hogarths Serie »Industry and Idleness« und an Chodowieckis von Lichtenberg inspirierten »Fortgang der Tugend und des Lasters«. Hogarthisch sind sogar einige Szenenbilder, aber in sie sind, echt Nestroyisch, Scholzische bühnenwirksame Hanswurstiaden eingearbeitet, wie des Tölpels Bald unerwartetes Auftauchen aus der Bettdecke (III, 3).

Der lesebuchhaft brave Vetter spricht auch eine lesebuchhaft moralische, leicht pathetische, von Nestroy ernsthaft gemeinte Sprache, ja, er und der vornehme Vater seiner Familie haben sogar einen Hang zu jambischem Pathos mittels syntaktischer Inversion – »ich weiche nicht, und müßt' ich sterben auf dem Platze« (III, 12) – wie wir dies sonst nur aus den ernsten Partien

der Zauberstücke, dem *Treulosen* und dem *Prinz Friedrich*
kennen. Es war bei einem Teil der Wiener Kritik seit langem
üblich, Nestroys Charaktere und deren Äußerungen wegen
ihrer »Gemeinheit« zu tadeln. Sie ist hier in einem Schurken
und wirklich »bösen« Zyniker (vgl. S. 116 f.), im schlechten Vinzenz, der Nestroy-Rolle, konzentriert und ins sinnlos Extreme
getrieben, ohne dies durch wirklichen Witz erträglich zu machen. Streckenweise ergeht er sich in elendem Sprachgewitzel,
das in nichts den Meister des geistvollen Wortspiels erkennen
läßt.

Im ersten Akt ereignet sich fast nichts außer endlosem Gerede
als Anlaß zu Späßen für Scholz und für Nestroys Kunst der
mimischen Darstellung. Der dritte Akt, im Detail realistisch, im
Charakter melodramatisch, ist voll erstaunlicher Unwahrscheinlichkeiten. Der vierte, dramatisch sehr wirkungsvoll, ist geradezu grausam. Er könnte ans Herz rühren, wenn nicht auftauchen-
de Empfindung allzu oft durch Späße zerstört würde, in der
siebten Szene zum Beispiel durch den Bühnenscherz dauernden
Schluchzens Vinzenz' und seines Dieners. Ähnlich im fünften
Akt der ersten Fassung, 12. Szene:

MORITZ *(den Vinzenz, der schlechte Vetter, niederträchtig betrogen
hat):* ... Elender! *(Packt Vinzenz an der Brust und schleudert ihn
ergrimmt zu Boden.)*
KUNIGUNDE *(in großer Angst den wütenden Moritz zurückhaltend):* Moritz, schone ihn, es ist mein Sohn!
THERESIA Schonen Sie ihn nicht, es ist mein Mann!

Unmittelbar vor dem Ende bringt ein possenhaft rascher Gesin-
nungswechsel einen glücklichen Ausgang zustande.

Noch vor der ersten Aufführung strich Nestroy das Lebensbild
auf vier Akte zusammen, verstärkte die possenhaften Elemente,
und so wurde es nur noch mehr ein Bastard aus den zwei
Gattungen, »Lebensbild« und Posse, denen es gleichzeitig nach-
strebte.[136] Nach dem Durchfall der ersten Aufführung machte
Nestroy es für die zweite durch anscheinend einschneidende
Änderungen »moralischer«. Da wie dort sind Nestroys gewöhnliche Tendenzen entartet und seine besten Fähigkeiten nicht
ausgenutzt. Zwei witzige Couplets, deren Refrain diesmal mit
dem Thema und Gehalt des Dramas mehr zusammenhängen als
sonst – Vinzenz' Auftrittslied »'s Studieren is a unnöt'ge Plag'«
und »Man is rein nur dem Schicksal sein Narr« –, konnten es

nicht retten. Doch gebührt dem Schicksalslied und den einführenden Worten Beachtung:

> Meine Affären betracht' ich als Kuckuckseier, die ich in das fremde Nest des Zufalls leg', der soll s' ausbrüten, wenn er mag! Ich rechne nie! Auf die Art kann 's Schicksal mir auch nie einen Strich durch die Rechnung machen, währenddem man als schlauer . . . Planmacher alle Augenblick' den Verdruß erlebt, daß ei'm 's Schicksal das Tintenfaß über die Kalkulationen schüttet. (II, 9)

Hatte Nestroy sich über das dumme »Schicksal« schon längst mokiert, so wird nun auf dem Weg über Resignation ein tiefer Dégout gegen seine Sinnlosigkeit sichtbar, der in einigen folgenden Stücken an Haß grenzen wird.

Das Stück fiel durch. Nie vorher habe Nestroy »eine solche Masse von Gemeinheiten«, »alles in seiner nacktesten Blöße«, Derbheit und Häßlichkeit angehäuft.[137] Man fragt sich in der Tat, was Nestroy zu seinen weder durch Witz noch durch Satire anziehender gemachten Exzessen getrieben haben mag. Vielleicht war es die schauspielerische Aufgabe, die ihn lockte.

Das Lehrstück von der Selbsttäuschung: »Das Gewürzkrämerkleeblatt«

Auf Gehalt und Form hin gesehen, ist *Das Gewürzkrämerkleeblatt* oder *Die unschuldigen Schuldigen* (16. Februar 1845) der dramatisierte Witz eines skeptischen Menschenkenners; als Leistung des Theaterdichters betrachtet, ein ideell und technisch geglücktes, bühnenmäßig mißlungenes Experiment. Es ist von geringem Belang, daß die Handlung annähernd einem französischen Vorbild folgte, denn *Das Gewürzkrämerkleeblatt* gehört in die von Nestroy schon früher begonnene Reihe der sich dem Allegorischen nähernden Possen und Volksstücke, die durch Zerstörung des Individuellen der Handlungs- und Sprechweise stilisierend das Generelle, Vorhersehbare der Menschennatur demonstrieren und so allmählich beinahe zu Lehrstücken werden (vgl. S. 44 f.). Daß dieses Generelle als Thema hier in Selbsttäuschung besteht, paßt nur allzu gut in Nestroys Anschauung vom Menschen. Die aus ihr folgenden identischen Reaktionen der Individuen machen das Allgemeine nur noch deutlicher.

Der Inhalt: Jeder der drei Gewürzkrämer Baumöl, Schwefel

und Zichori, Freunde in reifem Mannesalter, überzeugt von der Treue der eigenen jungen Gattin, ist dauernd darum besorgt, seine beiden Freunde vor vermuteter Untreue *ihrer* Gattinnen zu warnen und zu behüten. Jede der drei Frauen verliebt sich in den Kommis Viktor und ist gegen Ende des Stückes daran, den eigenen Mann mit ihm zu betrügen, der zwar bemerkt, daß die anderen beiden Gattinnen, nicht aber, daß die eigene der Anziehungskraft Viktors anheimfallen. Um diesen kunstvoll geknüpften Knoten zu lösen, läßt Nestroy im letzten Augenblick eine vorher nur gelegentlich erwähnte Luise auftauchen, der schon längst Viktors Herz gehört hat. Selbst er, der charmante Bezauberer, wird, aus anderen Gründen als die drei oder sechs Hauptfiguren, einigermaßen in die Entmenschlichung hineingezwungen, da er wie eine Ware zwischen den drei Freunden hin- und hergeschoben wird.

Die Stilisierung der Komödie durch fast oder völlig identische Handlungen und Reden ist schon rein zahlenmäßig viel stärker durchgeführt als in früheren Stücken, den mit solchen Absichten gebauten sowohl wie jenen, bei denen es sich um einzelne amüsante Intermezzi handelt. Nun gibt es Dutzende derartige Situationen, etwa nach dem Muster

SCHWEFEL *(zu Baumöl):* Freund!
BAUMÖL *(zu Zichori):* Freund!
ZICHORI *(zu Schweifel):* Freund!
SCHWEFEL *(wie oben):* Hör' mich an –
BAUMÖL *(wie oben):* Laß dir sagen –
ZICHORI *(wie oben):* Glaub mir –   (II, 21),

und oft endet der Dialog unisono mit dem gleichen Text. Auch Identität der Gesten ist gelegentlich vorgeschrieben, so

BAUMÖL *(mit stolzem Selbstgefühl):* Mein Weib is ein Muster!
SCHWEFEL *(mit stolzem Selbstgefühl):* Mein Weib is ein Prototyp!
ZICHORI *(mit stolzem Selbstgefühl):* Mein Weib ist halb Tugendspiegel, halb Genius!
(Bei jeder dieser drei Ausrufungen sehen immer die beiden anderen, das Lautwerden ihrer Gedanken mühsam unterdrückend, einen Augenblick gegen Himmel und senken sogleich wieder den Blick.)

Nestroy hat individuelle Unterschiede, die seine Vorlage den drei Männern und Frauen gelassen hat, stark reduziert und das Marionettenhafte dadurch intensiviert. Nur Zichori – den er selbst spielte – hat etwas mehr persönliche Eigenart: Er ist deutlicher ein Pantoffelheld (»Simandl«) und dümmer als seine Freunde. (Ausgezeichnete Wirkung erzielt Nestroy dadurch, daß er ihn ein Lied mit dem Refrain

Geg'n die Dummheit, so war's zeitlebens,
Da kämpfen die Götter vergebens,

singen läßt, in dem er sich über die Dummheit seiner Umgebung lustig macht in Worten, die zeigen, daß *er* der Dumme ist.)

Eine äußerst intellektuelle Zuhörerschaft, womöglich geschult durch moderne manieristische Kunst, wäre nötig, um dieses alles umgreifende Auslöschen des Individuellen zu schätzen – selbst im *Haus der Temperamente* gab es doch vier Spielarten der Gattung Mensch! Aber sogar bei solchen Zuschauern hätte das *Gewürzkrämerkleeblatt* nicht viel Aussicht auf Erfolg, weil die Idee, die für *einen* Akt ausgezeichnet wäre, auf drei ausgewalzt ist und man allzu oft die Fortsetzung des nur selten witzigen Textes voraussagen kann. Für sein Alltagspublikum hat Nestroy allerhand billige Bühneneffekte (z. B. II, 19) und bewährte, ja abgenützte komische Szenen in die Handlung eingearbeitet oder aus seiner Vorlage übernommen, wie etwa das Verwechseln der eigenen Gattin mit einer fremden im Dunkeln, aber diese Scherze konnten das Stück weder bei der Kritik noch bei den Zuschauern retten: für das Schematische hatten sie kein Verständnis, und das Altbewährte war nicht gut genug. Ein wenig Satire auf spießerhaft-kleinbürgerliche gesellschaftliche Beziehungen (I, 15) konnte ihnen auch nicht viel Freude machen. Die Posse erlebte nur vier Aufführungen. Der rationalistische Techniker hatte über den gewiegten Praktiker den Sieg davongetragen und sich so den Erfolg vereitelt, trotz der Konzessionen in Form burlesker Intermezzi.

Die Posse von der Güte: »Unverhofft«

Die Posse *Unverhofft* hat Nestroy innerhalb weniger Wochen, auf dringende »Bestellung«, für eine Wohltätigkeitsvorstellung geschrieben, indem er ein neues französisches Vaudeville fast Szene für Szene für Wien adaptierte.[138] Seine Vorliebe für komplizierte Handlungen oder Vorgeschichte kam dabei auf ihre Rechnung und konnte sich infolge der für die Intrige wesentlichen Mißverständnisse, etwa der Fürwörter, leicht auch im Sprachlichen ergehen.

Fast jede der Hauptfiguren (A etc.) hat ein Geheimnis, glaubt, zu Unrecht, eine andere Person (B) habe es erfahren, und sucht den vermeintlichen Mitwisser von der Enthüllung vor C abzuhalten, während B nicht weiß, wovon die Rede ist und A's Worte auf völlig andere Dinge bezieht, von denen wieder A nichts weiß. (Nestroy sorgt dafür, daß diese Mißverständnisse höchst komische Vorstellungen erzeugen, etwa das ›Trinken‹ eines Säuglings, mißverstanden als das eines liederlichen Taugenichts.) In diese Verhältnisse sind Mitwisser eingeschaltet, die die Situation noch mehr komplizieren, da sie *nur* von A's oder *nur* von B's Schwierigkeiten wissen. Bezeichnend ist durch Inhalt und Stil die Bemerkung Falks (II, 17) »Wenn am Ende zwischen beiden geheimen Zusammenhängen ein ganz geheimer Zusammenhang –? Ha!« und zwei Szenen später: »Das ist schon heut' der dritte geheime Zusammenhang!« So verleiht Nestroy dem zweiten und dritten Akt einen leicht parodistischen Unterton und verfremdet dadurch amüsant die Albernheit der Handlung. Ferner hat er in die endlose Reihe sachlicher und sprachlicher Mißverständnisse, die eine Unzahl komischer Situationen erzeugt, noch kraß burleske Elemente eingefügt, wie etwa die des sich stets mit einem Parapluie verteidigenden und angreifenden Helden. Aber dieser Komödie entstammt auch der berühmte Monolog über Liebe und Ehe, der Nestroy gewiß aus dem Herzen gesprochen war, eines der ganz seltenen Themen bei ihm, die einen vorsichtigen Hinweis auf seine private Existenz erlauben:

Über kein Thema existieren so viele Variationen, als übers Heiraten; aber noch so künstlich variiert, die uralte Fischgratenmelodie is nirgends zu verkennen. . . . , Im Mittelalter hat man ein Leben, reich an Taten und noch reicher an Untaten, unter andern auch als Einsiedler abgebüßt; jetzt hat man bloß die Zweisiedelei des Eh'stands, um Jugendtorheiten abzubüßen. Kurios, daß die Natur sich drin g'fallt, so ungleiche Geschwisterpaare zu erzeugen! Wie z. B. der angenehme Jüngling Schlaf einen fatalen Bruder, den Tod, hat, so hat die reizende Zauberin Liebe eine etwas langweilige Schwester, die Ehe. Die Liebe kommt mir vor als wie eine Hausunterhaltung, die sich ganz unverhofft gestaltet, das sind immer die schönsten. Der Eh'stand hingegen is als wie eine Landpartie, wo man sich eine Menge vornimmt, wie unendlich man sich unterhalten will, da wird meistens nix draus,

allerhand Verdruß und ein recht's Wetter sind, so wie das landpartie-
liche, auch das eh'ständliche Fazit. – Bei der Lieb' is das Schöne, man
kann aufhören zu lieben, wenn's ein'm nicht mehr g'freut, aber bei der
Ehe! Das Bewußtsein: du mußt jetzt all'weil verheirat't sein, schon
das bringt einen um. Ich weiß, wie das Ganze entstanden is: die
Schöpfung hat sich einmal im Dramatischen versucht und hat eine
Komödie verfaßt »Die Liebe«, und das Stück is halt so gut ausg'fallen,
allgemeiner Beifall und Andrang – da hat dann die succès-verblendete
Schöpfung einen zweiten Teil drauf g'macht, »Die Ehe«, und wie's
schon geht bei die zweiten Teil', es is nicht mehr das Interesse. Und
wenn man die dramatischen Mittel dieser beiden Teile vergleicht
– grad wie bei gute und matte Komödien. Bei der Liebe nur zwei
Personen; selbst die noch dabei sein könnten, sucht man zu vermeiden, ein leichter, gefälliger Dialog, Dekorationen: eine Laube, a Stie-
gen, a Strohdach, alles gut genug. – Bei der Ehe hingegen das
Personal: . . . – nein, es is nix mit die zweiten Teil! Ich bin Hagestolz,
bleib' Hagestolz . . .   (I, 2)

Die Umwandlung des Sprechers aber ins Menschliche ist Nestroys Hauptverdienst. Diesem eigensüchtigen älteren Junggesellen wird zu seiner Empörung ein Säugling unbekannter Herkunft in die Wohnung geschmuggelt, »auf mein rotseidenes
Plumeau«, und seiner Empörung und seinen Versuchen, die
Eltern zu ermitteln, gehen parallel die wachsende Besorgtheit
um den Findling und wachsende Zuneigung zu ihm. Sie geht so
weit, daß er ihn zum Universalerben macht. (Unwesentlich
dafür ist, daß er kurze Zeit glaubt, er sei der Vater des Kindes.)
Das Stück gefiel, war aber der widersprüchlichsten Kritik ausgesetzt. Dies wiederholte sich 1925, mit weit mehr Zustimmung
als Ablehnung, als der Schwank durch den zarten, subtilen
Schauspieler Carl Goetz am Wiener Deutschen Volkstheater zu
einer feinen Charakterstudie des alten Hagestolz wurde, der
unter einer rauhen Oberfläche seine Empfindsamkeit verbirgt.
Ihm ist das Wort zu verdanken: »Nur der geistlose Mensch kann
den Harm übersehn, der überall durch die fadenscheinige Gemütlichkeit durchblickt« (I, 3). Goetz' Darstellung hat die oft so
laute Lustigkeit Nestroys vielleicht etwas verfälscht, aber einem
modernen, auf das »Psychologische« eingestellten Publikum
geholfen, einen allzuoft übersehenen Bezirk in Nestroys Werk
und Wesen zu sehen, seine innere Zartheit.

Nach der Erstaufführung von *Unverhofft* trat eine zweite ungewöhnlich lange Pause in Nestroys Schaffen ein. Rommel vermutet, daß die immer häufiger negative Kritik die Ursache gewesen sei und eine Rezension im »Humoristen« den Ausschlag gegeben habe.[139] Selbst wenn der Hauptgrund für Nestroys Schweigen der Umstand gewesen sein mag, daß Direktor Carl 1845 das eine seiner beiden Theater schloß und nur mehr am Theater in der Leopoldstadt spielen ließ, so lohnt es sich doch, auf diese Vorwürfe einzugehen: Das neue Stück sei zwar besser als die zwei vorangehenden, habe aber dennoch die an Nestroys Werk immer wieder gerügten Mängel: Seine Produktionen hätten

insbesondere in jüngster Zeit einen Ton erreicht, vor dem jede bessere Empfindung warnen, den jede wahrheitsliebendere Kritik entschieden zurückweisen muß. Mit einem gewissen Scharfsinn, mit einer gewissen Sorgfalt wird fast jeder Rede ein zweideutiger Sinn gegeben; die Worte werden künstlich maskiert und erhalten dadurch eine um so natürlichere Deutung ... Es ist traurig, daß ein Mann mit dem Talente Nestroys immer und immer zu solchen Tendenzen zurückkehrt, daß er nicht einmal den Versuch macht, seiner Muse eine bessere, sittlichere Richtung zu geben ... Möglich, daß Nestroys ... Satire einen mehr schneidenden, verwundenden Stachel hatte als die der älteren Possendichter, aber ihr lokaler Charakter, ihre nationale Bedeutsamkeit, ihre Harmlosigkeit und ihre Gemütlichkeit und vor allem andern ihre Originalität, ihr Wurzeln im vaterländischen Boden – sind das nicht Vorzüge, denen man nacheifern sollte, sind dies Dinge, über die man sich belustigen darf?

(Dies habe Nestroy in einer – heute unbekannten – Coupletstrophe getan.)

Trotz allem Unverstand für Nestroys Eigenart als Satiriker und Sprachkünstler, die aus dem Wunsch spricht, er möge »seiner Muse eine bessere ... Richtung geben«, dürfen wir nicht übersehen, daß angesichts seiner Rolle im Theaterleben, und das heißt im Leben Wiens, aufrichtige Besorgnis für die Moral der Bevölkerung aus solchen Kritiken gesprochen haben mag.

Bereits zur Zeit der Aufführung des *Zerrissenen* beherrschte er die Wiener Bühne auf eine kaum vorstellbare Weise. In diesem Jahr – 1844 – fanden an den beiden Vorstadttheatern über 170 Aufführungen von Nestroy-Stücken statt; beinahe jeden zweiten Abend also stand er persönlich vor den Wienern, verkündete er seine witzigen Weisheiten, stellte er Schlechtigkeit und Beschränktheit vor sie hin, sagte Unsagbares mit Mienen und Blicken und festigte seine Autorität als Wiens klügster Kopf, als sein satirisches Gewissen. Er fand Beifall bei den Gebildetsten der Gesellschaft, hartnäckigen Widerstand bei einem guten Teil der berufsmäßigen Kritik und Empörung bei jenen, die von der Bühne ausdrückliche Vorführung und Lehre des Sittlichen verlangten. Sie empfanden die Gegenstände seiner Kunst, die schrulligen Figuren und ihre niedrige Umwelt als seines Geistes unwürdig, bedauerten oder verhöhnten seinen Mangel an Originalität und bewiesen das Unsittliche seines Wesens aus der Zweideutigkeit seines Mienenspiels und seiner Betonungen. Die Kritiker verstanden nichts vom Wesen dramatischer Satire, die ihre Tendenzen nicht aussagt, sondern aus der Gestaltung erwachsen läßt, wo sie überhaupt »Tendenzen« hat, sie machten Nestroy für den in der Menge schlummernden Geschmack am »Frivolen« verantwortlich, den die von ihm bekämpfte Mode der Vaudevilles geweckt hatte, und sie verstanden am wenigsten, daß das Erotische und seine Maskierungen, die Rebellion der Triebe gegen Vernunft und sittliche Freiheit, die Formen und Verhüllungen dieses Kampfes, sich dem Durchschauer und Gestalter alles Menschlichen als Gegenstand aufdrängen mußten. Geschmack am nichts als Unanständigen hatte Nestroy niemals. Auch wo die Zensur ihn kaum behindert hätte, bei der Bearbeitung fremder Vorlagen, schloß er alles bloß Ordinäre oder Frivole immer aus, in Parodien wie jener der »Judith« ersann er eigens Änderungen der Handlung, um notwendigerweise »verfänglichen« Situationen aus dem Weg zu gehen. Daß man die dauernden Angriffe gegen Nestroys angebliche Unsittlichkeit in Kreisen außerhalb der Literatenclique nicht ernst nahm, ist wohl dadurch bewiesen, daß zur letzten Premiere Nestroys am Theater an der Wien, der von *Unverhofft*, die kaiserliche Familie erschien, mag auch der Anlaß dazu gewesen sein, daß die Aufführung zugunsten der Opfer einer Überschwemmung stattfand. Dennoch hatten die jahrelangen Attacken ihn erbittert und unsicher gemacht; hatte er sonst Jahr für Jahr mindestens zwei, zumeist mehr Stücke hingeschrieben, so erschien nun über ein Jahr lang nichts Neues von ihm auf der Bühne. Man vermutete Verstimmung und Trotz, und zweimal wurde er in der Wiener Theaterzeitung gebeten, die niedrigen Angriffe doch nicht zu beachten.

II. Sturmzeichen · Revolution · Nachwehen

1. Warnungen und Theaterware
(1846-1848)

Das ernsthafte Volksstück: »Der Unbedeutende«

Am 2. Mai 1846 trat Nestroy endlich wieder in einem neuen Stück auf die Bühne, und vor ihm mußten alle Vorwürfe verstummen. *Der Unbedeutende* wurde als »Ereignis«, als Beginn einer »neuen Phase« in der Geschichte der österreichischen Literatur bezeichnet, als »ein Volksstück von echtem Schrot und Korn«[1] als Erfüllung der ewigen Wünsche, Nestroy möge eine »edlere« Richtung nehmen. Auch aus der Distanz der Gegenwart erscheint diese »Posse«, die keine ist und es dem Sprachgebrauch der Zeit nach nicht war[2], als etwas Neues im Rahmen seines Werks. Die Hauptgestalt, der »unbedeutende« Zimmermann Peter Span, war ein Mann aus dem Volkes, der, ausgestattet mit den Gaben Nestroyisch witziger Reflexion – ihr Höhepunkt ist der Monolog über den »Ursprung des Zimmermanns« (I, 13)[2a] – dennoch durchaus ernst, ohne Sentimentalität den Ruf seiner Schwester gegen leichtfertige Verleumdung aus dem Kreis der Aristokraten verteidigt und männliche, aber unpathetische Worte für die Ehre auch des »Unbedeutendsten« findet. Zwei Jahre vor der Revolution mußte neben den künstlerischen Werten auch diese Haltung Beifall finden; daß Nestroy bei der Premiere fünfunddreißigmal hervorgerufen wurde, hatte er gewiß nicht nur ihnen oder seinem Spiel zu verdanken. Unsarkastisch, beinahe liebevoll beobachtende Teilnahme am Leben der Unbedeutenden war auch in der breiten und sorgfältigen Ausführung der Volksszenen offenbar. Wenn sie auch Kritik an der unselbständigen Wandelbarkeit der Menge und ihre Freude am Klatsch darstellen, so erscheint ihre Vorführung doch im wesentlichen als erzieherisch und nicht parodistisch.

Im ganzen ernsthaft, in seiner Absicht im besten Sinn »moralisch«, im Bau einfach, aber spannend und wirkungsvoll, als Handlung rasch fortschreitend, aber nicht turbulent, kommt *Der Unbedeutende* dem traditionellen »Drama« oder »Schauspiel«

näher als irgendeines der früheren Theaterstücke Nestroys. Nur der Dialekt, der assoziative Witz und die, zum Teil satirischen, Couplets (wie das über »Aussichten«, I, 13) und Monologe (wie der oben erwähnte, z. T. zitiert S. 79), Glanzpunkte Nestroyscher Sprachreflexion, unterscheiden es von diesen traditionellen Gattungen.

Das Hauptthema könnte einer variierten »Emilia Galotti«, »Hochzeit des Figaro«, »Kabale und Liebe« entstammen[3]: die Ehre des sozial »Unbedeutenden«, hier als Wortmotiv und Schlußpointe verwendet, betont kontrastiert mit dem korrupten Kreis der ihn bedrängenden »Bedeutenden«, nämlich des Adels und der Obrigkeit. Sie gehen gewissenlos mit ihr um, vertrauend auf die Macht des Geldes, für das sie alles kaufen zu können meinen (ein Gedanke, der Nestroy ja schon von früh auf erboste); dazu paßt als Nestroyische Umprägung des Gedanklichen ins Sprachliche der zweideutige Gebrauch der Wörter und Begriffe »nobel« und »gemein« (III, 22). Die lächerliche Devotion vor diesen Mächten kommt nebenbei ins satirische Spiel. Doch ist Peter Span kein »Revolutionär«, kein »Kämpfer«. Er ist einfach nicht gewillt, die Würde des Menschen und seine Tugenden von irgendeinem sozialen oder wirtschaftlichen Gefüge zersetzen zu lassen.[4] Sein Widerpart, der böse Puffmann, wird schließlich zum dummen Teufel des Volksspiels, der hineingelegt wird und verspielt. So ist der *Unbedeutende* zwar im Einklang mit der vorrevolutionären Stimmung von 1846 und politisch bedeutungsvoll, aber kein einseitiges Tendenzstück. Kleinbürgerlich-mißgünstige Hartherzigkeit ist mit realistischer Detailkunst dargestellt; besonders die Szenenreihe, die das Anschwellen böswilliger und kritikloser Klatschsucht in diesen Kreisen darstellt (I, 17-23; II, 7), ist überaus wirksam.

Die hilflose Vereinsamung Klara Spans und ihres Bruders als Folge dieser Haltung und die Konfrontierung mit ihren antlitzlosen Anklägern, Klaras die Spannung erhöhendes und den Zuschauer rührendes Schweigen, das auf Rechtfertigung verzichtet – seit Schillers *Jungfrau* unfehlbar wirkungsvoll auf der Bühne – sind meisterhaftes Theater. Die amüsante Kinderpsychologie der Szenen III, 5 und 7-13 verleiht dem Ernst der Handlung originell heitere Lichter. Und die Komik des geängstigten Intriganten Puffmann, in der Darstellung Scholzens »eine meisterhafte Synthese des Fleischlich-Groben mit dem

Schuftigen«, wurde von den Zeitgenossen »als ganz neuartig empfunden«[5]. Diese Entdeckung ungeahnter Fähigkeiten des Lieblings der Wiener Bühne machte sich Nestroy in späteren Stücken zunutze.

Die Eigenart des neuen Stücks ist stark genug, um Schwächen um so deutlicher erkennen zu lassen, die sich entweder aus dem künstlerisch nicht ganz geglückten Versuch der Anpassung an die neue Aufgabe erklären oder aus von früher her mitgeschleppten Eigenheiten des Nestroyschen Geistes: Peter Spans eindrucksvolles Bild ist da und dort beeinträchtigt einerseits durch phrasenhaftes, aber diesmal nicht parodistisch gemeintes Pathos, andrerseits durch Wortspielereien, ja Kalauer, die zum neuartigen Charakter des Stücks nicht passen. Erinnern wir uns, daß Nestroy Span spielte und daß sie von jeher sein ihm notwendiges Mittel waren, aus der Rolle zu fallen und so den persönlichen Kontakt mit dem Publikum herzustellen, so nehmen wir's, um Nestroys willen, hin. Böser aber wird die Sache, wo auch der Text anderer Rollen mit Sprachspiel durchsetzt ist, das die Atmosphäre des Dramas ernstlich stört. Auch ist es überfüllt mit allzu beabsichtigt komischen Bildern und Vergleichen. Manier verdrängt hier Stil, ohne sich, wie später, bewußtem und erwartetem Manierismus auszuliefern. *Der Unbedeutende* hat weniger vom typischen Nestroy an sich als seine andern guten Stücke (die gut sind durch das typisch Nestroysche), aber zu viel, um es zu einem seiner besten untypischen zu machen.

Turbulenter Unsinn: »Zwei ewige Juden«

Ein neues Erwachen der frühen Vorliebe Nestroys für Parodien schien die Burleske mit Gesang in zwei Akten *Zwei ewige Juden für einen* (1846) anzuzeigen. Über sie schrieb der »Humorist« vom 6. August: »Die Bezeichnung ›Burleske‹ ist eigentlich . . . der ästhetische Ausdruck für ein Stück, welches man im gewöhnlichen Leben, weniger ästhetisch, ganz anders bezeichnen würde.«[6] Was immer für einen Ausdruck der Nestroy gewöhnlich feindselige »Humorist« im Sinn hatte, es kann als ein über die gewöhnliche Länge Nestroyscher Possen hinaus ausgedehnter, ausgezeichnet gebauter, oft turbulenter Unsinn bezeichnet werden, dem es an Witz mangelt; selbst wirklich komische

Situationen hat es nur wenige. *Zwei Ewige Juden* parodiert den damals in ganz Europa berühmten Roman Eugène Sues ›Le Juif errant‹ nur stellenweise, hat ihm aber »das Handlungsschema entnommen, . . . daß an einem bestimmten Tage eine Erbschaft an Glieder einer weitverzweigten Familie zu verteilen ist, die keine Ahnung von ihrer Verwandtschaft haben«[7]. Die parodistische Technik ist variiert durch neu eingeführte Motive des Vaudeville. Nestroy hat das einer thematisch orginellen Überraschung hinzugefügt: Universalerbe soll der Ärmste sein. Dies und die Einführung einer Wandertruppe von Schmierenkomödianten mit all den, zum Teil technischen, Berufsscherzen, die wahrscheinlich Nestroy mehr Spaß machten als seinem Publikum, zusammen mit der Technik der Verwechslungskomödie, die er so gut beherrschte, hat die Posse burleskenhaft gestaltet. Sie hat aber nichts von der Kühnheit und bizarren Originalität der Erstlingsstücke Nestroys und enttäuschte natürlich auch jene, die nach dem großen Erfolg des *Unbedeutenden* seine Rückkehr zum »Volksstück« erhofft hatten. Sie erzielte mäßigen Beifall und verschwand nach sechs Aufführungen von der Bühne. Da die Zensur den Titel beanstandet hatte, wurde das Stück in Wien als *Der fliegende Holländer zu Fuß* gespielt.[8]

Das »Zeitbild«: »Der Schützling«

Mit *Der Schützling* (1847) schien Nestroy den Zeitgenossen nun doch auf der mit dem *Unbedeutenden* betretenen Bahn des ernsthaften »Volksstücks« weiterzugehen. So sieht auch die Literaturgeschichte dieses Stück; die gesellschaftsgeschichtliche Deutung der Gegenwart versucht sich an ihm mit besonderem Eifer. Einer auch ästhetische Werte beachtenden Kritik bedeutet es als Ganzes wenig, der Bühne nichts.

Wieder sind, obwohl *Der Schützling* sich »Posse in 4 Akten mit Gesang« nennt, bis in den dritten Akt hinein die Merkmale dieser Gattung nicht vorhanden. Diese lange Strecke hindurch ist es ein »ernstes Drama« oder »Schauspiel« und als solches nicht besser und nicht schlechter als durchschnittliche Theaterware: zugleich »Zeitbild« und warmherzige Charakterstudie eines intellektuellen, tagträumenden armen Teufels mit genialischen Impulsen, Gottlieb Herbs, dem wie dem Schreiber Federl der *Papiere des Teufels* »a traurige Wirklichkeit nur is beschert«

und der mit der Scham und dem überhitzten Ehrgefühl des durch Armut Deklassierten die Schmach erträgt, die Unwert schweigendem Verdienst erweist. Der Unwert ist verkörpert in hochmütigen, gesellschaftlich gewandten und korrupten Angehörigen der adeligen Kapitalistenklasse, ihrem Entourage und der Bürokratie. (Doch ist dem streberischen Herrn von Zollfeld und seiner Mutter die Waage gehalten durch den im Grund gütigen Baron von Waldbrand, seine junge Gattin und deren Freundin – eine Tatsache, die der das Stück auf Tendenzen hin Interpretierende nach Belieben auf drei oder vier verschiedene Weisen deuten kann.)

Thematische Fragen haben hier gewiß ein Recht auf Behandlung, so irrelevant sie sonst so oft für die Würdigung der einzelnen Komödien, ja selbst des Geistes Nestroy sind. Sie sind hier untrennbar vom Theatralischen, der beabsichtigten Bühnenwirkung: Die Zeit erscheint auf der Bühne, sensationell wie nur bei einem frühen Realiten, als industrialisiertes Gußwerk und in den Gesprächen über Aktiengesellschaften, Ernennung von Direktoren, Konflikt der Generationen und Arbeitslosigkeit (I, 5). Nestroys soziales Mitgefühl, sonst meist nur in der Darstellung der Armen sichtbar, wird hier, im Jahr vor der Märzrevolution, aggressiv. Der vom Geist seiner Brotgeber angesteckte »Bureaudiener einer Aktiengesellschaft«, Fum, erklärt dem intellektuellen Bittsteller:

> Freund, heutzutag' gibt's gar keine Stell', die so schlecht is, daß sich nicht hundert drum reißen ... aber arbeiten, durch Arbeit sich mühsam aufschwingen, das wollen sie nicht, die jetzigen jungen Leut'. Also – gerechte Straf – wer nicht arbeit't, der soll auch nicht essen.

> GOTTLIEB ... Sie sagen: Wer nicht arbeit't, der soll auch nicht essen, und wissen gar nicht, wen Sie allen [sic] mit diesem Ausspruch zum Hungertod verurteilen.

> FUM *(nachdem er Gottlieb stupied angeglotzt, für sich):* Er is verruckt! – Da hört der Rechtsweg auf, das schlagt ins Medizinische! (I, 5)

Gottlieb glaubt an den Fortschritt, auch an den technischen:

> Schauts ..., käm' Euch das nicht lächerlich vor, wenn einer einen Besenstiel über Quer haltet und zu einer Armee saget: »Bis hieher und nicht weiter«

und ergeht sich sogar in höchst un-Nestroyschem, klischeedurchsetztem Pathos:

Und weit lächerlicher is es noch, wenn einer mit morschen Ansichten sich der Zeit entgegenstemmt, dieser gewaltigsten Macht, die unaufhaltsam vorwärts schreitet und sich von dem Gefolge zahlloser Veränderungen auf ihrem Triumphzug durch die Welt begleiten läßt. (III,2)

Dies alles ist nicht Opportunismus angesichts der vormärzlichen Stimmung; kennen wir doch Nestroys Hohn auf die herzlosen Reichen und geistig Stumpfen schon seit seinen Anfängen und macht sich doch die Skepsis des Weisen vor Schlagworten, gesellschaftlichen Einrichtungen und »Errungenschaften der Technik« Luft in dem kritisch-humoristischen Couplet über den »Fortschritt«, der die dem Herzen zugefügten Wunden nicht heilen kann: »Drum, ich schau’ mir den Fortschritt ruhig an und find’, ’s is nicht gar so viel dran« (IV, 10), ist sein Refrain. Der »wahre« Nestroy, der Kenner des Menschen, kommt hier zum Vorschein, ohne daß deshalb der andere, der Kritiker seiner Umwelt, unwahr wäre.

Außer Themen, Tendenzen und Haltungen muß die im *Schützling* auffallende Gabe Nestroys für Charakterzeichnung, auch unkarikierende, erwähnt werden, hier besonders sichtbar in der Figur des glatten Strebers von Zollfeld, und seine verständig amüsante Kinderpsychologie, wirksam schon im *Unbedeutenden*. Trotz dieser latenten Fähigkeiten und Überzeugungen, zu deren Entfaltung und Aussprache sich Nestroy hier gezwungen hat, bricht der »natürliche« Nestroy, von Couplets abgesehen, erst im dritten und besonders im vierten Akt durch, einer durchaus unsentimentalen und unpathetischen, knapp an einen Selbstmord heranführenden Szene zum Trotz. Dieser Vorgang beginnt mit Wortspielerei (III, 16) – sie war im *Schützling* bis dahin fast abwesend – und paßt, wie im *Unbedeutenden,* durchaus nicht zum Charakter des Sprechers; doch könnte sie zur Not aus Gottliebs hier der Situation angemessenem Sarkasmus erklärt werden, der seine Gefühle verdecken soll. Aber diese Scherze breiten sich mehr und mehr aus, bald haben wir nur mehr halb Gottlieb, halb Nestroy auf der Bühne, und von der 12. Szene an wird erst die Sprache, dann auch die Handlung durchaus komödien-, ja fast possenhaft. Im vierten Akt verstrickt sie sich in immer neue Vaudeville-artige Verwicklungen, und um alles zu einem glücklichen Ende zu bringen, läßt Nestroy schließlich den ernsthaften Schwärmer und bis vor kurzem völlig humorlosen Idealisten Mondsucht simulieren, Anlaß zu einem pantomimischen Bravourstück für Nestroy, den Schauspieler, ähnlich dem in *Die beiden Nachtwandler* – und die »Posse« ist in ihrem Recht. Er läßt sich auch die Komik einer Scholzischen Betrunkenheitsszene (V, 15) vor dem Ende nicht entgehen, und das ernsthafte soziale Charakterdrama endet als entfesselte burleske Bühnenkomik. Es gibt wenig Beispiele in Nestroys Werk, die so überwältigend zeigen, wie sehr er, wenn auch getrieben vom Geist, letzten Endes immer nicht nur die Bühne, sondern auch die sichere Bühnen*wirkung* im Auge hatte. Die Besucher des Carl-Theaters *wollten* Komik, und sie wollten Nestroys Meisterschaft im komischen Spiel bewundern.

Der Erfolg des *Schützling* beim Publikum war denn auch fast so groß wie der des *Unbedeutenden.* Die Kritik war sich der Zwiespältigkeit Gottliebs, der Zerstörung der inneren Wahrheit des Charakters und des Stücks im zweiten Teil natürlich bewußt, aber auch des »verschwenderischen Aufwands des geistvollsten, witzigsten Dialogs«, einer Kunst, in der das deutsche Theater nie einen größeren Meister gehabt habe.[9] Daß das Stück wieder, wie *Der Unbedeutende,* »moralisch« war und keine »Zweideutigkeiten« enthielt, freute sie besonders. Wir können der Zusammenfassung eines Kritikers vom 13. April 1847 zustimmen: »Nestroy ist die Verfleischlichung der dramatischen Satire im Volkstone, ein allein stehender Gipfelpunkt . . .«. Und er lobt, was an Nestroy positiv sei, Phantasie und Empfindung unter all der Kaustik. Nestroy sei ein Autor, der theoretisch erkenne, was die Zeit vom »Volkstheater fordert und praktisch sich doch nicht ganz von seinem inneren Hang losmachen« könne, ein »wundersamer Zwiespalt«, in dem ein ungewöhnlicher Reiz liege, für den ein beunruhigendes Befremden mit in den Kauf genommen werden müsse.[10]

Die satirische Burleske: »Die schlimmen Buben«

War der zweite Teil des *Schützling* zur Burleske geworden, so *bezeichnete* Nestroy als »Burleske« sein nächstes Stück, den geistvoll-komischen, nur äußerlich burlesken Einakter *Die schlimmen Buben in der Schule.* Er wurde zum erstenmal aufgeführt am 10. Dezember 1847, anläßlich der Eröffnung des umgebauten Theaters in der Leopoldstadt, seit damals Carl-Theater genannt, und ist bis in die Gegenwart eines der meistgespielten Stücke Nestroys geblieben, selbst ohne den speziellen Reiz der Aufführungen zu seinen Lebzeiten, daß der baumlange Nestroy mit dem geistreich lebendigen Antlitz den schlechten Schüler Willibald spielte. Sein bloßer Anblick unter einer Schar wirklicher Schulbuben muß überwältigend komisch gewesen sein und analog der Wirkung der Szenen und Couplets, in denen der Schulbub scheinbar unschuldig-sachlich das in der Schule Gelernte mit dem in der Welt Getanen konfrontiert: der seiner ganzen Umwelt – hier der der Erwachsenen – trocken satirisch Überlegene der typischen Nestroy-Stücke, diesmal in Kniehosen, und vom ängstlichen dicken Schulmeister Wampl (Scholz) vergeblich im Zaum zu halten gesucht. Wir verstehen, daß »unaufhörliches Gelächter das Haus erschütterte«[11]. Kaustischer Witz, der sich als naive Weltbetrachtung gibt, humorvolle Wiedergabe der Schulstubenatmosphäre als Spiegel der auf einfache Beziehungen reduzierten Welt der Erwachsenen, und der auf der Bühne immer wirksame harmlose Spaß der Situationen, Charaktere und Reden hatten sich hier vereint.

Das Publikum des Vor- und Nachmärz muß die spezifische Satire auf das Schulwesen der Zeit, auf die würdelose Abhängigkeit der Lehrer vom adeligen »Schulherrn« und seinen Vasallen und die daraus folgende pädagogische Korruption je nach Temperament und politischer Bewußtheit besonders erheitert oder mit stillem Grimm aufgenommen haben, grimm über das Hineinreichen der Aristokratie und der ökonomischen Hierarchie selbst in das Leben der Kinder. Lustig genug an sich, wirkte die Schlußszene gewiß auf viele beinahe symbolisch: Der »gnädige Gutsherr« entscheidet, obwohl stocktaub, mittels einer mündlichen Prüfung über die Verteilung der Preise! Den Leser von heute erinnert sie an Nestroys Attacken auf das blinde Schicksal. Zielen ja auch des Prüflings Willibald Antworten so oft über das Gefragte und Memorierte weit hinaus, mitten in dem bloßes Lehrbuchwissen und den beschränkt überlegenen Lehrbuchton parodierenden Ulk:

WAMPL Zum Beschluß noch was aus der Naturgeschichte. Was ist der Mensch?

WILLIBALD Der Mensch is das Wesen, welches die oberste Stufe in der sichtbaren Schöpfung einnimmt, welcher [sic] sich sogar für das Ebenbild Gottes ausgibt, worüber sich jedoch Gott nicht sehr geschmeichelt fühlen dürfte. (10. Sz.)

Willibald hat völlig den amtlich-didaktischen Schuljargon angenommen. Auf den Befehl »Gehn Sie nach Haus!« verbeugt er sich: »Ich danke für diese Belohnung des Fleißes und der guten Sitten«, und die Künstlichkeit des Schulbetriebs findet ihre Sprachform in den Imperfekten des sich entschuldigenden Wiener Schülers: »Ich riß den Ries, weil er mich staß«. Überhaupt funkelt Nestroys Lust an der Sprache hier wieder einmal in verwirrendem Glanz, ohne ins Alberne zu verfallen; man muß den Dialog mehrmals lesen, um all das Denkspiel von Wort zu Wort zu entdecken.

Es kreist, wie so oft in Nestroys Komödien, häufig um thematisch wichtige Wörter, also z. B. um *Schulbub* – »den Aufseher verraten, der da lebt vom Verrat, das ist Ehrensache der Schülerschaft, das ist die süßeste Pflicht der Schulbüberei« (5. Sz.) oder »Birnen, welche [über die Umzäunung hinaushängen] sind eine herrenlose Sache, und jeder vorübergehende Bube kann Herr derselben werden« (10. Sz.) – und so wie das Lied der Nestroyfigur in anderen Stücken sachlich und metaphorisch um ihren Beruf kreist, so das Willibalds in der 20. Szene in fünf Strophen um fünf Schulgegenstände. Die über die Sprachlehre etwa beginnt:

In der Sprachlehr' blamier'n s' mit d' vielen Hauptwörter sich,
Der Mensch kennt *ein* Hauptwort nur, und das heißt: *Ich* –
Ja und *nein* sind als Neb'nwörter nur angegeb'n,
Und für'n Ehr'nmann sind's Bindewörter fürs ganze Leb'n;

das über die »Rechenkunst« spielt mit ›Berechnung‹ – »doch gibt's viel, was außer aller Berechnung tut lieg'n«, Nestroys immerwährendes Thema vom irrationalen Schicksal bricht auch hier durch – und ähnlich mit ›auf etwas rechnen‹ und ›ausrechnen‹; und in der Geographie-Strophe reicht eine scheinbar nur frappant komische Wendung tief unter die Oberfläche eines bloßen Sprachscherzes:

D' Geographen beschreib'n uns jed's Meer, jedes Land,
Jeden Weltteil, *der ihnen nur kommt unter d'Hand*

– auch dieses Idiom ein Hieb auf den alle Wirklichkeit und Natur »verarbeitenden« Wissenschaftler.

Martha oder die Mischmonder Markt-Mägde-Mietung, am 25. Jänner 1848 anonym als »Parodierende Posse mit Gesang« aufgeführt, ist eine belanglose Travestie der Flotowschen Oper. Die Handlung ist ins Bäurische versetzt, mäßig burlesk, Marthas Charakter vergröbert; da und dort kommen Anspielungen auf die elenden wirtschaftlichen Zustände der Zeit vor; die Namen sind in possenhaftes Österreichisch übersetzt. Nestroys Hang zur Parodie didaktisch-tugendhafter Bühnenprosa bricht hie und da durch:

LEINÖHL[12] Durch Arbeitsamkeit würde sich unser Wohlstand vermehren, aus dem Wohlstand entstünde Reichtum, aus dem Reichtum entstünden höh're Wünsche, aus den Wünschen Unzufriedenheit – nein, du verlockst mich nicht, ich bleib' bei meinem stillbescheidenen tatenlosen Wirkungskreis; ich arbeit' nix! (I, 6)

Das Stück war gerade noch gut genug für einen Faschingsscherz und erlebte nur drei Aufführungen.

2. Die Revolution
(1848)

Obwohl am Tag der Erstaufführung von *Die Anverwandten* (21. Mai 1848) die Revolution schon über zwei Monate alt war, wird sie erst in *Freiheit in Krähwinkel* Nestroys Thema. Wir skizzieren daher den Wiener zeitgeschichtlichen Hintergrund erst im Zusammenhang mit diesem, seinem »Revolutions-Stück«.

Die Posse mit Politik: »Die Anverwandten«

Mit der »Posse« *Die Anverwandten* (1848) versuchte Nestroy, den vorwiegend ernsten erfolgreichen Schauspielen *Der Unbedeutende* und *Der Schützling* ein Stück ähnlicher Art folgen zu lassen. Er brauchte fünf Akte zur dichtesten Kondensierung des Stoffs seiner Vorlage, Dickens' 1000-Seiten-Roman Martin Chuzzlewit, wie nur in seinem anderen »Lebensbild«, *Die beiden Herren Söhne.* Er muß die Arbeit an der Posse also beträchtliche Zeit vor dem Ausbruch der Märzrevolution begonnen und sie nachträglich mit politischen Aperçus, zeitgemäßen Witzen und Coupletstrophen gespickt haben. Auch die aus dem Zeitgeschehen stammende Metaphorik sollte sie aufs laufende bringen.

Thematisch, von der Geschichte des europäischen Dramas her gesehen, wirkt die Komödie, als seien Molières »Misanthrope« und »Tartuffe« in weltlicherer Färbung zusammengespannt worden. Dieses Paar prägt sich dem Leser weit stärker ein als Dickens' Thema, nach dem das Stück auf dem Theaterzettel benannt war – *Die lieben Anverwandten*. Sie alle, unter ihnen der entfernt verwandte Edelschein, der Tartuffe der Handlung, wollen sich in die Gunst des mißtrauischen, reichen Misanthropen Stachelbaum einschleichen. Überdies hat Nestroy wirkungshungrig vom zweiten Akt an dem parodistisch-grotesken Stil und abgebrauchten bizarr-komischen Charakterrollen seiner frühen Periode wieder an unpassenden Orten Eintritt gewährt, wie Glut und Wolkner, Nachfahren des Comifo und Point d'honneur aus *Der Tod am Hochzeitstage* und *Der konfuse Zauberer*. Auch das Motiv des Vaters, der seine einander dauernd attackierenden überjährigen Töchter möglichst günstig auf dem Heiratsmarkt anbringen will, ist der Grundhandlung aufgepfropft. Als wäre es mit dieser Anhäufung von Themen, Motiven und Stilen noch nicht genug, hat Nestroy obendrein noch zwei Angestellte erfunden, die die Eigenart ihrer Herren, Edelschein und Wolkner, bewundernd imitieren.

Nach einem sorgfältig gebauten ersten Akt voll reifer Charakterisierungskunst wird die Intrige kompliziert im dritten, zur Versteckenskomödie mit Überraschungstrümpfen im vierten und endet nach einem dramatisch-aufregenden pathetischen Dialog à la *Schützling* im fünften Akt mit einer theatralisch-kitschigen Wendung zum Guten durch einen unglaubwürdigen Coup in der allerletzten Szene, zugespitzt in einer expliziten, dünnen Moral als Schlußwort.

Die Erstaufführung am 21. Mai 1848 wurde, zwei Monate nach dem Sieg der März-Revolution, nachdem der erste Akt »rauschenden Beifall« gefunden habe, zum größten Theaterskandal, den je ein Stück Nestroys miterlebt hatte. Was dazu geführt hat, ist aus den Berichten nicht zu entnehmen. Es wurde unter »fortwährendem Lärm des Zischens, Verhöhnens und

Unterbrechens« gespielt. Enttäuschte ästhetische Erwartungen, das Machtgefühl eines Theatermobs gegenüber dem Schauspieler-Autor, politische Empfindlichkeit und Beschränktheit scheinen daran beteiligt gewesen zu sein. Kritik an der Überhebung des Adels und am Mißbrauch des Reichtums ist in den *Anverwandten* angesprochen wie schon lange vorher in Nestroys Stükken; er war, wenn auch kein »Revolutionär vor der Revolution«, so doch ein sozialer Rebell gewesen, hielt sich aber nicht vor Spott an den menschlichen Schwächen zurück, die die Revolution unter ihren »Anhängern« und »Vorkämpfern« hervorgebracht und akzentuiert hatte. Das war das gegebene Feld des Satirikers. So ließ Nestroy den gutmütig-albernen Lampl – die Scholz-Rolle – den dritten Akt mit den Worten schließen: »o Freiheit und Gleichheit! Wie du dich noch auswachsen wirst, das ist schon a Passion!« und sang im vierten Akt (Sz. 4) ein witziges, sprachlich präzises und anschauliches Couplet mit dem Refrain »Auf Ehr', für die ernsthafte Zeit / Gibt's noch immer viel g'spaßige Leut'«, das in einigen Strophen die Verspießerung, Verdummung und Verfälschung des wahren »Freiheitssinns« sarkastisch darstellt. Das Lied wurde von der Mehrheit der Zuschauer enthusiastisch aufgenommen und Nestroy immer wieder gerufen; er aber, verärgert über die Störungen durch das Publikum, »trotzte« – wie er es schon in seinen Anfängen bei ähnlichen Anlässen getan hatte (vgl. S. 127) – und erschien nicht auf der Bühne. Obendrein war Empörung einer kleineren Gruppe losgebrochen nach den Zeilen

> Es gibt mancher sein' Stimm' und er weiß nicht für was;
> Gar mancher is als Wähler für Frankfurt 'nein g'rennt,
> Der außer d' Frankfurterwürsteln von Frankfurt nix kennt.

Dies war ein nicht eben geschmackvoller oder witziger, aber harmloser Wort-Assoziationsscherz. Stürmische Rufe verlangten »Abbitten!«. Nestroy leistete nicht Folge, ließ aber schließlich einen andern Schauspieler von der Bühne herab um »Vergebung« für seinen »Mißgriff« bitten. Zwei weitere Aufführungen fanden zwar ohne Störung statt, dann aber zog Nestroy das Stück zurück.

Diese Episode ist hier so ausführlich berichtet, weil sie beides zeigt: das zu Lebzeiten Nestroys prekäre, von der Gunst der Parteiungen im Publikum abhängige Schicksal seiner Stücke und die ebenso gefährdete problematische Stellung des satirischen Dichters im politisierten Raum.

Der Mensch in der Revolution: »Freiheit in Krähwinkel«

Am 13. März 1848 war in Wien die Revolution losgebrochen, getragen hauptsächlich von Studenten, Arbeitern und den Unzufriedenen in den Vorstädten. 30 Aufständische fielen unter den Salven der Regierungstruppen, aber noch am selben Abend dankte Metternich ab und verließ Wien. Am Tag darauf wurde Preßfreiheit eingeführt, einen Tag später versprach eine kaiserliche Proklamation einen Reichstag und eine Verfassung. Im Reich erregte dieses unglaubliche Ereignis Sensation. Fünf Tage später folgte Berlin. Die nächsten Monate bringen ein Auf und Ab in den Fortschritten der Wiener Revolution. Eine zweite Revolte am 15. und die Errichtung von Barrikaden am 27. Mai schienen trotz sich allmählich verbreiternder Widerstände den Sieg zu sichern.

Diese Ereignisse sind der Hintergrund für Nestroy *Freiheit in Krähwinkel,* zum erstenmal aufgeführt am 1. Juli 1848. In diesem Stück brachte er die Revolution und die ihr drohenden Gefahren auf die Bühne, verknüpft mit einer konventionellen Liebes- und Intrigengeschichte. Seiner Form nach ist das Stück eine Posse; in seiner Wirkung auf die Zeitgenossen, bis zum Rand voll von Aktualität – Themen, typischen Figuren, Situationen, leicht verhüllten tatsächlichen Episoden, »Träumen« und Anspielungen –, muß es einer »Revue«[13] geglichen haben. Geboren aus triumphierendem Glücksgefühl über den Sieg der Revolution, aber zugleich ohne Illusion über die in sie verwikkelten Menschenkinder, befreit vom Druck der Zensur – »Geständnis der Großen, daß sie nur verdummte Sklaven *treten,* aber keine *freien* Völker regieren können« (I, 14) –, verherrlicht das Stück ihre Ideen und Erfolge, ist aber daneben ein satirisches Bild, ebenso sehr ihrer kleinsinnigen Nutznießer wie ihrer engstirnigen Opfer. »Krähwinkel« war als Name und Begriff dem Wiener Theaterpublikum wohl vertraut, vor allem aus einer oft gespielten Posse Bäuerles, Die falsche Catalani in Krähwinkel, einer Unzahl Nachahmungen und aus Fortsetzungen und Adaptierungen von Kotzebues Vorbild Die deutschen Kleinstädter.[14] Nestroys Perspektive auf Freiheit in Krähwinkel aber ist doppelt und dreifach; seine Blickweisen überkeuzen sich in einem verzwickten System: Die eine sieht die Wiener revolutionären Vorgänge aus der Sicht irgendeiner Kleinstadt, indem die Kotzebueschen Hauptfiguren das Geschehen furchtsam oder bewundernd diskutieren. Die zweite macht, indem sie diese »Krähwinkler« Wienerisch sprechen läßt, die Hauptrollen mit wienerisch benannten Episodenfiguren wie den Klempnermeister Pemperl und den Kürschner Schabenfellner umgibt und auch sonst durch Dutzende Anspielungen ein wienerisches Milieu erzeugt, die Wiener geistig zu Krähwinklern und wird so lokale Satire. Eine dritte Perspektive entsteht durch Couplets und Bemerkungen, die über Wien hinaus ins Allgemeine zielen. Sie verleiht den Elementen des fröhlichen Spiels ein neues Format, zeigt das Allzumenschliche in jeder Revolution und Reaktion auf. So blieb Nestroy sich selbst treu.

Die réaktionären Würdenträger – Seine Herrlichkeit, der Bürgermeister von Krähwinkel, Rummelpuff, Kommandant der Krähwinkler Stadtsoldaten, Reakzerl Edler von Zopfen – und der von Angst und Haß gegen alles Neue, von Devotion und Servilität vor Kirche und Obrigkeit erfüllte Ratsdiener Klaus sind Karikaturen des österreichischen ancien régime und des großsprecherisch Kleinstädtischen zugleich. Der opportunistische Literat ist nicht vergessen: für den Empfang des russischen Gesandten hat Herr Sperling Edler von Spatz eine Hymne auf die Knute vorbereitet und erbittet sich als Wappen »eine von der Knute sanft umschlungene Lyra«, beim Ball der Frau von Frankenfrey (!) aber trägt er sein neues Gedicht auf die Freiheit vor. Eberhard Ultra, Redakteur der Krähwinkler Zeitung, ist Führer der »Revolution«. Seiner Tatkraft und seinen Intrigen gelingt es, sie zum Sieg zu führen.

Aber die Revolution hat ein kleines Geschlecht überrascht: der Kürschner hofft, von den neuen Mützen der Nationalgarde zu profitieren; selbst der ehrlich begeisterte Nachtwächter wird, als er von des Bürgermeisters Traumvision von Freiheit hört, die Traumbüchel-Nummern von Freiheit in die Lotterie setzen, und die Männer von Krähwinkel machen sich von ihren Frauen los, »a bisserl a Revolution anschau'n«, »auf a fünf Minuten«, »wer weiß, wann wieder a Revolution is« (II, 11). Doch endet das

Stück versöhnend. In der letzten Strophe des Schlußcouplets, dem Preis Österreichs gewidmet, heißt es:

Eine Freiheit vereint uns,
So wie a Sonn nur bescheint uns,
G'schehn auch Umtrieb von Ischl
Oder von Leitomischl,
Wir kommen zur Klarheit,
G'sunder Sinn find't schon die Wahrheit.

Die Posse ist voll direkter Aussagen, die die alte Zeit – Absolutismus, Bürokratie, Zensur, Korruption, den katholischen Klerus – verdammen und von der neuen sich Besseres erwarten. Als der als Leibeigener verkleidete Nachtwächter, der vom angeblichen russischen Fürsten Knutikof Sybiritschefsky Tyrannski Absolutski mit der Knute bestraft wird, diese küßt, da geht Nestroy so weit, den »subalternen Beamten« Willibald sagen zu lassen: »Dies ist der Charakter unserer ganzen Nation« (II, 4). Es ist nicht anzunehmen, daß Nestroy hier nur die Krähwinkler meinte. Er läßt den Ratsdiener prophetisch voraussagen:

Nein, ich kenn' die Krähwinkler – man muß sie austoben lassen; is der Raptus vorbei, dann werd'n s' dasig [= kleinlaut, schüchtern] und wir fangen s' mit der Hand. (I, 24)

Manchmal sind die politischen Aussagen so direkt, daß sie sich von bloßer Rhetorik kaum unterscheiden. Dennoch parodiert der Dialog gelegentlich die Freiheits- und Revolutionsphrasen und -schlagwörter und kontrastiert sie mit dem geistigen Habitus der Krähwinkler: als europäischer Freiheits- und Gleichheitskommissär verkündet Ultra für Krähwinkel »Rede-, Preß- und sonstige Freiheit; Gleichgültigkeit aller Stände« (II, 16). Wortspielend wie immer, findet Nestroy natürlich in thematischen Wörtern wie *frei, Freiheit, Recht, Licht, Finsternis* ein unendliches Feld.

Dem Possencharakter des Stückes durchaus gemäß, fehlen auch die üblichen Verkleidungen und Verwechslungen nicht, aber sie dienen weniger der Liebes- als der politischen Intrige. Die fünfmalige Verkleidung und Maskierung des von ihm gespielten Revolutionärs Ultra als Ordenspriester, russischer Fürst, europäischer Freiheits- und Gleichheitskommissär, Fürst Metternich und selbstbewußter Proletarier muß für Nestroys mimisch-satirische Passion und für die Zuschauer eine Quelle des Entzückens gewesen sein. Von seinem Auftrittslied über das »Zopfensystem« (I, 7) – »Auf einen Wink von oben / hat sich Österreich erhoben« – und den ersten Worten seines Monologs »Aus dem glorreichen, freiheitsstrahlenden Österreich« bis zur Schlußrede war er imstande, Begeisterung zu erwecken. Es war das erste Mal in seinen bis dahin über 60 Stücken, daß der Satiriker Österreich nannte, ja pries – kein Zweifel über seine tiefe Genugtuung über das Geschehne, im Prinzip, war möglich. (Aber einige politisierte Kritiker – mehr Politiker als Kritiker – verstanden wieder die Aufgabe des Satirikers nicht, das Allzumenschliche bloßzustellen; der »Humorist« beschuldigte Nestroy, er habe »die edle Sache der Freiheit in den Kot getreten«[15]. Auch des Bürgermeisters wohlige Traum-Vision von der kommenden Reaktion empörte sie. Sie erzwangen die Absetzung der Szene in späteren Aufführungen.) Barrikaden, besetzt von Arbeitern, Kleinbürgern und Mädchen in der Uniform des Studentenkorps, bilden den Hintergrund der letzten Szene und die abschließende Regiebemerkung lautet: »Alles singt die erste Strophe der Volkshymne: ›Was ist des Deutschen Vaterland?‹, Marsch von Strauß jun., während welchem ein Fackelzug über die Bühne geht, unter Jubelgeschrei fällt der Vorhang.«

Unter unbeschreiblichem Jubel fand auch die erste Aufführung statt. Revue eines schon halb Vergangenen, Vergehenden, wurde *Freiheit in Krähwinkel* tagaus, tagein gespielt bis zum Ende der Saison am 31. Juli, dann noch dreimal im September. Die Reaktion machte langsame Fortschritte. Am 3. Oktober erklärte der Kaiser dem revolutionären Ungarn den Krieg. Die Vorstellung vom 4. Oktober war die letzte. Meutereien und blutige Aufstände begannen zwei Tage später. Truppen marschierten gegen Wien. Am 31. Oktober besetzte die Armee des Fürsten Windischgraetz die Stadt, und mit der Herrlichkeit der Freiheit in »Krähwinkel« war es zu Ende, in den Straßen und auf der Bühne. Es war nur eine Posse gewesen. – Sie hat großen Wert als von Gedanken durchleuchtetes und über sich selbst hinaus deutendes Zeitdokument. Ihr Wert als Komödie und Sprachwerk ist gering. (Dazu sind die Charaktere zu wenig gestaltet, der Witz zu spärlich, die Phrasen zu häufig, ohne deutlich parodistisch zu sein.) Was heute von ihr noch bleibt, sind politische Voraussicht und satirische Einblicke in den von

großen politischen Ereignissen bewegten – oder unbewegten
– Menschen.

3. Nachwehen
(1849)

Politischer Katzenjammer: »Lady und Schneider«

Drei Monate nach dem Zusammenbruch der Revolution trat
Nestroy mit der Posse *Lady und Schneider* vor die Öffentlich-
keit, einem seiner an sprachlicher und dramatischer Kunst unbedeutendsten Stücke, im Gehalt am problematischsten. Ihn
trennt eine Kluft von der Form und der Handlung. Darin
herkömmlich, gibt sich *Lady und Schneider* als eine flache
amoureuse Intrigen- und Verwechslungskomödie nach französi-
schem Muster, in der Kleinbürger dazu mißbraucht werden,
unwissend eine Liebes- und Finanzbeziehung zwischen Aristokraten zu klären und zu lenken. Dank der nun bestehenden
relativen Freiheit von der Zensur konnte Nestroy es wagen, ein
sexuelles Nebenmotiv in diese Handlung einzuführen, in scherzhafter, maßvoller Form, nicht mehr durch bloße Mimik, Betonungen, Pausen und Wortspiele, durch die er früher den Zenso-
ren zu entgehen gehofft hatte: Der Schneider Hyginus Heugeig'n, ein skrupelloser, machthungriger politischer Agitator,
deutet wiederholt das Vergnügen an, das ihm das Maßnehmen
an der schönen Lady Bridewell bedeutet, besonders nachdem er
seinen Fingerhut abnimmt. Außer Heugeig'n ist nur der gutmütige, anständige Schneider Restl eine gelungene Figur. Er verkörpert die Tugenden einer entschwindenden Zeit und ist als
Gestalt das einzige künstlerisch Wertvolle an dieser Komödie.

Im Gehalt aber verblüfft sie; durch das zweifelhafte Verhältnis Nestroys zu den Äußerungen des von ihm gespielten Heugeig'n und weil eine Menge von Aperçus in ihr ein politisches
Umschwenken ins konservative Lager zu enthüllen scheinen,
obwohl ein satirisches Wort über die »Umsattler« fällt und
gleichzeitig ein paar »liberale« Bemerkungen die Gunst der
Linken bewahren zu wollen scheinen.

Nestroys Haltung war gewiß der typischen des Vormärz-Liberalen vergleichbar, die in Eduard von Bauernfelds Gedicht
»Alt-liberal« (April 1848) ausgesprochen ist:

302

Alt-liberal
(April 1848)

Alt-liberal! – Ob Schimpf? Ob Lob?
Nenn's wie Du willst, ich freu' mich drob!
Du kannst's in diesen Blättern lesen:
Stets bin ich freien Sinn's gewesen;
Und als Du noch der Macht Dich beugtest,
Da trug ich schon mein Haupt so hoch!
Und als Du der Gewalt Dich neigtest,
Da schüttelt' ich am alten Joch.
Und denkst Du jetzt dem Volk zu schmeicheln,
Ich nenne Dich darum nicht frei;
Volk oder Fürst – ich kann nicht heucheln –
Ich hasse jede Tyrannei!

Um eben dieses Zwiespaltes willen hat das Stück die besondere Aufmerksamkeit politisch orientierter Kritiker (wie Ernst Fischer und Rio Preisner) auf sich gezogen. Man kann aber, rein politisch gesehen, die vorwiegend konservative Tendenz von *Lady und Schneider* nicht dadurch auslöschen, daß man die liberalen Äußerungen gegen die den Fortwirkungen der Revolution feindlichen ausspielt. Man kann über die primitive Tatsache nicht hinweggehen, daß die »liberalen« an Zahl bedeutend geringer sind, weniger universal im Inhalt und darum nicht entscheidend. Man kann den Jubel der Reaktionäre und das Entsetzen der »Fortschrittsfreunde« über den folgenden Satz verstehen: »Das Volk is ein Ries' in der Wiegen, der aufwacht, aufsteht, herumtargelt[15a], alles zusamm' tritt und am End' wo hineinfallt, wo er noch viel schlechter liegt als in der Wiegen« (I, 8). Man muß sich ferner erinnern, daß als Höhepunkte Nestroyscher Komödien von den Zeitgenossen stets die Couplets betrachtet wurden und daß die letzte und als solche nachhaltigste Strophe des zweiten Couplets, vor einer Verwandlungspause, mit einem Vergleich des vorrevolutionären »angenehmen«, »gemütlichen«, – ja, »gemütlichen«! – Wien mit dem jetzigen ernsten schließt, in dem alles politisiere:

So weit is's jetzt kommen, für Wien is's a Schand,
Wir sind noch fad'r als Berlin mit sein Sand und Verstand.
  Fallt d' Umg'staltung so aus, sag' i: »Nein,
  Da hört es auf, ein Vergnügen zu sein.« (II, 17)

Mehr noch als sonst verkündet der Sänger hier, Fühlung mit dem Publikum suchend, nicht seine, der Rolle angemessenen Gedanken, sondern die Nestroys, denn die Tendenz des Liedes ist den Bestrebungen Heugeig'ns genau entgegengesetzt: Aus einem fleißigen, braven Kleinbürger hat ihn die Revolution in einen Bierhauspolitiker und Agitator verwandelt, der sich, gleichgültig, auf wessen Seite er steht, von der Politik einen märchenhaften persönlichen Aufstieg erwartet: »*(Mit Begeisterung.)* Sie müssen mich wo an die Spitz stellen, sei's Bewegung oder Klub, liberal, konservativ, oligarchisch oder garkanarchisch, das is mir alles eins, nur Spitze!« (I, 11)

Statt wie früher mit dem substanz- und prinzipienlosen »Kapitalisten« oder begüterten Mittelständler vom Typus Gundlhuber hat sich Nestroy in der Figur Heugeig'ns mit dem ebenso marklosen kleinen Mann auseinandergesetzt – wie ja schon in *Freiheit in Krähwinkel* –, den die Revolution nach »oben« geschwemmt hat.

In einer andern Strophe behauptet Nestroy, vor dem Gesetz seien die Staatsbürger ohnehin immer schon gleich gewesen,

> Doch die Gleichheitsversess'nen sag'n gar, es soll rein
> Zwisch'n ein Schust'r und ein' Herzog kein Unterschied sein!
> . . .
> Mit zehn Fürsten und Grafen red't man leichter ganz g'wiß,
> Als mit ein' Flecksieder, der Millionär worden is'.

Der Parvenu war immer schon ein Ziel Nestroyscher Satire gewesen, ebenso wie Adels- und Besitzstolz. Ist sie doch gegen Täuschung, Vorwand, Zerstörung des Echten und rein Menschlichen gerichtet, und die fand er nun häufiger unter den rasch Arrivierten als unter den Entthronten.

Sein Blick galt den Individuen, der Mensch*art,* die sich in Grenzsituationen bewähren müßte und vor seinem skeptischen Blick versagt hatte, nicht den Ideologien. Nicht *Lady und Schneider* hatten diesen Blick auf sich gezogen, sondern *Der Mann an der Spitze*. Diesen Titel hatte er für die ersten zwei, nur teilweise erhaltenen Fassungen unserer Posse gewählt. Noch in einer Handschrift zu *Höllenangst* hat Nestroy es mit ihm zu tun: Das Herz habe gelacht, als die Freiheit erwacht, aber

> Leid'r is s' kommen in Händ',
> Wo ka Spur von Talent,

304

Diese Herrn an der Spitze
War'n zu gar nichts nütze
Als a Red' z'halten fad,
Z'sauffen auf der Barrikad
Und beim Ernst z'lauffen fort.   (SW V, S. 688)

Nestroys gefühlsmäßige Prinzipien – soziales Gewissen, Abneigung gegen Hochmut, Bedürfnis nach geistiger Freiheit – hatten sich kaum geändert in der innerlich und äußerlich schwierigen Zeit, in der Hoffnungen zusammenbrachen, Menschen enttäuschten, geplanter Druck von oben mehr fühlbar war als vorher, Wohlstand schwand. Er war, ein echter Wiener, offenbar ein »Raunzer« geworden, der Stimmungen erlag, ein intellektueller, hellsichtiger Bürger, voll echten Mitleids mit den Armen und Bedrückten, aber zugleich besorgt um seinen eigenen Besitz; er fühlte sich als benachteiligter Mann des »Mittelstands«. Da klingt er manchmal wie eine seiner eigenen Hausherren- und Fabrikantenfiguren:

So glaub'n s', Freiheit heißt unscheniert schimpf'n über'n Staat
Und das, was man braucht, dem wegnehmen, der's hat.
Ah, wenn d' Freiheit Kommunismus wird, nein,
Da hört es auf, ein Vernügen zu sein.   (II, 17)

»Kommunismus« bedeutete für ihn auch Glauben an die Gleichheit der Menschen. Was er darüber zu sagen hatte, brachte er in einer Menge erst aus dem Nachlaß veröffentlichter Strophen für *Höllenangst* (Uraufführung November 1849) unter.

Was immer in Nestroy beim Schreiben von *Lady und Schneider* vorgegangen sein mag, es ist verständlich, daß es als eine Absage an die Revolution aufgefaßt wurde. Dafür sind die Zeitungskritiken charakteristisch, aber auch dafür, wie wenig man auch damals schon selbst »Tatsachenberichten« einer parteipolitischen Presse trauen konnte: Der konservative Österreichische Courier begrüßt, nach galligen antirevolutionären Bemerkungen, dieses »Kompendium von Satire und Humor« enthusiastisch und berichtet, das Stück habe eine »im ganzen brillante« Aufnahme gefunden, die liberale Ostdeutsche Post aber, die Aufnahme sei »eine sehr geteilte« gewesen, mit Zischen als Ergebnis. Sie behandelt Nestroy wegen seiner Absicht, allen Parteien zu »schmeicheln«, es sich »mit niemandem zu verderben«, mit Verachtung.[16]

Die klassische Parodie: »Judith und Holofernes«

Das Jahr 1849 brachte eines der drei letzten voll geglückten Meisterwerke Nestroys (höchstens *Kampl* [1852] und *Frühere Verhältnisse* [1862], jedes von ihnen gattungsmäßig völlig verschieden von den beiden andern, kommen ihm unter den späteren Stücken an künstlerischer Vollendung nahe): *Judith und Holofernes,* die Parodie der Hebbelschen »Judith« und das klassische Beispiel der kritischen Parodie in der deutschen Literatur überhaupt. Sie bedient sich, scharf kürzend und konzentrierend, der üblichen Mittel der Parodie, wie des Dialektsprechens, der Modernisierung in den Motiven und dem Wortvorrat; waren etwa in *Robert der Teuxel* die Normannenritter mit der Verlegung der Handlung nach Wien in eine wienerische Trink- und Kegelgesellschaft umgewandelt worden, so lag es nahe, bei Beibehaltung des Schauplatzes von Hebbels »Judith« die Einwohner von Bethulien als karikierte jüdische Geschäftsleute aus dem Wien Nestroys handeln und sprechen zu lassen. Das ist, um bei der früher getroffenen Unterscheidung zu bleiben, »Ulkparodie«. Wenn Nestroy die erotisch gemeinte, aber nur zerebral-philosophische Hochspannung zwischen Holofernes und Judith dadurch ins Groteske verwandelt, daß »Judith« in Wirklichkeit ihr verkleideter (und von Nestroy gespielter!) Bruder Jaob ist, so ist auch dies Spaß, an der Grenze literarischen Hohns.

Daneben aber haben wir in jenen Szenenreihen, in denen Holofernes auftritt, die denkbar schärfste Kritik an Hebbels Jugendwerk durch ihre Handlung, durch den Stil der Gespräche zwischen Holofernes und seinen Untergebenen und durch die den Tonfall des Originals trotz der Verwienerung genau treffenden Monologe des Holofernes, etwa nach dem Muster »Ich bin der Glanzpunkt der Natur . . . Ich möcht' mich einmal mit mir selbst zusammenhetzen, nur um zu sehen, wer der Stärkere is, ich oder ich« (3. Sz.), oder »Laß . . . 's Zelt ordentlich zusamm-'räumen, überall lieg'n Erstochene herum – nur keine Schlamperei!« (23. Sz.)

Ist der folgende parodistische Satz Nestroys komischer als Hebbels ernsthafter?

JUDITH Nur einer kann so aussehen!
HOLOFERNES Fänd' ich den zweiten, so würde ich ihm den Kopf vor die

Füße legen, denn auf mein Gesicht glaub' ich allein ein Recht zu haben. (Hebbel)

HOLOFERNES Wär' mir nicht lieb, wenn's außer mir noch einen gäbet. Ich hab' die Spiegeln abg'schafft, weil sie die Frechheit haben, mein Gesicht, was einzig in seiner Art is, zu verdoppeln. (Nestroy, 24. Sz.)

Und so geht es mit vielem andern; hat man »Judith« nicht genau in Erinnerung und liest sie nach, so findet man Sätze der Nestroy-Figuren, die allzu kraß erschienen, hier wörtlich wieder, ja Stellen, die von einer so phantastischen, aber zutiefst phantasielosen Kraftmeierei sind, daß sie in der Parodie vielleicht deshalb nicht wiederkehren, weil ihre übersteigernde Parodierung unmöglich war. Nestroy hat durch sie ästhetische Urteile über die Tragödie vorweggenommen, die Hebbel später selbst angedeutet hat. Das Unvermögen des jungen Dichters, von der Größe des Holofernes eine Vorstellung zu geben, hat Nestroy hier durch ganz kleine Verschiebungen gerichtet, manchmal durch bloße Übernahme des Textes. Die Selbstvergottung Nebukadnezars, von Hebbel mit schwächlichem Humor behandelt, und Gottesgnadentum der Zeit werden in das Licht sarkastischer Satire gezogen:

DER GESANDTE Ihr [der Hebräer] Gott ist zugleich ihr König.

HOLOFERNES Und wo anders is der König zugleich der Gott, das kommt am End' auf eins heraus.

Und über sich selbst sagt er: »Ich möcht', daß die ganze Menschheit aufg'hängt wär', um dann der einzige zu sein, der die Welt als wie einen Hund mit Füßen tritt. Ich bin ein großartiger Kerl!« (9. Sz.), in Anlehnung an Hebbels Holofernes, der der Menschheit zeigen will, daß er ein Gott ist, indem er »all die törichten Regungen des Mitleids . . . unterdrückt, daß er sie zu Staub zermalmt, und ihr noch in der Todesstunde den Jubelruf abzwingt« (I). Selbst die parodistischen Sätze des Nestroyschen Holofernes sind sprachnäher als das Papierdeutsch des Hebbelschen. Nestroys ursprüngliche Abneigung gegen Pathos hatte hier einmal am falschen Pathos des Holofernes einen begründeten Gegenstand des Spottes gefunden, sein tiefsitzendes Gefühl für den Unterschied von Gestaltung und Rednerei hatte sich gestaltend Luft gemacht und die Parodie zu einem weit gelungeneren und künstlerisch belangreicheren Werk gemacht als ihr Vorbild.[17]

Vom parodistischen Zweck ganz abgesehen, ist *Judith und Holofernes* eindrucksvoll durch die satirische Vorwegnahme des geistig leeren machtberauschten und sadistischen Diktators, dessen Verehrung sich bloß auf die von ihm ausgeübte Gewalt gründet: »Weil er uns sonst niederhaut, preisen wir ihn alle laut« (Eingangs-Chor). Für eine solche Figur hatte Nestroy in der Geschichte *seiner* Zeit kein Vorbild. Wohl aber scheint er auf diese, auf die Niederwerfung der 1848er Revolution, anzuspielen in Holofernes' Worten: »*(Aufs Schwert schlagend.)* Hier ist die Götterfabrik! Was in der neuen Zeit durch Bajonette geht, das richten wir, die grauen Vorzeitler, mit dem Schwert« (7. Sz.). Auch die Exerzierübungen der Einwohner von Bethulien müssen die Wiener mit heiterem Verständnis betrachtet haben; sie hatten ihre Erfahrungen mit der Bürgergarde gemacht. Daß Nestroy dabei – und auch sonst – mit dem unkriegerischen und unmilitärischen Geist der städtischen, dem Handel ergebenen Juden im Österreich seiner Zeit seinen Spaß trieb – »Künste und Wissenschaften lieben sie, Handwerk und Akkerbau ist ihnen verhaßt . . . ihre Nahrung besteht aus Vierteln, aus Achteln und aus Vierzehnteln, auch saugen sie aus allem Möglichen Perzente« (9. Sz.) –, empörte begreiflicherweise den jüdischen Rezensenten der Ostdeutschen Post.[18] Man konnte von dem in diesen Zeiten eben erst erwachten, aber noch lange nicht gefestigten jüdischen Nationalbewußtsein nicht erwarten, daß es Karikatur durch Trivialisierung der Charaktere und des Milieus, die ja zum Wesen der Parodie gehört, mit Humor hinnehmen würde. Auch mußte der Rezensent mit dem schon damals weit verbreiteten Wiener Antisemitismus rechnen. Daß aber Nestroy mit seiner »Judith«-Parodie »den Judenhaß und die Judenverachtung verewigen«[19] wollte, kann kein vernünftiger Leser des Stücks glauben. In keinem der achtzig Stücke Nestroys sind auch nur Spuren von Antisemitismus zu finden. Dagegen läßt sich seine Neigung, Militarismus sarkastisch zu behandeln, bis auf den *Färber und sein Zwillingsbruder* und die *Eisenbahnheiraten* zurückverfolgen, und Joab-Nestroys Refrain

Unsere Leut'
Sind gar g'scheit,
Hab'n zum Kriegführn ka Freud'

mag seinen innersten Sympathien nahe gelegen sein – so sehr es wohl auch dem wenig wohlwollenden Bild der Wiener von ihren

jüdischen Mitbürgern entsprach –, ebenso wie Joabs die Militär-
sprache grausig parodierender Hohn vor der beabsichtigten
Köpfung des Holofernes:

> Es ist des Schicksals Beschluß –
> Holofernes! Kopf bei Fuß!

Beispiele der Militärjustiz müssen den Österreichern von 1849
tief ins Bewußtsein gedrungen sein.

Das Seelendrama: »Der alte Mann mit der jungen Frau«

Das vieraktige Drama *Der alte Mann mit der jungen Frau,* von
Nestroy erst als »Posse«, dann als »Volksstück« bezeichnet, von
Rommel in der Gesamtausgabe unter den »Politischen Komödien« eingereiht, ist im wesentlichen eine zarte Charakterstudie,
umbaut von robustem Theater, bald ernstem, bald komischem,
vergeistigt durch Sprachkunst und Sprachspiel.

Denn in *Der alte Mann,* geschrieben 1849, zwischen *Judith
und Holofernes* und *Höllenangst*[20], zur Zeit der härtesten Reaktion nach der Niederwerfung des Wiener Oktoberaufstandes,
bilden zwar die politischen Zustände, Situationen und Gedanken des Tages einen wichtigen Bestandteil des Dialogs als
Anspielungen und als metaphorische Terminologie[21] und Nestroy äußert sich zu ihnen wiederholt, teils ausdrücklich, teils
implizit; zu innerst aber ist das Stück ein Seelendrama, das die
Lebensphilosophie des alternden Nestroy darstellt, mit der politischen Wirklichkeit, der tatsächlichen und der erwarteten – es
spielt im Jahre 1850 – als beispielhaftem Hintergrund.

Hier, in knappstem Umriß, die Handlung: Anton, ein junger
Beamter, hat sich an der 1848er Revolution beteiligt, wurde zu
10 Jahren Kerker verurteilt, flieht und wird vom sechzigjährigen
reichen Ziegeleibesitzer Kern vor neuerlicher Gefangennahme
gerettet und auf seiner Almhütte versteckt. Kern hat Antons
Frau Therese, um ihr einen Lebensunterhalt zu verschaffen, als
Dienstmädchen im Haushalt seiner eigenen jungen Frau, die ihn
betrügt, untergebracht. Er macht es Anton und Therese möglich, einander wiederzusehen. Das Geheimnis wird entdeckt,
Anton soll gerade verhaftet werden, als eine Amnestie des
Kaisers eintrifft, die an die Bedingung geknüpft ist, daß die zu

Begnadigenden, die sich der Bestrafung entzogen haben, auswandern. Kern entschließt sich, sich mit Anton in Australien niederzulassen und seiner untreuen Frau Regine die Möglichkeit zu geben, sich auf Grund eines, wie sie weiß, nur scheinbaren Ehebruchs mit Therese scheiden zu lassen und ihren Liebhaber zu heiraten oder Kern nach einem Jahr Überlegung nach Australien zu folgen.

Diese äußere Handlung ist also politisch genug; sie bleibt aber durchaus äußerlich und hat mit den wesentlichen Vorgängen fast nichts zu tun. Die »Haltung« des Autors, wie sie in Episoden, Charakterisierungen und à propos zur Sprache kommt, ist die des Vormärz-Liberalen, der Nestroy war. Alle die strikt politischen Äußerungen und Anspielungen, die im Stück vorkommen[22], sind jedoch peripher zu seinem Thema. Worauf es Nestroy in diesem Drama ankam, das ist im Titel angegeben – im Konzept hieß er übrigens *20 und 60* –, und da wieder ist es der alte Mann, nicht die junge Frau, worum das Stück kreist, und innerhalb dieses Themas nicht der alte Mann vom Standpunkt der (enttäuschten) Liebe, sondern als Charakterbild. In ihm sind Nestroys Dichtertum, seine Einsicht und seine Menschlichkeit konzentriert, so sehr auch Sympathie mit der Revolution vom Jahre vorher und Mitgefühl mit den Opfern der Reaktion in den Reden Kerns und damit auch des mit ihm identifizierten Schöpfers und Darstellers der Rolle auf der der Handlung zeitgenössischen Bühne zur Sprache kommen. Der sechzigjährige Millionär ist großherzig gegen seine ehebrecherische verlogene Frau ebenso wie gegen den armen politischen Flüchtling und dessen Frau und Mutter, aus einfacher Güte und Weisheit. Es ist dieselbe objektivierende Weisheit, mit der er, selbst den Standpunkt des Gegners der Revolution annehmend, deren angebliche Verbrechen in Schutz nimmt – »Wär ich statt meinen sechzig Jahr in Ihrem Alter g'wes'n, ich wär auch vielleicht mit einer roten Feder umg'rennt« (I, 15) – und erklärt, er selbst habe die offenkundige Schuld seiner Frau verursacht:

Denn lieben kannst du mich nicht, du bist ja jung, und ich bin alt – an mir liegt eigentlich die Schuld. Aber wir Alten haben halt das, daß wir oft dummerweise das für das Fortleben der Liebe im ewig jungen Herzen halten, was doch nur Zuckungen sind, wie s', galvanisiert, die toten Frösch' noch machen. Ich hätt sollen g'scheiter sein. (IV, 27)

Welterfahrung hat den alten Millionär Resignation und Pessimismus gelehrt:

> Es is immer eine sonderbare Empfindung, wenn man als a Alter ein kleines Kind betracht't; unwillkürlich kommt einem die Idee, wie schad' es is, daß man auf die Welt kommen is.

Aber Nestroyisch paradoxer Humor ist ihm nicht abhanden gekommen, und er fährt fort: »Ich sag immer, man richtet's viel leichter, wenn man gar nicht dagewesen wär'« (IV, 11). Mit reifer Selbstironie gesteht er sein Restchen Eitelkeit: »Die Welt soll mich für alles, meinetwegen auch für einen alten Sünder, nur nicht für einen alten Esel halten« (Schlußszene). Er ist bitter geworden, aber kein Zyniker. Takt, einfühlende Teilnahme, Wärme gehören zu seinem Wesen; sein letztes Wort vor der Trennung von der Frau, die seine Gefühle mißhandelt hat und die er scharf verurteilt, und zugleich das letzte Wort des Stückes ist: »Sie hat *(aufs Herz zeigend)* ihren Anwalt hier – nie vergißt der alte Mann die junge Frau.« Dieser Schluß mag sentimental klingen, ist es aber nicht, da er dem Wesen Kerns treu bleibt. Zu ihm gehört, daß sein starker Verstand sich vor dem Herzen beugt und daß ihm jedes laute Wort zuwider ist. Vereint mit seiner schamhaften Güte, macht ihn dies zum Verwandten des Grafen Kari in Hofmannsthals »Schwierigem«.

Nestroy, verborgen in Herrn von Kern, trumpft nicht mehr auf mit der Zerstörung von Fassaden. Er will sie bewahren, »weil die Welt nur auf das Äußere, nie auf das Innere schaut« (IV, 4). »Was wir uns gegenseitig sind, is soviel als nichts, aber gerade deßtwegen, weil wir mit dem *Sein* fertig sind, haben wir die größten Verpflichtungen für den *Schein*« (ebda.). Nur dem »Himmel« gegenüber nimmt diese Rücksicht auf die Außenwelt gleichzeitig bitter sarkastische und in ihrem Sarkasmus rebellenhafte Formen an: Als die Trennung von Regine schon beschlossen ist, fährt er gemeinsam mit ihr in die Kirche – denn »Was denkt sich denn der Himmel, wenn wir ihm nicht danken täten *(Regine zärtlich die Hand küssend)* für das Glück, das wir auf Erden gefunden haben!« (ebda.). Demselben Modell der sorgfältigen Wahrung des bürgerlichen »Décors« bei innerer Überlegenheit, Vermeidung jedes »Skandals«, ein Modell, dem übrigens Nestroys eigene Lebensführung folgte, ist die Szene (III, 7) angepaßt, in der er mit dem Liebhaber seiner Frau angesichts der Gartengesellschaft »*wie im freundschaftlichsten Gespräch auf und ab geht*« und ihm gleichzeitig zum Duell fordert – ausgezeichnetes Theater. Es ist abgedämpft durch die seelische, oft schmerzliche Feinheit und leise Güte, die Kerns Reden eigen ist (und nicht durch Zitate »belegt« werden kann), und durch ihre gleichfalls stille intellektuelle Qualität. So wird er einer der liebenswertesten und dabei realistischen Charaktere Nestroys.

Kerns Mittel, diese innere Überlegenheit, sein Wissen um Zusammenhänge zu dokumentieren, ohne sich etwas zu »vergeben« und ohne die Welt zu attackieren, ist das Wortspiel. Er gebraucht es immer wieder zu unschuldig klingenden Sarkasmen. Ihm tun, in Lichtenbergs Worten, viele Sachen weh, die andern nur leid tun. Im Wortspiel versucht er, sich von seinem Weh ohne Pathos zu befreien. Er befreit von seinem Weh sich nicht nur im Doppelsinn, er versteckt sich zugleich hinter ihm – seine Einsicht, seine Güte, seine Ressentiments. Sein sprachlicher Assoziationszwang ist immer wieder tätig und ruft zu dramatisch funktionellem Zweck dauernd die sein Inneres dominierenden Themen an die Oberfläche. So verwahrt sich Kern durch wortspielartiges Jonglieren mit Bedeutungsnuancen und durch absichtliche verbale Mißverständnisse dagegen, daß Regine ihm Liebe »schuldig« sei und daß sein Hinweis auf den Altersunterschied der beiden einen »Verdacht« enthalte (II, 16), deliberiert über ihren »Gute-Nacht«-Gruß (II, 17) nicht als Silbenstecherei, sondern weil in seiner Depression dieser Wunsch ihn tatsächlich an seine schlechten Nächte erinnert, und sieht sich im Vergleich mit dem von Therese so geliebten Anton als »armen« Millionär (II, 20). Seine zwiespältige Situation ist gespiegelt im antithetischen oder zwiespältigen Wort. Er schämt sich wegen seiner »blondlockigen Ideen in einem grauen Kopf«, aber es sei »nicht alles ehrwürdig, was grau ist; es liegt eine offenbare Eselei in dieser Behauptung« (II, 8); kurz, er ist ein Spielball der Wörter, aus denen sein gequältes Unterbewußtsein immer wieder Beziehungen auf sich selbst heraushört oder auf seine Quälgeister: Regines Bemerkung, daß die Last der Maske vom ehelichen Glücke sie »erdrücke«, regt ihn zur Antwort an, daß die Maske von eh'licher Treue ihr »so leicht« war (IV, 2).

Die dramatische – und gewiß weithin autobiographische – feinfühlige Charakterstudie wird zugleich zum Mittelpunkt und Schwergewicht einer mit einem Gesellschaftsdrama verzahnten Posse durch die aufs deutlichste für Scholz geschriebene, charakterologisch verzwickte, schwierige Rolle des Gabriel, des anhänglichen, mit Vorbehalten treuen, aber gelegentlich mokanten Dieners. Wie so viele der Scholz-Figuren ist er einfältig und gerissen zugleich, lästig in seinem zudringlichen Bemühen, seinen Herrn von der Untreue Reginens zu überzeugen, und rührend in seiner verborgenen Liebe für die ahnungslose Therese: »Da geht sie wieder und schleppt mein Herz vier, fünf Zimmer weit mit – und ich darf nicht nachgehn« (II, 6). Karl Kraus hat auf die sprachliche Gestaltungskraft dieses Satzes hingewiesen.

Die ewige Verliebtheit des kurzbeinig-kugelförmigen Scholz-Gabriel in junge Frauenzimmer, der die Berechtigung zu seiner Faulheit immer wieder – von Nestroy her gesehen – parodistisch aus seinem selbstgewählten Bühnenprädikat des »alten treuen Dieners« bezieht und der in seiner bizarr-pathetischen Redeweise mit Bauernschläue und paradoxer Logik seine Umwelt diskutiert, erzeugt passive Komik: »Es is gewiß, daß sie mich nicht liebt, die Theres – aber wie einem eine nicht lieben kann, wenn man sie so liebt wie ich – das is mir unbegreiflich. *(Folgt tiefsinnig . . .).*« Die Rolle wird possenhaft durch seine falsche Deutung des Verhältnisses von Therese zu Kern und Anton und sein gelegentliches Hanswursttum, etwa in der Szene (IV, 14), wo er sich mit Bettdecke, Nachthaube und Schnuller als Theresens Baby verkleidet. In sein burleskes Tun mischt sich burlesk pathetische Sprache, und sie erhebt sich selbst bei ihm, unbewußt, ins burlesk Witzige durch Wortspiele, die auf seine kuriose Körperlichkeit zielen (wie das »Zermalmende« und die »kolossale« Rache in IV, 14).

Eine Menge Routine-Mittel der ernsthaften melodramatischen Bühne hat Nestroy hier bedenkenlos gebraucht, wie den hinter einem Busch verborgenen Gatten, der eine Liebesszene zwischen seiner Frau und ihrem Geliebten belauscht (III, 5). Voll origineller Wirksamkeit und Spannung ist auch die oben erwähnte Szene des Spaziergangs mit dem von Duell, Schmach und Schande bedrohten Nebenbuhler, die von einer dem Inhalt des Gesprächs widersprechenden Mimik begleitet wird und so zugleich als Folie für Nestroys Virtuosität als Schauspieler diente. Von großartiger Theatralik ist die Szene IV, 18, in der

Therese, entsetzt über das Verschwinden ihres Kindes, sich zu falsch gedeutetem Schweigen gezwungen sieht. Sie setzt sich fort in IV, 22 und sinkt ab in die heroische Routine-Dramatik des »Hochverräters«, der sich um der Ehre seiner Frau willen der Verhaftung stellt. Girlandenhaft hineinverwoben in diese Szenenfolge sind die komischen Szenen des zu seiner früheren Gutmütigkeit zurückgekehrten Gabriel (IV, 19), nachdem vorher schon komische Episodenfiguren der Erwartung des Publikums auf possenhafte Erheiterung entgegengekommen sind, wie die des Mannes, der seiner Frau immer wieder die Rede abschneidet, weil sie »nix versteht«, oder des gleichgültigen, schweigsamen Herrn Schreyer (!), der auf Befehl seiner Frau »aufbrausen« muß (z. B. IV, 15 ff.).

Bemerkenswert ist, daß in *Der alte Mann* Nestroy das Spiel mit Worten nicht mehr bloß seiner eigenen Rolle und der Scholzens anvertraut wie in den früheren Stücken, sondern auch unbedeutenden Nebenfiguren. Er hatte sein Publikum so sehr an »Komödie der Sprache« gewöhnt, daß er die Gefahr weitgehender Verfremdung auch dieses teilweise sehr ernsten Stückes nicht mehr fürchtete. Auch bleiben trotz all des episodischen und sprachlichen Rankenwerks die Stränge der beiden spannenden realistischen Haupthandlungen immer sichtbar; und im überraschenden Schluß werden die zeitlosen Themen des alten Gatten der jungen Frau und des weise resignierten alten Menschen mit dem politisch aktuellen – das Geschick des politischen Häftlings und seiner treuen Therese – wieder zusammengebunden. Ein Knalleffekt verhindert im letzten Augenblick ein tragisches Ende: Kerns Auswanderung fällt mit der (unerwarteten) allgemeinen Amnestie zusammen, die auch Anton freisetzt. Sie war offenbar der politische Wunsch Nestroys und der Mehrheit der Zuschauer, die ihm beim Schreiben vorschwebte.

Das Stück sollte auch den Gefühlen der Ernüchterten Rechnung tragen, und nicht aus Opportunismus: Der nun achtundvierzigjährige Bürger Nestroy hatte es geschrieben, der sich schon vor der Revolution zu ihren politischen Prinzipien bekannt und ihre Verwirklichung mit tiefer Freude begrüßt, aber seinen Sarkasmus über ihre kleinlichen Nutznießer, Phrasenhelden, gesinnungslosen Prestigesuchern und lächerlichen Figuren nicht unterdrückt hatte – im *Unbedeutenden*, in den *Schlimmen Buben in der Schule*, den *Anverwandten*, der *Freiheit in Kräh-*

winkel und in *Judith und Holofernes* – und der sich vor dem Kommunismus fürchtete, immer in der Haltung dessen, dem sein Besitz, aber auch die Wohlfahrt und Würde jedes Menschen und die Freiheit des Geistes am Herzen lag.[23] Auch im Politischen ist Nestroy sich selbst treu geblieben, als skeptischer, aber gütiger Durchschauer des Menschen. Revolution und Reaktion sind, obwohl ihnen rationale Prinzipien zugrundeliegen, für Nestroy Haltungen und Zeitströmungen, denen der Mensch durch sein Menschsein unterworfen ist, und sein Verhalten unter wechselnden Umständen war der Hauptgegenstand seiner Beobachtungen, wenn sie auch höchst aktuelle, praktische Bedeutsamkeit hatten:

> Was Sie getan haben, das haben Hunderttausende, das hat – sei's durch Tat oder Wort oder Gesinnung – fast jeder getan,

sagt Kern zu dem flüchtigen Revolutionär;

> ... Die Revolution war in der Luft, jeder hat sie eingeatmet und folglich, was er ausg'haucht hat, war wieder Revolution ... da heißt's halt dann, wie Schiller sagt: ›Den nehm ich heraus aus eurer Mitte, doch teilhaft seid ihr alle seiner Schuld‹ ... Drum schenken wir denen, die's getroffen, die mitleidvollste Teilnahme und danken wir Gott, daß sie *uns* grad zufällig nicht herausgenommen haben! (I, 15)

Und als der mit zehn Jahren Kerker Bestrafte bemerkt: »Mir is zu viel gescheh'n«, da antwortet er mit einer scheinbaren Verbeugung vor dem Gesetz und mit sarkastisch resignierter Kritik an dessen Anwendung:

> Nach Revolutionen kann's kein ganz richtiges Strafausmaß geben. Dem Gesetz zufolge verdienen so viele Hunderttausende[24] den Tod – natürlich das geht nicht; also wird halt einer auf lebenslänglich erschossen, der andere auf fünfzehn Jahr' eing'sperrt, der auf sechs Wochen, noch ein anderer kriegt a Medaille – und im Grund haben s' alle das nämliche getan.

Das Wiener Theaterpublikum des Jahres 1849 hätte diesen Worten – Spiegelung des öffentlichen Bewußtseins – wohl zugejubelt. Es bekam sie nie zu hören. Nestroy hatte ein zugkräftiges »Volksstück« geschrieben: Zwei spannende Handlungen und das Portrait des interessanten, aber moralischen Helden sowie die possenhafte Komik seines Partners waren, vergeistigt durch Nestroyschen Witz, Humor und durch sprachlichen Glanz einem allgemein verständlichen Thema untergeordnet. Das

Drama ging gut aus, ein wenig rührend, aber nicht kitschig. Die zum Teil hier zitierten politischen Bemerkungen hätten das gute Theaterstück außerdem zu einer res publica machen können. Aber eben sie machten die Aufführung unmöglich. Nestroy wußte, daß sie die Zensur nie passieren würden, und er legte es ihr nicht vor. *Der alte Mann mit der jungen Frau* blieb in seiner Schublade.

Erst 1891 erschien das Stück im Druck im Band XI der ersten Gesamtausgabe. Die Herausgeber, Ganghofer und Chiavacci, hatten es zugleich unter dem Titel »Der Flüchtling« für das Theater bearbeitet und aus dem 1848er Revolutionär einen Patrioten von 1809 gemacht! In dieser Form führte das Deutsche Volkstheater es in Wien am 24. Oktober 1890 auf; nach dreizehn Vorstellungen verschwand es von der Bühne. So verdammenswert diese Manipulation der Bearbeiter auch war, ihr Instinkt hatte ihnen das Richtige gesagt: *Der alte Mann mit der jungen Frau* ist, so sehr das Drama latente Bewußtseinsinhalte des Publikums und Überzeugungen des Dichters zur Zeit der Niederschrift laut werden läßt, keine »politische Komödie«. Die politischen Scherze und Proklamationen sind bloße Ranken, ebenso wie die historische Färbung gewisser Handlungselemente bloße *Färbung.*

In Nestroys Fassung wurde es, soweit wir sehen, zum erstenmal 1948 aufgeführt, im Wiener Theater an der Josefstadt, fast hundert Jahre nach seiner Entstehung. Manches scheinbar zeitbedingte Wort von 1849, darunter das von der Todesstrafe und der Medaille, mag die Zuschauer, nur durch drei Jahre von sieben Jahren Nationalsozialismus getrennt, ins Herz getroffen haben.

Schwarzer Humor: »Höllenangst«

Höllenangst, Posse mit Gesang in drei Akten, am 17. November 1849, also mehr als ein Jahr nach dem Sieg der Reaktion, zum erstenmal aufgeführt, trägt die Zeichen der Zeit weit deutlicher, ausdrücklich und implizit als die andern drei Stücke, die Nestroy seit dem Ausbruch der Revolution auf die Bühne gebracht hatte. Vor dem Hintergrund geheimnisvoll nächtlicher Handlungen im ersten Akt und angedeuteter Verbrechen in der Vergangenheit spielen sich kolportagehafte Ereignisse ab, teil-

316

weise bestimmt durch politische Rivalitäten und Missetaten hoher Amtspersonen.[25] In dieses Gewebe sind harmlose Menschen versponnen, sie werden verhaftet und freigelassen und dem Tod gegenübergesetellt, ohne zu wissen, warum – vormärzlich-Kafkasche Situationen auf der Ebene des Kriminalromans sind kommentiert mit »schwarzem Humor«. Der junge aufrührerisch-temperamentvolle Wendelin schließt einen Pakt mit dem vermeintlichen Teufel, in Wirklichkeit dem Richter Thurming, der aus komplizierten Gründen nachts in sein Fenster gestiegen ist. Dieser weiß lange Zeit, bis II, 11, nicht, daß er für den Teufel gehalten wird. Wendelins alter Vater aber, der Schuster Pfrim, amüsant durch eine Unzahl Facetten pfiffiggrimmiger Einfalt, sorgt streng dafür, daß der »Teufel« sich von keiner seiner aus dem Pakt erwachsenden Verpflichtungen drücke – eine Situation, die an *Die beiden Nachtwandler* erinnert, aber komplexer, hintergründiger und bizarr ist.

Denn Fragen nach der Rolle des Himmels und der Hölle im Leben und Nachleben der Menschen tauchen immer wieder auf und werden auf groteske Weise behandelt – humoristische Blasphemien, die unter der strengeren Zensur Metternichs unmöglich gewesen wären. Schon in der *Judith* hatte Nestroy erste Andeutungen seines bis dahin fast völlig unterdrückten antikatholischen Rationalismus gegeben; nun konnte dieser sich ausleben, in bald billig-komischen, bald witzigen Überlegungen und Aperçus im parodistischen Auftreten Wendelins und seines Vaters als kalkulierende Wallfahrer.

Die Handlung und die mit Politik geladene Atmosphäre der Posse legen Identifizierung des »Himmels« mit Regierungen nahe –

Der Himm'l hat keine Kammern, nur eine Hofstell',
Seine Hofrät' sind Engeln, sein Spielberg[26] is d' Höll';
Zu Olims Zeit hat's Umwälzung geb'n, jetzt geht's wie g'schmiert,
Seit sechstausend Jahr'n is d' ganze G'schicht' oktroyiert.[27] –

und so vergleicht Wendelin-Nestroys Auftrittslied die »Regierung« eines jeden der drei »Naturreiche« mit den irdischen und findet in jeder Strophe Belege für seinen Refrain »Meiner Seel', 's müßt dem Himmel höllenangst dabei wer'n« (I, 7).

Außerdem ist es nicht recht, daß Wendelin in die Hölle kommen soll:

> Schau'n S', mein Sohn is a guter Bub, und wann er . . . in die Höll'
> kommt, so parier' [= wette] ich, es sitzt mancher im Himmel und laßt
> sich angeigen von die Engeln, der ihm nicht 's Wasser reicht   (III, 5),

und Wendelin selbst bemerkt beim Antritt seiner Pilgerfahrt,
»Jetzt müßt der Himmel doch auf'n Kopf g'fall'n sein wenn er's
nicht merket, daß ich bußfertig bin« (III, 19).

Die Frage der Weltregierung greift ins Soziale über: »Die
Vorsehung hat mit die Reichen, die Glücklichen zu viel zu tun,
für die Armen bleibt ihr ka Zeit« (I, 9). Eine Reihe Beispiele
für ihre Ungerechtigkeit führen zur Schlußfolgerung: »Man
sieht's zu deutlich, die Vorsehung hat abg'wirtschaft't«, der böse
Feind hat gewonnen. Aber er ist auch dumm:

> Nix leichter [als den Teufel zu prellen]. Auf zehn Jahr' schließt er
> meistens seine Kontrakt', da machen wir das Ding so: Neun Jahr'
> leben wir recht . . . fidel, und im zehnten Jahr gehen wir auf Rom,
> nacher is der Teufel erst noch der G'foppte.
>
> WENDELIN Ja, geht denn das? –
> PFRIM In Rom geht alles.   6I, 16)

Das soziale Mitgefühl, das sich seit *Zu ebener Erde* so oft,
verkleidet in Witz und Scherz, ausgesprochen hat, ist nun auch
mit politisch sozialer Kritik und tiefem Pessimismus verbunden.
Als der vermeintliche Dieb Wendelin bei Gericht mit größter
Höflichkeit behandelt wird, bemerkt er: »Die noble Behandlung zeigt, daß man mich für keinen kleinen Dieb halten kann«
(II, 10). Wendelin stellt sich dem Richter vor als »ein Prole-
tariatsbeflissener, der den ganzen praktischen Kurs von Paupe-ris-
mus durchgemacht hat«, der sich nur »auf drei Lacher« in
seinem Leben entsinnen kann, und ein Motiv aus *Die schlimmen
Buben* taucht auf: »Mein erstes Lächeln [war] ein höhnisches,
wie in der Schul' der junge Trottl von ein' reichen Papa statt
meiner 's Prämium hat kriegt« (II, 11); und in einem mit
»glauben« und »Aberglauben« wortspielenden Couplet singt er,
im ersten Jahr der Reaktion,

> Auch auf Träum', daß s'ausgehn, glaub' i fest,
> Unser Freiheitstraum is so ein Traum g'west.

Sein Refrain lautet:

> I lass' mir mein' Aberglaub'n
> Durch ka Aufklärung raub'n,

's is jetzt schön überhaupt,
Wenn m'r an etwas noch glaubt (II, 17).

In einem anderen langen politischen Couplet gibt er die Argu-
mente eines Revolutionsgegners wieder und kommentiert sie
mit der Antistrophe:

> Vorig's Jahr hat derselbe
> Raisoniert gegen 's Schwarzgelbe,
> Den Kalabreser geschwungen,
> 's »deutsche Vaterland« g'sungen
>
> . . .
>
> Ist's denn Ernst, daß 'r jetzt gar so gut g'sinnt sich tut zeig'n? –
> Na, da müssen ei'm bescheidne Zweifel aufsteig'n. (I, 14)

Dieses Couplet und *Höllenangst* als Ganzes mußten Nestroy
auch in den Augen derer rehabilitieren, die ihn nach *Lady und
Schneider* einen »Umsattler« genannt hatten. Der Nachlaß und
Der alte Mann mit der jungen Frau zeigen, wie sehr ihn die
Erscheinung des echten oder vorgetäuschten Gesinnungswech-
sels in jeder politischen Umwälzung beschäftigte.

Trotz all dem ist *Höllenangst* im Wesen kein bloß zeitlich
bestimmtes politisches Stück; seine Gedankenwelt reicht darüber hinaus in das Allgemeine, Zeit- und Ortlose hinein. Es ist
das Werk und, in den Entwürfen, *das* Bemühen Nestroys, auf
welches am ehesten die von ihrem Präger für andere Stücke
mißbrauchte Bezeichnung »tragische Posse« paßt. Die oben
erwähnte Rede, in der Wendelin sich gegen die Vorsehung
aufbäumt (I, 9), führt zwei Beispiele ökonomischer Ungerechtigkeit an und scheint damit noch in den politisch-sozialen
Umkreis zu gehören. Aber das vierte und fünfte dieser
»Warum?« gehen über ihn hinaus:

> Revolutionairs stürmen in der Regel gegen die irdischen Regierungen
> an. Das is mir zu geringfügig, ich suche das Übel tiefer oder eigentlich
> höher, ich revoltiere gegen die Weltregierung,

beginnt der zentrale Teil seiner Attacke gegen das »Schicksal«.
Sie ist ausführlich im ersten Teil dieses Buches wiedergegeben
und kommentiert (S. 110-116), entnommen den Entwürfen zu
einem in der Tragweite großartigen, für Höllenangst bestimmten Monolog, in denen Nestroy die Frage des Schicksals und der
»Gleichberechtigung« immer wieder umkreist, anklagend, sar-

kastisch, ironisch. Er hat ihn nie in das Stück aufgenommen; er wußte offenbar, daß das Publikum ihm nicht gewachsen war.

An den Rändern dieser Abgründe innerer Skepsis und Desperation, aber auch äußerer Gefahr, bedroht von dunklen unfaßbaren Mächten, bewegen sich die Helden der Posse, geneigt dem Witz, verpflichtet zur Komik: Der Schuster Pfrim wird eingeführt mit dem bezeichnenden Wort ». . . Ja, kommt denn die Lumperei gar nicht ab?! Merkwürdig, um die Stunden, wo nie mehr a honetter Mensch auf der Gassen is, begegn' ich alleweil noch Leut'« (I, 2). Er hat einige Züge seines Handwerksgenossen Knieriem: den dauernden Durst, die philosophisch-mißtrauische Skepsis – »Als Lug und Trug auf der Welt« –, die Grobheit, aber alles in enger Kontur, eine organische Mischung kleinbürgerlicher Beschränktheit und egozentrischer Überheblichkeit, gieriger Schlauheit, Kriecherei und Erpressertums und unendlicher Frechheit, wo er glaubt, sie könne ihm nicht schaden, dabei voll Mitleid mit sich selbst – ein echter Wiener Querulant und eine der originellsten Gestalten Nestroys und der dramatischen Literatur. Gestalt fehlt dagegen völlig seinem Sohn Wendelin, denn sein Witz und seine Dialektik sind weit mehr noch als sonst die Nestroys, nicht die der »Rolle«; sein Spiel mochte sie lebendig gemacht haben. Sie braucht sehr intelligente Zuhörer und einen Schauspieler, der geistig eine Persönlichkeit ist. Aufrührerisch von Natur, trägt Wendelin durch seine unverschämten Aufträge für den Teufel, manchmal bloß bestimmt, den Paktgebundenen zu »giften«, zusammen mit dem seine eigenen Reden à propos begleitenden Blitzen und Donnern und allerhand burlesken Situationen, am meisten dazu bei, in *Höllenangst* Reminiszenzen an die absurdbizarre Komik der frühen Zauber-Stücke zu erwecken, mit Beimischungen aus dem parodistischen Stil von *Robert der Teuxel.* – Als rein aus der Sprache geschaffene Gestalt schließlich darf der köstliche Portier nicht vergessen werden (III, 1, vgl. S. 35 f.).

Die Sprache von *Höllenangst* ist natürlich völlig durchsetzt von den Wortfeldern um die Kerne »Teufel«, »Hölle«, »Himmel«, »Seele«, und der Dialog ist beladen mit Doppelsinn, nicht nur allgemein semantischem, sondern auch sehr spezifisch thematischem, vor allem, weil Wendelin und Pfrim eine Unzahl zufälliger Äußerungen auf den Teufelspakt beziehen. Dies ist begünstigt durch die Fülle idiomatischer Redensarten aus dessen Sinnbezirk, etwa wenn auf die harmlose Frage »Plagt euch der Satan!?« Wendelin und Pfrim ausrufen »Unendlich!« (III, 22). Dies gilt besonders für alle Gespräche mit dem schwarz und rot gekleideten Richter Thurming, dem »Teufel«. Die Wörter »Flammen«, »Feuer« oder »Glut« erwecken ihnen daher höchst peinliche Assoziationen:

ROSALIE Sie ist glücklich mit ihm, er liebt sie mit einer Glut –
WENDELIN . . . is bei mir der nämliche Fall, mich wirst in zehn Jahren erst recht im Feuer finden.   (II, 16)

All dies, kombiniert mit der häufigen Anwendung kommerzieller Sprache und Denkart auf den Seelenverkauf[28] und dem fortwährenden Auftauchen von Witzen und Gewitzel im düsteren Milieu der ernsten Handlung, erzeugt eine Atmosphäre makabren Humors: »Höllenangst«, komisch gefärbt.

Sarkastisch sprachliches Spiel verschmilzt oft untrennbar mit sarkastisch gedanklichem: Die Baronesse hätte ins Kloster gehen, »Himmelsbraut« werden sollen, aber »Da kommt der Himmel schon zu spät«, denn sie hat heimlich geheiratet (I, 4). Überhaupt bewegt sich der Dialog in *Höllenangst* in besonders engem Anschluß an die Sprache als Auslöserin der Gedanken, schmiegt sich mit stets wachem Gehör leisen Schattierungen der Bedeutung an, gestattet sich den frappantesten Unsinn, vermischt mit kleinen Meisterwerken pseudologischen Überraschens und psychologischen Enthüllens. Den unheimlich grotesken Humor der Handlung umspielend, muß diese bizarre Konversation, gespickt mit den den Wienern ungewohnten Blasphemien, mehr noch als totale Verfremdung, sie muß ratloses Befremden hervorgerufen haben. Ohne sie, ohne das hinter ihr verborgene Grauen vor der Sinnlosigkeit des Schicksals zu verstehen, müssen die »Blasphemien« als *bloße* Scherze angesehen worden sein. Nur zwei der größeren Blätter berichteten über die Premiere[29], und sie wußten mit dem Stück nichts anzufangen. Vier Aufführungen gab es noch, die letzten zu Nestroys Lebzeiten. Nach einer kurzen Wiederaufnahme an der Wiener Scala 1948 erlebte erst 1961 dieses neben *Der alte Mann mit der jungen Frau* vielleicht persönlichste aller Stücke Nestroys in Wien dank Hans Mosers hinreißend trockenem Spiel als Pfrim am Theater in der Josephstadt eine glänzende Auferstehung.

III. In der neuen Gesellschaft

1. Die neue Gesellschaft

Während in der Literatur über Nestroy immer wieder das Metternichsche System als Hintergrund seiner Komödien und des Wiener Volksstücks angeführt wird, während man ferner versucht, Nestroys Tendenzen zur Atmosphäre des Vormärz in Beziehung zu setzen und seine Haltung zur Revolution aus *Freiheit in Krähwinkel* zu erschließen, schweigen sich die historischen, politischen und soziologischen Deuter seines Werks über den Zeitraum von 1849 (oder 1851) bis zu seinem Tode meist aus, einen Zeitraum, der immerhin dreizehn seiner dreiunddreißig Jahre als Komödienschreiber umfaßt. Die Ursache dafür ist wohl die, daß diese Epoche geschichtlich und gesellschaftlich komplizierter ist als der Metternichsche Vormärz, dabei weniger dramatisch als die Revolution und die ihr *unmittelbar* folgende Reaktion von 1848/49.[1] Es ist in der Literaturgeschichte weithin unbeachtet, daß die Jahre bis 1862 ein Zeitraum formaler Bekenntnis zur Konstitutionalität, aber eines tatsächlichen Absolutismus waren, erst der Militär-, dann der Polizeiherrschaft und der Autokratie des Kaisers. Selbst die vom Kaiser oktroyierte, am 4. März 1849 verkündete provisorische Verfassung, die einige liberale Prinzipien in sich aufgenommen hatte, trat praktisch nie in Kraft und wurde schließlich durch die kaiserliche Verordnung vom 20. August 1851 und das Neujahrspatent von 1852 auch formal annulliert. Seit 1852 ist Österreich eine Autokratie, regiert vom Kaiser und dem mächtigsten Mann im Staate, dem Polizeiminister Kempen, dem Anwendung des Standrechts freistand. Erst das kaiserliche Manifest vom 15. Juli 1859 kündete, nach dem verlorenen Krieg in Italien, Verbesserung der Verwaltung und der Gesetzgebung an. Die wirtschaftliche Lage der »unteren Stände« hatte sich kaum wesentlich verbessert. Ein Teil der »höheren« Schichten war Nutznießer und Opfer der Mode gewordenen Spekulation und häufiger finanzieller Krisen (vgl. S. 352). Aber soweit der Druck der Polizei es erlaubte, war die Zeit sozial lebendiger, das Kleinbürgertum geistig beweglicher geworden; in den begüterten Kreisen war eine konservative »gesellschaftliche« Erneuerung im Gange.

Theaterstücke mußten der längst wieder eingesetzten Zensur vorgelegt werden, wie vorher, sie war aber in allem, was nicht strikt politisch war, etwas weniger engstirnig geworden, etwa in Fragen der »Sittlichkeit« und Religion. Die mit der Erhöhung der Eintrittspreise 1838 beginnende Umschichtung des Publikums (vgl. S. 271) hatte weitere Fortschritte gemacht. Es waren nicht mehr vor allem die »kleinen Leute«, die das Theater in der Leopoldstadt besuchten. Die Nachwirkungen der Vaudeville-Mode, die Vorliebe Direktor Carls für »elegante« Schauspieler und Schauspielerinnen, die deutlicher gewordene intellektuelle Unterströmung in Nestroys Stücken zog mehr und mehr großstädtisch gewitzte Kreise und Fremde an.[2] Die Erinnerung an die März-Tage des Jahres 1848 war auf allen Seiten zum Alptraum geworden, aus gegensätzlichen Gründen, Resignation die Stimmung der wirtschaftlich Bedrängtesten und mancher der geistig Lebendigsten. Die Bürger zogen sich zurück. »The asides against the old régime lost their point. It was ironical that the picture of Merrie Old Vienna, a Biedermeier Paradise lost, was painted in retrospect by writers who had chafed under the restrictive practices of the old régime and done their best to overthrow it . . . It was even more ironical that the legend [of Old Vienna] gained strength while, and because, any discussion of the uncosy reality was banned from the printed page.«[3] Resignation im Politischen bemächtigte sich auch Nestroys, trat an die Stelle der früheren Attacken gegen die Privilegierten und der Skepsis gegen selbstsüchtige »Vorkämpfer« für neue Rechte. Erst im letzten von vier miserablen Stücken, die er nach *Der alte Mann mit der jungen Frau* schrieb, in *Verwickelte Geschichte* (1850), kommt Politik wieder zur Sprache, nebenbei, in der Gestalt eines beschränkten politischen Maulhelden, verwandt dem Heugeig'n in *Lady und Schneider,* aber eine Bühnenfigur noch kleineren Formats. Mit dieser Resignation im Politischen fiel zumindest zeitlich zusammen der neuerliche Wandel von Nestroys Schauspielkunst zu geistig groteskem Spiel (vgl. S. 40). Es geht einher neben der abgeklärten Ironie des Landdoktors und der beinahe kulturhistorisch liebevollen Milieuschilderung des Wiener Kleinbürgerhauses in *Kampl* oder der Leihbibliothek in *Mein Freund* und hing wohl auch davon ab, wie weit die Rolle es erlaubte. Ein neuer, von Nestroy ebenso stark wie von Scholz abstechender Partner auf der Bühne in Nestroys eigenen Stücken und den modern werdenden Operetten Offenbachs wurde der charmante komische Sänger Treumann. Wenzel Scholz starb 1857.

Auch der Charakter Wiens wandelte sich. 1857 dekretierte Kaiser Franz Joseph die Demolierung der Umwallung der Inneren Stadt; die neue elegante Ringstraße sollte sie mit den früheren Vorstädten verbinden – ein wichtiger Schritt auf dem Weg zur Urbanisierung des Konglomerats aus Stadt, proletarischer Vorstadt, Dorf und Land und seiner Bewohner. Nun erst, als äußerlich konsolidierte Haupt- und Residenzstadt der österreichisch-ungarischen Monarchie, als europäischer Warenumschlagplatz und Finanzzentrum für den Osten, rückte Wien in die Reihe der Weltstädte ein, nachdem seine bemittelten Kreise zum Teil einen Lebensstil angenommen hatten, der nicht mehr viel von der früheren provinziell-volkstümlichen Eigenart zeigte. Nestroys letztes Stück, nach dem Vorbild einer Offenbachschen Operette, vereinigt Spott auf den scheinbar harmlosen, aber hinterhältigen wohllebenden Wiener Spießer mit Satire auf internationale »Zivilisation« und Diplomatie.

2. Wirkungssucht und Altersweisheit
(1850-1853)

Vier Durchfälle

Mit den vier neuen Stücken, die Nestroy in dem einen Jahr 1850 auf die Bühne brachte, lieferte er, dem durch den Druck der traurigen politischen Verhältnisse noch verstärkten Drängen des Theaterbetriebs nachgebend, Fabriksware seiner Fertigkeiten. Sie alle sind geistig auf die niedrigste Ebene seiner Produktion abgesunken. Und trotz glänzender Besetzung brachte es keines von ihnen zu mehr als vier Aufführungen, eines nur zu einer. Die so entstehenden Lücken im Repertoire mußten rasch gefüllt werden, und so schufen die wiederholten Mißerfolge einen circulus vitiosus.

Wenn auch das Datum der Erstaufführung, 12. Jänner 1850, und die im Fasching spielende Handlung anscheinend einen Anlaß boten, *Der holländische Bauer oder Sie sollen ihn nicht haben* auf dem Theaterzettel als »Faschingsposse« zu bezeichnen, so meinte ein Zeitungskritiker doch wohl mit Recht, dies hätte offenbar den Zweck gehabt, »jede scharfe Kritik zu entwaffnen«[4]. Die endlosen Gespräche der drei Akte, »flüchtige Überarbeitung eines französischen Vorbilds«[5], sind unwitzig und unlustig – in keiner Weise Spiegelung übermütiger Faschingslust –, ein großer Teil der Wortspiele albern und die Charaktere Schablonen ohne die Komik, die selbst aus Schablonentum erwachsen kann.

Einzig bemerkenswert an dem Ganzen ist ein Lied über das Schicksal[6]; offenbar wurde es nicht vorgetragen, denn es ist höchst unwahrscheinlich, daß die Besprechungen es nicht erwähnt hätten. Die Zensur hätte es wohl nicht durchgelassen. Es verwendet die Gedanken des schon einmal unterdrückten Schicksalsmonologs zu *Höllenangst,* indem es in fünf Strophen das Schicksal mit Regierungen vergleicht, die dem vormärzlichen Stil folgen, und sich über die praktische, zum Beispiel ökonomische Bedeutungslosigkeit des Wortes »Gleichberechtigung« ausläßt. Es endet:

Nur eins hat's Schicksal voraus vor ein' Erdentyrann,
Nämlich das, daß nach Gusto drüb's schimpfen man kann.
Man weiß zwar, es nutzt nix, aber schön is's halt doch,
Wenn ich weiß, ich kann reden und komm' nicht ins Loch.

Ein Teil des Publikums und der Presse machten dem Stück heftige Opposition. Der Wanderer sah Nestroy »jetzt der konservativen und dann wieder der radikalen Partei einen Knochen zuwerfen«[7], und der ihm allerdings immer schon gehässige »Humorist« M. G. Saphirs schrieb am 15. 1. 1850: »Mit Nestroy ist's zu Ende«[8].

Die Voraussage schien sich zu bestätigen im Los der zweieinhalb Monate später anonym aufgeführten Posse *Karikaturen-Charivari mit Heiratszweck:* Die erste Aufführung war auch die letzte. Publikum und Kritik sorgten dafür mit gleichem Nachdruck; ein »Sturm« des Mißfallens fegte das armselige Stück hinweg.[9] Die »Posse« war wirklich nur ein »Charivari« endlos witzelnder, aber unwitziger Dialoge, unterbrochen von Szenen, die meistens vergebens Komik durch Maskeraden und Überraschung anstreben. Nestroys Idee, bekannte Typen aus den »Fliegenden Blättern« als Verkleidungen in die Handlung einzuarbeiten und zu spielen oder vom beliebten Treumann spielen zu lassen – den Revolutionär Wühlhuber, den jammernden Casimir Heulmaier und den Staatshämorrhoidarius (Bürokraten) – und außerpolitische Coupletstrophen hatten das Stück nicht retten können, so sehr Nestroy sein Schauspiel-Talent in diesen Kontrast-Rollen zu paradieren vermochte. Sie unterschieden sich an Flachheit nicht sehr von einander. Außer in diesen drei Karikaturen und seiner Hauptrolle, als Haftelmacher Finkl, erschien Nestroy als unglückliche Romanheldin und als neunzigjähriger Waldbauer – für ihn kennzeichnende Versuche, sein mimisches Ausdrucksbedürfnis sich ausleben zu lassen. Sprachgestalt hat er ihm nicht gegeben. Nur das nonchalant tief pessimistische Couplet über die vier Elemente (vgl. S. 110) ragt aus dieser geistigen Wüste hervor.

Das dritte Stück des Jahres, *Alles will den Propheten sehen*[9a], fiel durch wie die beiden andern. Es ist so wie *Der holländische Bauer* eine für Nestroy ungewöhnlich enge Übertragung ins Österreichische einer (diesmal Birch-Pfeifferschen) Verwechslungs- und Verkleidungsposse. Ihr hat er Szenen aufgepfropft, die die allgemeine Begeisterung für Meyerbeers Oper *Der Prophet* karikieren. Das Stück entbehrt jeden Witzes, selbst jeder wirklichen Überraschung im Geschehen. Die von Nestroy erfundene Szene mit dem ehemaligen Regimentskapellmeister Bombardon ist um dürftigster burlesker Wirkung willen geschrieben.

Auch *Verwickelte Geschichte,* anonym erstaufgeführt am 22. Juni 1850, ist ein unendlich alberner, wieder durchwegs witzloser Schwank mit zahllosen Verstellungen und Verwechslungen – jeder gibt sich für wen andern aus als er ist (Wachtel-Nestroy: »Jetzt weiß ich bald selber nicht mehr, wer ich bin«, II, 11) – von meisterhaft konzentrierter Kürze; die zwei Akte haben nur den halben Umfang der typischen Nestroy-Posse. Selbst das Couplet ist unwitzig; Wortspiel entartet häufig zu Kalauern. Die abgedroschene Figur des Latein sprechenden Gelehrten aus *Prinz Friedrich* taucht wieder auf. Die Scholz-

Rolle, wieder einmal der dumme, diesmal auch unehrliche Bediente, ist bierhauspolitisch gefärbt. Er ist stolz darauf, »ein deutscher Mann« zu sein, und Nestroy ironisiert die nationalistische Gleichsetzung von »Deutschheit« und Tugend; der erste Akt endet: »Zu so einem Betrug biet' ich die Hand? Pfui, ist das das Benehmen eines deutschen Mannes?« Das kurze Erwachen des Gewissens verwandelt sich rasch in selbstbetrügerische Selbstgefälligkeit (Ende von II, 3). Besessen von den korrumpierten Idealen und der hohl und sentimental gewordenen politisch-wirtschaftlichen Terminologie der Zeit, führt er die Schlagworte der Revolution, des deutschen Nationalismus und des europäischen Sozialismus dauernd im Mund: »Gleichheit«, »Brüderlichkeit«, »Einigkeit«, »Gütergemeinschaft« und »deutsche Eichen«. Nationalismus war Nestroy tief zuwider, nicht nur bei den slawischen Völkern, die dem österreichischen Zentralismus entweichen wollten, wie seine Briefe und einige Stellen in *Häuptling Abendwind* vermuten lassen könnten. Auch die private Ranküne des schäbigen Nutznießers der Revolution (und der »Bewegung«) bricht aus dem sonst harmlosen Unsinn hervor:

FASS Wenn es durchaus nix wird mit der Brüderlichkeit und Einigkeit, dann kann freilich so mancher triumphieren von die Gewissen. Wenn aber mein System durchgreift – dann – dann fällt auch so manches Opfer meiner Rache. *(Zieht ein schwarzberändertes Papier hervor.)* Hier stehn sie auf der Totenliste. *(Liest)* Der G'meind'wirt, der mir nicht länger aufschreiben will – stirbt. Der Schneider, dem ich im voraus zahlen soll, was ich längst zerrissen hab' – stirbt. Der Schuster, dessen Rechnung ich unter meiner Würde halte, weil er auch unsern Gegnern Vorschub leistet – stirbt . . . – das g'schicht aber alles erst, wann ich als Volksmann an die Regierung komm'.

1970 sieht ein Kritiker in ihm »den Sturmbannführer späterer Tage«[10]. Die Uraufführung wurde ein einziges Mal wiederholt; ebenso erging es dem Versuch einer Neubelebung am 29. April 1858. Anspielungen auf Absichten, nach Amerika auszuwandern – »es soll bei die Mormonen auch verschiedene Parteien geben . . . ich hasse die Köpfe, herunter mit ihnen . . .« – und ähnliche Versuche, das Stück aktuell zu machen, hatten nichts geholfen.

Nach der kühlen Aufnahme von *Höllenangst* und den vier totalen Mißerfolgen des Jahres 1850 ließ sich Nestroy ungewöhnlich viel Zeit, neun Monate seit dem Durchfall von *Verwickelte Geschichte,* bis er wieder, am 4. April 1851, ein neues Stück auf die Bühne brachte, die Posse *Mein Freund.*

Im Vorspiel (Sz. 7) machte er seiner Bitterkeit über die Behandlung durch sein Publikum Luft. – Der Freund des von ihm gespielten Schlicht will eine satirische Wochenschrift gründen:

JULIUS ... Die Menschen lachen gerne.

SCHLICHT Das wohl, wenn aber einer nach dem andern merkt, daß er bei die Satiren über sich selber gelacht hat, das bildet eine Masse, die einem's bitter nachtragt – –

aber diesmal ging das Publikum mit. *Mein Freund* wurde zunächst der erste größere Erfolg seit *Freiheit in Krähwinkel.*

Aus den erhaltenen Handschriften läßt sich erkennen, daß Nestroy an diesem Versuch seiner Rehabilitierung sehr sorgfältig arbeitete; einzelne Charaktere und große Partien übernahm er aus dem unaufgeführten *Der alte Mann mit der jungen Frau.* Er kehrte damit zum vorwiegend ernsthaften »Volksstück« in der Art des *Unbedeutenden* oder des *Schützling* zurück. Der Held, Schlicht, ist einer jener gutherzigen, dem Leben nicht ganz gewachsenen Nestroyschen Menschen, die zart, introspekt und doch gute Beobachter, niemandem etwas Böses antun können, anscheinend unfähig, ihre eigenen Interessen vor die anderer zu stellen, sich aber schließlich doch zum Handeln aufraffen, kurz, eine Figur aus der Reihe, die mit dem naiven Meister Faden und Kilian begann und zu Schnoferl und Gottlieb Herb führte. Doch ist er sich seines Wesens, mitsamt der Herzensgüte, durch und durch bewußt:

SCHLICHT Schau'n S', ich bin a eigener Mensch; wenn mir zufällig einer was Übles tut, ich kann ihm nix Kränkendes sagen. Schütt't mir ein Kellner in der Nonchalance die Soß über'n Frack, so sag' ich: »Sie sind aber doch ein rechter –«, behalt' aber doch den rechten in mir. (Vorspiel, Sz. 5)

Sein Freund Fint sieht das so: »Bei andern Leuten ist der Kopf der verrückte Teil, bei dem das Herz« (Vorspiel, Sz. 8).

Was sonst nur ein abgebrauchter Bühnenspaß ist, die von Schlicht fortwährend mehr oder weniger genaue Wiederholung derselben Wendung, ist eine feine hellsichtige Charakterisierung seiner selbst und seiner Situation: »Die G'schicht« (von der Geliebten, die ihn verraten hat) »hat mich g'scheit g'macht«, »wie könnt' ich also jetzt, um sechs Jahr' älter und um eine ganze G'schicht' g'scheiter, a neue G'schicht' anfangen? – Nein!« (I, 4). Er liebt die Verräterin noch immer, in einer Haltung weiser, alles vergebender Resignation, die sich über sein ganzes Leben ausbreitet. Diesen Komplex behandelt Nestroy als leicht rührend, leicht komisch, nie sentimental. Höchstens der Edelmut seiner Taten ist ein, zweimal unglaubwürdig oder grenzt ans Kitschige, nie der seiner Worte. Das Reflektive, Abgeklärte seines Wesens äußert sich in einer größeren Zahl von Aphorismen, als sie sonst ein Stück Nestroys aufzuweisen hat, und es ist angesichts seiner »G'schicht« selbstverständlich, daß sich hier manche von ihnen gegen das Schicksal richten: »Es is wirklich Luxus vom Schicksal, daß es Pfeile schleudert; an seinen Fügungen sieht man ohnedem, daß es das Pulver nicht erfunden hat« (II, 12).

Schlichts Gegenspieler, sein zynischer falscher Freund, der Hochstapler und Frauenbetörer Julius Fint, ist zu sehr ein Theaterbösewicht, um als Charakter ernst genommen zu werden oder – da er nicht parodiert ist – zu erheitern.[11]

Für Scholz war die Rolle des Ladendieners Schippl geschrieben, in vielem ein enger Verwandter Pfrims aus *Höllenangst,* in manchem Gabriels aus *Der alte Mann:* Der egoistische, faule und grobe Wiener Querulant voll Selbstmitleid, dem man alles nachsehen und den man mit Arbeit verschonen soll: »Tun soll ich auch noch was! Ich bin ein alter Diener« (I, 8). Und als die Juwelierstochter Klementine im letzten Moment zögert, sich von Fint mit Schippels Hilfe entführen zu lassen, droht er ihr ungeduldig: »Wenn's nicht bald machen, trotz meiner Ergebenheit verrat' ich Ihnen beim Papa, damit ich nur in a Bett komm'« (II, 22). An Niedertracht kommt er beinahe Fint gleich – »Umsatteln? Das liegt ja in meiner Natur« –, aber sie ist bei ihm ins Komische gewendet. Denn er ist eine der vielen Figuren, die Nestroy seit seinen Anfängen dem Handlungsschema seiner Vorlagen eingefügt hat, um für die typische Scholz-Komik eine Rolle zu schaffen. Da die Nestroy-Rolle in *Mein Freund* die übliche Zynik nicht verträgt, oder nur in der abgeschwächten Form weisen Resignierens, ist sie hier zum Teil auf Schippl abgeschoben und erscheint in seinen Reden in weit lebensvollsaftigerer Form als in denen des Intriganten Julius Fint.

Auch seine eigene Rolle, Schlicht, hat Nestroy diesmal weit mehr noch als sonst aufs deutlichste für sich selbst geschrieben, weit über das hinaus, was ihre Konzeption als Nestroyisch gefärbter Charakter verlangte, und oft im Widerspruch mit ihr. Der Schauspieler Nestroy wird hier ebenso mit Bühnenwirkung ausgestattet wie Nestroy, der witzige Kopf und Liebhaber der Sprache. Ihm stehen hier nicht nur eine Überfülle von Monologen und Repliken voll bildhaft-abstrakten Aphorismen und guten Wortspielen zur Verfügung, nicht nur Couplets als Saatbeete seines von der Rolle losgelösten Witzes; mehrere Male schafft er sich Anlässe zum Paradieren seines Talents für Gebärdensprache, so wenn er beide Partner eines Dialogs spielt (Vorspiel, Sz. 7) oder in einen Monolog die Rede eines Advokaten vor Gericht einschaltet (ib., Sz. 13) oder während eines Spaziergangs mit dem entlarvten Betrüger angesichts der zu einem Gartenfest eingeladenen Gesellschaft, in ihn eingehängt, abwechselnd freundliche Konversation spielt und ihm persönlich seine Verachtung ausdrückt, mit dem Schlimmsten drohend. (Er hat diesen wirksamen Bühnentrick, und anderes, aus dem damals unbekannten *Der alte Mann mit der jungen Frau* übernommen.) All dies geschieht offenbar im antizipierten Einverständnis mit seinem Publikum. Es erwartet nicht nur das mit der Handlung verknüpfte sarkastische Wortspiel (»O ja, sehr falsch« in I, 21), das unbewußte (»Ich dank' Ihnen für die Winke«, I, 22), das komplizenhafte (»ein nützliches Buch«, »ein Buch, aus dem man klug werden kann«, II, 7), sondern auch die sinnfreie, rein ästhetisch zu genießende, von der Rolle abgelöste sprachliche Spiellust und phantastische Bildnerei: Es erwartet völlige Verfremdung.

In andern Partien auf Illusion bedacht, läßt Nestroy die Handlung auf geraume Zeit stillestehen, zum Beispiel in den Leihbibliothek-Szenen, um genießerische Milieu-Malerei unterzubringen, und gibt auch, wie in andern Stücken dieses Genres, einem Hang zur Breite nach, um komplette Exposition und äußere Motivierung zu ermöglichen. Dann aber hebt er wieder Illusion auf, um Schippl-Scholz Gelegenheit zu einer burlesken Tanzszene zu geben. Ein symptomatisch ausgezeichnetes realistisches Tableau schließt den ersten Akt; aber gleichzeitig schleicht Schippl, »während im Orchester die Musik einfällt, in großartiger Attitude eines Intrigants mit höhnisch lächelnden ... Blikken über die Bühne«.

Rein theatralische, aber echt dramatische Wirkungen wie der große Überraschungs-Coup knapp vor dem Ende (III, 9) sind im letzten Akt von andern unterbrochen, die an der Grenze des Kitschigen oder kitschig Parodistischen stehen: Ungeniert ordnet Nestroy »melodramatische Musikbegleitung« an (III, 8) in einer Szene, die in »düsterer Waldpartie« spielt, und erlaubt sich gleichzeitig milieu-gegebene parodistische Anspielungen auf den »Freischütz«. Mit all dem nicht genug, ist in die Intrige gelegentlich Satire verwoben, so gegen den Juwelier, der desparater als über den Verlust der entführten Tochter über den der Edelsteine ist, mit denen er sie behangen hat (II, 24), und den Reichen, der glaubt, alles mit Geld erwirken zu können (III, 3), alles schon sehr frühe Motive in Nestroys Werk.

Kurz, in diesem zweitlängsten aller seiner Stücke hat er, offenbar desparat über die lange Reihe der Mißerfolge, skrupellos alle möglichen Wirkungsmittel der Bühne zusammengerafft und mit ihnen, vermischt mit Geistigem und Dichterischem, den für sein Prestige und sein Theater so nötigen Erfolg tatsächlich erzielt. Wie sehr dies nötig war, zeigen die Zeitungskritiken der Erstaufführung, die mit Selbstverständlichkeit von »der« schon am Beginn der Vorstellung vorhandenen Opposition berichteten. *Mein Freund* wurde im Jahr der Premiere in Wien 25mal gespielt, aber in den folgenden zehn Jahren vor Nestroys Tod nur mehr siebenmal (1852-1855)[12]. 17 Aufführungen am Carltheater folgten (16 davon mit dem berühmten Komiker Matras als Schippl und eine mit Nestroys Freund Gottsleben) bis 1881. Und dann war es, wie es schien, auf immer zu Ende mit diesem Konglomerat aus Glänzendem und Billigstem. 74 Jahre später aber, 1955, wurde eine Wiener Neuaufführung am Volkstheater ein großer Erfolg, dank der hervorragenden Darstellung Schippls: H. Gottschlich spielte ihn als eine vertraute, aber beinahe unheimliche Wiener Figur mit Daumierschen und E. T. A. Hoffmannschen Zügen. Nach 37 Vorstellungen verschwand *Mein Freund* neuerlich von der Bühne und wurde bisher nirgends wieder gesehen.

Mit dem »Zauberspiel mit Gesang und Tanz in einem Akt« *Der gutmütige Teufel oder Die Geschichte vom Bauer und der Bäuerin*, Erstaufführung 20. November 1852, kehrte Nestroy resolut vom vermeintlichen Teufel in *Höllenangst* zum parodistisch-wirklichen in *Robert der Teuxel* zurück, und vom »Volksstück« und der von der politischen Gegenwart gefärbten Posse zur Tradition seiner ersten Stücke. Aber nur die ersten Szenen haben deren grotesken Stil. Der Einakter, im Stofflichen auf Hans Sachs zurückgehend, verulkt Hölle und Teufel, indem er ihn als »Satanas« in eine wienerisch sprechende Verkörperung sich am exzessiv Bösen labender Bosheit verwandelt. Ein das Gute liebender schwärmerischer Teufel »Belzebub« ist ihm zur Seite gestellt, die Motivik von *Robert der Teuxel* also wiederholt. Nur haben sich die zwei Seelen, die dort in des einen Teuxels Brust wohnen, hier in zwei gegensätzliche Teufel verwandelt.

SATANAS . . . Mit ein' Wort: Du hast nicht das Wahre für ein' Teufel!
BELZEBUB Ich wär auch lieber was anders word'n – aber was will ich machen? . . . In der Höll' erzogen, hab' ich nix Bessers g'lernt. Na, in Gottes Nam'!
SATANAS *(fährt zusammen):* . . . (I, 7)

Der »Schwank« reicht vom Komischen zum Entsetzlichen. Im ersten Teil führt Nestroy Satanas, den Sekretär Lucifers, als verärgerten Kanzlei-Chef der Höllengeister vor, mit all den Scherzen, die der Gegenstand reichlich bietet. Der gute Belzebub, in der Uraufführung Scholz, hat vergeblich versucht, ein glücklich verheiratetes älteres Bauernehepaar auseinanderzubringen: »Als Adonis hab' ich mich 'zagt, aber 's Weib hat mich ausg'lacht«. Lucifer befiehlt, den Versuch zu wiederholen, und es gelingt einem alten bösen Weib, das parodistisch übertrieben liebevolle Paar auf einander eifersüchtig zu machen. Der Mann verstößt seine Frau, als sie ihn, wie er glaubt, ermorden will und stürzt sie in Verzweiflung – eine tragische, hoch-theatralische Szene voll intensiver Spannung. Belzebub klärt schließlich inmitten allgemeiner Desperation den Sachverhalt auf und liefert so auf dramaturgisch primitive Weise ein glückliches Ende.

Nestroys Neigung zu beinah allegorischer Kontrastierung, die sich in *Zu ebener Erde und erster Stock* und im *Haus der*

Temperamente so deutlich ausgesprochen hatte, bricht in dem realistischen »Zauberspiel« wieder durch: Unsichtbar den zwei Handelnden, aber sichtbar den Zuschauern, begleitet im Hintergrund der Szenen (21-23) Satanas jede Wendung des Dialogs zum Bösen mit mimischer Zustimmung. Belzebub mit Enttäuschung, und umgekehrt. Dieser dauernde visuell-symbolische Kommentar muß, gesprochen von Nestroy und Scholz, den unvermeidlichen *komischen* Partnern Nestroyscher Possen, auf die Zuschauer aufs stärkste verfremdend gewirkt haben, als origineller kühner Einfall auf der realistischen Bühne von 1852, trotz der uralten Tradition des komischen Teufels im Volksspiel.

Nestroys Freude am reinen, bedeutungsfreien Sprachspiel ergeht sich in den Versen der ersten Abteilung in neuen Formen. Im Kapitel »Das Werk« haben wir Beispielen dafür aus diesem Stück eine halbe Seite gewidmet (S. 87). Nur einer Zuhörerschaft, die von seinem Autor gelernt hatte, außer an der Handlung auch an der Sprache Vergnügen zu finden, konnte er solche Allotria bieten. Das Stück »fiel der Duliöh-Stimmung, in der Scholzsche Benefiz-Abende . . . zu verlaufen pflegten, zum Opfer«[13]. Es wurde in den folgenden Jahren an Einakter-Abenden noch oft gespielt.

Das neue Volksstück. Weisheit und Humor: »Kampl«

Als »Gipfelpunkt der Wiener Posse in ihrer ganzen Originalität« wurde von der Wiener Theaterzeitung am 31. März 1852 *Kampl oder das Mädchen mit Millionen und die Nähterin* gepriesen. Diese Charakterisierung ist sonderbar, denn wenn irgendein Stück Nestroys die, der »Posse« entgegengestellt, in der Literatur- und Theaterkritik der Zeit so beliebte Bezeichnung »Volksstück« verdient, frei von kitschigen Elementen[14], die dieser Gattung so oft anhaften, aber auch fast frei von den typischen Zügen der Posse, dann ist es *Kampl*. Nestroys Herz liegt hier zutage, unverdeckt vom scharfkantigen Panzer der Härte und den seltsamen Verkleidungen des Bizarren, unter denen es in den meisten andern seiner Komödien verborgen ist. Darum können wir auch der Behauptung desselben Rezensenten nicht zustimmen, das Stück sei »so durch und durch Nestroysches Geistesprodukt, daß dessen Eigentümlichkeit sich nicht strenger ausdrücken könnte«, denn *die* zeigt sich viel deutlicher in der pseudozynischen Posse. Wohl aber wird die Quelle dieser Eigentümlichkeit sichtbar: Rational-kritische Abneigung gegen alle, die das Herz nicht am rechten Fleck haben. Nur ist diese Quelle hier weniger getrübt durch Nestroys ungebändigten Witz und das radikale Wirkungsstreben des Schauspielers und Theaterdichters.

Im weisen und witzigen, zutiefst einsamen Doktor Kampl, der »aus genialer Kaprice« (I, 1) in »schwermütiger Resignation«[15] und Abneigung gegen die großbürgerliche und aristokratische Gesellschaft seine Praxis in die Vorstadt verlegt hat, seine Patienten mit wenig Medizin, aber viel Scherzworten und ihnen unverständlichem Doppelsinn aus seiner Offizin entläßt, den Menschen in Herzensnot jedoch mit Güte und stiller Energie zu ihrem Glück verhilft, ist Nestroy einem Porträt seiner selbst in seiner Reifezeit wohl am nächsten gekommen, und er hat es mit einigen Zügen seines Wunschbilds vom Menschen versetzt. Ursprünglich hat er für seinen Helden unter sechs andern Namen auch »Humanus« erwogen[16] – welch ein Schlüssel! –, aber echt Nestroyisch »Kampl« vorgezogen (»A rèchta' Kámpl« ist »ein durchtriebener Geselle« laut Schmeller-Fromanns Wörterbuch); auch dies ein Vorgang, symptomatisch für Nestroys Gefühlsdiskretion und seine Masken.

Oft genug haben wir darauf hingewiesen, daß man sich hüten muß, vom Text eines Nestroyschen Couplets oder Prunk-Monologs Schlüsse auf die Figur als handelnde Person der Komödie zu ziehen: Nestroy selbst spricht sich ja in ihren Worten aus. Aber zu Kampls Weisheit paßt der Refrain »Es ist alles uralt, nur in anderer G'stalt« (I, 11), und zu seiner Resignation der Satz der vorausgehenden Rede: »Wer die Welt nicht vergißt, für den kann's gar kein Himmel geben.« Weisheit, Durchtriebenheit und der Wille zum Guten, allem Übel der Welt zum Trotz, machen seine Gestalt aus und diktieren die von ihm geleitete Intrige. Schlechtigkeit, Dummheit, Geldgier, Adelsstolz und das Schicksal sucht sie zu überwinden oder zu umgehen, und es gelingt ihr: Die Liebenden aus dem Lager der hochmütigen Aristokratie und die des hier selbstbewußten Kleinbürgertums, gelegentlich als »Proletariat« bezeichnet, zwei auf der einen, zwei auf der andern Seite, gewinnen einander kreuzweise zu doppeltem Bund dank Kampls klugen Operationen.

Die Situation von *Zu ebener Erde und erster Stock* ist also hier von neuem wiederholt und vervielfacht, mit reicher ausgeführten Charakteren und verflochten in eine beträchtlich kompliziertere, tief in die Vergangenheit zurückreichende Handlung. Und was dort nicht viel mehr als Sympathie mit dem Armen und Verurteilung des harten Herzens der Reichen war, wird nun im Mund des demokratischen jungen Adeligen Ludwig Verteidigung der Arbeitenden gegen den Müßiggang seiner Standesgenossen, der ja aller Laster Anfang sei (I, 17): Stolz des Schlossers – eines neuen Peter Span – auf »die Würde der Ehrlichkeit, des Fleißes und der Armut« (IV, 10) und geärgerter Hohn auf die aristokratische »Mama . . ., die glaubt, sie hat nur deßtwegen von der Natur Achseln 'kriegt, damit sie was hat, über was sie's ordinäre Volk anschau'n kann« (IV, 14). Nestroys Sarkasmus gilt wieder dem allgemeinen Respekt vor Geld (I, 12; II, 8) und, wie schon so oft, der Überzeugung der Reichen, mit Geld die Seele des Armen kaufen zu können. Ganze Szenen sind der Parodie ihrer gesellschaftlichen Konversation gewidmet (I, 23; II, 8; III, 9, 10), sachlich und sprachlich Ausdruck ihrer totalen Gesinnung.[17] Ihre Heuchelei und Kastengeist verbinden sich in Cäcilie mit religiöser Scheinheiligkeit. (Es ist das erste Mal, daß Nestroy wagt, auch sie offen anzugreifen; Madame Leims war mehr Dummheit.) Die Baronin Sidonia ist aristokratischer Snob und Machtweib in einer Person, aber nicht ohne eine gewisse Größe im überzeugten Kampf für ihre Werte. Sie dominiert ihren zweiten Gatten, dessen Wesen sich in seinem Namen ausspricht, den Baron und Pantoffelhelden Hippolyt Schwamm, Edlen von Waschhausen, einen adeligen Gundlhuber, aus dem nach einiger weiterer Entartung der österreichische »Graf Bobby« der ersten Hälfte unseres Jahrhunderts werden könnte. Neues, aufgeklärteres Denken, die Hegemonie des Herzens, wird von der jungen Generation repräsentiert, dem Baron Ludwig und der Millionenerbin Pauline. Beides sind blasse Figuren, beider Sprache ist farblos, Paulines – deren Porträt ans kitschig Edle grenzt – nicht selten gestelzt.

Im kleinbürgerlichen Lager übertrifft Wilhelm, Paulines Liebhaber, an Bravheit sogar den Baron Ludwig, während der mannhafte Schlosser vielleicht etwas zu betont klassenbewußt ist. Eine prachtvolle Figur aber ist sein Bruder Gabriel Brunner, vormals Amtsdiener. Im Grund gutherzig, wenn auch taktlos, ist er moralisch verlumpt, redet sich aber einen »Sinn fürs Höhere«

ein, wobei »das Höhere« Geld und Rang sind. Für sie ist er bereit, das Glück seiner Tochter zu opfern: »Es is viel mehr Genuß, von einem Baron getrennt als mit einem Schreiber vereinigt zu sein« (II, 17) – ein korrupter Kleinbürger, ausgestattet mit all der Komik der Erscheinung und verblendeter Selbstzufriedenheit, die Nestroy stets den Rollen Scholzens verlieh.

Zwei Töchter, zwei Bälle war der ursprüngliche Titel dieser »Posse mit Gesang«. Gehaltlich und stilistisch erinnert er an das für Nestroy seit seinen Anfängen so kennzeichnende Bedürfnis nach Symmetrie und Kontrast, selbst innerhalb kompliziertester Handlungsgewebe, inhaltlich an die Wichtigkeit der beiden Bälle für die Handlung und an den Charakter des Stücks: der kleinbürgerlich-intime Hausball in der Wohnung der Frau Schulzmann umfaßt siebenundzwanzig Seiten der Gesamtausgabe, die aristokratisch-gesellschaftliche Soirée im Palais der Baronin Hochberg zweiundzwanzig. So wirken diese Szenen, obwohl in ihnen Entscheidendes vorgeht, durch die Fülle kleinster, oft humoristischer Episoden und die belebte »Konversation« als geistvoll realistische Milieuschilderungen. (Hofmannsthal hat zweifellos hier Gelerntes im »Schwierigen« angewendet.) Besonders die vertraute Atmosphäre des Hausballs, verhältnismäßig frei von »Zynismen«, muß es dem Publikum angetan haben, und auch die Kritik sah ihren seit langem verkündeten und Nestroy aufgedrängten Wunsch nach »Realismus« erfüllt, der aber nicht »unmoralisch« und verletzend sein dürfe.

Durch diese realistische Breite und den durch die komplizierte Exposition sehr schleppenden ersten Akt ist *Kampl* zu Nestroys längstem Stück geworden. Wir fühlen uns für den Mangel an »Drama« entschädigt durch den Reiz der liebevollen kultur- und gesellschaftsgeschichtlichen Treue. Auch dient sie, ebenso wie die exponierenden Episoden aus Kampls medizinischer Praxis, gleichzeitig der Charakterzeichnung. Nestroy ist hier also von seinem ureigensten Gebiet abgewichen, von der Komödie, die von Satire zur Burleske schweift, aber, bedacht auf dicht gehäufte komische Wirkungen, uns deren Ferne vom »Geist« durch sprachliches Feuerwerk vergessen läßt. Seine besten Gaben sind dennoch hier nicht verloren gegangen: Der Dialog ist oft überaus witzig, Antithesen, Paradoxa, geistvolle Wortspiele und Aphorismen tauchen zu Dutzenden auf, wenn auch die

Länge des Stücks und die sorgfältige Abstufung der Redeweise sie nicht so dicht aufeinander folgen läßt wie sonst oft. Doch können sich naives Sprachspiel, Paradoxon und desillusionierende Parodie der theatralischen Phraseologie in einer kurzen Szene zusammenfinden, im Einklang mit Charakterzeichnung. Gabriel will seinen braven Sohn Wilhelm davon abhalten, ein armes Mädchen zu heiraten:

> Wilhelm, kaum angestellter Wilhelm! Was willst du anstellen? Zu was brauchst du eine Frau? Du hast tausend Gulden Besoldung –,

und als Wilhelm meint, sein Vater könne ihn am Heiraten nicht hindern, entgegnet er:

> O da gibt's schon noch Mitteln. . . . Ich kann mir einen Vaterfluch einstudieren, den ich auf dein Haupt schleudre. (III, 6)

Hier nur zwei Aphorismen, in denen Kampl und Nestroy zugleich gespiegelt sind:

> Wie leicht hätt' die Schöpfung Menschen und Häuser erschaffen können, aber nein, sie erschafft lieber Parteien und Hausherrn. (I, 28)
> Eine Strauchen [= Schnupfen] dauert drei Wochen, ein Krampfkatarrh ein Vierteljahr, die Hühneraugen lebenslänglich – und mit dem Gemüt gar! Da is es eine ewige Patzerei. (III, 14)

Nestroy hat kein Stück mehr geschrieben, in dem Gemüt und Witz, stille Weisheit und Kampflust in gleichem Maß vereint sind wie in *Kampl*.

Fiasko der Routine: »Heimliches Geld, heimliche Liebe«

Von »Gemüt« ist in *Heimliches Geld, heimliche Liebe* (16. März 1853) wenig zu sehen und wenig die Rede, und von Geld weit mehr als von Liebe; ja wer, wie Rommel, in dieser kunstlos zusammengezimmerten Kriminalgeschichte ein Volksstück sehen will, müßte als seine moralisierende Tendenz die Darstellung der unheilvollen Macht des Geldes betrachten.

Fast ein Jahr war seit dem sensationellen Erfolg des in der Zwischenzeit viel gespielten *Kampl* verstrichen, und Publikum und Kritik erwarteten wieder etwas »Außerordentliches«. Das Ergebnis war niederschmetternd. Zwei Aufführungen wurden nach der lärmenden Premiere noch gewagt, dann wurde *Heimliches Geld* durch *Kampl* und die andern erfolgsicheren Stücke ersetzt und erschien erst 1972 (!) wieder auf der Wiener Bühne. Nestroy hatte für Scholz' Rolle des kleinbürgerlichen, innerlich tief verlumpten, aber sich stets bemitleidenden Peter Dickkopf soviel grausame und dazu unwitzige Gemeinheit zusammengetragen, daß der Dégout der Zuschauer begreiflich ist; er war zu groß, um sich von der meist abgetragenen Komik dieser Rolle versöhnen zu lassen. Immerhin hat sie *Gestalt*. Das kann von Dickkopfs Stiefsohn Kasimir nicht gesagt werden. Selbst die den Nestroy-Rollen sonst eigene Intellektualität ist blaß, die Sprache uncharakteristisch; sogar der vertraute psychologische Blick und gesellschaftliche oder individuelle Satire sind abwesend. Der Schauspieler Nestroy hilft sich mit dem immer wirkungsvollen Trick der Parodie seines Spielpartners (III, 11). Von den wenigen geistvollen Stellen sei hier eine wiedergegeben; Kasimir reflektiert über sein einfältiges, aber herzensgutes Mädchen:

> Meine Geliebte is ein dummes Mädl – vielleicht is sie bloß aus diesem Grund meine Geliebte; wenn's g'scheit wär', schauet sie sich um was G'scheiteres um ... Bei ihr is die Dummheit eine Gabe der Natur, es liegt nix Gezwungenes, nix Einstudiertes drin, drum is es eine liebe Dummheit, und aus demselben Grund hat auch ihr Dummheit kein Geld gekost't, während auf andre Mädln Summen spendiert werd'n, damit man's nur recht sieht, was s' für dumme Mädln sind; sie spielen dumm Klavier, sie reden dumm Französisch, sie zeichnen, sie tanzen dumm, kurzum, alles Mögliche, was man von einem gebildeten Mädl nur Dummes verlangen kann. (I, 16)

Aus *Kampl* hat Nestroy in einigen wenigen Szenen, so denen im Laden der Kräutlerin (I, 1, 2), den Reiz sprachgetreuer Milieuschilderung herübergerettet. Im Ganzen aber ist dieser Versuch, wieder ein »Volksstück« zu schreiben – wenn es einer war –, gescheitert.[18] Nestroy zog die Konsequenz daraus: Es blieb sein letzter.

3. Rückkehr zur reinen Posse
Der Theaterdirektor. Handwerksarbeiten
(1854-1857)

Nach dem Mißerfolg von *Heimliches Geld* machte sich Nestroy mit einem Ruck los von den ihm aufgedrungenen Bemühungen um das »Volksstück« und »Lebensbilder«, so sehr die Charaktere ihrer männlichen Hauptpersonen ihm am Herzen liegen mochten, und kehrte für immer zu seiner alten Liebe zurück: zur reinen, scheinbar »reinen«, Posse, die weder Ansprüche auf moralische Volkserziehung macht noch auf biographisch aufgezogene Psychologie oder lehrhaft ökonomisch-soziale Kritik. »Posse« in diesem Sinn reicht bei ihm auf der einen Seite hinein ins Burleske, auf der andern ins Absurde, ist aber nun bereichert durch die handwerklichen Erfahrungen mit der verlassenen Gattung: durch die Fähigkeit, Massen dramatisch zu dirigieren, aufgelöst in individualisierende Szenen, und durch die überzeugende Lebensnähe einzelner Charaktere. (Erst das letzte Stück Nestroys, *Häuptling Abendwind,* wird zur satirisch-absurden Phantasie.)

Die Posse vom Theater: »Theaterg'schichten«

Nestroys inneres Verhältnis zum Theater war ambivalent: ironisch überlegene, abgebrüht amüsierte Liebe. Das konnten wir im allgemeinen Teil dieses Buchs am Beispiel der Posse *Theaterg'schichten durch Liebe, Intrige, Geld und Dummheit* (1. Februar 1854) dartun (vgl. S. 30).

Das Ganze war für Nestroy ein vielfacher Spaß: Theater auf dem Theater, eine Technik, die der passionierte Schauspieler immer schon geliebt hatte, wenn auch nur, dutzendfach, in der Form parodistischer oder irreführender Darstellung einer anderen Person als der eigenen Rolle, innerhalb der Rolle, oder der fortwährenden Unterbrechung der eigenen Rede durch die nachgeahmte Sprechart einer andern, also um der komplizierten schauspielerischen Leistung willen.[19] – Ein anderer Spaß des Schauspielers bestand in der satirischen, halb realistischen, halb karikaturistischen Darstellung seiner eigenen Berufswelt – einer Berufswelt, die mehr als jede andere von Illusion über sich selbst lebt; und wieder ein anderer in der satirischen Darstellung des Dummkopfs, der an sie glaubt, des »Komödibüchl-Phantasten« (I, 5), der von der »Theaterwut, Komödiwahnsinn« (I, 2) so besessen ist. Er wundert sich, wie ein Schauspieler seinen Beruf aufgeben kann,

freiwillig aussa [gehn] aus'n Begeisterungstempel ins schnöde Wirtschaftsleben –! . . .

KONRAD Du hast auch keinen Begriff von den Enttäuschungen ...
gerade in dieser bretter- und leinwandzusammengeflickten Kulissen-
welt. (I, 6)

Nestroy sah sie, seine Welt, mit ebensolcher Illusionslosigkeit
und amüsierter Resignation wie die wirkliche, und er behandelte sie mit ebenso leichter Hand. Der Höhepunkt enthüllender
guter Laune ist erreicht in der Arena-Freilicht-Aufführung[20]
der Grillparzerschen »Sappho«, gesehen und gehört von der
Bühne und den Kulissen her, mit dem Blick auf die Zuschauer,
während Damisch für den entflohenen Darsteller des Phaon
suppliert und ein Gewitterregen Zuschauer und Schauspieler
durchnäßt, so daß Sappho, Melitta und Phaon mit Regenschir-
men agieren und sich das Ganze in allgemeine Flucht auflöst
(I, 16-26): anspruchslos lustigstes Theater, das sich selbst karikiert.

Der Stil der Komödie reicht von dem Meisterstück negativer
Steigerung in acht kunstvoll gebauten Strophen des witzigen
Couplets (II, 17) mit dem siebenmal variierten Refrain nach
dem Modell:

> Jetzt wenn schon d'Landwirt, d'Müller und Bäcker übern Mehlmangel
> so klag'n,
> Da kann man sich denken, was die Brot-Esser erst sag'n[21] –

über sprachliche Spiellust, etwa im Partizipial-Monolog (I, 3;
vgl. S. 87), den Spaß des Vorlesens eines Briefs in zwei verschiedenen Tonarten (ib.), des dramatischen Klischee-Redens
(I, 7, 10), die parodistischen Tragödien-Deklamationen zu
zweit (I, 7) und drastische Situationskomik bis zum völlig unsinnigen, Opern- und Alltagsstil durcheinandermischenden Quodlibet II, 22-25: ein Zurückspringen mit beiden Füßen in den Stil
der frühen Periode Nestroys.

Geld bewirkt letzten Endes die Lösung fast aller Konflikte,
indem der verschuldete Theaterdirektor Schofel dem begüterten Theatermeister Maxner[22] das Theater übergibt, denn dieser
teilt nicht die einer »Posse« ungemein ernsthaft wirkenden
Bedenken des ehemaligen Schauspielers über »das Bühnenle-
ben«, die »Bühnenwelt«:

> Ich hab' es satt gekriegt; ich konnte sie nicht verdauen, diese zahllosen
> Abgeschmacktheiten, die man da täglich zu sehen und zu hören
> bekommt, wie jeder Schauspieler ein großer Mime ist, dem es nur an

Glück fehlt, nie an Talent – wie noch gar kein Dichter ein schlechtes Stück geschrieben, sondern jedes verunglückte nur durch die Darsteller geworfen wurde ... mit einem Wort, ich hab' es satt gekriegt. (I, 4)

»Ich« war offenbar Nestroy selbst. Was nun folgt, überrascht.

Der Theaterdirektor

Neun Monate, nachdem diese Worte der Übersättigung an der Bühnenwelt zum erstenmal von der Bühne gesprochen wurden, am 1. November 1854, übernahm Nestroy »sein« Theater als Pächter und Direktor: Sein Brotherr, der ausgezeichnete, aber in der Repertoirebildung skruppellose Theaterfachmann Carl, von dem das Theater seinen Namen erhalten hatte, ein Finanzgenie und Ausbeuter seiner Schauspieler, war am 15. August gestorben. »Durch das allgemeine Vertrauen emporgetragen und von der Polizei vorzüglich beleumundet«[23] – in ihren Augen hatte er nun den Status eines wohlsituierten, respektablen Bürgers erworben –, schien Nestroy berufen, den trotz aller Carlschen Schandtaten bedeutenden Rang und Erfolg des berühmten Hauses zu wahren und das Verhältnis zu seinen Mitgliedern menschlicher zu gestalten.

Dies gelang ihm. Den größten Teil des »Geschäfts«-Betriebs nahmen ihm die tüchtige Marie Weiler und sein intimster Freund, der Ökonomieverwalter Stainhauser ab, die praktische Arbeit auf der Bühne seine alten Schauspielerkollegen und Regisseure J. B. Lang und Grois. So änderte die neue Stellung an seinem Werk nichts, nur am Tempo seiner Produktion. Seine Schaffenskraft als Autor hatte schon seit einiger Zeit nachgelassen, und er fühlte sich vor allem als Schauspieler. So schrieb Nestroy, nicht mehr gedrängt von seinem Direktor und Kontrakten als Theaterdichter, aber trotz aller Hilfe einigermaßen in Anspruch genommen von seinem neuen Amtsgeschäft, in den drei Jahren seit der Erstaufführung von *Theaterg'schichten* nur zwei Stücke: *Nur keck!* (1855) und *Umsonst!* (1856-57). Auch in diesen beiden ist der ältere Typus seiner Komödie, die »echte« Posse, wieder auferstanden, aber in etwas veränderten und von einander abstechenden Formen; zugleich sind beide die weitaus längsten aller seiner Stücke in diesem Genre. Die frühere Frische ist aus ihnen ebenso geschwunden wie die

Hetzjagd des Betriebs. Es ist bezeichnend, daß er auch sein nächstes Stück, *Zeitvertreib* (1857 oder 1858) – die *Tannhäuser*-Parodie (1857) ist nur zum geringen Teil sein Werk – im Schreibtisch behielt.

»Nur keck!«

Nur keck! ließ Nestroy nie aufführen, obwohl er den Text, sorgfältig durchgearbeitet, beendet hatte und nichts fehlte als zwei Couplets. Die übermäßige Länge, bedingt durch die große Zahl der Ereignisse und den arabeskenhaften Dialog, mag ihn dazu bestimmt haben.[24] Denn nicht nur die erforderliche Spielzeit macht die Posse »lang«, sondern auch die Notwendigkeit dauernder Aufmerksamkeit des Zuschauers auf eine endlose Reihe von Komplikationen, die immer wieder vom Dirigenten der Intrige überraschend gelöst werden. Nicht umsonst heißt er Stegreif. Er jongliert Personen, Situationen, Überzeugungen (falsche und richtige), Verdacht aller Arten und qui pro quos (ausgedacht für sich selbst und für andere) auf unübertreffliche Weise und berechnet mit mehr als technischem Geschick ihre psychologischen Wirkungen. So kehrt Nestroys Talent zu den Formen und Wirkungen der commedia dell' arte zurück, ein erstaunliches Wagnis in der zweiten Hälfte des 19. Jahrhunderts. Verglichen mit dem *Eulenspiegel* von 1835, ist seine Technik so vervollkommnet, die Zahl der Episoden so vervielfältigt, der Gebrauch der Sprache um so viel geistvoller geworden, daß man sich mehr als je nur des Autors bewußt wird und den fiktiven Manipulator, Stegreif, als Figur völlig vergißt. Zu viel breit ausgesponnenes »Drama« spielt sich zwischen den unzähligen Wendepunkten ab, so daß es paradoxerweise die Handlung verlangsamt. Ihre Unwahrscheinlichkeit ist aufs höchste gestiegen, entbehrt aber der originellen und erheiternden Absurdität der frühen Stücke.

Ihr Parallelismus, durch seine typenpsychologische und oft auch in den Bühnenanweisungen marionettenhafte Wirkung, eine im Grund wehmütig-humoristische Darstellungsart, ist nun wieder ein vielfach verwendetes Bauelement: Die Konstellationen Steigreif-Philippine (I, 16 ff.) und Federklecks-Margret (I, 18 f.) sind im Inhalt und Dialog ganz analog aufgebaut und konzentrieren sich in I, 21 im identischen Wortlaut:

PHILIPPINE *(zu Anna):* Gnä Fräul'n, wann Sie das g'sehen hätten – ich bin *(in Jammer ausbrechend)* eine unglückliche Frau!

FEDERKLECKS *(zu Anna):* Gnä Fräul'n, wenn Sie das *früher* gesehn hätten – ich bin *(in Jammer ausbrechend)* ein unglücklicher Mann!

Der Parallelismus ist fortgesetzt, völlig durchkonstruiert in II, 1, wo das Ehepaar Wollberger und Amalie sich zu Graufalter verhalten wie das Ehepaar Federklecks und Philippine zu Stegreif und, annähernd, Graufalter und Anna zu Heinrich. In II, 14 ruft Philippine *(mit einer Bewegung des Hasses, als sie Federklecks erblickt):* »Der da –!?«, und Federklecks *(mit einer Bewegung des Hasses, als er Philippine erblickt):* »Die da –!?« und das nächste Satzpaar wiederholt die Entsprechung. In der lang ausgesponnenen Szene III, 15 schließlich halten die zwei gesunden Eheleute einander für krank; der herbeigerufene Arzt aber betrachtet sie als verrückt und verschreibt ein Rezept: »wer's einnimmt, das is mir alles eins«.

An dem thematisch gefärbten Motiven hat sich nichts geändert: Geld (in der Form eines gewisse Heiraten stipulierenden Testaments) ist wieder der Hebel, der alles in Bewegung setzt und in den verschiedensten Situationen sichtbar wird. Über seine indirekte Behandlung als eine der zwei Haupttriebfedern des Menschen in den hunderten Episoden und Intrigen der früheren Stücke geht Nestroy hinaus in der ironischen Wendung »gezwungen durch den kategorischen Imperativ des Geldes« (II, 5).

Dieses Motiv überkreuzt sich mit dem immer häufiger auftauchenden des alten Mannes mit der jungen Frau – und umgekehrt –, das dem gleichfalls nicht aufgeführten vieraktigen »Volksstück« von 1849 den Namen gab. Kommerzielle Terminologie, angewendet auf Liebes- und Heiratssachen, gibt der Verschmelzung der beiden Themen sprachliche Gestalt, etwa II, 27: Federklecks, ein Sechziger, ist sich seiner verringerten Anziehungskraft bewußt »und dennoch 's Weiberl ›für mich an die Order meine eigene‹« heißt es bei ihm, und der ebenso alte Millionär Wollberger antwortet: »›Den Wert in Barem‹, daran fehlt's bei uns auch nicht«.

Maskeraden in Kleidung, Stimme und Tonfall sind nicht nur unentbehrlich für die Intrige: »Federklecks *(frappiert über Stegreifs Benehmen und Sprache, für sich). Er ist schon wieder ein anderer – alle fünf Minuten changé*«; die dadurch vielen von ihnen gestellten mimischen und sprechphysiognomischen Aufgaben hätten Nestroy (als Federklecks) und Treumann (als Stegreif)[25] erlaubt, ihre schauspielerische Virtuosität ins Spiel zu bringen. Sie kommt besonders stark und erheiternd zum Ausdruck, wenn der sich Verstellende einen Charakter produziert, der das Gegenteil des seinigen oder dessen ist, den er, wieder, um sich selbst zu verstellen, kurz vorher gespielt hat (z. B. II, 24-26). Gleichzeitig erhöht dies den Kontakt mit dem Publikum als Mitwisser. Oft begnügt sich die verstellende Figur nicht mit der veränderten Mimik und dem veränderten Sprechton, sondern gibt dem vorgegebenen Charakter auch einen völlig veränderten *Sprachstil* mit; dieser geht manchmal ins Parodistische über.

Die Handhabung der Sprache in *Nur keck!* ist allem im Stück, was nicht wesentlich sprachlicher Natur ist, weit überlegen; sie überragt um vieles auch die sprachlichen Künste und Scherze der dreißiger Jahre durch Geist und den Reichtum an Einfällen. Nestroy ist hier jedem Anlaß zu spezifisch sprachlicher Gestaltung und sprachlichem Spiel nachgegangen, unbekümmert darum, wie sehr das Stück dadurch anschwoll.

Die erste Wiener Aufführung fand am 2. Juli 1943 im Bürgertheater statt; vgl. S. 370, Anm. 11.

»Umsonst!«

In *Umsonst!* hat Nestroy die in *Nur keck!* eingeschlagene Richtung der Rückkehr zur reinen Posse beibehalten, aber nur mühselig und mit wenig Erfolg. Er arbeitete schon im Sommer 1856 an dem Stück, zögerte aber mit der Erstaufführung bis zum 7. März 1857. Die Handlung gleicht im Wesen und in vielen Einzelheiten dem Schema von *Nur keck!,* das ja unaufgeführt blieb, nachdem er sich das Jahr 1855 hindurch damit abgemüht hatte. Auch *Umsonst!* ist eine Komödie zweckvoll geplanter Irrungen, ein tour de force an kunstvoller Intrige, unzähligen Überraschungen und vom Intriganten nicht vorausgesehenen Hindernissen.

Ein von einem Vater für seine Tochter und ein von einem Vormund für sein Mündel bestimmter Bräutigam werden dem Vater und dem Vormund mittels Verwechslung und Vertauschung dieser Kandidaten und allerhand Gaukelei mißliebig gemacht, so daß Vater und Vormund gegen ihren eigenen Willen unwissentlich darauf hinarbeiten, die von ihren Schutzbefohlenen, aber nicht von ihnen selbst erwünschten Heiraten zustandezubringen. Damit nicht genug, stellt sich am Schluß die ungeahnte Identität der von den Alten im Anfang Protegierten mit den von den zwei Mädchen Geliebten heraus – also wieder auf die Spitze getriebene commedia dell' arte. Durch Einblicke in das Leben von Schauspielern an einem kleinen Theater in der Provinz (Stadt Steyr) wird dieses Schema modernisiert und mäßig witzigen Sarkasmen zugänglich gemacht. Zu seinen ersten Anfängen als Schauspieler (in *Sieben Mädchen in Uniform*) ist Nestroy zurückgekehrt, indem er den von ihm gespielten intelligenten Schurken Pitzl Stellen aus dessen Rolle als Franz Moor memorieren, ironisch kommentieren und wohl parodistisch deklamieren läßt.

Die enge Übereinstimmung der einzelnen Konstellationen in *Umsonst!* mit denen in *Nur keck!*[26], über die uralten, hier verdoppelten Possenmotive hinaus, ist erstaunlich, da Nestroy eine Komödie des ungarischen Dramatikers Szigligeti als Quelle von *Umsonst!* anerkannt hat.[27] Zwei Eigenheiten aber unterscheiden *Umsonst!* von dem ihm sonst so ähnlichen *Nur keck!*: Sprach- und besonders Wortspiel hat Nestroy hier fast völlig aufgegeben, und so bleibt die geistige Dürftigkeit der Komödie als solcher dem Leser nicht verborgen. Zwei realistische Szenenreihen sind eingefügt, am Anfang des ersten und des dritten Akts. Aus ihren Dialogen baut sich die Atmosphäre des kleinstädtischen Kaffee- und des ländlichen Wirtshauses ungemein überzeugend auf. Aber diese liebevolle Milieuschilderung steht in scharfem Kontrast zum Farcen-Stil des Rests. Das lang ausgedehnte Quodlibet am Ende parodiert hier nicht nur, sondern führt zugleich auch die Handlung weiter; so macht es den stilistischen Charakter des Ganzen noch mehr disparat.

Von ausgezeichneter Wirksamkeit müssen die Szenen I, 10-21 gewesen sein. Sie spielen wieder, wie *Zu ebener Erde* und *Das Haus der Temperamente,* auf zweigeteilter Bühne, in den einander benachbarten, aber voneinander abgeschlossenen Zimmern der beiden Liebenden. Die Zweiteilung führt hier aber keinerlei »Gegensätzlichkeit« vor; sie dient einfach in raschem Geschehen auf die belustigendste Weise erhöhter Spannung und Unterhaltung. So fällt dem Zuschauer mühelos optisch zu, was sonst meist nur durch einfühlende Phantasie zu erwerben ist: Vergleichende Einsicht in menschliches Streben und menschlichen Irrtum.

Weder die Kaffee- und Wirtshausszenen noch die beiden Hauptrollen – der liederliche Liebhaber Arthur und sein hartgesottener Schauspieler-Freund Pitzl, der ironische Realist – stammen als Gestalten aus dem ungarischen Vorbild. Den langen Monolog und das Couplet (I, 4), einen beträchtlichen Teil des schwachen Dialogwitzes und der vielen mimischen Verwandlungs- und der Sprechkünste, im Prinzip typisch für Nestroy-Partien, schrieb er nun, wie schon in *Nur keck!*, dem gewandten und eleganten bon vivant-Darsteller Treumann auf den Leib. So wurde *Umsonst!* im Ganzen ein mäßiges Unterhaltungsstück mit einigen wenigen theaterhaft glänzenden Szenen. Dem Publikum gefiel es, die Kritik verurteilte es mit guten Gründen als Alltagsware, die nur um Treumanns willen angefertigt worden sei.[28] Vom 4. Jänner 1858 an wurde es in einer auf einen Akt zusammengestrichenen Fassung gespielt, zweifellos zu seinem Vorteil, mehrere Male jedes Jahr bis zu Nestroys Tod, seither nur in vereinzelten Reprisen.

Die »laszive« Posse: »Zeitvertreib«

Die einaktige Posse *Zeitvertreib*, 1858 »geschrieben gewesen«[29], ist in einem leichten Grade das, was man vor hundert Jahren »lasziv« nannte. Darum wohl wagte Nestroy nicht, sie aufzuführen, obwohl für Einakter seit der Mitte der fünfziger Jahre auf seinem Theater ein immer steigender Bedarf bestand.[30] Erst 1923 kam *Zeitvertreib* in Wien auf die Bühne.

Die Handlung zeigt wieder deutlichst den Einfluß der französischen und norddeutschen Vaudevilles und des Wunsches, sie dem liebenswürdig-flachen Talent Treumanns anzupassen: Ein charmanter Lebemann wird in seiner Wohnung unter kurzfristigen Schuldarrest gesetzt. Um sich und seinem Diener, von Nestroy gespielt, die Zeit zu vertreiben, annonciert er, daß »Weißnähterinnen« benötigt werden. Um kein Mißtrauen zu erregen, verkleiden sich die beiden Männer als verwitwete Putzgeschäftinhaberin und deren Stubenmädchen und versehen die sieben Mädchen, die sich melden, mit Arbeit in zwei verschiedenen Zimmern. Der Aufbau des Schwanks auf diesem

Einfall, übernommen von einem Berliner Stück, bestimmt ihn also zur reinen Posse; ein Chor und ein Umzug der Mädchen auf der Bühne, mit Gesang, deuten auf die aus dem Vaudeville sich entwickelnde Operettenform voraus. Die meisten Scherze des Dialogs sind matt. Daß die latent vorhandene Erotik des Stoffs kaum zur *Sprache* kommt und nur in sehr maßvoller Form, macht sie bei gutem Spiel um so pikanter; allerhand burleske Einfälle sorgen für gröberen Spaß.

Zugleich aber ist *Zeitvertreib* ein neues Beispiel für die Behexung Nestroys durch die Sprache. Seiner Freude am Spiel mit ihr läßt er nun wieder freien Lauf, nachdem er sie in *Nur keck!* aufs stärkste gezügelt hatte. Er gibt ihr so sehr nach, daß er selbst einen Sprachscherz mindester Art sich nicht versagen kann und sich nur durch eine Bemerkung des Gesprächspartners bestraft: »*Feldern.* Du, noch einen solchen Witz, und du verhauchst unter meinen Händen« (12. Sz.). Sprache wird nun plötzlich wieder auf Schritt und Tritt Anlaß einfachsten Scherzens und primitivsten Klangspiels: »Tini is g'schmeidig, g'schaftig, g'schnappig [= keck], g'scheit« (Sz. 15), das aber doch den Total-Effekt einer wirksamen Charakterisierung hat. Wie sehr diese Aufzählung Nestroys eigene Phantasie anregte, sieht man daraus, daß er in dem der Zensur vorgelegten Exemplar des Manuskripts »g'schmeidig« strich.[31] Echte Wortspiele sind in *Nur keck!* verhältnismäßig selten und selten witzig; doch können auch zwei aufeinanderfolgende Sätze einmal gleich deren vier oder fünf hervorsprießen lassen (zwei oder drei doppelte) von originell witziger, assoziativ-beschreibender Kraft. Nachdem das erste Mädchen sich vorgestellt hat, bemerkt Bumml (offenbar die von Nestroy zu spielende Rolle): »Sie is grad . . . keine Sylphe, . . . keine Elfe, aber so um halber Zwölfe . . . das feurige G'schau mit die Blick', dann das G'wisse um'n *Mund* – sie is eigentlich nur zu *mündig,* so g'wiß a bissel bissig *majorenn*[32]« (Sz. 12). – Die Mutter habe recht, ihren Töchtern zu verbieten, Männer auch nur »anzuschaun«, »denn es gibt Männer, *wo* – – aber, *(den Ton der Indignation in salbungsvolle Würde umändernd)* es gibt auch wiederum Männer, *die*[32a] – –« (Sz. 20). Die unmerklichste Änderung des Relativpronomens vom Dialekt zur »Schriftsprache« enthüllt die Heuchelei des pädagogischen Tons. Die Welt des Geschehens ist verknüpft mit der Welt der Sprache durch das ungewisse Hantieren mit dem

Geschlecht des persönlichen Fürworts, als Netti entdeckt, daß
»das Stubenmädel« ein Mann ist:

NETTI Mir war das schon so auffallend, sie war so zudringlich mit ihrer
    Freundschaft, er!
SALI, CILLI, MATHILDE Wer?
NETTI Der Stubenmädlmann. Auf einmal küßt sie mich, er, nämlich das
    Stubenmädl, und da hat mich der Bart g'stochen . . . Ich spring' gleich
    auf, retirier' mich, er, das Stubenmädl, mir nach, ich werf' einen Sessel
    um, sie fallt drüber, er . . . (Sz. 17).

Ein andermal beruht eine ganze Szene als Vorgang auf dem
Doppelsinn zweier Wörter: »*reeller* Mann« und »ein *Mann* von
Wort«, das Ganze nach verbaler Vorbereitung von langer Hand
(Sz. 20). Doppelsinn, wie er in der griechischen Tragödie in der
Form des mißverstandenen Orakels die Lösung des Knotens
gewährt, dient hier, in der Komödie, dem gleichen Zweck.

Von tiefergehender Satire, moralischer oder gesellschaftlicher, hält sich dieser Schwank fern. Die pseudomoralische Verkleidung der Selbstsucht des bürgerlichen Arbeitgebers wird
bloßgestellt, wenn er begründet, warum das Stubenmädchen
nicht ausgehen darf, um ihren Liebhaber zu sehen: »Ausgehn
abends ist unmoralisch. Nur wenn es alle Sonntag über vierzehn
Tag' geschieht, das is moralisch« (Sz. 12). – Der Geist des
männlichen erotischen Besitzes, und die Entindividualisierung
der Frau zum Konsumtionsgut, der wir schon im Refrain »'s is
a schöne Erfindung, das schöne Geschlecht« begegnet sind, ist
wieder ausgeprägt in der kommerziellen Terminologie, in der
Herr und Diener einander die sieben Mädchen zuteilen (vgl.
S. 343). Der Herr möchte Sali für sich behalten, der Diener aber
verlangt sie für sich selbst, denn sie war schon früher »die
meinige«; ». . . ich verlang's ja auch nicht als Schuldigkeit, aber
schaun S', geben S' mir s' wenigstens als Trinkgeld, die Sali«.
Der Herr aber hat ihn ohnehin großzügig bedacht: »du viere, ich
nur drei«; der Diener drauf: »Das ist wohl schön, aber machen
wir a G'schäft! . . . Ich geb Ihnen zwei für die Sali« (Sz. 15). Die
bei Nestroy oft untrennbare Einheit von Burleske, Satire und
Grotesk-Absurdem wird wieder offenbar.

4. Rückkehr zum Grotesk-Absurden
und zur satirischen Posse
(1857-1862)

Nestroys Rückkehr zu seinen früheren Neigungen äußert sich auch in der Aufführung zweier Opernparodien – *Tannhäuser* (1857) und *Lohengrin* (1859) – während der sechs Jahre seines Direktorats; zugleich fügte er sich damit der Tradition szenischer Ausstattungskünste, die Carl auf seiner Bühne hochgetrieben hatte. Dazu konnte Nestroy in diesen Jahren der jungen Wagner-Begeisterung und der heftigsten Wagner-Kritik auf Spannung und Teilnahme eines weiten Publikums rechnen. Wagners Pathos mußte ihm, dem Anti-Pathetiker, die »Zukunftsmusik« und der neue Gesangstil dem ehemaligen Opernsänger, der in der klassischen Überlieferung aufgewachsen war, besonders zuwider sein.

Opernparodien

Die erste Wagner-Parodie: »Tannhäuser«

Tatsächlich verdankte die *Tannhäuser*-Parodie ihren sensationellen Erfolg nach allen Zeitungsberichten vor allem der ideenreichen, prunkvollen Inszenierung, dem glänzenden Spiel und der Komposition durch Carl Binder, den damaligen Kapellmeister am Carltheater. Er hatte die Wagnersche Musik kunstverständig parodiert und witzig mit volkstümlichen Melodien vermischt, eine Technik, die an Nestroys Quodlibets erinnerte. Die Handlung und der Text stammten zum großen Teil aus einer studentischen Ulk-Parodie (eines Dr. Wollheim). Nestroy schrieb beträchtliche Partien neu[33] und verwienerte, was er übernahm. Wir befassen uns nur mit ihnen. Die Bearbeitung zeigt seine übliche reife Sprachgewandtheit und Dutzende Beispiele ungezwungen wirkungssicheren Scherzes, aber nie bedeutenden oder sonstwie faszinierenden Witz. Sie bleibt intelligenter Spaß und bewegt sich stilistisch oft zwischen »Faust I«, »Der Tor und der Tod« und unerwartetem Absturz in das Alltagsidiom oder Konflikt zwischen pathetischer Grammatik und Idiom (»werde Dir gestohlen«):

TANNHÄUSER
  Es steigt herauf ein rosenfarbner Glanz!
  Die Erde wackelt unter meinen Füßen,
  Leb wohl, Wolfram, ich lasse alle grüßen.
WOLFRAM *(packt ihn von hinten am Gewande):*
  O Heinrich, bleib! In meines Herzen Nöten
  Beschwör ich dich beim Schnurrbart des Propheten.
  Die Venus laß, sie werde Dir gestohlen!
  Du bleibst, oder – der Teufel soll dich holen!   (Sz. 5)

Was es in diesem Stück »höheren Blödsinns« an »satirischen«
Tendenzen gibt, ist gegenständlich eng, gegen die »Zukunftsmusik« berichtet – daher der Titel »Zukunftsposse mit vergan-
gener Musik und gegenwärtigen Gruppierungen« – und stammt
ausschließlich von Nestroy. Sie zeigen sich außerhalb der parodistischen Musik – manche bekannte Passagen erscheinen zweimal, im Original und auf Wagnerisch – als Text und Handlung
nur in Scherzen über den neuen Gesangsstil und die neue
Instrumentation:

TANNHÄUSER So ging's und ging es fort, ich schrie im Übermaß.
  Ich sang drauf los, wußt' selber oft nicht was.
  Und trotzdem hab' ich doch die Stimme nicht verloren,
  Doch ward mir endlich bang' für meine Ohren.
  Posaunen, Bombardons, Trompeten und Tamtam,
  Das reißt das stärkste Trommelfell ja endlich z'samm'!   (Sz. 5)

Auf parodistische Verfremdung ist gelegentlich noch theatralische Desillusionierung gehäuft: Landgraf Purzel zieht sein
Schwert und will auf Tannhäuser losgehen;

WOLFRAM *(fällt ihm in die Arme). Abwechselnd mit Chor:*
  O edler Landgraf, sei nicht so dumm,
  Bringe uns den Tenoristen nicht um!
  Mußt deinen Zorn du kühlen schon,
  So töte diesen zweiten Bariton!   (Sz. 5)

Nestroy soll als Wagner-feindlicher Landgraf überwältigend
komisch gewesen sein. Seine Genialität im Verkörpern von
Karikaturen »mit dem ätzenden Diabolismus seiner Nuancen«
machte ihn zum »Mittelpunkt« einer sensationellen Aufführung.[34] Die Parodie wurde sein größter Erfolg seit *Kampl* und
blieb dauernd im Repertoire, doch bekannte Nestroy weder auf
dem Theaterzettel noch in der Buchausgabe irgendeinen Anteil
an ihr.

Die zweite Wagner-Parodie: »Lohengrin«

Matt war die Aufnahme der – wiederum anonym angezeigten
– »musikalisch-dramatischen Parodie« *Lohengrin* am 31. März
1859. Das größte Lob durch die Kritik und die meisten Hervor-
rufe erhielt der Bühnendekorateur. Die Handlung und die
Musik folgten ziemlich eng der des Originals, ohne die witzigen
Abweichungen und kritische Persiflierung der *Tannhäuser*-Pa-
rodie. Daß Nestroys Text da und dort über Verwienerung,
Trivialisierung und sprachliche Verspieltheit hinausreicht in
wirkliche Satire auf ziellose Kampflust – für Nestroy gleichbedeutend mit der Kriegsfreudigkeit der zeitgenössischen Monarchen – und auf substanzlos auftrumpfendes »Heldentum«,
wurde nicht bemerkt.

> Ich möchte gern wied'rum einmal mit meinem Feind mich messen,
> Es scheint, die Kerln hab'n die letzten Schläg' schon längst vergessen,

kündet der Gaugraf schon in der ersten Szene an. »Wir werden
mit dem Feind anbinden!« ist der Morgengruß des Chors der
Ritter an ihn im vierten Bild, »Der Grund dazu wird sich schon
finden« ist seine rasche Antwort, wie geschaffen als Musterbeispiel für Karl Kraus' Spruch

> *Der Reim*
> . . .
> Er ist das Ufer, wo sie landen,
> Sind zwei Gedanken einverstanden.

Und als Lohengrin berichtet, er habe den Mordigall [Telra-
mund] erstochen, beruhigt ihn der Mark- und Gaugraf:

> O, ich bitt', ein Ritter auf od'r ab
> Macht nix, weil ich genug noch hab'.   (IV, 3)

Kurz, als ein gemütlicher, kunstliebender österreichischer He-
rodes deutet er auf den freundlichen Kannibalen-*Häuptling
Abendwind,* den Sanften, voraus. Aber auch das Bild eines
andern von Wagner-Opern und -Weltanschauung tief beein-
druckten, in Österreich geborenen deutschen »Führers« unseres
Jahrhunderts taucht auf, auf eine für Nestroys feines Ohr bezeichnende Weise:

> Drum möcht' ich mir aus eurer Mitte Krieger werben,
> So rechte Ritter, die mit Wollust für mich sterben.   (I, 1)

Aus allen Berichten über Nestroys Tätigkeit – oder Untätigkeit – als Theaterdirektor geht hervor, daß dieses Amt ihm keine Freude bereitete.[35] Schon im Frühling 1858, weniger als dreieinhalb Jahre nach der Pacht-Übernahme, stellte er das Theater den Erben Carls für die Zeit vom 1. November 1860 an wieder zur Verfügung. Sowie er der Last ledig war, übersiedelte er nach Graz, der österreichischen Pensionistenstadt, der Stadt, in der er fünf Jahre seiner Jugend als Schauspieler zu Hause gewesen war und in der er seine Karriere als Stückeschreiber begonnen hatte. Hier und im Sommerkurort Ischl verbrachte er nun die letzte, unerwartet kurze Spanne seines Lebens in behaglich genießerischem Ruhestand, 1861 und 1862 unterbrochen durch mehrmonatige Gastspiele in Wien. Zwei Einakter schrieb Nestroy noch, konzentrierte Verkörperungen seiner alten Kunst des Stückebaus und des Dialogs, treu seiner Vergangenheit auch im Thematischen, das eine aber zugleich Spiegelung der wirtschaftlichen Verhältnisse der Zeit in ihrer Auswirkung auf Charakter und Gesellschaft, das andere Ausblick auf eine Ära außenpolitischer europäischer Spannungen und Sammlung von Sarkasmen auf eine Zivilisation, die es »so herrlich weit gebracht«.

Konzentrierter Nestroy: »Frühere Verhältnisse«

Frühere Verhältnisse war das erste Stück Nestroys nach fast dreijährigem Schweigen, fünfjährigem, sieht man von den Opernparodien ab. Es hatte seine Premiere am 7. Jänner seines Todesjahrs 1862. Das nachrevolutionäre Österreich des neunzehnten Jahrhunderts war hinter dem sich rasch industrialisierenden Westen im Tempo auch weiterhin zurückgeblieben. So war in der Regel nicht industrielle Produktion die Quelle des neuen Reichtums, sondern Handel und Spekulation. Vermögen wurden schnell erworben – nicht selten auf anrüchige Weise – und rasch verloren.[36] Solche Situationen waren dem Publikum von *Frühere Verhältnisse* zweifellos vertraut, und es hatte gewiß ein konkreteres Gefühl eigenen Miterlebens als wir. Was aber Nestroys schöpferischen Witz anregte, waren die weitgehend zeitlosen *inneren* Probleme des Neureichen, der sich in seinem Reichtum und in der neuen kulturellen Sphäre, in der er sich bewegen muß, nicht wohl fühlt. Dieses Unbehagen, zusammen mit dem Wunsch des Emporkömmlings, seine »früheren Verhältnisse« zu verschleiern, verwendet Nestroy mit diskretem Geschick, als Antrieb für die kunstvolle, in die Vergangenheit zurückreichende äußere Intrige. So wird diese Posse in einem Akt, seine vorletzte, konzentrierter Nestroy: Nestroyisch durch ihre Themen und Charaktere, beides gestaltet durch enthüllende Sprache, aufs straffste komponiert. Ihr ganzes Personal besteht aus zwei Männern und zwei Frauen. Spannend und überreich an Witz zugleich, läßt sie dauernd auf die Satire horchen, die hinter den komischen Situationen verborgen ist.

»'s Fatalste bei die früheren Verhältnisse is, daß sie oft später aufkommen tun«, ist der mit lebendigstem Witz durchgeführte Grundgedanke der Handlung. Als dauernd vorhandene Furcht und als Vorgang treibt er das Geschehen weiter. Die beiden textlichen Leitmotive des Einakters – und sie sind mehr als bloß textlich – sind »aus gutem Haus« und »So gibt's viel gute Mensch'n, aber grundschlechte Leut'«. Das erste steckt voll sozialpsychologischer Satire, das zweite – auch Refrain des Auftrittsliedes Muffls, der Nestroy-Rolle – voll sozialethischer. Es taucht nicht weniger als sechsmal auf, meist in der abgekürzten Form: »O, es gibt schlechte Leut'«, aber mit emphatischen Zusätzen nach dem Muster: »b'sonders unter die Weibsleut'« (6. Szene), »b'sonders unter die g'wesenen Hausknecht'« (ib.), »b'sonders unter die Holzhandlerinnen, die früher beim Theater waren« (12. Szene), und in dem grimmig entschlossenen »Mir disputieren s' auf der Welt keine Professortochter mehr auf« (Sz. 15).

Dabei sind die »Leut'« in dieser Posse gar nicht so »grundschlecht«; mehr komisch und moralisch etwas angestochen unter dem Druck der Verhältnisse, »früherer« und gegenwärtiger: Der reich gewordene Holzhändler Scheitermann verbirgt vor seiner snobistischen Gattin »aus einem so entsetzlich guten Haus« – sie ist eine Professorstochter – seine niedrige Herkunft. Auf der Suche nach einem Hausknecht stößt er auf Muffl, einen zugrundegegangenen »Materialhändler«, bei dem er selbst Hausknecht war. Muffl, der auch von Unredlichkeiten weiß, die Scheitermann in seinem Dienst begangen hat, nur kleinen – »Du hast nie etwas Anständig's g'stohlen, du warst nie kriminalfähig . . ., du warst ein sanfter Dieb, aber mit der Zeit macht es auch was aus« –, zwingt ihn durch die (einem mit Schiller vertrauten Theaterpublikum höchst amüsant klingende) Drohung »ich erzähle der Residenz eine Geschichte, wie man Holzhändler wird« (Sz. 6)[37], nun ihn selbst in seine Dienste zu nehmen und bringt so den Parvenu erpresserisch in Abhängigkeit von ihm. (Der sprachliche Spiegel des früheren Verhältnisses: der Prinzipal wird von seinem Hausknecht, seinem früheren Chef, dauernd geduzt, der jetzige Hausknecht aber von seinem Herrn gesiezt.)

Peppi, früher Köchin bei Frau Scheitermann, hat während eines Intermezzos als Schauspielerin Muffl kennengelernt und kehrt nun in ihr »früheres Verhältnis« zu Frau Scheitermann zurück, denn »So hat in Liebe und in Geld / Getäuscht mich die Theaterwelt!« An ihrem alten, seinem neuen Dienstplatz begegnen sich die beiden Deklassierten, mit erstaunlichen Folgen für die Seelenruhe des Ehepaars Scheitermann. Peppi hat es »leider nie zu einer guten Bühne bringen können. Eine gute Bühne ist nämlich die, wo in jeder Loge ein Millionär und auf jedem Fauteuil ein Kapitalist sitzt; da hat man doch Hoffnung, die sich dann und wann zur Möglichkeit, manchmal sogar zur Aussicht steigert« (Sz. 3).

Nestroy, der Theaterdirektor im Ruhestand, hat also in dieser Miniatur-Komödie zwei seiner Lieblingsthemen miteinander verknüpft, umspielt von Sprachkunst und Witz: Parvenutum und Satire auf das Theaterwesen, besonders auf das kommerzialisierte Theater, das Ganze gegen den Hintergrund gesellschaftlich und wirtschaftlich labil gewordener Zustände sowie der zeitlosen Wurmstichigkeit des vor allem auf Ansehen bedachten Bürgers.

Der Kern der Komödie – die psychologische Wirkung des verschwiegenen sozialen Mißverhältnisses – ist Sprachgestalt geworden im Monolog des Herrn Scheitermann über seine snobistische Gattin:

Prächtige Frau, saubere Frau, junge Frau, superbe Frau – aber mir g'schieht doch leichter, wann's aus'n Zimmer geht. Nicht etwan, als ob ich keine Inklination zu ihr hätt', o nein! Konträr! Sie hat nur einen für mich schrecklichen Fehler – sie is aus ein' guten Haus. Das scheniert mich, das beengt mich, ich stich ab gegen sie

mit dem wunderbar bildhaften Schlußsatz

O, es ist immer etwas Unangenehmes, wenn man mehr in der Niedrig-
keit is und man muß immer emporblicken zu der Stufe, auf der die
Frau steht. Es tut ei'm moralisch das G'nack weh.

Nach dem kommerzialisierten Theater kommt die kommerzialisierte Wissenschaft an die Reihe. Muffl hat eine Kur machen
müssen und ist in ein kleines Bad gereist, ein

neuentdecktes, das heißt, sie haben erst ein' Doktor entdeckt, der
ihnen durch chemische Analyse hat entdecken müssen, daß der Ku-
bikmeter von ihrem G'schwabetz dritthalb Gran Jod-Kali, ein neun-
undzwanzigstel Hektoliter kohlensaures Natron und vierdreiachtel
Milligramm Schwefel-Sublimat enthalt't, folglich allen übrigen Bä-
dern vorzuziehen ist, bei welchen durch mineralischen Hydro-Pepsin
das Kalzinierungs-Ferment mehr oder minder neutralisiert und dadurch offenbar die Heilkraft um sieben dreisechzehntel Prozent, bei
Unterleibskrankheiten sogar um neun elfachtzehntel Prozent vermin-
dert wird. – Wer daran zweifelt, dem bleibt es unbenommen, seine
eignen Untersuchungen zu machen.

Knieriems Astralfeuer-Monolog ist wieder da, Parodie des wissenschaftlichen Jargons, aber angewendet auf einen dem Publikum vertrauten Gegenstand und gewürzt durch dessen Prostitu-
tion an geschäftliche Interessen. Dieser Monolog Muffls kommt
an sprachlicher Kunst in der Charakterisierung eines Milieus
und einer Situation beinahe der Darstellung seiner moralischen
G'nackschmerzen gleich (zum meisterhaften Satz von der »Sternin erster Größe« vgl. S. 62):

Da bin ich hin und war wirklich überrascht; es war zwar alles schlecht,
aber teuer wie in die berühmtesten Badeorte. Auch für Unterhaltung
war gesorgt; 's Theater war klein, die Künstler gar nicht, das heißt, es
waren keine eigentlichen Künstler, nur so Spieler, daß der Abend auf
dramatisch hin wird und daß man etwas deprimiert und mit geringeren
Anforderungen ins Gasthaus kommt – da stoßt auf einmal eine
verspätete Sternin erster Größe zur Trupp' als glanzpunktischer
Umundauf der ambulanten Enterprise. Gleich nach ihrer ersten Vorstellung hab' ich mir kühn den Weg zu ihr gebahnt; es war nicht leicht,
schon wegen ihren Künstlerstolz, sie hat sich noch viel mehr eingebil-
det, als wirklich daran war – wie's schon sind bei die kleinen Theater,
bei die großen is das anders! – . . . Sie hat mir früher schon Avancen
gemacht, denn kokett war sie – wie's schon sind bei die kleinen
Theater, bei die großen is das anders! – Wir waren Verliebte, nach
mehreren Tagen Verlobte – aber ohne Erfolg, denn es sind bald drauf
sehr reiche Ausländer ins Bad kommen, ich glaub', Russen und

Engländer, jeder ein gelernter Krösus, und da is sie mir – wie's schon sind bei die kleinen Theater, bei die großen is das anders! – da is sie mir untreu geword'n.

Diese dem Sprecher (als Rolle) unbewußte, als Schauspieler bewußte Ironie muß für Nestroys Publikum um so belustigender gewesen sein, als es wußte, daß er eben erst seine sechsjährige Tätigkeit als Theaterdirektor beendet hatte, nachdem er vierzig Jahre lang Schauspieler gewesen war. – Aus Desperation ist Muffl ganz verkommen und imstande, auch dies höchst konzentriert auszudrücken: Er kennt nun das »bittere Gefühl, wenn man so hungrig is, daß man vor Durst nicht weiß, wo man die Nacht schlafen soll!«

Sein enges Verhältnis mit der früheren Schauspielerin Peppi macht die Invasion einer gestelzten Theatersprache in den Dialog assoziativ besonders angemessen. Ein Irrtum läßt ihn glauben, Pappi sei Frau Scheitermann geworden:

O Weib! Ich wollte, ich hätte dich nie geboren! *(Sich korrigierend)* Gesehen, hab' ich sagen wollen. (Sz. 8),

und drohend ruft er ihr nach, wohl vertraut mit deutscher Literatur und gewandt in Nestroyschen Stilbrüchen, sprachwidrigen Femininen und Pluralen:

Törichte Wurmin, die ich mit etliche Mehrsilbige Worte vernichten kann! Die früheren Verhältnisse deines Gatten, dein früheres Verhältnis mit mir, das alles ist so despektierlich, daß ihr zittern müßt vor mir wie Espenläube! O, ich will euch ein furchtbarer Hausknecht sein. (Sz. 9)

Nicht nur mit den »Räubern«, »Kabale und Liebe« und der Josephslegende, auch mit der österreichischen Amtsterminologie ist er vertraut, und er beruhigt Scheitermann darüber, daß dessen vermeintliche Frau ihm die Locken gestreichelt:

Mein Benehmen war reine Kopie des ägyptischen Joseph, wie der zu seiner . . . Verführerin gesagt hat: ›Ich verwerfe dich, ein deutscher Jüngling!‹ Du mußt mir einen Mantel kaufen, damit er im Wiederholungsfall als Beweis meiner Unschuld in ihren Händen bleibt. (Sz. 12)

Der groteske Stil geht hier in groteske Handlung über und vom Grotesken in die absurdeste Situation: Da Muffl Szenen hindurch geglaubt hat, das Dienstmädchen sei Frau Scheitermann,

erklärt er Herrn Scheitermann, der seine ahnungslose Frau
wegen ihres vermeinten »Treubruchs« anführt, »Aber Johann . . . Dös is ja gar nicht deine Frau.« Kurz, Ionesco ist nahe,
auch sein dialogischer Witz des dem Sprecher unbewußten
Doppelsinns und des Nachdrucks auf dem irrelevanten Wort:

MUFFL . . . Was du bist, das bin ich auch, du Lump du!
SCHEITERMANN (erbost): Das verbitt' ich mir –! Sie entwickeln eine
    Grobheit –
MUFFL Erst entwickeln? Meine Grobheit datiert sich schon lang
    her. (Sz. 6)

Dieser scheinbar bloß für sich bestehende und als solcher mäßige Witz aber bezieht sich auf eine konkrete Situation des Stücks,
auf die Zeit, da Muffl Scheitermanns Herr war. Ebenso ist seine
folgende, scheinbar vorwiegend abstrakt aphoristische Reflexion über »Vernunftheiraten« zugleich ein Urteil über die ge-
sellschaftlich-moralisch-psychologische Grundkonstellation der
Posse. Damit nicht genug, hat sie Raum für den Nestroyschen
Groll gegen das tölpische Schicksal. Und in dem schönen Bild
von der Sordine wird die verblaßte Metapher vom Himmel
voller Geigen unerwartet Anschauung und Klang:

So reich, so dumm und doch so verheiratet! Der hätt' ein zu degoutan-
tes Glück gehabt, aber die Heirat is das Sordindl auf die Geigen, von
denen sein Himmel vollhängt. Wär' er nicht so reich, hätt' sie ihn nicht
geheirat't; wär er nicht so dumm, hätt' er sie nicht geheirat't; so aber is
beides der Fall, er hat Reichtum und Dummheit gesät, hat also
müssen eine sekkante Gattin ernten. So schafft man sich selber sein
Haus-Nemesiserl zur Privat-Marterei und arbeitet so der großen
Nemesis in die Händ', daß sie nicht ganz den Kredit der Gerechtigkeit
verliert. (Sz. 7)

Wieder zeigt ein an sich albernes Wortspiel-Mißverständnis
verdeckte Triebe an, die des amoureusen Pantoffelhelden.
Scheitermann, ausgeschickt, ein neues Dienstmädchen zu suchen, hat eines gefunden. Seine Frau Josephine ist ihm aber
zuvorgekommen:

(auf Peppi zeigend): Hier steht die neue.
SCHEITERMANN Meine is aber auch nicht alt. (Sz. 11)

Josephine dagegen gibt, ihrem intellektuellen Wesen gemäß, in
Szene 4 eine präzis-abstrakte Umschreibung ihrer Eifersucht
(vgl. S. 49).

Nestroy macht sich über den der Amts- und Polizeisprache entstammenden, scheinbar wertungsfreien, aber sozial implizierenden Sprachgebrauch seine Gedanken und läßt den als »Individuum« bezeichneten Muffl »beleidigt« sagen: »Individuum? Keine Schimpfworte!« (Sz. 17), hat aber seinen unzerstörbaren Spaß auch am kindlichsten Klangspiel. Muffl versichert Scheitermann, daß dessen eben eintretende Gattin gar nicht »sie« sei, in der From »Aber du, du irrst di, du! Dö? Dö da, die is ja gar nit dö!« (Sz. 17.) Selbst in diesen Spaß am bloßen Lautbild schlüpft also schließlich doch noch jener Witz des logisch Paradoxen und psychologisch Absurden hinein. Die Sprache ist nicht absurder und nicht verspielter als das Geschehen. Am witzigsten ist der Schluß: Frau Scheitermann, vor der ihr Gatte das Stück hindurch wegen ihrer intellektuell gesellschaftlichen Hochnäsigkeit seine »früheren Verhältnisse« so desperat zu verbergen gesucht hat, hat von ihnen immer gewußt, ihr Wissen aber verborgen: Die Geldheirat war ihr wichtiger als ihr Dünkel – reizvolle Nahrung für den Sozialhistoriker der zweiten Hälfte des neunzehnten Jahrhunderts und im Einklang mit der Nestroyschen These vom Supremat des Geldes im menschlichen Denken (vgl. S. 110). Und noch eine zweite seiner unwandelbaren Überzeugungen setzt dieses bald burleske, bald satirische, bald heiter-resignierte Spiel in Handlung um, formuliert in der von uns bereits zitierten Notiz aus Nestroys Nachlaß, die er dann nochmals in einem Gedicht verwendete, über Täuschung, die durch alle Glieder der Gesellschaft sich ziehe: »Betrügen oder betrogen werden, das ist die Wahl«. (Vgl. S. 65) Das schließt nicht aus, daß man betrügen und zugleich betrogen werden kann, wie Scheitermann in unserem Stück.

Nestroys letztes Wort: »Häuptling Abendwind«

Innerhalb eines Monats, am 1. Februar, folgte ein zweiter Einakter, *Häuptling Abendwind oder Das greuliche Festmahl.* Dieses in seiner Groteskheit kühnste aller kürzeren Stücke Nestroys dient seinen satirischen Absichten am offenkundigsten, obwohl es auf dem Manuskript nach seinem Vorbild[38] als »Operette« bezeichnet ist und auf dem Theaterzettel als »Indianische Faschings-Burleske . . . frei nach dem Französischen, Musik von J. Offenbach«.

Wenn Nestroys Schriften, nach Karl Kraus' Wort, in Watte gewickeltes Dynamit sind, so ist diese »Burleske« blutige Watte: Abendwind, der Sanfte, Häuptling einer von der Zivilisation unberührten Kannibalen-Insel, Groß-Lulu, empfängt den Besuch Biberhahns, des Heftigen, Häuptling einer Nachbarinsel, Papatutu, und lädt ihn zum Abendessen ein. Gegen Ende der Mahlzeit hört man eine Repetieruhr sechs schlagen und den kriegerischen Nationalgesang der Papatutuaner spielen. Die Töne kommen aus dem Magen des gefräßigen Biberhahn und die Folgerung wird unabweislich: Die Uhr stammt aus dem Besitz Arturs, seines Sohnes. Nur er besitzt eine solche Uhr. Auf Abendwinds Insel verschlagen, wurde er dem Brauch des Landes gemäß gefangen, unerkannt gebraten und seinem Vater serviert, zum Schmerz der backfischhaft sentimentalen Tochter Abendwinds, nach Chateaubriands Heldin Atala genannt. Biberhahn erklärt darauf »*(Im Tone der Courteoisie)* . . . Jetzt werden Sie aber entschuldigen – ich werde müssen so frei sein, Rache zu nehmen an Ihnen« (Sz. 10) und fordert seine Gefolgsleute auf, mit deutlicher Anspielung auf nationale Ideologien und Politik der Zeit: »Erhebt's ein Rachegeschrei«, denn

Den Gastfreund zu spießen, die Pflicht ist fatal –
Doch räche ich mich nicht, das wär' ein Skandal. (Sz. 11)

Es stellt sich aber heraus, daß Artur den Koch Ho-Gu (!) bestochen hat, statt seiner einen Bären zu schlachten, und dieser ist in den Besitz der Uhr gelangt. Der Versöhnung steht nichts mehr im Wege, obwohl die beiden Häuptlinge einander gestehen, bei einem früheren Anlaß die Gattin des andern verzehrt zu haben.

Daß diese burleske Handlung, vor allem der Kannibalismus, auch zu einer Unzahl burlesker Scherze, sachlicher und sprachlicher, Anlaß gibt, leuchtet unmittelbar ein. Sie folgt der französischen Vorlage Szene für Szene[39], aber erst Nestroys Dialog hat ihr satirische Gestalt verliehen. Durch ihn wird sie Satire auf den – Nestroy verhaßten – Nationalismus der Zeit und auf den Stil und das Wesen der politischen Diplomatie, ja auf die Fadenscheinigkeit der europäischen Zivilisation. Die Verhandlungen mit dem deutschen Bund, Preußen und Frankreich, der italienische Befreiungs- und der Krim-Krieg hatten ihm in den letzten Dutzend Jahren reichlichen Anschauungsunterricht gegeben.

Die aus dem wachsenden Nationalismus in Europa und besonders in Österreich entstehenden Konflikte sah Nestroy mit
Unbehagen auch als Bedrohung der von ihm nun verehrten,
konstitutionellen, zentralistischen Monarchie[40]:

BIBERHAHN Wenn einen kein Mensch versteht, das ist national ... Ich
leid' nix Fremdes mehr. Ich spekulier' auf eine Bartholomäusnacht;
eh' ich das nicht durchsetz', schmeckt mir der beste Missetäter nicht
mehr. (Sz. 7)

Zugleich ist Abendwind einer der vielen Nestroyschen Nachfolger des Wiener Spießers Gundlhuber und des Helden von *Nur
Ruhe!* Er hofft, daß wenigstens »nacher a Ruh is!«: »Mein Gott,
man will ja eh nix, als daß man seine paar Bananen und sein'
Stückel G'fangenen in Ruh' verzehren kann«, und Biberhahn
antwortet ähnlich wie einst Blasius in *Weder Lorbeerbaum* (vgl.
S. 207) »Freilich, wir sind ja gemütliche Leut'. Man erinnert
sich des gemütlichen österreichischen Henkers Battista in Karl
Kraus' Letzten Tagen der Menschheit. Die beiden Herrscher
bekräftigen dies »zugleich, aber jeder beiseite« mit identischen
Worten, Nestroys altem Mittel für verfremdende Typisierung:
»Nur dann und wann fressen wir einer dem andern die Gattin
weg« (Sz. 7). Es war Nestroy offensichtlich um mehr zu tun als
nur die Gattinnen.

Ein wirklicher Herrscher, Kaiser Franz Josef, und mehrere
Erzherzöge besuchten die Erstaufführung. Ihre Reaktion kennen wir nicht. Die der Wiener zeigt sich in der Zahl der
folgenden Aufführungen: zwei; ebenso viele wie nach der
Uraufführung des Gundlhuberstückes von 1837. Sich so dargestellt zu sehen, vertrugen sie nicht.

Nestroy hat durch Reichtum der Assoziationen und Witz sein
Stück über seine französische Vorlage weit hinausgehoben.
Assoziative Erinnerungen an mythologisch-literarische Stoffe
und Motive wie Iphigenie auf Tauris (Iphigenie: Orest = Atala:
Artur) oder das von Atreus dem Thyest gegebene Mahl drängen
sich hier auf, und Zeilen wie die folgenden bestärken sie:

Wir sind Herrscher zwar mit Szepter und Kron',
Doch 's Schicksal hat zu g'wissen Zeiten
Auf unserei'n grad' sein' Passion. (Sz. 10)

Von Parodie griechischer Tragödie ist hier keine Rede. Aber
diese vagen antiken Reminiszenzen begünstigen die tragikomi-

sche Ironie, die sich hier aus dem Doppelsinn und den Wort-
spielen rund um das Motiv des geschlachteten Fremdlings und
des Kannibalenmahls ergeben wie die tragische Ironie durch
Doppelsinn des Orakels in der »Iphigenie« des Euripides und
Goethes oder im »König Ödipus« des Sophokles. Artur bittet
Abendwind: »O, speisen Sie mich gastfreundlich«, und Abend-
wind antwortet: »O, mit Vergnügen, das war mein Plan« (Sz. 5).
Hat sich hier das harmlose Wort ›speisen‹ Nestroys sprachlicher
Spiellust dargeboten, so erlaubt sie sich ein andermal einen
Spaß mit den Konjunktionen und Flickwörtern in der verlegen
höflichen Ausdrucksweise des Gastgebers und dem simplen
›gut‹ in der »desperaten« Antwort des Gastes[40a]:

> Die Speis' und die Speis' und diese auch, *diese aber hingegen ebenfalls*
> – das war alles Ihr Artur, und es bleibt mir nix zu sagen übrig, als – ich
> wünsch', daß's wohl bekommt.
> BIBERHAHN *(desperat):* Mein Sohn, mein guter Artur –! *Das kann ich im
> strengsten Sinn des Wortes sagen –*

und wie immer hat Nestroy die humoristische, auf ihren Ursprung reduzierte Metapher zur Hand:

> ABENDWIND *(ihn tröstend):* Er ist *im Schoße* seiner Familie.

Die verspätete »Anagnorisis«, die Erkennungsszene der griechischen Tragödie, geht, nachdem die Uhr begonnen hat, in
Biberhahns Magen »das Schlachtlied der Papatutus zu spielen«
so vor sich:

> Million Element –! *(Nach dem Liede der Spieluhr.)* Das ist unser
> südpolischer Nationalgesang. Den spielt nur eine Uhr auf dieser Welt,
> und diese Uhr hat nur einer bei sich, und der is mein Sohn – und
> folglich . . . – schauderhafte Gewißheit! – das Diner war mein Sohn!
> ABENDWIND Man kann wohl nie wissen, was aus die Kinder
> wird. (Sz. 10)

Sehen wir von dem grausigen Witz ab, mit dem diese Platitude
konventioneller Konversation beladen ist, so zeigt doch ihr
Gebrauch, daß es nicht nur das Ritual der internationalen
Diplomatie ist, dem Nestroy zu Leibe geht, naheliegend im
Hinblick auf Bemerkungen wie dieser:

> Mit diesem König Biberhahn also hab' ich eine Konferenz. Da gibt es
> Empfangsfeierlichkeiten, nachher plauschen wir a bissel, erst über
> dieses und jenes, nachher von allem möglichen, und eh' wir auf den

eigentlichen Gegenstand kommen, sitzen wir beim Essen und denken an gar nix mehr. (Sz. 1)

Es geht auch um das aus leeren Formeln bestehende Zivilisationsgespräch, das Nestroy immer wieder parodiert hat, als Ausdruck einer Zivilisation, in der auch die Herzen leer sind. Abendwinds Volk sind »recht manierliche, höfliche Wildlinge, meine wilden Höflinge« (Ib.). Das zeigt sich im Begrüßungsgespräch ihrer Könige[41], das sich durch nichts von der parodierten Konversation in den Gesellschaftsszenen anderer Nestroy-Stücke unterscheidet, mit dem stolzen Beiseite: »Jetzt sollten uns die Zivilisierten hören.« Das Stück wurde kaum beachtet, die Satire nicht bemerkt. Die deutlichsten politischen Anspielungen hatte Nestroy allerdings um der Zensur willen entfernt oder gemildert. Die Umsetzung der »glatten Eleganz« (Rommel) – glatter Sprache und glatter Darstellung – der den Wienern bekannten Offenbach-Operette in das ungemein echte Wienerische auch im Charakterologischen erschien ihnen als parodistische Entstellung, nicht als Konstruktion eines Spiegelbilds. Eine Zeitung fand, unter einem solchen Gesichtspunkt begreiflich, das Motiv der Menschenfresserei unappetitlich.[42] Die Zeit des »black humor«, in der »Humor« als lachend abreagiertes Schrecknis verstanden wird, war noch nicht gekommen. Nestroys letzte Komödie verschwand, wurde in die Ganghofersche Gesamtausgabe nicht aufgenommen – wie konnte solcher Humor einem Ganghofer liegen! – und vergessen. Vier Monate vor dem Ausbruch des Ersten Weltkrieges, am 15. und 22. Februar 1914, wurde sie in Sonntag-Nachmittagsvorstellungen unter den Auspizien des Schriftsteller- und Journalisten-Vereins »Concordia« aufgeführt. Die Darstellung bewies bloß die komische Kraft der »Burleske«[43]. Nach dem Ende des Krieges erschien, was an ihr wesentlich ist, im riesenhaften Rahmen der österreichischen Letzten Tage der Menschheit: Das gemütliche Schlachten, die nationale Begeisterung auf Befehl, die beiden Monarchen – der sanfte und der heftige –, die Korruption, die höflichen wilden Diplomaten, die Ausrede auf die Nemesis – Kaiser Wilhelms II. »Ich habe es nicht gewollt« – und die bald enthüllende, bald gräßlich »witzige« Sprache. Die Weltgeschichte hat seither ihr Eigenes getan, um die Zeitgemäßheit des »tollen Schwanks« (Rommel) zu offenbaren.

Die Wirkung

Die bemerkenswerteste Wirkung von Nestroys Werk nach seinem Tode war Wirkung in die Ferne. Sie begann etwa 70 Jahre später und wurde deutlich sichtbar nach dem Zweiten Weltkrieg. Am 4. März 1862 war Nestroy zum letztenmal in Wien aufgetreten, in einem Gastspiel als Knieriem; am 29. April erschien er zum letztenmal auf der Bühne: in Graz – als der Schauspieler Pitzl in *Umsonst!* und als der schlimme Bube Willibald. Am 16. Mai erlitt er einen Schlaganfall, am 24. Mai starb er. Seine Leiche wurde nach Wien überführt und am 2. Juni zu Grabe getragen. Eineinhalb Stunden lang bewegte sich der Zug vom Carltheater jenseits des Donaukanals über die Ringstraße und wieder weit hinaus zum Friedhof in Währing, am Fuß des Wienerwalds, durch ein dichtes Spalier von Trauernden, wie der eines Triumphators – durch das Spalier der Wiener, die er drei Jahrzehnte lang belustigt und verärgert, verhöhnt und hingerissen hatte.

Getreu der Tradition seiner Heimatstadt galt ihre Teilnahme dem Hingang des Schauspielers und Privatmannes, nicht des Dichters. Nestroys private Existenz, mit ihren schlecht gehüteten Geheimnissen, war ihnen vertraut aus Klatsch und Anekdoten. Seine Leistung auf der Bühne und sein Werk gehörten dem Bewußtsein des Volkes an. Grenzen zwischen dem Menschen und dem Schauspieler, dem Schauspieler und dem Autor ließen sich kaum mehr ziehen. In seinen Rollen war Johann Nestroy selbst vor ihnen gestanden, Scherze und Aphorismen, die er seiner Rolle anvertraut hatte, die Refrains seiner Couplets waren als geflügelte Worte fester Bestandteil der Wiener Konversation geworden. Es schien, als hätten seine sprechenden Blicke von der Bühne her, sein aufgehobener Zeigefinger, sein Herantreten an die Rampe ein persönliches Verhältnis mit den Tausenden hergestellt, die, Ziele seines Spotts, gekitzelt von Selbsterkenntnis, ihm zulachten und zujubelten, wenn sie sich nicht allzusehr zu schämen hatten. Die persönlichen Schwächen des diabolischen Beherrschers der Bühne, so vielen bekannt, machten seine Erscheinung erst liebenswert; wer in manchem selbst Gegenstand des Sarkasmus sein konnte, wer selbst wohlwollender Beurteilung bedurfte, dem verzieh man leichter die heimliche Angst, die die Stärke dieses Geistes und die Schärfe dieses Blicks noch im glänzendsten Scherzwort von der Bühne herab einjagen konnte.

Es versöhnte die stadtbekannte Höflichkeit, ja Schüchternheit des Privatmannes, der vor Unbekannten, und selbst weit Jüngeren, stets verlegen wurde, der im Kaffeehaus oft auf Nadeln saß, »wenn es schon höchste Zeit war, in die Garderobe zu gehen und der Markör sein leises Rufen: ›Bitte zahlen‹ nicht hörte. Laut zu rufen oder energisch ans Glas zu klopfen, wäre dem schüchternen Mann unmöglich gewesen. Wenn dann ein Tischnachbar merkte, daß Nestroy schon mehrmals vergeblich nach dem herumschießenden Kellner gezischt hatte, erbarmte er sich und rief laut: ›Markör, was ist denn, der Herr von Nestroy will zahlen.‹ Nestroy bedankte sich dann durch eine stumme Verbeugung bei dem kouragierten Nachbar, der sich so laut zu rufen traute.«[1]

Es schmeichelte der Stadt, halber Mitwisser seiner nach allen Anzeichen rein körperlichen Liebesaffären zu sein, gegen den Willen dieses Bürgers, der auf Solidität der äußeren Lebensführung, auf Respektierung seiner Lebensgemeinschaft mit Marie Weiler, »der Frau«, größten Wert legte. Aber man war vom Kaffeehaus aus Zeuge, wie er »zeitweilig einem der Fiaker, die dort ihren Standplatz hatten, mit den merkwürdig beweglichen, buschigen Augenbrauen zublinzelte. Dann schmunzelte der kundige Rosselenker . . . und fuhr langsam dem Herrn Direktor nach, der, jedes Aufsehen gern vermeidend, erst bei der Brücke in den Wagen stieg.«[1] Auch in den mit scheinbarem Zynismus eingeleiteten Beziehungen bewahrte er Takt und war ängstlich auf Bewahrung der bürgerlichen Fassade bedacht. Eine Gruppe dies erhellender Briefe, die mit einem Vertrag schließt, und die Prozeßakten um eine Vaterschaftsklage, die nach seinem Tod die Zeitungsleser beschäftigte, macht uns mit Frauen von wenig sympathischer Gesinnung bekannt, zu denen er aus der Pantoffelherrschaft der mit innerer Achtung und liebevoll behandelten, aber gefürchteten Marie Weiler entwichen war.

Es war halb schmerzlich, halb belustigend zu sehen, wie der große Künstler und Entflammer der Massen Teile seiner Einkünfte und seinen Briefwechsel durch allerlei Manipulationen ihrer Kontrolle zu entziehen suchte, wie es einige Male der Vermittlung von Freunden und sehr ernsthafter Korrespondenzen bedurfte, um seine finanzielle, auch von Spielleidenschaft bedrohte Unabhängigkeit und die Fortführung des zweimal auf längere Zeit unterbrochenen Zusammenlebens mit Marie Weiler zu sichern und die Befugnisse abzugrenzen. Und er war sich bewußt, daß er ihrer Tatkraft und ihrer kaufmännischen Begabung die Erwerbung und Erhaltung seines Reichtums zu danken hatte.

Kurz, man ahnte wohl, daß Nestroy ein an der Welt und sich leidender, geistesstarker und willensschwacher Mensch war, dem Wort und Spiel jeder Art Entlastung und Befreiung von Hemmungen bedeuteten, Entlastung und Befreiung, die um so kraftvoller und großartiger sich auslebten, je enger im Alltag sein Willen von innen und außen gefesselt war. Und ganz Wien wußte bezeichnende Geschichten über die Güte und Menschlichkeit dieses »Zynikers« zu erzählen, der mit ängstlicher Abneigung gegen alle »Schwärmerei« einen ebenso entschiedenen Widerwillen gegen Heuchelei verband, dessen Zynismus seinem scharfen Verstand und seinem Wissen um alles Menschliche entsprang, einem Zwang, die Menschen illusionsfrei zu durchschauen, nicht zynischem Wesen. Von seiner wehrlosen Güte als Direktor, »allen, auch unberechtigten Forderungen gegenüber«, erzählten eine Menge Anekdoten. Die Schauspieler Grois und Treumann seien eigens zum Nein-sagen engagiert gewesen.[2]

Als Schauspieler war Nestroy ein aus der geistigen und volkstümlichen Kultur Wiens nicht wegzudenkendes Wahrzeichen geworden, eine den Alltag aufregend überragende Größe. Er war nach dem Nekrolog-Wort seines Feindes Emil Kuh »die berühmteste, die volkstümlichste Persönlichkeit Wiens« gewesen.[3] Die Berichte über sein Spiel in den 1850er und 1860er Jahren haben nicht die Vergegenwärtigungskraft B. Gutts, betonen aber übereinstimmend die unverwechselbare geistige Energie, den sarkastisch-ironischen Humor und die Weisheit, die es ausstrahlte, noch überzeugender und bühnenwirksamer gemacht durch parodistische Züge. Dies alles galt für die Rollen seiner eigenen Stücke ebenso wie fremder; die Offenbachschen, die er seit 1859 spielte, waren wie geschaffen dafür.

So ist das unmittelbar nach Nestroys Tod zirkulierende Wort, Nestroy könne nicht ohne Nestroy gespielt werden, durchaus begreiflich. Die Behauptung aber, sein Werk sei »mit einem

Schlage wie in einer Versenkung verschwunden«[4] (und erst 1881 wieder aufgetaucht), ist allzu oft auf Treu und Glauben hingenommen worden. 33 seiner Stücke wurden zwischen seinem Tode und dem 1. Jänner 1881 in Wien aufgeführt, wenn auch viele mit offenbarem Mißerfolg: Zehn von ihnen brachten es zu nicht mehr als je sieben Vorstellungen, fünfzehn nicht einmal zu so viel; *Lumpazivagabundus* aber zu 110, *Einen Jux will er sich machen* zu 77, die *Tannhäuser*-Parodie zu 61, *Umsonst!* 60, *Frühere Verhältnisse* 54, *Die schlimmen Buben* 52; *Der Zerrissene* und *Der Talisman* dagegen erstaunlicherweise nur zu 38 und 33 Aufführungen.[5]

So niedrig selbst die höchsten dieser Zahlen für einen Zeitraum von 18½ Jahren sind, so widerlegen sie doch die Legende vom Verschwinden der Stücke Nestroys von der Wiener Bühne mit seinem Tode. Die Erinnerung an sein Spiel hat seinen Nachfolgern – unter ihnen dem Trio hervorragender Komiker Matras, Blasel und Knaack – gewiß beigestanden, aber schon die reine Bühnenwirksamkeit der humoristischen Handlung, Gestalten und Situationen scheint das Überleben jener Possen, an denen Satire einen verhältnismäßigen geringen Anteil hatte, wie *Lumpazivagabundus, Jux* und *Umsonst*, in dieser Periode durchgesetzt zu haben, obwohl drei ihrer in Wien einflußreichsten Schriftsteller und Kritiker, durchwegs Norddeutsche, Nestroy feindselig gesinnt waren.

Für Hebbel war Nestroy seit der Judith-Parodie der »Genius der Gemeinheit«[6], für Emil Kuh »travestierte Nestroy Sitte wie Unsitte ... mit der ihm eingeborenen ruchlos komischen Kraft« und erschien »als annähernd ideal nur dem gebildetsten Zuschauer, der die traurige Seelenmiene des Darstellers ... mit einem gewissen Grauen wahrnahm« (w. o.). Aus dieser zog Kuh nicht die zu erwartende Konsequenz, sondern bejammerte den »giftigen grauen Nebel des hämischen Spottes, den [Nestroy] um Gutes und Böses ... wickelte«, und tadelte den Polizeiminister, der »dem allgemeinen, mit Frivolität gepaarten Hohne Nestroys« und seinen »Arabesken voll Sinnlichkeit« durch die Finger sah. Diese Verdammung Nestroys erstreckt sich gleichzeitig auf das von ihm verursachte »Gewieher des Parterres und der Galerien« und, verblüffenderweise, auf seine mangelnde aktive Teilnahme am Kampf des Liberalismus gegen das ancien régime, dem er dadurch diene. Idealismus und schöne Sprache fänden an ihm keine Unterstützung: Der Unterricht in den Volksschulen war verwildert, »über der deutschen Sprache wuchs Gras und Moos; aber Nestroy in den *Schlimmen Buben* machte sich über die Wissenschaft, über das hochdeutsche Sprechen lustig und ›riß den Rieß, weil er ihn staß‹« [!]. Diesen moralistischen totalen Unverstand für Nestroys Art und Kunst und die grundsätzliche Mißachtung für die »untere Schicht des Wiener Publikums«, dessen »Schulbildung ein halbes Jahrhundert lang ungenügend gewesen ist«, teilte Kuh mit dem andern in Wien ansässigen norddeutschen »Liberalen«, Heinrich Laube: Nestroy »übte einen großen Einfluß auf die Halbbildung mit dem Gifte des Spottes«; dieser »erkor sich nämlich vorzugsweise die Fragen und Themata höheren Sinnes zur Zielscheibe«[7]. Wenn man Neckers Bericht aus dem Jahre 1891 trauen dürfte, unterläge es »keinem Zweifel, daß [Kuhs Kritik] der Ausdruck des besten literarischen Kreises seiner Zeit« (1862) war.

Die Erinnerungen des großen Burgtheaterschauspielers Lewinsky (vgl. S. 40 f.) und des feinsinnigen Kritikers Ludwig Speidel (1881) sprechen dagegen, aus etwas größerer Distanz allerdings. Kuh und Laube sind beispielhaft für die kunstfremde, an der wörtlichen Oberfläche haftende, an »Gesinnungen« orientierte Kritik, die sich noch in der ersten Hälfte unseres Jahrhunderts in den Literaturgeschichten des einst viel bewunderten Richard M. Meyer[8] und, zumindest im Falle Nestroys, Josef Nadlers fortsetzen sollte. Dieser brachte es noch 1948 zustande, ihm in seiner Literaturgeschichte Österreichs 2½ Seiten zu widmen, ohne seine Sprache auch nur zu erwähnen, und ihn folgendermaßen zu charakterisieren: »Nestroy spuckte aus Grundsatz den andern in die Suppe, die er selber nicht mochte« und »Nestroy war es nicht um das heilige Lachen zu tun, sondern um das Gelächter, das Klatschende und Beklatschten erniedrigt und das gemeinsame Opfer adelt« (S. 333). Speidel aber, der Nestroys Werk miterlebt und den Privatmann gekannt hatte, erinnerte sich an ihn folgendermaßen:

Für ein . . . unglückliches Bewußtsein, das sich hinter dem Anschein der Fröhlichkeit barg, war gerade Nestroy der rechte Mann. Eine gute, rechtliche, innerlich weiche Natur, . . . ging ihm alle Ungerechtigkeit, alles Nichtige, das sich aufbläht, alles Lächerliche, das imponieren will, zu Herzen. Die Form seines Zornes war der Witz, der

Sarkasmus und manchmal jene schamlose Entrüstung: der Zynismus. Er stieg die ganze Leiter des Spottes auf und ab, und sein vernichtender Hohn konnte sich momentan zu Swiftischer Größe steigern ... Wir sind weit davon entfernt, einen Nestroy zu haben, der den Geist und den Mut besäße, die zum Himmel schreienden Mißstände unserer Zeit unter die Geißel zu nehmen.[9]

Speidel schrieb dies inmitten eines Ereignisses, das endlich die Reflexionen des Theaterpublikums von Nestroy, dem Schauspieler, auf Nestroy, den Komödiendichter, lenken sollte:

Auf der Suche nach einer sinnvollen Art, den auf den 1. Januar 1881 fallenden 100. Geburtstag des Leopoldstädter (nun Carl-) Theaters zu feiern, war man auf eine Nestroy-Woche verfallen. Eröffnet in festlicher Stimmung mit *Lumpazivagabundus,* brachte sie noch *Tritschtratsch,* den *Talisman, Das Mädl aus der Vorstadt,* den *Jux,* den *Zerrissenen,* den *Unbedeutenden, Unverhofft, Die schlimmen Buben, Kampl* und *Umsonst!.* Mit dutzenderlei, teilweise sentimentalen Mitteln[10] sollte das Andenken an den Schauspieler Nestroy und seine Ära neu erweckt werden. Die pietätvollen persönlichen Erinnerungen derer, die den »Unersetzlichen« noch hatten spielen sehen[10a], verschwanden aber in den Hintergrund des Bewußtseins; die Nestroy-Woche wurde, wohl dank ausgezeichnetem Spiel, zu einem Triumph des *Dichters.* Sie dehnte sich aus zu einem sieben Wochen währenden Nestroy-Zyklus, in dem außer den Farcen anderer, die von seinen sarkastischen Kommentaren lebten – »Vorlesung bei der Hausmeisterin«, »Vierzehn Mädchen in Uniform« und ein »Ein gebildeter Hausknecht« – zwölf seiner eigenen Stücke mit dauerndem Erfolg aufgeführt wurden. Sein Werk schien für die Bühne gerettet. Dennoch blieben selbst in Wien nur wenige Stücke dauernd im Repertoire: 42 wurden zwar zu verschiedenen Zeitpunkten zwischen dem Beginn des Nestroy-Zyklus und dem 31. August 1944 gespielt, aber im Lauf dieser 63½ Jahre hatten nur elf Stücke mehr als 100 Vorstellungen, nicht etwa Neuaufführungen, nur sieben mehr als 200: *Lumpazivagabundus* 726, *Einen Jux . . .* 490, *Nur keck!* 355[11], *Der Zerrissene* 252, *Das Mädl aus der Vorstadt* 249, *Tannhäuser*-Parodie 230, *Die schlimmen Buben* 219, *Der Talisman* 141 (wenn man die Bearbeitungen mitzählt, sonst 117), *Zu ebener Erde* 116, *Unverhofft* 113, *Frühere Verhältnisse* 104. So blieb selbst das Wiener Theaterpublikum in diesem langen Zeitraum nur mit dem *Lumpazivagabundus* vertraut, höchstens noch dem *Jux,* also mit den ausgesprochenen Spielkomödien mit viel Situationskomik, nur sehr zahmem satirischem Gehalt und nur einem geringen Zusatz an typisch Nestroyschem Sprachspiel. Die Gebildeteren kannten von der Lektüre der Auswahlausgaben her den *Zerrissenen,* auch ein trotz seiner manchmal krassen Situationskomik eher »lustspiel«-haftes Stück, beliebt bei den Literaturhistorikern schon wegen des »Weltschmerzes« als eines leicht faß- und gelehrt behandelbaren Themas, und *Die schlimmen Buben,* voll witziger, zu allbekannten Zitaten gewordener Aussprüche, ein für Dilettanten-Aufführungen beliebter Einakter. Literarisch interessierte Leser kannten vielleicht auch die *Judith*-Parodie, wegen ihres kritischen Witzes, bestenfalls – in Österreich – noch *Kampl,* wegen der sorgfältigen Milieu-Schilderung, und *Zu ebener Erde* wegen des originell auf die Bühne gebrachten sozialen Kontrastes. Aber diese beiden »Texte« gehörten schon vorwiegend zur Domäne des Nestroy-Spezialisten und des nach dem »Fortschritt« der Literatur zu gesellschaftlichem Realismus Ausschau haltenden Berufs-Germanisten. Ein, zwei unwitzige Zitate aus *Freiheit in Krähwinkel* konnten zur Not noch gebraucht werden, Nestroys »Liberalismus« zu bezeugen. Und damit war es zu Ende, auf den Theatern und in den Büchern.

Die ihm wohlgesinnte Literaturgeschichte ordnete Nestroy ein unter die Wiener Dialekt- und Lokalpossendichter, als welcher er die Anmut des ortsüblichen Zauberstückes durch seinen Zynismus zugrunde gerichtet habe, dann aber die Wiener Komödie aus den Niederungen des Possenhaften durch unübertriebenen Realismus den höheren Regionen des modernen Volks- und Sittenstückes zuführte – Richtung Anzengruber –, dazwischen aber immer wieder die Erwartungen seiner Freunde zerstörte, indem er zur Posse zurückkehrte. Die Stücke, die dem im 19. Jahrhundert üblichen maßvollen, »anständigen«, gedämpft lustigen »Lustspiel« am stärksten ähnelten und in der Linie der allgemeinen Entwicklung des Dramas bis etwa 1910 zu liegen schienen – wie etwa *Kampl* – oder auf der Bühne unzerstörbar waren – *Lumpazivagabundus* und *Einen Jux will er sich machen* –, wurden am ehesten gelobt und in den Klassikerausgaben abgedruckt.

Die eigenartigsten, die sich in das Althergebrachte und Fortgesetzte nicht fügten oder deren spezifische Qualitäten den Gattungs- und Wertkategorien der Literaturgeschichte nichts zu bieten hatten, waren und blieben selbst in Österreich unbekannt, darunter Meisterstücke wie *Der Talisman* und, etwas beschränkter, *Frühere Verhältnisse.* Außerhalb Österreichs spielte man fast nur *Lumpazivagabundus,* im süddeutschen Sprachgebiet, meist an Samstag- und Sonntagnachmittagen; sehr selten *Einen Jux will er sich machen,* an Silvesterabenden. Im übrigen wurde Nestroy mit Raimund verwechselt.[12]

Ein erstaunlicher Wandel dieser Situation begann in den letzten 1940er Jahren und setzte sich bis in die späten 1960er Jahre fort, mit steigender Beschleunigung. Er betrifft zunächst die Zahl der in Österreich aufgeführten Stücke Nestroys, dann ihr Eindringen in das ganze deutsche Sprachgebiet und die überwältigende Beliebtheit gewisser früher nie gespielter Possen auf Kosten anderer. Gleichzeitig wird unverkennbar die rapid wachsende Beschäftigung der Literaturwissenschaft und essayistischen Journalistik mit Nestroy; die sich wandelnde Neubewertung gewisser Aspekte seines Werks; und schließlich seine unglaublich gesteigerte direkte und indirekte Wirkung auf die deutsche Literatur, nicht nur auf das Theater, seit der Jahrhundertmitte. Bevor wir den Gründen dieses Wandels, inneren und äußeren, nachgehen, geben wir hier die bezeichnenden Zahlen und Tatsachen:

Im Wiener Burgtheater wurde Nestroy zum erstenmal 1901 gespielt, anläßlich seines 100. Geburtstages, in drei Nachmittagsvorstellungen des *Lumpazivagabundus,* dann nicht wieder bis 1923. Nun erst war er respektabel geworden: Von 1923 bis zur Besetzung Österreichs im März 1938 spielten das Burg- und das ihm angeschlossene Akademietheater Nestroy durchschnittlich zwanzigmal im Jahr; und dann, in den drei Jahren vom Herbst 1941 bis zur allgemeinen Theatersperre im September 1944, gab es 173 Vorstellungen von zwölf seiner Stücke, dazu etwa 400 an den andern Wiener Theatern.

Für Deutschland, Österreich und die Schweiz berichtet die Bühnenstatistik, daß in den 16 Jahren von 1945 bis zum *Anfang* der Spielzeit 1961-62, während derer die Feiern von Nestroys 100. Todestag die Aufführungszahlen in die Höhe zu treiben begannen, 39 Komödien Nestroys 124 *Neu*-Aufführungen erlebten, davon 12 an 16 Theatern der Bundesrepublik und vier an zweien der Schweiz. Unter denen in Österreich sind einige an Wanderbühnen und Studententheatern.

Besonders erstaunlich ist das Auftauchen einer Menge Stücke Nestroys in den Spielplänen *Deutschlands,* meistens in Erstaufführungen, während die scheinbar unzerstörbare, bis dahin neben dem Erfolgstück *Jux* fast allein in Deutschland bekannte Posse *Lumpazivagabundus,* fast verschwindet, der *Jux* ganz. In dem eben genannten Zeitraum wurde Nestroy an den folgenden Bühnen gespielt: Berlin (an vier Theatern), Bochum, Düsseldorf, Essen, Hannover, Köln, Krefeld, München (an drei Theatern), Nürnberg, Oberhausen und Wunsiedel. Die Stücke waren: *Die beiden Nachtwandler (Das Notwendige und das Überflüssige), Der Färber und sein Zwillingsbruder, Freiheit in Krähwinkel, Frühere Verhältnisse, Häuptling Abendwind, Höllenangst, Der konfuse Zauberer, Lady und Schneider, Liebesgeschichten und Heiratssachen, Lumpazivagabundus, Der Talisman, Die Träume von Schale und Kern (= Müller, Kohlenbrenner und Sesseltrager), Theaterg'schichten, Unverhofft* und *Der Zerrissene.* An der Spitze steht *Der Talisman* mit vier Premieren und Neuinszenierungen: In Essen, Hannover und zwei in München. Dazu kommen in der Schweiz je eine des *Lumpazi* und des *Talisman* in Zürich. *Lumpazivagabundus* wurde in Deutschland nur in Hannover neuaufgeführt.

Das Eindringen Nestroys in die Theater Deutschlands und der Schweiz wurde nach 1961 zu einer Überflutung; sie hat sich auch nach dem Jubiläumsjahr keineswegs verlaufen. In den Spielzeiten 1961/62 bis 1970/71 waren Nestroy-Neuaufführungen an 43 westdeutschen Theatern[13] zu sehen, weit hinaus über die oberdeutsche und selbst mitteldeutsche Sprachgrenze, in der Schweiz in Basel, Bern, Luzern, St. Gallen und Zürich; dazu natürlich auf allen Bühnen Österreichs, oft mit jahrzehntelang nicht gespielten Stücken. Die *eine* Spielzeit 1971/72 brachte dann noch 15 Neuaufführungen: acht in der Bundesrepublik, fünf in Österreich, zwei in der Schweiz. *Der Talisman* führt wieder mit fünf Premieren. Hier zum Vergleich ein paar Stichproben aus dem Anfang des Jahrhunderts: In der Spielzeit 1907/08 gab es in ganz Deutschland 70 Nestroy-*Vorstellungen* (nicht Neuaufführungen), davon 63 von *Lumpazivagabundus,* 1908/09 111, davon 64 von *Lumpazi* und 28 von einer Bearbeitung von *Freiheit in Krähwinkel*, 1909/10 67, davon 66 von *Lumpazi*.

Der weithin unbekannte Verfasser zweier oder dreier »Wiener Lokalpossen« oder »österreichischer Volksstücke« ist also ein im Bewußtsein der Theaterbesucher des ganzen deutschen Sprachgebietes irgendwie vorhandener Komödiendichter geworden, ein Vorgang, dem in kleinerem Maßstabe, aber auf ähnliche Weise, nur die Entdeckung des »Woyzeck« am Anfang unseres Jahrhunderts für die deutsche Literatur und Bühne vergleichbar ist. Nestroy ist ihr Komödiendichter geworden, sei es als Experiment, sei es als eiserne Ration. Doch reicht die Bedeutung der »Nestroy-Renaissance«, die zur »Nestroy-Explosion« (s. Vorwort) wurde, über das Quantitative, die wachsende geographische Verbreitung einer wachsenden Zahl seiner Stücke, weit hinaus. Sie liegt in den im folgenden, besonders S. 376 f. angedeuteten vielfachen Aspekten. Auch war die Wirkung auf die deutsche Schriftstellerei erleichtert durch den Wandel der europäischen dramaturgischen Literatur seit etwa 1930. Seit dem Anfang der 1960er Jahre sind neue Gründe hinzugekommen. Der Vorgang ist komplex, aber in seinen Hauptphasen deutlich sicht- und weithin erklärbar:

Je mehr die Erinnerung an den Schauspieler Nestroy dahingeschwunden war, desto mehr hatte sich die Darstellung seiner Werke in der Richtung aufs Harmlose, das bloß Lustige und das geradezu Alberne verändert. Der Text wurde nach der Laune der Schauspieler, geduldet von verständnislosen Spielleitern, verhunzt, die Wortkunst übersehen, die Satire dem Spiel und den Worten ausgetrieben. Diese Entwicklung zu einem Halt zu bringen, rückläufig zu machen und zu einem neuen Verständnis Nestroys hinzuführen, bemühte sich seit 1912 Karl Kraus durch polemische und kritische Artikel[14] und durch seine Vorlesungen einiger Nestroy-Possen und Fragmente (seit Mai 1912), durch den Abdruck der Programm-Notizen in der »Fackel« und durch Bearbeitung einiger Nestroyscher Stücke.[15] Er bekämpfte die Verdummung und Verniedlichung, die Nestroy besonders am Wiener Burgtheater angetan wurde, und begründete, in doppeltem Sinn, die Auffassung Nestroys als eines großen deutschen, nicht nur Wiener, Satirikers, Sprachkünstlers und Dichters. Er lenkte die Aufmerksamkeit in dieser Hinsicht auf die eben genannten Stücke der Frühzeit, auf *Eine Wohnung ist zu vermieten* als Satire auf den Wiener Spießer und auf den *Talisman,* beides Possen, die in Vergessenheit geraten waren (vgl. S. 223). Und er lehrte diskriminierendes Verständnis für Wortspiel als gedankengestaltendes literarisches Mittel. Es war bis dahin in heute unvorstellbar verallgemeinernder Weise als alberne Kinderei abgetan worden.[16]

Kraus' letzte Vorlesung fand am 2. April 1933 statt, 1936 starb er, in Deutschland verboten und bald, bis in die späten 1940er Jahre, vergessen. In der Zwischenzeit, 1924-1930, war in Wien die 15bändige Rommel-Bruknersche »Historisch-kritische Gesamtausgabe« Nestroys erschienen. Durch ihren Umfang, durch die philologische Behandlung der Texte, durch die ungeheure theatergeschichtliche Forschung, die Otto Rommel ihr gewidmet hatte, schien sie implizit die Bedeutung Nestroys zu bekunden. Von ihr gingen Anregungen zu einer rasch ansteigenden Menge von Dissertationen und andern akademischen Schriften aus, die sich, besonders aus dem Anlaß von Neuaufführungen und Gedenktagen, in eine Flut journalistischer Arbeiten verbreiteten, meist verdünnt, manchmal konzentriert, die jedenfalls aber auch zu allgemeinerer und intensiverer Lektüre der Texte führten.[17] Die umfangreiche Einleitung half, Nestroy als Erben der in den 1920er Jahren so populär werdenden Tradition des Bühnen-Barock und der des Wiener Volksstücks zu verstehen, stellte aber zugleich eine entscheidende Wendung der bis dahin auch in der Interpretation äußerst dürftigen Nestroy-Forschung auf die neuen Gesichtspunkte hin dar, auf die Kraus hingewiesen hatte. 1932 skizzierte ich, gleichfalls von Kraus inspiriert, im Berufsjournal der Deutschlehrer das neue Bild Nestroys[18]; im selben Jahr erschien O. Forst de Battaglias *Johann Nestroy,* erstaunlicherweise das überhaupt erste Buch über ihn, siebzig Jahre nach seinem Tod. Kraus und Rommel gewandt verwässernd, zeigte es allerdings kein wirkliches Verständnis des Satirikers und des Sprachkünstlers, mag aber, feuilletonistisch auf das Biographische und Milieuhafte hin orientiert, zu der beginnenden, dem Wesen Nestroys noch nicht gerecht werdenden Popularität seines Werks beigetragen haben. 1937 versuchte ich, in einer kleinen Schrift Nestroys Geist und seine Kunst zu erfassen und darzulegen[19] – sie hatte im Gegensatz zum Biographischen und Theatergeschichtlichen noch im-

mer keinen Darsteller gefunden – und durch Aufnahme von
Eine Wohnung ist zu vermieten und *Der Talisman* in eine
einbändige Auswahlausgabe den Blick auf den Satiriker zu
lenken. 1958 wiederholte ich diesen Versuch durch eine ausführliche Interpretation dieser satirischen Posse[20] als beispielhaft für Nestroys Werk und seine Kunst überhaupt, mit Nachdruck auf Nestroys Sprache im Widerspiel mit Satire, aber auch
auf dem nun gewöhnlich schamhaft unterdrückten Aspekt des
wirkungsvoll Theaterhaften. Dies war um so nötiger, als bis zum
Nestroy-Jahr 1962 »sich die Nestroyforschung seit 1945 fast
ausschließlich um die Wesenserfassung der Nestroyschen Satire
bemüht hat«[21]. Vom Marxismus her untersuchte sie, feinfühlig
für ästhetische Werte wie für politische Umstände, Ernst Fischer.[22] Gleichfalls in marxistischer, und geschichtsphilosophi-
scher, Perspektive wird Nestroy mitunter geistvoll, aber häufig
mit mythologisierender Gleichgültigkeit gegen widerstrebende
Tatsachen des Texts und die Wesensart der einzelnen Stücke
und Charaktere behandelt von R. Preisner.[23] Oft vieldeutig in
seiner ans Transzendente streifenden Darstellungsweise, hat
dieses Buch gewiß dennoch die Wirkung gehabt, die Aufmerksamkeit wichtiger Leserkreise zu erwecken, die bis dahin von
Nestroy wesentlich unberührt waren. Eine stark das Biographische, Anekdotische und lokal Theatergeschichtliche betonende
Darstellung Nestroys und seines Werks ist K. Kahls *Johann
Nestroy oder Der wienerische Shakespeare* (1970), kundig und
anregend.

Aus der großen Zahl der akademischen, essayistischen und
journalistischen Bemühungen um Nestroy seit 1962 ragen durch
Feinsinn und Präzision drei Untersuchungen hervor, die sich
drei vernachlässigten Aspekten seiner Komödie zuwenden: S.
Brills, der in Anlehnung an Karl Kraus als Leistung Nestroys
nur *Die Komödie der Sprache* (1967) beachtet, und andere
geist- und wirkungsvolle Komponenten seines Theaters etwas
gezwungen ins Sprachliche zu übersetzen sucht oder als »unlite-
rarisch« abtut, dabei aber Kraus Abbruch tut, der für den
Zauber und die Wichtigkeit auch der nicht an die Sprache
gebundenen geistigen und theatralischen Werte in Nestroys
Werk ein offenes Auge hatte; A. Hillachs *Die Dramatisierung
des komischen Dialogs* (1967) behandelt in betontem Gegensatz hierzu die schauspielerisch-dramaturgischen Probleme, die

sich aus dem Zusammenfallen oder der Diskrepanz von »Figur« und Rolle ergeben; Jürgen Hein schließlich geht in Spiel und Satire in der Komödie Nestroys (1970) der Funktion und der Beziehung dieser ihrer Grundelemente zueinander nach.

Wahrscheinlich hat kaum eine dieser Schriften von Berufsgermanisten an sich eine unmittelbare nennenswerte Wirkung auf die breite Aufnahme Nestroys durch die deutsche Bühne gehabt. Kumulativ aber bezeichnen sie das von seinem Werk ausstrahlende breite Spektrum, dessen einzelner Bänder sich erst die Forschung, dann die Literatur- und Theaterkritik, gewissermaßen durch Osmose, bewußt wurde, so daß es erst heute in seiner Totalität sichtbar wird. Nestroys Name, vom Bewußtseinsinhalt der durchschnittlichen Theaterkritiker außerhalb Österreichs vor dreißig Jahren noch so gut wie abwesend, ist ihnen heute ein Wald- und Wiesenwort, ja beinahe eine Gattungsbezeichnung geworden.

Eine weit wichtigere Ursache für die so verblüffend sich ausbreitende Popularität Nestroys als die von der Forschung her in die Theaterkritik und Dramaturgie einsickernden Erkenntnisse scheint aber eine andere zu sein: die erst allmählich sichtbar werdende Zeitlosigkeit der *Gehalte* Nestroys – wichtiger als ihre Zeithaltigkeit trotz der Spiegelung gewisser sozialer Zustände – zugleich mit der spezifischen Modernität in ihrer Behandlung. Das deutsche Theater und sein Publikum waren für sie nicht reif gewesen. Sie ist die Modernität der »inneren Form«.[24] Der Geist der in den 1950er und beginnenden 1960er Jahren modernen und modern gewordenen Komödie ist dem seinigen so nahe verwandt wie der Geist keines Zeitraums vorher. Man brauchte bloß die Brille abzunehmen, die einen zwang, Nestroys Werk unter der Marke »österreichisches Volksstück« zu sehen, um in ihm die Züge zu entdecken, die im Bild des modernen Dramas, besonders der grotesk-satirischen Komödie und Tragikomödie von Wedekind über Sternheim zu Brecht und Dürrenmatt und ihren europäischen Verwandten, als Wesenszüge gelten: die Passion ihrer Autoren für das Theater als ein die Illusion der Wirklichkeit verschmähendes *Theater;* ihre dominierend intellektuell-ironisch-objektive Haltung; ihr skeptisches Weltbild; ihr satirisches Temperament; ihre betonte Abneigung gegen Pathos und Sentimentalität; vielfach die grotesken (statt

377

bloß komischer oder humoristischer) Charaktere, Sprache und Handlung, »Manierismus« statt »Realismus«; und seit Brecht, als bewußt erzielte Wirkung des schein-sachlichen, in Wirklichkeit kritischen »Demonstrierens«, die »Verfremdung«. Alles das ist bei Nestroy vorgebildet, bis in Einzelheiten hinein. Seit etwa 1960 kommt die manchmal sarkastische, häufig (allmählich bis zum Überdruß) spielerische Behandlung der Sprache hinzu.

Statt notwendigerweise vereinzelte Beispiele anzuführen für Tendenzen des europäischen Theaters, die knapp vor dem Ersten Weltkrieg begannen und in dem halben Jahrhundert seither Wirklichkeit und Mode geworden sind, sei dramaturgische Theorie zitiert: Brecht, Dürrenmatt, Frisch sind, auch im Hinblick auf dramatische Praxis, die nächstliegenden deutschen Namen der ersten Phase. Ihre spezifischen Bemerkungen machen oft den Eindruck, als seien sie geradezu auf Nestroy gemünzt.

Was die grundsätzliche und ausdrückliche Wertschätzung Nestroys durch moderne Dramatiker betrifft, so hat wohl Dürrenmatts Anmerkung zum ›Besuch der alten Dame‹ das Signal gegeben: »Man behandle mich als eine Art bewußten Nestroy, und man wird am weitesten kommen.« Es gibt keinen Autor, den Dürrenmatt in seinem Essay »Theaterprobleme« und den Vor- und Nachworten zu seinen Stücken annähernd so oft nennt wie Nestroy. Er spricht preisend vom »Wiener Volkstheater . . ., dieser wundervollsten Erscheinung deutscher Zunge«[25], im Gegensatz zu »jenen heiligen Hallen, in denen ein Theaterstück von Hofmannsthal mehr gilt als eines von Nestroy«[26]. Entscheidend sei, daß *mit* der Bühne gedichtet wird, wie Aristophanes und Nestroy es getan hätten, nicht gegen sie.[27] Seine grotesken Szenen, besonders in den Früh- und Spätstücken, seine groteske Gedankenführung und sein grotesker Sprachstil, versetzt mit Parodistischem, hatten es Dürrenmatt zweifellos angetan, auch seinem Schaffen.[28] Er fand es noch 1955 nötig, gleichsam zur eigenen Rechtfertigung, zu bemerken, Nestroy habe in *Der Tod am Hochzeitstage* das naturalistische Vorurteil aufgegeben, daß die Ereignisse als ein Nacheinander erscheinen müßten.

Die sarkastische Abwertung Hofmannsthals zugunsten Nestroys, der »heiligen Hallen« zugunsten der »Bretter«, fügt sich gleichfalls in die um sich greifende Theorie der »Moderne« über den wünschenswerten äußeren Charakter des Bühnenstücks. Das Bekenntnis zur – wenigstens angeblich – reinen Lustigkeit als Selbstzweck, die bei den Deutschen meistens mit Verdrießlichkeit oder bestenfalls herablassend aufgenommen worden war, zum »Übermut«, wie Dürrenmatt[29], zur »Vergnüglichkeit« oder »Unterhaltung«, wie Brecht es nennt[30], hat wie ein Passierschein zur europäischen Komödie der letzten 25 oder 30 Jahre fungiert. Dies gilt für das »absurde« Drama Ionescos ebenso wie für die plötzlich die deutsche Bühne überschwemmende Boulevard-Komödie Georges Feydeaus (1862-1921) – Pole, deren Distanz voneinander der innerhalb der Werke Nestroys analog ist.[31] Brechts Beschreibung der »allgemeinsten Funktion der Einrichtung ›Theater‹ als einer Vergnügung« ist einer der wichtigsten Grundsätze des »Organon«. Daß die nachdenklich gerunzelte Stirn des Zuschauers und das angestrengte Denken der Bühnenfigur nicht Voraussetzung für den hohen Rang eines Kunstwerks ist – eine Überzeugung, ausgedrückt schon in Hofmannsthals Wort vom Lustspiel als der »schwierigsten aller literarischen Kunstformen, die . . . das Schwerste, das Unheimlichste in jener Gleichgewichtslage höchster versammelter Kraft aussprechen kann, die immer den Eindruck spielender Leichtigkeit erweckt«[32] –, weiß das heutige Publikum. Es weiß, wieviel Schweres und Unheimliches, wieviel maskierte Kampflust hinter der Nonchalance Brechts steckt, wieviel psychologischer Tiefblick und moralisches Urteil im Bühnen- und Dialogscherz Nestroys absorbiert ist. Wie genau entspricht dem Bekenntnis beider zur Unterhaltung als Handwerk und Kunst – »Seit jeher ist es das Geschäft des Theaters, wie aller andern Künste auch, die Leute zu unterhalten . . .; es benötigt keinen andern Ausweis als den Spaß, diesen freilich unbedingt«[33] –, was in veränderter Tonart der Theaterdichter Leicht in *Weder Lorbeerbaum noch Bettelstab* darüber zu sagen hat (vgl. S. 208), nur *ein* Beispiel für Nestroys lebenslängliches Auftrumpfen gegen das prätentiös Weihevolle oder kitschig Sentimentale und für den bei ihm immer vorhandenen Wunsch, den Bürger zu schockieren, so wie es nur eine der vielen gesinnungsmäßigen und stilschaffenden Eigenheiten des sich von Wedekind herleitenden antifeierlichen und antinaturalistischen deutschen Bühnenstücks ist, die bei Nestroy vorgebildet sind. Es ist mehr als ein

Zufall, daß jene herausfordernden Worte Leichts-Nestroys einem Stück aus dem Jahre 1835 entstammen, das ebenso Parodie eines sentimentalen spätromantischen Dichterdramas von Holtei ist (vgl. S. 206) wie Brechts Baal (1918) parodistisches »Gegenstück« zur pathetischen, billig expressionistischen Dichtertragödie Der Einsame von Hanns Johst (1917). Noch Dürrenmatts »Play Strindberg« (1971) erinnert in spezifischen Zügen und der Aura stark an Nestroysche Parodien, nicht nur in den allgemeine Zügen der Gattung Parodie überhaupt.

Zerstörung des »realistischen« Illusionstheaters, die Marke der Dramatik seit dem Expressionismus, ist im Keim in der Komödie immer angelegt, soweit sie nicht auf Komik verzichtet; bei Nestroy aber geht sie über das durch die Gattung Bedingte weit hinaus (vgl. S. 31, 50 f., 100). Der parabelhafte Aufbau des *Haus der Temperamente* oder des *Gewürzkrämerkleeblatt,* die vielen marionettenhaften Szenen mit zwei oder drei völlig identisch handelnden und sprechenden Personen (vgl. S. 34-38) und die dadurch bewirkte demonstrative Stilisierung und Typisierung, oft auch die – jetzt so beliebte – choreographisch exekutierte Szenenführung (vgl. z. B. S. 343), das alles gehört hierher, vor allem aber die Nestroy-Rolle mit allen ihren verfremdenden Aspekten. Das ganze Stück hindurch wechselt ihr Träger zwischen Verkörperung und Verlassen der Rolle hin und her; er verfremdet sie durch sein Spiel mit ihrer Sprache und durch die von der Handlung fast oder gänzlich abgelösten witzigen Monologe und Couplets, in denen er als Autor oder Schauspieler scherzhaft-objektiven Kontakt mit dem Publikum sucht, nicht mit den andern Figuren des Spiels. Das alles ist zeitlose Artistik, die durch die intellektuell wirksame Kombination verschiedenster – vom Harlekin bis zum Raisonneur und dem Sänger der Songs gebrauchter – Mittel die Gegenwart besonders anspricht. Auch die kritische messerscharfe Intelligenz und die sprachlich produktive Sprachskepsis machen die Rolle als Ganzes »modern«; die Fähigkeit, fortwährend ins Spiel zurückzukehren, bewahrt ihr ihre lebendige Dramatik. Ja, das Raisonnement selbst ist lebendig und dadurch im Einklang mit den Forderungen Brechtischen und dem Vorbild Brechts nacheifernden Dramas. Wenn es den intellektuellen Betrachter, den »Spieler-Raisonneur«, zur wichtigsten Person macht, wenn besonders der Brecht-Schauspieler zugleich seine

Rolle und die Gedanken des Autors spielen und sprechen muß[34], und wenn Brecht meint, »das Theater des wissenschaftlichen Zeitalters [vermöge] die Dialektik zum Genuß zu machen. Die Überraschung der logisch fortschreitenden oder springenden Entwicklung, . . . der Witz der Widersprüchlichkeiten usw., das sind Vergnügungen an der Lebendigkeit des Menschen«[35] – dann wirken auch diese Forderungen auf den Kenner Nestroys, als wären sie im Hinblick auf sein Werk geschrieben worden, auf die Handlung ebenso wie auf den Dialog. Anläßlich der Kunst seines dialektischen Mono- und Dialogs erinnern wir uns der Forderung Brechts an den Schauspieler, ja so verständig zu sprechen, daß der ganze Sinn aus seinen Worten herausgeholt werde. Diese Notwendigkeit war in den Nestroy-Aufführungen alten Stils vergessen worden, der dialektische Sinn kaum mehr bewußt. Heute wird sie unter den besseren Spielleitern wieder beachtet, wird das Ganze untrennbar wieder intellektueller Scherz – »Übermut« – und satirischer Kommentar. Und immer wieder sind Fragmente des Ganzen eingetaucht in ironische oder parodistische Diktion, und auch wo diese dominierenden Spielarten im *einzelnen* nicht nachweisbar sind, vollziehen sich Handlung und Gespräch im »Spielraum der Ironie«[36], dem Spielraum der modernen Kunst.

Daß die moderne Literatur auf die vielfältigste Weise ironisch und parodistisch geworden ist, ist heute schon längst ein Gemeinplatz. Auf verborgene Ironie und Parodie um ihrer selbst willen und – neben Groteske und Absurdität – fast als einzige dem literarischen Geist noch erträgliche Form der Gesellschaftskritik und der Resignation vor der situation humaine ist seit dreißig Jahren die literarische Sensibilität vorwiegend abgestimmt. Für die Rezeption Nestroys während dieses Zeitraums ist es von entscheidender Bedeutung, daß so gut wie alle seine Komödien zutiefst ironisch oder parodistisch sind (vgl. S. 37 f., 71 f.). Daß dies am deutlichsten faßbar ist im wirbelnden Ausspielen ursprünglicher, erstarrter und vielfältiger Wortbedeutungen, brauchen wir nicht nochmals darzulegen. Worauf es uns im gegenwärtigen Zusammenhang ankommt, ist, daran zu erinnern, daß Aufmerksamkeit auf die Entseelung und Entsinnlichung der gängigen Metapher, auf das Verwelken und Verderben der Sprache im Klischee und auf alle damit einhergehende kulturelle Verarmung und soziale Verfälschung – die zweite

Voraussetzung für ein Verständnis Nestroys – öffentlich erst mit Karl Kraus einsetzte. (Carl Sternheim hatte in seinem »Kampf der Metapher« diese zwar entlarvt und nach Möglichkeit eliminiert, sich ihrer Fähigkeiten aber außer in gelegentlichen Wortspielen nicht bedient.) Seit Novalis, Nestroy und Nietzsche war die Freude an der Bewahrung des ursprünglichen Wortsinns und an der semantischen Produktivität des Wortes aus der deutschen Literatur – dem Drama, der Erzählung und der Lyrik – ebenso fast geschwunden wie aus Mystik und außerliterarischer Satire. Nur Heidegger klammerte sich an ihn, verbog ihn manchmal, in einem Gebiet, in dem dieses Beharren und Verbiegen am wenigsten angebracht ist, dem der Philosophie. Und Dada bezog seinen Spaß vorwiegend aus *bloßem* Formspiel. So führte die Neuentdeckung Karl Kraus' nach 1945 zugleich zu einer Neuentdeckung Nestroys, beider zusammen zu einer entschiedenen Verlagerung des Schwergewichtes in der deutschen Literatur. Dafür ist eine Bemerkung aus dem Jahre 1961 charakteristisch, die damals etwas überspitzt klang: Der deutsche Roman der Gegenwart mache »die Sprache selbst zum Helden des Geschehens«[37]. Sie trifft für die folgenden Jahre auch für Lyrik und Drama und den Aphorismus zu[38] und ist als Kennzeichnung der Romane und Gedichte, der »Prosa« und »Texte« des letzten Jahrzehnts mit solcher ermüdender Regelmäßigkeit gemacht worden, daß sie heute selbst nur mehr den matten Klang eines Klischees hat, vielleicht unvermeidlicherweise, weil diese schriftstellerische Praxis selbst weithin abgedroschen worden ist.

Am Anfang erfrischend und neuartig für den mit Nestroy und Karl Kraus Unvertrauten (beim frühen Handke zum Beispiel, der ohne Nestroy unvorstellbar ist), ist dieses entdeckungsfreudige Abhorchen der Sprache zu einem ledern systematischen Durchexerzieren der Wörter, zu einem freud- und gewichtlosen Demonstrieren des Bedeutungsverlustes der Metaphern geworden. Was bei Nestroy spontane Hellhörigkeit, der semantische Assoziationszwang, dem er gern und mit Grazie unterlag, erzeugt hatte: das spielerische Arabeskenhafte (oft, aber nicht immer, mit ironischer Hintergründigkeit), das entartete innerhalb weniger Jahre bei Nestroys und Handkes Nachahmern oft zu schwerfälligem Bemühen. Die bedeutsame Miene, mit der »Innersprachlichkeit« und ihre satirischen Ziele nun gespriesen werden, macht diese Technik, wo andere Qualitäten fehlen, nicht gewichtiger. Bei Nestroy war die Montage der Phrasen und das Spiel mit Worten in einen lebendigen, beweglichen, überraschungsreichen Dialog eingebettet, der manchmal aus sich heraus zu kraftvoller Dramatik oder Satire überging; der frühe Handke versuchte ein findig organisiertes, manchmal nach Vollständigkeit strebendes Durchgehen aller semantischen Möglichkeiten. Es ging ihm nicht mehr um die Bühne, schrieb er, nicht darum, daß »die Wirklichkeit gespielt und vorgespiegelt wurde, sondern daß mit Wörtern und Sätzen der Wirklichkeit gespielt wurde«, und »Die Methode meiner ersten Stücke ist . . . eine Beschränkung der theatralischen Handlungen auf Wörter gewesen.«[39] Sie wurde auf allen Gebieten der Literatur zu einer Schablone. 1967 erkannte Handke: »Wenn die Methode [u. a. kindisch gewordener Wortspiele] so sehr abgebraucht, d. h. *natürlich*[40] geworden ist, daß mit ihr das Trivialste, das allseits Bekannte – nur neu ›formuliert‹ wieder gesagt werden kann, dann ist sie zur Manier geworden . . .« Daß sie sich leicht zu vager Gesellschaftskritik herzugeben schien, hatte ihre Beliebtheit nur verstärkt. Sprachkritik als Gesellschaftskritik (und darüber hinaus als Kritik des Menschen), spielend impliziert durch Nestroy, mehr spezifisch, mit satirischer Schärfe und neuartiger pathetischer Rhetorik durch Kraus, fiel in der deutschen Nachkriegsliteratur schon deshalb auf fruchtbaren Boden, weil ja prinzipielle Sprachskepsis von Hofmannsthal bis Musil und kritisch-satirische Behandlung des dominierenden Sprachgebrauchs im europäischen Avantgarde-Drama ihr vorgearbeitet hatten. Die Sprache der Gesellschaft müsse zerbrochen werden, denn sie ist »nichts als Klischees, leere Formeln und Schlagwörter«[41]. Darum müsse auch die erstarrte Sprache der Ideologien »unabhängig aufgespalten werden, damit man den lebendigen Saft unter ihrer Oberfläche findet«[42]. Nestroy hatte die erstarrten Phrasen der gesellschaftlichen Konversation, der routinierten Literatur, des Militarismus, des konventionellen Ehrenkodex, der Bürokratie, des Nationalismus immer wieder mit harmlosem Gesicht dem Gelächter preisgegeben, Kraus sie alle und die des Journalismus angeprangert, durch Wortspiele sezierend, aus ihnen satirisch seine Zeitkritik abgeleitet und aus ihrer Collage und Montage das riesenhafte Panorama der Letzten Tage der Menschheit aufgebaut; D. Sternberger und G. Storz schließlich haben 1945 in Aus dem Wörterbuch des

Unmenschen und V. Klemperer 1947 in L. T. I. (Lingua Tertii Imperii) – beide Werke in je drei Auflagen bis 1957 – die Wörter und Wendungen der Nazizeit und des Nazigeistes aufgespießt.

Die jüngeren Dramatiker seit der Jahrhundertmitte, Lyriker und Verfasser von »Texten« versuchten Analoges für ihre Zeit. »Die moderne Konsumgesellschaft und ihre Übel – Heuchelei, Scheinheiligkeit der Kirche, Militarismus, politische Gleichgültigkeit, Terror der ... Slogans, Kommerzialisierung aller Lebensbereiche, sexuelle Frustrierung – [sollen] durch die ihr eigenen Sprachklischees entlarvt und attackiert werden«[43], fast ausnahmslos Themen, denen schon Nestroy an den Leib gegangen ist (obwohl seine nicht die moderne Konsum-Gesellschaft war). Aber während diese Bemühungen in Handkes »Sprechstücken« noch Originalität des Denkens, Schauens und Schreibens zeigten, sind sie nun Routine geworden und haben sich leer gelaufen. »Die Angriffe gegen Denkklischees und gesellschaftliche Konventionen sind durchgehend selber von einer solchen Klischeehaftigkeit, daß sie ... den peinlichen Eindruck eines déjà vu hinterließen«, heißt es in ebendemselben Bericht über die Wiener Festwochen 1971.[43] Die ursprüngliche Quelle der nun vulgarisierten Einsicht ist Nestroy, in dieser Hinsicht wirksam durch Kraus und die ihm folgende Forschung. Sie hat denn auch übers Ziel geschossen und gelegentlich, bloßes Spiel in Nestroys Sprache verkennend, alles und jedes als verbale Satire gedeutet (vgl. S. 92).

Die ausschließliche Auffassung der Komödie Nestroys von A bis Z als Satire, speziell als Gesellschafts- und ökonomische Satire, hat, dem Zug der Zeit folgend, dazu geführt, daß die jüngste modische Theaterkritik, jede Unterscheidung zwischen Satire und bloßem Spiel vernachlässigend, jede Aufführung, in der Gesellschaftskritik nicht dick aufgetragen wurde, verdammt hat. Hierzu paßt, was der Regisseur Leopold Lindtberg bemerkt: »Unserem heutigen Theater ... muß man den Köder des Grundsätzlichen nur hinwerfen, und schon gibt's nichts mehr zu lachen. Und das ist wohl ... das Schlimmste, das man Nestroy antun kann.«[44]

Thematisch hat sich Gesellschaftskritik im Drama der letzten zwei oder drei Jahrzehnte, besonders der satirisch-tragischen Komödie, vor allem einer Parzelle zugewendet: dem Kleinbürger der Provinz und der Vorstadt und den braven Bewohnern des Landes. Nach der sarkastischen Behandlung durch Nestroy, dem Zwischenspiel des Naturalismus und vereinzelten Ausnahmen wie Schönherr waren sie das Personal für treuherzige Heimatliteratur und das »tümliche« [Brecht]Volksstück geworden.

Eine scharfsichtigere Nestroyhafte Betrachtungsweise setzte sich nach Ludwig Thoma erst mit Ödön von Horváth durch, dem Bewunderer Nestroys. Als »Possen« und »Volksstücke« betitelte Stücke schreibend, zerstört er »mit vollem Bewußtsein . . . das alte Volksstück«[45]. Sein Blick ist, wie der Nestroys, geschärft für die Herzensroheit und Brutalität, die sich hinter »Gemütlichkeit« verbirgt – wie charakteristisch ist sein dem Johann Strauß-Walzer abgenommener Titel »Geschichten aus dem Wiener Wald«! –, und er läßt sie in einer »süddeutschen Kleinstadt«, »in Wien, im Wiener Wald und draußen in der Wachau« und »auf dem Münchner Oktoberfest« spielen. Obwohl schon in den frühen Dreißiger Jahren geschrieben, sind sie erst in den späten Sechziger Jahren im Gefolge der Nestroy-Renaissance modern geworden und auf einer Unmenge deutscher Bühnen erschienen, etwa gleichzeitig mit der Erfolgswelle der andern, mit sprachlicher und innerer Ordinärheit der Charaktere auftrumpfenden »Volksstücke« des Grazers Wolfgang Bauer. In ihnen wirkt außer Nestroy »ohne jeden Zweifel . . . Helmut Qualtinger« nach.[46] In den 1950er Jahren wurde er als Autor, Sprecher und satirischer Schauspieler berühmt durch seine unübertreffliche Verkörperung gemütlicher Wiener Gemeinheit, hier aus der Nazi- und Nach-Nazizeit.[47] Ins Hessische versetzt, erscheint sie in den zwei grotesken Erfolgspossen unter kleinen Leuten »Agent Bernd Etzel« von W. Deichsel (1966/67).

Bei aller Verschiedenheit der Theater-Temperamente und Fähigkeiten erneuern also diese beispielhaft gewählten Dramatiker die grundsätzlichen Neigungen Nestroys, begünstigt durch ein nun erst auf Nestroy abgestimmtes Publikum: 1926 hatte Horváth »Revolte auf Côte 3018« geschrieben, später Die Bergbahn genannt. »Ich gab ihm den Untertitel und Artbezeichnung ›Ein Volksstück‹. Die Bezeichnung Volksstück war bis dahin in der jungen dramatischen Produktion in Vergessenheit geraten. Natürlich gebrauchte ich diese Bezeichnung nicht . . . einfach deswegen, weil das Stück ein bayrisches Dialektstück ist, [In einem Volksstück müsse ein Mensch auf der Bühne stehen, aber] der Mensch wird erst lebendig durch die Sprache. Nun besteht aber Deutschland, wie alle übrigen europäischen Staaten, zu neunzig Prozent aus vollendeten oder verhinderten Kleinbürgern ... Es hat sich nun durch das Kleinbürgertum eine Zersetzung der eigentlichen Dialekte gebildet, nämlich durch den Bildungsjargon. Um einen heutigen Menschen realistisch schildern zu können, muß ich also den Bildungsjargon sprechen lassen. Der Bildungsjargon (und seine Ursachen) fordern ... zur Kritik heraus – und so entsteht der Dialog des neuen Volksstückes ... Jedes Wort muß hochdeutsch gesprochen werden, allerdings so, wie jemand, der sonst nur Dialekt spricht und sich nun zwingt, hochdeutsch zu reden. Sehr wichtig! Denn es gibt schon jedem Wort dadurch die Synthese zwischen Realismus und Ironie. Komik des Unterbewußten.«[48] »Ich habe kein anderes Ziel, als wie dies: Demaskierung des Bewußtseins. Keine Demaskierung eines Menschen, einer Stadt – das wäre ja furchtbar billig!«[49] Horváth gibt den »Bildungsjargon« als Annäherung des Dialekts an eine klischeehafte Alltagssprache vortrefflich wieder; Bauers zeitgenössische Charaktere, akademisch gebildet, sprechen einen demonstrativ vulgären Dialekt, untermischt mit Klischees und amerikanischen Phrasen; im Schallplatten-Monolog unterscheidet Qualtingers Herr Karl die zwei sprachlichen Stiltypen des Echten und Verlogenen durch zwei verschiedene Arten wienerischer Sprechweise: die ursprünglich-wienerische Vokalisierung und die aus dem Wienerischen erfolglos zum Hochdeutschen hinstrebende. Diese gebraucht er für die aus dem Bildungsjargon und aus der journalistischen Phraseologie übernommenen Schablonen. Und Deichsels Schwindler Etzel konversiert mit den hessisch sprechenden Kleinbürgern dauernd in fünffüßigen Jamben, die klassische Zitate grotesk assimilieren.

Dialekt war bis um die Jahrhundertmitte auf der deutschen Bühne außer im Naturalismus wenig und fast nur zu sentimentalen Zwecken gebraucht worden. Nun erwirbt er also an sich oder in seiner Vermischung mit der hochdeutschen Phrase und im Kontrast mit ihr – Nestroys typisches Stilmittel – im neuen Volksstück die Funktion der Satire, zumindest des Sachlichen. Brecht, der aus dem »literarischen« Theater eine Bühne für das von ihm angestrebte »Volksstück« machen wollte, hatte dem vorgearbeitet, mehr in der Theorie allerdings als in der Praxis seines nur leicht mundartlich gefärbten Stils in Mutter Courage etwa. »Bühnensprache«, schrieb er, ». . . ist im Laufe der Zeit manieriert und starr geworden, . . . eine ganz besondere Art des Hochdeutschen . . . Nichts spricht dagegen, daß [die Bühne] ihre eigene, eben die Bühnensprache entwickelt. Nur muß sie entwicklungsfähig, vielfältig, lebendig bleiben. Das Volk spricht im Dialekt. In seinem Dialekt formt es seinen innersten Ausdruck. Wie sollen unsere Schauspieler . . . zum Volk sprechen, wenn sie nicht auf ihren eigenen Dialekt zurückgehen . . .?«[50] Diese »starre« Bühnensprache ist Bestandteil jenes »gipsig monumentalen Stils, der den Spießbürgern so teuer ist«[51] und den Nestroys Spießbürger und Theaterverehrer so gern sprechen. Nestroy hatte den Theaternarren Damisch seine Abneigung gegen die »jede Poesie« zerstörende Mundart ausdrücken lassen.[52]

So »lokal« Nestroy sich gebärdete, um von Mensch zu Mensch sprechen zu können, so kostbares Material mit guten Gründen Gesellschaftshistoriker und Ideologen in seinen Stücken finden können, seine Sorge und sein Spott galten *letzten Endes* weder dem Wiener von 1827-1862 noch den wirtschaftlichen und politischen Umständen dieser Zeit, die diesen Typus und Nestroy selbst formten, sondern dem Menschen und seinen Reaktionen auf das, was ihm zustößt durch Schicksal und Menschsein, nur gefärbt durch die Umstände von Ort und Zeit. Damit scheint er mit den andern gesellschaftskritischen Komödienschreibern übereinzustimmen, deren Werk einigen Bestand verspricht; mit Ionesco zum Beispiel, der, notwendigerweise polemisch etwas übertreibend, 1958 schrieb: »Ein Stückeschreiber schreibt einfach Stücke, in denen er nur ein Zeugnis ablegen kann, nicht eine lebhafte ›Botschaft‹ – ein persönliches, emotionales Zeugnis seiner Angst oder der Angst anderer oder . . . seiner guten Laune [»happiness«], oder er kann seine komischen oder tragischen Gefühle über das Leben ausdrücken. . . . Jedes Kunstwerk, das ideologisch ist und sonst nichts, wäre ohne Daseinsberechtigung . . ., minderwertig im Vergleich zu der Doktrin, die zu illustrieren es beansprucht und die schon in der ihr angemessenen Sprache ausgedrückt worden wäre, nämlich der einer diskursiven Beweisführung.«[53]

Ähnlich, und Nestroy sehr angemessen, Horváth: »Ich

schreibe nicht gegen, ich zeige es nur . . . Ich habe nur zwei
Dinge, gegen die ich schreibe, das ist die Dummheit und die
Lüge. Und wofür ich eintrete, das ist die Vernunft und die
Aufrichtigkeit.«Und: »So habe ich mir nun die Aufgabe gestellt,
. . . die Komödie des Menschen zu schreiben.«[54]

Charly und Joe in Wolfgang Bauers Magic Afternoon (1968)
– trostloser im Ausdruck transzendenter Langweile und sinnlo-
ser im Sprachspiel als Büchners Leonce und Lena – spielen mit
einem Globus, »starren lang und stumm auf die Kugel« und Joe
bemerkt: »Die Wölt is nämlich unhamlich schiach« [häßlich],
und sie werfen sie ins Klosett (S. 47). Joe verabschiedet sie in
affektiert hochdeutscher Aussprache: »Weeeeelt! Servas!«, und
während sie hinuntergespült wird, deklariert Charly lachend in
parodistischem Hochdeutsch: »Die Welt ist ewig!« Auch die
Gesinnung und Sprachmittel dieser Episode liegen also in der
Tradition der gegenwärtigen Wirkung Nestroys: der durch
Scherze und ironisch-pathetische Schablonen verdeckten und
zur lachenden Resignation gewordenen Empörung über diese
schiache Welt und ihre Regierung (vgl. bes. S. 113).

Bei einem Versuch wie dem vorliegenden, die Rezeption eines
Autors auf eine allgemeinere, ein oder zwei Jahrzehnte währen-
de literarische Situation zu beziehen, läuft man Gefahr, sich
diese Situation so zurechtzufrisieren, daß sie zur eigenen Sehweise paßt. So war es aufschlußreich, nach Abschluß des Manuskripts an Hand einer Ende 1972 erschienenen Darstellung
dieses Zeitraums, in der der Name Nestroy überhaupt nicht
vorkommt, zu überprüfen, ob wir dieser Gefahr erlegen sind.
Der einleitende Artikel O. F. Bests der Aufsatzsammlung Revolte und Experiment, Die Literatur der sechziger Jahre in Ost
und West (Fünftes Amherster Kolloquium zur modernen deutschen Literatur), versucht, ein skizzenhaftes Gesamtbild zu
entwerfen. Sein Titel »Rückzug auf die Sprache oder: Der
Verlust des Fiktionalen« soll die Signatur der 1960er Jahre
aufzeigen, »eine Zeit, in der die Literatur . . . entschlossener
denn je zuvor ihren Sinn und ihr Material reflektiert, ihr eigenes
Fundament, die Sprache, zur Debatte stellt . . . Das erste Jahrzehnt der zweiten Jahrhunderthälfte [brachte] Erhellung eines
verstörten Sprachbewußtseins.« In den sechziger Jahren aber
gehe es den Autoren darum, »die Wirklichkeit in der Sprache

dingfest zu machen, indem sie sie, wie Heißenbüttel sagt, ›verdoppeln‹. Folge solchen Verfahrens ist ein Verlust des Epischen.« (S. 19) Auch Nestroy hat sie so verdoppelt, aber ohne Verlust des Dramatischen. Best zitiert ferner (S. 24) Marianne Kestings Versuch, 1970 die Literatur der Gegenwart zu charakterisieren: »Stil und Schreibweise [werden] etwas anderes . . . als sie je waren, nicht also ein . . . Transportmittel für irgendwelche außerhalb der Literatur liegende Realitäten, sondern ein immer mehr verselbständigtes Ausdrucksmedium.« Nestroys von der Handlung des Dramas abgetrennte, den Wortassoziationen folgende Monologe kommen auch hier dem Leser ins Bewußtsein. Und weiter heißt es: »Die neue Literatur ist auf Wahrnehmung gerichtet, . . . ist eine Literatur der Entlarvung.« (w. o.) Auch die Vertreter der Lyrik »gehen aus vom Materialcharakter der Sprache . . . Drei Grundpositionen lassen sich unterscheiden« (S. 34). Zwei von ihnen, bemerken wir, stehen dem Verhalten Nestroys im Prinzip nahe: »1. entlarvende Kombination von zivilisatorisch vorgeprägten Sprachwendungen als Demonstration (Heißenbüttel), 2. rein linguistische Reflexion mit Vokabeln als Assoziationsinseln (Franz Mon).« (w. o.)

»Gegen die vorgefaßte Weltinterpretation, wie sie in Redensart und klischierter Sprachwendung erscheint, wendet sich Peter Handke. Sein Thema ist die Sprache, in seinen Sprechstücken wird sie als entleert denunziert . . . Der Denkfehler, den er beging, lag darin, daß er der Wirklichkeit als unmittelbarer Sprachwirklichkeit habhaft werden zu können glaubte, aber dennoch die fiktionalen Hilfsmittel von Bühne, Inszenierung und Textbuch bemühte.« (S. 31) Bei Nestroy wirkt dies nicht als Fehler, sondern als glückliche Kombination. »Die Neo-Dadaisten [demonstrieren] sprachliche Eigengesetzlichkeit, durch die erst Wirklichkeit entstehe. Ihre Demonstration ist . . . spielerisches Aufzeigen dessen, was Sprache aus dem Menschen macht. Es ist bewußter Spaß, der sich bis zu komischer Surrealität steigert. Wörter wuchern, verbinden sich, verweigern oder versteinen sich.« (S. 33) Neo-Dadaismus ist ein langer Schritt über Nestroy hinaus und von ihm weg. Sein Gebrauch der Sprache für Demaskierung, neben bloßem Spiel einhergehend, ist prekär im Hinblick auf die fiktive Wirklichkeit der Komödie, schneidet jedoch den dünnen Faden nicht durch, durch den die Sprache mit der Wirklichkeit zusammenhängt. Zur »Bereitschaft, ... Sprache auf das hin zu befragen, was sie verbirgt, Weigerung, dem ›schönen Schein‹ zu dienen« (S. 40), zu all dem ist Nestroy dennoch bereit. Für ihn gilt nicht, daß »die ›anspruchsvolle Literatur‹ ... der Konkurrenz mit dem zunehmenden Kitsch ... nicht gewachsen [ist] und sich nicht aussetzen« will ... »Die Lektüre ... starke Kitschingredienzien einschließender Romane renommierter deutscher Autoren bringt letztlich größeren Lustgewinn als die Lesearbeit an einem Werk von Heißenbüttel, Becker oder Wellershoff.« (S. 39 f.) Vielleicht, nicht aber als die Lese- oder Hör-Arbeit an einem Werk von Nestroy. Die List seiner Sprache *verstärkt* die Lust an seinem Spiel.

Er hat den Rückzug auf die Sprache eingeleitet, ihn aber nicht mit dem Verlust des Fiktionalen bezahlt. Sprache liegt bei ihm dauernd im Hinterhalt, bricht auf Ja und Nein ein in das Territorium der fiktionalen Komödie, des Fiktiven überhaupt, und beleuchtet es auf die erschreckendste und belustigendste Weise. Das ist Nestroys Wert und Wirkung am Anfang der 1970er Jahre, Widerspiel der dauernden, in der deutschen Literatur einmaligen Vereinigung des subtil Geistigen, des lebensvoll Volkstümlichen und des bewußt Sprachlichen in seinem Werk. Und die Bühne kommt dabei nicht zu kurz.

Aufmerksamkeit auf die Wirkung Nestroys in den letzten Jahrzehnten gewährt uns eine neue Perspektive auf Nestroy sowohl wie auf die literarischen Theorien und die Literatur der Gegenwart, vielleicht sogar einen Blick in die Zukunft. Denn Wesen und Wirkung seines Werks zeigen, daß bei aller begründeten Sprachskepsis dialogische und monologische Sprache immer noch der sachlich oder kritisch oder humoristisch gesehnen, der vorstellbaren »Wirklichkeit« näher kommt durch betonten Kontrast oder durch – fragwürdige – Annäherung oder durch gestaltete Harmonie als durch Flucht aus der Sprache (so sehr Bedrängnis solche Flucht manchmal zu gebieten scheint) oder als *bloßes* Spiel mit der Sprache (so erleichternd oder erheiternd es manchmal auch sein mag). Mit Nestroy im Auge und Ohr kann man 1973 wohl mit einiger Sicherheit voraussagen, daß die Zukunft der Literatur weder in exklusiver Vergötzung noch in exzessiver Verdammung der Sprache liegen wird; gewiß nicht in Identifikation, aber doch in der fruchtbaren Verschränkung

– spaßhaften oder ernsthaften – dieses uralten, sich dauernd wandelnden und unvollkommenen Systems mit der unvollkommenen, schadhaften, aber doch noch am ehesten auf dem Umweg über sie erkenn- und vielleicht sogar verbesserbaren Welt.

Anhang

Anmerkungen

Vorwort als Einleitung

1 Vgl. den Forschungsbericht von Jürgen Hein; s. S. 358, Anm.
2 Hans Weigel in einer Besprechung des Insel-Nestroy (in Die Welt der Literatur, 23. Juli 1970).

Das Werk

1 Johann Nestroy und seine Kunst, S. 7.
2 Aus dem Wanderbuche eines verabschiedeten Lanzknechtes, I (1844), S. 121 f., anläßlich des *Talisman.*
3 In der oben genannten Schrift und wieder 1962 in Nestroys Kunst und unsere Zeit.
4 *Prinz Friedrich,* das dreiundachtzigste, wurde erst nach ihrem Erscheinen gedruckt.
5 Sie sind in unserem Anhang ›Quellen und Vorlagen‹ (S. 413 ff.) angeführt.
6 Um den Nachweis von Ähnlichkeiten und Unterschieden im Einzelnen bemühen sich u. a. die Frankfurter Dissertation Günther Boeges, Nestroy als Bearbeiter (1968) und Helmut Herles' Nestroys Komödie »Der Talisman« (1969). Bloß mit diesem Stück befaßt sich die Wiener Dissertation von Leo Tönz, Nestroys künstlerische Eigenständigkeit und Eigenart (1967). Herles' Dissertation und der Anhang zu seiner Ausgabe des *Talisman* (1971) sowie W. E. Yates, Nestroy. Satire and Parody in Viennese Popular Comedy (Cambridge 1972) zeigen die geistig-sprachliche, oft auch dramaturgische Originalität Nestroys im Vergleich mit seinen Vorlagen. Hinweise hierauf finden sich gelegentlich auch in Rommels Berichten über sie in den Anhängen der Gesamtausgabe.
7 SW XV, S. 680 ff.-705; GW VI, S. 580 ff.
8 Kursivdruck von uns.
9 A. Hillach hat in Die Dramatisierung des komischen Dialogs, Figur und Rolle bei Nestroy (1967) die Funktion dieser verschiedenen Perspektiven für die dramatische Wirkung sorgfältig und feinfühlig untersucht.
10 Vgl. unsere Bemerkungen über scheinbar belangloses Sprachspiel, das diesem Zweck dient, S. 86 ff. und über *Lumpazivagabundus,* S. 175 f.
11 Die Vereinigung begrifflicher, klanglicher und visueller Assoziatio-

nen in ›Distl‹ wäre zur Charakterisierung hinreichend, aber doch naheliegend. Erst der Vorname Lucia, den Klang des ›ci‹ (an den von ›Dist‹ anklingend) und »poetische« Assoziation verbindend, ergänzt ›Diste[e]l‹ zur Perfektion.

12 Nestroy charakterisiert einzelne Frauennamen in »Reserve« No. 181 (SW XV, S. 696), und er ersetzt in seinen Bearbeitungen fremdsprachlicher Vorlagen »neutrale« durch »redende« Namen. Vgl. die Beispiele aus *Nur keck!* bei A. Wallner, Die Quellen zweier Komödien Nestroys, Dichtung und Volkstum 41 (1941), S. 499.

13 Vgl. S. 380 f.

14 Vgl. Christoph Kuhn, Witz und Weltanschauung in Nestroys Auftrittsmonologen (Diss. Zürich), 1966.

15 Eine Bestandsaufnahme der Musik zu Nestroy- Stücken gibt E. Hilmar in Die Nestroy-Vertonungen in den Wiener Sammlungen, Maske und Kothurn 15 (1972), S. 38-96.

16 Stockerau, damals noch ein Dorf, in der Nähe Wiens.

17 A. Heidsieck unterscheidet in Das Groteske und das Absurde im modernen Drama (1969) verschiedene Formen grotesker »Deformation« der Wirklichkeit von dem engeren und selteneren Begriff der grotesken Form, die »ihre Inhalte nicht nur zeigen, sondern sie als barbarische zu negieren« sucht, von Entstellung des Menschen (S. 112). Das »Groteske« bei Nestroy umfaßt beide Typen. Dies liegt durchaus im Doppelcharakter seiner Kunst als Spiel und Satire. Adornos Auffassung des Grotesken als »Darstellung heraufdämmernder Sinnlosigkeit«, dem ersten Typus angehörig, hat ihre Analogien in Nestroys anzüglich gestalteten und ausdrücklichen Angriffen auf die Sinnlosigkeit des Schicksals (vgl. S. 105 ff.).

18 Antonin Artaud, ›Le théâtre et son double‹, suivi de ›Le théâtre de Séraphin‹ (Paris 1964), deutsch Das Theater und sein Double (1969).

19 Hervorhebungen im Druck von uns.

20 Von S. Brill als Titel des im Vorwort erwähnten Buches.

21 Dieses Wort gebrauchen wir ohne jedes Werturteil; etwa im Sinne der Kunstgeschichte oder G. R. Hockes Der Manierismus in der Literatur (1959).

22 Vgl. zum Prinzipiellen B. Allemann, Ironie und Dichtung (1956), S. 12 und 39.

23 Vgl. H. Lützeler, Zitat in Ironie und Dichtung, hg. von A. Schaefer (München 1970), S. 9.

24 Aphorismen Nr. 29, SW XV, S. 684.

25 C. L. Costenoble, Aus dem Burgtheater, 1817-1837. Tagebuchblätter (1889), II, S. 336.

26 Von der Einbildungskraft (1936), S. 192.

27 Bernhard Gutt in Bohemia, 2. August 1844. Abgedruckt in Die Fackel, XXVI, Nr. 647-667, S. 116. In SW XV sind Stellen aus Gutts Kritiken oft fehlerhaft wiedergegeben.

28 August Silberstein in der Österreichischen Zeitung, 1861, No. 46, zit. SW XV, S. 330 f.

29 Kleine Schriften dramaturgischen und theatergeschichtlichen Inhalts in: Schriften der Ges. f. Theatergeschichte, XIV, S. 187.

30 Vgl. SW XV, S. 159-171 und die in den Anmerkungen genannten Quellen der Zeit.

31 Ib., S. 169.

32 Ib., S. 171.

33 Vgl. Verf., Zum Problem und zur künstlerischen Form von Molières ›Tartuffe‹, Die Neuren Sprachen, XXXIII, S. 359 ff. Jetzt auch in: Wort und Wesen (Frankfurt a. M.: Insel Verlag 1974), S. 14 ff.

34 Nestroys marionettenhafte Rollen *durchwegs* auf seine Sicht der Abhängigkeit des Menschen von einem sinnlosen Schicksal zurückzuführen, wie R. Preisner in Johann Nepomuk Nestroy, Der Schöpfer der tragischen Posse (1968) es tut, übersieht vereinfachend die sehr verschiedenartige Funktion dieser Rollen in verschiedenen Komödien.

35 An Franz Theodor Csokor, am 23. 3. 1938, lt. U. Beckers Nachwort zu Stücke, 1961, 1965, S. 441.

36 Vgl. S. 50. Diese Bezeichnung für die viele dramatische Funktionen untraditionell vereinigende Nestroy-Rolle, in unserem Aufsatz über den *Talisman* (s. S. 10) eingeführt, wird nun in diesem Sinn häufig in der Nestroy-Literatur verwendet.

37 W. Benjamin über Brechts Auffassung von der Aufgabe des Schauspielers, zit. S. 411, Anm. 34.

38 l. c., S. 192.

39 Sie sind das Hauptthema der Dissertation »Der Witz bei Nestroy« von Walter Marinovic (Wien, 1951, masch.).

40 Kleines Biskuit, oft Kinderspeise.

41 Von Nestroy unterstrichen.

42 Nestroy hat diesen Gedanken auch zum Gegenstand eines achtzeiligen Stammbuchgedichtes gemacht (ib.); der Einakter *Frühere Verhältnisse* ist seine konzentrierteste dramatische Verkörperung. Er ist wiederholt in dem Wort »Die Täuschung ist halt was Allgemein's« (*Mein Freund*, I, 2).

43 Vgl. S. 113.

44 Vgl. zum Beispiel die Zitate S. 146, 171.

45 Vgl. das Kapitel über Lebensansichten des Katers Murr in Hermann Meyer, Das Zitat in der Erzählkunst (1967). – Bei Tieck, Brentano und in Büchners »Leonce und Lena« dient es nur selten satirischer Bloßstellung.

46 Sie unterscheidet nicht zwischen Travestien und Parodien; auch Nestroy verwendet nur diese Bezeichnung in seinen Untertiteln, wohl wegen des negativen Beiklangs von ›Travestie‹. Wir folgen diesem Gebrauch; manchmal läßt sich eine scharfe Trennung ziehen, oft nicht.

47 Auch Peter Handke hat diese Redensart szenisch gemacht (in Das Mündel will Vormund sein), wohl nach dem Vorbild des *Zerrissenen*. In Vorläufige Bemerkungen zu Landkinos und Heimatfilmen aus demselben Jahr, 1968, preist er einen »schönen« Satz aus diesem Stück. (Prosa, Gedichte, Theaterstücke, 1969, S. 176 f. und 334).

48 Rede zur Enthüllung des Raimund-Denkmals (1899), S. 463.

49 Ib. I, 17. Kursivdruck in unseren Zitaten, hier und in einigen folgenden, verfälscht natürlich das Diskrete des Wortspiels.

50 Vgl. aber S. 117.

51 ›Aussicht‹, in zwölfmal variierter Bedeutung, ist auch das Thema des zweistrophigen Couplets des Zimmermanns »hoch ob'n auf'n Dach« in *Der Unbedeutende*, I, 13.

52 ›Da hat's ein Faden‹ = da gibt es eine Schwierigkeit, einen Fehler.

53 Vgl. *Zu ebener Erde und erster Stock*.

54 Vgl. z. B. Kajetan in *Eine Wohnung ist zu vermieten*.

55 Vgl. die Beispiele im Anhang »Wordplay in the age of Raimund« zu W. E. Yates, Nestroy (Cambridge 1972).

56 F. Sengle, Die Biedermeierzeit (1971) I, S. 377 und passim.

57 stad = ruhig, kleinlaut.

58 Bratzi = Händchen (von Pratze).

59 F. Sengle widmet ihm einen eigenen Abschnitt »Die Partizipialmode«, S. 578.

60 Wie etwa Harpagons *Sans dot!* in Molières L'Avare oder *Tu l'as voulu!* in seinem George Dandin.

61 Vgl. das Sachregister bei G. R. Hocke.

62 Salettel: Gartenhäuschen.

63 Von Erwin J. Haeberle, Neue Rundschau 81 (1970), S. 302-314.

64 Kursiv von uns.

65 GW I, 155.

66 Ib.

67 Zum Beispiel in *Kampl* [früher *Zwei Bälle*] durch den Übergang der eleganten Szenerie des Auftakts zum Ball der Baronin, *mit Pauline als Mittelpunkt der Gesellschaft*, zum »sehr einfachen Zimmer« der Brüder Brunner (beides in der wortlosen Szene I, 27) und dem »sehr einfachen, durchaus nicht eleganten Zimmer« in der Wohnung der Frau Schulzmann mit dem Luster, »alt und unscheinbar, *nur mit vier Kerzen beleuchtet*«, als Schauplatz des kleinbürgerlichen Hausballs, *mit Pauline als Mauerblümchen*

(II, 18 ff.), und wieder zurück zum »Salon der Baronin Hochberg, mit größter Eleganz ausgestattet . . . alles ist *ballmäßig erleuchtet«, Klavierbegleitung* dort, *Orchester* hier (III, 9 ff.).

68 Zum Teil erhalten und abgedruckt in GW VI, S. 558-583.

69 Vgl. die Anhänge zu den einzelnen Stücken in der Gesamtausgabe.

70 Zu ihrer Kunstform vgl. beispielshalber S. 239, zu ihrem mimisch dramatischen Charakter S. 250.

71 Besonders Chodowieckis *Natürliche und affektierte Handlungen des Lebens,* Göttingischer Taschenkalender 1779, und *Heiratsanträge,* ib. 1781 und 1782; aber auch seine nicht aufeinander bezogenen 12 Bilder im Kalender des folgenden Jahres, *Centifolium Stultorum. Narrheiten,* wie Kredit-Narr, Komplimentier-Narr, Verliebter Narr, Bau-Narr wirken wie Vorlagen zu Nestroyschen Strophen.

72 Diese Gedankengänge sind den Ausführungen E. Miners über Dryden und M. Rosenblums über Pope in The Satirists' Art, ed. by Jensen and Zirker (Indiana University Press 1972), verpflichtet.

73 Das Wort von der »falschen Sittenlehre« hat Nestroy hier weggelassen, wohl im Hinblick auf die Zensur, es taucht aber nochmals auf im Zusammenhang mit dem »kategorischen Imperativ« in *Nur keck!*

74 S. W. V, S. 700-710. Sie sind ausführlich und einsichtig diskutiert in Ch. Kuhns Dissertation, S. 51 ff.

75 Hier plante Nestroy einzufügen: »Es privilegiert eine kleine Anzahl Auserwählter [Geburt], daß ihr ganzes Leben nichts ist als ein beständiges Wandeln durch Triumphbogen etc.« (SW XV, S. 703).

76 SW V, 706-708.

77 Vor dem Ständehaus in der Herrengasse versammelten sich am 13. März 1848 die revolutionären Delegationen, um ihre »Petition« zu überreichen.

78 S. 143.

79 SW XV, S. 692.

80 Vgl. SW XV, S. 654.

81 P. Demetz, Till Eulenspiegel und seine Vetternschaft: Vom Überleben der Plebejer. In: Literatur und Kritik No. 75, S. 299 ff. bes. S. 303 f., 309. Nestroy ist in dem Artikel nicht erwähnt.

Die Werke
I. Im Polizeistaat

1 Diese und die folgenden biographischen Angaben nach O. Rommel in SW XV und GW I und den dort angegebenen Quellen.

2 GW I, S. 19.

3 29 (»20« ist ein Druckfehler) von 71 Rollen (ib., S. 20).

4 Zit. SW XV, S. 21.

5 Vgl. SW XV, 372. »Der Gefertigte trug dem Nestroy auf, im
   nächsten Akt seine Rolle zu geben, wie es das Ganze erfordere,
   was er auch getan hat, und wurde derselbe in den ersten Szenen des
   4. Aktes mit allgemeinem Applaus empfangen«, fügt der Polizei-
   beamte hinzu.

6 Zur Datierung und zum ganzen Stück vgl. Verf., Nestroys ›historisch-romantisches‹ Jamben-Drama, in Festschrift für Detlev W.
   Schumann (1970), bes. S. 276 ff.

7 Von S. Diehl in Zauberei und Satire im Frühwerk Nestroys (1969),
   S. 28. Hierzu mein oben zitierter Aufsatz, S. 276.

8 Lt. Rommel in GW I, S. 21.

9 SW IV, 281-290.

9a Vgl. hierzu S. Diehl, Zauberei und Satire im Frühwerk Nestroys,
   1969, S. 29 ff.

10 »Die Heirat durch die Pferdekomödie« von H. Herzenskron.

11 Vgl. Diehl, S. 34.

12 Diehl sieht diese neuen Züge im Zettelträger, übersteigert sie aber
   beträchtlich. Papp ist ihm der »Mann des kritischen Überblicks«,
   der schonungslos mit dem Theater seiner Zeit abrechne und
   »schon einen großen Teil Nestroyscher Formulierungskunst zur
   Verfügung« habe (S. 35).

13 Lemberts Bearbeitung von Victor du Canges »Trente années d'un
   joueur«, lt. Rommel, SW I, S. 646.

14 SW I, S. 622 (Varianten).

15 Ib., S. 626.

16 Ib., S. 629 f.

17 S. 46-48.

18 Vgl. ib., S. 48.

19 Abgedruckt in SW IX, nach S. 16 und auf S. 18. Trotz des
   offenkundig auf »Ein treuer Diener seines Herrn« (1828) scherzend anspielenden Titels deutet nichts darauf hin, daß Der Einsilbige eine Parodie des Grillparzerschen Dramas gewesen wäre.

20 Diehl, S. 113.

21 Hervorhebung im Druck durch uns.

22 Vgl. das sehr ähnliche Paradox Knieriems S. 56.

23 Vgl. SW XV, S. 400, Anm. 1.

24 Aus dem Text eines von ihr unterzeichneten Aktes aus dem Jahr
   1841, abgedruckt SW XV, S. 52.

25 SW XV, S. 39 enthält ein Verzeichnis ihrer Rollen in Nestroy-
   Stücken.

26 Vgl. besonders E. V. Zenker, Die Wiener Revolution 1848 in ihren
   sozialen Voraussetzungen und Beziehungen (Wien 1897), ferner

Joseph Redlich, Kaiser Franz Joseph von Österreich (Berlin 1928) und Ilsa Barea, Vienna, Legend and Reality (London 1966).

27 Vgl. J. Hüttner, Literarische Parodie und Wiener Vorstadtpublikum vor Nestroy, und die dort genannte Literatur. In: Maske u. Kothurn 18 (1972), S. 100-140.

28 Rommel, SW IX, S. 575 f.

29 Rommel in SW XV, S. 25.

30 Wiener Theaterzeitung, 20. 3. 1832, zit. SW III, 463.

31 Vgl. SW III, S. 458 ff.

32 Die Premiere war nämlich eine »Benefiz-Vorstellung« für Nestroy als Darsteller des Ramsamperl.

33 In späteren Theatermanuskripten ist der Name erklärt, offenbar, weil das Ballett nicht mehr so bekannt war: Anfangs hieß er Lothar »und erst dann, als sein Reichtum sich in das Zweiunddreißigfache vermehrte, . . . Pfundar . . .« (SW III, S. 418 und 425).

34 ›Gareißl‹ heißt ein sehr beweglicher kleiner Fisch.

35 ›Stockfisch‹ bedeutet auch ›dummer Mensch‹.

36 Wiener Theaterzeitung, 13. Februar 1832, zit. SW III, S. 433.

37 Ib., 9. Februar.

38 Ib., 27. März im Rückblick auf Nestroys Entwicklung, zit. ib., S. 466.

39 Zit. ib., S. 435 (als »1831«).

40 Vgl. SW I, 650.

41 Aus dem Theaterzettel vom 23. Mai 1832, dem Text des Vorspiels *Der Theaterdiener, die Benefizvorstellung und Quodlibet* (SW IX, S. 449-457) zu dem Quodlibet *Humoristische Eilwagenreise durch die Theaterwelt* – welches der *Magischen Eilwagenreise* (vgl. S. 141 f.) nahesteht – und dessen Beschreibung (ib., S. 490 f.) läßt sich nicht mit Sicherheit feststellen, wie weit Nestroy für den Text verantwortlich war. Seine Rollen waren im Vorspiel »Strobelkopf, ein Genie von einem Theaterdiener«, im Quodlibet selbst »Carl Moor, ein absolvierter Räuberhauptmann«, »Winziwinzi, ein winzig kleiner Genius« (wohl wegen Nestroys hoher Gestalt), »Madame Punkt, . . . noch ältere, aber treulose Geliebte« (des von Scholz gespielten »alten verliebten Notarius«) und »Sansquartier, ein interessanter Krieger«. *Der Theaterdiener* soll die Entstehung des Quodlibets erklären: Ein Hund habe das Manuskript des zu spielenden Dramas gefressen und es muß rasch ersetzt werden. Das Ganze mag ein Riesenspaß für Theater-Habitués gewesen sein und wurde viermal aufgeführt.

42 Zit. SW III, S. 482.

43 SW III, S. 489.

44 Die Rolle war für Wenzel Scholz geschrieben; als er nach der dritten Aufführung erkrankte, übernahm sie Direktor Carl; er war

ein Spezialist für Staberl-Rollen. So wurde aus Stixlmann »Staberl, ein Parapluiemacher, jetzt Seeräuber« und Nestroy mußte entsprechende Textänderungen vornehmen.

45 Wiener Zeitschrift für Kunst, Literatur . . ., 6. Oktober 1832, zit. SW I, S. 680. Hierauf sich berufend, erweitert Diehl (S. 102) diese Deutung zu der als »dummes [Stockfisch!] Geschick«, da Nestroy ja auch das Schicksal als dumm darstelle.

45a Auf der Rückseite des Programms der Lesung vom 13. 1. 1925.

46 Die Reinschrift des Manuskripts ist zwar mit »anno 1832« bezeichnet, ein Konzept aber mit »anno 1831«. Die Erstaufführung fand erst am 20. 10. 1832 statt, 24 Tage nach der des *Konfusen Zauberers.*

47 Vgl. SW I, S. 701.

48 Wiener Zeitschrift, 1. November 1832, zit. SW I, S. 702.

49 Vgl. Ernst Fischer, Von Grillparzer zu Kafka (1962), S. 135.

49a Im Sammler vom 20. April 1833.

50 Das Milieu und die Vorgänge im *Lumpazivagabundus* sind im Faktischen realistischer als man annehmen möchte. Das soziale Elend war in den zwei Jahrzehnten vor der Revolution »schaudererregend« und die Straßen von Legionen bettelnder Handwerksburschen gefüllt. »Der Fremde kann sich kaum einen Begriff machen, mit welcher Unverschämtheit und bedrohlichen Keckheit der Bettel in den Umgebungen Wiens . . . getrieben wird. [Vgl. I, 4.] Es ziehen da Truppen rüstiger Bursche . . . von Ort zu Ort, erpressen durch Furcht den Beitrag, welchen das Gefühl versagt . . . Ja, der Bettel wird so systematisch betrieben, daß selbst faule Handwerksbursche jeden Freitag ihre Arbeit einstellen, bettelnd sich das Doppelte ihres gewöhnlichen Erwerbes verschaffen und . . . eine von Almosen abhängige Existenz einer durch Arbeit errungenen vorziehen.« (E. V. Zenker, S. 80 f.) Unter diesen umherziehenden Handwerksburschen befanden sich auch ältere Männer, da die »befugten Meister« und Zünfte den Übergang von Gesellen in ihren Stand möglichst einschränkten. 1822 und 1831 wurden die Gewerbe auf Wunsch der Zünfte gesperrt (ib. S. 37 f., 50 f. und passim). Infolge des Maschinenbetriebes sanken in den 40er Jahren »die selbständigen Meister zu lohnarbeitenden herab, und die Lage der Arbeiter war eine trostlose« (ib. S. 55 f.). Der Stemmeisenwurf Hobelmanns auf Leim (I, 6) wird glaubwürdiger, wenn man liest: Die Lehrlinge »sind dem harten und rohen Verfahren der Meister und Gesellen, die meistens in gleicher Roheit aufgewachsen, ausgesetzt« (Bericht einer amtlichen Kommission im Jahre 1835, zit. ib. S. 42).

50a Theaterzeitung vom 13. April 1833.

51 Costenoble I, S. 158 f.

52 Bohemia, 30. Juli 1844. Abgedruckt in Die Fackel, XXVI, Nr. 657-667, S. 114.

53 Hervorhebung im Druck von uns.

54 Für *Die Familien Zwirn*..., nicht für *Lumpazi,* mag es stimmen, daß Nestroys Darstellungsweise der Rolle schon so auf der Grenze des Möglichen gestanden sei, daß ein Fortschreiten in dieser Richtung »nicht mehr tunlich gewesen«, wie Gut in den vierziger Jahren aus der Erinnerung berichtete.

55 Costenoble, Tagebuch v. 6. November 1834 (= Aus dem Burgtheater, II, S. 210).

56 Vgl. SW III, S. 524.

57 Rommel, SW III, S. 521.

58 Laut Rommel, SW IX, S. 525, ist sie »kaum ... eine Originalarbeit Nestroys«. Ihr Vorbild, L. Angelys Singspiel Die Klatschereien (1829), war uns nicht zugänglich, aber Rommels Bemerkungen über die »Verschärfung« der Charakteristik und der komischen Wirkung, die »Ausgestaltung« der fünften Szene und der Rolle Nestroys sowie die Einfügung der parodistischen Gesangsstücke deuten darauf hin, daß Nestroys Anteil am Text und der Bühnenwirkung doch beträchtlich ist.

59 Bohemia, 30. Juli 1844.

60 Der letzte Rest.

61 Pollakel: Poulard; auf der Seilerstätte in der Inneren Stadt wurde Geflügel verkauft.

62 Wiener Theaterzeitung, 19. Jänner 1834, zit. SW II, S. 702.

63 l. c., S. 132-157.

64 Ib., S. 188-194.

65 SW II, S. 730.

66 Diehl, S. 92.

67 Vgl. SW IX, S. 534.

68 Vgl. ib., S. 494.

69 Das Lied, mittlerweile in die Neueste Sammlung komischer Theatergesänge aufgenommen, war nun weithin bekannt.

70 SW III, S. 555.

71 Nach GW I, S. 191.

72 Vgl. Anhang. Costenoble nannte noch fünf andere Quellen, aus denen Nestroy das Stück zusammengestellt habe. (Aus dem Burgtheater, 29. April 1835.).

73 Rommel, ib., S. 557.

74 Zit. Necker, S. 150.

75 Theaterzeitung, 3. September 1835.

76 Zur Beliebtheit des unflektierten Adjektivs in der Literatur des Biedermeier vgl. Sengle, I. S. 538.

77 l. c., S. 85.

78 Der Humorist, 21. Jänner 1837.
79 Dies ist die Schreibung des Namens auf dem Theaterzettel. Keine Handschrift und kein Druck des Textes aus der Zeit Nestroys ist erhalten. Die Ganghofersche Ausgabe führte »Gundelhuber« ein.
80 Theaterzeitung, 19. Jänner 1837.
81 Wiener Zeitschrift, 21. Jänner 1837.
82 Das Personenverzeichnis von *Robert der Teuxel* gibt die »Umgegend« von Wien als Schauplatz an, das der – aus einem Berliner Stück flüchtig umgearbeiteten – Posse *Tritschtratsch* »eine Vorstadt Wiens«, aber die Charaktere die einen sind bäurisch-ländlich, des andern kleinbürgerlich-vorstädtisch.
82a Wiener Zeitschrift, w. o.
83 S. 22 f. Ähnlich noch oft.
84 Zur mehrfachen Bedeutung dieser Namen vgl. S. 26 f.
85 Der Sammler, 27. November 1837.
86 Theaterzeitung, 18. November 1837, zit. SW X, S. 526.
87 Zit. ib., S. 531.
88 Theaterzeitung, 18. November 1837, zit. SW X, S. 525.
89 Vgl. den Text zu unserer Anm. 87.
90 Wiener Zeitschrift, 17. März 1838, zit. SW VIII, S. 249.
91 Vgl. SW VIII, S. 245 ff. und 252.
92 Ib.
93 Laut GW I, S. 192.
94 Laut den Spielplänen seit 1945 und Hüttners Wiener Dissertation (1964) »Wiener Nestroyaufführungen vom Tode des Autors bis zum Ende des zweiten Weltkrieges«.
95 Dies ist gegen Preisners Deutung der Figur, l. c., S. 87 f., gesagt.
96 Nestroy trat selbst seit 1840 im Lauf der Jahre in zwei »Lebensbildern« und einem »Charakterbild« von Friedrich Kaiser auf.
97 Laut Berichten der zeitgenössischen Kritik. Vgl. SW II, S. 761 ff.
98 Hervorhebung Gutts. Bohemia, 16. 7. 1844.
99 Ib. 21. 7. 1844.
100 Ib. 2. 8. 1844.
101 Vom 18. April 1839. Abgedruckt SW IV, S. 329 ff.
102 »Ein Trauerspiel in Berlin.«
103 Rommel erzählt die Handlung des »Trauerspiels« mit reichlichen Zitaten SW IV, S. 319-329. Nestroy ist ihr mit Ausnahme des Schlusses gefolgt und hat sie travestierend verwienert. Dazu paßt, daß er eine bei Holtei auf Irrtum beruhende Erstechung durch eine »Watschen« ersetzt hat.
104 Originell, obwohl es ein Vorbild in de Leuven und Brunswicks Libretto zu der im 18. Jahrhundert spielenden Oper Adolphe Adam's, Le brasseur de Preston, hat.
105 »Titus(kopf)« bezeichnete eine um 1840 moderne Herrenfrisur.

106 Während es stimmt, daß ihre »Naivität« im Sprachspiel im Gegensatz zu den Reden des Titus steht (Brill, S. 136), bewirkt diese keineswegs, »einen Anflug von Clownerie, der zum Bild reiner Naivität nicht passen will« (ib.). Sie hat nur instinktiven simplen Menschenverstand. Daß die Schauspielerin Inge Konradi die Rolle »tatsächlich« mit Clownerie spielt, ist gewiß kein Beweis, daß »ihre Auffassung der Rolle textgemäß ist«. Sie spielt sie auf diese Weise, weil Clownerie der Konradi wesensgemäß ist.

107 *Bonaventure* von Dupreuty und de Courcy (1840). Vgl. die Ausgabe des *Talisman* von H. Herles (1971), S. 103 ff. u. 113-120. Über Textvariationen ib. S. 96-101.

108 Bernhard Gutt in der Bohemia, 4. April 1844. – Daß schon im Text der weiteste Spielraum der Empfindungen – Kummer, Hoffnung, Enttäuschung, Resignation, Triumph, Einkehr usw. usw. –, begrenzt durch einen scharf umrissenen Charakter, angelegt ist, war wohl der Anlaß für R. Lauran, ihn – mit einigermaßen veränderter Handlung – zu einem Szenarium für den Mimiker Marcel Marceau umzuschreiben (*Les Trois Peruques,* Pantomime en 27 tableaux. Librairie Théâtrale, Paris, 1956, Erstaufführung 29. 5. 1953).

109 Rommel, SW XV, S. 259.

110 Der Humorist, zit. SW X, S. 638.

111 Vgl. ib., S. 634, 637.

112 Vgl. Herles, S. 126 f.

113 Quellen: Für die Zeit bis 1945 Hüttner (vgl. oben, Anm. 94), von 1945-1961 eine vom Institut für Theaterwissenschaft der Universität Wien mir freundlich zur Verfügung gestellte Übersicht, ferner die Übersichten in den Zeitschriften Die Bühnengenossenschaft und ab 1961, Theater Heute.

114 Daß *Der Talisman* zum erstenmal 1937 in eine Auswahl-Ausgabe aufgenommen wurde (Ausgewählte Werke, hg. von F. H. Mautner) und Nestroy seit 1958 in dem weitverbreiteten Sammelwerk Das Deutsche Drama bloß durch ein Kapitel über den *Talisman* (vgl. Vorwort, S. 10) statt durch eines der damals in Deutschland fast allein bekannten Stücke vertreten war, mag dazu beigetragen haben, daß es sich schließlich durchgesetzt hat. Karl Kraus hatte es zum erstenmal 1922 öffentlich vorgelesen.

115 Vgl. SW XI, S. 487-494.

116 Wiener Theaterzeitung, 26. November 1841.

117 GW I, S. 184.

118 Vgl. GW I, S. 189.

119 Die Rolle Melchiors fehlt in der Vorlage. Vgl. Anhang und Insel-Ausgabe Bd. II, S. 670.

120 Rommel, SW XI, S. 548.

121 = herunterschluck'.

122 = peitsch' ihn.

122a = [durch Ungeschicklichkeit oder Dummheit] verdorben.

123 = ungeschickte, dumme Personen.

124 = Rausch.

125 27. März 1843, zit. SW XI, S. 633.

126 Vgl. Rommel, SW XV, S. 630.

127 Wiener Theaterzeitung, zit. ib., S. 626.

128 Rommel, SW XV, S. 308 f. und die Statistik S. 601.

129 Ib., S. 310.

130 Korrektur des »jeden« SW XII, S. 551.

131 Die Handlung *schien* einem Vaudeville nachgebildet zu sein, doch ist bis heute keine »Vorlage« für *Nur Ruhe!* gefunden worden.

132 Der Humorist, 20. 11. 1843; zit. SW XII, S. 555.

133 In der Illustrierten Wiener Kronenzeitung vom selben Tag.

134 Von Duvert und Lauzanne (1843). Darüber, wie die wesentlichsten Unterschiede zwischen dem Vorbild und der Posse aus ihr ein neues Stück machen, vgl. Rommel, SW XII, S. 619-624.

135 Rommel, SW XII, S. 624. Vgl. die dort abgedruckten Besprechungen.

136 Vgl. ib., S. 647 ff.

137 Sonntagsblätter, zit. SW XII, S. 662.

138 Vgl. SW XIII, S. 592 ff.

139 Vgl. SW XIII, S. 599 ff.

II. Sturmzeichen, Revolution, Nachwehen

1 H. Adami begründete diese Bezeichnung in der ausführlichen Besprechung in der Wiener Theaterzeitung vom 5. Mai 1846; vgl. SW VIII, 337-342.

2 Vgl. die obige Besprechung.

2a Zit. S. 77.

3 Angedeutet bei Preisner, S. 103 und 106.

4 Ib., S. 108. Der Behauptung dagegen, daß Nestroy »in der Armut [an sich] einen spirituellen Wert [sehe]«, einen »Nachklang der romantischen Idealisierung des Volkes« (ib.), widerspricht sein gesamtes Werk.

5 Rommel, GW I, S. 154.

6 Zit. SW XIII, S. 623.

7 Ib., S. 619.

8 Ib., S. 604. Vielleicht aus Ärger über die besonders zahlreichen Änderungen, die die Zensur verlangt hatte, beließ Nestroy den Budapester Aufführungen den ursprünglichen Titel.

9 Theaterzeitung, 3. April 1847, zit. SW VIII, S. 375 f.

10 Ib., S. 380 f.

11 Theaterzeitung, ohne Datum zitiert in SW XIII, S. 643.

12 Nestroy soll das Spiel des Darstellers des Lord Lionel (hier Lein-öhl) am Kärntnertor-Theater parodiert haben.

13 Rommel, SW V, S. 627.

14 Vgl. SW V, S. 620 ff.

15 Vgl. SW V, S. 628.

15a = herumtorkelt.

16 Zit. SW V, S. 667 ff.

17 In SW IV, S. 367-381 sind die Stellen aus Hebbels »Judith« abgedruckt, die deutlich Ziele der Parodie waren.

18 Vgl. SW IV, S. 383.

19 Ib., S. 382 f.

20 Fragmente der Entwürfe zu *Der alte Mann* hat Nestroy in *Höllenangst* verwendet (vgl. SW XV, S. 681 und 723).

21 Vgl. Verf., »Nestroys *Der alte Mann mit der jungen Frau* – eine politische Komödie?«, in: Über Literatur und Geschichte, Festschrift für Gerhard Storz, Frankfurt a. M. 1973, S. 267.

22 Vgl. den in Anm. 21 erwähnten Artikel, besonders S. 266 ff.

23 Außer den Bemerkungen, auf die in Anm. 21 verwiesen ist, finden sich in den Entwürfen für unser Stück Notizen wie »Liebe und Schuldigkeit, das paßt grad so zusamm als . . . Haslinger und Ehre, Knute und Menschenrecht« (SW V, S. 725). Haslinger, der zum Prügeln verwendete Stock der Polizei aus Haselholz, wurde zum Symbol absolutistischer Tyrannei.

24 Statt »so viele Hunderttausende« hieß es im Konzept: »dreimalhunderttausend«. Dies war die Einwohnerzahl Wiens! (Vgl. Rommel, SW V, S. 724.) Alexander Bach, einer der lautesten Sprecher in der März-Revolution, paßte sich rasch dem neuen Régime an und wurde als Justizminister eine seiner wichtigsten Stützen.

25 Der Theaterzettel der Erstaufführung wies auf »Dominique ou le Possédé« (1831), ein im Frankreich Ludwigs XIII. spielendes Lustspiel, als teilweises Vorbild der Handlung hin. Vgl. SW V, S. 711 ff.

26 Staatsgefängnis.

27 Eine Anspielung auf die oktroyierte Verfassung von 1849.

28 Zum Beispiel verlangt Wendelin einmal seine Seele zurück, weil der »betrügerische Vertrageingeher« den Pakt nicht vollkommen erfüllt habe. (II, 11)

29 Vgl. SW V, S. 716.

1 Vgl. zum folgenden vor allem Redlich, l. c., Barea, l. c., ferner C. A. Macartney, The Habsburg Empire 1790-1918 (London 1968).

2 Vgl. den ausführlichen Polizeibericht über das Carl-Theater vom 25. 12. 1857, abgedruckt SW XV, S. 391-394.

3 Barea, l. c., S. 222 f.

4 Vgl. SW XIII, S. 669.

5 Rommel, ib., S. 665.

6 Abgedruckt im kritischen Anhang, XIII, S. 654 ff. nach der Chiavacci-Ganghoferschen Ausgabe, deren Vorlage eine verlorene Handschrift war.

7 Ib., S. 669.

8 Ib., S. 671.

9 Vgl. SW XIII, S. 684.

9a Der ursprüngliche Titel lautet: *Der Profet,* große Oper von Mayerbeer [sic], Posse mit Gesang in drei Akten. Keine Parodie des ›Profeten‹.

10 Kurt Kahl, Johann Nestroy, S. 266.

11 Darum geht Preisner an der dramatisch-ästhetischen Wirklichkeit, den Kräfteverhältnissen des Stücks, vorbei, wenn er es um einer dialektischen Antithese willen als auf den Gegensatz von Herz (Schlicht) und Intellekt (Fint) aufgebaut darstellt.

12 Laut Hüttners Dissertation. Rommel gibt (in GW I, S. 193) 1853 als letztes Aufführungsjahr zu Nestroys Lebzeiten an.

13 Rommel, SW XIV, S. 636.

14 Der sentimentale Untertitel, der an sie denken läßt, wurde erst nach der ersten Aufführung hinzugefügt.

15 Preisner, S. 28.

16 Vgl. SW VIII, S. 505.

17 Aus Marie von Ebner-Eschenbachs, eines Mitglieds der österreichischen Aristokratie, Lustspiel »Das Waldfräulein« (Premiere 1873, erster Druck Wien 1969) können wir schließen, wie nahe die sarkastische Behandlung dieser Gesellschaft der Wirklichkeit kam.

18 Noch weniger ist *Heimliches Geld* eine »tragische Posse«, als die sie Preisner (S. 161 f.) bezeichnet, ein Meisterstück, in dem Dickkopf als Opfer der kapitalistisch-bürgerlichen Welt dargestellt werde, die durch einen Betrug an ihm ihn zum schlechten Menschen gemacht habe. Nichts in dem Stück spricht für diese These und für die zweite, daß es deshalb vor einem bürgerlichen Publikum durchgefallen sei; viel spricht dagegen.

19 Vgl. z. B. S. 326 f. oder *Heimliches Geld,* III, 11.

20 Eine 1849/50 neue, vielfach sarkastisch behandelte Erscheinung im Wiener Theaterleben.

21 Z. B.: Jetzt wenn die jungen Damen, die Kammermädln und die
　　　　　 Köchinnen über d' Männer so klag'n,/
　　Da kann man sich denk'n, was d' alt'n Jungfern erst sag'n.
22 Zum Namen vgl. S. 160.
23 Rommel SW XV, S. 322; vgl. den Polizeibericht ib., S. 610.
24 A. Wallners (s. S. 27 und Anm. 12, S. 396) Vermutung, Nestroy
　　habe das Stück nicht aufführen lassen, weil »der burleske Geister-
　　spuk in der Kreuzerfindungs-Nacht wohl den Zensor zu scheuen«
　　hatte, ist kaum stichhaltig: solche Szenen waren in der Wiener
　　Volkskomödie durchaus gang und gäbe gewesen. Außerdem wäre
　　es Nestroy ein Leichtes gewesen, den Spuk in noch weniger anstö-
　　ßige Form umzuschreiben oder ganz zu entfernen.
25 Die geplante Besetzung. Vgl. SW XIV, S. 674 f.
26 Vgl. S. 343.
27 Vgl. dazu SW XIV, S. 686. Der gemeinsame Ursprung – wieder die
　　commedia dell'arte-Tradition – erklärt wohl die Gemeinsamkeiten.
28 Der Wanderer, 10. März 1857, zit. SW XIV, S. 689.
29 Vgl. ib., S. 724.
30 Vgl. SW XV, S. 316 ff.
31 SW XIV, S. 721.
32 *Majorenn* ist in der österreichischen Amtssprache die Bezeichnung
　　für gesetzlich »mündig«.
32a ›Wo‹ und ›die‹ im Text nicht kursiv.
33 Vgl. die Nachweise SW IV, S. 391. Es ist uns bei dem größeren Teil
　　dieser Partien leicht gelungen, sie ohne Kenntnis der Nachweise als
　　Nestroyisch zu erkennen.
34 Wiener Theaterzeitung, 1. November 1857, zit. SW IV, S. 393.
35 Vgl. Necker, S. 191-199 und Rommel in SW XV, S. 323 ff., 337 ff.
36 Vgl. Ernst Fischer, l. c., S. 134 f.
37 Ernst Fischer bringt dieses Zitat damit in Zusammenhang, daß »die
　　Geschäfte des Holzgroßhändlers Feldmüller solches Ärgernis [er-
　　regten], daß Kaiser Ferdinand I 1838 eine Untersuchung anordne-
　　te« (l. c., S. 135). Es scheint uns unwahrscheinlich, daß Nestroy
　　sich nach 24 Jahren an diesen Vorfall erinnert und ihn aufs Tapet
　　gebracht haben soll.
38 Vent du Soir, Text von M. P. Gille, war in Wien im Juni und Juli
　　1861 aufgeführt worden. Nestroy begann die Bearbeitung im
　　August. Vgl. Briefe, S. 88.
39 Vgl. Briefe, S. 84-87.
40 Ib.
40a Kursiv in den folgenden Zitaten von uns.
41 Der Text auf S. 72 f. zitiert.
42 Vgl. SW XIV, S. 743.
43 Vgl. SW XIV, S. 744.

1 Nach der oft zitierten Erzählung des Nestroy befreundeten Schauspielers Ludwig Gottsleben berichtet in der Grazer Tagespost, 19. Mai 1912.

2 SW XV, S. 324 und die dort angegebenen Quellen.

3 »Aristophanes-Nestroy«, Presse, 16. Juni 1862.

4 Rommel, GW I, S. 175. Ähnlich in SW XV, S. 355: »Nestroy selbst kam zunächst nicht zu Worte.«

5 Die Zahlen beruhen auf den Statistiken Hüttners.

6 Wiener Briefe, März 1861, Werke I, Abt. X, S. 224.

7 Österreichische Revue, II, S. 171.

8 Sein überdies ignorantes Urteil ist zitiert in SW XV, S. 581.

9 Die Presse, 16. Jänner 1881.

10 Vgl. Necker, S. 210 f.

10a Sie versuchten noch 1893, ihn zu kopieren. Vgl. Hüttner, S. 154.

11 Alle 355 Aufführungen von *Nur keck!* fanden in der Spielzeit 1943-44 im Wiener Bürgertheater statt.

12 Der Verfasser wurde von einem angesehenen deutschen Verlag aufgefordert, ein Kapitel über ein Stück von Nestroy zu schreiben, »vielleicht den *Verschwender*«.

13 In Aachen, Augsburg, Baden-Baden, Bamberg, Berlin, Bonn, Brandenburg, Braunschweig, Bremen, Celle, Darmstadt, Detmold, Dortmund, Düsseldorf, Frankfurt, Freiburg, Gelsenkirchen, Göttingen, Hamburg, Hannover, Heidelberg, Hildesheim, Ingolstadt, Kassel, Kiel, Köln, Krefeld, Schloß Marbach, Marburg, Mönchengladbach, München, Münster, Nürnberg, Oberhausen, Oldenburg, Pforzheim, Regensburg, Saarbrücken, Stuttgart, Wiesbaden, Wilhelmshaven, Wunsiedel und Wuppertal.

14 Besonders Nestroy und die Nachwelt, Die Fackel, Nr. 349/50 (1912) S. 1-23, abgedruckt zuerst in Untergang der Welt durch schwarze Magie (1922); ferner Nr. 457/61 (1917), S. 53-57; Nr. 613/21 (1923), S. 42-58; Nr. 676/78 (1925), S. 1-40.

15 *Das Notwendige und das Überflüssige* (Nach *Die beiden Nachtwandler*), Wien, 1920 und *Der konfuse Zauberer* . . . (Nach *Der konfuse Zauberer* und *Der Tod am Hochzeitstage*) Wien 1925. Das Publikum Deutschlands lernte *Das Notwendige und das Überflüssige* erst 1931 durch seine Vorlesung im Breslauer Rundfunk kennen.

16 Vgl. Verf., Das Wortspiel und seine Bedeutung, Deutsche Vierteljahrsschrift f. Literaturw. IX (1931), S. 679-710; jetzt auch in des Verf. »Wort und Wesen« (1974).

17 Vgl. den ausgezeichneten Bericht Jürgen Heins »Nestroyforschung (1901 bis 1966)«, in: Wirkendes Wort XVIII (1968), S. 232-45.

18 Johann Nepomuk Nestroy, Zeitschrift für deutsche Bildung, S. 480-490.

19 Johann Nestroy und seine Kunst, auch als Einführung (S. 7-65) zu Ausgewählte Werke (Wien 1937).

20 Vgl. S. 10.

21 Heins Forschungsbericht, S. 241. Ausnahmen sind darin genannt.

22 Vgl. S. 181, Anm. 49.

23 Vgl. S. 46, Anm. 34.

24 Ich wurde mir dieser Modernität erst 1962 bewußt und widmete ihr, nicht als Werturteil, sondern als Charakterisierung, einen Teil meiner Universitäts-Festreden. (Nestroys Kunst und unsere Zeit, in: Jahrbuch der deutschen Schillergesellschaft VII, 1963, S. 383-415). Die folgenden Bemerkungen wiederholen teilweise dort (S. 406 bis 414) Gesagtes.

25 Theaterprobleme (1955), S. 20.

26 Ib., S. 15.

27 Ib., S. 25.

28 Auf inhaltliche und motivische Übereinstimmungen zwischen Dürrenmatt und Nestroy oder »Viena somewhat between Raimund und Nestroy« hat A. D. Klarmann schon in »Friedrich Dürrenmatt and the Tragic Sense of Comedy« in Tulane Drama Review, IV (1960), S. 77-104 hingewiesen. »Similarities between Akki [in Ein Engel kommt nach Babylon] and Azdak in Brechts The Caucasian Chalk Circle indicate the influence of Nestroy on both dramatists« (Ib.).

29 Ib., S. 28.

30 Kleines Organon für das Theater (1960), S. 8 ff.

31 »Das unliterarische Volkstheater wird belauscht, die unambitionierte Posse ihrer Mittel geplündert«, bemerkt H. Karasek in seiner Charakterisierung des deutschen Theaters der sechziger Jahre, in: Nachwort zu Deutsches Theater der Gegenwart (1967), II, S. 564.

32 Carl J. Burckhardt, Erinnerungen an Hofmannsthal (1948), S. 29.

33 Kleines Organon, S. 9.

34 »Brecht sagt: ›Der Schauspieler muß seine Sachen zeigen, und er muß *sich* zeigen . . . Obwohl dies zusammenfällt, darf es doch nicht so zusammenfallen, daß der Unterschied zwischen diesen beiden Aufgaben verschwindet.‹ Mit andern Worten: Der Schauspieler soll sich die Möglichkeit vorbehalten, mit Kunst aus der Rolle zu fallen.« (Walter Benjamin, Was ist das epische Theater? Schriften, Bd. II, 1955, S. 266.)

35 Neues Organon, S. 52.

36 Diese Bezeichnung ist hier im Sinn der Einleitung zu B. Allemann, Ironie und Dichtung (1956), gebraucht.

37 Walter Jens, Die deutsche Literatur der Gegenwart (1961), S. 149.

38 Ähnlich meint Erich von Kahler, Helmut Heißenbüttel folgend, eine der drei Richtungen, der »avantgardischen« Bestrebungen suche »ins Innere der Sprache einzudringen, sie aufzubrechen und in ihren verborgenen Zusammenhängen zu befragen.« In »Form und Entformung«, Jahrbuch 1964 der Deutschen Akademie für Sprache und Dichtung (Heidelberg 1965).

39 Beide Zitate aus Ich bin ein Bewohner des Elfenbeinturms (1967), in: Prosa Gedichte Theaterstücke . . . (1969), S. 271.

40 Handkes Hervorhebung. W. o., S. 265.

41 und 42 Beide Stellen bei E. Ionesco, The Playwright's Role, in The Observer, 29. Juni 1958, englisch zitiert bei M. Esslin, The Theatre of the Absurd, New York (1961), S. 80, S. 14.

43 *haj* [Hansres Jacobi], in Neue Zürcher Zeitung, 29. Mai 1971.

44 Abdruck im Programm des Wiener Theaters in der Josefstadt, Mai 1973, zur Neuaufführung von *Die beiden Nachtwandler,* aus Reden und Aufsätze (1972).

45 Gebrauchsanweisung. In: Gesammelte Werke, IV (1971), S. 663.

46 Roger Bauer, Die Herren Vettern aus der Steiermark, in: Literatur und Kritik, Heft 60 (1971), S. 587.

47 1962 haben wir ihn als ». . . am ehesten Nestroys Erben in unserem Jahrhundert« bezeichnet, »wenn auch in weitem Abstand an Welt- und Tiefsicht« (Nestroys Kunst und unsere Zeit, S. 406).

48 Gebrauchsanweisung, S. 662 f.

49 Ib., S. 660.

50 Kleines Organon, 1960, S. 8 ff.

51 Stücke I (1957), S. 14.

52 Vgl. S. 31.

53 The Observer, w. o.

54 Die erste Stelle zitiert von T. Krischke im Vorwort zu Horváth, Stücke (1961), S. 8, die zweite im Nachwort von U. Becher, S. 439, aus dem Nachlaß.

Quellen und Vorlagen der Stücke Nestroys

Diese Liste beruht auf Angaben und Hinweisen zeitgenössischer Theaterzettel und Zeitungskritiken, auf den in ihr genannten Einzeluntersuchungen und den Ergänzungen Otto Rommels in der Gesamtausgabe. Die Numerierung der Stücke folgt der Liste in GW I. Die »dramatischen Quodlibets« sind nicht angeführt, da sie ja keine Vorlagen haben, sondern beliebte Szenen und Rollen aus verschiedenen Stücken zusammenstellen und durcheinandermischen. – »α« bedeutet »zuerst aufgeführt«; R. = Rommel.

1 *Der Zettelträger Papp.* Schluß der Sz. 2 und Sz. 3: Hermann Herzenkron, »Die Heirat durch die Pferdekomödie«, lokale Posse mit Gesang in einem Aufzuge, bearbeitet von Raimund, 1822. Abgedruckt in Raimund, SW III (1932), S. 49 ff. Vgl. Diehl, S. 34 f.

2 *Die Verbannung aus dem Zauberreiche.* Victor du Cange, »Trente années d'un joueur«, α (Wien): 1828. Vgl. SW XV, 646 ff.

3 *Der Einsilbige.* Keine Quelle bekannt.

4 *Der Tod am Hochzeitstage.* J. A. Gleich, »Herrn Weißvogels Witwerstand« (1816); Ch. Friedrich Bretzner, »Die verstorbene Ehefrau oder Drei Liebhaber an einem Tage« (1776).

8 *Der gefühlvolle Kerkermeister.* L. Henry (Ballettmeister), »Adelheid von Frankreich«, historisch-pantomimisches Ballett in fünf Aufzügen, α: 1822; Aug. v. Kotzebue, »Der Schutzgeist«, dramatische Legende in sechs Aufzügen, 1815.

9 *Nagerl und Handschuh.* Auguste Schreibers Bearbeitung von Etienne-Isouard, »Finette Aschenbrödel oder Rose und Schuh, Zauberspiel mit Gesang und Gruppierungen in drei Aufzügen, dem bekannten Märchen nachgebildet«, 1830; Übersetzungen von Etienne-Isouards Oper »Cendrillon«, α (Wien): 1810, und G. A. Rossinis Oper »Cenerentola«, α (Wien): 1817. Vgl. SW III, 458 ff.

10 *Der Theaterdiener.* Keine Quelle bekannt.

11 *Zampa der Tagdieb.* Duveyrier-Mélesvilles Textbuch zu Ludwig Josef Ferdinand Herolds komischer Oper in drei Akten »Zampa oder die Marmorbraut« (»Zampa ou la Fiancée de Marbre«), α: Paris 1831, Wien 1832. Vgl. SW III, S. 482 ff.

12 *Der konfuse Zauberer.* Keine Quelle bekannt außer denen für Nr. 4.

13 *Die Zauberreise in die Ritterzeit.* Ein »nahes Vorbild« (R.): Karl Meisl, »1723, 1823, 1923«, Phantastisches Zeitgemälde in 3 Aufzügen. In: »Theatralisches Quodlibet«, 1824, VIII. Band.

14 *Genius, Schuster und Marqueur.* Keine Quelle bekannt.

15 *Der Feenball.* Vgl. Nr. 17.

16 *Der Zauberer Februar.* Keine Quelle bekannt.

17 *Der böse Geist Lumpazivagabundus.* J. A. Gleich, »Schneider, Schlosser und Tischler. Posse mit Gesang in drei Aufzügen. Nach einer Erzählung von Weisflog« (α: 1831). Karl Weisflog, »Das große Los. In etzlichen anmutigen Historien«. Erste Historie in Weisflogs Sammlung »Phantasiestücke und Historien«, 1824. Vgl. SW II, S. 658 ff.

18 *Robert der Teuxel.* Meyerbeer-Scribe, »Robert le diable« (α: 1831 Paris, 1833 Wien); Johann Schickh, Musik von Andreas Scutta, »Robert der Wauwau« (α: 1833). Vgl. SW III, 511 ff.

19 *Der Tritschtratsch.* Louis Angely, »Die Klatschereien«, Posse in einem Akt. α: 1829. In: Vaudevilles und Lustspiele (1828-34), Bd. IV. Vgl. SW IX, 525 ff.

20 *Der Zauberer Sulphurelektrimagnetikophosphoratus.* Ernst Raupach, »Robert der Teufel«, romantisches Trauerspiel in fünf Aufzügen, 1834.

21 *Müller, Kohlenbrenner und Sesseltrager.* Keine bestimmte Quelle bekannt (vgl. SW II, S. 720).

22 *Das Verlobungsfest im Feenreiche.* Keine bestimmte Quelle bekannt. »Jedes einzelne Motiv in der allgemeinen und der Alt-Wiener Possenliteratur vielfach belegt.« (R. in SW II, S. 731).

23 *Die Gleichheit der Jahre.* Wie 22.

24 *Die Familien Zwirn, Knieriem und Leim.* Karl Weisflog, »Das stille Wasser«, Novelle. In »Phantasiestücke und Historien«, Band X, 1828. Vgl. SW II, S. 683 ff.

26 *Weder Lorbeerbaum noch Bettelstab.* Karl von Holtei, »Lorbeerbaum und Bettelstab oder Drei Winter eines deutschen Dichters. Schauspiel in drei Akten . . .« (α: Berlin 1833, Wien 1834). Vgl. SW III, S. 555 ff.

27 *Eulenspiegel.* Matthäus Stegmayer, »Till Eulenspiegel«, Lustspiel. (α: 1808). Vgl. SW IX, S. 555 f.

28 *Zu ebener Erde und erster Stock.* Keine bestimmte Quelle bekannt.

29 *Der Treulose.* Keine Quelle bekannt.

30 *Die beiden Nachtwandler.* J. A. Gleich, »Maler Klex oder Das Notwendige. Natürliches Zauberspiel mit Gesang in zwei Aufzügen, nach dem Französischen ganz frei bearbeitet«; Comte Adrien de Sarrazin, »Le Nécessaire et le Superflu«. Abdruck in dessen Œuvres, 1841, S. 167-188. Vgl. SW VIII, S. 204 ff.

31 *Der Affe und der Bräutigam.* Keine Quelle bekannt.

32 *Eine Wohnung ist zu vermieten.* Louis Angely, »Wohnungen zu vermieten«, komisches Gemälde in fünf Rahmen, α (Wien:) 1837. Vgl. SW IX, S. 592 ff.

33 *Moppels Abenteuer.* Vorbild »für die Konstruktion der Handlung« vielleicht Adolf Bäuerles Zauberspiel mit Gesang in drei Aufzügen

»Wien, Paris, London und Konstantinopel«, 1824. Vgl. SW IX, S. 614.

34 *Das Haus der Temperamente.* Keine Quelle bekannt.

35 *Glück, Mißbrauch und Rückkehr.* Paul de Kocks Roman »La maison blanche«. Vgl. SW VIII, S. 232 ff.

36 *Der Kobold.* J. Perrot, »Der Kobold«, Feenballett in zwei Aufzügen und fünf Tableaux (α: 1838).

37 *Gegen Torheit gibt es kein Mittel.* Keine Vorlage bekannt.

38 *Die verhängnisvolle Faschingsnacht.* Karl von Holtei, »Ein Trauerspiel in Berlin«, bürgerliches Drama in drei Akten, 1837. Vgl. SW IV, S. 320 ff. und G. Boege, Nestroy als Bearbeiter, Diss. Frankfurt a. M. 1968.

39 *Der Färber und sein Zwillingsbruder.* »Le brasseur de Preston«, komische Oper von Adolphe Adam, Text von de Leuven und Brunswick, 1838. Vgl. SW X, S. 556 ff.

40 *Der Erbschleicher.* »La Reine d'un jour«, komische Oper in drei Akten von Adolphe Adam, Text von Eugène Scribe und Saintes Georges, 1839.

42 *Der Talisman.* »Bonaventure«, Comédie-Vaudeville en trois actes et quatre tableaux par Charles-Désiré Dupeuty et Frédéric de Courcy, 1840, Abdruck im Magasin Théâtral, Paris, o. J. Vgl. SW X, S. 621 ff.; ferner Leo Tönz, Nestroys künstlerische Eigenständigkeit und Eigenart (Diss. Wien 1967), Helmut Herles, Nestroys Komödie Der Talisman (Diss. Frankfurt a. M. 1969) und die bei Nr. 38 genannte Dissertation.

43 *Das Mädl aus der Vorstadt.* Paul de Kock und Charles Victor Varin, »La jolie Fille du Faubourg«, Comédie-Vaudeville en trois actes, Abdruck im Magasin Théâtral, Paris, o. J., α: Paris 1840. Vgl. SW XI, S. 487 ff.

44 *Prinz Friedrich [von Korsika].* Karl van der Velde, Prinz Friedrich, 1819. Vgl. F. H. Mautner, Nestroys ›historisch-romantisches‹ Jamben-Drama (in: Festschrift für Detlev W. Schumann, 1970, S. 270 ff.).

45 *Einen Jux will er sich machen.* John Oxenford, »A Day well spent«, a Farce in one act, London 1843. Vgl. SW XI, S. 547 und Komödien (Insel Klassiker), II, S. 670.

46 *Die Ereignisse im Gasthofe.* Keine Quelle bekannt.

47 *Die Papiere des Teufels.* Etienne Arago und Paul Vermond, »Les Mémoires du Diable«, Paris 1842, in deutscher Übersetzung von Josef Kupelwieser »Die Memoiren des Teufels«, 1842. Vgl. SW XI, S. 582 ff.

48 *Liebesgeschichten und Heiratssachen.* John Poole, »Patrician and Parvenu«, Untertitel »Confusion worse Confounded«. Vgl. A. Wallner in »Dichtung und Volkstum«, 41 (1941), S. 496 ff.

49 *Die dramatischen Zimmerherrn.* Keine Quelle bekannt.

50 *Nur Ruhe.* Keine Vorlage bekannt.

51 *Eisenbahnheiraten.* »Paris, Orléans et Rouen«, Vaudeville in drei Akten von J. F. A. Bayard und C. V. Varin, α: Paris 1843, Abdruck im Magasin Théâtral, Paris, Übersetzung von Gustav Zuffi (in Wiener Stadtbibliothek). Vgl. SW XII, S. 583 f.

52 *Hinüber-Herüber.* »Die gewonnene und doch verlorene Wette«, Anekdote in der Humorist vom 28. Dezember 1848. Vgl. SW XII, S. 600 f.

53 *Der Zerrissene.* »L'homme blasé«, Comédie-Vaudeville en deux actes von Felix Auguste Duvert und Adolphe Théodore Lauzanne, α: Paris 1843, Abdruck im Magasin Théâtral, Paris, o. J. Vgl. SW XII, S. 618 ff.

54 *Die beiden Herrn Söhne.* »L'Homme de la Nature et l'Homme Policé«, Roman von Paul de Kock. Vgl. SW XII, S. 648 ff.

55 *Das Gewürzkrämerkleeblatt.* »Trois Epiciers«, Comédie-Vaudeville en trois actes par Anicet-Bourgeois, α: Paris 1840. Vgl. SW XII, S. 676 f.

56 *Unverhofft.* »Boquillon à la recherche d'un père«, Comédie-Vaudeville en trois actes, von Bayard und Dumanoir, α: Paris 1845, Abdruck im Magasin Théâtral, Paris, o. J. Vgl. SW XIII, S. 591 f.

57 *Der Unbedeutende.* Michel Masson (Pseud. für Michel Raymon) »Das Sandkorn« = »Daniel der Steinschneider«, Band III), übersetzt von L. Kruse, 1833. Auch bearbeitet von Karl Haffner als »Der Faßbinder«, lokales Lebensbild mit Gesang in drei Akten, α: Wien, 1842.

58 *Zwei ewige Juden für einen.* Handlungsschema: Eugène Sue's Roman »Le Juif errant« (1844).

59 *Der Schützling.* Vorlage (vermutlich französisch) unbekannt. Vgl. SW VIII, S. 367.

60 *Die schlimmen Buben in der Schule.* »Le Maître d'Ecole«, Vaudeville von Lockroy und Anicet-Bourgeois, α: 1841. Abdruck im Magasin Théâtral, Paris, o. J. Vgl. SW XIII, S. 638 ff.

61 *Martha.* Friedrich von Flotows Oper »Martha«, 1847. Vgl. SW IV, S. 349 ff.

62 *Die Anverwandten.* Charles Dickens' Roman »Martin Chuzzlewit«, 1843. Vgl. SW V, S. 602 ff.

63 *Freiheit in Krähwinkel.* Nestroy spielte wiederholt die Hauptrolle in Adolf Bäuerles Posse »Die falsche Catalani in Krähwinkel«, 1818. Sie ist der Nestroyschen Posse nächste Vorlage, hatte in Wien eine ganze Serie von Krähwinkliaden zur Folge und geht selbst auf drei Krähwinkliaden von August von Kotzebue zurück. Vgl. SW V, S. 620 ff.

64 *Lady und Schneider.* Die Handlung ist laut dem Theaterzettel

»teilweise dem Französischen entnommen«; die Quelle ist unbekannt.

65 *Judith und Holofernes.* Friedrich Hebbels »Judith«, 1840.

66 *Höllenangst.* J. B. R. d'Epagny (Viollet) und Jean Henry Dupin, »Dominique ou le Possédé, Comédie en trois actes et en prose«, 1831. Übersetzung von Josef Kupelwieser, »Peregrins Wahn und Leiden oder Der Besessene, Lustspiel in drei Aufzügen«, α: 1833. Vgl. SW V, S. 711 ff.

67 *Der alte Mann mit der jungen Frau.* Die Vorlage, offenbar französisch, ist unbekannt.

68 *Sie sollen ihn nicht haben.* Die Quelle ist eine handschriftliche deutsche Bearbeitung einer französischen Posse, lt. Theaterzettel von Charles Victor Varin und Louis Boyer. Vgl. SW XIII, S. 664 ff.

69 *Karikaturen-Charivari mit Heiratszweck.* Keine bestimmte Vorlage bekannt.

70 *Alles will den Propheten sehen.* »Gasthaus-Abenteuer«, Posse in drei Akten von Ch. Birch-Pfeiffer, 1848. Vgl. SW XIII, S. 713 f.

71 *Verwickelte Geschichte.* Vorlage unbekannt.

72 *Mein Freund.* Vorlage unbekannt. Anscheinend eine Kriminalnovelle, deren Struktur Nestroys Skizze H5 des Nachlasses aufzeichnet. Vgl. SW VIII, S. 427 f.

73 *Der gutmütige Teufel.* Eine bestimmte Vorlage ist nicht bekannt. Zur Tradition des Stoffs vgl. SW XIV, S. 635 f.

74 *Kampl.* Der Roman »L'Orgueil« von Eugène Sue (1848).

75 *Heimliches Geld, heimliche Liebe.* Keine Quelle bekannt.

76 *Theater g'schichten.* Eine unidentifizierte Novelle »Oliva«. Vgl. SW XIV, S. 657 ff.

77 *Nur keck!* Dion Boucicault, »London Assurance«, a comedy in five acts, α: London 1841, Deutschland 1842. Vgl. Wallner in »Dichtung und Volkstum«, 41 (1941), S. 499.

78 *Umsonst!* »Liliomfi«, Posse von Eduard Szigligeti, dem »Schöpfer des ungarischen Volksstücks«. α: Budapest 1849, Wien 1856. Vgl. SW XIV, S. 682 ff.

79 *Tannhäuser.* »Tannhäuser« von Dr. H. Wollheim, 1854, eine studentische Jux-Parodie von Richard Wagners »Tannhäuser«. Vgl. SW IV, S. 387 ff.

80 *Zeitvertreib.* Vorlage angeblich eine nicht identifizierte Berliner Posse »Zeitvertreib«. Vgl. SW XIV, S. 724.

81 *Lohengrin.* Richard Wagners »Lohengrin«.

82 *Frühere Verhältnisse.* Vorlage unbekannt.

83 *Häuptling Abendwind.* Offenbachs »Vent du Soir ou L'horrible festin«, Operette à Spectacle en un acte, Paroles de M. Ph. Gille, α (Wien): 1861. Abdruck in Théâtre Contemporain Illustré, Paris, 1858. Vgl. SW XIV, S. 741 ff.

1. Johann Nestroy. Lithographie von Josef Kriehuber (1839).

2. Johann Nestroy. Nicht bezeichnete Photographie (Ende der fünfziger Jahre?).

3. Johann Nestroy. Porträtphoto (vermutlich zwischen 1845 und 1850 entstanden).

4. Nestroy, stehend im Pelz. Photographie von Ludwig Angerer (um 1860).

5. *Nestroy als Tratschmiedl in der Posse »Der Tritschtratsch«.*
Photographie von Hermann Klee aus dem »Nestroy-Album« (1860).

6 Nestroy als einäugiger Soldat Sansquartier in »Zwölf Mädchen in Uniform«. Photographie von Hermann Klee aus dem »Nestroy-Album« (1860).

*7 Nestroy als Knieriem in der Zauberposse »Der böse Geist Lumpaziva-
gabundus oder Das liederliche Kleeblatt«. Photographie von Hermann
Klee aus dem »Nestroy-Album« (1860).*

Herr J. Nestroy
Schauspieler des Theaters an der Wien und Bühnendichter
Dichter Leicht als Sansquartier
in Weder Lorberbaum noch Bettelstab. in Zwölf Mädchen in Uniform.

8. Links: Nestroy als Dichter Leicht in der Posse
»Weder Lorbeerbaum noch Bettelstab«.
Rechts: Nestroy als Sansquartier. Kolorierter Kupferstich von Andreas
Geiger nach einem Aquarell von Johann Christian Schoeller (1835).

9. *Nestroy als Willibald in der Burleske »Die schlimmen Buben in der Schule«. Ausschnitt aus einer Photographie von Hermann Klee (»Nestroy-Album«, 1860).*

10. *Nestroy als Sansquartier. Kolorierte Lithographie von Melchior Fritsch (1857).*

*11. Nestroy als Tratschmiedl in der Posse »Der Tritschtratsch«.
Koloriertе Photographie nach einem Aquarell von Franz Gaul (1866).*

12. Nestroy als »vazierender Barbiergeselle« Titus Feuerfuchs in der Posse »Der Talisman« (1. Akt, 13. Szene). Nach einem Aquarell von Johann Christian Schoeller (1845).

13. *Nestroy als Willibald in der Burleske* »Die schlimmen Buben in der Schule«. *Kolorierte Lithographie von Melchior Fritsch (1857).*

14. *Nestroy als Knieriem in der Zauberposse »Der böse Geist Lumpazi-*
vagabundus oder Das liederliche Kleeblatt« (1. Akt, 10. Szene).
Aquarellierte Bleistiftzeichnung von Johann Matthias Ranftl.

15. *Nestroy als Bertram in der Posse »Robert der Teuxel«. Aquarell von Franz Gaul.*

16. *Nestroy als Handlungsdiener Weinberl in der Posse »Einen Jux will er sich machen«. Nach einem Aquarell von Johann Christian Schoeller (ca. 1847).*

*17. 1. Akt, 10. Szene aus der Zauberposse »Lumpazivagabundus«.
Kolorierter Kupferstich von Andreas Geiger nach einem Aquarell von
Johann Christian Schoeller.*

18. Szenenbild aus der Posse »Das Mädl aus der Vorstadt«. Nestroy als
Schnoferl und Demoiselle Weiler als Rosalie. Nach einem Aquarell von
Johann Christian Schoeller.

19. Szenenbild aus »Lumpazivagabundus«, 1. Akt, 4. Szene: Nestroy als
Knieriem, Carl Carl als Leim, Wenzel Scholz als Zwirn. Kolorierter
Kupferstich von Andreas Geiger nach einem Aquarell von
Johann Christian Schoeller (1834).

20. Szenenbild aus der Posse »Die verhängnisvolle Faschingsnacht«,
1. Aufzug, 31. Auftritt, Schlußbild: Nestroy als Holzhacker Lorenz,
Wenzel Scholz als Tatelhuber, Carl Carl als Herr von Geck. Kolorierter
Kupferstich von Andreas Geiger nach Joh. Chr. Schoeller.

21. 2. Akt, 7. Szene aus der Posse »Der Affe und der Bräutigam«, mit
Doris Dielen als Genofeva Buxbaum, Eduard Klischnig als Affe Mamok.

22. 3. Akt, 21. Szene aus »Der Talisman«. Kolorierter Kupferstich von
Andreas Geiger nach Joh. Chr. Schoeller.

23. »Die schlimmen Buben in der Schule«, 10. Szene. Aquarell von
Johann Christian Schoeller (1849).

24. *Spielszene mit geteilter Bühne:* »*Zu ebener Erde und erster Stock . . .*«.

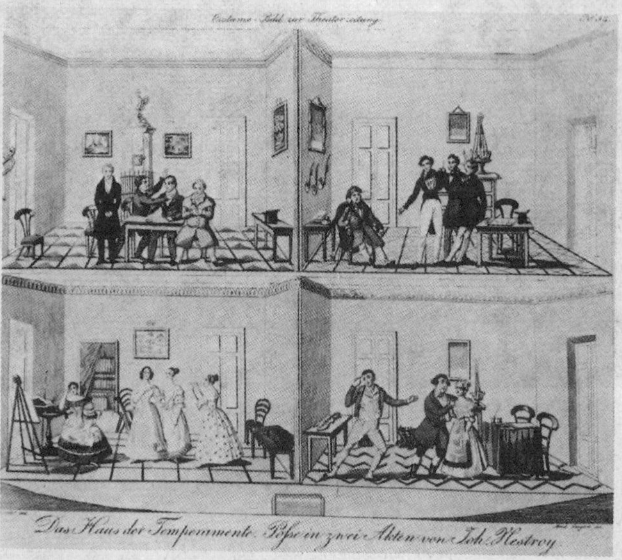

25. »*Das Haus der Temperamente*«, *2. Akt, 1. Szene. 24./25.:*
Stiche nach Joh. Chr. Schoeller.

26. *Wenzel Scholz († 1857). Lithographie von Rudolf Hoffmann.*

27. *Nestroy und Wenzel Scholz als Mitglieder der Bürgergarde im August 1848. Aquarell von Josef Lanzedelly (1848).*

28. Lithographie von Josef Kriehuber (1855).

29. Wien VI, Linke Wienzeile: Theater an der Wien um 1800.
Aquarell von Jakob Alt.

30. Wien I, »Der Sternhof«, Jordangasse 5: Nestroys Geburtshaus.
Aquarell von Marie Arnsburg.

443

31. Das Theater in der Leopoldstadt. Ausschnitt aus dem Plan des »K. K. Polizey-Bezirks Leopoldstadt« von Carl Graf Vasquez.

32. Nestroys Arbeitszimmer im Carl-Theater.

K. K. pr. Theater an der Wien.

Theater = Nachricht.

Der Gefertigte gibt sich hiemit die Ehre, einem verehrungswürdigen Publikum die ergebenste Anzeige zu machen, daß ihm die Direction des k. k. pr. Theaters an der Wien eine freye Einnahme bewilliget habe. Diese wird Morgen Donnerstag den 11. April Statt haben, und an selben Abende aufgeführt werden:

Zum ersten Mahle:

Der böse Geist Lumpacivagabundus,
oder:
Das liederliche Kleeblatt.

Zauberposse mit Gesang in 3 Aufzügen. Musik von Herrn Kapellmeister Adolph Müller. Die am Schluße des Stückes vorkommende neue Decoration ist von Herrn Jachimovich, Decorateur dieses Theaters.

Verehrungswürdigste!

Ihrer bekannten Huld und Wohlgewogenheit empfiehlt sich dero ergebenster

Johann Nestroy,
Schauspieler.

Logen und Sperrsitze sind in der Wohnung des Beneficianten Jägergasse nächst dem Theater an der Wien Nr. 22 im 1. Stock, am Tage der Vorstellung aber Klostergasse Nr. 1055 Vormittags von 9 bis 12 und Nachmittags von 3 bis halb 5 Uhr zu bekommen.

33. Theaterzettel

446

K. K. pr. Theater an der Wien.

Heute Donnerstag den 11. April 1833.

Zum Vortheile des Schauspielers Johann Nestroy: Zum ersten Mahle:

Der böse Geist Lumpacivagabundus,
oder: Das liederliche Kleeblatt.

Zauberposse mit Gesang in 3 Aufzügen. Musik von Herrn Kapellmeister Adolph Müller. Die am Schluße des Stückes vorkommende neue Decoration ist von Herrn Jachimovich, Decorateur dieses Theaters.

Personen:

Stellaris, Feenkönig — — Hr. Spielberger.	Strudl, Gastwirth zum goldenen Nockerl in Wien — Hr. Werner.
Fortuna, Beherrscherin des Glückes eine mächtige Fee — Mad. Lucas.	Hobelmann, Tischlermeister in Wien — Hr. Hopp.
Brillantine, ihre Tochter — Dlle Volkmann.	Peppi, seine Tochter — Dlle. Frey.
Amorosa, eine mächtige Fee, Beschützerin der wahren Liebe — Dlle. Planer.	Anastasia — Dlle. Löw.
Mystifax, ein alter Zauberer — Hr. Grabow.	Ein Fremder — Hr. Haag.
Hilaris, sein Sohn — Hr. Gämmerler.	Gertraud, Haushälterin in Hobelmanns Hause — Mad. Fehringer.
Fludribus, Sohn eines Magiers Hr. Matisek.	Reserl, Magd daselbst — Dlle Vogl.
Lumpacivagabundus, ein böser Geist — Hr. Stahl.	Hackauf, Fleischermeister in Prag Hr. Thyam.
Leim, ein Tischlergesell } vagirenden Carl.	Ein Maler — Hr. Frey.
Zwirn, ein Schneider } Handwerks Hr. Scholz.	Erster } Bedien- Hr. Weber.
Knieriem, ein Schuster } Burschen J. Nestroy.	Zweyter } ter Hr. Mayer.
Pantsch, Wirth und Herbergsvater in Ulm — Hr. Schmidt.	Erster } Gesell- Hr. Tomaselli.
Fassel, Oberknecht in einer Brauerey — Hr. Genda.	Zweyter } Hr. Kettler.
Hannerl, rinnen } Mad. Redek.	Herr von Windwachel — Hr. Werle.
Nanette, Tochter des Wirths Dlle. Geßmald.	Herr von Lüftig — Hr. Lobel.
Sepherl } Kellner- Dlle. Swoboda.	Herr - n Papillon — Hr. Reldinger.
Ein Haussvater — Hr. Berger.	Signora Palpeti — Mad. Holzapfel.
Ein Schustermeister — Hr. Weichort.	Camilla } ihre Dlle. Weiler.
Ein Tischlergesell — Hr. Kremser.	Laura } Töchter Dlle. Zöllner.
Ein Zimmergesell — Hr. Zech.	Wirth } in einer Dorfschenke Hr. Arnold.
Erster } Hr. Rosen.	Wirthin } unweit Wien Dlle. Grünthal.
Zweyter } Zunftmeister Hr. Löhrl.	Ein Marktweib — Dlle. Rudolph.
Dritter } Hr. Wagner.	Ein Reisender (Stellaris) — Hr. Spielberger.
	Zauberer, Magier und ihre Söhne, Nymphen, Genien, Gäste, Volk, Bau... Handwerksleute, verschiedener Zün...

Die Handlung spielt theils in Ulm, theils in Wien, und theils in Prag.

Verehrungswürdigste! Ihrer bekannten Huld und Wohlgewogenheit empfiehlt sich dero ergebenster

Johann Nestroy, Schauspieler.

NB. Heute ist der freye Eintritt für Jedermann ohne Ausnahme aufgehoben.

Der Anfang ist um 7 Uhr.

Gedruckt in der Wallyu. Nr. 768.

34. Theaterzettel

447

Kais. kön. priv. ⚜ Carl-Theater.

Heute Dinstag den 4. Juli 1848.
Zum vierten Male:
Freiheit in Krähwinkel.

Posse mit Gesang von **Johann Nestroy**, in 2 Abtheilungen.
I. Abtheilung: **Die Revolution**, in 2 Akten.
II. Abtheilung: **Die Reaktion**, in 1 Akt.

Musik (mit Ausnahme der National-Melodien) vom Kapellmeister W. Hebenstreit.
Die vorkommenden neuen Dekorationen sind ausgeführt von den Herren Lehmann und Grünfeld, Dekorateurs dieses Theaters.

Personen:

Der Bürgermeister und Oberältester von Krähwinkel	Hr. Grois.	Klaus, Rathsdiener	Hr. Scholz.
Sperling, Edler von Spatz	Hr. Hopp.	Emerentia, seine Gattin	Frau Schmitt.
Rummelpuff, Commandant der Krähwinkler-Stadtsoldaten	Hr. Moritz.	Cecilie, seine Tochter	Frl. Herzog.
Pfiffspitz, Redakteur der Krähwinkler Zeitung	Hr. Maier.	Der Nachtwächter	Hr. Lang.
		Walburga, dessen Tochter	Frl. Edler.
Eberhard Ultra, dessen Mitarbeiter	Hr. Nestroy.	Pemperl, Klampfenmeister	Hr. Landner.
Herr Reakzerl, Edler von Zopfen, gebeimer Stadtsekretär	Hr. Pohl.	Schadenfellner, Kirschner, Rathsbeisiger	Hr. Schäffer.
Frau von Frankenfrei, eine reiche Witwe	Frau Frieb-Blumauer.	Frau Pemperl	Frau Rohrbeck.
Siegmund Siegl, Subalterne	Hr. Gämmerler.	Frau Schadenfellner	Frau Scutta.
Willibald Wachs, Beamte	Hr. Swoboda.	Babett, Pemperls Tochter	Frl. Langer.
Frau Klöppl, Witwe	Frau Holzapfel.	Frau von Schnabelbeiß, Geheimräthin	Frau Fehringer.
Franz, Kellner	Hr. Scribani.	Adele, ihre Tochter	Frl. Kretschmar.
		Eduard, Bediente der Frau von Frankenfrei	Hr. Forster.

Einwohner von Krähwinkel.

Preise der Plätze in Conventions-Münze.

Eine Loge im Parterre oder in der I. Gallerie		6 fl. — kr.	Ein Fauteuil in der II. Gallerie	38 kr.
Ein Platz in der Fremden-Loge der II. Gallerie		1 „ — „	Ein Sperrsitz in der III. Gallerie	24 „
Ein Fauteuil in der ersten Reihe der I. Gallerie		1 „ — „	Eintritt in das Parterre oder in die I. Gallerie	30 „
Ein Fauteuil im Parterre oder in der I. Gallerie		— 50 „	Eintritt in die II. Gallerie	20 „
			Eintritt in die III. Gallerie	12 „
			Eintritt in die IV. Gallerie	8 „

Anfang 7 Uhr.
Heute ist der freie Eintritt aufgehoben.

35. Theaterzettel

K. K. priv. Theater am Franz-Josef-Quai.

Unter der Direktion des Carl Treumann.

Heute:

Frühere Verhältnisse.

Lokal-Posse mit Gesang in einem Akt, nach Emile Pohl, von Johann Nestroy.

Herr von Scheitermann . . . Hr. Grois.	Anton Muffl, Hausknecht . Joh. Nestroy.
Josefine, dessen Frau . . . Fr. Grobecker.	
Pepi Amsel, Köchin . . . Fr. Schäfer.	Ort der Handlung: Eine große Stadt.

Hochzeit bei Laternenschein.

Komisches Singspiel in 1 Akt, nach dem französischen von Carl Treumann.
Musik von Jaques Offenbach.
Das neue Costume nach Angabe des Obergarderobiers Herrn M. Meyer.

Pierre, Inhaber eines Pacht-	Fanchette,) junge Witwen Fr. Schäfer.
hofes . . . Carl Treumann.	Katharine,) aus dem Dorfe Fr. Grobecker.
Denise, seine Mündel . . Frl. Grobé.	Bauern und Bäuerinnen.
Der Richter . . . Hr. Stix.	

Häuptling Abendwind,
oder:
Das gräuliche Festmahl.

Indianische Faschings-Burleske in einem Akt, frei nach dem Französischen von J. Nestroy.
Musik von Jacques Off.nbach.

Abendwind der Sanfte, Häupt-	Arthur, ein Fremdling . . Carl Treumann.
ling der Groß-Lulu . . Joh. Nestroy.	Ho-gu, Koch bei Abendwind Hr. Rusim.
Atala, seine Tochter . . Frl. Weinberger.	Erster) Großulmlurer) Hr. Höller.
Biberhahn der Heilige, Häupt-	Zweiter) Hr. Stix.
ling der Papatuis . . Hr. Grois.	Groß-Lulurer und Papatuiuerer
Schauplatz: Eine der fernsten Inseln in Australien.		

Anfang um 7 Uhr.

Druck von G. Heine.

36. *Theaterzettel*

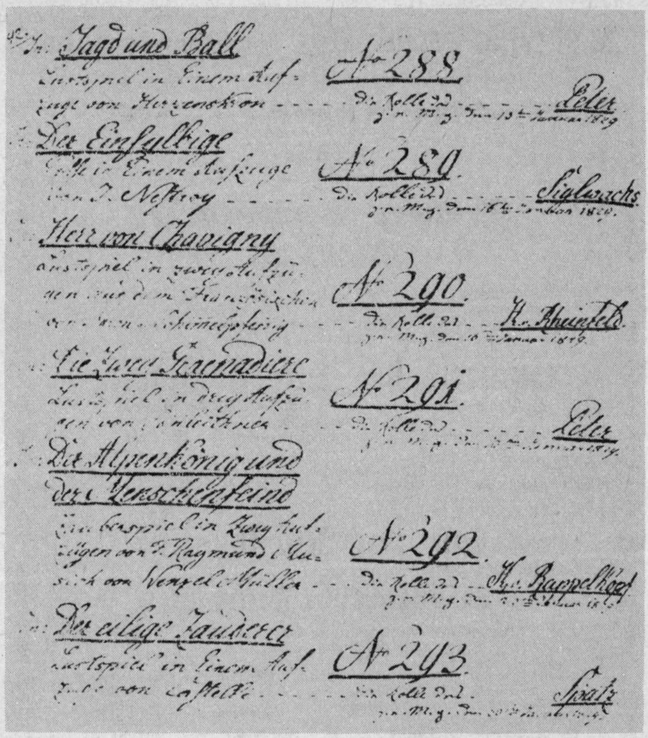
Jagd und Ball
Lustspiel in Einem Aufzuge von Herzenskron — No 288 — Peter
Der Einsylbige
Posse in Einem Aufzuge von J. Nestroy — No 289 — Siglwachs
Herr von Chavigny
Lustspiel in zwey Aufzügen aus dem Französischen — No 290 — H. v. Rheinfeld
Die zwey Grenadiere
Lustspiel in drey Aufzügen — No 291 — Peter
Der Alpenkönig und der Menschenfeind
Zauberspiel in zwey Aufzügen von F. Raymund Musick von Wenzel Müller — No 292 — H. v. Rappelkopf
Der eilige Zauberer
Lustspiel in Einem Aufzuge von Castelli — No 293 — Spatz

37. Seite aus dem Verz. der von Nestroy gespielten Rollen (eigenhändig).

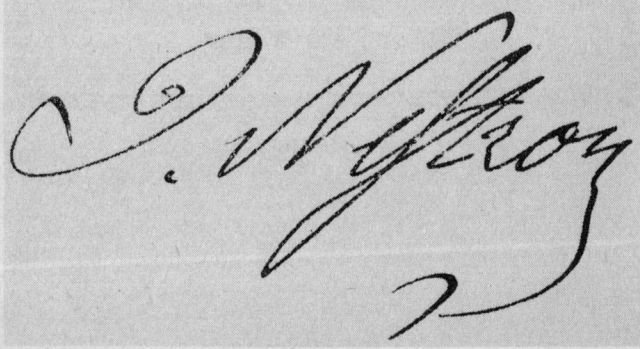

38. Faksimiles

39. Doppelseite aus dem Manuskript des »Talisman«: 2. Akt, 24. Szene,
in der Nestroy Kritik übt an der in Mode kommenden neuen Schauspiel-
gattung des »Lebens- und Charakterbilds«.

451

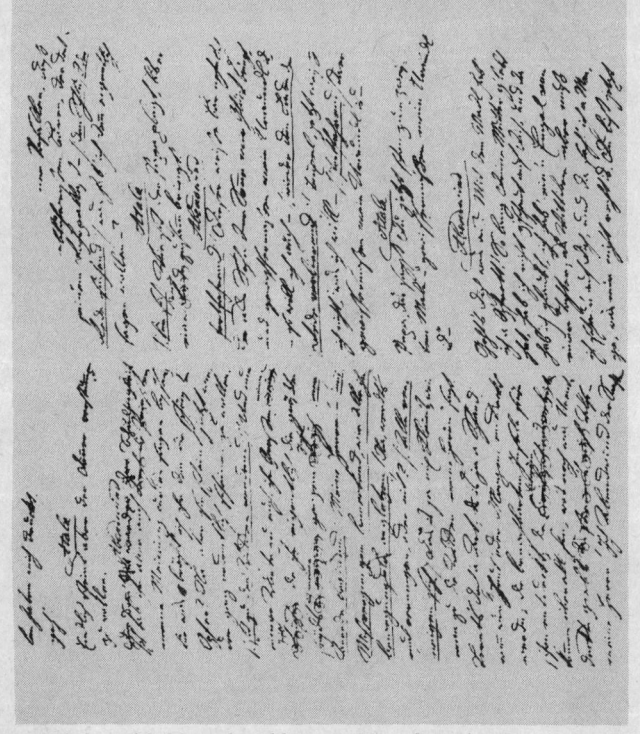

40. 2. und 3. Manuskriptblatt aus »Häuptling Abendwind oder
Das greuliche Festmahl«, 1. Szene.

41. *Reinschrift des Kometenlieds aus »Lumpazivagabundus«,*
3. Akt, 8. Szene (1. und 2. Strophe).

Für Hilfe und Rat bei der Beschaffung der Vorlagen und für Erteilung der Abdruckgenehmigung ist zu danken: der *Österreichischen National-bibliothek*, Bild-Archiv und Porträt-Sammlung, Wien (für die Abb. 1, 2, 3, 6, 8, 10, 15, 16, 18, 19, 20, 21, 24, 25, 28, 26, 27), dem *Historischen Museum der Stadt Wien* (für die Abb. 4, 5, 7, 9, 11, 13, 14, 17, 22, 23, 29, 30, 31), der *Wiener Stadtbibliothek* (für die Abb. 33, 34, 35, 36, 37, 38, 39, 41).

Der *Rowohlt Taschenbuch Verlag*, Reinbek bei Hamburg, stellte die Abb. 32 und 40 zur Verfügung. – Abb. 12 wurde reproduziert nach: *Johann Nestroy, Ausgewählte Werke.* Herausgegeben und eingeleitet von Franz H. Mautner, Wien: Otto Lorenz Verlag 1937 (nach S. 208).

Zeittafel zum Leben und Werk

Eine ausführliche Zeittafel, die auch die von Nestroy gewählten Gattungsbezeichnungen anführt und die verschiedenen stilistischen Perioden in der Geschichte seines Werks kurz charakterisiert, findet sich auf S. 581-584 des III. Bandes der Ausgabe im Insel Verlag: Johann Nestroy, Komödien, hg. von F. H. Mautner, 1970.

Die Jahreszahlen sind, wo nicht anders bemerkt, die der Uraufführung.

1801	7. Dezember: Nestroy geboren.
1810-1816	Besuch des Gymnasiums.
1817-1822	Student an der Wiener Universität.
1818	Tritt als Baß-Solist auf.
1822	Debüt und Engagement am K. k. Hoftheater nächst dem Kärntertor.
1823	Heiratet Wilhelmine Nespiesni. Engagement in Amsterdam.
1824	Übernimmt, obwohl hauptsächlich Opernsänger, einige Sprechrollen.
1825	Oktober: Engagement in Brünn.
1826 oder früher:	*Prinz Friedrich* (Aufgeführt erst 1841).
1826	Brünner Engagement wegen Extemporierens von der Polizei aufgelöst. Engagement in Graz und Preßburg. Viele Sprechrollen, aber Opernpartien überwiegen noch.
1827	Gattin verläßt Nestroy. – Sprechrollen überwiegen. Erstes Dialektstück: *Der Zettelträger Papp*. Groteske Darstellung des Invaliden Sansquartier in »Zwölf [nach L. Angelys »Sieben«] Mädchen in Uniform«.
1828	Beginn der Lebensgemeinschaft mit Marie Weiler. *Die Verbannung aus dem Zauberreiche*.
1829	Wiener Gastspiel am Theater in der Josefstadt. *Der Einsilbige* (Verloren). *Der Tod am Hochzeitstage*. Wiener Uraufführung.
1830	*Der unzusammenhängende Zusammenhang,* Quodlibet (Verloren).
1831	*Magische Eilwagenreise durch die Komödienwelt,* Quodlibet nebst einem Vorspiel (Teilweise verloren). *Zwei Schüsseln voll Faschingskrapfen,* Quodlibet (Verloren). Zweites Wiener Gastspiel am Theater der Josefstadt. En-

gagement am Theater an der Wien als Komiker und Bühnendichter. Wenzel Scholz wird der Partner Nestroys in
allen seinen Stücken bis 1857.

1832 *Der gefühlvolle Kerkermeister.*
Nagerl und Handschuh.
Humoristische Eilwagenreise durch die Theaterwelt, Quod-
libet nebst einem Vorspiel *Der Theaterdiener, die Benefiz-
vorstellung und das Quodlibet.*
Zampa, der Tagdieb.
Der konfuse Zauberer.
Die Zauberreise in die Ritterzeit.
Genius, Schuster und Marqueur (Nicht aufgeführt).

1833 *Der Feenball* (Nicht aufgeführt, Vorstufe zu *Lumpazivaga-
bundus*).
Der Zauberer Februar (Verloren).
Der böse Geist Lumpazivagabundus.
Robert der Teuxel.
Der Tritschtratsch.

1834 *Der Zauberer Sulphurelektrimagnetikophosphoratus.*
*Müller, Kohlenbrenner und Sesseltrager oder Die Träume
von Schale und Kern.*
Das Verlobungsfest im Feenreiche (Nicht aufgeführt; Vor-
stufe zu:) *Die Gleichheit der Jahre.*
Die Familien Zwirn, Knieriem und Leim.
Die Fahrt mit dem Dampfwagen, Vorspiel zu einem Quod-
libet.

1835 *Weder Lorbeerbaum noch Bettelstab.*
Eulenspiegel.
Zu ebener Erde und erster Stock.

1836 *Der Treulose.*
*Die beiden Nachtwandler oder Das Notwendige und das
Überflüssige.*
Der Affe und der Bräutigam.

1837 *Eine Wohnung ist zu vermieten . . .*
*Moppels Abenteuer im Viertel unter dem Wienerwald, in
Neuseeland und Marokko.*
Das Haus der Temperamente.

1838 *Glück, Mißbrauch und Rückkehr.*
Gastspiel in Ungarn.
Der Kobold oder Staberl im Feendienste.
Gegen Torheit gibt es kein Mittel.

1839 Erstes Auftreten im Theater in der Leopoldstadt, das nun
auch, neben dem Theater an der Wien, Direktor Carl
untersteht. Von nun an häufig ausgedehnte Gastspiele in

Österreich (Im folgenden nicht mehr ausdrücklich erwähnt).

Die verhängnisvolle Faschingsnacht.

1840   *Der Färber und sein Zwillingsbruder.*

Der Erbschleicher.

Die zusammengestoppelte Komödie, Quodlibet.

Der Talisman.

1841   *Das Mädl aus der Vorstadt.*

Rudolph, Prinz von Korsika (Geschrieben als *Prinz Friedrich* in den Zwanziger-Jahren).

Gastspiel in Hamburg.

1842   *Einen Jux will er sich machen.*

Die Ereignisse im Gasthofe.

Die Papiere des Teufels.

1843   *Liebesgeschichten und Heiratssachen.*

Das Quodlibet verschiedener Jahrhunderte, nebst Vorspiel:
Die dramatischen Zimmerherrn.

Nur Ruhe!

Gastspiel in Breslau.

1844   *Eisenbahnheiraten.*

Hinüber-Herüber.

Der Zerrissene.

Gastspiele in Berlin und Frankfurt.

1845   Ehescheidung.

Die beiden Herrn Söhne.

Das Gewürzkrämerkleeblatt.

Unverhofft.

Direktor Carls Ensemble spielt seit 1. Mai nur noch am
Theater in der Leopoldstadt, nicht mehr im Theater an der
Wien.

Gastspiele in Berlin und München.

1846   *Der Unbedeutende.*

Zwei ewige Juden für einen.

1847   *Der Schützling.*

Gastspiele in Berlin, Hamburg, Frankfurt, Mainz, Wiesbaden und anderen deutschen Städten.

Umbau des Leopoldstädter Theaters, Wieder-Eröffnung
als »Carl-Theater« mit:

Die schlimmen Buben in der Schule.

1848   *Martha.*

13. März: Erfolgreiche Revolution in Wien.

14. März: Aufhebung der Zensur.

Mai: *Die Anverwandten.*

Juli: *Freiheit in Krähwinkel.*

	Oktober: Neue Aufstände.

Oktober: Neue Aufstände.
1. November: Kapitulation Wiens vor der kaiserlichen Armee.
11. November: Wiedereinführung der Zensur.

1849 *Lady und Schneider.*
Judith und Holofernes.
Höllenangst.
Der alte Mann mit der jungen Frau (Nicht aufgeführt bis 1948).

1850 *Sie sollen ihn nicht haben.*
Karikaturen-Charivari mit Heiratszweck.
Alles will den Propheten sehen.
Verwickelte Geschichte.

1851 *Mein Freund.*
Der gutmütige Teufel.

1852 *Kampl.*

1853 *Heimliches Geld, heimliche Liebe.*
»Triumphales« (Basil) Gastspiel in Berlin.

1854 *Theaterg'schichten durch Liebe, Intrige, Geld und Dummheit.*
Nestroy wird Pächter und Direktor des Carl-Theaters.

1855 *Nur keck!* (Nicht aufgeführt bis 1943).

1856 Mehrere Monate währendes Zerwürfnis mit Marie Weiler.
Dezember: Sie übernimmt die Verwaltung des Carl-Theaters.

1857 *Umsonst!*
Scholz stirbt.
Tannhäuser.

1857/58 *Zeitvertreib* (Nicht aufgeführt bis 1923).

1858 Ausgedehnte Reisen. Erste Offenbach-Operette auf der Wiener Bühne.

1859 *Lohengrin.*

1860 Oktober: Gibt Tätigkeit als Direktor und Schauspieler des Carl-Theaters auf. Übersiedelt nach Graz.

1861 Gastspiele im Wiener Theater am Franz-Josephs-Quai.

1862 *Frühere Verhältnisse.*
Häuptling Abendwind.
29. April: Letztes Auftreten als Schauspieler.
25. Mai: Nestroy stirbt.
2. Juni: Begräbnis in Wien unter massenhafter Beteiligung des Volkes.

Schriftenverzeichnis

Bibliographie   *Jürgen Hein,* Nestroyforschung (1901-1966) in: Wir-
                         kendes Wort 18 (1968), S. 232-245, verzeichnet und
                         kommentiert instruktiv die Nestroy-Literatur des im
                         Titel angegebenen Zeitraums, verweist auf die wichti-
                         geren Schriften auch vor 1901 und bezieht einige erst
                         1967 erschienene Werke ein. Aus den dort genann-
                         ten Schriften sei als kurze und verständnisvolle Ein-
                         führung hervorgehoben *Otto Basil,* Johann Nestroy in
                         Selbstzeugnissen und Bilddokumenten (rowohlts mo-
                         nographien, Reinbek bei Hamburg 1967).

Nestroy-Zitate   Wo nicht anders vermerkt, nach Johann Nestroy,
                         Sämtliche Werke. Historisch-kritische Gesamtaus-
                         gabe [in 15 Bänden], herausgegeben von *Fritz Bruk-
                         ner* und *Otto Rommel* (Wien 1924-1930).

*Wo die Titel in unserem Buch erwähnter Schriften nicht an Ort und Stelle
genannt sind, wurden sie folgendermaßen bezeichnet:*

Artaud   Antonin Artaud, Le théâtre et son double, suivi de Le
                         théâtre de Séraphin (Paris 1964; zuerst 1938, bzw.
                         1946), deutsch: Das Theater und sein Double
                         (Frankfurt a. M. 1969).

Barea   *Ilse Barea,* Vienna. Legend and Reality (London
                         1966).

Briefe   Johann Nestroy, Gesammelte Briefe (1831-1862),
                         herausgegeben von *Fritz Brukner* (Wien 1938).

Costenoble   *C. L. Costenoble,* Aus dem Burgtheater. 1817-1837.
                         Tagebuchblätter (Wien 1889).

Diehl   *Siegfried Diehl,* Zauberei und Satire im Frühwerk
                         Nestroys (Bad Homburg 1969).

Fischer   *Ernst Fischer,* Von Grillparzer zu Kafka (Wien
                         1962).

GW   Johann Nestroy, Gesammelte Werke. Ausgabe in
                         sechs Bänden, herausgegeben von *Otto Rommel*
                         (Wien 1948-1949).

Gutt   Bernhard Gutts Kritiken eines Nestroy-Gastspiels in
                         Prag in: Bohemia v. 14., 16., 19., 21., 23., 28., 30.
                         Juli, 2., 4. August und 29. September 1844, abge-
                         druckt in *(Karl Kraus')* Die Fackel, Nr. 657-667
                         (1924), S. 100-120.

Herles   Johann Nestroy, Der Talisman. Text und Materialien

	zur Interpretation besorgt von *Helmut Herles* (Berlin/ New York 1971).
Hocke	*Gustav René Hocke,* Manierismus in der Literatur, Beiträge zur vergleichenden europäischen Literaturgeschichte (Reinbek bei Hamburg 1959). – Nestroy ist bei ihm nicht genannt.
Hüttner	*Johann Hüttner,* Wiener Nestroyaufführungen vom Tode des Autors bis zum Ende des zweiten Weltkrieges (Phil. Dissertation, Wien 1964, maschinenschr.).
Kahl	*Kurt Kahl,* Johann Nestroy oder Der Wienerische Shakespeare (Wien 1970).
Kassner	*Rudolf Kassner,* Von der Einbildungskraft (Leipzig 1936).
Kuhn	*Christoph Kuhn,* Witz und Weltanschauung in Nestroys Auftrittsmonologen (Phil. Dissertation, Zürich 1966).
Necker	*Moritz Necker,* Johann Nestroy; eine biographisch-historische Skizze (Stuttgart 1891). Abdruck aus Johann Nepomuk Nestroy, Gesammelte Werke. Herausgegeben von Chiavacci und L. Ganghofer (1891), Bd. XII.
Nestroy, Briefe s.	*Briefe*
Preisner	*Rio Preisner,* Johann Nepomuk Nestroy, Der Schöpfer der tragischen Posse (München 1968).
Redlich	*Joseph Redlich,* Kaiser Franz Joseph von Österreich (Berlin 1928).
Sengle	*Friedrich Sengle,* Biedermeierzeit, I (Stuttgart 1971).
SW	Johann Nestroy, Sämtliche Werke; s. oben *(Nestroy-Zitate).*
Zenker	*E. V. Zenker,* Die Wiener Revolution von 1848 in ihren sozialen Voraussetzungen und Beziehungen (Wien 1897).

In Jürgen Heins Forschungsbericht (1968, s. oben) noch nicht aufgenommene Schriften (Auswahl):

Roger Bauer, Johann Nepomuk Nestroy, Einen Jux will er sich machen. In: Études Germaniques 23 (1968), S. 367-380.

Roger Bauer, Johann Nepomuk Nestroy. In: Deutsche Dichter des 19. Jahrhunderts, herausgegeben von Benno von Wiese (Berlin 1969), S. 326-341.

Klaus Boeckmann, Untersuchungen zu den Elementen des Komischen im Werk Nestroys (Phil. Dissertation, Hamburg 1970).

Frank F. Bukvic, Menschendarstellung in Nestroys *Der Zerrissene* und *Der alte Mann mit der jungen Frau.* In: Dissertation Abstracts International 31: 1220 a (New York University).

Leonhard M. Fiedler, Nestroy analysé, présenté et traduit. In: Études Germaniques 25 (1970), S. 69-74.

Jürgen Hein, Aktualisierungen des Judith-Stoffes von Hebbel bis Brecht. In: Hebbel Jahrbuch 1971-72, S. 63-92.

–, Nachwort zu Nestroy, *Freiheit in Krähwinkel.* In: Universal-Bibliothek Nr. 8330 (Stuttgart 1969), S. 78-89.

–, Nachwort zu Nestroy, *Judith und Holofernes* und *Häuptling Abendwind.* In: Universal-Bibliothek Nr. 3347 (Stuttgart 1970), S. 77-84.

Felix Kreissler, Das Französische bei Raimund und Nestroy (Phil. Diss. Wien 1967, maschinenschr.).

Franz H. Mautner, Nachwort zu Nestroy, *Das Mädl aus der Vorstadt.* In: Universal-Bibliothek Nr. 8553 (Stuttgart 1968), S. 87-93.

Johann Nestroy, Komödien, herausgegeben von *Franz H. Mautner,* mit einer Einführung des Herausgebers [in Bd. I, S. III-XXXVI]. 3 Bände, Insel Klassiker (Frankfurt a. M. 1970).

Heinz Politzer, Alt-Wiener Theaterlieder. In: Das Schweigen der Sirenen (Stuttgart 1968), S. 160-184.

Wolfgang Preisendanz, Nestroys komisches Theater. In: Das deutsche Lustspiel, herausgegeben von Hans Steffen (Göttingen 1969), S. 275-299.

Reinhard Urbach, Die Wiener Komödie und ihr Publikum. Stranitzky und die Folgen (Wien 1973).

W. E. Yates, Nestroy (Cambridge 1972).

Nachwort

Dieses Schriftenverzeichnis der Originalausgabe ist zu ergänzen durch einige Titel in dem seither erschienenen zweiten Forschungsbericht von J. Hein, *Neue Nestroyforschung (1967-1974). In: Wirkendes Wort (1975), S. 140-151; ferner durch:*

Johann Nestroy, Briefe. Hrsg. von *W. Obermair* (Wien, München 1977), einer vollständigeren Ausgabe als der Brucknerschen von 1938, sowie

P. Branscombe, An Old Viennese Opera Parody and a New Nestroy Manuscript. In: German Life and Letters 28 (1974-1975), S. 210-217.

B. Hannemann, Travestie des Übermenschen: Johann Nestroys *Judith und Holofernes* mit Ausblick auf Brecht. In: Maske und Kothurn 21 (1975), S. 122-134.

ders., Der böse Blick. Zur Perspektive von Nestroy und Dürrenmatts Komödien. In: Wirkendes Wort 26 (1975), S. 167-183.

U. Helmensdorfer, Nestroys politisches Testament: *Der alte Mann mit der jungen Frau.* In: Grillparzer Forum Forchtenstein 1974 (1975), S. 135-152.

J. Hüttner, Nestroy – bis heute. In: wien aktuell, 81 (1976), X: XVI-XIX.

E. de Kuyper, Nestroy en de nakomelingen. In: Kunst en Cultuur (Brüssel). 1. März 1976, S. 20.

F. H. Mautner, Nestroys *Der alte Mann mit der jungen Frau* – eine politische Komödie? In: Über Literatur und Geschichte. Festschrift für Gerhard Storz, hrsg. von *B. Hüppauf* und *D. Sternberger* (1973), S. 265-274.

R. Schneider, Nestroy in der DDR. In: Literatur und Kunst 110 (1976), S. 599-608.

O. Stieglitz, in Heins zweitem Forschungsbericht als Nr. 59 angeführte Dissertation Syntaktische Untersuchung . . . nun in 2 Bänden (Verband der wissenschaftlichen Gesellschaften Österreichs, 1974).

Verzeichnis der Hinweise auf Nestroys Theaterstücke

Die Titel sind, wie in SW XV, alphabetisch nach dem ersten Hauptwort angeordnet; enthält der Titel kein Hauptwort, nach dem ersten Wort. – Bloße Erwähnungen von Rollen sind nicht eingeschlossen.

Personenverzeichnis

Namen von Autoren sind gelegentlich angeführt, wenn nicht sie selbst, sondern nur ihre Werke oder ihr Stil erwähnt werden.

Im Insel Verlag erschienen:

Insel-Nestroy. 3 Bände. Herausgegeben von Franz H. Mautner

Nestroy, Stich- und Schlagworte. Zusammengestellt von Reinhard Urbach. Mit alten Fotos. 1977 *insel taschenbuch* Band 270

Franz H. Mautner, Wort und Wesen. Aufsätze zur Literatur und
Sprache. 1974. 240 Seiten. Geb.

st 449 Herbert Achternbusch, Die Stunde des Todes
Roman
100 Seiten
»Wie dieser Autor aus Querulantentum und Phantasie,
eine bayrisch-bäuerische Kindheit im Rücken, Poetisches
erschafft, das kann man sich mit seinem Roman unter
die Haut lesen.«   *Frankfurter Rundschau*

st 451 Ernst Bloch, Spuren
232 Seiten
»Unter Blochs Büchern ist dies, das den Titel »Spuren«
trägt, wohl unstreitig sein schönstes. So gesammelt, so
absichtslos und unangestrengt hat er vorher und hinter-
her kaum je wieder geschrieben. Erzählung und Philosophie sind hier eine fast bruchlose Verbindung ein-
gegangen, die Reflexion begnügt sich, die erzählte Anekdote transparent zu machen.«
            Jürgen von Kempski, Hessischer Rundfunk

st 452 Peter Handke, Die Stunde der wahren Empfindung
176 Seiten
»Das Glück dieses Buches, das artistische Gelingen
kommt aus der Leidenschaft, mit der es die Verschlin-
gungen und Lösungen eines Bewußtseinsprozesses er-
zählend miterlebt, vom tödlichen Ekel vor der Penetranz
der Dinge bis zum überraschenden Jubel über ihr bloßes
Vorhandensein.«   *Süddeutsche Zeitung*

st 453 Martin Kessel, Herrn Brechers Fiasko
Roman
Mit einem Nachwort des Autors
516 Seiten
Martin Kessel erzählt davon, wie eine Gruppe von An-
gestellten im hektischen Berlin der 20er Jahre, den
Büroalltag, die Normalität der Arbeitswelt und auch ihre

Unterdrückungsvorgänge erlebt. »Wie diese Leute sich vertragen, was sie sich gegenseitig antun, mit welchen Illusionen und Utopien sie abgespeist werden, wie sie inmitten der Funktionalität ihr privates Reservat verfechten und wie schließlich das größere Gemeinwesen einer Stadt, hier ist es Berlin, über sie hinweggeht«, das sind, mit Martin Kessels Worten, aktuell gebliebene Erfahrungen.

st 455 Reinhold Schneider, Der Balkon
Aufzeichnungen eines Müßiggängers in Baden-Baden
Mit einem Nachwort von Pirmin A. Meier
186 Seiten
»Der Müßiggänger ist so einfühlend und empfindungsreich, daß zwischen den Schattenmassen der Historie, den mächtigen Umrissen der Großen, den Höhlungen der Mühe, Kümmernisse und der Armut, den vielen Gräbern, den überstandenen partiellen Weltuntergängen die Landschaft von weitem aufspringt, ein silberner Trost, ein befreiender Atemzug.«

Benno Reifenberg, Die Gegenwart

st 456 Erich Köhler, Hinter den Bergen
Roman
368 Seiten
Das war vor mehr als dreißig Jahren, der Krieg war eben zu Ende gegangen. Hinter den Bergen liegt ein Dorf, das in seiner Weltabgeschiedenheit nach einer eigenen Ordnung im Chaos sucht. Der Wettlauf zwischen Utopie und Wirklichkeit, das ist das Motiv dieses Romans. Ein Erzählwerk voller Weisheit und Humor, aus einer sinnlichen Sprache gemacht und kraftvoll gestaltet.

st 457 Basis. Jahrbuch für deutsche Gegenwartsliteratur
Band 8
Herausgegeben von Reinhold Grimm und Jost Hermand
264 Seiten
Mit Beiträgen von Helmut Kreuzer, Jost Hermand, Peter Uwe Hohendahl, Wolfgang Emmerich, Christine Cosentino u. a.
Ohne methodisch festgelegt zu sein, sucht *Basis* eine Literaturbetrachtung zu fördern, die an der materialistischen Grundlage orientiert ist.

st 459 Stanisław Lem, Sterntagebücher
Mit Zeichnungen des Autors
Aus dem Polnischen von Caesar Rymarowicz
Phantastische Bibliothek Band 20
496 Seiten
Mit dem Erzählungs-Zyklus über die Erlebnisse des
Weltraumfahrers Ijon Tichy, eines kosmischen Münch-
hausens der künftigen Jahrhunderte, ist Lem ein literarisch großer Wurf gelungen. Paradox, einfallsreich,
sprühend vor Ideen, hat Lem konventionelle Methoden
von Satire und Allegorie übernommen und sie parodistisch gegen die Science-fiction gekehrt. Ins Spiel der
freien Phantasie mischen sich jedoch ernste philoso-
phische Spekulation und politische Anspielung.

st 460 Franz Rottensteiner (Hrsg.), Polaris 4
Ein Science-fiction-Almanach
Phantastische Bibliothek Band 21
192 Seiten
Polaris 4 sucht dem Mangel an Information über die
Science-fiction des Nachbarn Frankreich abzuhelfen. Die
französische SF ist in der Regel mehr abenteuerlich als
rational kalkulierend, mit einem Zug zur Mystik und
einem vage sentimental gefärbten Lyrizismus. Der Al-
manach enthält u. a. Texte von J. H. Rosny aîne,
Maurice Renard, Ion Hobana, Jean-Pierre Vernier,
Gérald Klein, J. P. Andrevon, Pierre Boulle.

st 481 Walter Hinck, Von Heine zu Brecht
Lyrik im Geschichtsprozeß
156 Seiten
Inhalt: Ironie im Zeitgedicht Heines. Exil als Zuflucht
der Resignation. Epigonendichtung und Nationalidee.
Metamorphosen eines Volkslieds. Alle Macht den Lesern,
Zur Lyrik Brechts. Das lyrische Subjekt im geschichtlichen
Prozeß oder Der umgewendete Hegel.

st 483 Über Robert Walser, Band 1
st 484 Über Robert Walser, Band 2
Herausgegeben von Katharina Kerr
Band 1: 218 Seiten
Band 2: 488 Seiten
Mit dem Erscheinen der Werkausgabe Robert Walsers

und seiner Briefe ist, verbunden mit einem allgemeinen neuen Interesse an der Literatur des ersten Jahrhundertdrittels, das Interesse am Werk Robert Walsers gestiegen. Von ihm gehen heute Anregungen auf ein breiteres Publikum aus. *Über Robert Walser 1* bringt wichtige Arbeiten der frühen kritischen Walser-Rezeption, *Über Robert Walser 2* neuere, z. T. noch unveröffentlichte Arbeiten aus jüngerer Zeit.

st 485 Hansgerd Schulte (Hrsg.), Spiele und Vorspiele
Spielelemente in Literatur, Wissenschaft und Philosophie
138 Seiten
Pierre Bertaux, der französische Germanist und Hölderlin-Forscher, hat sich während seines vielgestaltigen Lebens auch mit der Funktion des Spieles in Literatur, Wissenschaft und Philosophie befaßt. Er mißt dem Spieltrieb eine ebenso zentrale Funktion für den Menschen und sein Verhalten bei wie etwa Freud dem Sexualtrieb. Bertaux' 70. Geburtstag schien ein reizvoller Anlaß, einige seiner Freunde und namhafte Wissenschaftler um einen Beitrag zu dem Spielthema zu bitten – jeweils aus ihrer Sicht und im Zusammenhang mit den eigenen Forschungsinteressen. Mit Aufsätzen von Hellmut Becker, Walter Höllerer, Robert Jungk, Golo Mann, Hans Mayer, Georg Picht, Peter Wapnewski.

st 487 Christiane Rochefort, Kinder unserer Zeit
Roman
164 Seiten
Ein kleines Mädchen erzählt seine Geschichte. Es wächst auf in einer Kinderreichen-Siedlung am Stadtrand von Paris, in einer uniformen, kleinbürgerlich geregelten, staatlich subventionierten Welt. Es empört sich gegen den dumpfen Schematismus einer Lebensplanung, die nichts anderes kennt als das Denken an einen Standard der Eisschränke und Fernsehapparate in der Atmosphäre des Sozialen Wohnungsbaus, in der Kinder dazu dienen, die Teilhabe am Komfort der Neuzeit zu finanzieren.
»Ein knapp erzähltes Buch, bitter in seiner Anschaulichkeit und Illusionslosigkeit, eine einzige unsentimentale, satirisch gefärbte Anklage – ein Zeichen der Zeit.«
Neue Zürcher Zeitung